# 한국 역사학의 계보

실증주의와 민족주의

# 한국 역사학의 계보
실증주의와 민족주의

**초판인쇄** 2017.4.12
**지은이** 임종권
**펴낸이** 민대홍
**디자인** 신별나(byul_na@naver.com)
**펴낸곳** 여울목
**출판등록** 2014.4.30
**주소** 서울시 마포구 독막로 266, 104-505
**전자우편** pfpub@naver.com
**팩스** 0303-0941-9484

Copyright ⓒ 여울목 2017

*이 책은 저작권법에 따라 보호받는 저작물이므로 무단 전제와 복제를 금합니다.
*잘못된 책은 바꾸어 드립니다.

ISBN 979-11-87254-11-9(03910)
값 25,000원

# 차례

머리말  6

## 제1장 한국 역사에서 식민주의 사학의 문제  11

## 제2장 랑케 실증주의 사학의 텍스트  29

    1) 실증주의란 무엇인가  30

    2) 랑케 실증주의 사학의 배경  52

    3) 랑케의 시대 : 독일 민족의 역사  76

    4) 랑케의 『강국론』  102

    5) 국가의 원동력 : 도덕적 에너지와 민족정신  109

    6) 역사의 지배경향(이념)  151

    7) 개별성과 보편성 : 민족의 역사와 세계사  160

    8) 랑케의 민족과 국가의 의미  180

    9) 실증주의 역사의 해석 : 역사의 특수성  190

**제3장 일본 근대 역사학 형성**  209

　　　1) 제국주의와 랑케의 실증주의  210

　　　2) 교토학파와 근대 역사학  236

　　　3) 일제의 식민사관과 제국주의 정치권력  274

**제4장 한국 실증주의 사학**  293

　　　1) 한국 근대 역사학의 흐름  294

　　　2) 민족주의 사학과 실증주의 사학  360

**제5장 식민사관의 그늘**  429

**제6장 현대 역사학의 방향**  485

　　　1) 한국사학의 과제  486

　　　2) 한국사 발전을 위한 새로운 역사학  501

도움 받은 글  516

찾아보기  544

머리말

"역사가는 과거에 일어난 역사적 사건의 사실에만 설명하는데 그치지 않고 그 속에 숨겨져 있는 진실을 찾아내야 한다."

오늘날 한국 역사학은 양적으로 혹은 질적으로 많은 발전을 거듭하고 있다. 그럼에도 불구하고 한국 사학계에서 여전히 식민사관의 문제가 논란이 되고 있는데 그 이유가 어디에서 비롯된 것인가. 해방 이전에 우리 역사에 대한 연구와 서술은 전적으로 일본인 역사가들의 몫이었다. 그러다 보니 우리 민족의 반만년의 역사는 랑케의 실증주의 사학이란 이름으로 일본인 역사가에 의해 항상 왜곡되거나 축소되어 왔다. 이것을 우리는 식민주의 사학이라고 부른다.

소위 식민사관이라 불리는 이 역사관은 우리 민족의 역사에 대해 정체성, 타율성, 당파성, 사대주의 등 굴욕적인 역사적 이론을 확립시켰다. 이에 반발하여 일제 식민시기 독립운동가 신채호, 박은식 등 우리 지식인들은 각각 『조선상고사』와 『한국통사』를 저술하여 일제 역사가에 의해 왜곡된 민족의 찬란한 역사와 문화를 사실적으로 밝혀냄으로써 민족의 자존심을 회복하려 했다. 그러나 일제 역사가들에게 랑케 실증주의 사학이라는 근대 역사학을 배웠던 한국인 역사가들은 우리의 관점에서 본 역사를 과학적으로 입증되지 못한 사료에 근거하였을 뿐 아니라 민족의 감정에 치우쳐 서술된 주관적 역사서라고 비판하며 외면해 왔다. 이렇듯 우리 민족의 역사는 오랫동안 우리의 시각이 아니라 식민사관이란 타자의 관점에서 사실에 어긋나게 서술되어 왔다. 따라서 우리나라 근대 역사학이 일본 역사가들에 의해 창안된 식민사관의 바탕에서 시작됐다는 사실 자체가 곧 논쟁의 시작점이었다. 더욱이 일본 제국대학에 유학하여 일본인 역사가에게서 근대 역사학을 배운 한국인 역사가들은 해방 후 여러 대학교의 사학과 교수가 되어 역사학계를 지배해 왔다. 이로 인하여 식민주의 사학의 문제는 오랫동안 해결되지 못하고 오늘 날까지 끊임없이 이어져 온 또 하나의 이유가 되었다. 말하자면 우리 역사 속의 식민사관은 스승으로부터 제자에게 도제식으로 이어져 온 것이다.

이러한 한국 역사학계의 현실 속에서 일제 역사가들에 의해 왜곡된 우리 민족의 역사를 바로 잡고자 신진 역사가들의 많은 노력에도 불구하고 식민사관의 논란은 쉽게 해결되지 못하고 있다. 그럼에도 불구하고 최근 소장 역사가들은 보다 과학적인 방법론과 다양한 사료발굴에 힘입어 본격적으로 한국 실증주의 사학을 비판하며 해결되지 못한 식민사관의 문제점을 지적하고 나섰다. 이들은 민족사관이 진정한 랑케의 실증주의 사학의 본질이라며 객관성과 보편성을 내세운 식민주의 사학을 비판함으로써 이에 대한 담론이 형성되기에 이르렀다. 어찌 보면 우리 역사 안에 오랫동안 숨겨져 온 식민사관의 척결 작업이 지금부터 시작일지 모른다. 물론 고대사로부터 현대사에 이르기까지 우리 민족의 역사는 대외적으로 중국과 일본과의 관계가 얽혀있고 내부적으로 이념과 혈통으로 이해관계가 얽혀있는 사람들이 많다. 이 때문에 우리 민족의 역사는 무엇이 올바른 것인지 가늠하기 어려울 정도로 혼란 속에 빠져 있다. 국사 국정교과서 문제가 사회적 논란이 된 것도 이

같은 우리의 특수한 역사적 상황에서 비롯된 것이다.

그렇다면 우리 역사의 문제점을 어떻게 해결할 수 있는가. 필자는 그 첫걸음이 바로 올바른 역사관의 확립이라고 생각한다. 원래 역사는 민족의 기원이나 문화의 발전을 후세에게 전해주기 위해 시작된 학문이다. 따라서 역사는 그 민족의 관점에서 연구되고 서술되어야 하지 그렇지 않고 타자의 시각으로 서술되면 항상 왜곡되거나 축소되기 마련이다. 지금 우리 역사에 대한 논란은 과거 역사적 사건이 사실이냐 아니면 과장 혹은 왜곡된 것이냐에 초점이 맞춰져 있다. 역사적 사실에 대한 해석도 각기 자기 주관이나 가치관 그리고 이념에 의해서도 차이가 있다. 역사연구는 랑케가 강조한 바대로 '원래 과거 있는 그대로의 역사', 즉 역사적 사실에 충실하면 그만일지 모른다. 그러나 역사는 사실에만 그치면 그것은 단지 과거의 역사에 불과하다. 역사가는 과거에 일어났던 사건에 대해 그 사실만을 밝혀내는 것에 그치지 말고 그 역사적 사건 속에 숨겨진 진실을 파헤치는 것이다. 사실(Fact) 속에 가려진 진실(Truth)을 찾아내는 것이 진정한 과학적 역사이다. 물론 역사의 해석에는 역사가의 시각이나 가치관 그리고 사상과 철학 등이 복합적으로 관련된다.

그러나 역사의 진실을 알기 위해서는 무엇보다 역사가 각 개인의 이해관계나 이념 혹은 철학적 주관에서 벗어나야 한다. 더 나아가 역사를 정치적으로 이용하기 위해 왜곡하거나 과장해서도 안 된다. 역사가의 학문적인 양심과 통찰력을 통해 과거에 일어난 역사적 사실로부터 무엇을 배울 것인가에 대해 고민해야 한다. 한편으로 우리 역사학계에서 식민사관의 문제가 해결되지 못하고 있는 근본 이유 중 하나는 역사연구가 학문적 혹은 사회적, 정치적 이해관계 속에서 이뤄지고 있다는 점이다. 이러한 이해관계에서 벗어나 역사가는 학자의 양심에 따라 냉철함을 잊지 말아야 하며 끊임없이 지식의 지평을 확대하여 이를 바탕으로 과거에 일어난 사건에 대해 다양한 해석과 설명을 통한 역사적 담론이 전개되어야 한다. 고정된 사고력에서 벗어나 창의적인 학문탐구가 보장되어야 역사 뿐 아니라 모든 학문이 발전하게 되며 이런 학계 풍토가 조성될 때 비로소 우리 역사학계의 식민사관도 해결될 수 있는 길이 열릴 것이다.

　이 책은 한국 역사학계서 많은 논란이 야기된 식민주의 사학이 어디에서 비롯된 것인가를 밝히고 있다. 식민사관의 본질을 분명하게 이해해야 우리 역사서술의 문제점을 찾아 낼 수 있기 때문이다. 사관은 역사서술을 위한 기본적인 틀이다. 그 틀이 둥글면 그 어떤 사료를 그 속에 집어넣어서 찍어내도 둥글게 나오기 마련이다. 그런 만큼 사관은 역사가에게 역사연구와 서술의 기본 뼈대나 마찬가지이다. 필자는 지금 우리 역사학계의 기본 틀이 어떻게 잘못되었는가에 초점을 두고 있다. 따라서 이 책은 우리 역사가들이 근대 역사학의 신(神)처럼 떠받들고 있는 랑케의 실증주의 사학의 본질을 설명하고, 랑케의 과학적인 근대 역사학이 일제 역사가들에 의해 어떻게 왜곡되었는지, 그리고 일본식 실증주의 사학이 오랫동안 우리 역사학계를 지배해 오면서 잘못된 우리 역사를 어떤 방식으로 재생산하여 왔는지, 그 과정을 면밀히 살피고 있다.

2017년 3월 상도동 연구실에서

제1장

# 한국 역사에서
# 식민주의 사학의 문제

우리의 조국은 우리와 함께 우리 속에 있다. 조국은 우리 속에 살아 있다.
우리가 원하든 원하지 않든, 우리가 살고 있는 모든 곳에서도 조국을 표현한다.
-랑케- 「정치 대담」-

## 제1장. 한국 역사에서 식민주의 사학의 문제

해방 70년 여년이 지났지만 아직도 한국 역사학계에서는 식민사관 문제에 대한 논란이 해결되지 못하고 있다. 21세기 과학의 발전과 정보화 시대에 접어든 오늘날 모든 학문은 독자적인 영역에서 벗어나 여러 학문과 융합을 통해 새로운 방향으로 나아가고 있다. 현대 역사학도 마찬가지로 자연과학과 사회과학은 물론 심지어 정신 분석학 등 여러 학문의 연구방법을 수용하여 종합적인 인문학으로 발전해 나가고 있다. 이같이 모든 학문의 영역은 서로 얽혀 변혁의 길을 모색해 나가면서 각자 독자적인 학문의 정체성을 확립해 나가고 있다.[1] 이같이 현대 역사학의 흐름 속에서 한국 역사학은 여전히 나아가야 할 방향을 찾지 못하고 식민주의 사학의 논란에 휩싸여 있으면서 그 해결점을 찾지 못하고 있다.

식민사관은 일제 역사가들이 한국 식민 지배를 정당화하기 위해 만든 역사학이다.[2] 이 식민주의 사학은 그 시초부터 오늘날까지 근대 역사학인 랑케의 실증주의 사학이란 틀 속에서 끊임없이 이어져 오고있다. 탈근대화 시대가 도래되었음에도 불구하고 과학적인 근대 역사학이란 이름으로 한국 역사학계를 지배해온 랑케의 실증주의는 지금도 한국 역사학에 굳건히 뿌리고 내리고 있다. 따라서 한국 사학은 왜 여전히 실증주의 사학에

---

[1] 특히 이러한 20세기 역사학의 주제에 대해서는 Georg G. Iggers, *Historiography in the Twentieth Century : From Scientific Objectivity to the Postmodern Challeng* (Middletwon : Wesleyan Univ. Press, 2005)와 Lutz Raphael ed., *Klassiker der Geschichtswissenschaft* (München : Verlag, 2006)을 볼 것.

[2] 한국 역사학계에서는 보통 식민주의 사관 혹은 식민사관, 또는 식민주의 사학 혹은 식민사학으로 혼용하고 있다. 그러나 사관은 역사를 바라보는 관점 혹은 사상체계의 개념으로서 이해해야 한다. 따라서 본 연구서에서는 식민주의 사관을 식민사관, 그리고 식민사학을 식민주의 사학으로, 마찬가지로 실증주의 사관을 실증사관으로, 실증사학을 실증주의 사학으로, 민족주의 사관을 민족사관, 민족사학을 민족주의 사학으로 표기한다.

머물면서 그 탈을 쓴 식민사관을 청산하지 못하고 있는가. 이 책은 여기에서 출발한다.

　해방 후 한국 역사학계는 식민사관에 대한 비판과 성찰을 통해 이를 극복하기 위한 한국역사의 방향과 연구방법을 모색하고 나섰다.[3] 그러나 이러한 역사학계의 다각적인 노력이 지속되었음에도 불구하고 여전히 식민사관이 극복되지 못한 이유는 무엇일까. 이 점을 설명하려면 먼저 그 당시 시대적 분위기를 고려해야 하며 그 근본 이유가 어디에서 비롯된 것인지 정치적, 사회적, 문화적 상황을 다각적으로 살펴 볼 필요가 있다. 알다시피 한국 근대 역사학은 일제의 역사학자들로부터 배운 한국 역사학자들이 해방 후 이병도를 중심으로 조직된 진단학회가 학계의 주류를 형성함으로써 시작됐다. 따라서 한국사에서 식민사관의 청산문제는 바로 이들이 일제의 식민사관 중심으로 한국사를 서술해 해 왔다고 한 지적에서 비롯된 것이다. 일제의 식민사학자들에게 근대 역사학을 배운 한국 실증주의 사학자들은 해방 직후부터 대학 강단을 지켜 오면서 한국사를 가르쳐왔다. 그러나 이들 실증주의 사학자들은 일제 식민주의 사학을 완전히 극복하지 못하고 한국사를 새로운 현대 역사학 관점에서 파악하지 못한 한계를 보여주었다.[4] 이러한 이유 때문에 한국 역사학계를 주도해 온 이들 실증주의 사학자들은 "일제 식민주의 사학의 아류"로 비판을 받아 왔다.[5] 그러나 이런 지적에

---

[3] 대표적으로 1976년 삼성미술문화재단에서 출간한 역사학자 대화집『우리 역사를 어떻게 볼 것인가』를 들 수 있다. 이 대화에는 이기백의 사회로 고병우, 李佑成, 천관우, 愼鏞廈, 이광린, 차하순, 한우근 등이 참여했다.

[4] 민현구,『韓國史學의 성과와 전망』, (고려대학교 출판부, 2008), 13쪽. 예컨대 해방 후 이병도의 이러한 역사연구서는 다음과 같다.『朝鮮史大觀』(同志社, 1948) ;『修正增補 國史大觀』(白映社, 1952) ;『新修國史大觀』(普文閣, 1955) ;『韓國史大觀』(普文閣, 1964) 등이다.

[5] 예컨대 한국민중사연구회가 1987년에 펴낸『한국민중사』, 13-36쪽, 그리고 1989년 한국역사연구회가 펴낸『한국사강의』, 17-59쪽을 참조할 것.

대해 한국 실증주의 사학자들은 크게 반발하고 있다. 예컨대 이기백은 "식민사관을 둘러싼 논쟁이 세상을 온통 뒤흔들어 놓을 정도로 시끄러운 것임에도 불구하고 아직도 이를 해결보지 못한 채 오늘에 이르고 있지만 정상적인 학문적 훈련을 받은 학자들 사이에는 이미 해결난 문제로 간주되고 있다"며 "정상적인 학문적 훈련을 가리켜 일제 식민사관의 영향이라고 하는 사람들이 아직도 있고, 그리고 그러한 주장을 그럴싸하게 여겨 귀를 기울이고 있는 사람들이 있다는 데에 문제가 있다"고 반박하고 있다.[6] 이처럼 우리 역사학계의 식민주의 사학에 대한 시각은 각기 입장에서 다른 견해를 보이고 있다. 이런 까닭에 한국 역사학은 아직도 식민주의 사학의 그늘 속에서 벗어나지 못한 원인이 아닐까 생각한다. 그렇다면 한국 역사학계는 식민주의 사학의 청산에 대해 어떤 노력을 해왔는가.

한국의 랑케로 알려진 이병도와 이기백에 이어 한국 역사학을 주도 해온 한국 실증주의 사학자들의 경우가 오늘 날 한국 역사학의 본질을 잘 보여주고 있다. 한국 역사학계에서 일제의 식민사관을 본격적이고 체계적으로 비판한 인물이 바로 이기백이다. 그가 식민사관을 비판하기 위해 저술한 『한국사신론』은 오늘날까지 한국사학 연구의 기본이 되고 있다. 그는 일제 식민통치 속에 민족정신을 일깨운 신채호와 함석헌 등의 역사서를 읽고 큰 감명을 받은 후 민족을 위한 역사연구를 생각을 하게 됐다고 술회한 바 있다.[7] 그러므로 이 책은 그의 식민사관 비판과 민족에 관한 역사연구가 결합된 결과인 셈이다. 이기백이 1941년 일본의 와세다 대학 문학부의 사학과에서

---

6  이기백, 「식민주의 사관의 논쟁」, 『韓國史像의 再構成』(일조각, 1999), 2쪽에서 인용.
7  이기동, 「한국사상사 연구자로서 이기백」, 한림과학원 엮음, 『고병익, 이기백의 학문과 역사연구』(한림대학교출판부, 2007), 119쪽. 이기백이 1961년에 발간한 『한국사신론』는 1967년에 이어 1976년에는 개정판을 그리고 1990년에 다시 수정판을 출간하여 한국사 개설을 완성시켰다. 이기백의 이 책은 한국사 연구 성과를 광범위하게 수용했으며 특히 사회경제사적 흐름을 통해 발전적인 역사 단계를 설명하고 있다. 이기백, 『韓國史散稿』(일조각, 2005), 109쪽.

공부할 때 민족주의 의식을 깨쳐준 준 저서가 바로 랑케의『강국론』이라고 고백한 바 있다. 이는 그가 랑케의 실증주의 사학의 영향을 받아 민족정신에 눈을 뜨게 되었다는 의미로 해석되며 그 스스로도 역사 공부를 "민족을 위한 한국사 공부"라고 말하기고 했다.[8] 이와 같이 한국의 랑케로 평가받도록 이기백에게 강한 영향을 끼친 랑케의 실증주의 사학의 핵심은 무엇일까.

원래 실증주의 사학의 창시자인 랑케의『강국론』은 각 국가와 민족정신, 그리고 각 국가의 정치적 원리 등을 강조한 책이다. 그는 이 저서에서 보편적인 세계사적 인류 공동사회로의 발전하기 위해서는 여러 민족국가들이 서로 조화와 균형을 이루어야 한다고 피력하고 있다.[9] 그의 설명에 따르면 한 민족국가만이 세계를 결정적이고 절대적으로 지배하는 것은 다른 민족국가들을 멸망시키는 결과를 초래할 뿐이다. 특히 여러 민족국가들이 혼합되면 각각 민족의 독특한 본성이 소멸되기 때문에 진정한 세계사적 조화는 각 민족국가들을 하나하나를 나누고 각각 순수하게 민족의 역사와 문화를 완성시킬 때 생겨나는 것이다.[10] 이 말은 어느 한 국민이 이웃 국민에 대해서 우월을 획득하기 위한 위험을 가해 올 때 독자적인 국민정신의 발전에 의해서만이 이 위험을 막을 수 있다는 의미이다.[11] 이는 세계 공동체를

---

8   이기백,『韓國史散稿』, 104-105쪽. 민현구,「민족적 관심과 실증의 방법론-이기백 사학의 일단-」,한림과학원 엮음,『고병익. 이기백의 학문과 역사연구』,173-180쪽. 이기백의 학문적 업적에 대한 평가는 다음과 같다. 백승종,「진리를 거역하면 민족도 망하고 민중도 망한다-역사가 이기백의 진리지상주의에 대한 몇 가지 생각」,『역사와 문화』9 (문화사학회 : 2004) 301-334쪽 ; 김당택,「이기백 사학과 민족문제」,『역사학보』190 (역사학회 : 2006). 이기백이 일본 유학시절 읽은 랑케의『강국론』은 1940년 아이하라 신사쿠(相原新作)이『강국론 : 근세구주 열국의 성쇠(强國論 : 近世歐洲列國の盛衰)』(東京 : 岩波書店, 1940)라는 제목으로 번역한 것으로 여겨진다.
9   이상신,「역자 서문」,레오폴드 폰 랑케, 이상신 옮김,『강대세력들. 정치대담. 자서전』(신서원, 2014), 10-13쪽.
10  랑케,「재건」, 윗 책, 104쪽.
11  랑케 말하는 국민정신이란 공산적인 것이 아니라 참말로 실재하는 국가 속에서 확실하게 縣揚된 국민정신을 말한다. 이 국민정신은 이른 바. 도덕적 에너지(Moralische

위해서 각 민족국가들이 상호 조화와 균형을 이루어 각국의 개별성과 독립성을 유지해 나가야 하며, 결코 강국의 지배를 인정하지 않아야 한다는 뜻이다. 그러므로 세계사적 보편성은 각 민족국가들의 공존이며, 국가의 힘은 곧 민족정신에서 나온다고 한 사상이 곧 랑케의 실증주의 역사관이다. 랑케의 이러한 역사 사상에 큰 영향을 받았다고 스스로 고백한 이기백은 『강국론』을 통해 민족의 역사에 대한 인식을 갖게 되었을 뿐 아니라 이후 민족주의 사관과 민족국가 개념에 입각하여 한국사 서술에 착수하게 됐다고 밝혔다.[12]

알다시피 이기백의 역사학 공부는 이병도와 마찬가지로 한국이 아니라 일본에서 시작되었다. 그는 일본으로 건너가 와세다 대학의 노노무라(野野村戒三) 교수로부터 역사 서술과 이론을 배운데 이어 랑케, 헤겔, 마이네케 등 역사이론 등을 공부했다. 그리고 그는 일제 식민주의 사학자로 유명한 쓰다 소우키치(津田左右吉)의 『지나사상(支那思想)』과 『도가사상과 그 전개』를 열심히 읽는 등 일본에서 이러한 역사공부 의 과정 중, 쓰다의 영향을 받아 사회주도세력의 변천에 따른 시대구분론을 바탕으로 한국사

---

    Energien)으로 표현된다. 이 정신은 정의될 수 없고 추상적인 개념으로 정의될 수도 없다. 단지 이는 관조와 인지로 통해 이 힘들이 존재한다는 것을 공감할 수 있다. 이것은 사실에 입각한 랑케의 역사연구가 실증주의적이지 않다는 오해를 불러일으키고 있다. 그러나 이러한 정신의 힘은 일반화 혹은 보편성으로가 아니라 개별성을 통해 인지된다. 특히 랑케는 이 정신의 힘을 통해 강국의 힘의 침략에 대응할 수 있어야 하며 이는 곧 고유한 민족성의 발전을 통해서만 발휘된다는 것이다. 랑케, 「재건」, 윗 책, 102-103쪽.

12  이기백은 "랑케의『강국론』이 나의 민족주의적인 사고를 더욱 굳게 했다. 랑케는 세계사에서 민족의 역할을 강조하고 독자적인 문화적 성격을 지닌 민족 단위의 국가를 강국으로 규정했다"라고 술회했다. 이기백,韓國史散稿』,105쪽. 랑케의 민족주의 역사관에 영향을 받은 이기백의 저서는『한국사 신론』과『民族과 歷史』, (일조각, 초판 1971년, 신판 1994)이다. 이기백은『민족과 역사』의 머리말에서 "이 책의 중심 과제는 우리 민족의 문제이다. 처음부터 마지막까지 이 책을 일관하는 주제는 곧 한국민족 그것이다"라고 그의 역사 연구의 중심과제에 대해 민족을 강조했다. 이기백,『民族과 歷史』(일조각, 1994), 5쪽.

개설서 집필에 힘을 기울인 것으로 보인다.[13]

이기백은 일본 유학시절에 배운 랑케의 실증주의 사학의 엄정한 사료비판과 과학적 연구방법을 자신의 학문적 토대로 삼았다.[14] 일본 와세다 대학에 유학 중 일본 사학자들에게서 배운 그의 연구 방법론은 한국 실증주의 사학의 초석이 되었던 것이다.[15] 일본에서 근대 역사학을 배우고 또 일본에 수용된 새로운 연구방향을 익힌 그는 한국 역사학의 연구수준을 한층 높였다는 평가를 받았다.[16]

식민주의적 한국사관을 비판하며 한국사의 주체성을 강조했지만[17] 한편으로 "민족에 대한 사랑과 진리에 대한 믿음은 둘이 아니라 하나다"라는

---

13  이기동, 「한국사상사 연구자로서 이기백」, 윗 책, 122-126쪽. 이기백은 1942년 가을, 와세다대학 문학부 사학과에 입학하여 노노무라(野野村戒三) 교수의「사학개론」, 淸水泰次교수의「동양사개설」, 福井康順교수의「동양철학사」, 會津八一교수의「동양미술사」 등의 강의를 들었다고 회고 했다. 이기백,『研史隨錄』, (일조각, 1994), 231쪽. 이밖에 이기백은 랑케, 마이네케, 헤겔 등의 역사이론으로부터 많은 영향을 받았다. 이기백,『韓國史散稿』, 105쪽.

14  이기백,『韓國史散稿』, 105, 231쪽. 이 고백은 2003년 그가 타개하기 전 2003년에 구두로 한일역사가대회에서 처음 발표한 것이다. 그는 이 자리에서 비로소 처음으로 일본 유학시절에 접한 랑케의『강국론』등 실증주의 역사이론을 지니고 지내면서 때때로 되새김하고 또 확인하고 했다는 점을 밝히고 랑케, 헤겔, 마이네케의 역사이론이 자신의 한국사학 연구에 빼놓을 수 없는 초석으로 삼았다는 것을 내비친 것이다. 노용필,「韓國에서의 歷史主義 受容: 李基白 韓國史研究의 礎石」,한국사학사학보』23, (2011), 265쪽.

15  노용필, 윗글, 263-265쪽, 276-280쪽.

16  김용선, 「이기백의 저술과 역사연구」, 한림과학원 역음,『고병익. 이기백 학문과 역사연구』, 68-69쪽. 이기백의 역사관에 대한 연구는 노용필의 윗글이 주목할 만하다. 이 논문에서 노용필은 이기백이 한국사 연구를 진행해 나가면서 베른하임, 크로체의 사학사 및 헤겔, 랑케 마이네케 등의 역사 이론서를 읽고 영향을 받았다. 이들의 저서들은 이기백이 일본 유학시절에 읽고 이후 내내 이 책을 소장하고 있으면서 틈틈이 참고했을 뿐 아니라 자신의 논문에서 직접 인용하기도 했다. 이기백은 어떠한 역사이론일지라도 이를 적극 수용하여 그 토대를 마련해야 한다고 여겼는데, 이러한 그의 지론은 일본 와세다 대학 유학시절부터 역사주의를 위시하여 여러 역사이론에 대한 지식과 그 자신이 역사를 연구하면서 지속적으로 해온 통찰의 산물이며 특히 역사주의 이론을 수용하여 한국사학을 발전시켰다고 평했다.

17  이기백,「식민주의적 한국사관 비판」,『民族과 歷史』, 11쪽.

명제로 민족주의 사학을 실증주의 사학으로 전환을 모색했던 이기백에 대해 한국 사학계는 "『한국사 신론』으로 집약된 그의 빛나는 업적만큼이나 21세기 한국사학에 드리운 그림자도 길다"며 혹독한 비판적 평가를 하기도 했다.[18]

이기백은 항상 식민사관을 청산하고 한국사학을 발전시키게 위해 객관적 사실을 토대로 한 실증주의 사학을 계승 발전시켜야 한다고 주장했다.[19] 그러나 일제 식민주의 사학자들의 영향을 받은 탓인지 그는 랑케의 실증주의 사학으로부터 민족역사에 대한 깊은 인식에도 불구하고 역사서술의 객관성을 강조하면서 "민족주의 사학에서 민족을 중요시하는 전통은 일제 식민통치 하에 망명생활 속에서 민족의 독립을 되찾으려는 역사가들이 민족정신을 강조하는 형태로 표현되었다"며 "이 이론은 한국사의 흐름 전체에 적용하는 이해 방법이 정당화 될 수 없다"고 민족주의 사학을 비판하기도 했다.[20] 즉 이기백은 민족적인 감정에 의한 경우, 역사논리의 비약이 과격하게 노출되게 마련이며 이것은 한국사학의 발전을 도모할 수 없기 때문에 오로지 역사에서 객관적 사실만이 한국 사학의 올바른 발전을 가져올 수 있다고 주장했다.[21]

예컨대 이기백은 신채호의 민족주의 사학은 오로지 민족들 사이의 투쟁을 주장했을 뿐, 랑케가 말한 바와 같이 각 민족들의 상호 조화를 보여주지 못했다는 점을 강조하며[22] 일제 식민사관에 대한 비판도 객관성을 갖지

---

18　김기봉, 「민족과 진리는 하나일 수 있을가?-이기백의 실증사학」, 도면회, 윤해동 엮음, 『역사학의 세기-20세기 한국과 일본의 역사학』, (휴머니스트, 2009), 287-317쪽. 특히 김기봉, 「모든 시대는 진리에 직결되어 있다-한국 역사학의 랑케, 이기백」, 『역사에서의 중앙과 지방』(제49회 전국역사학대회 발표 논문집: 2006) 참조.
19　김용선, 「이기백의 저술과 역사연구」, 윗 책, 77쪽.
20　이기백, 「현대 한국사학의 방향」, 『한국사학의 방향』(일조각, 1997), 156쪽.
21　이기백, 「현대 한국사학의 방향」, 윗 책, 163-164쪽.
22　이기백, 「民族主義史學의 發展」, 『民族과 歷史』, 21쪽.

못한다면 이 또한 올바른 역사가 될 수 없다고 다음과 같이 비판했다.

> "일제 식민주의 사학의 비판이나 혹은 자기 전통의 모색이 나는 해방 후의 한국사학이 거쳐야 할 하나의 관문이 되었다. …해방된지 30년 세월이 흘렀다. 이 30년은 오늘 한국사학이 나아가야 할 새로운 방향을 모색하기에 충분한 시간이었다고 믿는다. 이제 분명히 소극적으로 과거를 부정하거나 혹은 지켜가는 것만으로 만족할 시기는 지나갔다. 제시된 학설의 내용이 객관적으로 긍정될 수 없는 경우에라도 그것이 일제 식민주의 사학의 비판을 위한 것이었다든가 혹은 또 우리 근대사학의 전통을 계승했다든가 하는 명목만으로써 높이 평가되어야 할 시대는 지났다"[23]

따라서 이기백은 신채호, 최남선, 정인보 등 민족주의 사학자들이 보편성을 바탕으로 한국사를 서술하고 있지만 민족의 특수성 혹은 고유성이 강조되고 있다고 지적하고 "이런 역사서술은 일제 침략 속에서 민족정신을 고취하려는 것이지 역사적 의의가 있는 것이 아니"라고 비판한다.[24] 즉, 이런 역사관의 전통은 한국민족을 인류로부터 고립시키고 한국사를 세계사로부터 유리시키는 결과를 가져온다는 것이다. 이런 지적은 그가 랑케의 『강국론』에 대한 일본 실증주의 사학자들의 자의적인 해석으로부터 받은 영향을 그대로 반영해 주고 있다. 랑케는 세계사를 신에 따라 각각 민족이 내적인 발전을 이룩하는 민족사 중심으로 인식했다.[25] 랑케에 따르면 각 민족의 역사는 각자 독특한 개별성 혹은 특수성을 가졌기 때문에 그

---

23  이기백, 「현대 한국사학의 방향」, 윗 책, 154쪽.
24  이기백, 「한국사의 보편성과 특수성」, 『한국사학의 방향』, 131쪽.
25  김기봉, 「랑케의 'wie es eigentlich gewesen' 본래 의미와 독일 역사주의」, 『호서사학』39집, (2004), 140쪽.

고유한 보편성을 지니고 있으며 이것이 진정한 세계사적 조화라는 것이다. 랑케의 이 말에 비춰 볼 때 객관성과 보편성의 결여를 내세우며 민족사관을 비판한 이기백의 역사관은 랑케의 실증주의 역사관과 상당한 차이가 있다. 즉, 이기백은 랑케의 실증주의 역사관을 앞세우고 있으나 그 본질에서 랑케의 역사관과 모순점을 보여주고 있다.

그렇다면 일제의 식민사관은 사실을 바탕으로 한 실증주의적 객관성을 가진 것인가? 물론 이 문제에 대해서 이기백은 일제 시기 일본 학자들은 한국사의 타율이나 정체성을 강조한 침략주의적이고 식민주의적인 사관으로 일관되어 있다고 비판한다. 이기백 입장에서 볼 때 일제 식민주의 사학은 물론 민족주의 사학도 감정이 섞인 객관성이 결여된 사관이고 보편성이 없는 역사서술이기 때문에 이 둘다 올바른 역사가 아닌 셈이다. 그는 랑케를 비롯하여 마이네케, 크로체, 베른하임, 헤겔 등 역사주의 사관을 수용하여 보편성과 객관성이 있는 역사관으로 연구된 것만이 진정한 역사서술로 인정한다.[26] 바로 이 점에서 이기백은 식민사관을 대신할 새로운 사관을 정립하기 위하여 민족사관의 전통과 사회경제사관 그리고 실증주의 사학의 전통을 계승 발전시킨 소위 '신-신민족사관'을 가진 역사가로 평가를 받게

---

26  이기백,「한국사의 보편성과 특수성」, 윗 책, 135-141쪽. 독일 역사주의 창시자는 랑케이며 이후 독일 역사주의는 드로이젠, 부르크하르트와 같은 랑케 후예들은 랑케의 역사철학과 대결 속에서 서로 모순되는 복합적 의미의 역사주의 개념을 만들어 냈다. 김기봉, 윗 글, 144쪽. 노용필은 이기백은 역사주의 사관을 가진 자이지만 자신이 역사주의란 용어를 사용하지 않은 이유는 베른하임이 "역사주의란 말이 가지각색으로 사용되고 있기 때문에 이 용어의 사용을 피하는 것이 좋다"는 의견에 따른 것이라고 말한다. 노용필, 윗 글, 295-297쪽. 물론 역사주의는 베른하임 말대로 동일한 역사적 개념을 가진 것은 아니기 때문에 다양한 해석이 가능하다. 단 역사주의는 "어떤 사건의 본질에 대한 이해와 가치에 대해 합당한 평가를 하려면 사건이 역사의 발전 과정 속에서 수행된 역할을 고찰함으로써 획득될 수 있는 믿음"이란 포괄적인 정의로 설명된다. F. R. Ankersmit, "Historicsm : An Attempt at Synthesis", *History and Theory*, vol. 34, no.3, (Oct., 1995), 143-161쪽.

되었다.[27]

따라서 이기백의 실증주의 사학은 두 가지 관점에서 비판을 받고 있다. 그 첫째가 한국사의 실증주의 사학의 계보는 일본의 식민주의 사학자 쓰다 소우기치(津田左右吉)로부터 이병도와 이기백으로 이어지며 이것이 곧 소위 '후식민지사학'이라는 것이다. 쓰다는 1919년 『삼국사기』의 「신라본기」에 대한 사료비판을 통해 내물왕 이전 기록을 믿을 수 없다는 이론을 제시했고 이 이론을 한국 실증주의 사학자들이 이어받아 내물왕 이전 역사를 부인하고 있다. 그러므로 비판자들은 이병도와 이기백의 실증주의 사학 즉, '후식민지사학'의 해체를 통해 식민주의 사학자들이 부인한 내물왕 이전의 고대 한국사가 재구성되어야 식민주의 사학을 극복할 수 있다고 주장한다.[28] 이 때문에 이기백은 식민주의 사학과 민족주의 사학 두 개를 실증주의 사학에 결합하여 민족주의 사학에서 벗어나려 했다는 비판을 받게 되었다.[29] 말하자면 그의 역사학에서 실증주의 사학은 본질이 아니라 자신의 역사학을 모색 하기 위한 도구인 셈이다. 특히 이기백은 독자적인 방법으로 식민사관을 극복한다 했지만 식민사관이 고대 한국사의 지형학적인 요인을 부정한 바와 같이 그도 실증주의 역사의 보편성과 객관성을 강조하며 역사의

---

27  이 점에서 이기백은 문일평과 손진태가 민족주의 사관과 사회경제사관 그리고 실증주의 사관 전통을 종합하여 새로운 한국사학을 수립했다고 높이 평가했다. 김용선, 「이기백의 저술과 역사연구」, 윗 책, 77쪽.

28  김기봉, 「민족주의 진리는 하나일 수 있는가?」 도면회. 윤해동 엮음, 『역사학의 세기: 20세기 한국과 일본의 역사학』, (휴머니스트, 2009), 314쪽. 특히 이러한 비판제기에 대해서 이종욱, 『민족인가, 국가인가? 신라 내물왕 이전 역사에 답이 있다』(소나무, 2006)를 보라.

29  김기봉은 객관적인 역사인식에 이르는 과학적 방법론으로 제시된 실증사학이 자신의 역사이데올로기로 이용되고 있다는 점을 개탄하고 있다. 김기봉, 「민족주의 진리는 하나일 수 있는가?」윗 책. 314-315쪽. 자유민주주의와 시장경제를 보편사적 원칙으로 정하고 한국사 발전과정을 실증주의에 입각하여 서술한 보수 진영의 교과서인 『대안교과서 한국 근현대사』(기파랑, 2008)는 이기백의 또 다른 비판을 제기한 것이다.

주체를 인간으로 보고 지리적 공간을 철저히 배격한 한국사 체계를 세우려 했다는 것이다.[30] 일본에서 역사를 배웠던 이병도와 이기백 등을 중심으로 한 한국 역사학의 주류가 실증주의 사학이라는 점에서 비추어 볼 때 이러한 비판은 곧 한국 실증주의 사학의 성격을 그대로 드러내 주고 있는 셈이다.

한편 2006년 '책세상'에서 출판된 『해방전후사의 재인식』에서도 이러한 한국 실증주의 사학의 흐름을 엿볼 수 있다. 이 책은 '한길사'에서 1978년부터 1989년까지 6권으로 출간된 강만길의 『해방 전후사의 인식』이 좌파 편향으로 서술됐고 정치적으로 큰 성공을 거둔 이른바, 좌파 정치적 역사서라는 반발의 결과물로 나온 것이다. 『해방전후사의 재인식』의 서문에서 박지향은 강만길의 『해방 전후사의 인식』에 대해 "근본적으로 두 가지 문제점을 드러냈다"며 다음과 같이 비판했다.

"민족 지상주의와 민중혁명 필연론이 우리 역사 해석에 끼친 폐해에 대한 우려를 담고 있다. …민족주의는 본래 배타적이고 폭력적인 이념이다. 그것은 자기 민족의 우월함을 주장하고 증명하기 위해 다른 민족들을 깎아 내려야 한다. 따라서 민족지상주의가 야기하는 문제점은 첫째, 그것으로는 고난의 우리 현대사를 제대로 인식하고 과거로부터 교훈을 얻을 수 없다는 사실이다. 우리 민족은 대단히 우수한데 다른 나라 때문에 나라가 망하고 식민지배와 민족 비극을 겪었다고 주장하는 것은 역사에서 아무것도 배우지 말자는 주장과 다르지 않다. 또 다른 문제점은 우리 사회에서 횡행하고 있는 '우리 민족끼리'라는 논리와 관련된 여러 양태에서 잘 드러난다. 민족지상주의는 민족이 다른 모든 가치를 압도하고 지고의 가치로 부상해야만 직성이 풀리는 것 같다. 따라서 그들은 '우리민족끼리'란 기상천외한 이념을 국민 앞에 내세우면서 그에

---

30   이기백「현대 한국사학의 방향」, 『한국사학의 방향』, 153-167쪽.

대한 반대 목소리를 짓누르고 있다. 민족 앞에 인권과 자유가 먼저라는 외침은 민족에 대한 배신으로 간주될 뿐이다."[31]

그래서 박지향은 강만길의 『해방 전후사의 인식』의 역사 해석은 좌파적일 뿐 아니라 역사 인식이 너무 편협하고 균형감각을 잃어 우려가 된다고 비판한다. 이와 같이 박지향은 한국 실증주의 사학자들의 주장처럼 민족주의 역사가 객관성과 보편성이 결여되었기 때문에 역사서술이 될 수가 없다는 논리를 그대로 따르고 있다.

박지향은 "모든 역사적 사건과 인물들에는 공과(功過)가 있기 마련이며 그것을 공정하게 보여주는 것이 역사가의 임무이다. 그러나 역사에 대한, 인간 본성에 대한 이상주의적 관점에서 과거를 해석하고 비판해서는 제대로 된 이해에 도달할 수 없다. 역사가는 냉철한 현실주의적 입장에서 과거를 돌아보아야 한다."고 주장하고 있다.[32] 이 책에서 이영훈은 강만길의 『해방 전후사의 인식』에 대해 "민족이란 것은 역사가가 그 집단기억의 유래를 추구하는 다양한 층위의 인간집단 가운데 그저 한 가지에 지나지 않는다. 나는 인간 개체의 역사, 가족과 친족의 역사, 촌락과 단체의 역사, 지방과 국가의 역사, 사상과 종교와 예술의 역사 등 그 모든 역사를 제쳐놓고 민족만이 역사 쓰기의 유일무이한 단위가 되어야 한다는 법이 어디에 근거하고 있는지를 잘 알지 못하겠다." 또한 그는 "민족의 역사가 중요하다고 하나 다른 모든 역사가 그에 귀속하고 그에 복무해야 할 만큼이나 초월적인 지위에 있다고 어찌말 할 수 있는가?"라고 비판하고 있다.[33]

따라서 이영훈은 "사료에 기초한 실증이 뒷받침되지 않은 주장은

---

31  박지향, 김철, 김일영, 이영훈, 엮음 『해방전후사의 재인식』(책세상. 2006), 13-14쪽
32  박지향, 윗책, 14-15쪽.
33  이영훈, 「왜 다시 해방 전후사인가」, 윗 책, 41-43쪽.

'직업으로서 역사학'이 아니"라고 강조한다.[34] 이 또한 한국 실증주의 사학자들의 생각과 다를 바 없다. 결국 이영훈은 "친일파는 한국사회에서 원죄와 같은 존재이다. 원죄는 인간을 죽음의 절망으로 이끈다. 인간은 자비로운 신에게 그 원초적 죄성을 고백함으로써 구원을 받아야 한다. 그렇게 원죄와 같은 친일파를 청산하면 한국사회는 신의 정의로움을 회복할 수 있을 것이다. 나아가 친일파는 그들의 더러운 영혼도 구원을 받게 된다."며 결국 강만길의『해방 전후사의 인식』은 "민족을 새로운 태극으로 하는 근본주의적 사고방식과 종교적 선악사관이 흐르고 있다. 그 근본주의 함정은 '직업으로서의 역사학'에 요구되는 자질과 윤리의 결어로 인해 더욱 깊어졌다. 우리가 비판의 적으로 삼은 해방 전후사를 둘러싼 『인식』의 인식론과 역사관은 한마디로 그렇게 파인 근본주의 함정"이라고 비판하고 있다.[35] 그리고 이영훈은 이만열이 친일인명사전 편찬위원회 제1차 국민공청회 기조 발제문「친일파의 개념과 범주」에서 말한 "어찌 보면 사회의 지탄을 받는 쟁쟁한 친일파들도 자기 정체성과 인간성을 파괴당했다는 점에서 일제식민지 지배의 가장 큰 피해자들일 수 있다"는 내용을 소개했다.[36] 이영훈의 이 같은 비판의 목적은 결국 선악사관의 근본주의 함정을 대체할 새로운 역사학, 그리고 '직업으로서의 역사학'에 잘 훈련된 역사가가 다시 쓸 해방 전후사는 바로 '문명사'라는 점을 드러내고자 한 것에 있다.[37] 예컨대 이영훈은 "일본 제국주의에 의해 강요된 근대화는 실제로는 전통과의 상호작용 과정이었으며 그런 의미에서 진정한 융합 과정이었다."고 주장한다.[38]

---

34  이영훈,「왜 다시 해방 전후사인가」,윗 책, 45쪽.
35  이영훈,「왜 다시 해방 전후사인가」,윗 책, 51-53쪽.
36  이영훈,「왜 다시 해방 전후사인가」,윗 책, 51쪽.
37  이영훈,「왜 다시 해방 전후사인가」,윗 책, 55쪽.
38  이영훈,「왜 다시 해방 전후사인가」,윗 책, 59쪽.

해방 이후 일제 식민사관을 극복하기 위해 한국사학의 비판과 더불어 새로운 연구 방향의 문제들이 계속 제기되어 왔음에도 불구하고 여전히 우리 역사학에서는 식민사관의 맥이 그대로 이어져 오고 있다는 지적이 끊이지 않고 있다. 이에 대해 다음의 글을 인용해 보자.

> "민주주의와 민족문화 건설의 노력이 일제 잔재의 청산보다 강조되던 당시 사회의 분위기와 일정한 관계가 있었다. 더욱이 1950년대 한국전쟁을 겪은 후 이승만을 중심으로 하여 추진되던 사이비 '미국식 민주주의'가 강조되고 있었다. 이 과정에서 지난날의 역사 연구에 대한 비판적 인식은 더욱 용납되기 어려웠다. 그리하여 남한 사회에서는 식민주의 사학에 대한 본격적인 비판이 나타나지 못했다."[39]

따라서 해방 이후 한국 사회에서 식민의 유산을 청산하려는 노력이 진행되었지만 반민족행위자를 처벌하자는 시도가 좌절된 바와 같이 일제의 식민통치가 남겨 논 잔재를 청산하는 것도 결국 실패하고 말았다. 이러한 현실이 한국 사학계에서도 마찬가지였다.[40] 식민주의 역사학자들은 소위 실증주의를 내세우며 역사학의 민족주의 사학을 부정적으로 인식하고 한국사의 연구의 새로운 방향에 대한 다각적인 의견을 제시하기 시작했다.[41] 이 가운데 1970년대 한국사의 새로운 방향을 제시한 것이 바로 한국사회의 현실과 역사를 다룬 강만길의 『분단시대의 역사인식』이었다.

강만길은 이 책에서 민족주의 사학의 전통을 발전시키기 위해 제시한

---

39  조광, 『한국사학사의 인식과 과제』(경인문화사, 2010), 207-208쪽.
40  조광, 윗 책, 207쪽. 해방 이후 식민사학의 비판은 1960년에 출간된 이기백의 『국사신론』이 효시였다. 이기백, 『國史新論』(일조각, 1960), 8쪽.
41  고병우, 李佑成, 천관우, 愼鏞廈, 이광린, 차하순, 한우근 대담집, 『우리 역사를 어떻게 볼 것인가』(삼성미술 문화재단, 1976)을 참조.

이론이 바로 '분단사학론'이었다. 그는 분단사학론을 식민주의 사학에 대한 비판과 반식민주의 사학의 창조적 계승을 위한 출발점으로 삼고 식민주의 사학에 드러난 민족성의 결여를 극복하자고 했다.[42] 이념적으로 좌파에 치우쳐 있다고 비판을 받았던 강만길을 중심으로 한 민중 사학자들은 다음과 같이 한국 실증주의 사학이 일제식민주의 사학의 새로운 변형이라고 비판하고 나섰다.

"일본인들이 세워 놓은 한국사관은 이미 많이 지적되고 논의되었지만 대개 정체성 원리와 타율성 원리로 집약되고 있다. 정체성 원리는 일본 제국주의 세력이 침략하기 이전의 한국사는 전혀 발전하지 못하고 있어서, 예를 들어 문호개방 이전 19세게 초엽까지의 한국은 일본의 10세기 내지 11세기 사회상과 같았다는 주장이다. 이 같은 주장의 이면에는 정체성에 빠진 한국사는 일본이 한국을 지배하게 됨으로써 이제 발전 할 원동력을 찾게 되었으며 이 때문에 한국사는 급격히 근대화해 나갔다고 주장하고 싶었던 것이다. 즉, 깊은 잠에 빠져서 근대의 빛을 보지 못할 운명이었던 한국사가 일본의 보호와 배려에 의하여 일깨워 졌다고 주장함으로써 그들의 침략을 합리화 시키려 했던 것이다. 타율성 원리는 한국사가 그 전체를 통하여 한국인의 뜻에 의하여 움직여진 것이 아니라 한반도를 둘러싼 다른 민족의 의사에 따라 좌우되었다는 주장이었다. 이와 같은 주장을 뒷받침하기 위해서 그들은 한국사를 서술함에 있어 외민족의 침입을 특히 강조했다."[43]

---

42  강만길, 『分斷時代의 歷史認識』(창작과 비평사, 1978), 13, 34, 47쪽. 강만길의 역사는 역사학의 영역에서 벗어난 이념서로 비판을 받았다. 이기백, 『한국사 이행에서의 현재성 문제』(문학과 지성, 1978), 32쪽.

43  강만길, 「한국사의 관점-16세기 변화와 임진왜란의 의의-」, 역사학회 편, 『한국사의 반성』(신구문화사, 1969), 40-41쪽.

이처럼 민족주의 사학계에서 식민사관을 비판하며 한국사의 새로운 방향을 모색하는 논의가 활발하게 전개되어 왔다. 이 과정에서 해방 이후 현재에 이르기까지 한국사의 주류를 형성해온 식민사관의 오류와 왜곡, 그리고 그 뒤를 이어온 한국 실증주의 사학의 문제는 시급히 해결되어야 할 당면과제가 된 것이다.[44] 그렇다면 왜 해방 이후 반세기 지나도록 한국 실증주의 사학은 일제 식민사관의 그늘에서 벗어나지 못하고 있는가. 따라서 본 저서는 그 이유를 밝히고 진정한 실증주의 사학의 본질이 무엇인지 규명하는데 있다. 먼저 한국 실증주의 사학과 근대 역사학의 시작인 랑케의 실증주의 사학이란 무엇인가? 이 질문에 대해 살펴보고자 한다.

---

44  식민사관의 개념은 1960년대에 정립된 것이다. 즉, 침략을 합리화 시킨다는 학문으로 정의되며 이는 정치적인 의미를 담고 있다. 소위 제국대학 중심의 관학파로서 일본제국에 대한 충성심이 반영된 역사이다.

제2장

랑케 실증주의
사학의 테스트

랑케에게 자율적인 민족국가 체제의 형성은 만물이 지향해야 할 목표였으며 모든 운동이 도달하게 될 최종 지점이었다. 그러므로 랑케는 민족정신의 원리를 재강조하는 방법을 통해 역사를 서술하는 것이 역사가의 임무라고 생각했다.

-헤이든 화이트, 『메타역사』-

# 제2장. 랑케 실증주의 사학의 텍스트

## 1) 실증주의란 무엇인가

실증주의란 본래 콩트 (Isidore Marie Auguste François Xavier Comte)가 주창한 바와 같이 자연과학과 마찬가지로 역사에서도 과학적 방법을 적용하여 객관적인 역사적 사실을 밝혀내는 학문연구의 방법론이다.[45] 콩트는 자신의 저작인『실증철학강의 *Course of Positive Philosphy*』를 집필하는데 주력하며 '사회학'의 원리들을 창안하였다. 그러나 그의 철학은 많은 비판을 받자 자신의 후기 저작인『실증정치체계』에서 과학보다는 종교적인 색채를 띠기 시작하면서 종교의 대체물로 실증주의를 주장하게 되었다. 그리하여 콩트는 관찰을 통하여 사회학적인 원리와 법칙을 발견하려 했는데, 이것을 실증주의라고 불렀다. 그는 단순히 현상을 관찰하는 데 그친 조잡한 경험주의를 비판하면서 "모든 이론이 관찰된 사실에 기초해야 한다면, 모든 현상도 이론에 기초해야 한다"라고 강조하며 자연과학적 연구방법을 주장했다. 따라서 콩트의 실증주의는 단순히 경험주의에 그치는 것이 아니라, 이론과 법칙의 발견을 목적으로 삼고 현실을 관찰하는 방법론이다.[46] 19세기 초 프랑스의 사회주의자들은 대체로 기독교적 성격을

---

[45] 실증과학(Positive science)이란 용어에 대해 케인즈는 '있는 그대로 무엇인가'에 관한 체계화된 지식의 통일체로서 실질적인 과학, 그것이 '무엇이 되어져야 하는가'라는 기준을 논하는 체계화된 지식의 조직체로서 규범적이고 규칙적인 과학, 주어진 목적을 달성하기 위한 법칙의 체계로서 예술 등 사이의 차이를 구별하면서 이들 사이의 혼동은 일반적이며 많은 실수의 해악의 근원이라며 정치경제에 관해 명확한 실증과학을 인식하는 것이 중요하다고 설명했다. John Neville keynes, *The Scope and Method of Political Economy* (London : Macmillan & Co., 1891), 34-35쪽. 예컨대 실증경제는 원칙적으로 윤리적인 입장이나 규범적인 판단으로부터 별개이다. 실증경제는 '무엇이 되어져야 하는가'가 아니라 '무엇인가'를 다루는 것이다. Milton Friedman, *Essays in Positive Economics* (Chicago : Univ., of Chicago Press, 1953), 4쪽.

[46] Ernst Breisach, *Historiography : Ancient, Medieval and Modern* (Chicago :

띠고 인류의 이상적인 세계상을 계획했다. 콩트 역시 이러한 사상적 흐름에 따라 인류 역사에서 평화 그리고 조화로운 인간 공동체의 세상을 꿈꾸며 1830년대 새로운 인류역사의 질서가 일어나길 갈망했다.

그는 이러한 자신의 열망 속에서 역사과정을 재규정하여 이를 콩도르세(Marie Jean Antoine Condorcet)의 체계적인 이론으로 설명했다. 왜냐하면 콩도르세는 진보하는 역사의 발전 단계에서 마지막 끝에 이르면 여러 민족들 사이의 불평등이 해소되고 진실한 인간의 이상이 성취된 목가풍의 인간사회를 전망했기 때문이었다.[47] 전형적으로 이러한 역사의 접근 방식은 미래의 인간사회가 보다 나아질 것이라는 희망과 진보적인 이상을 제시한다. 그리고 이 비전은 인간의 죄를 회개하도록 하여 미래의 진보된 역사를 구현하는 데 필요한 새로운 이상적인 인간세계의 실현을 목표로 삼는다. 볼테르는 이러한 역사의 비전에 대해 중세 기독교 보편세계가 지배해온 무지와 미신의 역사로부터 벗어나 이성과 계몽을 향하여 진보해 나아가는 인류 역사의 발전으로 설명한다. 따라서 볼테르는 모든 역사적 사건들에 대해 오직 우연의 법칙으로만 보지 않고 경험의 세계를 우연으로, 이성의 세계를 필연으로 인식했다. 따라서 그는 초자연적 역사 또는 정치사나 전기적 역사, 고대 역사가들의 기록 등을 비판도 없이 수용했던 당대의 역사기술을 비판하며 세속적이고 자연주의적 역사관을 제안했다.

그리하여 그는 『루이 14세의 시대』(1752년)와 『민족들의 삶의 양식들과

---

Univ., of Chicago Press, 2007), 272-274쪽 ; 김영한, 「실증주의 사관-콩트와 버클을 중심으로-」, 차하순 역음, 『사관이란 무엇인가』(청람, 1980), 60-62쪽. 이러한 관점에서 콩트의 실증주의에 대한 분석은 John Stuart Mill, *August Comte and Positivism* (Colorado : CreateSpace Independent Publishing Platform, 2013) ; Franck Alengry, *Essai Historique Et Critique Sur La Sociologie Chez Auguste Comte* (Whitefish : Kessinger, Publishing, LLC, 2010).

47  Bruce Mazlish, *The Riddle of History : The Great Speculators From Vico to Freud* (New York : Minerva Press, 1966), 90쪽.

관습들에 대한 논술』(1757년)을 저술하여 인류의 보편적 역사를 철학적이고 해석학적인 관점에서 살펴보면서 비유럽 지역인 아시아 등 다른 지역의 여러 민족의 진보를 이해하려 했다.[48] 마찬가지로 콩도르세는 1790년대 초에 저술한『인간정신의 진보에 관한 역사적 상태의 대요』를 통해서 인류의 목가적인 상태가 10가지 발전하는 역사적 단계의 마지막에 실현된다고 생각했다.

이처럼 콩도르세는 인간의 진보와 발전이 구현될 것으로 확신하고 이를 역사적 관점에서 실증적으로 증명하고자 했다. 인간은 지각하고 인식된 각 객체들의 공통점과 차이점을 구별함으로써 새로운 조합을 만들어 낸다. 그러나 콩도르세는 인간의 객체에 대한 인식이 외부의 여러 환경과 물리적 요인들 그리고 주변의 타인들로부터 많은 영향을 받기 때문에 역사적 사건과 사실들 사이의 상호작용으로 발생된 다양한 현상을 통해서 역사를 이해하게 된다고 설명한다. 그렇기 때문에 콩도르세는 역사 발전 속에서 인간정신의 진보를 실질적으로 증명할 수 있다는 것이다.[49] 콩도르세에 따르면 원시사회의 인간은 본능적으로 사고하고 행동하지만 계몽시대에 이르면 인간은 이성과 도덕적인 능력을 갖추게 된다. 즉 계몽주의 이상을

---

48  그러나 볼테르는 역사기술의 공정성을 주장한다. 예컨대 그는 "나는 약하지만 좋은 붓으로 있는 그대로의 인간들을 그려내는 화가와 같다"고 말한다. Fritz Stern ed., *The Varieties of History : From Voltaire to Prensent*, (New York : A Division of Renndom House, 1973), 35-38쪽. 특히 그는 인문사회과학과 자연과학의 발전을 "인간정신의 진보"라며 모든 사람들이 아니라 특정 천재들만 기술했다. Fritz Stern ed., 윗 책, 38-40쪽. 볼테르는 스스로 역사철학자로 생각했으나 근대 시기 다른 역사철학자와 달리 과거의 인물들과 사건, 그리고 역사적 사건들의 사실에 대해 중요시 했다. 그의 역사 기술은 계몽주의 시대를 황금기로 생각하는 가치관에 기초하고 있다. 비록 볼테르는 인류 보편사의 진보사관에 입각하고 있으나 좁게는 프랑스 왕정체제의 민족주의적 문화와 문명에 초점을 두었다. Karl Löwith, *Meaning in History* (Chicago : The University of Chicago Press, 1962), 105-108쪽.

49  Partrick Gardiner ed.,with Introductions and Commentary, *Theories of History* (New York : The Free Press, 1959), 51-52쪽.

토대로 한 진보사관에 의거하여 지적이고 도덕적 능력을 갖춘 민족과 국가만이 역사적 흥망성쇠 속에서 존속해 왔다는 것이다.

인간의 이성을 역사진보의 빛으로 인식한 계몽사상을 신봉했던 콩도르세는 고대 그리스로부터 유럽 계몽주의 시대에 이르기까지 인류 역사의 발전과정을 실증적으로 관찰하여 인류의 진보야말로 '역사적 실체'라고 규정한다. 더 나아가 그는 과거 역사가 어떻게 진보해 왔는가, 뿐만 아니라 미래의 역사에 대해서도 낙관적으로 보고 인류의 진보를 설명해 주고 있다.[50] 콩도르세는 여러 국가와 민족들이 계몽이 되면 발전단계에 도달하게 되고 또 보편적인 언어를 사용하게 될 때 여러 민족들과 무역과 상업이 활기를 띠게 될 것이며 이로써 지구 전역이 하나로 통합되고 모든 인류는 서로 친밀한 이웃이 될 것이라고 예견했다. 결국 그는 인류의 보편화와 완전한 행복을 실현하기 위해 여러 민족들이 하나로 합쳐져서 인류공동체를 이루게 될 미래의 보편적인 세계관을 꿈꾸었다.[51] 그렇다면 이러한 완전한 미래 인류역사의 진보를 위해서 어떠한 역사관이 필요할까. 이점에 대해 콩도르세는 그동안 소수 지배 계층들이 정치와 권력을 전유물처럼 장악해 왔기 때문에 진정한 인류 역사를 구현해 낼 수 없었다며 그 사회의 주역들이지만 역사에서 망각되고 소외된 민중들의 기록들을 수집하여 이를 탐구해서 그들의 역사적 활동을 드러내야 한다는 것이다.

콩도르세는 역사 속의 개개인들에 대해 관찰을 하려면 이들의 본질적인 특징들을 파악해야 하는데 그러기 위해서는 먼저 지배계층이 아니라 지배를 받았던 하층민들에 관심이 중요하다고 설명한다. 따라서 그는 역사에서 은폐되고 소홀히 취급된 사회의 다수에게 영향을 끼친 사회제도, 종교, 정치, 규범 등 포괄적인 역사적 체제를 탐구하고 이해함으로써 보편적인

---

50  Partrick Gardiner, 윗 책, 53-54쪽.
51  Partrick Gardiner, 윗 책, 54쪽.

인류역사의 구현을 목표로 삼았다. 콩도르세는 이러한 진보사관을 통해 인류의 과거 역사를 기초로 하여 미래의 역사를 내다 볼 수 있다고 생각했다. 따라서 역사도 자연과학과 마찬가지로 실험과 관찰을 할 수 있을 뿐 아니라 자연과 역사는 모두 합리성을 지니고 있기 때문에 인류의 미래를 예측할 수 있다는 것이다. 그리고 마지막으로 그는 모든 국가들의 불평등이 해소되어 인류의 평등한 공동체가 실현되어야 미래 인류의 진보역사가 완성된다고 주장했다.[52] 이처럼 콩트와 콩도르세 등의 실증주의자들은 특수하거나 개별적인 사건에 초점을 두기보다 인류의 역사 과정에서 각각 개개인들의 공통성과 유사성에 초점을 두고 서로 동일한 역사적 경험의 관계성과 연결점에 대해 집중적으로 탐구했다.

콩트는 불행한 가정에서 어린 시절을 보냈으며 파리 이공과 대학에서 수학을 공부했다. 이후 자신의 종교인 가톨릭을 포기하고 유토피아 사회주의자 앙리 드 생시몽 (Henry de Saint-Simon)의 영향을 받았다. 콩트는 불우한 개인적 삶 속에서 독특한 종교관, 예컨대 인도교(Religion of Humanity, 人道敎)에 빠지기도 했으나 실증주의로 불리는 완전한 자신의 철학적 체계를 정립할 지적인 능력을 지니고 있었다.

19세기 중순경 실증주의 도래와 더불어 더욱 활기를 띠게 된 역사에 대한 논쟁에서 콩트 사상은 자연과학을 바탕으로 인간들의 삶과 경험을 제도적으로 연구하려 한 존 스튜아트 밀(John Stuart Mill)과 같은 사상가들에 의해 수용되었다.[53] 예컨대 실증주의자들은 프랑스 대혁명을 연구하기보다, 인간세계의 활동과 그 결과를 지배하는 일반 법칙을 추적하면서 진보의 역사가 어떤 방식으로 진행되었는가를 탐구했다. 특히 이들 실증 주의자들은

---

52  Partrick Gardiner, 윗 책, 56-58쪽.
53  John Stuart Mill, *Auguste Comte et le positivisme* (Ed. 1903) (Paris : Hachette, 2013)를 참조.

역사에서 자연 과학적인 법칙을 찾기 위해 노력했는데, 콩트는 10권을 저술하여 사회학의 본질을 확립해 나갔다.[54] 이렇게 하여 탄생된 콩트의 실증주의 철학은 자신의 개인적인 경험을 통해 인류사회의 진보에 관한 세 단계 법칙을 설명했다.

먼저 역사적으로 인간정신이 세 단계를 거쳐 발전한다는 기본적인 가설을 바탕으로 콩트는 프랑스 영국, 독일 스페인, 이탈리아 등 유럽 중심의 역사를 주도해나간 우수한 민족들의 정신에 대해 관심을 쏟았다. 더 나아가 그는 역사적 실용성을 강조하며 인종 혹은 민족을 초월한 보편적 세계사, 말하자면 민족이 아닌 인류의 관점에서 본 보편적인 인류역사를 통해 자신의 실증주의 사상을 설명했다.

역사가 부르스 마즐리쉬(Bruce Mazlish)는 이러한 콩트의 '역사 사상'은 자연 과학을 모방한 결과, 비인간화된 학문이라고 비판한다. 즉 콩트는 수학으로 시작하여 논리적인 도구인 천문학, 물리, 화학, 생리학 등을 통해 마침내 정점의 단계인 사회학에 이르렀다는 것이다.[55] 콩트가 제시한 세 단계의 진보법칙, 신학적 단계, 형이상학적 단계, 그리고 마지막 과학적 단계(실증적 단계)에 따라 인간 정신의 진보가 어떻게 진행되었는가를 보여주고 있다. 즉 각기 지식의 체계를 통해 실재에 대한 확신에 이르기 위해서는 신학적 단계로부터 형이상학적 단계를 거쳐 실증적인 단계로 나아가야 한다는 것이다.

먼저 세계가 인간의 독립적인 의지에 의하여 통제되기 때문에 인간정신은 신학적 단계에서 존재의 본질 또는 본성의 근본적인 원인과 목적에 대해

---

54　그의 저서는 1830년에서 1842년에 걸쳐 펴낸 *Cours de philosophie positive* 6권, 그리고 1951년에서 1854까지 발간된 *Système de politique positive* 4권 등 총 10권이다.
55　Bruce Mazlish, 윗 책, 194-196쪽.

이해하려고 한다. 그러므로 인간은 이를 설명해줄 절대적인 지식을 추구하면서 초자연적인 존재, 즉 신이 직접적으로 모든 현상들을 창조하고 생성시킨다고 상상한다. 둘째로 신학적 단계의 변형인 형이상학적 단계에서 인간정신은 초자연적인 존재 대신에 추상적인 힘 또는 인격화된 존재들이 모든 현상을 만들어 낸다고 인식한다. 다시 말해 추상적인 힘은 자연의 질서 등 인간의 의지와 마찬가지로 모든 현상을 지배한다는 것이다. 마지막으로 실증적인 단계에 이르면 인간정신은 지식, 우주의 기원, 그리고 모든 현상들에 대해 그 원인을 탐구하기보다 법칙과 연계와 공존, 그리고 상호조화에 대해 이성적으로 관찰하는 등 모든 지식 수단을 통해 집중적으로 탐구한다. 즉 인간정신은 만물의 현상들 사이의 불변적인 관계를 이해할 때 그 실재성을 인식하게 된다는 것이다.

콩트는 각기 정신적인 단계에서 다른 종류의 지식과 제도적 발전이 서로 연결된다고 강조하면서 역사적인 관계성을 추론했다. 즉 첫째, 신학적 단계에서는 인간의 삶이 투쟁적이기 때문에 노예와 귀족 등 신분체계 속에서 계급투쟁이 끊임없이 전개되며 둘째, 형이상학적 단계에서는 이성에 따른 합리성이 존재하면서 법률에 근거하여 정부가 수립되고 사회가 합법성에 의해 유지되어 간다. 그리고 마지막으로 실증적 단계에 이르면 개인주의에 의해서 지배를 받는 사회가 도래된다. 콩트의 이러한 실증주의적 이론은 이 세 단계를 설명하면서 가장 과학적 지식인 수학을 실증적인 현상의 실체로 제시했다.

그러나 인간과학으로서 체계를 가진 사회학은 복잡하기 그지없고 또 이러한 현상을 설명하려면 모든 지식의 형식을 동원해야만 실증적으로 입증될 수가 있다. 실증적인 단계에서 허구적이고 쓸모없는 추론이 존재하지 않는다. 대신 역사가들은 이러한 실증주의 원리를 이용하여 알고자 한 역사적 사건과 현상들의 상호 불변의 관계에 대해 과학적이고 합리적인 규칙에 기초하여 설명하고자 한다. 역사가들은 신학적 혹은 형이상학적 가설에 의존하지 않고 실질적인 세상에 대한 경험주의적 관찰에 근거를 둔다. 오로지 실증주의 철학만이 새로운 인간 과학, 즉 사회학의 기초를 수립함으로써 인간 행동을 지배하는 법칙에 관한 이해를 향상시키고 궁극적으로 이 사회학을 적용하여 인간 행동의 결론을 추론할 수 있다. 이처럼 콩트는 경험에 근거한 과학적 방법론을 인류역사와 사회에 관한 연구에도 활용했다. 따라서 그는 과학적인 방법으로 사회현상을 해석하는 방식을 역사에 그대로 적용시킨 것이다.

물론 당시가 계몽주의 시대의 연장선에서 과학적 단계 혹은 실증적 단계의 시대였기 때문에 콩트는 사회학을 사회적 물리학으로 인식할 수밖에 없었을 것이다.[56] 즉 과학적 방법으로 사회현상에 대한 관찰과 해석은 역사에 의해 정당화되며 이것은 필연적인 역사법칙의 결과라는 것이다. 그리하여 콩트는 자연현상의 탐구에 이용된 실증철학을 사회현상에 대한 해석의 방법에도 획일적으로 적용했으며 이런 실증주의적인 방식을 통한 사회현상의 해석이 궁극적으로 역사를 동질화시킴으로써 근대 사회의 실증적 단계가 완성됐다고 믿었다.

이와 달리 헤겔은 역사의 진보에 대해 대립과 갈등을 넘어선 세계정신 즉 보편적 세계관을 내세웠으나 콩트는 실증주의적 의미에서 질서와 진보를 구분된 것이 아니라 하나의 통합된 관계로 이해했다.[57] 여기에서 콩트가 말한 질서는 사회의 실제적인 여러 현상들이 각기 객체로 존재하고 있는 것이 아니라 영구적으로 조화관계를 이루고 있다. 그리고 진보란 이러한

---

56 가르디너는 콩트의 과학적 방식의 해석을 역사에 적용한 것은 역사적 법칙의 불가피성으로 결과하고 파악했다. Partrick Gardiner, 윗 책, 73, 77쪽.
57 Karl Löwith, 윗 책, 68쪽.

실증적 질서 속에서 이뤄진 사회의 발전을 의미한다. 콩트는 이 점에 대하여 해부학에 비유하여 설명한다. 즉 질서란 사회 현상들의 각기 다른 개체들이 상호작용과 반작용의 법칙에 의한 진보이며 이를 바탕으로 사회가 점진적으로 발전한다는 것이다. 이처럼 콩트는 사회의 모든 현상을 독립적이고 개별적인 연구가 아니라 상호 관계 속에서 전체적인 조화를 이룬 유기적 관계를 추구했다. 다시 말해 콩트는 사회 체제를 유기체로 인식하고 생물학과 같이 살아있는 생명체를 연구하는 과학적 방법론을 동원한 것이며 각기 개별들의 상호관계 속에서 형성된 조화로운 전체를 탐구하고자 했다.[58] 이처럼 콩트는 신학으로부터 탈피하여 형이상학을 강조하며 계몽주의 시대와 과학의 시대 그리고 마지막으로 실증주의 시대로 나아가야 한다는 실증철학을 제시했다. 인류의 정신과 문명의 진보를 주장한 콩도르세와 달리 콩트의 역사철학은 자연과학 혹은 실증주의 시대로 진보한다는 사회의 유기체적 조화에 기초하고 있다.[59] 이와 같이 콩트와 랑케의 실증주의는 객관적이고 보편적인 법칙성이 역사를 결정한다고 생각하고 역사를 과학 학문으로 인식했던 것이다.[60]

---

58 Partrick Gardiner, 윗 책, 78-79쪽. 이러한 콩트의 실증주의는 베이컨과 갈릴레오 및 데카르트로부터 시작된 관학주의 전통을 이어 받은 것임을 보여준다. Karl Löwith, 윗 책, 69쪽.

59 이는 대체로 자연과학과 기술이 인간의 사회문화를 결정하던 18-19세기 서유럽의 역사관과 20세기 헴펠(Carl Gustav Hempel)의 *The Function of Gereral Laws in History*(1942)과 카 (E. H. Carr)의 *What is History* (1961) 등에서 발견된다.

60 이러한 콩트의 실증주의 철학은 강한 역반응을 일으켰다. 이에 대한 논쟁은 소위 관념론자(Idealist) 사상가들인 Wihelm Dilthey, Benedetto Croce, Robin G. Collingwood 등의 저서 중심으로 구체화되었다. 딜타이 크로체 콜링우드 등은 이러한 실증주의의 객관주의와 보편주의를 극복하려 했다. 이들의 주장에 따르면 역사는 각기 다른 개념적인 방법을 추구하기 때문에 자연과학에 기초한 추론은 타당하지 않다는 것이다. 딜타이는 자연과학(Naturwissenschften)과 정신과학(Geisteswissenschaften)을 구별하고 이들 각각의 이론적 실행은 독특한 방법론을 필요로 한다고 주장했다. 왜냐하면 자연과학은 자연에서 규칙성과 동일성을 탐구하지만 인간과학은 자연의 밖에서 특수하고 유일하며

실증주의자는 역사연구의 방법에 있어서 자연과학이 아닌 어떤 다른 방식을 적용하면 결국 합리성과 신뢰성이 떨어진다고 생각한다. 그러므로 실증주의자는 역사가들이 역사과학을 추구하려면 자연과학의 기준에 따라야 한다고 강조한다. 그렇지 않고 상상이나 추론 등 다른 방식으로 역사를 연구하면 역사는 경험에 기초로 한 과학적인 학문이 아니라 추상적이고 비합리적인 허구성에 의한 학문에 불과하다는 것이다. 이러한 실증주의의 입장은 자연과학의 절대적인 신뢰를 강조하면서 연구의 방법론으로 과학연구소처럼 실험적인 연구방식을 요구하고 있다.[61]

---

반복하지 않는 사건들을 탐구하기 때문이다. 딜타이에게 있어서 일반성과 특수성의 차이는 모든 것을 의미한다. 딜타이는 인간이 확증된 규칙에 지배받는 존재가 아니라며 역사의 우연성과 가변성에 따라 인간을 이해하려는 '생의 철학'(Lebensphilophie)을 발전시켰다. 특히 딜타이는 개인을 고립된 존재가 아니라 언제나 개인을 둘러싼 환경의 맥락에서 보고 인간의 본질을 고유한 본성에 의해서가 아니라 역사에 관한 모든 지식에 의해서만 파악할 수 있으나 역사 자체가 완결되는 것이 아니기 때문에 이러한 파악은 완결될 수 없다고 강조한다. 연규홍, 란디 워커 공저, 『거울로서 역사』(한신대 출판부, 2011), 60-61쪽. 크로체는 역사가란 현재에 존재한다고 강조했다. 왜냐하면 지속성과 의미를 추구한 역사연구는 과거를 해석함으로써 이를 다시 되살려야 하기 때문이다. 따라서 크로체는 "모든 역사는 동시대의 역사"라고 말한다. 콜링우드는 역사를 자아 지식의 촉진을 목적으로 한 인간본질의 과학으로 이해했다. 이는 역사 연구의 목적이 인간정신 혹은 인간 활동에 초점을 두며 필연적으로 역사방법을 필요로 한다. 역사가는 인간 정신의 활동에 대해 이해해야 하며 자연과학과 인간과학 사이의 상이함을 다루며 이 두 영역은 상호 연관성이 없다고 설명한다. 역사가는 과거의 사건을 탐구하는 데 있어서 사건의 내적 것과 외적인 것 사이에 무엇이 다른가를 구별해야 한다는 것이다. 관념주의자들은 실증주의에 대해 자기기만이며 환상과 비현실적이라고 비판했다. 19세기 중반 실증주의와 관념주의자들의 논쟁은 역사철학의 논쟁에서 주된 이슈였다. R. G. Collingwood, *The Idea of History* (Oxford : Oxford University Press, 1956) 204-215, 223쪽. 이 논쟁은 인관관계와 설명과 대상에 대한 각기 다른 개념에 기초를 두고 여러 복잡하고 세분화된 역사사상을 설명하고 있다. 결국 이 논쟁은 철학가 W. H. Walsh가 말한 "진실로 역사란 흔히 이해되고 해석되기보다 훨씬 낯설고 매우 다른 학문이라"는 비평에 부합한 셈이다. Ronald H. Nash ed., *Ideas of History*, vol. 2 : *The Critcal Philosophy of History* (New York : E. P. Dutton, 1969), 240쪽.

61  이러한 자연과학을 강조하는 실증주의자들에 따르면 학문으로서 역사는 실증할 수 있는 방법을 발전시키는 것에 실패했다며 만일 역사가들이 수학 방식처럼 지식을 설명할 수 없을 땐 현실성이 없는 혼란스런 인식에 빠지거나 혹은 역사적 진실을 밝히는데 위험한 실수를 범하게 된다고 지적한다. 영국 역사가 B. A. Haddock이 지적하듯이

이처럼 콩트의 실증주의는 인문사회과학 특히 역사학과 예술 등을 수학과 자연과학에 포함시킨 데카르트의 과학주의 전통을 이어 받았다[62]. 콩트는 신학과 형이상학으로부터 탈피하여 과학시대, 즉 실증주의 시대로 나아가야 한다는 실증철학에 입각하여 역사철학을 확립했다.[63] 인류정신과 문명을 진보개념으로 파악한 콩도르세와 달리 콩트는 자연과학 혹은 실증주의로 나아가는 것으로 이해했다.

특히 그는 인간정신의 변증법적 발전을 통한 최종 진보단계인 자유가 국가의 제도와 문화 형태로 구현된다고 인식했던 헤겔의 역사철학에 반대하면서 실증적 사회물리학을 제시했다. 초기에 가족이나 군주제, 신(God)을 거부하며 생시몽(Saint-Simon)의 사회 개혁사상에 심취했던 콩트는 『실증철학의 강의』에서 인류역사의 위대한 변화가 도래할 것이라고

---

자연과학 철학자에게 있어서 이러한 기계적인 방법들은 근본적으로 영구적이다. 즉 이들은 수학적인 방식에 근거를 두고 영구적으로 유효한 증거를 사용한다. 그러나 이 수학적인 방식은 모든 경험적인 유형의 유효성을 파괴한다는 것이다. B. A. Haddock, *An Introduction to Historical Thought* (London : Edward Arnold, 1980), 45쪽.

62  Karl Löwith, 윗 책, 69쪽.
63  역사철학이란 개념을 처음으로 사용한 인물이 볼테르였다. 그는 역사철학의 영역을 셋으로 구분했는데 첫째는 사변적 역사철학은 역사진행에 특정한 법칙이나 형태가 있는지를 묻는다. 만일 역사가 특정방식으로 진행된다면 그 방식을 법칙화 할 수 있으며 그 법칙에 따라 미래를 예측할 수 있다는 것이다. 둘째로는 사변적 역사철학이 연구하는 이러한 법칙에 따라 진행되는 역사가 최종의 목표점을 지니고 있는지 묻는다. 역사의 종말에 대한 의문을 제시하며 사회제도의 진보의 종말, 다시 말해 더 이상 발전할 수 없는 최고의 단계에 인류가 도달한 상태를 '역사의 종말'이라고 말한다. 이런 인식은 플라톤, 칸트, 헤겔, 마르크스에까지 이어지고 있다. 비판적 혹은 분석적 역사철학은 방법론의 문제 특히 논리학과 인식론 영역의 문제에 초점을 둔다. 역사의 본질에 대한 근본적인 질문인 '역사는 과학인가' '역사의 본질은 무엇인가'에 대한 접근을 시도한다. 대표적인 역사는 랑케를 비롯하여 카(E. H. Carr), 헴펠 등이다. 셋째로는 역사기술에 대한 철학은 역사서술과 해석을 주요 연구 관제로 삼는다. 즉, 역사를 어떻게 기술해야 하는가 그리고 역사 기술과 담론은 어떤 관계성을 갖는가, 또는 역사와 텍스트의 문제 등을 연구 중심으로 삼는다. 대표적인 역사가는 헤이든 화이트(Hayden White), 도미니크 라카프라(Dominick LaCapra) 등이 있다. 연규홍, 린디 워커 공저, 『거울로서 역사』, 40-42쪽.

전망하고 인간의 관점에서 보면 실질적으로 유럽 국가들이 특별한 능력을 갖고 있기 때문에 이들 국가들이 인류역사의 진보에서 리더의 역할을 하게 될 것이라고 주장했다.[64] 결국 콩트는 개별적인 민족국가, 특히 민족정신이나 민족문화 혹은 민족가치, 민족정치, 민족 간의 전쟁, 고유한 민족 언어 등 특수하고 개별적인 민족의 개체에 대한 역사가 아니라 바로 인류의 진보가 주체가 되는 인류역사의 보편성을 강조했던 것이다.[65] 이와 달리 랑케의 실증주의 사학은 "본래 그것이 어떠했는지 (wie es eigentlich gewesen)"를 객관적이고 과학적으로 민족의 역사를 서술하는 근대 역사학을 말한다.[66]

---

64  생시몽과 콩트는 실증주의적 사회학의 체계화에 공통점을 지니고 있다. 이 둘은 사회적 분열을 우려하며 조화와 평화 그리고 행복을 추구한 것이다. 특히 생시몽은 고립된 개별체들이 서로 경쟁하고 싸우는 단계와 달리 많은 사람들이 갈망하는 서로 유기적으로 조화를 이루는 사회를 말하고 있다. Frank E. Manuel, "From Equality to Organicism" *Journal of History of Ideas* 17 (Feb., 1956), 69쪽.

65  Auguste Comte, *Cours of philosophie Positive*, ed., E. Littré, V1 (1869) (Whitefish : Kessinger Publishing LLC, 2009), 590쪽. 콩트의 실증주의를 넘어서려 한 리케르트(Heinrich Rickert)는 『문화과학과 자연과학』(1899)에서 대상의 세계를 존재의 세계인 자연과 세계인 문화로 구분하고 가장 특징적인 문화과학을 역사학으로 지목했다. 그는 자연과학의 보편화 방법에 대해, 문화과학은 개별적이고 특수한 일회적인 개별성을 파악하고 기술하지만 고립된 사실들을 주워 모으는 것이 아니라 환경과의 횡적인 연관성과 시간적 변화에 의한 종적인 역사적 관계를 탐구하면서 개별성의 특수한 성격을 파악하는 것이라고 말한다. 연규홍, 란디 워커 공저, 윗 책, 90쪽.

66  Ernst Breisach, 윗 책, 232-234쪽. 랑케의 이러한 역사연구는 Leopold, von Ranke, *Geschichte der Germanischen Völker. Fürsten und Völker-Die Geschichte der romanischen und germanischen Völker von 1494-1514*, ed., Willy Andreas (Berlin : Vollmer, 1996), 4쪽을 보라. 그러나 역사학은 과거를 입증하여 주는 사료는 언제나 왜곡되기 마련이다. 그래서 현대 역사학 또는 탈근대역사 이론에 따르면 역사가가 과거 사료 조각들을 퍼즐처럼 맞춰서 과거를 재구성하는 것은 실증할 수 없다며 사료를 근거로 역사가의 상상력을 통해 구성해야 한다고 주장한다. 말하자면 역사는 설명이 아니라 이해라는 새로운 역사학 인식으로 이해하고 있다. 때문에 오늘날 역사학은 '과거로부터 역사(the-history-as-past)'에서 '역사로서 과거(the-past-as-history)'로 '인식론적 전환(epistemologicaltum)'을 해야 한다. Alun Munslow, *The Routlrdge Companion to Historical Studies*, (New York : Routledge, 2005), 2-4쪽. 20세기 탈근대역사 이론의 흐름에 대해서는 Geore G. Iggers, *Historiography in the Twentieth Century* 1-19쪽을 보라.

물론 랑케의 실증주의 방법론은 콩트의 실증주의와 마찬가지로 고전철학에 기초하여 실증의 전후 맥락에 어긋나거나 신뢰할 수 없는 사료를 철저히 가려내어 비평적 과학적인 역사를 추구했다.[67]

원래 서양의 역사학은 그리스에서 시작되었다. 기원전 8-9세기 호메로스(Homeros)는 전설적인 트로이 전쟁을 주제로 『일리아드와 오디세이』라는 전쟁 영웅들을 묘사한 서사시를 저술했다. 이 서사시에는 단순히 역사적인 사실 뿐 아니라 문학, 철학, 수사학 등이 가미되어 있다. 물론 이 서사시는 근대 과학적 역사학에서 볼 때 '신화'의 성격을 띤 먼 옛 날의 이야기일 수 있다.

역사를 본격적으로 서술한 인물은 기원전 5세기 그리스인 헤로도투스(Herodotus)이다. 그는 당시 그리스와 페르시아의 전쟁을 자신이 직접 관찰한 사실이나 목격자 이야기, 혹은 여러 기록 등 많은 문헌들을 동원하여 전쟁에 관한 이야기를 서술하고 '히스토리아'(Historia)라는 제목을 붙였다. 이 뜻은 그리스어로 "탐구하여 알아낸다."는 의미를 지니고 있다. 이후 투키디데스(Thucydides)도 그리스 도시 국가들 사이에 벌어진 펠로폰네소스 전쟁을 직접 종군하여 목격한 사실들을 기록하고 제목을 '히스토리아'로 붙였다. 이후 16세기에 들어서 '히스토리아'에 '과거 사건의 탐구'라는 의미가 덧붙여져서 '과거의 사건들 그 자체'라는 뜻으로 사용되었다. 그러므로 랑케가 역사란 의미를 오직 '과거 사실을 있는 그대로 복원하는 것'으로 인식한 것은 당연한 일이었다.[68]

---

67 Ernst Breisach, 윗 책, 189쪽. 이러한 랑케에 대해 미국 조지 벤크로프트(George Bancroft)는 "가장 위대한 살아있는 역사가"로 평가 평가했다. Mark T. Gilderhus, *History and Historians. A Historiographical Introduction* (New Jersey : Prentice Hall, 2010), 45-46쪽.

68 중세 말 히스토리아는 게르만어로 Geschichte라고 표기했다. '일어나다'라는 의미인 geschehen에서 나온 Geschichte는 이미 일어난 과거의 사실을 의미했다. 따라서 유럽에서 "역사란 과거에 일어난 사건이라는 의미와 그 사건을 탐구한 결과를 얻게 된

엄격한 사료비판을 기반으로 한 랑케의 과학적인 역사서술은 모든 사건에 대한 개인적 가치 판단과 형이상학적인 사변이나 사상을 철저하게 배격하고 오직 객관적인 관점에서 역사적 사실을 연구하는 것이다. 이러한 특징으로 인하여 역사가는 단지 과거를 판단하지 않고 "실제 그것이 어떻게 일어났는가"만 을 보여줘야 한다. 동시에 랑케는 역사적 사건을 해석하고 사실로써 확정하는 작업이 역사가의 본질적인 의무라고 보는 어떤 종류의 실증주의도 배격함으로써 콩트의 실증주의와 차이를 명확히 했다.[69] 이와 같은 랑케의 역사관은 역사에 대해 어떤 가치관이나 판단에 의한 해석을 엄격히 배격하고 있다.

이러한 그의 비당파성(unpartheyisch)의 역사서술은 사상이나 혹은 가치관이 무의미하다기 보다 오히려 윤리적 특징을 강조함으로써 역사적 사실을 '신의 뜻'이라는 해석을 낳았다.[70] 랑케는 이점에 대해 1836년「정치문답」에서 국가는 개성을 가진 존재 즉, 정신적 실체로서 인간정신의 독창적인 산물이라고 설명했는데[71] 말하자면 이는 곧 '신의

---

지식"이라는 의미를 갖게 된 것이다. 연규홍. 린디 워커,『거울로서 역사』. 31-32쪽.

69  예컨대 콩트 외에 콩도르세도 포함 한다. Leopold von Ranke, "Preface to the First Edition of *History of the Latin and Germanic Nations*", in Leopold von Ranke, *Theory and Practice of History*, ed., Georg G. Iggers and Konarad von Moltke, (Indianapolis : Liberty Fund, 1973), 137쪽.

70  Geore G. Iggers, *Historiography in the Twentieth Century*, 26쪽.

71  랑케,「정치대담」,『강대세력들, 정치대담, 자서전』, 이상신 옮김 (신서원, 2014), 138쪽. 랑케는 "국가는 신의 사상이다'라는 점에 대해 인류의 이념은 신이 인류에게 상이한 민족들 속에서 표현한 것이라고 말한다. 특히 랑케는 정신은 원리로서 작용하며 자연적인 방식에 의해 과거로부터 현재를 거쳐 미래로 발전하게 되며, 위대한 민족은 자주적인 국가처럼 적으로부터 국가를 방어하고 보호하여 유지되는 것이 아니라 민족이 새로운 인간정신을 고유한 형식으로 표현하게 될 때 존재하는 것이고 이것이 곧 신의 뜻이라고 강조한다. Leopold von Ranke, *Sämmtliche Werke*, ed., Alfred Dove, Band.,49/50, (Leipzig : D.&H., 1890), 729쪽. 그리고 1923년 이전에 출판된 것을 2013년에 재출간 된 것은 Leopold Von Ranke, Alfred Wilhelm Dove, Theodor Wiedemann, *Leopold Von Ranke's Sammtliche Werke*. Volumes 49-50 (Charleston : Nabu Press, 2013) 이 있으며 이외에 Leopold Von Ranke, *Sämmtliche Werke*. Volumes 49-50 (Let Me

사상'(Gedanken Gottes)이며 '신의 숨결'인 동시에 인간적 충동이라고 하여 국가의 권력이 타락할 수 있다는 의미를 내포하고 있다. 즉, 랑케는 "권력은 하나의 도구이며 이를 사람이 무엇을 위해 사용하며 사람들이 이 도구 자체를 사용하는 것을 이해하고 있느냐"라고 말한다.[72] 특히 랑케는 정신적인 힘이 국가권력의 지배에서 야기되는 갈등을 극복할 수 있게 해줄 원동력으로서 적극적인 중용(Positive Justemilieu)을 강조한 바와 같이 랑케에게 있어서 역사의 가치판단은 윤리적 문제이다. 그러나 랑케 역시 자신의 역사적 가치판단 속에서 이점을 인정하고 있으나 자신에게 있어서 국가권력은 성스럽고 정신적인 것이며 권력 그 자체의 생명을 갖는 원천적인 정신이 나타나 있다.

랑케의 역사관에서 '신의 섭리' 사상은 이미 비코(Vico)의 역사철학에서 시작된 것이다. 비코는 데카르트가 모든 지식을 자연과학과 정신과학 등 두 개로 분리시킨 진리와 확실성 개념에 반대하며 정신과학으로서 '역사 속의 확실성'을 강조했다. 즉 데카르트가 주장한 진리와 확실성은 신이 창조한 자연에 관한 것이지만 비코의 진리와 확실성은 인간이 창조한 것으로써 보편적인 인류역사의 새로운 지식을 의미한다. 그러므로 비코는 국가와 민족은 인간들에 의해 만들어 졌으며 이에 대한 다양한 표현들이 여러 인간정신 속에서 발견되고 있다는 것이다. 그러므로 비코는 역사란 인간이 만들어 낸 사건과 사실들을 설명하고 묘사한 것이기 때문에 역사적 사건들은 단순히 인간의 자유의지에 의한 성취물이며 동시에 신의 섭리에 의해 생겨난 것이라 하여 역사적 사실에 대해 인간과 신의 합작품으로 설명했다.[73] 근대 사회과학의 선구자인 비코는 20세기에 큰 환호를 받았지만

---

Print, 2012) 등이 있다.
72  랑케, 「정치대담」, 윗 책, 115쪽.
73  "Vico, The New Science" Patrick Gardiner, 윗 책, 21쪽. 계몽주의 역사가들의

18세기에는 그다지 영향을 끼치지 못했다.[74] 계몽주의 역사의 딜레마를 해결한 비코는 역사가 자신의 시대의 한계를 극복하고 과거 역사적 사실을 설명하려 한다면 그 시대 사람들의 정신세계를 재구성해서 그들의 삶과 활동을 설명할 수 있어야 한다고 생각했다. 따라서 비코는 부풀려지고 과장된 자연과학의 주장에 대해 비판적으로 대응했다. 예컨대 데카르트는 역사를 지식의 한 갈래로 인식하지 않았는데 그 이유가 역사가의 환상과 허구성으로 꾸며낸 것들이 많고 전통적인 설명이 신뢰성을 지니지 못하다고 여겼기 때문이다. 반대로 비코는 실증할 수 있는 진실한 주장을 역사를 통해서 제시할 수 있다며 역사적 설명에 대한 인식론의 기초를 수립했다. 비코는 수학의 실효성에 대한 어떤 부정도 거부하며 지식이 다른 형태로써 실현 가능하다는 점을 강조했다.

자연의 질서는 진정한 탐구를 위한 가장 효과적인 영역이라는 데카르트의 개념을 반박한 비코는 어떤 사실을 완전히 이해하려면 관찰자는 탐구할 대상을 만들어야 한다는 원리를 주장했다. 신이 자연을 창조했기 때문에 자신만이 자연의 전체를 파악할 뿐이다. 반대로 인간이 역사를 만들기 때문에 역사에 대한 정확한 이해에 도달하기 위해서 인간들은 많은 능력을

---

딜레마를 해결할 역사연구방법론을 제시한 인물이 비코이다 그는 역사적 인식도 수학이나 물리학처럼 참다운 지식을 얻어 낼 수 있다고 말하면서 역사연구의 고유한 방법론을 세우려 했다. 또한 비코는 인간 본성이 시대에 따라 변하며 공의와 정의 그리고 가설을 세우고 추론하는 철학, 언어와 문학에 대한 경험적 연구인 문헌학에서 역사 연구의 철저한 방법을 얻으려 했다. 특히 그는 언어학과 신화학, 법학을 과거 역사에 대한 연구를 위해 매우 중요한 자료로 생각했다. 그에 따르면 언어학과 신화, 전설 등은 단지 무지와 미신이 아니라 과거 사람들이 자신에 대해 그리고 우주에서 자신들의 위치에 대해 가졌던 개념을 탐구하는 데 좋은 도구라고 강조한다. 연규홍, 린디 워커, 『거울로서 역사』, 56-57쪽.

74 1725년에 발표된 비코의 근대 사회과학 선구적 저서인 *The New Science* 는 계몽주의 역사가들의 딜레마를 해결해 줄 방법론적 방식을 제공했어도 초기에 어느 누구도 관심을 끌지 못했다. 비코의 저작에 대해 관심을 주지 않았으며 비코는 좌절감에 빠져 스스로 자신의 저작에 대해 "홀로 사막으로 향해 갔다"라고 비탄했다. Mark T. Gilderhus, 윗책, 39쪽.

갖추고 올바른 방법론을 알아야 한다는 것이다. 비코는 역사를 세 단계를 거쳐서 변화하며 이 변화로 특징화된 역동적인 진보과정으로 인식했다.[75] 그러나 그는 역사의 진보를 순수하게 낙관적으로 보지 않고 나선형 순환운동과 같다고 생각함으로써 인간의 역사가 야만상태로 되돌아갈 가능성도 있다고 예견했다. 그렇지만 자연과학 사상가에 따르면 학문으로써 역사는 방법론적인 발전에 실패한 것이다. 역사가들이 수학과 마찬가지로의 적합한 지식을 표현할 수 없다면 과거 진실에 대한 인식이 혼란에 빠지거나 위험한 실수를 하기 쉽다. 그러나 헤독(Haddock)이 지적하듯이 자연과학 철학자들의 기계론적인 방법론은 반드시 특정 시대에 한정되지 않는다. 이들은 타인의 경험모델을 신뢰하지 않고 오로지 자기 자신의 수학적인 방식에 기초로 하여 근거가 확실한 모델만을 신뢰한다.[76]

그러므로 비코에게 있어서 역사연구의 본질은 철학체계의 의미를 지니고 있다. 즉, 철학은 원리, 정의, 가정으로부터 추론하여 판단을 내리는 체계이기 때문에 언어, 역사, 문학 등의 실험적인 연구는 반드시 철학을 통해 이뤄져야 한다는 것이다. 데카르트의 생각과 달리 비코의 『새로운 과학

---

75  비코의 학설은 명백히 의도적으로 유럽 중심적이라 할지라도 최소한 다른 장소와 다른 시대의 사람들이 실질적으로 보고 다른 세계를 경험했다는 것을 이해하고 있다. 독실한 기독교인이었던 비코는 대홍수 직후까지 구약성서의 내용을 번역하는데 충실했으며 사건의 과정에 대해 자신이 실증한 것을 남겼다. 혼돈의 약 200년 이후 노아의 자손들은 신의 시대, 영웅의 시대, 인간의 시대를 통한 여정을 했다. 비코는 이처럼 인간의 본질이 진보하면서 변화를 겪었으며 또한 동질적인 관계들이 신앙과 제도를 하나의 전체로 연결했다는 것을 믿었다. 비코가 말한 역사의 세 단계에 대해 다음과 같이 설명한다. 먼저 첫 단계인 신의 시대는 감각의 시기이며 인간의 본성이 잔인하고 난폭하다. 통치방식은 신권을 바탕으로 한 제정일치로서 신이 지배적이다. 둘째 단계인 영웅시대는 상상의 시대이며 고귀함과 자만심이 인간의 본성을 지배하고 전사 귀족이 통치를 한다. 이 시기에는 언어, 법, 문화가 발전하고 신화와 서사적인 생각이 지배적이다. 셋째 단계는 이성의 시대로서 합리적인 사고에 따라 인간이 행동하며 민주주의 방식의 통치가 이뤄지고 있다. Mark T. Gilderhus, 윗책, 40쪽.

76  B. A. Haddock, 윗 책, 45쪽.

*The New Science*』은 진리를 획득하기 위한 특수한 법칙을 내세우며 기하학 형식을 취하고 있다. 특히 그는 과거의 위인에 대한 과장을 주의해야 한다고 경고한다. 즉 모든 민족은 그 무엇보다 자신들의 역사를 편애한다는 사실을 알아야 하며 그렇기 때문에 역사가는 과거 역사적 사실을 해석하고 서술할 때 이러한 편견에 주의해야 한다는 것이다. 과거의 사람들이 현재의 역사가들보다 당연히 자신들에 관하여 더 많이 알고 있으며 또한 역사가들은 이들 고대인들이 현재의 자신들과 똑같지 않다는 사실을 알아야 한다. 따라서 비코는 과거의 의미를 설명하고 해석하려면 반드시 언어학과 신화학 그리고 법체계를 연구할 것을 제안한다. 왜냐하면 역사가는 스스로 자기 자신을 보는 것처럼 다른 사람들을 볼 줄 아는 법을 배우지 않으면 그들을 이해할 수 없기 때문이다.

 물론 과거의 선조들의 이해에 관해서는 더욱 그렇다. 이 같은 이유로 인해 비코는 언어, 민속, 신화, 전설, 그리고 규율, 관습 등 법체계를 자세히 조사했다. 볼테르에게 인간에게 영향을 미치는 초자연적인 존재에 관한 신화는 무지와 미신에 불과 했으나 비코에게 이것들은 우주와 만물의 기원에 대해 인간이 오랜 세월동안 생각해 오면서 정립한 개념이며 과학이었다. 그래서 인간들은 신화 혹은 전설, 민속 등을 역사의 사실에 대한 이해의 수단으로 삼았다. 이처럼 비코는 인간의 내면에서 이뤄진 인식과 이에 관련된 역사적 맥락과 관련성을 강조함으로써 19세기 수용된 '초기 역사주의'의 형식을 확립했다.[77]

 19세기 역사연구는 방법론적으로 광범위하고 체계적이지 못했으며 그 논리도 조잡했다. 역사학은 당시의 유럽 대학에서 높은 지위를 차지하고 있었고 학문적인 교육과정을 취하고 있었다. 당시 역사학은 전문적으로

---

77 계몽주의 사상가들은 역사를 신학으로부터 분리시켰지만 비코와 그의 제자들은 과거를 복구하기 위한 방법론을 발견하여 비코의 역사연구의 원리는 19세기에 근대적인 의식을 갖고 있었다. Mark T. Gilderhus, 윗 책, 41쪽.

교육을 받은 학자들에 의해 다뤄져 왔지만 역사에 관심을 가진 철학가들도 역사서술에 대해 많은 공헌을 했다. 먼저 프랑스 대혁명과 나폴레옹 전쟁에서 발전한 낭만주의와 민족주의적 접근이다. 두 번째, 독일에서 역사는 추상적인 혹은 철학적인 사상을 주제로 다뤄졌으며 셋째, 대학에서 다뤄진 전문적인 역사는 사료탐구를 통해 과거에 실질적으로 무엇이 일어났는가를 알아내는 것을 목적으로 삼았다.

　이 결과, 계몽주의 역사서술의 단점이 극복되고 역사학이 더욱 발전하게 됨으로써 19세기 역사가에 의한 역사연구의 다양성이 드러나기 시작했다. 유럽에서 낭만주의적이고 민족주의적인 역사서술은 1815년 프랑스에서 부르봉 왕가의 복구이후 유럽에 널리 퍼진 지배적인 흐름이었다. 비코의 제자인 쥘 미슐레(Jules Michelet)는 프랑스 국민의 역사를 서술하면서 민속과 노래와 시, 건축 등 사료를 이용하여 평민들의 일상생활의 모습을 묘사했다. 그는 6권으로 출간된 『프랑스 역사 History of France』를 통해 농민들의 생활을 찬양하며 민족주의 출현을 격찬했다.[78] 이어서 1830년

---

[78] 프랑스에서 민족주의는 두 유형이 있었다. 하나는 계몽주의의 낙관주의의 철학과 미슐레의 프랑스 대혁명에 대한 저서로부터 나온 열린 민족주의와 역사적 진보의 비관론, 즉 데카당스와 집단적인 정체성을 보호하고 확고히 하며 위협적이고 거짓의 모든 타락의 요인들에 물들지 않으려는 지배적인 망상의 사상에 토대를 둔 닫힌 민족주의이다. 이 점에 대해서는 Michel Winock, *Nationalisme, antisémitisme et fascisme en France* (Paris : Seuil, 1982), 37-40쪽을 보라. 이 가운데 공화적인 프랑스의 열린 민족주의는 미슐레가 "민족의 신(Le Dieu des nations)은 곧 프랑스에 의해서 거론되어야 한다"라고 주장한 바와 같이 민족주의는 보편적인 용어가 되었다. 이때까지 민족이란 용어는 추상적인 의미였으나 시인이며 역사가인 미슐레는 가장 명료하게 19세기 내내 역사를 정해진 운명으로 미화된 그리고 신화의 애국적인 우상(선민사상)을 제공해준 프랑스의 민족의 원리를 감정적인 내용으로 표현했다. 미슐레는 인간의 보편적인 애정으로 프랑스인의 영혼에 대한 정신적인 애정과 프랑스 국가에 대한 애정을 가장 잘 결합시킨 인물이다. Michel Winock, 윗 책, 7, 14쪽. 이러한 민족에 대해 미슐레는 신문 *le Peuple*에 글을 발표하여 "프랑스 민족은 그 어떤 다른 시대에서도 내가 보지 못한 프랑스인의 정신과 프랑스의 국가에 대한 애국심이라는 아주 강력한 이 두 개를 가지고 있다. 프랑스 민족은 동시에 원리와 전설이라는 가장 위대하고 가장 인간적인 사상을 갖고 있으며 이후에 전통이 될 것이다. 이 전통은 프랑스

기조(François Guizot)는 『프랑스 문명사 History of Civilization in France』를 저술하여 프랑스 국민의 애국심을 고취시킨 유명한 역사가로 명성을 날렸다. 이로 인해 루이 필립으로부터 장관으로 임명된 기조의 경우 역사와 정치가 서로 결탁하게 된 전형적인 사례로 꼽히고 있다.[79] 따라서 티에리(Thierry), 티에(Thiers), 기조 등 중심의 프랑스 역사학파는 대혁명의 주요 변화에 의거해서 사회의 메커니즘과 19세기 지배적인 권력의 형태에 대한 새로운 견해를 피력했다. 이들 학파에 따르면 역사란 더 이상 왕의 역사가 아니라 계급과 민중과 민족의 역사이며 이에 따라 그동안 왜곡되고 소홀히 다뤄진 하층계급과 민족역사와 투쟁은 중요한 역사적 당위성을 지니게 되었다.[80]

낭만주의는 19세기 초 유럽 전 지역에 걸쳐 지배적인 문화의 풍조이다.

---

역사, 그리고 인간의 역사로부터 나온 것이며 다양한 형태로 영원히 전해지는 가운데 세계의 도덕적 이상, 즉, 프랑스 성자는 그가 무엇이든지간에 모든 민족의 성자이며 인류의 축복과 슬픔을 공유한다. 세계 진보의 모태이며 '활기가 넘치는 우애'인 프랑스는 '종교'이다. 다른 민족은 그들의 전설을 가지고 있으나 그것은 단지 특수한 것에 불과하다. 반면 프랑스의 민족적 전설은 중단되지 않는 무한한 빛의 옷자락이며 진정한 젖빛 길이고 세계가 항상 주시하고 있는 전설이다."라고 말했다. Jules Michelet, Le Peuple 1846,(Paris : Flammurioru, 1993), 276-278쪽. 공화파의 민족주의는 처음부터 세계에 평화를 선포했다. 그러나 공화파 민족주의는 손에 든 무기와 압제자에 과감하게 맞섰다. Michel Winock, 윗 책, 15쪽.

79  오를레앙 우파의 주요인물이며 자유주의자와 왕당파의 사이 중도적인 프로테스탄트 신자 기조는 1822년 복고왕정 때에 소르본대학의 교수였다. 그는 7월 왕정기에 가장 견고한 중심인물이 되었다. 1840년부터 1848년까지 외무장관과 의회 의장이 되기 전에 겪은 대혁명의 경험을 영국의 모델로부터 본받은 군주정과 조화시키려 노력하려는 한 법률 이론가였다. 민주주의 운동에 대한 여론이 상승 중이라는 것을 알지 못하고 평판도 나빴던 그는 1848 혁명에 의해서 영원히 비난을 받는 존재가 되었다. Michel Winock, La France politique, XIX$^e$-XX$^e$ sècle (Paris : Seuil, 2003), 148쪽.

80  1833년에 프랑스 역사 협회를 창립한 기조는 국민들로 하여금 민족들의 고대 문명의 찬란한 연속을 인식하게 하고 이를 보전하도록 책임을 맡은 역사 건조물의 총감독관 지위에 임명되었다. Francis Démier, La France du XIX$^e$ siècle 1894-1914, (Paris : Seuil, 2000), 145쪽. 기조의 반동적인 정치적 체제에 대해서는 Francis Démier, 윗 책, 제2장을 참조.

1770년에 낭만주의가 탄생된 이후 1848년 위기를 거쳐 생겨난 데카당스까지 낭만주의의 정치적 진원지는 바로 프랑스 대혁명이었다.[81] 프랑스 대혁명의 개념은 과거의 모든 계몽주의 운동으로부터 그리고 이후로 부르주아와 자유민 그리고 농민과 하층민 등 하부구조의 사회집단에까지 확대되었다. 그러나 과거의 향수에 젖어 있던 낭만주의는 새롭게 일어난 변화와 혁신을 거부하며 프랑스 대혁명 이념의 흐름에 반동적인 입장을 취했다. 이로써 1820년부터 1830년 전환기에 낭만주의는 온갖 방법과 수단을 동원하여 프랑스 대혁명 개념의 결함과 그 한계를 지적하는데 몰두했다. 랑케가 프랑스 대혁명을 비판한 것은 이러한 낭만주의 흐름에 의한 것이었다.[82]

대혁명에 대해 반대의 입장을 취했던 낭만주의는 프랑스에 앞서 이미 영국과 특히 스코틀랜드 등 북유럽의 문학운동, 특히 18세기 후반 독일에서 일어난 '슈투름 운트 드랑'(질풍노도 Sturm und Drang)이란 문학운동으로부터 시작되었다. 독일에서 대체적으로 괴테, 실러(Schiler), 헤르더(Herder), 레씽(Lessing) 등이 이 문학운동을 주도해 나갔다.[83] 랑케 시대는 민족정신이 강조된 낭만주의가 풍미하던 시기였다. 따라서 랑케의 근대 과학적인 역사학이 등장할 때 바로 이러한 낭만주의적인 반동시대가 프로이센의 정치와 사회제도를 지배하며 큰 영향을 미치고 있었다.

이런 흐름 속에서 프로이센은 강력한 군주정과 계몽된 관료들의 지지로 국가가 존립할 수 있다고 판단하고 있었다. 이런 맥락에서 국가와 민족은 랑케의 역사인식에서 핵심적인 자리를 차지하게 되었다. 여기에서 랑케의 주요 역사관은 역사의 객관성과 전문성, 그리고 역사가의 정치적, 문화적

---

81  따라서 프랑스 대혁명은 낭만주의가 불러일으킨 문화적 충격을 연구하기 위한 여정을 제공해 주고 있다. Francis Démier, 윗 책, 137-159쪽.
82  이러한 입장은 자신의 저서『강대세력들, 정치대담, 자서전』에서 잘 표현되어 있다.
83  1774년 괴테의『젊은 베르테르의 슬픔』은 1780년 초부터 프랑스에서 상당한 성공을 거두었다.

역할이다. 이 두 요소들이 서로 모순되는 것처럼 보이지만 면밀히 살펴보면, 랑케의 실증주의 사학의 본질은 비당파성과 더불어 역사가의 전문성에 기초하고 있다.[84]

원래 역사서술은 민족의 기원과 씨족사회를 거쳐 부족사회 그리고 민족국가 및 민족문화와 문명의 발전과정을 기록하는 것부터 시작했다.[85] 따라서 고대로부터 여러 민족들은 서사시나 영웅담 같은 신화를 통해 민족의 기원과 문명을 후손에게 전했다. 헤로도투스는 그리스인과 페르시아인에 대한 역사를 기록하면서 "나는 두 가지 목적을 생각하고 있다. 즉, 우리 민족과 아시아 민족의 놀라운 성취와 두 민족이 왜 싸우게 되었는가를 기록하여 과거의 기억을 남기는 것이다"라고 밝히고 있다.[86] 우리 고대 역사에서 단군신화가 역사의 사실적 기록으로써 배제할 수 없는 이유가 바로 여기에 있다.

즉 민족은 국가의 정체성과 가치관의 원천이기 때문에 역사의 주체는 신이 아니라 민족이다. 신채호와 청나라 량치차오(梁啓超)는 "역사의 목적이 곧 왕이 아닌 민족 중심에서 애국심에 의한 민족주의를 고취시키는 데 있다" 라고 밝혔듯이 역사는 그 국가의 민족이 걸어 온 긴 여정을 통해 이룩한

---

[84] 이러한 랑케의 역사적 관점은 랑케 이후 역사주의(Historicism)라는 용어로 지칭되었고 이는 총체적인 삶의 철학, 즉 과학, 문화과학의 개념과 정치적 사회적 질서의 개념들을 결합했다. 따라서 역사주의는 "모든 시대는 신에게 직결된다."는 랑케의 사상을 고수했다. Georg G. Iggers, *Historiography in the Twentieth Century*, 28-29쪽. 역사주의에 대해서는 Georg G. Iggers, "Historicism : The History and the Meaning of the Term", *Journal of the History of Ideas* 56 (1995), 129-151쪽.

[85] 민족의 역사 기록은 Tacitus 혹은 Herodotus에게서 기원을 찾을 수 있을 것이다. 대개 서구에서 역사는 유대인 혹은 그리스, 로마제국, 초기 기독교인들의 역사의식은 민족의 과거와 현재 그리고 미래를 연결하는 것으로 이해했다. 따라서 고대 역사서술은 신화, 전설, 문학 등의 형태로 서술되었다. 이러한 고대 역사 서술과 역사의식에 대해서는 Mark T. Gilderhus, 윗 책, 12-28쪽을 참조.

[86] Herodotus, *The Histories*, trans., Aubrey de Sélincourt (London : Penguin Book, 1954), 13쪽.

문화와 문명 그리고 그 민족이 구성한 국가를 과학적이고 사실적으로 서술하는 것이다.

마찬가지로 19세기 민족주의 정신이 대두되었던 유럽에서 근대 과학적인 역사가 등장함으로써 역사의 본래 취지가 요구되었던 것이다. 랑케의 역사학은 이런 시대적 흐름에 따라 독일민족의 역사를 기록하고자 했으며 그 방식은 문헌고증을 바탕으로 한 사실적이고 객관적이며 과학적인 기술이었다. 이렇듯 랑케의 실증주의 사학은 민족역사를 역사서술의 주체로 삼은 한 최초의 근대 역사학을 확립한 것이다. 실증주의 역사는 민족사관과 뗄 수 없는 관계에서 시작된 만큼 근대 역사학은 국민국가의 산물이다. 그러므로 국민국가는 역사적 정당성을 확립하기 위해 국가와 민족 중심의 역사서술을 필요로 했다. 이에 따라 민족의 역사를 재구성하는 것이 국가적 과제로 떠올랐고 이를 위해 대학에 역사학을 설립하여 과학적 역사연구를 추진하게 이르렀다.[87]

랑케는 이러한 새로운 역사학의 선구자였으며 조국 프로이센의 사관으로 일하면서 문헌 비판을 통한 사실적 역사를 추구했다. 이것이 바로 랑케의 실증주의 사학이다. 이런 이유로 한국에서 실증주의 사학을 소위 '랑케류의 실증사학'이라고도 불리기도 한다.[88] 따라서 랑케의 실증주의 사학을 보다 잘 이해하기 위해서는 그의 시대 정치적, 지적 분위기를 따로 떼어 놓을 수 없다.[89] 먼저 랑케 시대 유럽 및 독일의 지적 상황을 살펴보도록 하겠다.

### 2) 랑케 실증주의 사학의 배경

랑케의 역사사상 형성에 영향을 미친 주요한 지적 요소 가운데 그의

---

87 이기봉, 「랑케의 'wie es eigentlich gewesen' 본래 의미와 독일 역사주의」, 126쪽.
88 김용섭, 「日本. 韓國에 있어서의 韓國史 敍述」, 『歷史學報』, 31, (1966), 140쪽.
89 Georg G. Iggers 'Introduction', Leopold von Ranke, *The Theory and Practice of History* ed., by Georg G. Iggers (New York : Routledge 2011), xv.

성장과정에서 중요한 영향을 끼친 종교적 배경이 루터교이다. 둘째는 그가 젊은 시절에 배운 고전 인문학, 그리고 셋째로 당시 지배적인 독일 지적 분위기였던 이념철학, 마지막 넷째로는 1815년 이후의 왕정복고 정치상황이다.[90] 이 가운데 랑케에게 실증적인 역사학을 갖게 해준 역사서는 니버(Neibuhr)의 『로마사 *Roman History*』이며 랑케가 깊은 영향을 받았던 역사가는 투키디데스(Thucydides)을 꼽을 수 있다. 그리고 고프리드 헤르만(Gottfried Hermann)에게서 배운 고전철학의 비평적 방법론은 랑케가 자신의 역사비평의 방법론을 발전시키는데 중요한 바탕이 되었다. 특히 랑케가 역사서술의 비평적 방법론을 적용한 세미나를 통해 배출된 19세기 유명한 독일 역사가들은 하인리히 폰 지벨(Heinrich von Sybel), 빌헬름 폰 지제브레히트(Wilhelm von Giesebrecht), 게오르규 베츠(Georg Waitz), 스위스의 야콥 부르크하르트(Jacob Burckhart) 등으로 이들이 독일 대학교 역사학을 지배하며 근대 역사학을 이끌어 갔다. 이로써 랑케는 독일에서 근대 역사과학의 아버지가 되었으며[91] 세미나가 곧 랑케 실증주의 사학파가 탄생하게 된 본질적인 기초가 되었다.

19세기에 접어들어 독일에서 역사학은 공공성을 지니고 있었기 때문에 그 연구결과를 국민들에게 공개되어야 하고 동시에 정치적 목적에 부합되어야 했다. 민족주의 흐름에 따라 국민들은 자신들의 역사적 기원과 민족의 정체성을 알고자 했고 이러한 국민들의 열망은 곧 정치에 반영되었으므로 역사학자의 역할이 정부로부터 주목을 받을 수밖에 없었다.

따라서 독일의 역사학은 과학성과 정치적 기능이라는 이중적인 관계를

---

90  특히 랑케에게 가장 결정적인 정치적 경험은 프랑스 대혁명이나 나폴레옹 침략이 아니라 1815년 이후의 왕정복고이다. Georg G. Iggers, 'Introduction', 윗 책, xv.
91  Georg G. Iggers, 'Introduction', 윗 책, xix.

유지해야 했으며 이러한 역할을 19세기 독일 대학들이 떠안고 있었다.[92] 바로 이 시대적 흐름 속에서 1825년 랑케는 베를린대학의 교수로 임용되었다. 이 대학에 오기 전에 랑케는 사료의 문헌의 비판적 검토를 통해 유럽정치의 변화와 근대국가 출현 그리고 15세기말 16기 초 이탈리아 전쟁으로 야기된 강국들의 세력균형을 재구성한 저술을 출간한 바 있다. 이 책에서 랑케는 1차 사료 외에 그 어떤 문헌도 역사 서술에 반영하지 않았고 과거의 역사를 오직 사실 있는 그대로 서술하고자 했다.[93]

이어서 랑케는 국가의 요청에 따라 1830년대 독특한 독일 민속의 기원을 모색하고자 『역사정치잡지 *Historische Politische Zeitschrift*』를 펴내게 되었다.[94] 이는 역사적 범주로써 민족과 그리고 전문적인 학문적 소양을 필요로 하는 세속적인 역사 방법론이 서로 밀접하게 연결되어 있을 뿐 아니라 흔히 민족주의 사관에 의한 역사 서술도 국가중심 혹은 문화중심으로 구성된다는 것을 보여주고 있다.[95] 특히 랑케가 속한 독일 이념철학의 흐름이 독일의 사회, 문화, 과학을 지배하고 있었다. 그럼에도 불구하고 그는 역사적 실제의 중요성과 연구의 과학성을 처음으로 개척한

---

92  이러한 대학의 전형이 바로 베를린대학이었다. Georg G. iggers, *Historiography in the Twentieth Century*, 23쪽.

93  이 책은 1824년 라이프치히에서 출간된『라틴과 게르만 민족의 역사*Geschichten der romanischen und gernanische Völker von 1494 bis 1514*』(Leipzig,1824)』이다. 영어판은 *Histories of the Latin and Teutonic Nations, 1494 to 1514* (Sockbridge MA. : HardPress Publishing, 2013)가 있다.

94  랑케는 종종 프로이센의 Friedrich Wilhelm 왕과 바바리아의 Maximilian 왕의 고문의 역할을 하기도 했다. Ernst Breisach, 윗 책, 262쪽.

95  이러한 역사관의 중심인물은 18세기 말 Johann Gottfried Herder(1744-1805)이다. 그는 민족과 역사방법론을 구체화했을 뿐 아니라 계몽주의적인 역사방법론, 즉 과학적 역사에 대해 반대를 하기도 했다. Professor Breuilly, "Nationalism and Historians Some Reflections. The Formation of National(ist) Historiographical Discourse" *Nationalim, Historiography and the (Re)Construction of the Past* ed., by Calire Norton (Washihgton, DC : New Academia Publishing LLC, 2007).

역사가였다. 빌헬름 벤델반드(Wilhelm Windelband)와 빌헬름 딜타이(Wilhelm Dilthey)가 표현한 소위 역사주의(historicism 혹은 historism)라고 불리는 이 전통은 독일의 역사적, 철학적 사상에 중요한 역할을 차지했다. 말하자면 역사주의 핵심은 인간이 행해온 문화창조의 활동을 탐구하는 것으로 이는 곧 역사과학이며, 이 방법은 근본적으로 자연과학 및 전통적인 철학과도 다르다는 데 있다.

그러므로 역사문제의 주제는 당시 살았던 개인들이며 그러기 때문에 제도, 문화에 대한 탐구가 무엇보다 중요했다. 따라서 역사주의자들에게 인간사의 연구는 추상화 혹은 일반화를 추구하는 철학이나 자연과학의 접근방식과 근본적으로 달랐다. 그래서 랑케의 관점에서 볼 때 최고의 이데아를 추구하는 철학과 달리 역사는 실질적인 존재의 상태를 연구하는 학문이었다. 그래서 랑케는 자연과학처럼 철학이 일반화와 보편성에 관심을 두고 특수성을 전체의 일부로 인식했지만 반면 역사는 개별적이고 특수성에 관련되어 있다고 생각했다.[96] 이처럼 랑케가 역사적 특성과 상황의 개별성을 강조하면서 헤겔과 셸링(Schelling)의 역사에 관한 인식방식을 거부하고 나섰다. 즉 역사에서 나타난 독특한 개별성을 이해하려면 '과거를 있는 그대로' 복원해야 한다는 것이다. 또한 랑케는 역사와 문학을 구별하고 있는데 그에게 있어서 역사의 분석은 사실을 이해하게 하는 것이지 이미지를 보여주는 것이 아니었다.[97]

---

96  즉, 역사의 과업은 일반적인 관계를 설명하는 것이 아니라 상황, 개별성, 제도, 문화의 특수성에 대한 이해이다. 이것은 역사의 이념적 개념으로 나아간다. 왜냐하면 역사의 주된 문제가 궁극적으로 그 역사에서 각 개인들에게 그들의 특성을 부여해주는 인간정신, 개인의 독특한 요소이기 때문이다. Georg G. Iggers 'Introduction', 윗 책, xxvi.

97  그러나 헤이든 화이트(Hayden White)는 랑케의 역사를 이미지 문학으로 축소하고 있는데 이는 정당하지 않다. 헤이든 화이트의 랑케의 역사에 대해 이 같은 분석은 Hayden White, *Metahistory : The Imagination in Nineteenth-Century Europ*,

더 나아가 랑케는 역사학을 엄격한 과학으로 보고 가치중립적인 입장을 취하고 있으나 실질적으로 그의 역사관은 정치적 상황, 혹은 철학과 애매한 관계를 보여주고 있다. 랑케의 역사학은 문헌고증과 철저한 사료비판을 기초로 하고 있기 때문에 역사 연구를 위해서 무엇보다 1차 사료를 고증하고 분석할 능력이 전제 조건이었다. 그래서 역사가가 되려면 무엇보다 전문적인 학문성을 훈련받는 것이 필수였다. 이에 따라 랑케는 베를린 대학에서 세미나를 통한 전문 역사가를 양성하여 과학적인 근대 역사학을 열어 나갔다. 랑케는 역사가로서 갖춰야 할 기본자세에 대해 "과거를 판단하지 말아야 말고 실제 그것이 어떻게 일어났는지 보여줘야 한다"며 역사에서 콩트의 유기체적인 그리고 공동체적 실증주의를 배격했다.

이로써 랑케는 역사학을 철학에서 독립시켜 인간세계에 대한 통찰력을 갖게 해 주는 과학으로 승격시킨 것이다. 물론 랑케가 역사연구에서 그 어떤 이념이나 혹은 사상을 배척한 것은 역사의 무의미성을 지녀야 한다는 것이 아니라 역사에서 구현된 모든 상황이 곧 신의 의도이기 때문에 그 역사적 사실을 인간이 판단해서는 안 된다는 것이다. 즉 신의 뜻이 담겨 있는 민족의 고유한 역사는 그 어떤 관점에서도 판단될 수가 없기 때문이다.[98] 이후 랑케의 영향을 받은 많은 역사가들은 민족의 역사에 중점을 두기 시작했다. 이러한 랑케의 실증주의 사학은 독일의 민족적 사회적 정체성을 확립하는데 중추적 역할을 했으나 19세기 말에 이르면 점차 이러한 공적인 역할이 축소되어 갔다.

---

(Baltimore : The Johns Hopkins University Press, 1979), 헤이든 화이트, 천형균 옮김, 『메타역사 : 19세기유럽의 역사적 상상력』(지식을만드는지식, 2011), 349-407쪽 참조.

98  Ranke, "Über die Verwandtschaft und den Untrsched der Hitorie und des Politk" *Sämmtliche Werke*, Volumes 49-50, 280-293쪽.

## 헤르더 역사관과 민족정신

1891년 칼 람프레히트(Karl Lamprecht)는 『독일사(*Deutsche Geschichte*)』를 출간하여 기존의 랑케의 실증주의 사학에 대해 이의를 제기하고 나섰다. 그는 기존의 랑케 실증주의 사학에 대해 신의 뜻대로 구현되었다는 사실을 입증하기 위해 사료와 문헌을 고증하여 역사적 사실을 밝히고자 한 '낡은 역사과학'이라며 이 역사학은 역사적 행위를 설명하고 이를 연구할 때에 과학적인 방법을 적용하지 못한다고 비판했다.[99] 그럼에도 불구하고 그의 저서 『독일사』에서 제시된 핵심은 민족정신(Volksseele)이었다. 18세기 말 요한 고트프리드 헤르더(Johann Gottfried Herder)와 그 제자들은 문화중심의 역사를 서술해야 한다며 관습, 민속, 음악, 미술, 특히 언어 등에 대해 집중적으로 연구했다.[100] 이와 달리 같은 시기에 하인리히 폰 트라이츠케(Heinrich von Treitschke)와 프로이센 역사학파들은 역사연구에서 외교와 전쟁에 초점을 두었다. 헤르더는 민족주의와 역사주의 그리고 민족정신 등 상호 연관된 개념을 창시하고 이성주의이며 과학학적 방법과 보편적 권위를 비판한 역사 철학자였다.[101]

역사의 범주에는 민족 뿐 아니라 문화, 종교 정치 등 여러 분야가 있지만 이 가운데 민족은 역사서술과 밀접하게 결합되어 있다. 따라서 헤르더는 민족문화를 역사서술과 결합시키고 민족문화에 대해 그 민족의 내적인

---

99  Georg G. Iggers, *Historiography in the Twentieth Century*, 32쪽. 이에 대해 영어판 Karl Lamprecht, *Alte und neue Richtungen in der Geschitswissenschaft* (Charleston : BiblioBazaar, 2009)을 참조할 것. 특히 Karl Lamprecht, *Alternative zu Ranke. Schriften zur Geschichtstheorie* (Leipzig; Reclam, 1988)을 보라.

100 이에 대해서는 Isaiah Berlin, *Vico and Herder* (Viking Adult, 1976)를 참조할 것. 국내 판으로는 이사야 벌린, 이종흡, 강성호 옮김, 『비코와 헤르더』(민음사, 1997)가 있다.

101 이사야 벌린, 윗 책, 296쪽.

성격과 전통에 충실해야 한다는 것을 신념으로 삼았다.[102] 이러한 신념에 바탕을 둔 헤르더의 역사사상은 여러 민족들에 의해 표출된 다양성과 개별성을 중시하고 개별적인 민족이나 종족의 본래 타고난 성격을 강조함으로써 민족주의적인 영향을 보여주고 있다.[103] 즉, 헤르더는 모든 민족들의 타고난 문화, 특히 노래는 "각기 자기를 묘사하며 각자 있는 그대로 드러내 주고 있고 언어, 어조 등은 민족들의 사고방식, 신념, 기원, 역사 혼합 등에 관해 여행담보다 훨씬 많은 정보를 준다"고 말한다.[104] 그러므로 헤르더는 역사의 핵심을 보편적 특징으로 보지 않고 과거의 사건을 통해서 실질적으로 증명할 수 있는 역사의 법칙을 제시했다.

어느 곳에서든지 인간이 존재해 오면서 장소의 환경과 상황 또는 시대의 흐름에 속에서 토착적인 민족의 성격이 형성되었다. 헤르더가 볼 때 이로 인해 생겨난 인간의 능력은 역사서술에서 중요한 요소였던 것이다. 헤르더는 랑케와 마찬가지로 경험적인 과거의 사건들과 인간의 상호 역동적인 관계 속에서 역사가 전개되어 간다고 생각했다. 말하자면 랑케가 개별적인 민족역사에 특수성을 부여 한 바와 같이 헤르더 역시 신의 신성한 계획이 인류역사를 통해 실현된다고 생각했다. 그의 이러한 역사 관념은

---

102 민족정신 또는 문화정신이라는 관념은 비코와 몽테스키외에게 중요했을 뿐 아니라 보드머(J. J. Bodmer)와 브라이팅거(J. J. Breitinger), 하만(Johann Georg Hamann), 짐머만(J. G. Ritter von Zimmermann) 등에게도 마찬가지였다. 볼링브로크(Henry St-John Bolingbroke)는 민족성은 자연의 깊숙한 곳에 뿌리 박은 것이라고 강조했고 18세기 중엽에 이르면 켈트문화 애호가, 고토문화 애호가가 나타나기 시작했다. 아일랜드와 스코틀랜드에서 열풍이 지배했던 때에 이들 애호가들은 게일족이나 게르만족을 찬양했고 이 종족들이 윤리적으로 혹은 사회적으로 고대 그리스인이나 로마인에 비해 우월하며 현대 라틴인이나 지중해인의 퇴폐적 문명에, 비해 훨씬 우월하다고 주장했다. 이사야 벌린, 이종흡, 강성호 옮김, 윗 책, 302쪽.

103 헤르더는 이와 같은 역사의 법칙성을 언급하며 세 가지 원칙을 설명한다. Patrick Gardiner ed., 윗 책, 34-35쪽.

104 이사야 벌린, 윗 책, 343쪽.

기독교로부터 물려받은 것으로 보인다. 따라서 그는 역사서술에서 어떤 개별적 민족의 생활방식이나 문화의 특징을 고려하지 않고 다른 민족의 생활방식이나 문화로 획일화 하여 하나로 통합시키는 것을 강력하게 배척했다.[105] 이처럼 칸트의 순수이성과 실천이성의 이론과 달리 헤르더는 민족이나 종족의 타고난 고유한 성격을 강조함으로써 역사의 전개과정에 인종주의적이고 종족주의적이며 민족주의적인 의미를 더 많이 강조했던 것이다.[106]

이러한 민족과 역사서술의 결합은 대개 프랑스 대혁명이나 미국혁명의 영향을 받아 국민주권을 기반으로 한 국민국가의 형성과 맞물려있다.[107] 독일 사상가들은 처음에 대부분 프랑스 대혁명을 열광적으로 환영하면서 자국에 자유의 정신을 퍼드리기 위해 노력했다. 특히 이들은 독일제후들의 지배에 향하여 시대에 뒤진, 잔인하고 억압적인 체제라고 비난했다. 그러나 프랑스가 공포정치를 실시하고 프랑스 혁명군과 나폴레옹이 독일을 군사적으로 침략하자 이들의 태도는 바뀌어 애국자, 반동주의자, 낭만주의자로 변신했다.[108]

따라서 민족의 역사는 민족중심과 문화중심으로 한 두 종류의 구조를 보이고 있다. 실질적으로 이러한 역사서술의 특징은 역사/비역사, 시민/

---

105 이사야 벌린, 윗 책, 313쪽.
106 헤르더는 이성과 지성을 민족주의, 프랑스 공포증, 전통에 대한 무비판적 신앙과 믿음에 결합시킨 인물로 평가된다. 이사야 벌린, 윗 책, 315-330쪽. 볼 것. 특히 헤르더는 이에 대해 인간의 능력, 환경, 흥망성쇠 등 세 가지 원칙을 제기했다. Patrick Gardiner ed., 윗 책, 35-38쪽.
107 Professor Breuilly, 윗 글, 2쪽.
108 대표적인 인물이 바로 피히테(Johnn Gottlieb Fichte)이다. 이밖에 괴레스(J. J. von Görres), 노발리스(Novalis), 슐레겔 형제(C. W. Friedrich von Schlegel), 슐라이에르마허(F. D. E. Schleiermacher), 티크(Ludwig Tieck), 겐츠(Gentz) 셰링(Friedrich von Schelling), 실러(Friedrich von Schiller) 등이다. 헤르더는 세계시민주의자로서 출발했으나 결국 민족주의자로 바뀌었으며 이 사상은 일생동안 변하지 않았다.

민족, 동양/서양, 정치/문화 등 요소들과 결합하여 민족주의 역사의 서술에 그대로 적용되고 있다.[109] 그러므로 국가중심의 역사에서 민족국가는 민족을 결속시키고 독립적인 주권을 쟁취하고자 한 국민의 신조이며 국가의 힘을 의미한다. 때문에 헤르더가 볼 때 제국주의는 인류의 공동체를 붕괴시키고 무력으로 민족문화를 말살시키는 침략자이며 다양한 문화의 파괴자였다. 헤르더는 모든 문화와 민족들을 공평하게 보아야 한다며 피정복 민족의 문화를 파괴한 로마제국을 비판했다. 말하자면 로마는 인류의 자발적이고 자연적인 다양한 표현의 형식을 말살하는 야만적인 행위를 저질렀으며 누구든 인위적인 민족문화의 통합을 절대 용납하지 말아야 한다는 것이다.

국가중심의 역사는 주로 영국, 프랑스에서, 그리고 문화중심의 역사는 슬라브와 루마니아인들에서 강조되었다.[110] 사실 엘리트들은 문화를 지배하고 권력과 결합되어 있지만 국가의 정치적 틀 안에 종속되어 있다. 바로 이 점이 왜 헤르더가 엘리트의 문화보다 민속을 더 중시했는지, 그리고 그의 역사관이 독일 민족주의 역사 서술보다 슬라브 민족에 더 큰 영향을 끼쳤는지 그 이유를 말해 주고 있다.[111] 헤르더는 역사의 법칙성을 강조하면서 세 가지 원칙을 제시했다.[112] 첫째는 활발한 인간 능력은 인류 역사의 원천이다.

---

109 이에 대해 마이네케는 민족국가와 다민족 보편국가 사이의 차이를 설명해 주고 있다. Friedrich Meineke, *Staatsnation and Kulturnation in Cosmopolitanism and the National State* (Princeton : Princeton University Press, 1970)가 있다. 이러한 차이를 민족주의 연구에 적용한 저서는 Hans Kohn, *The Idea of Nationalism : A Study in its Origins and Background* (New York : Macmillan, 1944)가 있다. 그러나 이러한 역사서술에 대한 비판과 19세기에 걸쳐 유럽에서 발전되어온 민족주의의 여러 형태를 비교 분석한 것은 Timothy Baycroft and Mark Hewitsoned. ed., *What Is a Nation?: Europe 1789-1914* (Oxford : Oxford University Press, 2006)을 참조.

110 따라서 국가 중심의 역사는 주로 영국, 프랑스에서 그리고 문화 중심의 역사는 슬라브와 루마니아인들에서 강조되었다. Professor Breuilly, 윗 글, 3쪽.

111 이에 대해 Baycroft, Timothy and Hopkin, David ed., *Folklore and Nationalism in Europe During the Long Nineteenth Century* (Boston : Brill Academic Pub , 2012)을 볼 것.

112 Patrick Gardiner, 윗 책, 35-40쪽.

인간은 한 인종으로부터 기원하기 때문에 그 민족의 외적인 모습, 생활관습, 규범, 그리고 교육과 사고방식 등이 유전으로 전해진다. 이 때문에 고대에 살았던 조상들로부터 이어져 온 민족적인 특징이 역사 속에서 드러나게 마련이다. 둘째는 한 국가의 특징적인 문화적 양상이 주로 그 국가가 기원한 시기와 장소, 그리고 국가의 구성요건들, 주변을 둘러싸고 있는 여러 외적인 환경들에 의해 영향을 받는다면 그 국가의 역사는 이러한 요인들로부터 비롯된다. 셋째는 한 민족의 문화와 문명은 역사적 실존의 꽃이다.

이처럼 헤르더는 다양한 인간의 경험을 중시했고 이를 통해서 중요한 역사적 사실을 추정했다. 결국 한 민족국가가 오래 동안 유지될 수 있는 원동력은 견고하게 뿌리를 내린 그 민족의 전통과 오랜 세월에 걸쳐 이룩한 찬란한 문화 그리고 이를 바탕으로 다져진 국가의 힘과 권력 등에서 나온다.[113] 예컨대 고대 그리스가 존속할 수 있게 한 국가원리는 자연으로부터 습득한 인간의 지혜였다. 그러므로 모든 그리스의 도시국가들의 역동적인 역사는 이성과 정의로 규정되는 인간성(Humanity)에 근거하고 있다. 인간성의 대립개념은 욕망(Passions)이며, 이는 곧 비극적인 역사의 원인이라고 생각한 헤르더는 "인간 안에 신이 있다면 역사 안에도 신이 존재하기 때문에 인간은 자연법에 순종해야 한다"고 주장한다.[114] 이와 같이 헤르더는 인간의 본성과 역사를 통해서 각 민족들의 국가와 문화 및 문명을 성취해 나가며

---

113 이 점에 대해 헤르더는 유대민족을 사례로 설명한다. 그는 유대민족을 그 나름의 고유한 특징을 지닌 민족이며 영토, 공통어, 전통, 친족감, 공통의 전통, 자유롭게 수용된 율법으로서 공통법 이들이 상호 연관되어 이어 왔으며 이 요소들은 성서로 인해 비롯된 유대감과 더불어 각기 분산되어 살아온 유대인들로 하여금 자기 민족의 정체성을 유지할 수 있게 해 주었다고 말한다. 이사야 벌린, 윗 책, 321쪽. 각주 13.

114 이점에 대해 헤르더는 역사의 흐름을 변증법으로 설명한다. 즉, 궁극적으로 인간의 감수성, 본능, 이성과 자유, 언어, 예술 그리고 종교 같은 인간의 본성은 인간성(Humanity)의 함양을 위하여 천부적으로 부여되었다며 인간성은 인간 본성의 목적이라고 주장한다. 그러나 인간은 고유한 본성(욕망)에도 불구하고 인간이 타고난 자연법을 따른다는 것이다. Patrick Gardiner, 윗 책, 41-44쪽.

여기에 바로 신의 뜻이 부여된다고 생각했다. 더 나아가 헤르더는 민족주의 역사가야말로 인간에게 인간성의 가치를 이해시키고 이를 실천할 수 있도록 가르치는 교사의 역할을 해야 한다고 강조했다.[115] 이 같은 역사사상을 피력한 헤르더는 분명한 민족주의 역사가라고 평가할 수 있다. 다음의 헤르더의 민족사상을 표현하는 글을 보자.

"자연은 국가 아닌 민족이 만드는 바, 그렇다고 해서 어떤 민족을 다른 민족들보다 본질적으로 우월한 민족으로 만들지 않는다. 고대 게르만족이 무슨 성품을 지니고 있었든지 간에, 그들을 유럽 내에서 하나님의 선민으로 추앙하는 것, 그리고 그들의 천부적 능력에 알맞게 하나님이 그들에게 전 세계를 소유하고 다른 민족들로부터 섬김을 받을 권리를 부여했다고 믿는 것은, 야만인들의 천박한 허영심에 불과하다. 선민은 있을 수 없다. 한 민족을 형성하는 것은 풍토이며 교육이고 주변 민족들과 관계처럼 가변적이고 경험적인 요소이지 불변적인 요소들이 아니다."[116]

이처럼 헤르더에게 있어서 국가와 민족, 지역과 인종, 문화와 전통 등, 이 모든 역사의 요소들은 보편주의로 통합되는 것이 아니라 각 민족의 독립적인

---

115 특히 헤르더는 신이 인간의 본성과 역사를 대립과 갈등을 극복한 권력의 균형으로 이끈다고 말한다. 즉 인간의 야만성은 이성과 분별력으로 억제되며 이로써 인간 세계는 질서로 나아간다는 것이다. Patrick Gardiner, 윗 책, 46-48쪽. 헤겔 역시 신이 세계에서 그 목적을 성취함으로써 역사가 의미를 갖게 되며 이러한 역사 발전과정을 통해 인간은 새롭고 높은 의식 수준에 도달한다고 말한다. 이와 같이 역사는 이성과 자유의 획득을 목적으로 한 역동적이고 합리적인 과정을 통해서 나아간다. 이러한 헤겔의 역사 철학은 독일의 역사학파의 출현에 현저한 사상적인 공헌을 했다. Bruce Mazalish, 윗 책, 38-90쪽.

116 이사야 벌린, 윗 책, 327쪽에서 인용.

개별성, 다양성으로 나아간다.[117] 그러나 『인류학 *Anthropologie*』 에서 인종과 피부색을 강조하며 민족의 지배력이 곧 진보의 원동력이라고 주장한 칸트는 헤르더의 주장에 대해 부정적이었다. 이리하여 칸트는 『코스모폴리탄의 관점으로부터 보편사를 위한 생각 An Idea for a Uiversal History from a Cosmopolitanism Point of View』이란 제목의 글에서 헤르더의 주장을 정면으로 반박했다. 칸트는 세계주의적 보편적 역사에 대한 이상이 가능한 이유에 대해 자연이 인간의지에도 불구하고 스스로 정한 목표로 향해 역사를 이끌어 가기 때문이라고 주장한다. 따라서 칸트는 인류 역사의 보편성에 대한 실례로 그리스와 로마제국의 역사로부터 계몽주의 시대에 이르는 역사를 제시했다.[118]

계몽주의 전통을 강조한 칸트에게 있어서 역사란 끊임없이 진보하며

---

[117] Mark T. Gilderhus, 윗 책, 42-43쪽. 그는「세계주의적 관점으로부터 본 보편사를 위한 하나의 사상」이란 제목으로 헤르더를 비판하며 일차적으로 역사연구에 관심을 두지 않았지만 역사의 주제를 철학적으로 다루었다. 칸트는 계몽주의 전통을 되돌아 갈 것을 강조하면서 헤르더가 역사에서 인간을 우위에 두어야 한다는 주장을 거부하고 대신 역사의 보편성을 자연의 숨겨진 계획에 대한 깨달음으로 간주하기보다 이 깨달음을 통해 자연에 의해 인간 안에 심어진 모든 능력들이 충분히 발전할 수 있다고 주장했다. 헤르더보다 다양성의 특징 덜 하지만 칸트는 일관성을 강조했다. 칸트에게 있어서 역사란 시간의 진전에 이르게 되며 시간의 진전에 따라 인간은 이성적으로 되기 때문에 근본적인 본질을 갖추게 된다는 것을 의미하기 때문이다. 이 서론에서 칸트는 의지의 자유는 보편적인 자연법에 의해 규정되기 때문에 역사란 바로 이에 대한 인간의지의 표출을 사실(Fact)로 인식하여 이를 설명하는 것이라고 강조한다. 따라서 보편적 역사를 살펴 볼 때 인간의지의 자유가 규칙적으로 진행하며 역사에서 인간의 근원적인 능력과 자질들이 지속적으로 발전한다는 것을 발견할 수 있다는 것이다. 이처럼 칸트는 역사를 인간 이성의 실천의 작용으로서 파악하며 헤르더의 주장에 대해 부정적인 입장을 보였다. 그러므로 칸트는 국가와 민족 전체가 각각 나름대로 목적을 추구하며 정반대 방향으로 나아간다 해도 결국 무의식적으로 자연의 목표에 의해 세계주의적 보편적 역사를 향해 진보한다고 말한다. 칸트의 이러한 주장은 궁극적으로 인류의 보편사가 지향하는 목적이 곧 세계주의적 도덕 공통체이다. 인류의 역사에서 이러한 보편적 목적으로 이끌어 가는 자연이란 바로 인류 역사 속에 내재되어 있는 절대적인 힘 혹은 헤겔의 주장한 바와 같이 절대정신이다. Patrick Gardiner, 윗 책, 22-23쪽.

[118] 칸트는 보편사에 대한 이러한 예증을 자연의 섭리로 인식했다. Patrick Gardiner, 윗 책, 32-33쪽

이로써 인간은 이성적인 존재가 된다. 따라서 역사 철학자의 주요 과업은 이러한 목적을 획득하기 위해 역사의 의미와 메커니즘을 이해하는데 있었다. 이러한 칸트 입장을 전적으로 반대한 헤르더는 "동물이나 주인이 필요로 하지 인간은 그렇지 않다"며 "인간에게 그 어떤 서열이 있어서는 안된다… 백인이 흑인을 검은 짐승이라고 생각한다면, 흑인도 백인을 타락한 인종으로 생각할 권리가 있다"고 반박했다.[119] 즉 모든 사람들에게 주인이 필요하다는 칸트의 사고에 대해 헤르더는 인정하지 않았다. 칸트의 역사철학은 인류의 진보에 초점이 맞춰져 있다. 예컨대 불충분한 자원을 지배하려는 인간의 욕망이 민족들 사이의 경쟁과 전쟁을 부추기고 그럼으로써 역사적 진보가 이뤄진다는 것이다.

말하자면 인간의 무한한 욕망이 진보의 원동력으로 파악한 칸트의 역사철학은 헤겔에게 큰 영향을 미쳐 변증법적인 역사의 진보사상을 낳았고 이 사상은 스펜서의 사회진화론을 통해 발전해 나갔다. 칸트의 역사사상에 반대한 헤르더는 반인종주의, 반제국주의 입장을 피력하면서 스스로가 독립적이고 주체적으로 발전해 나간 민족들의 독자적인 역사적 진보를 옹호하고 나섰다. 헤르더는 민족문화의 다양성이 결코 인류의 갈등을 야기하지 않고 오히려 상호 교류를 통해 더욱 발전해 나간다고 생각했다. 그는 자신의 민족과 국가 그리고 문화의 전통을 높이 평가하고 찬양하면서 다른 민족들에게 정반대로 비하하고 존중하지 않는 태도를 비난했다.

그래서 헤르더는 칸트의 『인류학』과 보편사에 대해 절대로 동의하지 않았다. 헤르더가 생각한 인간세계는 저마다 개성을 가진 구성요소들이 다양한 관계에 의해 상호연관된 것이며 이 다양성은 분석하고 해석할 수

---

119 이사야 벌린, 윗 책, 327쪽. 위 헤르더의 글은 F. M. Barnard, *Herder on Social and Political Culture* (Cambridge : Cambridge University Press, 2010)에서 수록되어 있다.

없는 개별성과 특수성을 지닌 것이었다.[120] 민족에게 자신들의 전통과 관습, 역사, 전통 등에 관한 기억이 공유됨으로써 그들의 역사를 이루며 이 공통의 기억과 전통을 구현할 수 있는 매개가 바로 언어이다. 헤르더는 "어떤 민족에게 조상의 언어보다 귀중한 것이 있는가?"라며 "민족의 언어 속에 전통, 역사, 종교, 생존원리 등 그 민족의 모든 세계가 살아 숨을 쉰다."라고 강조한다.[121] 언어와 억양 그리고 어조 등은 여러 민족들의 사고방식, 윤리, 도덕, 관습, 종교, 역사, 문화 등에 관해 여행담보다 훨씬 더 많은 정보를 전해준다. 각 민족의 이 같은 특징들을 있는 그대로 이해하지 않고 이 단계 넘어서면 그 민족의 역사와 문화를 인위적으로 조작하는 것이 된다. 그러므로 헤르더는 인간을 일반화하고 개인들의 각기 다른 차별적인 특성들을 인정하지 않는 인류학을 배척했다. 특히 그는 독일민요를 마치 암세포처럼 잡아먹는 외래문화를 배척하며 "우리 인생 황금기를 외국어에 투자해야 한단 말인가"라고 개탄했다.[122]

> "우리의 민족, 우리의 언어, 우리의 경관이 우리의 특징이 되도록 하자. 우리가 고전 고대를 닮았는지 그렇지 않은지 후세가 판단할 일이다."[123]

이처럼 헤르더는 민족주의 감정을 가장 열렬하게 표현했으며 또한 민족의 독창적인 역사와 문화를 존중하고 찬양했다. 이런 점에서 헤르더는 명백하게

---

120 헤르더는 1775년에 이렇게 기록했다. "유사성들, 유개념들, 순서들, 단계들은 단지… 아이들이 보듯이 카드로 지은 집에 불과하다. 만물의 창조주는 사람들이 보듯이 사물을 보지 않는다. 창조주께서는 유개념이 필요없기 때문이다. 만물은 각기 스스로를 닮을 따름이다" J. G. Herder, *Sämtliche Werke : Zur Philosophie Und Geschichte*, Volume 8, (Chaeleston S. C. : Nabu Press,, 2012), 329쪽.

121 J. G. Herder, *Sämtliche Werke*, Volume 17(Berlin ; Verlag, 2014), 58쪽.

122 J. G. Herder, 윗 책, Volume 4(Berlin; Verlag, 1986), 388쪽.

123 Ibid.

민족주의자라고 말 할 수 있다. 그러나 그의 민족주의는 결코 정치적이지 않았으며 자기 민족인 게르만의 전통과 문화의 우월성을 강조하지도 않았다. 헤르더가 민족주의라는 용어를 만들고 이를 강조하면서 게르만족의 기원을 찬양한 까닭은 게르만의 문화와 역사가 다른 민족의 문화보다 더 우월하다고 생각한 것이 아니라 그 기원이 독일민족의 역사를 설명해주기 때문이었다. 예컨대 "한 민족의 영혼은 상상력과 감정의 활동 속에서 가장 명확하게 드러난다."고 말한 바와 같이 헤르더는 그의 저서에서 국민정신(Nationalgeist), 민족정신(Geist des Volkes), 민족혼(Seele des Volkes), 민족의 재능(Genius des Volkes), 국민성(Nationalcharakter) 등 용어들을 다채롭게 사용했다.[124] 헤르더는 때때로 극단적인 민족주의 흐름을 부추기도 했으나 민주적이고 평화적이었다. 19세기 유럽에서 민족주의가 민주주의, 낭만주의 그리고 자유주의와 결합된 점을 감안한다면 민족주의와 인민주의와 결합은 우연이 아니다. 따라서 신채호 같은 민족주의 역사가들이 이러한 예를 보여주고 있다는 점을 상기할 필요가 있다.

헤르더 역사사상을 비추어 볼 때 한 민족의 문화를 다른 민족의 문화와 비교하거나 융합을 시도하는 것은 결코 역사가에게 용납될 수 없는 일이었다. 역사는 보편적인 일반성과 개별적인 특수성이 서로 끊임없이 갈등을 빚는다. 역사의 일반성은 각 민족의 개별성과 특수성을 왜곡하기 쉽다. 모든 민족의 역사 전체를 한 눈에 본다는 것은 사실상 무리이지만 궁극적으로 역사가들이 추구해야 할 목표이다. 이러한 역사가의 목적에 이르기 위해서는 일반성 혹은 보편성으로부터 특수성과 개별성에 이르는 것이 아니라 개별성과 특수성으로부터 보편성으로 나아가야 가능하다.

---

[124] J. G. Herder, 윗 책, Volume 18(Berlin ; Verlag, 2016), 58쪽. 이러한 헤르더의 민족 감정은 시스몽디(Sismondi), 미슐레, 마치니(Mazzini) 등을 경유하여 거창한 정치 문화적 노선으로 발전했다. 이사야 벌린, 윗 책, 360-361쪽.

"우리 시대의 보편적이고 철학적이며 우애적 경향은 덕과 행복이라는 우리 자신의 이상을 멀리 떨어진 다른 민족들에게까지, 심지어 역사상 가장 오래된 시대에까지 확장시키려고 한다. …이런 식으로 진보의 세기들을 설명해야겠다고 마음먹은 자들은 대체로 행복이란 반드시 증진되기 마련이라는 생각을 소중히 여겨왔다. 그들은 이 같은 생각을 뒷받침하기 위해 사실들을 윤색하거나 날조해 왔고 자기들의 생각과 모순되는 사실들을 경시하거나 감추어 왔으며, …말을 일로, 계몽을 행복으로 착각해왔다. 그리하여 그들은 세계의 전반적인 진보와 개선이라는 허구를 꾸며왔다"[125]

이처럼 헤르더의 역사관 핵심은 민족주의이며 역사의 다양성이다. 그의 초기 모든 저작들에서 나타난 이 같은 헤르더의 민족주의 역사관이 곧 랑케의 실증주의 역사사상에 큰 영향을 끼쳤다.

한편 헤겔은 자연과 역사를 신의 의지의 표현으로 정의하고 이에 대한 철학적인 체계를 전개했다. 실증주의 역사가들은 그의 복잡한 철학적인 체계의 개요를 무시했을 뿐 아니라 관념적인 실용성과 유용성까지 반대했다. 그래서 실증주의 역사가들과 거리를 두고 종교적 헌신에 몰두한 헤겔은 자신의 『역사철학』을 통해 인간의 과거 전체를 이해하려고 했다. 또한 그는 계몽주의 사상을 거부하고 시대 속에 신의 의지의 구현을 논리적이고 합리적으로 해석함으로써 신을 역사 속의 주인으로 삼았다. 결과적으로 이성과 자유의 속성은 신으로부터 나온 신성한 정신적 특성을 지니고 있으며 인간세계를 둘러싸고 있다. 따라서 헤겔은 신에 의해 창조된 세계에서 구현하고자 한 신의 뜻을 설명하고자 신정론을 제시했다. 헤겔에게 있어서 경험한 신의 뜻은 먼저 추상적인 사상으로 존재하고, 이후에 각 시대마다

---

[125] 이사야 벌린, 윗 책, 377-378쪽에서 인용.

신의 의지에 의해 실현된다. 신의 의지를 실현되도록 해 주는 변화의 메커니즘은 변증법으로 전개될 것이며 이에 따라 인간정신도 추론을 통하여 신의 의지를 이해할 수 있게 된다. 변증법적인 그의 철학사상에서 세계의 모든 것들은 상호 반대를 수반한다. 즉, 빛은 어둠과 다른 의미를 지니는 것이 아니며 높고 낮음, 날카로움과 둔함 등은 같은 진리를 지니고 있다. 같은 방식으로 논제는 반대, 동의, 혹은 안티테제로 귀결되며 이같이 계속된 논쟁은 합의에 이른다. 이 합의는 차례로 논제가 되고 전체 과정을 다시 움직이게 한다. 이처럼 헤겔에게 있어서 변증법은 사상이 어떻게 이해로 진전되는가, 또한 실질적으로 물질세계에서 어떻게 변화가 발생되는가를 특징짓는다.[126]

이런 식으로 진행된 역사적 과정은 인류에게 일어난 의식변화의 수준을 보여 준다. 사실상 인간의 의식수준은 새로운 경험과 지식의 결과에 따라 변화하고 발전하게 되며 자유롭고 이성적으로 된다. 헤겔이 설명한 바와 같이 역사흐름은 인간이 아니라 신의 의지가 결정한다. 역사흐름의 목적은 자유와 이성이며, 인간이 이러한 것들을 행사할 수 있는 능력을 소유하고 있다. 인간은 이 사실을 알 때에 비로소 역사의 목적을 이해하게 되지만 이러한 의식은 서서히 시작된다.[127] 헤겔이 설명한 역사 발전의 형식과 논리에 대해 대부분 실증주의 사학자들은 인정하지 않았다. 그럼에도 불구하고

---

126 여기에 혼란스럽게도 헤겔은 이러한 단계들은 논리적인 결과로부터 발생될 수 있다고 덧붙이고 있다. Mark T. Gilderhus, 윗 책, 44쪽.

127 예컨대 이에 대해서 헤겔이 관찰한 바와 같이 "동양 사람들은 과거에 그리고 오늘날에도 한 사람(동양의 전제군주)이 자유로운 자라는 것만을 알고 있다. 그러나 그리스 로마 세계에서는 몇몇 사람들(귀족 엘리트)만이 자유로운 자들이며 독일 나라에서는 모든 사람들(군주제의 법 아래에서)이 자유롭다"는 말로 설명될 수 있을 것이다. Hegel, *Philosophy of History*에 대한 서문, Monroe G. Beardsley, ed., *The European Philosophers from Descartes to Nietzche* (New York : Modern Library, 1960), 553쪽에서 인용.

헤겔은 19세기 많은 역사가에게 큰 영향을 끼쳤으며 칸트와 마찬가지로 인간에게 더욱 소중한 가치로 부각된 이성과 자유를 강조했다.

여러 면에서 그는 인간본질을 고정적이지 않고 가변적인 것으로 이해한 헤르더의 견해를 따르고 있다. 인간 본질은 다양한 변화의 조건 속에서 존재한 까닭에 다른 시대, 다른 장소에서 살아온 각기 다른 인간들은 서로 다른 본성을 지니게 된다. 헤겔 역시 과거 인간의 역사에 대한 헤르더의 전체론적인 개념을 지지했다. 헤르더의 이 개념에 따르면 인간 과거의 각각 단계는 뒤이어 일어나는 것이 무엇이든지간에 전제조건으로써 통일성을 지닌다. 헤겔이 볼 때 계몽주의 태도는 과거와 현재의 진실에 대한 이해를 왜곡시킬 위험을 안고 있다.

그러므로 역사가는 자신들과 관련된 과거의 시기와 시대를 연구해야 한다는 것이 헤겔의 주장이다. 헤겔에게서도 자신의 민족역사를 이해해야 현재의 자신을 알 수 있게 된다. 궁극적으로 이 두 가지 요점, 즉, 헤겔과 헤르더의 역사학 논리는 19세기 독일의 소위 '역사주의'인 역사학파에서 중심이 되었다.[128] 결국 과거의 의미를 탐구하기 위한 방법론이 필요하다는 것을 인식하게 된 독일 역사주의는 각기 다양한 인간의 경험에 초점을 두고 여러 민족들의 세계에 대한 각기 다른 시각을 강조했다.

과거를 이해하려한 역사가는 과거에 활동한 인간의 정신세계 속으로 들어가야 하고, 그 과거 사람들의 사실적인 세계를 묘사해야 한다. 과거를 전후 관계 속에서 파악해야 역사가들은 과거 사람들의 여러 활동의 모습을 그려내고 설명할 수 있다. 과거 사람들이 어떻게 생각했는가에 대한 지식은 그들이 어떻게 살았는가를 이해할 수 있게 해준다. 따라서 독일 실증주의 역사가들은 사료 보관소에서 많은 시간을 보내며 자료 검토에 집중했던 것이다.

---

128 Mark T. Gilderhus, 윗 책, 45쪽.

## 랑케의 역사 사상

역사의 보편성을 추구하지 않았던 헤르더의 역사 사상이 랑케가 강조한 '역사에서의 신의 뜻' 혹은 신의 섭리 사상'으로 이어지고 있는데 이러한 역사서술의 흐름 속에서 랑케가 고전과 라틴과 게르만 문화에 관심을 두게 된 것은 당연한 일이었다. 헤르더에 의해서 영향을 받은 훔볼트와 랑케에 의해서 확립된 실증주의 사학은 문화적으로 정의된 민족의 실체들을 강조한다.[129] 그러므로 랑케 실증주의 사학의 특징은 바로 역사의 주요 행위자로서 국가, 그리고 인간 집단으로서 민족으로 인식한 점이다. 랑케의 실증주의 사학은 국가와 민족에 중점을 둔 역사학으로써 랑케 이후로도 역사가들은 문서 보관소를 찾아다니며 민족과 국가에 눈을 돌렸다. 헤겔을 비롯한 피히테 등 독일 관념론 철학자들은 과거에 일어난 사건들의 실제과정을 중시하면서도 형이상학적 개념을 통해 역사사건을 설명하려 했다.

헤겔은 역사의 실질적 현상을 중시했던 니버의 역사학을 인정하지 않았고 아울러 니버의 영향을 받은 랑케의 역사관도 부인했다. 랑케는 추상적인 관념적인 철학을 역사에 적용하려는 것에 반대하며 역사연구의 목적에 대해 무엇보다 경험과 조사연구를 통한 사건의 실질적인 원인을 규명하는데 초점을 두어야 한다고 생각했다.

랑케는 역사연구에서 민족의 개별적인 것, 혹은 특수한 사실을 중요시했기 때문에 헤겔의 보편적인 사상에 동의하지 않았다. 랑케는 역사연구의 목표가 단지 일어난 사실을 있는 그대로 밝히는데 있었으며 자신의 역사연구에서 허구와 상상력을 발휘하지 않고 철저히 사료에 입각하여 역사사건을 있는 그대로 규명하려 했다.

---

129 Ernst Breisach, 윗 책, 425쪽.

그러므로 랑케는 역사를 헤겔의 형이상학적인 역사철학이나 콩트처럼 자연과학적 결정론으로 판단하는 것을 거부하고 역사의 객관성을 강조하며 개인의 판단이나 사상을 배격했다.[130] 이러한 랑케의 역사사상은 바로 근대 실증주의 사학의 특징을 보여준다. 그렇다고 랑케에게 역사철학이 결여된 것은 아니다. 랑케의 역사철학은 헤겔과 달리 일반적인 역사의 특성을 찾고자 했으며 일반적인 특성이란 보편적인 세계사라기보다 개별적인 민족역사로서 이것이 그의 역사사상의 중심을 이루고 있다. 그래서 역사가는 시대의 흐름 즉 지도이념을 찾아야 하고 그 시대의 내적 필연성을 고찰해야 한다는 것이다. 이에 대해 랑케는 다음과 같이 설명한다.

"역사가들이 주목해야 할 점은 첫째로 어느 특정시대에 인간들이 어떻게 생각했고 살아왔는지에 관한 것이다. 이럴 때에 역사가는 도덕관념과 같은 어떤 종류의 영구불변하다는 주된 관념에서 벗어나

---

[130] 이러한 랑케의 역사사상은 역사에서 철학을 배제하는 것은 역사를 피상적으로 서술하고 무미건조한 학문적 논문으로 만들게 된다며 James H. Robinson, Charls Austin Beard 등의 비난을 받았다. 차하순 편저, 『랑케와 부르크하르트』, 107쪽. 랑케가 강조한 바와 같이 개인적인 판단이 역사의 객관성에 위배된다고 해도 이로 인한 역사 서술의 위험성은 자연과학으로부터 야기되는 위험성보다 크지 않다. 자연과학자들도 연구할 주제를 선택하고 이를 샅샅이 살핌으로써 경험으로부터 얻어진 편견을 뒤엎는다. 자연과학자들은 최소한 모든 지식에 근거로 하여 결론을 끌어낸다. 학문적인 훈련은 역사의 사실을 다시 드러내기보다 이것의 근본적인 본질에 대한 통찰력을 획득하게 해주는 것이다. 이 때문에 자연과학의 인식론적인 면에서 역사와 일치하지 않았다. 그럼에도 불구하고 역사가들은 각자의 상황 속에서 연구를 한다. 미국의 역사가 Carl L. Becker는 "진실로 실질적인 역사는 사라졌다. 역사의 세계는 우리의 정신 속에 재창조된 실체가 없는 세계다."라고 말했다. Ronard H. Nash, ed., *Ideas of History*, vol. 2 : *The Critical Philosophy of History* (New York : E. P. Dutton, 1969), 185쪽. 이와 달리 역사가들은 단편적인 과거의 사실들을 사용하여 자신의 관점을 배격하고 확실성이 아닌 가능성을 설명하며 역사를 재구성한다. 명료함이 없다면 역사 서술은 의미가 없다. 이론적으로 역사가들이 과거에 대해 말할 수 있는 역사의 진실들은 수없이 많다. 미국 역사가 Charks A. Beard는 미국의 법령에 대한 자신의 경제적 해석이 정치적, 이념적 혹은 제도적인 방법을 결코 헛되게 하지 않았다는 점을 상기할 필요가 있다고 말한다. Mark T. Gilderhus, 윗 책, 81-82쪽.

각 시대마다 나름대로 특수한 경향과 고유한 이상이 있다는 것을 알게 될 것이다. 비록 각 시대는 그 자체로서 정당성과 가치를 지니고 있다고 하지만 각 시대로부터 무엇이 출현했는지를 간과해서는 안 된다. 둘째로 역사가는 개별적인 시대의 상호 각기 차이점을 인식해야 한다. 이것은 각 시대가 차례로 등장한 내적 필연성을 관찰하기 위해서이다. 여기에서는 일정한 진보가 부인될 수 없다. 그러나 나는 각 시대의 진보가 하나의 직선상으로 전개되는 것이 아니라 자신의 고유한 방식으로 진로를 개척해 나가는 강의 흐름과 같은 것이다."[131]

이처럼 랑케는 개별적인 각 민족의 역사를 근거로 한 보편적인 세계사를 추구했다. 이리하여 랑케의 실증주의 사학은 각 시대 혹은 민족의 역사에서 지배이념이나 경향 그리고 내적 필연성을 사실적으로 규명하는 것을 목적으로 삼았다. 실증주의 역사가는 긴 시간 속에서 각각 시대에 나타난 지배적인 경향을 식별해야 하며 이러한 역사의 흐름의 복합체로써 나타난 인류의 보편적 역사를 파악해야 한다.[132] 랑케가 역사학문으로부터 배격하고자 한 철학은 선험적 직관과 추상적인 사고에 의존한 헤겔식의 형이상학적 역사철학이었다. 그래서 랑케는 이러한 역사관에 대해 "이념만이 살아남게 될 것이며 모든 인간들은 이념으로 충족되어 이념의 그림자이거나 도식에 불과하게 될 것"이라고 지적했다. 예컨대 랑케가 세계정신(Weltgeist)이 세계의 역사를 지배한다는 헤겔의 주장을 비판하며 "모든 시대는 신과 직결되어 있다"고 말한 것은 헤겔과 달리 신이 역사를 지배하고 있는 것이 아니라 단지 '굽어보고 있으면서 모두에게 동등한 가치를 부여하고 있다'

---

131 랑케, 『근세사 여러 시기에 관하여』, 35쪽.
132 랑케, 윗 책, 37쪽.

는 의미였다.[133] 헤겔과 같은 형이상학적 역사관은 결과적으로 범신론으로 나아가는 것이며 신은 각각 사람들의 정신의 작용을 통해 세상에 드러나게 된다. 랑케에게 있어서 역사란 각 시대의 지배경향을 드러내 주는 것이므로 지도이념에 의해 획일적으로 설명될 수 없고 사실적으로 서술되어야 한다. 말하자면 역사의 일반적인 특성을 인정하고 논리가 아닌 '사실'에 입각하여 역사를 설명해야 한다는 것이다.

랑케의 지도이념과 헤겔의 이성은 같은 의미를 지니고 있지만 헤겔은 직관과 논리를 통해 역사를 설명하고자 한 반면 랑케는 사실과 직접적인 경험을 통해 역사를 설명해야 한다는 점이 다르다. 랑케는 역사에서 어떤 법칙이 존재하지 않으면 과거에 대해 오로지 사실에 의한 증명을 강조한다. 역사는 인과 관계를 찾아내어 사실적인 것을 규명해야 하기 때문이다. 랑케는 역사연구의 근본에 대해 역사적 사실을 규명하는 것으로 명확히 규정하고 이성에 의한 세계사, 즉 보편적 역사를 추구하는 세계정신에 대해 비판했다. 일반적으로 보편사의 세계정신은 개별적인 민족의 역사를 소홀히 하거나 역사기록에서 제외시킨다. 개별적 민족의 역사에 대한 왜곡이나 비하는 보편적 역사를 달성하고자 한 세계정신에 따른 힘의 논리에 불과하다.[134]

물론 랑케 실증주의 사학의 특징은 각 시대마다의 특수성, 혹은 각 민족들의 개별적 역사이며 철저한 사실에 바탕을 두고 연구하여 궁극적 목적인 세계사적 종합을 달성해야 한다. 이렇듯 여러 민족의 역사가 모여 세계 전체의 역사를 이루기 때문에 랑케의 역사적 보편성은 철저하게 개별과 특수성에 기초하고 있다. 결국 보편적인 세계사를 설명하려면 각 민족의 역사와 그 문화의 특수성을 이해해야 하고 더 나아가 각 시대마다

---

133 헤겔이 『역사철학 강의』에서 절대정신은 역사의 일반적 목적을 달성하기 위해 '이성의 간계 理性의 奸計(List der Vernunft)'를 활용한다고 설명하면서 제시한 학설이다.

134 Ranke, *The Theory and Practice of History*, 33쪽.

지배경향이나 이념을 파악해야 한다.

이 점이 헤겔 등 관념론자들이 주장한 보편적 세계사와 다른 점이다. 그렇다면 랑케는 역사의 개별성과 특수성을 통해 어떻게 전체적인 보편적 세계사를 추구할 수 있을까. 이 점은 그의 관념적인 신앙과 결부되어 있다. 즉 랑케는 역사에서 '신의 섭리' 혹은 '신의 뜻'이라는 인류의 보편적 세계관을 강조하면서 사실적이고 실증적인 역사를 추구하고 있다. 말하자면 랑케의 보편적 세계사는 사실적인 실증역사와 관념적인 '신의 섭리'와 결합된 산물인 것이다.

종교에서 신은 인류의 보편적 존재이기 때문에 신이 인간의 역사에서 구현하고자 한 섭리는 역사의 보편성이다. 역사에서 신의 섭리사상은 그가 라이프치히 대학교에서 신학을 공부하고 또 집안의 기독교적 분위기와 자신의 깊은 신앙심과 연결되어 있다.[135] 물론 랑케가 역사와 신의 뜻을 동일시한 것은 플라톤에 대한 관념론적 칸트의 해석을 따른 것이다. 그가 신학이 아닌 역사를 선택한 것은 바로 신학에 실망한 나머지 역사로부터 신의 뜻을 찾을 수 있다고 생각했기 때문이다. 그러므로 랑케에게 있어서 역사는 신의 섭리인 셈이다.[136] 랑케는 각 시대가 직접 신과 연결되어 있으며 그 시대의 가치는 그 존재 자체, 그 고유한 것이라고 말한다.[137] 이 말은 신 앞에 어느 시대에 살던 사람들이든 다 같이 평등한 가치를 지니고 있다는

---

135 아마도 랑케의 종교적 역사관은 독일의 관념철학 혹은 플라톤 철학의 영향을 받은 것으로 보인다. John L. Herkless, "Seeley and Ranke", *The Historian* vol., XLIII, no. 1 (Nov., 1980). 7쪽. 랑케는 플라톤의 이데아론(Ideenlehre)을 일생의 지침으로 삼았다. Helen P. Liebel, "The Place of Antiquity in Ranke's Philosophy of History", *Clio* 5., no., 2 (1976), 212쪽. 특히 랑케의 종교관에 대해서 랑케의 자서전에서 돈도르프(Donndorf) 수도원 학교의 생활이나 슐프포르타(Schulpforta) 재학시절을 거쳐 라이프치히 대학 생활, 그리고 프랑크푸르트 안 데어 오더(Frankfurt-an-der-Oder)의 김나지움의 교사 생활에 대한 회상을 통해 잘 묘사되어 있다. 랑케, 「자서전(Zur eigenen Lebensgeschichte)」, 1863년 10월 구술과 1869년 5월 구술을 볼 것.

136 John L. Herkless, 윗 글, 8-10쪽.

137 랑케, 『근세사의 여러 시기에 관하여』 35쪽.

뜻이다. 랑케의 역사관에서 각 민족 혹은 시대의 역사는 신 앞에서 등등한 보편적 가치를 지니고 있다. 바로 이러한 랑케의 역사관이 역사의 객관성을 강조하게 된 기초가 되었고 역사에서 객관성을 유지하려면 사료와 문헌을 철저히 고증하여 역사의 사실성을 찾아야 한다. 말하자면 신의 뜻을 인간이 판단한다는 것은 잘못이므로 자기 생각을 버리고 역사를 있는 그대로 이해해야 한다는 것이다.[138]

18세기 말 프랑스 대혁명과 19세기 초 나폴레옹의 침략이 독일에서 낭만주의 철학에 뿌리를 둔 민족의 개념, 정치 영역으로서 국가라는 개념이 발전하게 된 계기였다. 이에 따라 독일 대학에서 발전된 과학적인 랑케의 실증주의 근대 역사학은 비스마르크 주도하에 독일 통일에 이르는 정치질서와 밀접한 연관성을 갖게 되었다.[139] 이같이 랑케의 역사학과 민족 그리고 국가와 정치에 관련된 랑케의 실증주의 역사사상은 그의 저서「정치대담」에 살펴 볼 수 있다.[140] 이 대담에서 랑케의 설명에 따르면 개별국가들은 자체의 고유한 정신적 원리를 가지고 있으며 이 원리가 민족생활에 활기와 생명을 불어넣어 주고 그 민족의 국가를 개별적 존재로 만들어 준다. 즉 현재 존재하고 있는 국가는 민족정신이 구체화된 것이므로 국가란 실질적인 정신적 본질이 된다. 그러므로 '진정한 정치'는 역사학에서 찾아야 하며 이것은 각 국가 자체 원리, 말하자면 민족정신을 통해 민족의 특수성을 실현시켜 온 민족역사에 대한 이해를 근거로 삼아야 한다. 그래서

---

138 Theodore H. Von Laue, *Leopold Ranke : The Formative Years*, (Princeton : Princeton University Press, 1950), 43쪽.
139 Georg G. iggers, *Historiography in the Twentieth Century*, 33쪽.
140 랑케의「정치대담」은 1836년 처음 발표되었다가 랑케 사후 1887년 알프레트 도베(Alfred Dove)가 랑케 전집(*Sämmtliche Werke*,) 49-50권에 수록하여 출판되었다. Alfred Wilhelm Dove, Leopold von Ranke's *Sämmtliche Werke*, Volumes, 1-50 (Charleston : Nabu Press, 2010-2012).

랑케는 사료를 세밀하게 연구하고 조사하여 각 개체의 역사에 신의 섭리가 어떻게 직결되어 있는가를 살피려 했다. 각 시대마다 나타난 신의 섭리를 이해하려면 각 시대의 그 자체의 고유성을 중시하면서 바로 이것에 의한 역사의 고찰이 이뤄져야 한다.[141] 이러한 랑케의 역사사상이 바로 실증주의 사학의 핵심이라고 할 수 있다.[142] 따라서 랑케의 실증주의 사학의 목표와 본질을 이해하려면 무엇보다 국가, 민족, 그리고 정치 등이 어떻게 역사와 연결되었는지를 그 시대적 상황 속에서 살펴봐야 한다.

### 3) 랑케의 시대 : 독일민족의 역사

1806년 그리고 1807년 프로이센은 프랑스 나폴레옹에게 패배한 이후 개혁을 착수하면서 그 초점을 교육에 두었다. 이에 따라 프로이센이 추진한 개혁시대에 빌헬름 폰 훔볼트(Wilhelm von Humboldt)가 추진한 중고등교육 재조직화 일환으로 1810년에 베를린대학이 창설되었다. 대학 교육을 받은 중산층 출신의 고위공직자 중심으로 추진된 프로이센의 '위로부터 개혁'은 군주적, 군국적, 귀족적인 체제의 정치구조 속에서 이뤄졌다. 훔볼트가 추진한 대학개혁을 통해 학문과 교양의 융합이라는 새로운 교육 방식이 도입되어 설립된 베를린대학은 교육과 연구의 중심지이었다.[143] 유럽에서

---

141 랑케, 『근세사의 여러 시기에 관하여』, 35쪽.
142 특히 랑케는 그가 베를린 대학의 교수취임 강의는 「역사학과 정치의 친근성 차이」였다. 이 강의 내용은 그가 프로이센의 정치를 위해 참여했던 『역사와 정치잡지(Historische-Politische ZeitSchrift)』의 편집인으로서 겪은 정치적 경험과 학문으로서 역사학과의 관계를 설명한 것이다. 그는 이 강연에서 "역사 서술의 과제는 일련의 과거 사건으로부터 국가의 본질을 제시하고 이해하는 것이지만 정치의 과제는 역사를 통해 획득한 인식과 이해를 바탕으로 국가의 본질을 발전시키고 완성시키는 것이다"라고 말했다. Ranke, *Sämmtliche Werke*, 24권, 288쪽.
143 Ranke, *Zur Kritik neuerer Geschichtschreiber* (Charleston : Nabu Press ,2010). 1825년 이 베를린대학에 초빙되어 역사를 가르치게 된 이유는 랑케가 문헌과 사료의 비판적인 검토를 통해 유럽의 근대국가 체제의 출현과 15-16세기 말 이탈리아 전쟁에서

근대 역사의식은 르네상스 이후 점진적으로 여러 세기에 걸쳐서 발전되어 왔다. 근본적으로 유럽에서 역사의식의 변화는 과거에 대한 연구를 초자연적인 종교적 설명에서 인간의 정신의 세속적인 접근으로 나아갔다. 마찬가지로 방법론적인 내용도 이런 방향으로 변화해갔으며 역사연구는 전문적인 학문으로 취급되면서 연구방법, 비평, 분석 그리고 해석보다는 과학적인 관찰을 요구하게 되었다.[144]

이에 따라 근대 시대의 역사가들은 이전과 달리 과거처럼 신의 역할을 중시하며 이를 근거로 역사와 자연의 세계를 설명하지 않았다. 이와 같이 종교적 목적론이 모든 학문에서 불필요하게 되자 근대 역사학자들은 공식적으로 이성적이고 과학적이며 합리적인 방법으로 역사를 연구했다. 이전처럼 역사가들은 역사에서 신의 역할을 설명하고 조명하는 것을 주장하지 않았다. 왜냐하면 신은 믿음의 영역에서만 존재할 뿐 아니라 신의 섭리는 신앙의 증표이지 결코 역사를 설명하는데 이성적이고 논리적인 증거가 되지 못한다는 사고가 지배하고 있었기 때문이다.

결과적으로 역사가들은 역사에서 신의 역할이 어떤 의미를 지니고 있는 것인지 사실적으로 설명할 수 없게 되자 새로운 방법을 고안하여 지식의 세계에 대한 이해를 확장해 나갔다. 이 목적을 위해 역사가들은 과거로부터 찾아낸 모든 지식들을 이해하고 이를 설명하기 위해서 실질적인 방법을 찾아내어야 했다. 이런 식으로 역사가들은 역사연구를 종교적 전통에

---

발생한 강국들의 세력균형을 재구성한 책을 출간하여 명성을 얻었기 때문이었다. 이 저서의 부록에서 랑케는 1차 사료 이외에 어떤 자료를 근거로 하여 역사를 서술하는 것을 거부하고 이전의 이탈리아 전쟁에 관해 제시된 모든 설명은 사료 비판을 제대로 하지 못했다고 비판했다. 이 책 부록은 1824년 *Zur Kritik neuerer Geschichtschreiber* 는 Leipzig에서 출판되었다.

144 이에 대해서는 John Burrow, *A History of Histories : Epics, Chronicles, Romances and Inquiries frome Herodotus and Thucydides to the Twentieth Century* (New York : Knopof, 2007)

의해서가 아니라 비평적으로 접근하고 명확한 증거를 제시함으로써 과거로부터 이어져 온 인간정신을 구현해 나갔다. 그리하여 르네상스 시대에 그리스 고전에 대한 관심이 높아지면서 서서히 역사연구의 변화가 일어났다. 이러한 흐름 속에서 역사연구는 기독교에 대한 반발, 과학과 철학의 흐름 그리고 19세기 대학에 기반을 둔 역사학의 수립으로 최절정에 이르렀다. 이러한 시기에 랑케는 전문적인 역사의 연구관행을 새롭게 개혁시켰고, 이는 현재까지 주요한 역사연구 방법론의 기초가 되었다. 이와 같이 19세기 국가와 민족이라는 유럽세계의 흐름 속에서 전개된 당시의 정치적, 종교적 상황을 고려해야 랑케의 실증주의 사학을 이해할 수 있다.

1871년 1월 18일 프랑스 나폴레옹 3세와 전쟁에서 승리한 후 프로이센은 프랑스 베르사이유 궁전에서 독일제국을 선포함으로써 유럽의 강자로 등장했다. 새로 등장한 독일제국은 지난 1천 년간 유럽을 지배해온 기독교 보편세계의 전근대적이고 초민족적인 제국과 그 성격이 전혀 달랐다. 1866년 오스트리아와의 전쟁과 1870년 제정 프랑스와 전쟁에서 연이어 승리한 독일은 유럽에서 강국으로 떠오른 여러 민족으로 구성된 제국이 아니라 독일민족 중심의 국민국가로 확대된 프로이센이었다. 그러나 독일민족을 통합한 국민국가로서 새롭게 등장한 독일은 여전히 혼란 속에 안정과 평화를 미루지 못하고 있었다.

당시 독일제국의 정통성은 로마제국의 후계라는 주장에서 비롯되었고 독일제국의 명칭도 이러한 시대적 요구에 따른 것이었다.[145] 독일이 국민국가의 안정을 바랬던 이유는 오랫동안 독일민족과 영토가 각기 나뉘어

---

[145] 랑케가 저술한 1824년 라이프치히에서 출간된 『1494년부터 1514년까지 라틴과 게르만 민족의 역사(Geschichten der romanischen und gernanische Völker von 1494 bis 1514 (Leipzig,1824)』에서 랑케가 인식한 세계사란 유럽의 중, 서 역사 그리고 게르만족과 라틴 민족들의 역사와 동일한 것이었다. Georg G. iggers, *Historiography in the Twentieth Century*, 30쪽.

통치되어 온 역사적 상황 때문이었다. 국민국가 시대 이전 독일은 발트해 해안지대를 장악한 스웨덴과 슐레스비히와 홀슈타인 영지를 보유한 덴마크처럼 독일에 봉건적 권리와 영지를 보유한 여러 외국 지배자들에 의해 통치를 받고 있었다. 독일어를 사용하는 주민들은 같은 민족의 지배자가 아니라 다른 언어를 사용하는 타민족의 지배자에게 통치를 받아 온 것이다. 국민국가가 등장하기 전부터 유럽에서 강력한 왕가에 의해 통치되었던 프랑스나 영국, 스웨덴 등 절대주의 국가들과 달리 신성로마제국은 지방 세력들의 연합국가에 불과했다. 신성로마제국이 중앙집권화 된 체제가 아닌 지방 분권화된 혼합체제였기 때문에 제국을 구성하고 있는 여러 권력체제 즉, 군주령, 자유도시, 주교령, 소봉토 영지 등 이들 통치자들은 황제의 통제를 거의 받지 않았다. 즉 신성로마제국의 전통은 독일어를 사용한 민족에게 하나의 강한 정신적 문화적 접착제에 불과했다.[146]

특히 독일은 30년 전쟁 등 오랫동안 전란에 시달리다가 1648년 전쟁이 종식되고 모처럼 평화가 왔을 때에도 독일주민들은 많은 시련을 겪어야 했다. 독일영토의 주민 가운데 세 명 중 두 명이 사망할 정도로 기아와 역병이 창궐했으며 국토는 황무지로 변했고 마을은 파괴되었다. 이렇듯 독일주민들은 오랫동안 우울증과 전쟁의 공포와 죽음의 두려움에 떨며 살았기 때문에 강력한 국가건설이 독일인들의 절실한 염원이었다. 1700년 이후 스페인 왕위계승 전쟁과 오스트리아 왕위계승 전쟁 등은 독일인에게 죽음의 시대였다. 그리고 또 다시 이 시련의 기억이 사라지기도 전에 프랑스 혁명과 나폴레옹의 침략으로 독일주민들은 엄청난 고통을 겪어야 했다.

신성로마제국은 1804년 프란체스코 2세가 황제 자리에서 물러남으로써

---

[146] 예컨대 7세기 법학자 Samuel von Pufendorf가 표현한대로 제국은 괴물 같은 것이었다. 로마적인 것도, 신성한 것도, 제국도 아니었다. Michael Stümer, *The German Empire(1871-1919)*, 안병직 역, 『독일제국 1871-1919』 (을유문화사. 2003), 30쪽.

해체되었다. 같은 해 12월 프랑스에서 나폴레옹이 황제로 즉위하자 고립된 프로이센은 마침내 1806년 나폴레옹에게 선전포고를 했지만 예나전투에서 패하고 말았다. 이제 프로이센은 개혁주의 관료들의 힘에 의존할 수밖에 없었다. 이들 엘리트 관료들은 국가의 힘을 키우고 민족정신을 고취시켜 '도덕적 에너지'를 바탕으로 전쟁이라는 물질적 힘에서 상실한 것을 보충해야 한다고 주장했다.[147] 이에 따라 관료들의 중심으로 위로부터의 개혁을 이룬 독일은 마침내 프랑스에 이어 민족주의 정신에 의한 근대 국민국가를 수립하여 강국의 길로 나아가기 시작했다. 이처럼 나폴레옹의 전쟁은 근대 민족주의를 발생시킴으로써 유럽사회를 재구성했다.

이전에 독일은 분열 속에서도 개별국가와 도시 혹은 공국의 원리와 계몽주의 사상의 영향을 받아 국민의 평등과 자유 그리고 인간의 존엄성 등 근대사상이 존재했다. 이후 비스마르크의 위로부터 혁명을 통해 분열된 여러 독일국가들을 통합하여 강력한 민족주의적 근대 국민국가로 새롭게 태어나자 마침내 프리드리히 빌헬름과 비스마르크 시대 독일인들은 공포시대가 끝났다는 희망을 갖게 되었다. 1871년부터 1918년까지 존속한 독일제국은 독일 역사상 최초의 통일된 민족국가로서 오랫동안 지속되어 온 분열을 해결하고 통일 민족국가를 이룸으로써 마침내 독일민족의 정체성에 눈을 뜨게 되었다.

19세기 초까지 독일은 여러 군소 영주들의 통치하는 연방국가로 이뤄져 각 지방 영주들이 지배하고 있는 까닭에 각 지역마다 법이 달라 무역과 상업에 많은 어려움이 있었다. 무엇보다 관세가 제각각이기 때문에 독일의 전체 경제

---

[147] 독일 관념주의 정신에 의한 위로부터 혁명이었다. 주요 인물들은 Stein 남작, Wilhelm von Humboldt, Hardenberg 공작 등이다. 또 Scharnhorst와 Gneisenau 등 군 개혁자들은 프랑스 군사적 발전을 연구했고 Carno 혁명권의 기본 원리를 흡수하여 애국심과 징병제에 바탕을 둔 근대적인 프로이센 군대를 창설했다. 미카엘 쉬티머, 안병직 역, 『독일제국 1871-1919』, 32쪽.

발전에 큰 장애가 되었다. 그리하여 1818년 프로이센은 각 지역 영주들과 관세동맹을 맺어 관세를 단일화 작업을 시도하자 여기에 1834년까지 17개 지방 영주 국가들이 참여했다. 이 관세동맹으로 인하여 프로이센은 독일의 정치적 통일을 달성하게 된 기반을 다지게 되었다. 그리하여 1864년과 1866년 그리고 1870년부터 1871년의 세 차례 전쟁을 거쳐 독일은 마침내 통일과 제국을 건설하게 되었다.

그러나 오스트리아 등 제국 영토 밖에 사는 독일인들은 제국 통일과정에서 제외된 반면 제국 영토 안에 거주한 폴란드와 덴마크인 등 비독일계 소수민족들이 독일국민으로 포함되었다. 통일을 달성한 독일제국은 경제발전과 체계적인 교육제도를 갖추고 의무교육을 실시함으로써 대학 등 고등교육이 다른 유럽 국가를 앞서게 되었다. 물론 정치적으로는 외형상 입헌국가로서 의회가 있었지만 주로 황제가 임명한 관료들이 권력을 행사할 만큼 민주주의적이지 않았다. 또 25개 지방 국가들의 통합으로 이뤄진 연방국가이어서 내부적으로 취약점이 많았으며 개신교와 가톨릭 등 종교, 인종, 계급 등 항상 사회적 갈등이 존재했다.

그럼에도 불구하고 프로이센학파의 역사가들은 독일통일을 정당화 했고 통일 민족국가의 출현을 환호했다. 프로이센학파들은 유럽 열강 속에서 독일이 존재할 수 있는 유일한 방안이 독일민족의 통일과 제국건설이라고 생각했다.[148] 프랑스의 나폴레옹처럼 제국건설에 대한 독일민족의 꿈은 제1차 세계대전에서 패배한 이후 제국이 무너지고 바이마르 공화국이 들어섰을 때까지도 사라지지 않았다. 특히 많은 독일 국민들은 베르사유 강화 조약을 민족의 치욕으로 여기고 승전국의 강요에 의해서 수립된 바이마르 공화국을

---

148 Georg G. Iggers, *The German Conception of History : The National Tradition of Historical Thought From Herder to the Present* (Middletown, CT. : Weslyan Univ. Press, 1968), 90-123쪽.

국가의 정통성으로 인정하지 않았다. 민족문화와 역사에서 강한 우월의식을 지닌 독일국민들에게 제국의 붕괴는 용납할 수 없는 치욕적인 역사의 후퇴였다. 특히 독일 국민들은 자기 민족이 역사적으로 프랑스나 영국 등 서유럽의 여러 강국들과 차별된 특별한 발전단계를 거쳤으며 이들 국가에 비해 우월한 제도와 문화를 발전시킨 민족이라고 자부했다.[149]

즉 독일민족은 물질문명과 정신문화로 분리시켜서 물질중심의 서유럽 문명은 개인주의적이고 경험과 합리성을 중시하는 하등문명이라고 여긴 반면 형이상학적이고 정신적인 요소들을 중시하는 독일문화는 공동체 정신에 입각한 연대적이며 상호 유기적인 삶을 영위해오면서 역사와 전통을 존중하는 높은 수준의 문화를 발전시켜 왔다고 믿었다. 이처럼 독일국민들은 민족사의 특수성을 강조하며 민족문화의 자부심과 우월성을 자랑했다. 따라서 독일국민이 생각한 민족의 특수성과 개별성은 서구 유럽의 보편적인 역사관에서 벗어난 독특한 독일민족의 역사관이었다.[150] 그러기 때문에 독일국민들은 서유럽처럼 민중들에 의한 '아래로부터 개혁' 보다는 엘리트 관료들에 의한 '위로부터 개혁'을 더 신뢰했다. 지정학적으로 서유럽 강국들의 군사적 위협에 항상 노출되어 있던 독일이 강국으로 나아가야 한다는 생각은 국민들의 당연한 염원이었다. 독일국민들은 민족을 하나로 통합하여 강력한 제국을 건설하려면 제국의 내부와 외부의 적들을

---

149 독일 민족 우월성에 대한 믿음은 서유럽의 문명(Zivilisation)과 독일 문화(Kultur)로 구분하고 서유럽 문명은 천박한 문명으로 독일 문화는 심오한 문화로 발전했다는 것에 바탕을 두고 있다. 안병직, 「독일 제국사를 어떻게 이해할 것인가」, Michael Stümer, *The German Empire(1871-1919)*, 안병직 역, 『독일제국 1871-1919』(을류문화사, 2003), 149-150쪽.

150 미카엘 스티머, 윗 책, 150쪽. 헤르더는 독일민족의 우월성을 강조하며 "그리스인들 역시 …야만적이었다. 더욱 야만적이고 자유 분망한 민족일수록, 만일 그 민족에게 노래가 있다면 노래는 더욱 야만적인 것, 즉 더욱 자유롭고 감각적이고 서정적으로 생생한 것이 되기 마련이다"라며 그리스 등 유럽의 여러 민족의 신화, 서사시 등을 비판한다. 이사야 벌린, 윗 책, 341-345쪽.

경계해야 했다. 제국관료들은 식민지 쟁탈전에 온 힘을 쏟고 있던 프랑스와 영국 등 서구 열강들을 독일제국의 적으로 규정하고 이들과 맞서기 위해 독일국민의 화합과 단결을 호소했다.

여기에서 독일민족은 서유럽 강국과 다른 특수하고 우수하다는 독일민족주의 정신이 강조되었다. 프로이센의 빌헬름 정부는 강력한 제국을 건설하기 위해서 무엇보다 국민들로 하여금 민족의 자부심을 갖게는 하는 것이 중요하다고 생각했다. 그러나 중세 유럽 시기 기독교 보편 세계관 속에서 게르만 민족은 언제나 야만 민족 혹은 열등한 문화를 가진 종족으로 인식되었다. 이러한 역사의 보편성에서 서구 유럽이 서술한 독일 민족사는 객관성이 결여됐을 뿐 아니라 사실적이지도 못했다. 따라서 먼저 빌헬름 정부는 서구 유럽의 열강들이 독일민족에 대해 잘못된 역사적 편견에서 벗어나게 하는 것이 중요하다고 생각했다.

이에 따라 랑케는 독일민족의 자긍심을 고취시키고 서유럽의 왜곡된 독일역사에 대한 편견을 해소시켜 민족의 역사를 바로잡을 수 있는 새로운 역사방법론 즉, 실증주의 역사를 고안해 내었다. 이는 독일국민과 제국의 통치자들이 기대한 새로운 역사서술의 방법이었다. 이렇게 랑케에 의해서 고대 그리스나 로마제국이 게르만 민족에 대해 가졌던 편견에서 벗어나 객관적으로 '사실 있는 그대로 독일민족의 역사'가 서술되었다.[151]

말하자면 독일민족에 대해 사실적이고 올바른 역사를 재확립하려면 무엇보다 게르만민족의 독창적인 역사와 문화를 재발견하는 것이 중요했다. 그리고 이러한 사실적인 역사관 확립은 독일민족을 하나로 통합하고자 한 정치적 일환으로 추진된 것이었다. 따라서 역사가들은 고대

---

151 랑케는 유럽의 보편주의에 입각한 역사에 대해 강력히 배척했다. 그가 제시한 유럽국가 체제 개념은 개별민족국가였으며 일반성에서 벗어난 역사의 특수성을 추구했다. 울리히 물라크, 「근대 역사학의 창시자 레오폴드 랑케(1795-1886)」, 루츠 라파엘 엮음, 이병철 옮김, 『역사학의 거장들 역사를 말하다』,(한길사, 2015), 61쪽.

문헌을 수집하고 이를 다시 고증하여 게르만 민족에 대한 역사적 사실을 복원하는데 주력했다. 유럽에서 민족의 역사는 로마제국이나 혹은 중세 기독교 보편세계관에 의해서 종종 무시되어 왔고 이 과정에서 게르만 민족의 역사는 소홀히 취급됐을 뿐 아니라 왜곡된 부분이 많았다. 그렇기 때문에 독일 정치인과 역사가들뿐만 아니라 국민들도 일반적으로 2차 세계대전이 끝날 때까지 독일이 서구 유럽의 어느 국가보다 수준 높은 문화를 가진 우수한 민족국가로서 자부심을 갖고 강대한 제국건설을 갈망했다.[152]

이에 따라 독일에서 19세기 영국의 역사서술은 왕족간의 권력투쟁, 귀족, 부르주아, 노동자, 농민 등 계층 간의 갈등 등 국가의 내적 문제에 초점을 둔 반면 독일에서는 지배계층들 사이에 벌어진 권력의 갈등보다 전통이나 다른 국가와의 이해관계에 대한 일반적인 관심사에 중점을 두었다. 특수한 민족은 독특한 역사와 문화를 보여주고 있으며 계층들은 각기 특별한 문화적 양상을 지니고 있다. 특히 문화적인 접근에서 국가를 의미하는 지배층의 문화와 민족의 정체성을 보여주는 민속문화는 서로 다르다. 민족의 정체성을 나타내주는 민속문화에 대한 해석은 그 시기의 여러 문화에 대한 역사적 지식뿐 아니라 전문적인 문헌과 사료에 대한 이해가 무엇보다 중요하다.[153] 그러므로 민족주의적 역사서술은 그 자체가 다양한

---

[152] 이같이 독일사의 특수성의 관점에 입각한 제국사의 해석은 사회사가들이었다. 그러나 영국 마르크시즘 역사학 영향을 받은 영국 출신 소장 역사가들은 사회사가들이 비스마르크의 독일제국과 나치 제3제국을 역사적 연속성의 관점에서 파악하려는 시각에 대해 비판을 제기했다. 즉 제국은 나치즘으로 향한 이행단계가 아니라 그 자체가 역사적으로 독자적인 의미를 가진 시대로 되어야 한다는 것이다. 이러한 독일사의 특수성에 대한 논쟁은 이민호,「독일의 특수한 길」,『독일, 독일민족, 독일사』(느티나무, 1990), 121-137쪽. 고재백,「독일의 특수한 길(Sonderweg) : 논쟁과 그 이후」『서양사연구』14 (1993), 261-283쪽을 보라.

[153] 특히 랑케는 문화사를 정치적 상황과 발전에 대한 역사서술에 적용했다. 레오폴드 폰 랑케,「강대세력들」,『강대세력들, 정치대담, 자서전』, 이상신 옮김. (신서원, 2014), 103-104쪽. 1970년대와 1980년대 역사가들은 문화인류학 이론을 수용하여 역사적 현상들을 이해하는데 이론적 틀을 만들었다. 예컨대 역사가들은 역사에서 문화의

지식을 필요로 하기 때문에 역사가의 전문성이 절대적이다. 역사 서술에서 가장 발전된 방법론은 문헌을 이해하고 이를 활용할 줄 아는 능력이며 이러한 능력을 지닌 역사가에게 가장 중요한 사료가 바로 문헌이다. 따라서 랑케는 국가역사를 역사 서술의 주요 핵심으로 삼고 문헌을 토대로 역사를 서술하는 방법론을 개척하여 전문적인 학술로서 승격시킨 첫 역사가가 되었다.[154]

유럽에서 전통적으로 역사서술은 주로 학식이 있는 자와 희귀 고서 수집가이거나 문학가들이 맡았다.[155] 역사에 대한 전문성을 강조하는 훈련은 독일 대학에서 시작됐었으나 기존처럼 골동품이나 희귀도서에서 지식을 배우는 것이 아니었다. 정부는 역사가들로 하여금 자국의 역사적 정체성을 연구하고 서술함으로써 대중들에게 역사의식을 전달하는 것이 중요하다고 여겼다. 그러므로 가장 훌륭한 역사가는 문학적인 자질을 갖추고 대중의 요구와 정치적 요구에 정확히 부응하는 자들이었다. 전문 역사가의 윤리는 가치 판단이나 선입관 그리고 정치적인 직업기능으로부터 자유로워야 한다. 이 같은 전문 역사가의 직업의식은 19세기 독일 베를린대학에서 역사교육에 반영되었다. 특히 1806년과 1807년 프랑스 나폴레옹에게 연속 패배하자

---

중요성을 인식하고 문화, 언어, 상징 및 제례 관습, 규범, 민속 등 다양한 문화의 요소들을 연구하여 역사적 사실에 대한 폭넓은 이해를 제시해주었다. 역사의 연구주제는 넓은 의미에서 문화로 전환했으며 민중들의 일상생활 문화가 강조되었다. 이러한 역사에서 일상생화의 문화에 대한 연구에 대해서는 Clifford Geertz, "Thic Description : Toward an Interpretive Theory of Culture" in idem, *The Interpretation of Cultures : Selected Essays* (New York : Basic Books, 1977), 5쪽. 그리고 위 책, Clifford Geertz, "Religion as a Cultural System", 89쪽을 볼 것.
154 이 같은 랑케의 역사 서술방법은 19세기 초 유럽에서 처음으로 발생된 학술적이고 전문적인 역사서술로서 평가받고 있다. Georg G. Iggers, *Historiography in the Twentieth Century*, 23쪽. 이러한 독일 역사서술에 대해서는 역시 Georg G. Iggers, *The German Conception of History*를 보라.
155 18세기 영국의 역사가 Gibbon, Hume, Robertson 등이 이 두 전통을 결합시켰다.

국가 개혁의 요구가 높았던 시기에 고등 교육의 필요성을 절감한 프로이센 빌헬름 폰 훔볼트는 국가 전반에 걸쳐 개혁을 단행하면서 가장 중시한 정책이 교육개혁이었다. 공무원은 대학교 교육을 받은 중간계급에서 선발되었으며 이들이 국가 경영의 핵심 역할을 하였다. 이렇게 학교교육의 개혁을 통해 많은 인재를 양성한 독일은 시민의 지적 수준을 높여 갈 수 있었다.[156]

정부의 교육개혁에 부응하여 1825년 랑케는 베를린대학교에서 2차 자료를 바탕으로 쓴 역사서를 이용하지 않고 고전 저서를 포함한 모든 1차 사료를 비판적으로 검토한 방법론을 사용하여 유럽 정치의 큰 변화를 재구성한 연구서를 출간했다.[157] 역사 과학을 추구한 그는 전문적으로 교육을 받은 역사가만이 역사를 써야 하며 진실한 가치가 있는 과거를 재구성해야 하고 역사는 과학과 교양의 원천이 되어야 한다고 주장했다. 따라서 랑케의 역사과학은 추상적인 가치 판단이나 추측을 배격한 객관적인 연구를 추구하면서도 그 뒷면에는 철학적 및 정치적 의도를 담고 있다. 랑케가 추구한 학문적인 역사연구의 방법은 비평이었으며, 세미나 중심의 철학적인 비평 훈련을 통해 역사학자를 양성했다.[158] 랑케는 베를린 대학에서 역사교육에 적용했던 방식에 대해 세미나란 용어 대신 '연습'(exercitations)란

---

156 Georg G. Iggers, *Historiography in the Twentieth Century*, 24쪽. 소위 Bildung 라고 알려진 이 개혁은 교육을 통한 시민들의 지적 수준을 높여서 시민 각자 독일의 철학과 역사의 전통 속에서 사회를 바라보는 통찰력을 고무시키고 독일국민으로서의 자존심을 높여 주는데 큰 기여를 했다. Fritz Ringer, *Fields of Knowledge : French Academic in Comparative Perspective, 1890-1920* (Cambridge : Cambridge University Press, 1992), 2쪽.

157 이 연구서의 영어판은 Ranke, *History of the Latin and Teutonic Nations 1494 to 1514* (HardPress Publishing, 2013)으로 출간됐다.

158 세미나 교육은 랑케가 처음 시작한 것은 아니다. Johann Christoph Gatterer은 이미 1770년대에 괴팅겐 대학교에서 언어학 전문가들에 의해 세미나 교육이 도입됐고 랑케는 단지 이 세미나를 전문 역사가를 양성하는 필수 교육과정으로 삼았다. 1848년에 모든 독일어권 대학교는 이 세미나를 채택했다. Georg G. Iggers, *Historiography in the Twentieth Century*, 25쪽.

명칭을 사용했다. 이러한 랑케의 교육방식은 그 후 역사학 연구에 수용되어 널리 활용되었다.

특히 랑케는 역사가의 임무에 대해 "과거에 대해 판단하는 것이 아니라 실제로 일어난 일을 그대로 보여주는 것에 머물러야 한다"는 비당파성의 신념을 강조했다.[159] 동시에 랑케는 역사적 사실의 확립을 역사가의 본질적인 과업으로 삼고 그 어떤 실증주의도 배격하지 않았다. 막스 베버(Max Weber)와 달리 랑케의 엄격한 역사적 접근방식은 역사적 사실의 윤리적인 의미를 드러내는 것이 아니라며 실제적 가치의 세계를 비춰주는 것이었다.[160] 따라서 랑케는 "철학자가 역사를 자기의 유리한 관점에서 관찰하고 단순히 진보, 발전, 완전함에서 영원성을 찾는 반면, 역사는 신으로부터 나오는 모든 존재로부터 무한한 뭔가를 인지한다"며 역사를 철학에서 인간세계의 의미를 통찰하게 해주는 과학으로 대치시켰다.[161] 다시 말해 랑케는 두가지

---

159 Leopold von Ranke, "Preface to the First Edition of *Histories of the Latin and Germanic Nations*", *The Theory and Practice of History*, 85-87쪽. 즉 역사를 서술할 때 역사가가 지켜야 할 신념, 즉 비당파성은 곧 역사가의 주관이 배제된 객관성이다. Leopold von Ranke, *Sämmtliche Werke*, 54 Bde., (Leipzig, 1867-1890), 1875년 University of California Libraries 판 31/32권, 7쪽.

160 Georg G. Iggers, *Historiography in the Twentieth Century*, 25쪽. 막스 베버는 자연과학과 마찬가지로 인문학과 사회과학을 결합시킨 일원론적 실증주의를 구축하려고 했다. 이에 대한 방법론 논쟁에서 막스 베버는 현실학문이란 개념으로 실증주의의 법칙학문에게 반대 입장을 취했다. 특히 막스 베버는 현실이 개별성으로 인하여 보편적 법칙 속에 사라져서는 안 된다고 주장하며 역사적 현실을 그대로 기술하거나 사실들을 단순히 재생하는 것을 배척했다. 이는 막스 베버가 역사가의 주관적인 해석을 반대하는 실증주의 사학과 거리를 둔 것이었다. 역사에서 사실과 현실 문제는 그의 저서『프로테스탄티즘의 윤리와 자본주의 정신』을 통해 설명한 역사적 사실과 정신 및 윤리문제 사이의 인관관계에서 잘 드러나고 있다. 코르넬리우스 토르프, 「역사학의 거장이 된 사회학의 창시자, 막스 베버」, 루츠 라파엘 엮음, 이병철 옮김, 윗 책, 168-169쪽. 이처럼 막스 베버는 역사에서 윤리적 규범에 대한 개념을 정당화했다. Max Wber, "Objectivity in Social Science and Social Policy", in *Max Weber on the Methodology of the Social Sciences*, trans., and ed., Edward Shils and Henry A. Finch (Glencoe : Free Press, 1949)58쪽. 이 책은 2012년에 Ulan Press에서 출간됐다.

161 Leopold von Ranke,"On the Character of Historical Science",*The Theory and*

인간사에 관한 지식의 획득방법을 설명했는데 추상적인 개념을 통해서 획득하는 방법과 특수성에 대한 지각을 통해서 획득하는 방법이다. 첫 번째는 철학적인 방법이며 두 번째는 역사학 방법이다. 말하자면 특수성에 대한 성찰에 의해서만이 보편적인 세계의 발전과정이 명확하게 드러난다는 것이다.

또 랑케는 역사에 대한 이해에서 헤겔의 철학적인 접근을 거부하고 역사적 접근으로 바꾼 것이지만 정치적인 국가가 역사적인 발전의 결과인 이상, 현존하는 정치 국가는 '도덕적인 에너지' 즉 '신의 생각'을 만들어낸다는 헤겔의 입장을 수용하기도 했다.[162] 이처럼 랑케의 역사관에서 볼 때 혁명적인 수단을 통해 수립된 정치적, 사회적 체제와 제도에 대한 도전은 역사적 정신을 침해하는 것이었다.[163]

랑케는 1836년 베를린 대학 정교수로 취임할 때 「역사와 정치의 친화성과 차이에 대하여」란 강연에서 역사학 과제는 국가의 본질을 특수성으로부터 밝혀내고 파악하는 것인 반면, 정치의 과제는 이렇게 얻은 이해와 인식에 따라 국가의 본질을 계속 발전시키고 완성시키는 것"이라고 말했다.[164] 이러한 역사관에 의해서 정치에 대한 랑케의 사상이 담긴 서술이 「강대세력들」과 「정치문답」이다. 이 두 논문에서 랑케는 역사에서 보편성과 강국들

---

*Practice of History*, 8-16쪽.

162 즉, 헤겔은 세계가 물리적이고 정신적인 본성인 것이기 때문에 세계 역사는 곧 보편사이며 보편사는 정신에 속한다고 말한다. 따라서 헤겔은 개인, 가정, 사회는 물론 국가, 민족 등을 포함한 보편사는 곧 인간 정신의 표현이고 그 발전의 증거라고 강조하며 인간정신의 발전을 세계사로 예증하고 있다. 따라서 헤겔은 역사철학에서 인간의 이성은 곧 구체적인 형태의 '신'이며 이 신이 세계를 통치하기 때문에 신의 통치의 계획은 세계역사에서 실현되는 것이며 철학이 곧 이러한 세계에서 실현되고 있는 신의 계획을 파악하기 위한 것이라고 말한다. Patrick Gardiner ed., *Theories of History*, 60-68.

163 Georg G. Iggers, *Historiography in the Twentieth Century*, 26쪽.

164 김기봉, 「랑케의 'wie es eigentlich gewesen' 본래 의미와 독일 역사주의」, 148쪽.

사이, 그리고 혁명적 이념과 현실적인 정치 사이의 대립적 관계를 주요한 역사연구의 과제로 삼았다. 「정치문답」에서 그는 국가란 역사발전의 결과로써 나타난 개성을 가진 존재이고 '정신적 실체'라고 설명했다. 즉 국가는 인간정신의 독창적인 산물이며 이는 궁극적으로 '도덕적 에너지'를 구현하는 신의 사상이라고 규정했다.[165]

랑케의 이 같은 국가 중심의 역사관은 프로이센 학파 역사가들의 민족주의 역사관이 형성된 기초가 됐다. 당시 유럽이 근대국가로 발전하면서 민족국가가 등장하기 시작한 시대였던 만큼 랑케가 역사학 모델을 정립하고자 한 목적은 민족주의라는 시대적 배경에 의해 프로이센을 강국으로 성장시키려는 데 공헌하고자 한 것이었다. 랑케의 역사 서술에 대한 그의 사상의 세계사적 배경은 정치적으로 자유주의와 민족주의 시대, 사상적으로는 사실주의와 이상주의였다. 특히 나폴레옹의 유럽 정복과 독일의 민족주의는 랑케의 역사적 사고에 큰 영향을 비쳤다.[166]

나폴레옹의 침략에 대해 반발하여 고대로부터 게르만 세계의 역사에 눈을 돌리고 게르만 민족의 뿌리를 찾고자 했던 랑케는 독일 민족주의에 관한 역사적 고찰에 중점을 두고 유럽 강국들의 보편적 지배에 대립된 국가발전의 여러 내적 조건들을 연구대상으로 삼았다. 이 연구 결과는 1824년 사실적인 문헌을 바탕으로 연구하여 저술된 『라틴 제민족과 게르만 제민족의 역사』이며 이 책은 랑케가 의도한 역사에서 민족이란 의미를 보다 분명하게 보여주고 있다.[167] 이 저서를 집필하기 위해 많은 문서와 사료를

---

165 랑케, 「정치문답」, 윗 책 138쪽.
166 차하순 편저 『랑케와 부르크하르트』, (탐구당, 1992), 79쪽.
167 Leopold von Ranke, "Preface to the First Edition of *Histories of the Latin and Germanic Nations*", , *The Theory and Practice of History* 86쪽. 독일에서 민족주의 역사기술은 타키투스와 그의 저서 『*Germania*』가 독일 민족의 기원을 제공해 주기 때문이다. 15세 말 종교개혁 시기 독일 민족의 인종적 기원을 설명해 주는 문서는

찾아다니는 과정에서 수많은 고대 문서를 접했던 랑케는 이 책 서문에서 "이 책의 기반이 된 문헌 자료는 전기, 일기, 서간, 외교 보고서, 자서전 등이다. 그 밖의 저작들은 그 내용의 가치로 보아 본래의 내용과 비견되는 것으로만 판단될 경우에만 사용했다"며 "그것이 본래 어떠했는가를 단지 보여 주는 것"이라고 강조하고 사료로서 가치가 있는 것만을 역사서술에 활용했다고 밝혔다.[168] 이렇듯 랑케의 역사연구의 방법은 사실에서 벗어나지 않는 중립적 태도를 유지하는 것이었다.

즉 역사가는 과거를 판단하거나 미래를 위해 현재에 대한 교훈을 얻으려하는 것이 아니라 있는 그대로, 그것이 본래 어떠했는가를 보여 줘야 한다는 것이다. 이것이 랑케가 주장한 역사의 탈정치화이다. 랑케가 역사학의 탈정치화를 주장했던 이유는 프랑스 대혁명의 진보론적 정치이념이 모든 시대를 이끄는 지도이념, 곧 절대이념이 되어서는 않아야 한다는 신념 때문이었다.[169] 또한 랑케가 역사학에서 탈정치화를 주장하며 프랑스의 대혁명 진보이념을 거부한 것은 이 혁명 사상이 당시 국민주권이 독일의 군주제를 위태롭게 할 정치사상이었기 때문이었다. 따라서 랑케는 사회제도들이 역사적으로 발전되어 왔기 때문에 윤리적 특성을 지니고 있는 것으로 보고 현 국가는 그 자체가 역사적 발전의 결과로써 '도덕적

---

반 교황에 대한 담론에서 다시 나타났다. 기본적인 유럽의 민족의 인종적 기원은 로마제국에 의해 내려온 인종지학과 관련되어있다. 민족주의 역사가들은 기원의 신화를 창조한 이러한 인종 문학의 얘기를 수집했다. Prof. Breuilly, 윗 글, 10-11쪽

168 Leopold von Ranke, "Preface to the First Edition of *Histories of the Latin and Germanic Nations*", *The Theory and Practice of History*, 86쪽. 원래 '본래 어떠했는지 (wie es eigentlich gewesen)' 이 말은 랑케가 투키디데스의 유명한 말을 약간 변형시켜 인용한 것이다. 투키디데스는 '어떠했는지(wie es war)라고 표현했다.

169 김기봉, 윗 글, 129-131쪽. 이 같은 그의 역사관은 바이에른의 막시밀리안 2세의 부탁으로 한 강연에서 진보사관에 대한 비판에서 잘 나타나 있다. 랑케, 「루이 14세 시대」, 이상신 옮김, 『근세사 여러 시기들에 관하여』(신서원, 2014), 34-36쪽. 원제는 『Über die epochen der neueren geschichte.』

에너지' 다시 말해 '신의 뜻'을 보여주는 것이라고 주장했다. 랑케가 볼 때 혁명적 진보 이념에 의해 기존의 정치나 사회제도가 위협을 받는 것은 역사정신에 위배되는 것이었다.[170] 결국 역사에서 랑케가 주장한 탈정치화 혹은 비당파성은 신의 뜻이 구현된 현재의 역사인 셈이다. 즉, "있는 그대로의 역사"의 개념은 현재 민족국가 역사의 고유성에 대해 '있는 그대로' 서술하는 것을 의미한다. 이러한 가치중립은 곧 역사의 객관성을 유지하기 위한 윤리이기 때문에 랑케의 역사는 역사무대를 지배하는 힘, 즉 '도덕적 에너지'를 탐구하는 것이 주된 목적이었다.[171] 앞서 말한 바와 같이 유럽 근대 역사학은 프랑스 대혁명 이후 나폴레옹의 유럽 전쟁을 계기로 민족주의 사상이 널리 유포됨에 따라 민족개념의 정치체제인 근대국가를 고취시키는데 아주 유용한 학문이었다.

따라서 19세기 유럽 민족개념의 근대국가 형성은 민족주의 흐름과 역사학의 긴밀한 관계 속에서 시작된 것이다.[172] 당시 유럽 국가들은 이러한 새로운 정치체제를 위해 국민의 힘, 즉 민족의 역사와 문화 속에서 국가의 에너지를 찾고자 했다. 이에 따라 유럽에서 역사학은 근대국가의 성립과 맞물리게 되었다. 이렇듯 19세기 역사학은 방법론으로 과학화되었을 뿐 아니라 민족의 기원 에 대한 연구 범위도 문화 전통 등 다양한 영역으로 확대되었다.

이와 같이 근대 역사학은 1918년까지 민족주의와 민족국가라는 흐름

---

170 Georg G. Iggers, *Historiography in the Twentieth Century*, 26쪽.

171 Georg G. Iggers, *New Directions in European Histography* (Middletwon, Conn., Wesleyan, 1984), 23쪽.

172 홉스 봄은 이런 민족을 역사적 혁신물로 정의하고 있다. 즉 근대 민족을 주관적으로 구성하는 것 대부분이 인위적 구성물로 이루어져 있고 일반적으로 민족사와 밀접하게 관련되어 있기 때문에 민족적 현상은 전통의 유산에 대한 연구 없이 이해 할 수 없다고 말한다. E. J. Hobsbawm, *The Invention of Tradtions*, (Cambridge : Cambridge University, Press, 1983), 13-14쪽.

속에서 생겨난 학문이기 때문에 역사는 민족의 출현과 문화, 전통 등 발전과정과 특징을 연구과제로 삼았다. 이러한 19세기 유럽의 흐름 속에서 시작된 역사적 관심은 민족의 역사에 관한 사료를 편찬하고 출간하는 사업을 크게 촉진시켰다.[173] 따라서 국가가 역사학을 주도하며 많은 재정을 지원해 주게 되었기 때문에 국가의 요구에 순응적이었던 역사가들은 자신들의 민족주의적 관점에서 과학적이고 객관적이며 사실적임을 입증하기 위해 문서고증을 활용했다.

이렇게 문헌 고증을 바탕으로 한 랑케의 실증주의의 방법인 새로운 역사학은 '역사주의'라는 용어로 불리게 되었다.[174] 랑케의 실증주의 사학은 당시 독일의 시대적 특징을 그대로 보여주고 있으며 따라서 "어떠한 가치 판단도 내리지 않으며 오직 역사적 진실만을 이야기하는" 랑케의 실증주의 역사관에 영향을 받아 근대 역사연구는 민족과 국가에 집중되었다.

특히 19세기 정치적 상황이 복잡하게 전개되고 있었던 다민족 국가인 오스트리아 제국에서 민족의 갈등은 사회의 치명적 위험요소를 지니고 있었다. 그러므로 오스트리아 제국은 조화로운 사회, 혹은 국가를 유지하기 위해 언어와 연결된 민족문화가 필요했다.[175] 결국 민족주의는 민족의 역사와

---

173 예컨대 Ludovico Muratori는 이탈리아에서『이탈리아 총서 *Rerum italicarum scriptores*』를 편찬했고 독일 경우 1820년대에『게르만 역사 문서집 *Monumenta Germaniae*』그리고 프랑스와 영국에서는『프랑스사에 관한 미간행 사료집 *Collection de documents inédits sur l'histoire de France*』,『중세 영국 및 아일랜드의 연대기와 기록들 *Chronicles and Memorials of Great Britain and Ireland During the Middle Ages*』등이 편찬되었다.

174 역사주의는 철학, 과학, 인간과학, 문화과학 개념과 정치적, 사회적 질서의 개념들이 결합된 것이다. Ernst Troeltsch와 Friedrich Meinecke는 역사주의에 대해 19세기 독일 학문 세계 뿐 아니라 민중을 지배한 세계관으로 정의했고 말하자면 인간의 모든 영역을 역사연구의 대상으로 삼았다. Georg G. Iggers, *Historiography in the Twentieth Century*, 29쪽.

175 김인중,『민족주의 역사』, (아카넷, 2014), 74쪽. 예컨대 마르크스 역사학에서는 민족주의는 민족의 차이를 중시하지만 민족문화 개념의 민족주의는 정서라는

연결되었고 역사연구는 주로 시민공동체로서 민족을 중시하게 이르렀다. 다민족 국가들이 많은 동유럽 경우 민족주의는 대체로 민족의 독립과 연결되어 언어집단으로서 민족을 중시했다. 이런 차이에 따라 서구의 시민적 민족주주의 즉, 혈통이나 언어 중심이 아닌 공동체로서 또는 시민으로서 민족주의, 그리고 독일이나 일본 혹은 이탈리아처럼 혈통을 중심으로 한 민족주의로 구별될 수 있다. 이 두 민족주의는 제 2차 세계대전의 대결구도에 대한 이해를 설명해 준다.[176]

그러므로 영국과 미국 그리고 프랑스 등 연합국의 승리는 바로 혈통적 민족주의에 대한 시민적 민족주의 승리를 의미한다. 이제 민족은 랑케가 말한 역사적인 도덕적 에너지나 혹은 정치적인 가치가 아니라 시민국가를 구성하는 장치가 된 것이다. 이렇게 민족은 사회의 한 부분으로 흡수되면서 역사는 사회경제사로 방향을 돌리게 되었다. 따라서 이러한 새로운 민족주의 역사의 결과물로 인하여 마르크스 사회 경제사들은 역사연구의 주제에 대해 주로 사회, 계급, 권력에 초점을 두게 되었다. 예컨대 공산주의 국가인 소련과 중국에서 민족보다 계급을 중점적으로 연구한 역사가 지배적이었던 점이 이런 역사의 흐름을 보여준다.

이후 독일, 일본, 혹은 이탈리아 등 파시즘 패배로 끝난 민족주의의 정치적 이념은 역사탐구의 대상에서 제외되고 말았다. 결국 민족주의는 비합리적, 감성적, 조작의 성향이나 일시적 성격을 띠게 됨으로써 역사가보다 사상가의 영역으로 밀려 나게 되었다. 이런 의미에서 본다면 랑케의 실증주의 역사는 역사라기보다 철학과 유사하게 보일지 모르나 그럼에도 랑케는 역사 이론가가

---

문화를 중시한다. 이런 민족주의 개념은 Karl Renner, Otto Bauer이다. 이 문제에 대해서는 Otto Bauer, *Die Nationalitätenfrage und die Sozialdemokratie* (Viena : Volksduchhandlung, 1924)를 참조.

[176] E. H Carr는 『민족주의와 그 이후』라는 저서에서 세계대전 이후 서구의 승리는 혈통 중심의 민족주의 시대의 종말을 의미한 것이라고 말한다. 김인중, 윗 책, 75쪽.

아니라 실질적인 역사가로 평가받는다.[177] 랑케는 현재 존속되고 있는 국가에 대해 그 자체가 역사적 발전의 결과물로써 하나의 '도덕적 에너지' 즉 '신의 생각'이 구현된 존재로 인식하고 국가를 역사사고의 중심으로 삼았다.[178] 이런 점에서 랑케는 헤겔의 역사 철학을 동의하고 있다고 볼 수 있을 것이다.

더욱이 역사기술에서 문화는 독일의 통일과정과 밀접하게 연결되어 있었다. 즉, 국가와 문화를 결합하려는 독일의 민족주의 역사, 예컨대 민족주의라는 정치철학과 민족이라는 문화가 결합된 민족주의적 역사서술이 주요과제였다. 문화와 역사의 민족주의적인 기술은 민족주의 운동과 같이 출현되었기 때문에 민족국가의 형성에 대한 국민의 자긍심 또는 민족국가의 체제 유지의 정당성을 위해 새로운 역사가 필요한 만큼 독일 역사가들은 끊임없이 민족역사 연구에 집중하였다.[179]

폴란드가 독일이나 러시아 등 외국에 의해 점령당하자 바로 『폴란드 역사 *Polish history*』가 저술되었는데, 이는 자기 민족의 역사를 갖는다는 것이 곧 독립을 의미했기 때문이다. 그리하여 케두리는 민족주의를 계몽주의 철학적 전통, 특히 칸트 교리가 피히테 등 독일 지식인들의 낭만적 환상과 결합되면서 생겨난 이념이라고 지적하며 "민족주의는 19세기 초 유럽에서 발명된 하나의 교리"라고 정의한다.[180] 물론 랑케의 역사학 방법론은 고전철학을 기반으로 하고 있으나 칸트나 빌헬름 폰 훔볼트의 영향을

---

177 Georg G. Iggers, "Introduction", *The Theory and Practice of History*, xxvi.
178 Georg G. Iggers, *Historiography in the Twentieth Century*, 26쪽.
179 프로이센에서 민족주의 운동은 주로 Sybel Treitschke 같은 역사학파들이 이끌었다. Prof. Breuilly, 윗 글, 6-8쪽.
180 엘리 케두리(Elie Kedourie)는 그의 저서 *Nationalism* (London : Hutchinson, 1960)에서 "민족주의는 19세기 초 유럽에서 발명된 하나의 교리"라고 말한다. 케두리는 민족주의를 계몽주의의 철학적 전통, 특히 선의만이 자율적 의지일 수 있다는 칸트의 교리가 피히테 등 독일 지식인들의 낭만적 환상과 잘못 결합되면서 생겨난 이데올로기적 교리로 분석하고 있다. 김인중, 윗 책, 76쪽에서 인용.

무시할 수 없다. 이에 따라 랑케는 현세와 형이상학적인 영역 사이의 관계, 이 세계에서 스스로 드러난 영원한 힘을 발견하고 이를 고증연구를 통해 역사적 사실을 밝혀내는 것이며 추상적으로 혹은 정신적 영역의 과정을 통해서 얻어지는 것이 아니라고 강조한다.[181]

그러나 훔볼트는 역사가가 역사에 대한 법칙과 과학적 해석을 동시에 추구할 수 없다는 가정 하에 자신의 역사논리를 설명한다. 단 그에게 있어서 역사가가 기대할 수 있는 최상의 결과는 '실제로 무엇이 일어났는가'에 대한 설명이다. 왜냐하면 관찰은 사건을 상호 연결하고 결합한 내용을 제시할 뿐 관찰에 의해서 일연의 사건들 속에 내포되어 있는 진실을 파악할 수 없기 때문이다. 그래서 훔볼트의 관점에서 관찰은 단지 실제로 눈에만 보이는 개별적 사건의 묶음에 불과하다. 훔볼트의 견해에 따르면 역사가는 관찰을 통해서 얻어낸 역사적 사실들의 파편들을 모두 결합한 후 상상력을 동원하여 과거에 실제 일어난 사건의 진실을 밝혀내야 한다.

여기에서 역사가는 조각조각 난 역사적 사건들의 파편들을 하나씩 결합하여 과거 전체의 줄거리를 재구성해 내는 능력이 요구된다. 말하자면 역사가의 이 '결합능력'은 사건에 대한 진실을 실증적이고 객관적인 검증과 감찰을 통해 발굴된 사건들을 상호 연결하는 방법이다.[182] 물론 훔볼트는 랑케와 마찬가지로 역사란 개별적인 사건에 관한 지식이며, 역사의 개체와 그 역할을 연결하는 작업이라고 생각했다. 결론적으로 말하면 랑케는 특수성과 구체적으로 드러난 개별적 사건, 그리고 그 역사 속에 살았던

---

181 메밀리아노(A. Momigliano)는 랑케를 뵈크(A. Boeckh)와 드로이젠과 함께 훔볼트의 이상적인 제자라고 불렀다. 그러나 훔볼트의 에세이는 설명원리의 형식적 설명에 대한 연구에 기여를 한 반면 랑케는 사료에 대한 객관적 고찰을 통해 보수주의적 이데올로기의 원리를 끌어내기 위해서 그러한 설명의 원리를 자신의 희극적인 역사 구성에 접목했다. 헤이든 화이트, 『메타역사 : 19세기 유럽 역사학의 상상력』, 381쪽.

182 헤이든 화이트, 윗 책. 383쪽.

당시 인간들의 내면을 파악하여 이들이 경험한 역사적 사건들의 내용을 이해하고 과거의 세계를 사실적으로 재구성하려 했던 것이다. 이처럼 랑케의 실증주의 사학은 사실적인 과거를 재구성하는 것을 추구한다. 그렇다면 과거의 사건들을 경험하고 그 사건의 진실을 알고 있었던 실질적인 집단들은 누구일까. 바로 민족들이다. 바로 이 점에서 우리는 한국에서 해방 이후 제기된 새로운 과학적 역사, 혹은 일제의 유산인 식민사관의 역사에 관한 본질을 이해하려면 민족주의 역사관을 되새겨 볼 필요가 있지 않을까.[183]

케두리는 민족주의에 대해 족류공동체로서 민족을 신화적 이념에 기반을 두고 조상으로 회귀감정에 호소하는 비합리적적인 이념으로 취급했다.[184] 예컨대 19세기부터 1960년대에 이르기까지 민족주의는 민족의 혈통적인 정서에 입각하여 때론 옳지 못한 성격을 띠기도 한다는 것이다. 그러므로 민족주의를 이해하는 방법은 개별민족의 폭넓은 서술적 역사, 즉 사실 있는 그대로의 역사를 통한 것이었다. 또 특히 민족주의는 민족중심의 민족국가를 건설하고자 한 감정을 불러일으키는 정서이며 근대의 비합리적인 교리적 특징을 지니고 있다.[185]

---

[183] 여기에서 이기백의 민족주의 역사에 대한 그의 역사관을 다시 상기하게 될 것이다.

[184] 김인중, 윗 책, 77쪽. ethnicity/ethnie를 종족성/종족으로 번역하지 않고 족류성(族類性)/ 족류공동체로 번역했다. 미국 내의 소수 민족 집단을 말할 때 ethnic groups이라고 하면 ethnic을 혈통의 의미로 그리고 공통의 조상신화를 포함하여 언어, 종교, 관습 등 공유된 문화적 구성요소를 의미한다. 따라서 이 용어는 혈통, 언어, 종교, 의식주 등 물질생활의 전통, 신화, 역사의식 등등 대대로 살아온 터전이라는 영토적 경계에 의해 인식되는 문화적 구성이며 이는 생물학적 특성을 중시하는 인종주의와 구분된다. 인종은 동일한 조상에서 나온 씨족으로 이뤄진 사회라면 ethnicity는 생물학적인 기원과 성장이라기보다 문화적 기원과 성장의 문제이며 종교, 언어, 민족을 그 안에 포함할 수 있는 넓은 뜻을 지니고 있다. 따라서 족류가 조선인, 여진인, 왜인 등 외족과 구분하기 위해 사용된 용어이며 족류가 다르다는 것은 같이 살 수 없을 정도로 마음이 다르다는 의미를 보여준다. 즉 타 종족과 구분하기 위해 자기 종족의 정체성을 확인하여 주는 단어로 해석한다. 여기 우리 식의 해석은 동포라는 용어는 한 부모에게 태어난 형제, 혹은 백성을 나타내며 조선 후기 동포는 내부의 동질성 학인하기 위한 의미로 사용되었다. 김인중, 윗책, 34-42쪽.

[185] John Beuilly, 'Introduction', E. Gellner, *Nations and nationalism* (Oxford :

그렇다면 역사와 민족주의는 어떤 관계를 맺고 있는가. 스미스에 의하면 민족주의의 역사는 이념과 마찬가지이며 유럽사의 특정시기에 등장한 이념으로써 각기 민족의 상황에 맞게 역사주의적인 성격을 띠고 있었기 때문에 각자 개별적이고 특수한 성격과 역사를 갖고 있다. 그러므로 민족주의는 역사적으로 각자 특수한 기원과 발전이 강조된 여러 민족 공동체들의 상호작용에 의해 나타난 산물이다.[186] 이런 관점에서 보면 일제 식민지 속에서 작용한 역사적인 운동으로써 민족주의는 우리 한국적인 특징이라고 정의할 수 있을 것이다. 민족주의를 역사적인 운동으로 규정하는 이유는 역사가들이 민족주의를 창조하고 이 현상을 평가하며 이해하는 작업을 해 왔기 때문이다, 따라서 역사가들이 역사주의적 운동을 주도한 이유는 유럽 민족주의 공통적 구성요소들과 낭만주의 시대의 역사서술을 검토할 때 이해된다.

특히 역사가들은 문헌학자와 더불어 여러 방식으로 민족주의 운동에 합당한 민족에 관한 역사적인 이론의 근거를 제공한다. 결국 민족주의 그리고 민족주의 운동은 유럽의 역사적 틀 안에서만 이해될 수 있는 역사적 사건인 셈이다. 이런 점에서 보면 민족은 근대적 개념으로서 관료제, 세속화, 혁명, 자본주의 등 근대적 과정의 결과라고 말 할 수 있다.[187] 랑케의 역사학의 본질이 여기에서 발견된다.

이러한 유럽의 역사적 흐름에 의해 랑케의 실증주의 사학은 19세기 독일의 민족주의를 위한 역사주의 운동 속에서 시작된 만큼 민족의 기원과 성장 그리고 독특한 문화, 전통 등에 연구의 중점을 두었다. 이에 따라 고전

---

Blackwell, 2006), xx, 김인중, 윗 책, 77-78쪽.
[186] 김인중, 윗 책, 78-80쪽. 이 글은 A. D. Smith, "Nationalism and the Historians", in Smith, *Myths and Memories of the Nation*, (London : Oxford Univ., Press, 1999), 29-31쪽에 실린 내용이다.
[187] A. D. Smith, 윗 글.

문헌과 사료 등의 고증을 중시하게 된 랑케의 실증주의 사학은 '민족주의 역사'를 지향하며 역사의식을 통한 민족의 '도덕적 에너지'를 고취시키는 것을 역사서술의 목표로 삼고 있다. 궁극적으로 실증주의 사학은 '신의 뜻에 따른 민족국가'의 구현을 추구하는 역사학이며 동시에 민족주의라는 민족의 이념이다. 유럽의 역사마찬가지로 독일의 역사도 기독교라는 보편적 세계관의 지배를 받아 왔기 독일민족의 개별성과 특수성은 역사적인 의미를 지니지 못했다. 그러나 당시 유럽에 유행처럼 번졌던 민족주의 흐름 속에서 국가의 에너지는 곧 민족 혹은 국민정서나 감정으로 인식되었다.

랑케는 이러한 시대적 흐름의 영향을 받아 독일민족의 개별적이고 특수한 역사를 기술하고자 했다. 랑케는 여러 민족의 역사와 문화가 뒤섞인 유럽 기독교 보편 세계관으로 객관적인 독일의 독특한 민족의 역사를 쓸 수가 없다고 판단했고 이를 극복하기 위해서 실증주의 방식을 택해야만 객관적이고 정확한 역사적 사실을 밝혀낼 수 있다고 여긴 것이다. 이는 랑케가 주장한 객관성이란 민족의 역사가 보편적인 세계관에 의해서 왜곡되지 않아야 한다는 의미이다. 결국 민족주의를 위한 역사주의 운동, 이것이 바로 랑케의 '있는 그대로'의 역사를 위한 실증주의의 본질이며, 엄격하게 말하면 랑케의 실증주의 사학은 다분히 정치적이고 문화적인 토대로 한 민족주의 역사인 셈이다. 이런 관점에서 랑케는 보편사로서 세계사 개념을 중, 서유럽의 게르만 민족과 라틴 민족의 역사에서 찾고자 했다.[188]

과거 로마제국은 여러 민족으로 구성된 다민족, 다문화 국가이다. 따라서 민족국가를 형성할 수 없는 조건에 의해 로마 제국은 보편적인 세계관 속에서 제국의 역사를 이루어 왔다. 독일 통치자들은 로마제국의 전통을 이어 받아 세워진 카롤링거 제국에 의해 민족을 초월하여 보편적인 세계관에

---

188 Georg G. Iggers, 윗 책, 30쪽.

입각한 권력을 이어 받았다고 주장해 왔다. 그러나 교황이 이탈리아를 통합하지 못한 것처럼 게르만 황제도 오랫동안 통일된 민족국가를 이루지 못했다. 다른 민족과 정치적 문화적, 종교적으로 함께 공유하면 고유한 민족 정체성을 상실하기 마련이다. 이런 역사적 배경 속에서 독일 민족의 정체성은 현실적으로 유지하기란 어려웠을 테고 결국 독일의 역사발전은 프랑스나 영국의 역사와 다르게 진행되어 올 수밖에 없었다.

오랫동안 민족의 정체성을 잊고 살아온 독일민족은 강국의 침략을 받으면서 민족 통일에 대한 염원을 갖게 됨으로써 독일의 민족정신의 요구가 그 어느 시기보다 높아가고 있었다. 무엇보다 유럽에서 강국으로 군림하고 있던 프랑스나 영국 등과 경쟁을 해야 하는 독일의 입장에서는 독일민족의 우월성 확립이 절실했다. 민족역사의 자부심을 고취시키기 위한 정치적 목적아래 독일역사를 서술하기 위해서는 가장 먼저 게르만 민족과 문화의 기원을 밝혀 그 우수성을 입증해야 했다.

한편으로 독일은 18세기에 이르러 독일의 법체계의 해묵은 봉건적 요소의 해결을 우선과제로 삼았다. 로마법을 계승한 독일법은 필연적으로 로마제국의 제도와 법전을 연구해야 이해될 수 있었고 아울러 로마역사에 대한 깊은 지식이 동반되어야 했다. 이러한 배경이 랑케의 실증주의 사학에 큰 영향을 끼쳤다.[189]

에르네스트 르낭은 독일이 어떻게 자신의 고유한 민족 개념을 인식하게 이르렀는지 그의 저서『민족이란 무엇인가』에서 살피고 있는데 르낭은 "한 민족이 다른 민족의 억압을 받을 때 자신에 대해 자각하게 된다"며

---

189 Helen P. Liebel, "The Enlightenment and the Rise of Historicism in German Thought", *Eighteenth-Century Studies*, Vol. 4, No. 4 (Summer, 1971), 366-367쪽.

독일이 이와 같다고 말한다.[190] 즉, 프랑스 대혁명이란 근대 시민국가 이념과 나폴레옹의 침략 등 프랑스의 패권정책이 독일을 민족으로 만들었다는 것이다. 랑케의 실증주의 사학이 추구하는 학문적 본질은 민족의 역사가 보편적인 세계사 속에 가려지지 않아야 하고 신의 섭리에 따라 있는 그대로 사실적으로 서술해야 한다는 데 있다. 이처럼 랑케의 역사학은 다분히 정치적 이념으로써 민족주의 사상을 내포하고 있다. 그럼에도 불구하고 랑케의 역사학이 추구한 역사연구와 서술은 명확한 사실에 근거를 두고 있다는 점이다.[191] 적어도 1918년 이전까지 랑케의 실증주의 사학은 민족국가 및 역사학 형성과 밀접한 관계를 보여준다. 민족주의는 별도의 연구주제가 아니라 민족사의 한 구성 요소였다. 역사 교과서는 민족의 출현과 성장, 발전 과정을 설명하는 내용으로 서술되었다.[192] 이와 같이 19세기 근대국가로 나아가는 민족주의 흐름에 따라 당시 유럽 대학교들은 역사학문의 연구를 본격적으로 시작하여 많은 전문 역사가들을 배출해 내었다. 이상과 같이 랑케의 실증주의 사학의 특징은 민족주의, 개별성, 특수성에서 찾을 수 있다.

제 2차 세계 대전 이후 서구 유럽의 제국주의 지배력이 세계 곳곳에서 붕괴되기 시작했다. 1947년 인도가, 이어 1949년에는 인도네시아가 네덜란드로부터 각각 독립을 인정받았으며, 1950년 대 인도차이나는 프랑스의 지배로부터 벗어났다. 계속해서 중동에서는 영국과 프랑스 통치력이 종식되었고, 1956년 수에즈 위기 이후 벨기에, 영국, 프랑스 등의 아프리카의 식민통치가 마감하면서 1960년대에 탈식민화는 그 절정에 이르렀다. 그러나 2차 세계대전 이후 미소의 냉전체제를 맞은 서구 열강들은 독립을 요구하는

---

190 에르네스트 르낭, 『민족이란 무엇인가』, 신행선 옮김 (책세상, 2006), 제 1장.
191 Iggers는 바로 이런 점에서 랑케의 역사학이 실증주의로 규정되는 것은 오해라고 평가한다. Georg G. Iggers, 윗 책, 30쪽.
192 John Beuilly, 'Introduction', xx. E. Gellner, 윗 책.

식민지의 민족주의에 대해 공산주의 패권의 확대로 인식했다.[193] 마찬가지로 일본의 식민지배로부터 해방된 한국에서도 민족주의 역사는 좌파의 역사로 오인되었다. 한국 사회의 친일파들은 이런 흐름에 편승하여 민족주의 역사를 부인하며 좌파의 이념으로 낙인을 찍고 이를 자신들의 친일행위에 대한 면죄의 도구로 이용했다. 이런 시대적 분위기를 이용하여 일제의 식민사관을 따르는 역사학자들은 실증주의를 내세우며 민족주의 역사를 부인하거나 좌파의 역사로 매도하기 시작했다.

그렇다면 랑케의 실증주의 사학을 일본 제국의 관변 역사학자들은 어떤 방식으로 수용하고 이를 다시 변용하여 제국의 패권 이념으로 전유했을까. 아마도 일제의 역사학자들은 랑케의 실증주의 사학을 기반으로 하여 민족통합을 이룸으로써 마침내 유럽의 강국으로 발전으로 하게 된 독일의 특수한 경우에 대해 많은 관심을 집중했을 것이다. 일본은 독일처럼 지방영주들의 권력에 의한 국가의 분열이 오랫동안 지속되면서 영주들 간의 전쟁이 끊이지 않았던 만큼 국가통합의 과제가 가장 시급했다. 뿐 아니라 일본은 유럽 강국들과 대등한 근대국가로 나가려면 우선 사회 정치, 사회 경제 등 전반적인 근대화를 추진하는 것이 당면과제였다.

그리하여 일본의 역사학자들은 자국의 여러 여건과 흡사한 독일의 경우에 관심을 집중했다. 그 첫 과제는 독일처럼 역사를 통한 일본민족의 자긍심을 고취시킴으로써 국민통합을 꾀하는 것이었다. 이렇게 하여 랑케의 실증주의 사학이 일본에 수용되기에 이른다. 그러나 일본 역사학자들이 랑케의 실증주의 사학을 수용한 과정에서 관심의 대상으로 삼은 것은 근대 역사학의 실증적인 방법론이 아니라 제국주의 패권에 관한 역사적 경험이었다. 일본의 이러한 의도는 랑케의 주요 저서인 『세계사』와 『강국론』을 통해 실증주의

---

193 김인중, 윗 책, 76-77쪽.

사학을 수용한 데서 입증된다. 독일제국은 민족의 역사와 문화의 우수성을 국민에게 알리고 제국으로서 강국의 원천인 국가의 도덕적 에너지의 창출이 필요했다. 이런 요구에 따라 민족의 역사 개념에서 서술된 랑케의 이 두 저서는 일본제국 역시 아시아에서의 패권을 차지하기 위해 절실했던 이념이었다. 따라서 먼저 랑케의 이 두 저서의 내용의 의미를 살펴보고 다음 장에서 이 이론을 일본제국 역사학자들이 어떻게 변용하여 수용했는지 살펴보겠다.

### 4) 랑케의 『강국론』

랑케는 1832년부터 1836년까지 『역사정치잡지 Historische-Politische Zeitschrift』의 편집자로 활동하면서 이 잡지에 『강국론 Die großen Mächte』이란 논문을 발표했다. 당시 프로이센 외무장관인 베른슈토르프(Bernstorff)가 발행인이었던 이 잡지의 발행된 시기는 프랑스의 1830년 7월 혁명의 영향에 의해 유럽 여러 나라에서 입헌체제와 개혁의 요구가 높아가던 때였다. 당시 프로이센은 근대적인 의회체제를 부정하며 프랑스의 개혁적이고 혁명적인 세력과 대립하면서 봉건체제와 절대주의 왕정을 고수하고 있었던 러시아 및 오스트리아와 가까웠다.

그러나 프로이센은 슈타인-하르덴베르크(Stein-Hardenberg)의 개혁으로 근대적인 여러 제도를 갖추고 자유경제 정책을 채택하고 있었다. 또 프로이센은 근대적인 교육제도를 실시하여 인재를 양성하며 근대국가의 발전을 추진하고 있던 여러 독일 제후국가들 가운데 가장 개혁적인 국가였다. 베른슈토르프는 이러한 프로이센의 개혁정책을 이 잡지를 통해 국민들에게 널리 홍보하여 정치적 지지를 얻고 있었다. 그는 랑케에게 이 잡지의 편집을 부탁하자 랑케는 기꺼이 수락하여 프로이센 정부의 개혁 정책에 적극적으로 협조하게 되었다. 물론 랑케가 민족주의 운동과 민주주의 운동을 동일시하는 것에 대해 부정적인 태도를 보인 것은 오스트리아와 프로이센을 결속시킨 독일연합(German Confederation)이 유지되길 바랐기 때문이다. 그리하여 랑케는 1866년 오스트리아와 프로이센의 전쟁을 일으킨 비스마르크 정책에 대해 반대 입장을 보였으나 후에 프랑스 위협에 직면하여 강력한 독일민족 국가수립의 필요성이 대두되자 비로소 두 국가의 전쟁을 지지하게 됐다. 이처럼 랑케는 통일된 독일 민족국가의 수립을 갈망하고 있었기 때문에 독일이 강력한 통일국가로 나아가려면 무엇보다 민족주의 역사의 확립이 가장 절실한 과제라고 생각했다.[194] 당시 프랑스나 영국 등 서유럽 강국들은 자국의 독선과 체제의 상황에 유리하게 세계역사를 잘못 판단하고 있다고 생각한 랑케는 이 잡지에서 '사실적으로 있는 그대로의 역사'를 목표로 정하고 전문적인 정치와 역사 분야의 논문을 게재했다.

랑케가 볼 때 유럽 여러 국가들에는 각기 다른 체제 속에서 다양한 민족의 개별적인 문화와 역사 그리고 사회들이 존재하고 있었다. 이렇게 유럽세계에 다양한 성격의 역사와 문화가 공존하고 있음에도 불구하고 유럽이 중세시대처럼 기독교에 하나로 통합되어 보편세계로 단일화 된 것은 가장 큰 역사적 오류였다. 또 강국의 지배적인 관점에서 각 민족의 역사를 서술하고 평가하는 것도 많은 잘못을 야기하기 마련이다. 이러한 유럽의 역사적 상황을 직시한 랑케는 각 국가의 특수한 체제에 따라 과거 각 국가의 역사를 '사실적으로 있는 그대로' 봄으로써 역사적 오류를 바로 잡는 작업이 가장 시급하다고 생각했다. 랑케는 가장 먼저 지배자들의 정치 논리에 따라 피지배국의 역사를 판단하는 것부터 지적하고 나섰다.

---

194 랑케는 1871년 독일제국의 창설을 환호했다. Georg G. Iggers, "Introduction" Rake, *The Theory and Practice of History*, xxv.

여기에서 합리적 사고와 추상적인 사고가 서로 충돌하게 되자 랑케는 현실적인 강자의 정치적 논리에 의한 판단보다 역사적인 논리에 따른 조건을 더 중시했다. 이에 따라 랑케는 프로이센의 정책이 지향하는 목적을 이루기 위해서 유럽 여러 국가들의 역사와 상호관계에 대해 역사적으로 설명하는 것에 집중했다. 바로 이 기간에 랑케는 자신의 실증주의 사학에 기초하여 『강국론』과 「정치대담」을 저술하게 된 것이다.[195] 랑케는 이 책에서 프랑스, 영국, 오스트리아, 러시아 등 당시 강국과 프로이센을 포함하여 150년 동안의 역사와 발전 단계를 추적했다. 이 연구에서 랑케는 프랑스가 루이 14세부터 절대군주정을 확립하고 가톨릭과 민족적인 중앙집권국가를 수립하여 유럽을 지배함으로써 유럽 여러 국가의 독자적인 문화발전을 저해한 점을 지적했다.[196]

먼저 랑케는 스페인과 프랑스 사이의 대립과 세력 균형의 결과가 곧 16세기 유럽의 자유를 가져왔다고 파악했다. 특히 네덜란드, 이탈리아, 이베리아 반도에서 프랑스에게 가장 위협적인 경쟁 국가는 스페인이었다. 그리하여 프랑스는 30년 전쟁기간동안 승리의 덕분으로 독일에서 스페인의 세력을 무력화 시켜 자국의 세력을 확장할 수 있었다. 루이 14세의 이러한 강국의 정책은 군사력을 강화시키고 효율적인 외교를 통해서 여러 국가와 정치적 동맹을 맺어 유럽의 강국으로 군림하게 되었다. 따라서 터키라든가 러시아, 스웨덴, 폴란드, 헝가리 등 유럽의 여러 나라들의 평화는 프랑스의 힘에 좌우될 수밖에 없었다.

---

195 『강국론』은 1833년『역사정치잡지』8월호에 발표되었다. Leopold von Ranke, *Die großen Mächte. Politisches Gespräch. Zur eigenen Lebensgeschichte*, 이상신 옮김, 『강대세력들. 정치대담. 자서전』(신서원, 2014), 9쪽. 그의 저서『강대세력들과 정치대담』의 최근 출간된 것은 Ranke, *Die großen Mächte. Politisches Gepräch*, mit einem Nachwort von Ulich Muhlack (Frankfurt am Mein und Leipzig, 1995)이 있다.

196 랑케,「강대세력들」, 윗 책, 27-44쪽.

독일의 상황은 프랑스와 더 직결되어 있었다. 프로이센은 바이에른(Baiern)과 팔츠(Pfalz)와의 각각 혼인관계를 맺어 프랑스 왕실에 더 밀접하게 결속되어 있었고 독일 대부분 군주들도 프랑스의 지원을 받고 있었다. 쾰른의 막시밀리안 하인리히 선제후는 노이즈(Neuß)와 다른 지역들을 프랑스 군대가 주둔지로 넘겨주기도 했다. 중부유럽과 남부 유럽에서도 프랑스의 세력은 막강했다. 우선 스위스 국민 2만 여명이 프랑스 군대에서 복무해야 했으며 심지어 의회도 프랑스의 영향력이 작용했다. 또한 프랑스는 사부아 대공의 영토인 피나롤로(Pinarolo) 그리고 만투아(Mantua) 대공의 영토인 카살레와 스트라스부르그를 합병시키는 등 유럽의 최강국으로 군림했다. 이렇게 프랑스의 강력한 힘에 의해 분열되고 무력한 유럽의 당시 상황에 대해 프랑스 주재 베네치아 대사였던 세바스티앙 포스카리니(Sebastiane Foscarini)는 "유럽의 여러 국가들은 심장도 없고 쓸개도 없었다"라고 표현할 정도였다.[197]

이렇게 유럽의 강국들의 지속적인 세력의 확대정책에 의해 여러 민족국가들이 병합되는 것을 목격한 랑케는 강국의 필요 요건이 무엇인지 역사를 통해 관찰하고자 했다. 1681년 프랑스가 스트라스부르그를 합병하자 랑케는 "오랫동안 독일제국의 보호아래 자유를 누렸던 도시가 예속되어 버렸다"라고 한탄했다. 랑케는 "프랑스가 정당성과 권리도 없이 이 도시를 빼앗았다"며 "이러한 불법으로 인해 독일 국민들의 복수심을 불태우고 있다"고 비난하며 분개해했다.[198] 프랑스가 알자스를 점령하자 영국 작가인 영(Arthur Young)이 자신의 여행기에서 표현 내용을 랑케는 다음과 같이

---

197 랑케,「강대세력들」, 윗 책, 36쪽.
198 랑케,「강대세력들」,윗 책, 36쪽. 원문은 Ranke, *Die großen Mächte. Politisches Geprӓch*, mit einem Nachwort von Ulich Muhlack (Frankfurt am Mein und Leipzig : Insel Taschenbuch, 1995), 150쪽.

소개했다.

> "사람들이 그 사건에 관해 역사를 읽을 때 깊은 인상을 주지 못한다. 그러나 나는 프랑스로부터 출발하여 높은 산맥을 넘어서 평지로 내려왔다. 그 곳은 풍습과 언어 혈통이 프랑스와 전혀 다른 민족이 살고 있었는데 이것이 퍽 인상적이었다."[199]

랑케는 자신의 저서에서 이 글을 자주 인용하며 독일이 이렇게 모욕을 받으면서까지 프랑스와 휴전을 맺었다고 개탄했다. 이렇듯 랑케는 프랑스 루이 14세 같이 강력한 무력으로 다른 국가와 민족을 정복하고 또 핍박하는 강국의 야망이 궁극적으로 세계 질서를 파괴한다고 생각했다. 예컨대 루이 14세는 1681년 9월에 함대를 보내 포격으로 제노바를 굴복시켰으며 교황 이노첸시오 11세(Innocenz)가 로마의 외국 대사관들이 망명자들의 보호를 포기한다는 조건으로 새로 부임한 대사들을 승인하겠다는 칙령을 발표하자, 루이 14세는 이 칙령을 거부하며 1687년 자신이 파견한 대사에게 군대를 대동시켜 로마로 들어가게 했다.

또한 스웨덴 칼 11세 국왕이 상속권에 따라 팔츠(Pfalz)와 츠바이브뤼켄(Zweibrücken) 영주국을 소유하게 되자 루이 14세는 1681년 강제로 이 두 지역을 프랑스에 합병시켰다. 여기에 그치지 않고 트리폴리스 해적들이 터키 키오스로 도피하자 프랑스는 동맹국임을 무시하고 이곳에 해군 함정을 보내 포격을 가하기도 하는 등 무력행사를 동원하여 많은 패권을 확대해 나갔다. 랑케는 이 같은 사실들을 열거하며 강국의 지배력이 세계 질서가 파괴되고

---

[199] 랑케, 「강대세력들」, 윗 책, 37-38쪽. 이 협정은 1684년 Regensburg 정전 협정이다 이 협정으로 인해 프랑스 루이 14세는 이 지역을 20년 동안 보유하게 되었다. 랑케는 프랑스의 강력한 힘으로 인해 어쩔 수 없이 땅을 빼앗겼다고 기술했다.

있다고 비난했다.[200]

　이렇게 유럽에서 강국의 무력에 의한 새 질서의 세계운동은 무절제한 영토 확장과 전쟁을 통한 무력행위를 끊임없이 야기하며 이웃 국가들 사이의 정복과 전쟁을 일으켰다. 이런 식으로 유럽의 강국 권력자는 정복한 국가와 국민들에게 충성을 강요하며 정복지를 자신의 영토로 삼았다. 이렇게 만들진 새로운 세계는 최고 권력자의 뜻에 따라 움직이고 기존질서와 가치관을 해체시키며 정복당한 민족의 독자적인 발전의 기반을 파괴시켰다. 그러나 강국의 힘에 의해 생겨난 새 질서가 세계사 속에서 또 다른 질서를 만들어 내고 있다는 사실을 사람들이 제대로 인식하지 못하고 있었다. 이러한 세계운동은 또 다른 세계질서를 만들고 이를 통해 새로운 체계를 확립한다. 이처럼 세계사는 힘으로 만들어진 새로운 체계를 완성하기 위해 계속 반복된다. 랑케는 강국의 지배에 의한 세계재편이 내포하고 있는 이런 위험성 외에 또 다른 위험이 있다는 점을 지적한다. 강압적으로 강국에 의해 지배받는 민족은 끊임없이 지배자의 방해로 인해 독자적인 발전을 하지 못한다는 것이다. 왜냐하면 지배를 받는 민족문화는 지배민족의 문화로부터 압도적인 영향을 받기 때문이다.[201]

　랑케는 특히 이 연구에서 문화개념에서 문학과 언어를 중시하고 강국 프랑스의 문화와 언어가 두드러진 경향을 보이고 있다는 점을 드러내었다. 즉

---

200 랑케, 「강대세력들」, 윗 책, 38-39쪽.
201 특히 프랑스는 1635년 리슐리외(Rechelieu)가 개인적으로 설립한 것으로 이것을 1671년 콜베르(Colbert)가 국가 기구로 만들고 프랑스 학술원(Académie Française)으로 명명했다. 이 학술원은 프랑스 언어와 문학을 연구하고 육성하는 업무를 맡아 1679년에 학술원 사전을 출간하여 프랑스 모든 언어 어휘를 수록했다. 랑케는 문화의 한 양상으로서 문학을 들고 있다. 이탈리아 문학은 독창적인 발전을 통해 완성되었고 영국 문학은 아직 미숙하며 독일 문학은 존재하지도 않았다는 것이다. 단 강국 프랑스 문학은 최상급으로 완성되었으며 전적으로 유럽을 지배하기 시작했다고 말한다. 문학이 국민의 정신과 문화를 가늠하는 척도라면 이러한 랑케의 문화에 대한 설명은 적절한 것이다. 랑케, 「강대세력들」, 윗 책, 40-41쪽.

프랑스는 『학술원 사전』을 펴내어 프랑스 언어의 표준을 정하고 정책적으로 문학의 발전을 도모했다. 이러한 사례를 통해 랑케는 문학이 국가의 힘과 일치하며 국가의 패권을 확보하는 데 큰 기여를 했다고 설명한다.[202] 예컨대 프랑스 파리는 유럽의 수도가 되었고 유럽의 어느 도시도 갖지 못한 확고한 지배권을 행사했다. 프랑스 언어와 예절은 유럽의 상류사회로 널리 퍼져 유행함에 따라 파리가 유럽의 공동체 중심이 되었다. 이러한 프랑스의 국가체제는 유럽 모든 국가에 확산되었다. 랑케가 인용한 다음의 글이 이러한 당시 모습을 잘 표현하고 있다.

"프랑스는 국왕 아래, 무엇보다 세계를 그의 용맹함과 오성에 의해 지배하여 정당한 화합을 이룩한 군주의 지배와 보호를 받고 있으며 이러한 국가로부터 보호를 받고 있는 프랑스 국민들은 행복한 모습을 보여주고 있다"[203]

랑케는 이 시기로 돌아가서 당시 사람들의 의식 속을 들여다보면 이러한 현상이 "얼마나 음울하고 억압적이고 고통스런 광경 이었겠는가"라고 탄식하고 있다. 만약 프랑스가 프로테스탄트 문학과 가톨릭 문학을 동시에 확산시키는 정책을 추진하려 했다면 프랑스인의 패권과 프랑스인의 정신은 저항할 수 없을 정도로 유럽 전체를 휩쓸었을 것이다. 그러나 프랑스의 이러한 힘이 저지될 수 있었던 것은 그래도 약소 세력들이 동맹과 연합의 결과였다. 랑케는 이렇게 하여 유럽의 세력균형이란 개념이 생겨났다고 설명한다.[204]

---

202 랑케, 「강대세력들」, 윗 책, 41쪽.
203 랑케, 「강대세력들」, 윗 책, 41쪽.
204 랑케, 「강대세력들」, 윗 책, 42-45쪽.

예컨대 샤를 2세의 유언에 따른 스페인 왕위의 상속자 루이 14세 손자 앙주의 필립이 스페인과 서인도제도 등 해외 식민지까지 소유하여 하나의 거대한 세계를 지배하게 되자, 유럽 약소국들은 서로 연합하여 그가 강력히 추진한 '하나의 유럽동맹' 정책에 강력하게 반발하며 대항하고 나섰다. 윌리엄 3세 중심으로 한 이 저항세력들은 프랑스에 대항하여 팔츠(Pfalz)의 계승전쟁과 스페인 왕위계승에 참여함으로써 결국 프랑스의 지배권을 몰락시켰다. 이후 유럽의 새로운 강국 세력들이 등장하기 시작했다.[205] 이렇게 랑케는 강국의 역사를 살피면서 유럽 각 국가들이 강력한 프랑스에 대항하여 독자적인 국가로서 존속할 수 있었던 것은 이들 국가들이 내적 통일과 독자적인 국가의 힘을 양성하여 강국의 지배에 저항한 결과라고 설명한다. 그렇다면 어떻게 이들 유럽의 여러 국가들이 독자적인 강국으로 발전할 수 있었을까. 랑케에 따르면 영국은 윌리엄 3세 이후 두 정당의 권력경쟁 속에서 해양문화와 민족주의적이고 프로테스탄트의 전통을 확립하여 강국의 길을 걷게 된 결과였다.[206] 오스트리아는 독일의 행정 및 군대를 근거로 하여 가톨릭과 독일적인 전통을 세웠으며 러시아는 슬라브인 민족원리를 세웠다.[207] 이러한 랑케의 설명에 의하면 강국의 원동력은 곧 민족원리인 셈이다. 그렇다면 민족원리는 무엇인가.

### 5) 국가의 원동력 : 도덕적 에너지와 민족정신

독일국가와 민족은 초기에 독일어를 사용하는 부족의 귀족들로 형성된

---

205 특히 홀란드(Holland)의 윌리엄 3세(Wilhelm III von Oranien)는 1672년 홀란드 세습 총독이 되었으며 루이 14세에 대립하는 유럽 저항 세력의 중심인물이었다. 그는 1688년 영국의 명예혁명이후 영국 국왕으로 즉위했다.
206 랑케,「강대세력들」, 윗 책, 45-50쪽.
207 랑케,「강대세력들」, 윗 책, 50-60쪽.

이익 공동체에 기초를 두고 있다. 이 공동체는 동프랑크에서 자신들의 국왕 선출을 위한 모임을 갖고 로마제국의 건설 및 독일 국왕의 대제국 건설에 참여를 했는데 이것이 수세기에 걸쳐 독일 국민형성에 큰 영향을 미쳐왔다. 로마라는 보편제국과 독일국민 사이 이러한 긴장관계는 긴 역사를 갖고 있다. 예컨대 신성로마제국은 독일 국민의 형성을 위한 정치적 기반이었다. 독일왕국은 962년 오토 1세의 황제 대관 이후로 부활된 신성로마제국과 결합되어 왔다. 신성로마제국은 과거 로마제국과 마찬가지로 많은 민족들을 포함하고 있는 기독교 보편제국이었으며 유럽이나 기독교권 밖에서도 정치적 이념적으로 중요한 위치를 차지하고 있다. 황제는 최소한 이론적으로 유럽의 군주보다 최상위에 있었기 때문에 황제만이 제국의회와의 협의를 통해 군사를 동원할 수 있는 권한을 갖고 있었다. 이 때문에 중세부터 유럽 군주들은 신성로마제국의 황제 자리를 차지하기 위해 서로 끊임없이 다툼을 벌였다.

따라서 유럽의 패권 투쟁은 신성로마제국을 장악하기 위한 것이었다.[208] 그러나 독일은 권력공백이 없었지만 외국의 침략에 취약했다. 왜냐하면 독일에서 제국의 황제, 제후, 각 도시, 성직자들 간의 갈등이 지속되었고 또 지역적으로 유럽의 강국들의 이해관계가 첨예하게 얽혀있었기 때문이다.

---

208 Brendan Simms, *Europe : The Struggle for Supremacy 1453 to the Present* (London, Penguin Books, 2013). 곽영완 옮김, 『유럽 : 1453년부터 현재까지 패권투쟁의 역사』, (애플미디어, 2014). 38쪽. 신성로마제국은 전략적으로 매우 중요했다. 신성로마제국의 인적 자원은 합스부르크 왕가와 프랑스 발루아 왕가의 세력균형은 물론 기독교권과 오스만 세력균형을 좌우 할 만큼 많았으며 제국의 인구는 17세기 초 이미 1천5백만 명이 넘어 스페인의 8백만보다 훨씬 많았다. 이같이 인구, 군사, 경제적 효율성 때문에 30년 전쟁 말기 협상에 나섰던 스웨덴 대표들은 신성로마제국에서 강력한 지배력을 갖춘 자가 주변지역을 복속시킬 것이라고 경고하기도 했다. Andreas Osiander, *The States System of Europe, 1640-1990. Peacemaking and the Conditions of International Stability* (Oxford : Oxford University Press, 1994), 79쪽.

제국의 정치적 권력은 당연히 독일인이 쥐고 있는 탓에 15세기 이후 독일국민의 신성로마제국으로 지칭되어 왔다. 그러나 교황은 11세기부터 유럽의 기독교 보편세계에 대한 지배권과 신성로마제국의 지배권 다툼을 벌여옴으로써 독일인들에게 막대한 희생과 피해를 안겨주었다. 다른 한편으로 신성로마제국의 보편성에 따라 독일어 문자문화가 확산되어 독일영역 내에 국가의식과 국민의식이 생겨난 나게 되었다.[209] 이러한 독일민족 정서의 토대에도 불구하고 독일민족의 국민국가를 형성이 현실화되지 못했는데 대체로 그 이유를 들자면, 먼저 신성로마제국은 중부유럽의 보편적인 봉건적 연합체인 까닭에 이 제국 안에 독일인 외에 네덜란드인, 프랑스인, 이탈리아인, 슬로베니아인, 체코인 등 여러 민족집단들이 포함되어 있어서 단일한 독일 민족국가가 수립될 수 없었다. 또한 제국 제후들이 자신들의 통치권을 공고히 하기 위해 독일민족의 통합과 국민국가 형성에 주력하지 않고 오직 영토 확장과 상비군 창설에 힘을 쏟았다.

이러한 제후들의 통치권 확보경쟁이 바로 독일 민족국가의 수립에 방해가 되었던 것이다. 그래서 독일의 역사는 황제들과 제후들, 그리고 여러 나라들과의 전쟁의 역사로 인식되었는데, 제임스 메디슨(James Madison, Jr.) 알렉산더 해밀턴(Alexander Hamilton)은 이러한 독일역사에 대해 다음과 같이 표현하고 있다.

---

[209] 예컨대 이미 중세에 발터 폰 데어 포겔바이데(Walther von der Vogelweide)의 '찬가' 등 독일민족의 언어로 쓰여 진 독일국민문학의 전성기를 맞이했고 중세 말에는 인문주의 작가들이 자신들의 국민의식을 문자로 표현했다. 이런 독일민족 정신은 종교개혁운동에서 나타났다. 마르틴 루터가 1520년 발표한 『독일국민의 기독교 귀족에게 고함』은 독일국민 의식을 고취시켜 준 것으로 독일 귀족과 인문주의자들에게 큰 영향을 미쳤으며 이로써 루터란 이름은 독일인의 새로운 국민적 감성을 대표했다. Otto Dann, *Nation und nationalismus in Deutschland 1770-1990*, (München :Verlag C. H. Beck, 1993), 오인석 옮김, 『독일국민과 민족주의의 역사』(한울, 1996), 33-34쪽.

"독일의 역사는 황제들과 제후들과 여러 나라들 간의 전쟁의 역사다. 전쟁 와중에 강자는 무법적인 횡포를 저질렀고 약자는 억압을 당했다. 많은 외세가 침략을 했으며 음모를 꾸미기도 했다. 수많은 인력과 자금이 징발되었으며 아무 죄도 없는 사람들이 학살을 당했고 피폐한 삶을 이어가야 했다. 독일의 역사는 모두에게 혼란과 고통만 안긴 역사이다."[210]

독일제후들이 서로 갈등과 패권 다툼을 하는 동안 프랑스 등 유럽 강국들은 독일을 침략하고 지배했다. 이들 강국들은 독일민족의 통합을 방해하고 계속 분열을 획책했으며 특히 나폴레옹이 오스트리아와 프로이센을 굴복시키고 독일의 지배자로 군림하며 라인 강 지역의 친 프랑스적인 독일영주들을 규합해 만든 연맹을 부추겨서 영주들 사이의 갈등과 대립관계를 조장하며 자신의 패권을 강화시켜 나갔다.[211]

독일에서 나폴레옹의 지배가 종식된 것은 나폴레옹이 러시아 원정에서 실패한 이후 바이에른이 프로이센의 중심으로 독일 영주들을 결속하여 대항한 결과이다. 프랑스가 독일에서 영향력을 발휘하면서 영토를 확장할 수 있었던 이유는 신성로마제국이 하나로 통합된 체제가 아니라 각기 정치적으로 독립적인 연방체제였기 때문이다.

독일 제후들은 각기 정치적, 경제적으로 각기 독립 체제를 유지해오면서 서로 다른 이해관계를 갖고 있었다. 따라서 독일제후들은 자기의 이익을

---

210 James Madison, Jr.., Alexander Hamilton, 「The Federalist Papers」, 19호, 1787년. 이 시기 독일 제후들의 패권 다툼에 대해서는 S. Fischer Fabian, *Preussens Gloria : Der Aufstieg eines Staates*, (Köln : Anaconda, 2013)을 참조.

211 이러한 독일의 제후들의 정치적 권력 패권다툼에 대해서 랑케는 나폴레옹이 독일 침략하여 독일 영주들의 갈등을 조장한 것에 대해 지적하고 있다. 랑케, 『근세사 여러 시기들에 관하여』, 264-265쪽. 원본은 ,Ranke, *Über die Epoche der Neueren Geschichte* ed.,by Alfred Dove (Whitefish Montana : Kessinger Publishing, LLC, 2010)이다.

도모하기 위해 각기 외국과 동맹을 맺고 자기들끼리 적대관계와 갈등을 빚으며 끊임없이 경쟁을 벌였다. 이런 여건들로 인하여 독일은 하나로 통합되지 못하고 여러 제후국으로 분열되어 있었다.[212] 이러한 독일이 하나로 통합의 길로 나아갈 수 있었던 것은 독일 내의 여러 제후국들 가운데 특히 프로이센의 개혁과 근대화의 덕분이었다.

나폴레옹이 몰락한 이후인 1847년 프로이센은 통합된 주 의회를 수립하여 자유주의를 채택하게 되었다. 이것은 각기 자체의 지방 신분의회를 갖고 있던 프로이센 내의 여러 속주들이 통합되어 프로이센 전체가 하나의 주(州) 의회가 된, 말하자면 프로이센의 국회가 되었던 것이다.

이렇게 하여 독일은 프로이센을 중심으로 한 통합의 길로 나아갔다. 특히 나폴레옹의 지배로 인하여 프랑스 대혁명 이념의 영향을 받은 독일에서도 군주제와 국민주권의 두 원리가 대립하게 되었다. 더욱이 프랑스의 1848년 2월 혁명으로 군주제가 타파되고 제2공화정이 수립되자 랑케는 이를 민족주권이라고 표현했는데 이 혁명은 독일에 큰 영향을 미쳐 오스트리아와

---

212 독일 외교관 루이스 아우구스틴 블론델은 독일에서의 프랑스 영향력을 약화시키기 위해서는 영국과 동맹을 강조했다. 브랜든 심스, 윗 책 187-188쪽. 영국은 신성로마제국에서 프랑스의 영향력을 견제하기 위해 합스부르크가의 직계에게 신성로마제국의 황제자리를 물려주기로 전략을 세웠다. 그리하여 영국은 마리아 테레지아 아들 요세프 2세를 신성로마제국의 황제로 선출하고 프란츠 슈테판의 사후에 요세프 후손들이 세습 황제가 되도록 독일 선제후들을 설득하며 외교전을 펼쳤다. 이것이 바로 이 시기 영국의 주요 전략이었다. Reed Browning, "He Duke of Newcastle and the Imperial Election Plan, 1749-1754" *Journal of British Studies*, 7, (1967-1968), 28-47쪽. 또한 전통적으로 프로이센을 예속국가로 여겨온 러시아는 일방적으로 슐레지안을 차지하여 신성로마제국의 균형을 무너뜨린 프로이센이 북방에서 러시아의 입지를 약화시킬 것을 우려하며 1753년 4월 프로이센을 제재하기로 결정하고 외교와 군사적 수단을 사용했다. 이에 따라 프랑스는 러시아가 독일에 영향력을 확대시키지 못하도록 하는 것이 급선무로 삼았다. L. Jay Oliva, *Misalliance: A Study of French Policy in Russia during the Seven Years' War* (New York : New York University Press, 1964), 9쪽.

프로이센의 기반을 흔들리게 했다.[213]

공화국은 모든 권력이 오직 민족주권에서 나온다는 원리에서 수립된다. 독일영주들은 이러한 체제의 이념이 자신들의 존립에 대한 위협이라고 생각했다. 랑케와 바이에른 국왕 막시밀리안(Maximilian) 2세와 마지막 대화에서 이 같은 독일 군주들의 불안감을 엿볼 수 있다. 막시밀리안 2세를 랑케가 처음 알게 된 것은 그가 20세 였던 1831년 베를린대학 재학 시절에 랑케의 강의를 수강하면서부터이다. 막시밀리안 루드비히(Ludwig) 1세의 뒤를 이어 국왕이 된 이후로 이 둘의 관계는 더욱 밀접해졌다. 막시밀리안 국왕은 랑케를 뮌헨대학으로 초빙하였으나 랑케는 베를린과 프로이센 빌헬름 4세와 깊은 관계로 인해 이를 사절했다.[214] 이에 바이에른의 국왕은 랑케에게 1854년 가을 베르흐테스가덴(Berchtesgaden)으로 불러들여 서로 학문과 정치적, 세계관에 대해 토론했다.[215]

---

213 랑케,『근세사 여러 시기들에 관하여』, 267쪽.
214 랑케의 공식적인 정치적 활동은 프로이센의 빌헬름 4세와 바바리아(Bavaria)의 막시밀리안 2세와의 사적으로 밀접한 관계에서 시작됐다. 1841년에 등극한 프리드리히 빌헬름4세는 여러 해 동안 랑케를 숭배해 왔고 1828년 베니스에 있던 랑케를 찾아간 이래 개인적으로 랑케와 친분을 맺어 왔다. 그리고 빌헬름 4세는 랑케를 프로이센 국가의 공식적인 역사서술 책임자로 임명했다. 그러나 이 직책은 공직자라기보다 학자로서 의미가 더 강했다. 1848년 이후 그는 랑케를 고문으로 임명했고 1854년에는 새로 재구성된 국가회의에 임명했다. 1850년대에 빌헬름 4세는 주기적으로 랑케를 만났지만 랑케의 정치적 영향력은 크지 않았다. 대부분 이 둘의 만남은 역사에 관한 관심거리였고 랑케는 왕에게 프랑스 역사에 관한 원고를 읽어주곤 했다. 또 막시밀리안 2세의 고문으로 활동한 랑케는 바바리아의 과학 아카데미에 역사위원회를 새로 구성하여 의장이 된 것이었다. 이 위원회는 독일 언어권을 전체에서 독일 역사의 학문적 연구를 위한 중심기구가 되었다. 랑케의 첫 제자인 하인리히 폰 지벨(Heinrich von Sybel)이 역사위원회의 실무자였다. 랑케는 사회적 혁신을 깊이 우려하며 1848년과 1851년 사이의 혁명적인 사건들에 관해 프리드리히 빌헬름4세에게 보낸 글은 정치적 변화에 직면하여 그의 의견이 얼마나 완고한지를 보여주고 있다. 랑케는 1848년 남성의 보편적인 남성의 보통 선거권을 부여한 프로이센의 선거법을 반대했으며 그가 우려한 것은 정치권력의 사용에 대한 개념을 갖지 못한 장인과 직인들에 의해 국가가 통치되고 공화국으로 굳건히 나아가는 것이었다. Georg G. Iggers, "Introduction" Rake, *The Theory and Practice of History*, xxv.
215 막시밀리안 2세와 랑케와의 정치적 토론에 대한 기록은 폰 밀러(Karl Alexander von

랑케의 정치적 성향은 그와 마지막 대화에서 잘 표현되고 있다. 이 대화에서 랑케는 마키아벨리가 『군주론』을 저술하여 군주의 무자비함을 앞세웠던 것과 달리 '덕'을 쌓도록 충고했다.[216] 이 대화에서 막시밀리안 왕은 당시의 세계적인 경향에 대해 묻자 랑케는 이에 대해 군주제와 국민주권이라는 두 통치 원리의 대립을 언급하며 모든 대립은 바로 이와 연관되어 있다고 설명했다. 좀 더 구체적으로 말하면 국가의 물질적인 힘, 즉 경제력이라든가 혹은 식민지 쟁탈전, 원자재 확보 경쟁 등 그리고 자연과학에서 여러 분야의 발견 등 당시 유럽 각국들이 서로 경쟁하고 대립하고 있던 여러 요소들이었다. 랑케는 또 종교적 권력과 세속적 권력 사이의 투쟁이 유럽의 기독교 보편세계가 확립되는데 기여했듯이 오늘 날 군주제와 국민주권의 투쟁도 마찬가지라며 프랑스에서의 혁명과 이를 저지하려는 다른 군주국가와의 대립 관계가 오히려 유럽의 국가 발전에 기여했다고 강조했다. 이처럼 랑케는 역사에서 도전과 응전의 결과가 오히려 역사의 발전을 촉진시키는 것으로 이해했다.

예컨대 랑케는 영국을 강국으로 만든 요소도 미국의 국민주권 이념과 영국의 군주제와의 대립으로 인해 생겨난 힘이며 이 힘에 입각하여 영국이 무역으로 전 세계를 지배하고 있다고 분석했다. 랑케는 이러한 통치이념의 대립에서 입헌제와 공화정 원리를 채택한 유럽 국가들이 중국과 동인도를 지배하는 등 세계에서 많은 식민지를 확산시켜 가고 있는 것을 보고 이 이념이 곧 유럽정신, 즉 라틴적 및 게르만적 정신이라고 확신했다. 이 라틴적이며 게르만적 정신이 기독교의 형식에 얽매이지 않은 문화로써 전 세계로

---

Müller)에 의해 『바이에른 국왕 막시밀리안 2세에게 보낸 랑케의 편지부록들 *Nachträge zu den Briefen Ranke an den König Maximillian II von Bayern* (Sitzungsberichte der Bayr. Akad. d. Wirsenschaft philo-Hist. Abt., 1939, Heft 10. S. 84ff)』이란 제목으로 출간되었다.

216 랑케, 『근세사 여러 시기들에 관하여』, 269쪽.

확산되어 지식의 무한한 발전을 촉진시키고 많은 국민들이 지적, 정신적 및 공적생활의 참여하게 되었으며 이것이 바로 당시 시대의 특징이라는 것이다.[217] 특히 이 대담에서 랑케는 보수적인 정치적 경향을 내보이고 있는데 그는 이러한 정신적 흐름 속에서 민족주권이 모든 것을 지배하게 될 것으로 전망하면서도 이러한 세계사적 흐름이 곧 군주제의 존립의 근거를 방해하지 않을 것으로 파악했다. 왜냐하면 민족주권은 프랑스 혁명과 같이 파괴적인 원리를 수반하고 있어서 군주제만이 이러한 파괴적인 원리를 막을 수 있기 때문이다.[218] 사실상 랑케는 군주제를 옹호하는 것처럼 보이고 있지만, 그는 민족주권이 당시 유럽의 정신적 원리의 특징으로 확산될 것으로 내다봤다.[219] 다음의 대화에서 이러한 랑케의 민족국가의 정치적 경향을 엿볼 수 있다.

> 막스왕 : 민족성의 표현은 우리시기의 특징입니까?
> 랑케 : 물론 민족주권은 그러한 경향을 갖고 있습니다. 예컨대 프랑스는 외국 지배에 저항하여 민족으로서 일어섰습니다. 마찬가지로 러시아와 독일도 프랑스인들에게 저항을 했습니다. 그러므로 민족성들은 위대한 의미를 갖게 되었습니다. 그러나 우리 시기에서 좋게 받아들이고 있는

---

217 랑케는 막시밀리안 2세와 대담에서 민족주권 이념이 당시 통치적 흐름임을 강조한 것이다. 랑케, 『근세사 여러 시기들에 관하여』, 270쪽.

218 랑케, 『근세사 여러 시기들에 관하여』, 271쪽. 예컨대 랑케는 프랑스 혁명에 대해 "우리의 본래 발전적인 현실성을 지키고 역사의 오랜 작업을 훼손하는 소위 새로운 사상들 속에 내재된 극도의 무질서를 조장한 세력들을 격퇴해야 한다"고 주장하며 프랑스 혁명 사상이 독일에 미칠 위험성에 대한 두려움을 표현했다. Leonard Krieger, "Elements of Early Historicisme : Experience, Theory, and History in Ranke", *History and Theory*, vol., 14, no. 4 (Dec., 1975), 3쪽.

219 랑케에 따르면 근대 유럽의 발전 과정에서 민족과 국가 관계는 세계사적 흐름으로 파악하고 보편교회와 보편국가의 지배를 조정하기 위해서 개별 민족 국가의 원리가 등장했다는 것이다. 따라서 랑케는 민족국가 체제가 역사 운동의 가장 이상적이고 최종 단계로 보았다. 헤이트 화이트 지음, 『19세기 유럽의 역사적 상상력-메타의 역사』, 217쪽

이념들, 즉 민족성으로 국가를 구성하는 일은 전혀 다른 문제입니다. 독일은 민족국가로서 구성된 적이 없었지만 독일민족이 하나가 되어 프랑스에 저항했습니다. 그러므로 민족성을 표현한다는 것과 민족으로 국가를 구성한다는 것 등 이 두 개념들은 필연적으로 연관되어 있는 것은 아닙니다. 그러나 이제 더 이상 민족성을 국가와 분리시킬 수는 없습니다. 민족과 국가는 거대한 유럽의 협주곡이 되었기 때문입니다.[220]

이와 같이 민족국가가 유럽의 시대적, 현실적, 정치적 흐름으로 보고 랑케는 막시밀리안 왕에게 "사람들은 먼저 세계를 이해하고 그 다음으로 선을 추구해야 한다"고 충언했다. 따라서 랑케의 생각은 자신의 시대를 이해하고 그 시대의 과제를 명확하게 하는 것이었다. 이에 따라 자신이 설정한 과제를 실현하기 위해 시대흐름을 파악하는 것이 군주나 개인에게 모두 마찬가지로 적용되어야 했다.

랑케는 왕에게 독일도 이러한 지배적인 시대적 정신을 외면해서 안 되며 이 흐름에 따라 독일도 민족국가로 나아가야 한다고 조언했다. 특히 랑케는 "군주는 할 수 있는 한, 세습권, 즉 위로부터 통치라는 원리를 유지해야 하지만 시대의 흐름 속에 민족 주권이라는 힘을 수행해야 한다"며 "시대의 이념과 마찬가지로 민족성을 발전시키는 것이 통치자의 과제"라고 강조했다."[221] 랑케는 도덕성(Sittlichkeit)의 진보를 불신한 반면, 인간성(Humanität)의 진보를 신뢰하면서 막시밀리안 왕에게 민족국가나 혹은 국민주권으로 비롯된 혼란과 고통은 인간성의 진보에 의해 안정의 원리로 나아가기 때문에 이로 인한 위험을 우려하지 않아도 된다고 조언을 했다.[222]

---

220 랑케, 『근세사 여러 시기들에 관하여』, 271-272쪽
221 랑케, 『근세사 여러 시기들에 관하여』, 272쪽.
222 랑케는 "이후 뒤따르는 모든 세기에 도덕적으로 더 높은 능력을 갖춘 인간들이 더 많이 있을 것이라고 가정할 수 없다"며 도덕성 혹은 인간의 윤리적 진보를 믿지 않았다. 랑케,

이렇게 랑케는 독일민족 국가와 국민주권 국가를 당시 유럽의 시대적 지배경향으로 인식하고 이러한 흐름을 독일 군주들이 따라 갈 것을 당부했다. 물론 랑케는 국민주권의 국가원리는 군주제에 반하는 것이지만, 마키아벨리처럼 강력한 군주제의 실현을 강조하기보다 이러한 지배적인 시대의 경향에 거슬리지 않도록 '덕의 정치'의 실현을 제시한 것이다.

사실 당시 유럽의 정세로 볼 때 독일이 민족중심의 강력한 국가로 부상하면 이는 곧 유럽의 균형이 깨지는 일이었다. 이리하여 프랑스 등 유럽 강국들은 독일의 통일이 곧 유럽의 위협이 될 수 있다는 위기감을 인식하고 외교와 전쟁 등을 통해 지속적으로 독일의 여러 제후 국가들의 세력균형을 유지시켜서 독일이 통일을 이루지 못하도록 방해했다.[223] 당시 유럽에서 신성로마제국을 지배한 국가가 진정한 강국으로 군림할 수 있었다. 이 때문에 독일민족은 항상 유럽 강국의 침략에 시달린 고난의 역사를 이어오고 있었다. 1765년 신성로마제국의 추밀원 고문인 프리드리히 칼 폰 모저(Freidrich Karl von Moser)는 '독일 민족정신에 대하여 Vom Deutschen Nationalgeist'에서 다음과 같이 독일민족에 대한 불행의 역사를 표현하고 있다.

"우리는 하나의 이름과 언어를 가자고 한 통치자 밑에 있는 한 민족이다. 우리는 내적 힘과 강함에 있어 유럽의 제일가는 제국이고 그 왕관은 독일 군주의 머리 위에서 빛나고 있다. 허지만 지난 수세기 동안 계속 정치체제의 수수께끼이자 우리 이웃국가들의 먹잇감이었으며 조롱의 대상이었다. 또 우리는 분열되어 왔고 우리 이름의 명예에도

---

『근세사 여러 시기들에 관하여』, 273-264.
223 또한 7년 전쟁에서 패배한 후 프랑스의 외교관은 외교 보고서를 통해 오스트리아와 프로이센과 관련하여 "프랑스는 이 중 한나라와 연합하지 말고 이들의 세력균형을 유지시켜서 독일의 통일을 막아야 한다. 독일이 통일 될 경우 유럽의 균형이 깨질 수 있다"고 주장하기도 했다. 브랜든 심스, 윗 책, 202-203쪽.

무감각했다, 이로 인해 허약했으며… 스스로 지킬 힘이 없었다. … 우리는 위대하지만 멸시받는 민족이었으며 행복할 수 있었지만 불행에 허덕이는 민족이었다."[224]

18세기에 유럽 강국들은 유럽의 패권을 차지하기 위해 신성로마제국을 둘러싸고 치열한 투쟁을 벌였다. 이리하여 강국들은 독일을 통제하면서 유럽의 패권을 쟁취하기 위한 국가 간 치열한 경쟁을 벌였다. 프랑스는 신성로마제국에 대한 오스트리아의 영향력을 제거하는 데 초점을 두었다. 이는 신성로마제국 황제가 신성로마제국을 오스트리아 왕실의 공국으로 합병시켜 독일의 전제군주가 되면 유럽의 세력균형이 무너질 것으로 우려했기 때문이다.

프랑스가 강국으로 재등장하자 영국 등 다른 국가들은 이를 견제하기 위한 정책을 추진했다. 오스트리아는 신성로마제국과 이탈리아에서 프랑스 영향력을 약화시키려 했고, 영국은 오스트리아와 적대관계를 포기하고 합스부르크가의 신성로마제국을 프랑스에 대한 견제세력으로 삼았다. 영국의 지원에 받은 신성로마제국 카를 6세는 제국의회에 황제 조칙을 요청하여 이를 1732년 1월 선제후 회의에서 승인받았다. 프랑스는 영국의 간섭에도 불구하고 스페인과 동맹을 맺어 칼 6세가 신성로마제국을 통치하지 못하도록 합스부르크가의 황위 계승권을 저지하는데 총력을 기울였다.

---

[224] 브랜든 심스, 윗 책 185쪽에서 인용. 모저는 이 소책자에서 "독일인에게는 내부 갈등을 억제하고 외세의 침략을 막을 정부가 필요하다"며 "독일인이 단결한다면 누가 감히 독일을 침략할 수 있겠는가"라고 강조했다. 그러나 1768년 모저는 "독일인은 모두 내부 갈등에 빠져 있다"며 "지금과 같은 체제에서 내부 갈등을 없애기 어려울 것"이라고 개탄했다. Helmut Neuhaus, "As Problem der militäischen Exekutive in der Alten Reiches" in Johannes Kunisch ed., *Staatsverfassung und Heeresverfassung in der Europischen Geschichte der Fruhen Neuzeit* (Berlin : Duncker & Humblot, 1986), 297-301쪽.

유럽의 중심에 위치한 합스부르크의 신성로마제국은 황제가 주권자로서 군림하고 있으며 이 제국에 포함된 국가들이 모두 속한 제헌의회가 있음에도 불구하고 독일에서는 힘을 쓰지 못하고 있었다.

1740년 말에 이르러 독일을 통제하기 위한 유럽 강국들의 새로운 패권투쟁이 본격적으로 시작되었다.[225] 이 패권다툼이 바로 독일과 저지대 지역에서 벌어졌는데 이 지역을 지배하는 국가가 유럽과 세계를 지배할 수 있었다. 이러한 유럽의 정국 속에서 프로이센은 독일통합을 저지하려고 애쓰고 있던 유럽의 강국들의 정책에 맞서서 제후국들을 하나로 결합시키기 시작했다. 18세기 말에도 독일은 약 300백여 영주국으로 분리되어 난립하고 있어서 이들 영주의 신분도 불안하고 국가의 힘도 취약했다. 이렇게 난립된 소영주 국가들은 힘도 없고 신분이 불안한 상속 영주국가들만을 계속 양산한 결과를 낳았다.[226] 또한 당시 유럽에서 주로 북서부 지대에 국한하여 경제적 발전이 이뤄지고 있었지만 저개발 지역에서는 여전히 후진성을 면치 못하고 있었는데 독일이 대부분이 여기 속했다.[227]

이 때문에 프리드리히 2세는 독일의 내부가 통합되지 못하고 외세의 침략에 효과적으로 대처할 수 없다 점을 인식하고 있었던 것이다.[228]

---

225 브랜든 심스, 윗 책, 167쪽. 특히 영국은 유럽 대륙에서 전쟁이 치러지도록 할 대책과 프랑스의 침략을 막을 방안을 마련하지 못하면 영국 본토가 전쟁터가 될 것이라는 우려가 제기되었다. Brendan Simms, *Three Victories and a Defeat: The Rise and Fall of the First British Empire* (New York : Basic Books, 2009), 259 쪽.

226 René Girault, *Peuples et nations d'Europe au XIX$^e$ siècle* (Paris : Hachette, 2014), 8쪽.

227 René Girault, 윗 책, 19쪽.

228 프리드리히 2세는 언론의 자유 보장 정책을 펼쳐 이를 통해 프로이센의 영토가 분리되어 있어서 강국으로 발전하지 못하고 외세에 시달려 왔다는 프로이센의 현실을 국민에게 알려 독일 국민의 민족정신을 일깨워 독일민족의 통합을 꾀했다. Johannes Kunisch, *Friedrich der Grosse : Der König und seine Zeit* (Munich : Beck'sche CH Verlagsbuchhandlung Oscar Beck 2012) 159-184 쪽. 프리드리히 2세에 대해서는 Jürgen Luh, *Der Große: Friedrich II. von Preußen* (Müchen : Siedler

그리하여 프로이센 왕 프리드리히 2세는 1740년 12월 16일 오스트리아의 우방인 영국이 식민지 전쟁에 소홀히 하고 있고 황제 계승문제로 혼란에 빠진 러시아 정국의 틈을 이용해 인구가 많은 오스트리아의 슐레지엔을 공격하여 그곳을 순식간에 장악을 했다. 프로이센이 슐레지엔을 정복하자 신성로마제국과 유럽 여러 강국들은 즉각 전쟁에 돌입했다.[229] 7년 동안 지속된 이 전쟁을 통해 독일인들은 제국체제가 힘이 없고 무력하다는 것을 알게 되었다. 독일인들은 비록 수많은 영주국가로 분열되어 있었지만 여전히 신성로마제국이 유럽의 최강국이라고 생각하고 있었다. 그러나 뒤늦게 독일인들은 현실적인 상황을 제대로 깨닫게 되었다. 이러한 독일인들의 심성에 대해 1765년 프리드리히 카를 모제르는 「독일민족의 정신」이란 글에서 "독일인들에게 내부 갈등을 억제하고 외세의 침략을 막을 정부가 필요하다"며 "독일인이 단결하면 누가 감히 독일을 침략 하겠는가"라고 역설했다.[230] 프로이센은 강국에 둘러싸여 이들 국가들로부터 항상 침략의 위협에 놓여 있었다. 이웃 강국의 위협으로부터 국가를 방어하기 위해 강한 군사력의 필요성을 인식한 프리드리히 2세는 강국들을 견제하기 위해 계속

---

Verlag 2012) 볼 것.

229 18세기 말 경 유럽의 평균 인구밀도는 1km2 당 50명 정도였다. 이 가운데 프랑스가 26백 30만명으로 가장 많고 이탈리아는 1천8백만 명이었다. 이와 반면 독일은 작센, 뷔르템베르그(Wurtemberg), 라인강 국가들, 오스트리아를 제외한 신성로마제국 전체 인구는 1천8백만 명이었다. René Girault., 윗책, 20쪽. 따라서 독일 내에서 인구가 가장 많은 슐레지엔의 점령은 프리드리히 2세가 위대한 왕으로 명성을 얻게 된 계기가 됐으며 프로이센이 독일 통일의 기반을 닦아 독일의 강국으로서 도약을 하게 되었다. S. Fischer Fabian, *Preussens Gloria*, 240-244쪽. 결국 프러시아가 슐레지엔을 공격하여 점령한 결과 신성로마제국 제국의회가 1757년 1월 프로이센과 전쟁을 선포하여 7년 전쟁이 발발했다. 7년 전쟁에 대한 최근 연구서는 Daniel A. Baugh, *The Global Seven Years War, 1754-1763 : Britain and France in a Great Power Contest (Modern Wars in the perspective)* (Harlow : Routledge, 2011) 참조하라.

230 Helmut Neuhaus, "as Problem der militärischen Exekutive in der pätphase des Alten Reiches" 301쪽. 브랜든 심스., 윗 책, 205쪽에서 인용.

군사력을 키워 나갔다.[231]

당시 독일에서 여러 영주국들은 이런 저런 이권에 개입하면서 계속 다툼을 벌여 오는 등 이런 내적 상황이 독일을 항상 불안정하고 위험한 상황 속에 빠뜨리곤 했다. 마침내 프리드리히 2세 이후 프로이센 군대는 이러한 독일의 내부갈등을 결정적으로 억제하고 종식시킬 수 있는 힘을 갖추게 되었다. 또한 계몽주의와 자유사상으로부터 많은 영향을 받은 지방 정부의 엘리트들은 민족의 주권주의에 대해 매우 잘 파악하고 있었다.

따라서 이들 엘리트들은 독일의 무력함을 인식하고 유럽이 힘의 균형을 이루고 있을 때 독일은 안전한 보호를 받을 수 있으며 또한 유럽의 보편적 세계주의 이상의 영향을 받아 발전할 수 있다는 사실을 알게 된 것이다.[232] 그러나 레싱(Lessing) 이나 클롭스토크(Klopstock) 그리고 헤르더(Herder) 같은 작가들은 게르만 민족의 역사에서 강하게 표현된 독일문화의 특성에 관한 긍정과 찬양의 글을 쓰지 않았다. 이는 독일에서 강화된 계몽군주제가 엘리트 관료들이 추진한 위로부터 개혁이 독일민족 전체에 미치지 못한 한계를 지니고 있다는 것을 보여주고 있다. 계몽주의 사상에 입각한 근대국가로의 개혁이 추진되는 과정에서 귀족, 성직자, 부르주아, 농민, 노동자 등 여러 계층들의 이해가 얽혀 있기있기 마련이다.

그리하여 18세기 말 독일의 중간계급 집단들 사이에서 계몽군주와 민족국가의 확립을 요구하는 목소리가 나오기 시작했다. 이 과정에서 많은 갈등과 대립이 발생되었음에도 불구하고 독일은 위로부터 근대화를

---

231 프리드리히 2세가 1768년 발표한 정치교서에서 이같이 밝히고 사회 개혁보다 왕권 강화에 더 치중했다. 한편 프로에센의 병력은 1763년 15만 명이 1777년에는 19만명, 1786년에는 20만 명에 달했다. H. M. Scott, *The Emergence of the Great Power, 1756-1775* (Cambridge Studies in Early Modern History), (Cambridge : Cambridge University Press, 2001), 99쪽.

232 René Girault., 윗 책, 9쪽. 이에 대해서는 J. Droz, *Histoire diplomatique de 1648 à 1919* (Paris : Dalloz, 1973) 참조하라.

성공적으로 추진하여 군주의 권력을 강화하기 위한 정책을 수행해 나갔다. 이러한 독일의 개혁은 먼저 외국의 침략으로부터 국가를 방어하기 위한 군사력의 증강과 독일의 통일을 통한 국력을 키우는 것을 궁극적인 목표로 삼았다. 그래서 1760년에서 1780년 독일은 독일의 힘을 하나로 모으기 위해 제후동맹을 추진하며 1787년 독일 통합을 목표로 한 개혁안을 마련하여 제국 의회를 강화시킨 후 강국과 경쟁력을 키우려 했다. 그러나 제후들이 각기 자기의 이익을 양보하지 않고 갈등을 빚자 아무런 성과를 내지 못하고 말았다.[233]

이렇게 혼란한 시기에 18세기 후반 가장 큰 변화를 겪은 나라가 바로 프랑스였다. 1789년 프랑스는 대혁명을 통해 군주정을 종식시키고 공화정을 실시하여 전 유럽의 군주국을 긴장시켰다. 프랑스 대혁명으로부터 큰 충격을 받은 신성로마제국은 공화정이란 혁명의 이념으로부터 군주국을 지키기 위해 프로이센과 오스트리아가 상호 적대관계를 청산하고 우호관계를 맺게 되었다. 이 두 국가가 서로 우호 관계를 맺자 독일의 다른 군소 제후들은 프로이센과 오스트리아의 결탁이 자신들에게 더 큰 위협이 된다고 판단했다. 즉 이들 소 영주들은 이 두 국가가 신성로마제국을 해체하여 서로 영토를 분할하여 가질 것이라는 두려움에 휩싸였다. 특히 프랑스 혁명정부는 루이 16세와 마리 앙투아네트 왕비의 배후세력인 오스트리아를 적대국으로 삼았다는 점이 독일인에게 큰 두려움이 되었다.[234]

결국 프랑스도 신성로마제국을 대혁명에 의해 수립된 새로운 체제,

---

233 Wolfgang Burgdorf, *Reichskonstitution und Nation : Verfassungsprojekte fur das Heilige Romische Reich Deutscher Nation im Politischen Schriftum von 1648 bis 1806* (Mainz : P. von Zabern, 1998), 328-335쪽.

234 Michael Hochedlinger, "A cause de tous les maux de la France. Die Ustrophobie im Revolutionären Frankreich und der Sturz des Königtums, 1789-1792" *Francia* 24 (1997), 73-120쪽.

즉 공화정 체제를 위협하는 국가로 여기고 있는 가운데 1791년 8월 오스트리아와 프로이센은 작센의 필니츠(Pillnitz)에서 협상을 맺었다. 그리고 오스트리아의 수상 카우니츠(Kaunitz)가 1791년 12월 21일 프랑스 혁명의 위협을 막기 위해 유럽 주권국가들이 서로 동맹을 맺자 프랑스는 이를 비난하며 공화국에 대한 선전포고로 받아들였다.[235] 결국 혁명파로부터 프랑스 왕가를 구하기 위해 앙투아네트 왕비와 자신의 친정인 오스트리아와 비밀접촉이 폭로되자 1792년 1월 프랑스는 오스트리아에 선전포고를 했다. 이에 따라 프로이센도 그해 6월 프랑스 알자스에 있는 독일 영토를 되찾겠다는 성명을 발표함으로써 마침내 전쟁에 가담했다.[236] 이러한 프로이센과 오스트리아의 사이의 독일민족 감정으로 한 우애와 결속은 오히려 프랑스 혁명이념과 공화국 수호를 위한 애국적인 감정을

---

235 프랑스는 필니츠 선언에 대해 폭군들의 전쟁선언이라고 비난했다. Patricia Chastain Howe, *Foreign Policy and the French Revolution: Charles-François Dumouriez, Pierre LeBrun, and the Belgian Plan, 1789-1793*, (New York ; Palgrave Macmillan, 2008), 47쪽. 오스트리아와 프로이센이 작센의 필리츠(Pillnitz)에서 맺은 협상은 John Hall Stewart ed., *A Documaentary Survey of the French Revilution* (New York ; Macmillan, 1951), 221-4쪽 볼 것.

236 프로이센은 프랑스가 오스트리아에 타격을 줄 것으로 보고 1789년 8월 군중들에 의해 바스티유가 습격을 당한 후 오스트리아에게 발칸반도에서 군대를 철수하라고 요구한데 이어 리에주를 점령하여 혁명파들을 몰아내는 등 반(反)오스트리아 정책을 펼쳤지만 프랑스 혁명정부가 주교와 영주들의 영토가 엉켜있는 신성로마제국을 혁명을 해치는 나라로 여기고 방어선을 신성로마제국의 국경지대인 라인 강으로 설정하자 이에 대응하여 프로이센과 오스트리아는 협상을 맺고 프랑스 혁명에 대해 경계심을 강화할 수밖에 없었다. Horst Möller, "Rimat der Aussepolitik : Preussen und die Französische Revolution, 1789-1795", Jürgen Voss ed., *Deutshland und Franzosische Revolution* (Munich, Artemis, 1983), 65-81쪽. 혁명정부는 구 귀족들이 독일지역으로 가서 독일 제후들과 제휴할 경우 혁명이 무력화될 것으로 우려했다. Sidney Seymour Bio, *The German Policy of Revolutionary France. A Study in French Diplomacy during the War of the First Coalition, 1792-1797*, 2 vols. (Cambridge, Mass. : Harvard University Press, 1957) ; Eckhard Buddruss, *Die Franzosische Deutschlandpolitik, 1756-1789*, (Mainz ; P. von Zabern, 1995) 등 참조.

고취시켜 주었다. 예를 들어 전쟁의 위험을 간파하고 이를 반대하고자 했던 로베스피에르(Robespierre) 조차 "조국의 사랑, 그것은 우리가 태어난 조국에게 자연스럽게 사랑을 품어야 한다는 것만은 아니다. 위협을 당하여 위험에 처한 조국과 민족을 보호하는 것이다"라며 애국심 을 부추기며 결국 굴복하고 말았다.[237] 프로이센과 오스트리아 연합군이 발미(Valmy) 에서 프랑스군과 접전하는 동안 프랑스의 혁명군은 급속도로 주변 국가를 점령하여 벨기에, 네덜란드, 이탈리아 반도 전역은 물론 스위스에까지 혁명사상을 전파하게 되었다.[238] 프랑스 혁명사상이 유럽의 중심부인 독일에 전파된다면 신성로마제국의 해체는 불가피한 상황이었다.[239]

---

[237] John Hall Stewart, *A Documentary Survey of the French Revolution* (New York : Macmillan; 1951), 221-224, 307 쪽. René Girault., 윗 책, 47-48쪽. 1792년 2월에 프랑스에 대항하기 위해 오스트리아는 봄부터 프로이센과 독일 몇몇 영주국들과 동맹을 맺었고 가을에는 피에몬테 사르데냐를 결속시켰다. 1793년 1월 영국과 홀란드가 프랑스와 갈등에 참여를 했고 1793년 3월 7일에 스페인이, 이어서 여름에 포르투갈이 합류했으며 7월에는 나폴리 그리고 10월에 토스카니가 합류했다.

[238] 1792년 9월 20일 발미(Valmy) 전투와 11월 6일 프랑스와 오스트리아 사이에 있는 벨기에의 제마프스(Jemmapes) 전투는 엄청난 반전을 이룰 때까지 프랑스 영토는 주로 동쪽과 북쪽 국경에서 침략을 당했다. 다음으로 가을에는 프랑스 군대가 남쪽으로 사부아와 니스를 정복했고 그리고 동쪽으로 승리를 거두며 행진을 했다. 특히 북쪽으로는 벨기에 그리고 프랑크푸르트와 마인츠(Mainz)를 점령했다. 1793년과 1794 동안에 프랑스 영토는 계속 북쪽에서 남쪽까지 확장되어 갔으며 1795년과 1796년에는 전투가 프랑스 영토 밖에서 전개되었다. 이탈리아 북쪽은 젊은 장군 보나파르트 나폴레옹이 이끄는 군대와 러시아와 이탈리아 군주들의 동맹군들이 점점 빠져 나가 무력해진 오스트리아 사이 전투가 벌어졌다. 1797년 1월 14일 리볼리(Rivoli)의 승리 이후부터 유럽 대륙의 동맹은 무너지게 되었다. 프랑스는 1795년 4월 6일 프러시아와 제1차 바젤조약을 체결하고 이어서 5월에 북쪽의 독일 영주국가들, 5월 16일 홀랜드 (헤이그 조약), 7월 22일에 스페인과 제2차 바젤조약을 맺었으며 1796년 봄 포르투갈과 이탈리아 영주국가들, 1797년 4월 18과 10월 18일에 각각 오스트리아와 조약을 체결함으로써 유럽의 영토가 바뀌게 된 계기가 되었다. René Girault., 윗 책,49쪽.

[239] 에드먼드 버크는 1790년『프랑스혁명 고찰』에서 프랑스 혁명 정부인 자코뱅파는 무장 정책론을 주장하기 때문에 만일 프랑스 혁명 사상이 독일에까지 전파된다면 신성로마국이 해체될 것으로 우려했다. Edmund Burke, *Reflections on the reRevolution in France* (Oxford : Oxford Univ., Press, 1999), 7-19쪽

한편 독일이 프랑스와 전쟁을 벌이고 있는 동안 러시아 예카테리나는 폴란드의 합병을 위한 외교정책을 추진하고 있었다. 그리하여 러시아는 1793년 프로이센의 프리드리히 빌헬름 2세와 협상을 통해 러시아가 폴란드 서부를 차지하고, 프로이센이 폴란드의 동부를 차지하기로 함에 따라 1795년 폴란드는 프로이센과 오스트리아 그리고 러시아에 분할되고 말았다.[240] 폴란드와 독일의 상황은 서로 비슷한 점이 많았다. 독일은 여러 제후국들로 분할되어 있었을 뿐 아니라 다른 강국에 비해 낙후되어 있었기 때문에 개혁하지 않으면 폴란드처럼 분할될 가능성이 있었다.[241] 독일은 프랑스 혁명정부가 볼 때 지정학적으로 가장 중요한 곳이었다. 독일은 프랑스의 방어의 요충지로써 국경지대의 완충 역할을 하고 있었다. 이에 따라 프랑스 혁명정부는 신성로마제국을 재편하여 왕정을 폐지하고 제국을 여러 제후국들을 병합해 하나의 연합체로 만들어서 서부 국경지대의 방어막을 형성하려 했다. 그리하여 과거 프랑스 구체제는 신성로마제국을 유지하게 해주었지만 1798년 프랑스 혁명정부는 이를 해체할 것을 주장했다.[242]

---

240 이에 대해 Jerzy Lukowski, *Liberty's Folly : The Polish-lithuanian Commonwealth in the Eighteenth Century 1697-1795* (New York : Routledge, 2005) ; *The Partitions of Poland 1772, 1793, 1795* (New York : Routledge, 2014) ; *Disorderly Liberty: The Political Culture of the Polish-Lithuanian Commonwealth in the Eighteenth Century* , (London : Bloomsbury Academic, 2012). 그리고 Jerzy Lukowski and Hubert Zawadzki, *A Concise History of Poland* (Cambridge : Cambridge Univ., Press, 2010)을 보라.

241 David Pickus, *Dying with an Enlightening Fall : Poland in the Eyes of German Intellectuals, 1764-1800* (New York : Lexington Books 2001) 36쪽. 독일 개혁가 요한 야콥 모제르는 폴란드 다음으로 독일이 분할될 것이라고 우려를 표명하기도 했다. Wolfgang Burgdorf, *Reichskonstitution und Nation : Verfassungsprojekte fur das Heilige Romische Reich Deutscher Nation im Politischen Schriftum von 1648 bis 1806* (Mainz : P. von Zabern, 1998), 343쪽.

242 Jörg Ulert, "Rance and German Dualism 1756-1871" in Carine Germond and Hennig Türk eds., *A History of Franco-German Relations in Europe : From Hereditary Enemies to Partners* (Basingstoke : Palgrave Macmillan, 2008), 41-42

말하자면 프랑스는 독일이 하나로 통합되는 것이 자국의 이익에 부합하지 않다는 것을 알고 독일의 통합을 반대했던 것이다.243 마침내 프랑스는 라인강 좌측을 합병하여 마인츠 공화국을 설립했다. 그리고 프랑스는 이를 발판으로 삼아 독일 내에 여러 혁명공화국을 수립하려고 했으나 독일 지식인들의 저항으로 성공하지 못했다. 봉건제에서 벗어나 근대국가 수립의 시급성을 인식한 독일 지식인들은 처음엔 프랑스가 독일의 제후국을 해체하려는 것이 옳다고 생각했으나 이것이 곧 미래 독일인들에게 큰 위험이 될 것이라고 판단했다. 결국 독일의 제후들은 오스트리아와 프로이센의 분할과 프랑스의 제후국병합으로 인하여 큰 위기감을 느끼기 시작했다. 신성로마제국의 운명은 이제 프랑스와 러시아, 영국 등 강국의 손에 달려 있었다.244 이러한 위기의식을 알게 된 독일 군주들은 신성로마제국의 개혁이 절실하다는 것을 인식하고 본격적으로 이를 논의하게 되었다. 독일의 모든 제후국들이 힘을 합치면 독일도 강국이 될 수 있으며 어느 이웃나라도 쉽게 독일을 침범하지 못할 것이라고 판단한 것이다.245 그러나 현실은 이와 달랐다. 오스트리아는 이들 군소 제후국들의 결속이 오히려 합스부르크가의 권력을 무력화 시킬 것으로 우려했다.

말하자면 각 군소 제후국들은 공동 방어책을 세워 오스트리아의 지배력을 약화시키고 프로이센의 힘을 더욱 강화시켜 줄 것으로 판단하고 이를 방해하고 나섰다. 결국 오스트리아의 방해공작으로 인해 독일의 군소 영주들은 어쩔 수 없이 프랑스에 협력하게 되었고 이에 따라 신성로마제국도

---

쪽. 프랑스는 독일이 단일 군력아래 통합될까 두려워했다.
243 Sidney Seymour Bio, 윗 책, 624쪽.
244 Brendan Simms, *The Struggle For Mastery in Germany, 1779-1850* (New York : Palgrave Macmillan, 1998), 60-61쪽.
245 Wolfgang Burgdorf, 윗 책, 411쪽.

프랑스 편이 되고 말았다. 이런 상황 속에서 프로이센은 프랑스와 협약을 맺어 프랑스가 라인강 서부지역을 지배하는 것에 승인하게 된 것이다. 이렇게 오스트리아와 군소 제후들 그리고 프로이센은 각기 자신들의 이익을 추구하다보니 독일 하나로 통합하지 못하고 있었다.

이런 독일의 내적 갈등을 이용해 프랑스 나폴레옹은 유럽을 거의 정복해 나갔다. 이어서 나폴레옹은 러시아를 저지하기 위해 폴란드 왕국을 재건하고 오스트리아의 분할과 프로이센의 해체를 추진해 나가기로 했다.[246] 이제 신성로마제국의 해체가 현실로 다가 온 것이다. 나폴레옹은 본격적으로 신성로마제국의 전체를 재편하려고 1797년 11월 라슈타트에서 독일 제후들을 소집하여 회의를 개최했다. 즉 나폴레옹의 전략은 전통적으로 프랑스가 추진해온 정책방향에 따라 독일의 군소 영주국을 통합하여 보다 넓은 영토의 연방국가로 재편하려 했던 것이다.[247]

이러한 나폴레옹의 정책에 맞서 신성로마제국은 내부의 통합은 물론 다른 국가와 협력관계조차 이루지 못하고 있었다. 이러한 상황 속에서 분열된 독일민족 국가를 하나로 통합된 국가를 건설함으로써 외세의 침략을 막아내자는 여론이 높아가기 시작했다. 이러한 요구를 실현시키기 위해 독일인들은 강력한 제후국이 나서줄 것을 기대하고 있는 가운데 프로이센의 입장과 역할이 더욱 커져만 갔다.[248] 그러나 프로이센이 이보다 더 중요하게

---

246 Gunther E. Rothenberg, "He Origins, Causes and Extension of the French Revolution and Napoleon" *Journal of Interdisciplinary History*, 18, (!988), 789쪽.

247 Daniela Neri, "Rankreichs Reichspolitik auf dem Rastatter Kongress (!797-1799)", *Francia* 24 (1997), 137-157쪽.

248 요한 고트프리드 폰 헤르데(Johann Gottfried von Herder) 는 1802년에 소책자를 펴내 독일인들은 프로이센이 독일을 통합하길 주장했다. 이에 대해서는 Friedrich Wilhelm Kantzenbach, *Politischer Protestantismus : Von den Freiheitskriegen bis zur Ara Adenauer (Schriften zur internationalen Kultur- und Geisteswelt)* (Saarbrücken : Dadder; 2., durchgesehene und erw. Aufl edition, 1993), 310쪽를 참조할 것.

추진하고 있었던 정책은 독일 전체인구의 2/3가 집중되어 있는 북부와 동부지역을 차지하는 것이었다. 나폴레옹이 유럽의 거의 모든 지역을 정복하고 있는 가운데 신성로마제국이 있는 독일에서는 상황이 달랐다. 독일의 영소 군주국들은 여전히 존속하고 있었고 오스트리아와 프로이센도 건재했다.

그래서 독일이 나폴레옹에게 정복당하면 유럽 전체가 그의 지배하에 놓이게 될 것이라는 두려움이 확산되어 갔다.[249] 이러한 위기의식을 타개하기 위해 신성로마제국은 1803년 2월 제국 대표회의를 열어 독일의 영토 재편성을 논의했다. 이 영토 재편성안(Imperial Recess)에 따라 많은 자유시와 주교령이 프로이센과 바이에른 등에 통합되어 3월 제국의회 인준을 걸쳐 확정되었다.

그러나 이 영토 재편성안은 오히려 역효과를 초래했다. 먼저 재편성으로 인하여 큰 제후국들만 이득을 보았다. 그러자 이들 제후국들은 신성로마제국보다 나폴레옹에게 더 충성을 바쳤다. 오히려 독일통일이 이들 제후국들에 의해 방해를 받아 독일의 정치적 통합이 저지된 셈이다. 1805년 12월 오스트리아와 러시아 연합군이 아우스텔리츠에서 프랑스 군대에 대패하자 프로이센은 프랑스 편으로 돌아서고 말았다. 그러나 뒤늦게 프로이센은 나폴레옹의 위험을 알고 프랑스에 저항을 했지만 예나(Jena)-아우어슈테트(Auerstädt) 전투에서 패하고 말았다.

러시아의 도움으로 간신히 살아남은 프로이센은 이 전투의 패배로 독일의 북부지역 영토뿐 아니라 지배하고 있던 폴란드까지 뺏겼다. 나폴레옹은 독일을 점령한 후 폴란드를 바르샤바 대공국으로 부활시키고 독일 서부와

---

249 Alexander von Hase, "As Conservative Europa in Bedrängis : zur Krise des Gleichgewichts Publizisten Freidrich von Gentz (1805-1809)", *Saeculum*, 29 (1978), 393쪽.

북부에는 베르크와 베스트팔렌이라는 위성국가를 세워 러시아의 세력을 막으려 했다. 이에 따라 나폴레옹은 뷔르템베르크와 바이에른, 작센 지역을 직접 통치하며 라인 동맹을 결성하여 여기에 오스트리아와 프로이센을 뺀 나머지 독일 모든 영주국가들을 가입시켰다.

마침내 1806년 8월 나폴레옹은 800년 가까이 이어 온 독일 연방국가인 신성로마제국을 해체시킴으로써 독일영토의 통합이 시작되었다.[250] 비로소 나폴레옹은 라인동맹을 통해 오스트리아와 프로이센을 통제하게 되었고 바이에른과 뷔르템베르크 등 여러 독일지역에서 많은 병사들을 징집하여 원정에 동원시켰다. 이같이 나폴레옹의 지배와 독일의 해체는 독일인에게 민족의식을 고취시켜주었을 뿐 아니라 독일의 독립의식을 자극했다.[251]

예나-아우어슈테트(Jena-Auerstädt) 전투에서 패배한 프로이센은 이후 전면적인 개혁을 단행했다. 하르덴베르크가 1807년 9월에 발표한 「리가 각서 Riga Memorandum」에서 프로이센은 지정학적 위치 때문에 독일 내부의 체계적인 통합이 이뤄지지 않으며 외세에 지배를 당할 것이라는 점을 지적했다. 이에 따라 프로이센은 1807년부터 1813년까지 개혁을 단행하여 전반적인 체제를 혁신시켜 나갔다. 우선 실력위주의 장교를 선발하기 위해 프로이센 정부는 부르주아에게도 장교계급을 부여했으며 경제 활성화를 위해 길드제도를 폐지하고 토지개간을 학대시키기 위해 농노해방을 단행했다. 이어서 프로이센 정부는 징병제도를 시행하여 특권 귀족계급과 부르주아 및 농민 등 모든 계급들의 통합정책을 추진해 나감으로써 강력한

---

250 Tim Blanning, "Napoleon and German Identity" *History Today* 48 (1998), 37-43쪽.

251 예컨대 1806년 뉘른베르크 팔름(Palm) 출판사가 『굴욕을 느끼는 독일인들』이라는 책자를 출간하여 독일인들의 굴욕감을 고취시키는 등 당시 독일인에 대한 굴욕적인 여러 모습에 통탄하는 글이 나돌았다. Brendan Simms, *The Struggle For Mastery in Germany*, 92쪽.

군국주의 국가를 확립했다.[252] 이와 더불어 정부는 개혁에 국민들의 지지와 동참을 호소하며 나폴레옹의 침략에 대항하도록 독일인들의 저항운동을 고취시켰다.

1808년 7월 19일 바이렌(Baylen)에 속한 안다루시아 지방에서 프랑스군의 패배는 모든 유럽국가에게 나폴레옹 군대가 더 이상 무적이 아니라는 것을 알게 해주었다. 이 전투에서 승리를 이끈 주역들은 정규군대가 아니라 애국운동에 참여한 민중들이었다. 말하자면 일반 시민들이 정규군대를 물리친 것이다. 여기에 그럴만한 원인이 있다. 프랑스 군대는 징집된 자국 국민만으로 징집되어 구성된 것이 아니라 유럽 여기저기서 모집한 여 국적의 젊은이들로 이뤄졌다. 여러 민족들로 구성된 프랑스 군대의 전투력은 애국심에서 나온 것이 아니었기 때문에 위기 상황을 극복할 능력이 현저히 떨어졌다. 프로이센과 오스트리아 등 독일어 사용 국가들은 이러한 프랑스 군대의 약점을 잘 이용했다.

1807년 나폴레옹은 예나-아우어슈테트에서 프로이센과 전투에서 승리한 한 다음 틸시트(Tilsit)에서 조약을 체결했다. 이후 프로이센는 배상금이 지불될 때까지 여러 지역이 프랑스 군대에 의해 점령당했으며 이어 영국을 고립시키기 위한 프랑스 봉쇄정책에 따라 교역을 금지 당하는 등 프랑스로부터 많은 제약을 강요를 받았다. 이러한 불리한 여건에도 불구하고 프로이센의 호헨쫄레른의 군주는 지방 귀족들의 절대적인 지지를 기대하며

---

252 프리드리히 대왕부터 시행되어 온 군농 복합체제에 대해 불신이 커져 군 체계에 대한 대대적인 개혁이 단행된 것이다. Brendan Simms, "Reform in Britain and Prussia, 1797-1815 : Confessional Fiscal- Military State and Military- Agrarian Complex" *Proceedings of the British Academy*, 100 (1999), 82-83쪽. 이러한 프로이센의 개혁에 대해서는 Ute Frevert, "As Jakobinische Modell : Allgemeine Wehrpflicht und Nationsbildung in Preussen-Deutschland", Ute Frevert ed., *Militar und Gesellschaft im 19. und 20. Jahrhundert* (Stuttgart :Klett-Cotta, 1997), 17-47쪽을 보라.

근대화의 작업을 중단하지 않았다. 그러나 이 짧은 시기에 점령당하고 패배한 프로이센은 사실상 독일민족 감정 외에 다른 위기극복의 대안을 찾지 못하고 있었다.

나폴레옹의 보호 아래 이뤄진 모든 사회경제적 변화와 통합은 독일민족의 의식 속에 프랑스에 대한 좋지 않은 기억을 남겼다. 이제 독일은 신성로마제국과 바쟁(Basin)의 디에트(Diete)의 분할 이후 더 이상 미래를 기약할 수 없었다. 그러나 지식인들은 나폴레옹 군대가 비엔나와 베를린, 드레스텐 등에서 주둔하고 있을 때나 또 중앙과 동부지역 독일이 전투장이 되었을 때에도 독일 민족정신에 호소하며 장래의 민족국가 수립을 위한 희망을 버리지 않았다.

민족정신은 공허한 이론이 아니라 독일인의 현실적인 당면 과제였다. 민족주의 문제의 해결점은 프랑스와 다른 과거 독일민족의 영광, 프로테스탄트의 종교적인 전통, 공통된 독일언어와 문화를 지닌 독일국가들 안에 있었다.[253] 다른 한편 민족정신의 상징이었던 중세유물과 독일민속, 그리고 독일제국의 역사는 바로 독일민족의 특수성을 증거해 주는 것들이었다. 예컨대 독일에서는 나폴레옹과 전쟁에서 패배한 이후 소위 독일민족의 해방이라는 감정이 고조되고 있었다. 이 고취된 독일민족의 감정은 고대부터 당대에까지 독일민족의 역사를 미화하려는 경향까지 나타났다.[254] 독일 문학가들도 예외는 아니었다. 쉴러(Schiller)나 클라이스트

---

[253] 이런 흐름은 18세기 말에 시작된 낭만주의 물결의 영향으로 설명될 수 있다. René Girault., 윗 책, 68쪽. 특히 독일민족 감정은 19세기 초부터 그 기원을 찾을 수 있다. 예컨대 '민족 통일'(Nationaleinheit), '민족교회'(Nationalkirche),'민족감각'(Nationalsinn), '민족감정'(Nationalgefühl), '민족극장'(National Theater), '민족사랑'(Nationalliebe), 민족혐오'Nationalhaß) 같은 표현들이 광범위 하게 사용되었다. 최호근, "역사적 신념공동체 창출?-독일제국기의 국가권력과 역사정치-"『서양사론』,제124호 (서양사학회, 2015년 3월호), 41쪽.

[254] 이러한 경향은 독일 민족 기념물 건설물을 통해 표현되었다. 1871년 보불전쟁에서

(Kleist)의 희곡과 소설, 아르님(Arnim), 브렌타노(Brentano), 아른드트 (Arndt), 노발리스트(Novalist), 슐레겔(Schlegel) 등의 시에서 독일민족의 감정이 표출되었다. 애국심, 주권국가의 염원, 민족문학의 찬양 등은 바로 프랑스에 저항한 독일민족의 애국적인 감정이었다. 피히테(Fichte)는 『독일민족의 고함』에서 순수한 독일민족의 카테고리에 포함된 그리고 외래어가 전혀 섞이지 않고 원초적인 본래(Urvolk)의 독일어의 특성을 강조했다. 에른스트 모리츠 아른드트는 다음과 같은 「독일병사를 위한 5개 노래」을 지어 독일민족 정신을 고취시켰다.

"독일인의 조국이란 무엇인가?/ 프로이센인가? 슈바벤(Schwaben)인가?/ 포도나무나무 가지가 우거진 라인 강 기슭인가? /갈매기가 날아가는 발트 해안가 인가?/ 아니다, 아니다, 백번 아니다./ 그보다 훨씬 더 큰 국가이다.

독일인의 조국이란 무엇인가?/바이에른인가? 슈타이어마르크인가?/ 살찐 가축 떼들의 울타리? 기운찬 대장장이의 행진?/ 아니다, 백번 아니다./

그보다 훨씬 큰 국가이다.

독일인의 조국이란 무엇인가?/ 포메라니아인가? 베스트팔렌인가?/ 언덕의 모래바람에 휩쓸려 진 나라인가?/다뉴브 강 물결이 소리 지르는 계곡인가? 아니다, 백번 아니다./ 그보다 훨씬 큰 국가이다.

독일인의 조국이란 무엇인가?/ 어느 것이 이 위대한 나라인지 나에게

---

승리한 독일이 1월 18일 프랑스 베르사이유 궁전에서 독일제국의 탄생을 선포 한 후 1875년에 완공된 헤르만 기념물(Hermannsdekmal)을 기점으로 독일 전역에 걸쳐 전개되었다. 이 기념물은 9세게 게르만족인 케루스크 족장(Cheruskerfürst) 헤르만 바루스(Hermann Varus) 장군이 토이토부르크(Teutoburg) 숲에서 로마군을 전멸시킨 기념으로 그곳에 기념물을 종교적인 형식으로 세워 역사적 인물을 신성화함으로써 근대 독일민족의 신화를 만들었다. 최호근, 윗 글, 38쪽.

말해다오./스위스인가? 아직도 티롤인가?/ 그 속에서 나는 영토와 백성을 사랑하는가?/ 아니다, 아니다, 백번 아니다./그보다 훨씬 큰 국가이다.

독일인의 조국이란 무엇인가?/ 어느 것이 이 위대한 국가인지 나에게 말해다오?/

오스트리아는 절대 아니지, 영예와 승리의 위대한 강대국?/ 아니다. 백번 아니다./그보다 훨씬 큰 국가이다.

독일인의 조국이란 무엇인가?/ 어느 것이 이 위대한 나라인지 나에게 말해다오/군주들에 배신으로 찢겨진 나라인가?/황제와 제국의 희생물이 될 나라인가? /아니다, 백번 아니다,/ 그보다 훨씬 큰 국가이다.

독일인의 조국이란 무엇인가?/ 어느 것이 이 위대한 나라인지 나에게 말해다오./ 멀리 독일어가 메아리치고 천국에서 하나님의 영광을 노래하는 / 그곳이 당신들의 국가이다./그 곳이 용맹스런 독일이고, 당신의 조국이다./

독일인의 조국, 그곳은 악수가 맹세의 증거이며 / 충성심이 앞을 바라보는 시선에 빛을 비쳐 주고 / 심장이 사랑을 불태우는 나라이다./ 거기가 바로 조국이다./거기가 독일인의 증거이며 당신의 조국이다.

독일인의 조국은, 프랑스인의 경박함을 전멸시켜 버릴 분노할 줄 알고/ 모든 프랑스인들이 적이며/ 모든 독일인이 친구인 나라이다./ 그곳에 당신의 조국이 있다./ 그곳이 전적으로 완전한 독일이다./전적으로 완전한 독일이 당신의 조국이다./오 하늘의 신이여 당신의 눈길을 이 나라 위에 돌리소서./그리고 우리에게 독일인의 진실한 용기를 주소서./친절하고 성실하게 조국을 사랑하도록 우리를 도와주소서./거기에 당신의 조국이 있다./전적으로 완전한 독일이 당신의 조국이다." [255]

---

[255] Ernst Moritz Arndt, *Cinq chants pour les soldats allemands*, Königsberg, mar 1813, trad. de Maurice Girault.

1807년과 1808년 동안 프로이센이 패배한 이후 오스트리아의 많은 고위 관리들과 비엔나의 궁정관리들은 독일인들에게 이러한 민족감정을 부추기며 애국심을 호소하면서 독일 전체의 국가 이름으로 나폴레옹에 대항할 정당성을 국민들에게 부여했다. 비엔나의 살롱이 독일민족을 찬양하는 장소가 되었다. 이러한 애국심이 독일 전체에 퍼져나가고 있을 때에 오스트리아는 1809년 나폴레옹과 전쟁을 벌이게 된 것이었다.

나폴레옹의 목적은 독일을 통제하고 지배하는 것이었기 때문에 독일로 진출하려는 러시아와 대립하게 되었다. 프랑스는 모든 전략을 동원하여 러시아 세력이 독일에까지 확대되지 않도록 애를 썼다. 이 틈새에서 프로이센과 오스트리아는 나폴레옹과 러시아 둘 중 한쪽을 선택해야 했다.[256] 마침내 프로이센 프리드리히 빌헬름 3세는 나폴레옹에 대항하기로 최종 결정하고 1813년 1월 러시아와 칼리슈 조약을 맺어 러시아로부터 독일통일의 지지를 받아냈다.[257] 이어 프리드리히 빌헬름 3세는 「나의 백성들에게」란 호소문을 발표하고 독일인들에게 무기를 들어 프랑스를 몰아내자고 다음과 같이 호소했다.

"나의 충실한 국민들은 다른 독일인보다 곧 시작될 전쟁의 원인에 대해

---

[256] 괴테와 메테르니히 등은 독일의 멸망이 걸린 만큼 신중히 선택해야 할 것이라고 조언한 바와 같이 당시 프로이센과 오스트리아의 대외 정책에 대해 아주 어려운 선택에 놓여있었다는 것을 알 수 있다. Brendan Simms, *The Struggle For Mastery in Germany*, 99쪽. Peter Krüger and Paul W. Schroeder eds., *The Transformation of European Politics, 1763-1848: Episode or Model in Modern History?*, (London : LIT Verlag, 2002), 460쪽. 이어서 다음을 참조할 것. Paul W. Schroeder, *The Transformation of European Politics 1763-1848* (Oxford :, Oxford University Press , 1996).

[257] 러시아는 이 조약을 통해 프로이센에게 1806년 국경지역을 되찾아 주겠다고 약속한 것이지만 사실상 러시아의 목적은 프로이센을 나폴레옹의 침략으로부터 방어하기 위한 완충지대를 만들기 위해서였다. John P. LeDonne, *The Grand Strategy of the Russian Empire, 1650-1831* (Oxfor : Oxford University Press ; 2003), 206쪽.

더 많은 설명을 들을 필요성이 없을 것이다. 전쟁의 주장은 유럽에서 식견을 가진 모든 자들에게 명백히 받아들여지고 있다. 우리는 프랑스의 우월함에 압도되고 있다. 나에게 백성 절반을 앗아 가버린 평화는 우리에게 아무런 혜택을 주지 않았다. 왜냐하면 그 평화는 또 다시 우리에게 전쟁보다 훨씬 커다란 고통을 안겨주기 때문이다. 국가는 하얗게 되도록 피를 빨렸다. 주요한 성채들이 적들에게 점령당했다. 도시에서 정상적으로 매우 순조로웠던 산업과 마찬가지로 농사도 짓지 못하고 있다. 상업의 자유는 방해를 받아 결과적으로 생계수단의 원천과 여유로움이 고갈되었다. 빈곤의 희생물이 되었다. 내가 한 약속을 엄격하게 지키면서 나의 백성의 운명을 구해주어 궁극적으로 프로이센의 독립을 있는 그대로 두도록 하는 것이 프랑스 국가의 이익이라는 것을 프랑스 황제에게 설득을 시키려 했다. 그럼에도 불구하고 아주 순수한 나의 의도는 오만함과 배신으로 인해 실패하게 되었고 프랑스 황제와의 체결한 조약은 전쟁이 만들어 낸 것보다 더욱 더 우리를 조금씩 파멸로 이끌고 가고 있다는 것을 우리는 명백하게 인정해야 한다. 우리의 상황에 대해 모두에게 잘못 생각하도록 허용되어서는 안 된다는 순간이 가까이 와있다. 브란덴부르크 부르주아, 프로이센 국민들, 실레지아, 포메라니안, 리투아니아 국민들이여! 거의 7년 동안 당신들이 겪어온 것을 알고 있을 것이다. 우리가 영광의 시대를 향하여 시작된 전투를 이끌고 가지 않으면 비참한 운명이 당신들을 기다리고 있다는 것을 알 것이다. 위대한 국민과 위대한 대왕 프레데릭의 과거를 기억하라. 나의 조상의 피로 물든 전투의 덕택으로 당신들이 얻은 신앙의 자유, 명예, 독립, 상업, 산업과 과학 등 은혜를 잊지 말라. 우리의 동맹국 러시아와 에스파냐, 포르투갈의 훌륭한 사례를 생각하라. 하층민들도 마찬가지로 이러한 은혜를 보존하고 승리를 쟁취하기 위해 강한 적들과 싸움에 참여했다. 영웅적인 스위스와 네덜란드를 상기하라. 많은 희생적 행동들이 사방팔방에서 나오고 있다. 왜냐하면 우리 적들의 힘은 강하고 많은 반면 우리 계획은 크기 때문이다. 각기 많은 외국 주인보다 자기 조국, 최초로 합법적인 너희들의 왕을 더욱 잘 지지하는 것이 낳을 것이다. 너희들이 외국 주인들로부터 얻은 많은 경험들은 그들이 너희들과 관계가 없는 목적을 위해 너희 자식들과 너희들의 극도의 힘을 희생시켰다는 교훈을 주고 있다. 신을 믿어라. 그리고 우리 동맹국들의 강력한 지지와 용기로 저항하라. 결국 승리는 곧 우리의 희생에 상을 베풀 것이다."[258]

프로이센은 이처럼 독일국민들에게 애국심과 민족정신을 호소함으로써 독일민족의 결속을 다져 나갔다. 또한 오스트리아 메테르니히가 제3 독일연방을 구성하자는 제안에 따라 마침내 바이에른, 바덴, 뷔르템베르크 등이 나폴레옹에게 반기를 들었다. 이렇게 해서 오스트리아와 프로이센 중심으로 나폴레옹에게 저항하기 위해 전 독일민족이 하나로 뭉치게 되었다.[259] 여기에 독일 민족주의자들로 구성된 많은 의용군들도 가담하여 마침내 1813년 10월 라이프치히에서 3일 동안 치열한 전투 끝에 나폴레옹이 패배하고 말았다. 이 전투로 인해 새롭게 유럽 질서가 재편성되기 시작했다. 나폴레옹이 신성로마제국을 해체시킨 다음 독일 제후국들은 프랑스에 합병되거나 이편저편으로 분열된 결과 독일의 지형이 크게 바뀌었다. 신성로마제국이 해체되고 나폴레옹이 몰락한 이후 진행된 유럽영토의 재편성 과정에서 바로 독일 군소 영방국가, 즉 영주국가들이 큰 희생양이

---

258 *Journal de silésie, avec privilège*, n° 34, samedi 20 mars 1813.
259 독일연방 국가 중 유일하게 나폴레옹 진영에 가담한 국가는 프로이센에 병합될 것을 유려한 작센뿐이었다. 반나폴레옹 전선에 가담한 독일 연방국가 중 가장 인구가 많고 전 인구의 10%를 차지한 프로이센이 병력을 가장 많이 동원했다. Ulrike Eich, *Russland und Europa: Studien zur russischen Deutschlandpolitik in der Zeit des Wiener Kongresses* (Berlin : Bohlau, 1986), 150쪽.

되었다. 1790년 이전에 존속했던 독일의 수많은 군소 제후국들은 나폴레옹이 몰락한 이후 바이에른과 뷔르템베르크, 바덴 하노버 등을 빼놓고 모두 소멸되고 말았으며 강대한 프로이센과 오스트리아도 국가의 기틀이 흔들리기 시작했다.

그러다가 라이프치히 전투에서 패배한 나폴레옹이 급격하게 무너지자 독일에서 프랑스와 같은 민족국가를 수립하자는 목소리가 높아가고 있었다. 따라서 나폴레옹과의 전쟁 이후 생겨난 독일 민족주의는 이후 독일 제국의 비스마르크 정권을 유지시켜 주는데 결정적인 힘이 되었다.[260] 이렇듯 독일민족의 해방전쟁으로 불리는 1813년 라이프치히 전투에서 독일이 거둔 승리는 곧 나폴레옹의 몰락과 이에 따른 독일 자유화의 쟁취로 귀결되었다. 그러므로 독일의 자유와 민족주의는 독일국가의 재건을 선언한 것과 같았다. 1813년 랑케는 라이프치히에서 겪었던 일을 다음과 같이 회상하고 있다.

"우리가 고대 세계에 관해 공부하면서 살아가고 있던 사이, 그 당시 현실은 이전에 일어났던 거대한 투쟁 속에 움직이고 있었다. 이 투쟁들은 세계를 뒤흔들면서 다시 일어났다. 우리는 러시아를 향해 진격하던 연대들이 학교의 담과 접해 있는 큰 국도를 따라 행군하는 것을 보았다. 1813년 봄 연합군의 첫 번째 진출에서 작은 깃발에 매여 있던 창을 거머쥔 카자크 기병들이 우리의 눈앞에 나타났다. 그리고 쾬젠 옆에 가까운 언덕들은 다른 쪽에서 다가오고 있던 프랑스 연대들로 뒤덮였다. 그 광경을 노년의 수학교사는 만원경으로 창문을 통해 만족스럽게 바라보았다. 곧이어 젊은이들이 눈에 띄는 보병 대대들이 우리 학교 교정을 가득 메웠다. 이어 곧바로 멀지 않은 뤼첸에서 전투가 일어났다. 우리는 이전에 프랑스 장군들의 이름을 사용하여 볼링 놀이를 했다. 그러다가 점차 이런

---

260 René Girault,.,윗 책, 69쪽.

놀이가 흥미를 잃어갔고 사람들은 연합국의 선언문을 읽으면서 이를 환영했다. 나는 당시 타키투스의 『연대기』와 특히 『아그리콜라 Agricola』 읽고 있었다. 브리타니아인들과 로마인들 사이의 대립이 나에게 너무도 새롭게 보였다. 비크(Wiek)는 나에게 이러한 동일성을 관심을 가져야 한다고 강조했다. 즉, 우리가 직접 그 시대에 직접 살지는 않았지만 그 당시의 사람들에 대해 알 수 있다고 말해 주었다. 드디어 라이프치히에서 전투가 벌어졌다."[261]

이와 같이 당시 랑케가 태어나고 자랐던 19세기 독일은 나폴레옹과 러시아 등 강국에 의한 잦은 침략과 전쟁을 겪으면서 많은 독일 민족들이 처참한 고통을 겪으며 살아가고 있었던 시기였다. 항상 독일은 강국의 침략과 약탈을 방어할 능력이 부족하여 그때마다 절박한 순간을 맞이하곤 했다. 이웃 강국들의 침략에 저항할 힘을 갖춘 강력한 영주국가도 없었고 그렇다고 뛰어난 지도자가 있는 것도 아니었다. 더구나 확고한 민족정신도 약했으며 문학, 예술 등 문화면에서도 주변 강국에 비해 그 수준이 떨어졌다. 바로 이 순간에 프리드리히 2세가 등장한 것이다. 나폴레옹 전쟁 이후 강국에 대한 열망이 높아가고 있을 때 민족주의와 애국주의로 고취된 독일인들은 독일민족이 하나로 뭉쳐야 한다고 목소리를 높이고 있었다.

피히테(Johann Gottlieb Fichte)는 『독일국민에 고함』에서 독일 민족

---

[261] 랑케, 「자서전」, 『강대세력들, 정치대담, 자서전』, 204-205쪽. 나폴레옹이 1812년 말 러시아 원정으로부터 퇴각하자 1813년 2월에 프로이센은 러시아와 동맹을 맺고 프랑스에 선전포고를 했다. 이로서 소위 '해방전쟁'이 시작된 것이다. 프로이센은 러시아, 오스트리아와 연합하여 이해 10월 16일부터 18일까지 라이프치히에서 나폴레옹을 포위하여 프랑스군을 격퇴했다. 랑케는 이 전투를 회고하면서 흥미롭게 읽은 『아그리콜라』는 타키투스가 갈리아 지방과 브리타니아 총독이었던 장인 율리우스 아기리콜라의 죽음을 애도하며 그의 생애를 서술한 것이다. 이 책은 역사서는 아니지만 저항하는 로마 속주들의 봉기를 로마군이 진압했던 역사적 내용을 담고 있다.

정신을 고취시키는 원동력을 독일민족의 역사에서 찾았다. 그는 민족정신을 고취시킬 수 있는 가장 유용한 수단이 민족의 역사를 서술하는 것이라며 다음과 같이 강조했다.

"독일민족의 역사책은 우리를 감동시키고 장차 우리가 한층 더 커다란 업적을 이룰 때까지 성서나 찬송가처럼 국민의 필독서가 될 것이다. 그러나 이러한 독일민족의 역사는 업적이나 사건을 연대적으로만 서술해서는 안 된다. 이 역사책은 신령하고 기묘한 힘으로 우리를 감동시키고 우리로 하여금 인위적인 조작이 없이 시대의 한 가운데에 서게 하여, 우리가 직접 그 시대 사람과 같이 나아가고 함께 결정하고 행동하게 한다. 더욱 독일민족의 역사 서술은 많은 역사 소설처럼 어린애 장난 같은 날조가 아니라 진실에 바탕을 두어야 한다. 그리하여 시대의 생명 안에서 업적이나 사건을 생명의 실증적인 재료로서 나타내야 한다. 이러한 역사책을 서술한다는 것은 넓은 지식, 아직 시도된 일이 없는 깊은 연구를 한 결과 가능한 일이다."[262]

피히테가 말한 바와 같이 민족의 역사는 날조되고 인위적인 서술이 아니라 진실에 바탕을 두어야 한다. 또한 역사의 내용은 실증적인 사료에 바탕을 두어야 한다. 랑케의 실증주의 사학이 나오기 전에 이미 피히테는 역시 민족의 역사를 실증을 바탕으로 서술되어야 한다는 역사서술의 방법론을 제시한 바 있다. 이처럼 "민족의 역사가 실증에서 시작된다"는 역사관이 랑케에게서 실현되기 이전에 이에 대한 담론이 지속적으로 제기되었다.

---

[262] 피히테, 『독일 국민에 고함』, 박희철 옮김, (동서문화사, 2013), 447쪽. 이런 관점에서 피히테는 이 저술에서 독일 민족의 기원과 특징, 그리고 종교와 문화 등에 대해 자세히 논하고 있다는 점을 상기할 때 실증주의 역사는 곧 민족주의 역사 서술을 위한 기초로 이해되고 있다.

궁극적으로 랑케의 실증주의 사학의 탄생은 어느 시기에 우연히 그리고 갑작스럽게 나타난 역사학이 아니다.

　마찬가지로 당시 독일의 분위기 속에서 랑케 역시 독일의 민족역사에 대한 뜨거운 열망을 갖고 있었을 것이다. 독일 민족정신의 에너지가 될 민족주의 역사서술이 강하게 요구되고 있던 시기에 랑케는 『강국론』을 집필하여 독일이 강국으로 부상할 수 있는 방법을 제시했다.[263] 먼저 그는 프로이센과 적대관계를 가진 강국들을 로마의 삼두정치와 비교했듯 그에게 세계는 고대 로마였다. 그는 항상 애국심이 충천하여 조국을 지켜야 하는 의무를 잊지 않았다. 랑케는 프리드리히는 강국에 대항해서 조국을 지켜낼 수 있는 인물로 평가하고 이를 실천하기 위한 전제 조건으로 강대세력의 개념을 먼저 이해해야 한다고 생각했다. 프로이센이 강국으로 부상하자 프랑스는 더 이상 독일의 문제에 관여하지 못하게 되었다.

　프리드리히 2세는 오스트리아에게도 의존하지 않은 완전한 프로이센의 자유를 갈망했다. 이러한 그의 포부는 슐레지엔(Schlesien) 전쟁으로 표출되었다. 랑케에게 있어서 프로이센이 강국으로 부상하기 위한 전제 조건은 민족정신의 고취였다. 그래서 독일민족의 창조적 정신이 실증적인 학문으로 통해 부활되어야 했다.[264] 사실 독일민족은 나폴레옹이 몰락하여 강국 프랑스로부터 해방되었을 때야 완전한 의미의 독일국가를 건설하게 된 것이다. 그동안 독일은 루터 신학적 체계에서만 독일적이었을 뿐이었지 유럽 기독교 보편세계에 속한 여러 민족의 한 부분으로 인식했다.

　민족이란 개념을 아직 이해하지 못한 독일에서 18세기 중엽 민족주의

---

263　랑케, 「프로이센」, 윗 책, 61쪽.
264　랑케, 「프로이센」, 윗 책, 72-74쪽. 프랑스는 "프로이센 국왕이 대륙에서 독일인들의 자유를 위한 보호자가 되었다."고 인식했다. Soulavie, Mémors du règne de lous XVI, 3: 289쪽. 랑케, 「프로이센」, 윗 책 , 71쪽에서 인용.

정신의 발달과 더불어 독일의 민족주의 운동이 시작됐다.[265] 물론 이 정신도 교리적인 성격을 띠고 있었지만 18세기 말 독일 낭만주의는 종교와 신학을 포함한 하나의 보편적인 세계관으로 확대되면서 시문학을 통해 독일 민족주의 정신을 발전시켰다. 독일적인 종교는 열광적인 신앙에 빠지지 않고 독일민족의 정서와 결합하여 서로 상반된 두 개의 철학을 낳았다.[266]

이 두 철학은 독일의 인식론적 역사철학에 큰 영향을 끼쳤을 뿐 아니라 민족정서에도 큰 자극제가 되었다. 그리하여 1799년 슐라이어마허(Schleier-macher)는「종교에 관하여」란 글에서 이러한 종교적 감정이 독일민족의 자주성을 확인했다고 말하기도 했다. 또한 고대 그리스와 로마 문헌에 대한 비판과 역사적 연구가 활성화되어 많은 새로운 지식이 제공됐다. 이러한 새로운 낭만주의 사조에 의한 시문학의 발전으로 독일 민족정신이 각성되기 시작되었는데 이에 대해 랑케는『역사정치잡지』에「독일 분리와 통일에 관하여」란 글을 발표하고 "시문학은 독일 통일의 본질적인 하나의 계기가 되었다. 우리는 그 속에서 처음으로 본래의 독일민족을 의식하게 해 주고 있다"라고 평가했다.[267]

따라서 낭만주의 문학은 민족의 한 부분에 속하지 않고 오히려 민족 전체를 포괄했으며 독일민족의 전체를 통일된 세계관을 형성시켜주었다. 또한 이를 통해 오랫동안 발전하지 못한 독일의 창조적 정신이 실증학문을

---

265 혁명 프랑스 정부와 대항해 국민적 저항세력이 처음으로 등장했는데 보수적 제국애국주의와 계몽적인 제국애국주의이다. 군주의 재정지원 하에 발행된『행복 Eudämonia』란 정기간행물 속에서 독일에서는 최초로 반프랑스적인 반혁명적인 종교적으로 근본주의적인 민족주의가 발견되고 있다. 오토 단,『독일국민과 민족주의의 역사』, 52-53쪽.

266 랑케,「프로이센」, 윗 책, 73쪽. 독일의 두 철학은 Schelling과 Fichete이며 이들 철학은 칸트의 선험철학을 바탕으로 셸링은 관조와 직관, 피히테는 논리적 방법으로 인식문제를 다뤘다.

267 랑케,「프로이센」, 윗 책, 74쪽.

통해 다시 부활하기 시작했다. 랑케의 실증주의의 목적은 독일 민족정신의 각성에 따라 고대 문헌의 비판을 기반으로 독일의 고유한 민족의 역사를 재창조하는데 있었다. 왜냐하면 본래의 민족역사를 이해할 때 끊임없는 새로운 창조적 세계를 만들어 갈 수 있고 그래야 독일이 강국으로 발전할 수 있기 때문이었다. 창조적인 독일 민족정신의 재발견을 위해 랑케는 고대 문헌을 찾고 이를 다시 자신의 고유한 관점에 따라 비판하여 본래의 역사의 복원을 시도하는 것이 역사가의 의무라고 생각했다.[268]

이 같은 랑케의 실증주의 역사관은 정치에 대한 그의 견해에서 잘 나타나고 있듯이 그는 "진정한 정치는 오직 하나의 거대한 민족적 현실에 의해서만 수행될 수 있다"고 피력했다.[269] 왜냐하면 한민족이 자유롭게 발전해야만 자신들이 독자적이라고 느끼기 때문이다. 그러므로 그 민족의 고유한 문학은 역사 서술의 큰 계기를 통해서만이 꽃피우고 발전한다는 것이다. 역사서술에서 민족의 고유한 문학은 그 생명력을 가질 수가 있다. 예컨대 고대 그리스나 혹은 로마 문학, 고대 신화로부터 게르만 민족의 고유한 특성을 알 수 있듯이 신화라는 고유한 문학은 역사 서술 속에서 새롭게 부활하고 민족문학으로 발전하게 된다.

여기에 프리드리히의 공헌은 절대적이었다. 그는 17세기와 18세기 프랑스의 고전문학을 공부했다. 이 덕분에 분열된 독일에서 프리드리히 대왕은 독일 문학을 잘 활용하고 발전시켜 독일민족에게 큰 자부심을 심어줄 수 있었다. 왜냐하면 분열 속에 조화를 기대할 수 없기 때문이다. 그러나 민족문학은 분열된 민족을 하나로 통합시키고 조화를 이루게 하여 독일 민족으로 하여금 자유로운 삶의 생기를 불어넣어 주었다. 즉 랑케에 따르면 프리드리히 왕은

---

268 랑케, 「프로이센」, 윗 책, 74-75쪽.
269 랑케, 「프로이센」, 윗 책, 75쪽.

문학을 통해 독일민족을 강국의 지배로부터 해방을 시킨 셈이다.[270] 이렇듯 강국은 그 민족 스스로의 힘에 의해 만들어졌고 이러한 민족의 독자적인 힘을 통해 세계무대를 지배해 왔다. 유럽의 강국 오스트리아는 가톨릭적, 독일적인 특성으로 강국을 이룩했고, 러시아는 슬라브적 원리에 입각하여 세계사에 등장했다. 영국은 게르만적, 해양적 특성으로 모든 바다를 통해 거대한 세계를 지배했듯이 프로이센에서는 바로 프로테스탄트와 독일적인 것을 이용하여 강국으로 발전 할 수 있다. 이에 근거로 하여 랑케는 모든 강국들이 각자 민족적인 원리 위에서 세계를 지배했고 공통적으로 만물의 본성으로부터 현재의 혈통, 즉 민족이 발생했다는 역사적 사실을 증명하고자 했다.[271]

"헤라클리토스가 말한 바와 같이 전쟁은 사건의 아버지이다. 서로 대립한 힘들이 충돌한 전쟁의 위협 속에서 새로운 발전이 출연한다."[272]

랑케의 이러한 강국론에 대한 역사관을 가장 적절하게 표현하고 있는 이 말은 대립과 투쟁의 원리를 제시한 고대 그리스 철학자 헤라클리투스의 사상과 유사하다. 세계는 사상과 계급과 민족들의 투쟁을 통해 조화를 이룬다고 주장한 헤라클리투스와 마찬가지로 랑케 역시 세계의 다양성의 대립 속에 조화가 이뤄진다고 생각했다. 물론 이러한 사상은 헤겔의 변증법적 사고와 마르크스의 계급투쟁론의 선구적인 사상과 상통한다. 예컨대 랑케는 프랑스 경우 고취된 민족감정의 에너지를 전쟁에 이용하여

---

270 랑케, 「프로이센」, 윗 책, 75-76에서 인용.
271 랑케, 「프로이센」, 윗 책, 77쪽.
272 랑케, 「재 건」, 윗 책, 94쪽.

유럽을 지배하게 되었다고 설명한다.[273]

1805년 바이에른에 소속된 티롤에서는 여관주인 안드레아스 호퍼(Andeas Hofer)의 주도하에 민중봉기가 일어나 상당기간 동안 프랑스 군대에 대항하여 승리를 거두었다. 특히 프로이센의 경기병 대대장 페르디난트 폰 쉴 부대와 브라운슈바이크 공의 흑부대 등이 전개한 나폴레옹 군대와 전투는 유명한 저항운동으로 기록되고 있다. 또한 '독일동맹' '독일만찬회' 등 이런 애국단체들이 조직되어 프랑스와 투쟁하기도 했다.

이러한 저항운동이 지속되고 있는 동안 나폴레옹의 군대가 러시아 원정에서 실패하자 1813년 3월 25일에 발표된 칼리쉬(Kalish) 선언은 "독일민족 고유의 정신에 의거하여 독일 군주와 민중들에게 자유와 독립을 약속 받았다"고 선언했다.[274] 이 선언문은 정치적 주체로서 독일민족 즉 민중을 거론했다는 점이 중요하다. 즉, 독일국민이 국가의 주체임을 인정한 것이다. 물론 나폴레옹 저항운동에서 프로이센의 왕은 자신의 정치적 주권을 회복할 기회를 얻었지만 민중들의 압박을 받지 않을 수 없었다. 왜냐하면 프로이센뿐만 아니라 전체 독일인의 조국이 다시 복구되기 위해서는 과거 같은 보편국가의 국민이 아니라 독일민족의 국가국민이 있어야 했다. 결국 민중들의 애국심이 없이 독일국가를 회복할 수 없다고 판단한 빌헬름 3세는 1813년 3월 17일 포고문을 발표하여 국민 개병제를 도입함으로써 마침내 군주와 민중 사이의 국민적 유대를 형성하게 되었다. 프로이센은 이러한 국민들의 애국심으로 뭉쳐진 힘을 바탕으로 하여 1813년 10월 16일부터 18일까지 벌어진 라이프치히의 '민족들의 전쟁'에서 결정적인 승리를 거두었고

---

273 민족정신의 힘은 1809년 오스트리아에서 나폴레옹의 지배에 저항하는 봉기가 일어났을 때 발휘됐다. 이때가 독일에서 최초로 독일국민운동이 공식적으로 출발한 한 것이다. 오토 단, 『독일국민과 민족주의의 역사』, 58쪽.

274 오토 단, 윗. 책, 59쪽.

이어서 1815년 6월 18일 워털루 전투의 최후 승리자가 되어 나폴레옹의 세력을 물리침으로써 자유를 회복하게 되었다.[275] 이렇게 독일인들은 나폴레옹에 대한 저항운동 과정을 통해 민족의식을 자각해 나갔다.

물론 독일 조국의 해방전쟁은 국민과 군주가 서로 결합된 성격이 강했다. 그렇지만 독일민족 전체가 나폴레옹이라는 공동의 적에 대해 하나가 되어 싸웠다는 것은 곧 독일민족 의식의 자각을 의미한다. 아울러 이 투쟁은 독일인들의 공동체 의식을 일깨워줌으로써 국민의식 형성에 기여했을 뿐 아니라 독일민족이 공동의 국민국가 안에서 하나로 합쳐져야 한다는 민족의식을 자극했다.[276] 그렇다면 나폴레옹과 전쟁에서 독일 국민운동은 어떻게 전개되었을까. 독일인의 국민의식은 영토적이라기보다 '독일어'라는 언어 혹은 게르만 언어의 공동체를 의미했다. 즉, 이는 독일어를 사용하는 게르만이라는 전체 민족을 지칭한 것이다.[277] 19세기 초부터 이러한 시대적 흐름은 계몽주의와 합리주의의 사상보다 게르만 민족의 전통과 언어 그리고 종교의 의미에 대한 새로운 발견과 이해를 촉진시켰다. 뿐만 아니라 이 흐름 속에서 역사와 자연을 통해 형성된 민족의 권리 및 개인의 존중이라는

---

275 1805년 바이에른에 소속된 티롤에서는 여관주인 안드레아스 호퍼(Andeas Hofer) 주도하에 민중봉기가 일어나 상당기간 동안 프랑스 군대에 대항하여 승리를 거두기도 했다. 프로이센에서 군사적 저항운동은 경기병 대대장 페르디난트 폰 쇨 부대와 브라운슈바이크 공의 흑부대 등이다. 1813년 해방전쟁은 대체로 프로이센 국왕이 1812년 2월 프랑스와 군사동맹을 체결했을 때 많은 군대 간부들이 러시아로 가서 탈영한 독일군대를 모아 애국적인 군인 단체인 '독일군단'(Deutsche Legion)을 창설했다. 1812년 나폴레옹이 러시아 원정에서 실패한 이후 1813년 이들에 의해 해방전쟁이 수행되었다.

276 오토 단, 윗 책, 64쪽.

277 1813년 2월에 에른스트 모리츠 아른트가 작사한 「독일인의 조국이란 무엇인가?」 곡에서 처음으로 독일 국민운동은 국경의 문제, 국민의 지역적 사회적 범위의 문제를 공식화했다. 이 노래 가사를 보면 "멀리 독일어가 메아리치고 천국에서 하나님의 영광을 노래하는 / 그곳이 당신들의 국가이다"라는 가사가 말해주듯이 유럽 내의 독일 언어 공동체를 표현하고 있다. 오토 단, 윗 책, 65쪽.

낭만주의 개념이 널리 퍼졌는데 랑케가 바로 시대적 분위기에 따라 독일 민족의 문화와 언어에 대한 연구에 몰두하면서 고대문헌을 찾아 나섰던 것이다. 이런 시대적 흐름에 대해 랑케는 다음과 같이 술회했다.

"18세기 중엽 이래 민족적 정신이 새롭게 발전하기 시작했다. 우리는 이 민족적 정신의 발전이 프랑스의 관점과는 대립하고 있지만 여기에서 출발했다는 것을 잊어서는 안 된다. 만족스럽지 못하지만 여전히 교의적인 체계에 매여 있었다 할지라도 지나치게 이것에 제한받지 않고 독일 정신은 민족적 정신을 시문학적으로 보완하는 경지로 올라갔다. 모든 정신의 근거가 된 종교는 열광에 빠지지 않고 다시금 인간과 관계에서 민족적인 정서와 가까워졌다… 비판과 고전학이 많은 지식을 무너뜨리고 현재의 사고에까지 밀고 들어왔다. 이어서 민족에 관한 정신이 각성되어 더욱 발전되었고 이로 인해 시문학적 문학은 독자적으로 자유롭게 발전하게 되었다. 이 문학은 거대한 고유성을 지니고 있고 더는 민족에만 제한되지 않으며 민족 전체를 포괄하고 있다… 독일의 창조적 정신은 진력을 다해 실증적 학문을 통해 부활해 나갔다."[278]

시문학적 문학이란 민족의 중요성을 새롭게 각성시켜준 근대 독일 시문학을 의미한다.[279] 나폴레옹의 침략으로 북서 독일은 프랑스에 병합되었고 중부지역에서는 라인연방이 결속되었다. 독일의 중심세력인 프로이센과 오스트리아는 독일 중부에서 동쪽 변방으로 밀려나고 말았다. 이와 같은

---

278 랑케,「프로이센」, 윗 책, 72-74쪽에서 인용.
279 이에 대해 랑케는『역사정치 잡지』에「독일의 분리와 통일에 관하여」라는 글에서 "독일의 시문학은 우리의 통일의 본질적인 계기 중의 하나이다. 우리는 그 속에서 처음 우리를 다시금 본래적으로 의식하게 된다"라고 설명하고 있다.「Über die Trennung und die Einheit von Deutschland」, (1832) S.W. 49/50, s160. 랑케,「프로이센」, 윗 책, 74쪽 주 129에서 인용.

상황 속에서 뉘른베르그에서는 「깊은 치욕 속의 독일 Deutschland in seiner tiefen Erniedrigung」이라는 팜플렛이 나돌기 시작했다. 독일에서 소위 연방 애국주의에 속하는 계몽된 지식층들의 열렬한 사회참여로 나폴레옹의 반대운동이 확산되어 가자 뉘른베르그 서적상 요한 필립 팔름(Johann Phipp Palm)이 「깊은 치욕 속의 독일」이란 팜플렛을 대량 반포했던 것이다. 이 일로 인해 그는 나폴레옹 군에 의해 처형되고 말았다.

이들 독일의 계몽 지식인들이 직면한 문제는 독일의 강국을 위한 희망을 더 이상 특권계급에게서 찾을 수 없다고 판단하고 국가 내부에서 새로운 돌파구를 모색하는 것이었다. 이에 따라 이들은 그 해결책을 동맹국이나 혹은 군주에게 찾을 것이 아니라 민중들에게 관심을 돌리고 독일 민족정신을 호소했다. 이와 더불어 이들 엘리트 지식인들은 민중들에게 혁명적인 국민교육을 시키고 이와 함께 애국심을 고취시키는 정치적 연설, 그리고 많은 문학과 역사저술을 통해 독일의 민족주의 정신을 확산시켜 나갔다.[280] 물론 1813년의 해방전쟁과 1870년부터 1871년까지의 보불전쟁은 독일국가와 국민을 하나로 통합시킨 성과만을 거둔 것이 아니었다. 더 나아가 이 전쟁은 독일민족에게 정치에 의해 고취된 애국심과 민족의식을 불러일으켜 주었던 것이다. 말하자면 이 전쟁은 독일인에게 민족의 통합과 근대화에 대한 자극제였다. 이렇게 하여 독일은 프랑스 등 강국과 전쟁을 통해서 국가의 근대화를 자각하게 되고 이로써 과학, 기술, 교육, 종교 등 모든 영역에서 깊은 성찰을 하게 되었다. 그리하여 독일의 엘리트들은 자신들의 성찰의 주요 과제를 민족의 원리로 삼고 새로운 미래 독일의 우수한 문화를 확립하려고 노력했다. 독일국민들은 잦은 강국들의 침략과 지배를

---

280 결과적으로 보면 나폴레옹에 대항하여 일어난 국민운동은 곧 프로이센에서 나왔고 이 투쟁 과정에서 독일 민족주의 의식이 강하게 출현하게 된 셈이다. 오토 단, 윗 책 66-68쪽.

당할 때마다 자신들이 역사적으로 혹은 문화적으로 보잘것없다는 일종의 전통적인 열등감에 사로잡혀 있었다. 그러나 강국과의 전쟁은 독일민족에게 순수하고 열렬한 애국심을 심어주었으며 이를 바탕으로 정부는 강국을 향한 독일통합의 정책을 추진해 나갈 수 있었다.

1870년 여름, 프랑스에서는 르낭(Renan), 퓌스텔 드 꾸랑주(Fustel de Coulange), 독일에서는 스트라우스(Stauss), 트라이취케(Treitschke), 랑케(Ranke), 몸젠(Mommsen) 등 프랑스와 독일 철학자와 역사학자들은 서로 대립된 논쟁을 벌였다. 이들은 자신들의 국가정책을 지지하기 위해 조국을 내세웠다. 몸젠은 "군인은 이유를 묻지 않고 소총사격을 하는 것과 마찬가지로 같은 시대에 각자 이렇게 행한다. 결과에 대해 신경을 쓰지 않는 이런 행위는 자기 조국의 이익에 유용한 것처럼 보이기 때문이다"라고 말한다. 역사가 랑케는 프랑스의 티에르(Thiers)와 회담에서 "우리는 조국의 이익이란 목적으로 루이14세에게 전쟁을 한 것"이라고 주장했고 트라이취케는 "하찮은 프랑스가 우리의 평안을 질투한다" 고 비난하기도 했다. 이 논쟁에서 나타나고 있듯이 독일의 지식인들은 각자 강한 민족주의 정신을 지니고 있었다.[281]

그러므로 프로이센이 1870-1871년 동안 벌어진 프랑스와 전쟁에서 승리하고 1871년 1월 프랑스 베르사유 궁전에서 행한 독일제국의 선포는 곧 강국의 민족주의 시대가 도래되었다는 것을 의미한다. 이후부터 예전에 독일인의 문화적 재능을 찬양했던 모든 프랑스 지식인들은 자신들의 애국심에 의하여 새로운 독일제국을 향하여 비난하거나 심지어 적대심까지 보이기 시작했다.[282] 결과적으로 프로이센이 1871년 1월 프랑스의 심장부인

---

281 René Girault, 윗책, 171쪽.
282 예컨대 1871년 초부터 미슐레(Michelet)는 『유럽에 이바지한 프랑스 *La France devant l'Europe*』란 저서에서 독일이 인류의 지도자 역할을 할 자격이 없다고 비난했고 1870년 9월 4일 세당(Sedan)에서 프랑스가 프로이센에게 패배하자 1871년 3월 1일 국민의회의

베르사유 궁전에서 독일제국을 선포함으로써 유럽의 신흥 강국이 될 수 있었던 것은 바로 민족주의의 이상에서 나온 결실이었다. 그러나 프랑스 역사가들은 이와 다르게 "독일제국은 군대의 승리에서 탄생된 것"이라고 비난했다.[283]

이렇게 탄생된 독일제국을 살펴본 일제의 역사가들은 민족주의 이상을 추구한 랑케의 실증주의 사학을 패권의 이념으로 재해석했다. 이렇게 재해석된 랑케의 실증주의 사학은 아시아에서 일본제국의 패권을 정당화한 정치적 이념의 기초가 되었다. 랑케가 『강국론』을 통해 피력한 그의 세계 역사관은 민족정신이 곧 국가의 의 에너지, 즉 국력의 기초라는 의미에서 시작한다. 이 말은 강국의 패권정책이 아니라 민족정신을 바탕으로 한 힘의 균형 속에 구현된 여러 민족국가들의 평화로운 공존을 의미한다. 그는 유럽 강국들이 힘의 균형을 이룰 때 진정한 세계사적 평화가 유지된다고 보았기

---

미래 평화를 위한 토론에서 빅토르 유고(Victor Hugo)는 연설을 통해 프로이센 국민들에게 프랑스 공화국의 젊은이들과 싸우지 말고 보복전쟁과 평화조약을 위한 예비교섭의 비준을 거부 할 것을 호소했다. 특히 1866년에 벌어진 오스트리아와 전쟁에 대한 프로이센 군사령관 몰트케(Moltke)는 "1866년 전쟁은 대중들의 여론이나 국민들의 요구에 의해서 요청된 것이 아니다. 이 전쟁은 내각에 의해 필요성이 인정되어 수행된 것이며 냉정하게 준비되고 긴 기간이 예견 된 싸움이었다. 이 전쟁은 정복이나 영토의 확장, 혹은 물질적인 이득을 위한 것이 아니라 강국의 패권 확장이라는 이상이었다." 라고 설명을 한 것에 대해 프랑스의 프랑스 지식인들은 독일의 민족주의 이상을 제국의 패권 이념으로 인식했다. 1870년 프랑스가 프로이센에 패하고 다음 해 독일이 제국을 선포하자 유럽에서 새로운 강국으로 부상한 독일에 대한 평가는 부정적인 면이 많다. 프랑스 역사가 René Girault는 "이러한 민족의 의식 바탕 위에서 수행된 독일의 전쟁에 대해 입장의 차이가 있다"며 "1870-1871년 전쟁은 모든 독일국민에게 영광스런 근거가 되었다"고 말한다. 이어서 René Girault는 "독일의 신문, 서적, 노래, 회화 등은 적의 영토, 즉 프랑스 침략을 정당한 회복을 실현한 군대의 승리를 찬양했다"고 설명하고 "베르사유 궁전에서 1871년 1월에 선포된 독일제국은 군대의 승리로부터 탄생된 것" 이라며 "이것은 기울고 있는 강국을 짓밟은 독일의 복수"라고 비판하고 있다. René Girault.,윗 책, 171-172쪽.

283 프로이센 입장에서 볼 때 프랑스 국민들은 자신들의 민족 역사에서 엄청나게 큰 단절감을 느꼈을 것이다. René Girault.,윗 책, 172쪽.

때문이다. 이것이 랑케의 진정한 보편적 세계관이다.

그러나 이와 달리 랑케가 발견한 유럽 세계사의 시대적 흐름은 보편적 세계에서 벗어난 각 민족의 개별적인 역사가 시작된 새로운 시대였다. 중세의 보편 세계관이 해체되자 각 민족들이 해방됨으로써 새로운 민족의 역사가 발전되기 시작한 것이다. 랑케의 이 발견은 중세의 기독교 보편세계를 해체시킨 원동력은 바로 민족의식과 민족국가의 힘이었다. 이로써 중세의 보편세계에서 해방된 민족들이 저마다 민족의 에너지에 의해 강국으로 발전했으며 이에 따라 이들 각 국가들은 각자의 종교와 법의 원리를 만들었다. 바로 여기에서 랑케는 세계사의 특징을 찾았다. 랑케가 일생동안 프랑스, 영국 등 유럽의 여러 국가역사를 연구하고 이를 저술한 궁극적인 목표는 각 민족국가들의 균형과 공존이 구현된 보편적 세계사였다. 그의 보편적 세계사는 이러한 역사의 흐름, 다시 말해 역사의 지배경향이었다.

### 6) 역사의 지배경향(이념)

그의 저서 『근세사 여러 시기에 관하여』는 그의 역사사상으로써 보편사에 대한 세계사 개념을 명확하게 보여주고 있다. 랑케가 이 저서에서 말하고자 한 것은 유럽의 역사를 이념이나 경향성이란 어떤 특정한 시각을 통해서가 아니다. 그것은 각 국가들의 개체성들이 각 시대마다 등장한 경향성의 원리 속에 발전하면서 하나의 통일체를 이룬 총체적 역사, 곧 보편적 세계사이다. 여기에서 랑케가 어떤 특정 이념이나 원리에 의한 획일적인 관찰을 철저히 배격하고 살펴 본 보편적 세계사는 각국의 민족적 특성들, 그리고 각 시대마다 나타난 정치, 문화, 종교적 경향을 종합하여 통일성을 이룬 역사이다.

이러한 세계사에는 인류의 모든 시기마다 하나의 특별한 경향이 나타나고 있다. 이 시대적 경향 속에서 각 시기는 자신의 고유한 특징을 나타내기 때문에 각 시대들은 고유한 특징과 가치를 지니고 있다. 또한 각 시대들은 신이 직접적으로 개입된 고유한 특성을 지니게 마련이다. 그러므로 그 시대 가치는 그 시대에 근거해야 하고 이를 통해 역사 서술은 개체에 대한 관찰이 전적으로 중요하게 된다.

사실상 모든 시기는 도덕, 관습 등 변화되지 않고 지속적인 고유한 이념 외에 그 시대의 특정한 경향과 이상이 존재하기 때문에 개별 시기의 차이점을 인식해야 해야 한다. 그래야 역사가들은 그 시기가 등장하게 된 내적 필연성을 이해할 수가 있다. 랑케의 이러한 역사적 관점에서 보면 진보는 직선으로 전개되는 것이 아니라 자기의 고유한 방식으로 발전해 나가는 하나의 강의 흐름과 같은 것이다.[284] 여기에서 우리는 랑케가 포괄적인 그리고 보편적인 세계사를 이해하기 위해 각각 개별적 역사를 살피는 것이 무엇보다 중요하다고 강조한 뜻을 알 수가 있다. 다시 말하면 유럽의 보편적 세계사는 각 국가의 개체적 특징들이 종합된 역사인 것이다. 그러므로 그는 여러 민족들의 전체를 포괄한 역사서술에 몰두했으며 역사를 개체성에 바탕을 두고 통일적으로 세계사를 파악하고자 했던 것이다. 이 점이 랑케의 역사서술의 특징과 그의 보편사적 세계사의 관점을 보여 주고 있다.[285]

랑케의 보편적 세계사 개념의 핵심은 '진보개념'과 '지도이념'이다. 랑케는

---

284 랑케, 『근세사의 여러 시기들에 관하여』, 34-35쪽.
285 랑케는 이러한 세계사 관점에서 개별국가들을 유럽 전체사의 각 부분으로서 다루었다. 1877년에 그는 『세계사』를 저술하기 시작하여 1886년에 십자군 원정까지 다루었다. 세계사가 중세사까지 소설되었으나 여러 국가들의 근세사 및 최근세사가 정리되지 못했다. 그러나 1854년 연속 강의를 묶어 펴낸 『근세사의 여러 시기에 관하여』는 그의 세계사에 대한 기본 골격으로 이 강의 내용을 통해 그의 세계사적 역사관을 살펴 볼 수 있다. 특히 이 작품은 로마시대부터 19세기까지 유럽사의 중요한 사건들과 인물들의 역사적 의미를 통일성이 있게 설명하고 있어서 여러 저작들 가운데 그의 역사사상을 가장 잘 보여주고 있으며 소위 랑케의 역사이론이라고 불리고 있다. 이상신, 「역자 서문」, 랑케, 『근세사의 여러 시기들에 관하여』, 18-19쪽.

진보개념에 대해 역사적으로 증명될 수 없다고 다음과 같이 정의한다. 첫째, 인류의 진보에는 하나의 정신적 힘이 존재하는데, 이 힘은 역사적 운동으로써 원시시대부터 지속적으로 전개되어 왔다. 그러나 이 역사적인 운동에 참여한 민족들이 있는 반면 여기에서 제외된 민족들도 있다. 아시아 경우 발전된 여러 시기의 문화가 있었으나 지금은 오히려 퇴보했다. 그러므로 역사적 진보는 여러 민족들에게 일률적으로 적용되지 않기 때문에 역사 속에서 어느 민족은 진보하고 어느 민족은 퇴보한다고 규정할 수 없다.

두 번째, 진보개념을 인간의 본질과 모든 분야를 포괄하여 판단하는 것은 잘못된 해석이다. 예컨대 15세기부터 16세기 동안 예술이 꽃피웠다가 17-18세기에는 침체했다. 역사에서 예술이 시작하는 시기만 있을 뿐, 더 진보된 모습이 나타나지 않는다. 그렇다면 세계사 속에서 지속적인 진보운동은 어디에 있는가. 랑케는 인류를 지배해온 거대한 정신적 경향에서 역사적 진보를 찾을 수 있다고 말한다. 때로 각자, 혹은 나란히 나타나는 이 경향성 속에 일정하고 특별한 흐름이 있으며 이 흐름이 다른 흐름을 소멸시키면서 지배적인 작용을 한다. 그러므로 인류의 모든 시기에서 하나의 특별한 경향성 즉, 시대적 흐름이 나타나기 마련이고 또한 다음 시대가 앞선 시대보다 더 진보한다고 말 할 수 없으며 그 시대의 가치는 그 시대 자체 속에 생존한다. 이와 같이 랑케는 세계사를 서술할 때 각 시대의 특징을 지닌 시대의 개체에 관한 관찰이 전적으로 필요하다고 강조한다. 궁극적으로 랑케의 진보개념은 역사의 그 시대마다 존재하고 그것이 항상 일정하게 지속되는 것이 아니기 때문에 그 시기마다 각각 나름대로 고유한 가치와 특성이 존재하는 것이다.[286]

---

[286] 랑케, 『근세사의 여러 시기들에 관하여』, 35쪽. 이와 같은 랑케의 진보개념은 프랑스 혁명으로 상징된 진보적 정치이념이 모든 시대를 지배하는 절대이념이 되어서는 안 된다는 랑케의 신념은 그가 프랑스 혁명에 반대하기 때문이 아니라 인간 자유를 옹호하기 위해서였다는 것이다. 김기봉, "랑케의 'wie es eigentlich gewesen' 본래 의미와 독일 역사주의", 131쪽.

랑케는 진보개념에 대한 설명은 주로 『근세사 여러 시기에 관하여』의 「입문」편에 자세히 서술되어 있다. 역사의 진보에 관한 논의는 17세기 퐁트넬(Fontonellen) 등에 의해 제기되었고 18세기에는 튀르고(Turgot)와 콩도르세(Condorcet) 볼테르 등에 의해 활발하게 논의된 바 있다. 특히 이 논쟁에서 헤겔은 자유의 의식체계 면에서 볼 때 세계사는 진보한다고 정의했다.[287] 그러나 이와 달리 랑케는 물질적인 기술적인 면에서 진보가 있었지만 정신적 도덕적인 면에서는 그렇지 않다고 반박하며 역사에서 전반적인 진보를 인정하지 않았다. 만일 세계사 속에서 이전 시기가 이후 시기보다 불완전하고 뒷시대가 앞선 시대보다 훨씬 진보했다고 한다면 인간의 자유 의지는 이전보다 더 발전한 것으로 되어 버리며 또한 진보의 에너지가 신적인 것이라면 신의 뜻은 각 시대에게 불공평하게 작용한 것이 되어 버린다.

이에 따라 랑케는 각 시대의 그 자체로서 가치를 중시하여 각 시대의 지도이념, 즉 이른바 경향성에 주목했다. 이러한 그의 세계사적 진보개념은 개체사상에서 출발한다. 따라서 그는 "모든 시대는 신과 직접적으로 연결되어 있으며 그 시대의 가치는 어느 시대로부터 출현한 것에 있지 않으며 오히려 그 시대의 자체 속에, 그 시대의 고유한 자신 속에 존재 한다"고 설명한다.[288] 랑케의 이러한 진보개념에 의하면 각 국가의 긴 역사 흐름 속에서 어느 시대마다 혹은 각기 개별적 시기마다 신의 뜻이 담겨 있기 때문에 이를 상호 비교하여 역사는 진보와 정체로 규정될 수 없다. 이처럼

---

[287] 헤겔에 따르면 역사는 세계에서 그 목적을 성취함으로써 의미를 갖게 되며 이로써 인간의 의식은 높은 수준에 도달하게 된다는 것이다. Mark T. Gilderhus, *History and Historians*, 52-53쪽. 또한 헤겔은 역사를 인간정신의 영역으로 보고 정신의 본성을 물질과 대립한 자유로 인식했다. 그러므로 헤겔에 따르면 개인, 가정, 사회, 국가, 민족 등은 물론 세계 보편사를 정신의 실질적인 모습과 발전으로 보고 자유는 역사를 통해 스스로 진보한다고 강조했다. Patrick Gardier ed., *Theories of History*, 60-61쪽.

[288] 랑케, 『근세사 여러 시기에 관하여』, 32-36쪽.

랑케의 진보개념은 개별적이고 특수적인 성격을 띠고 있다. 다음의 글에서 이러한 특징이 랑케의 역사관에서 명확히 드러난다.

"역사가가 가장 주목해야 할 점은 첫째 인간들이 하나의 특정한 시기에 어떻게 생각했고 살았는지를 이해하는 것이다. 역사가는 모든 시기가 도덕적 이념들과 같은 변화되지 않는 일정하고 지속적인 주도이념 외에 그 시기만의 특별한 경향성과 고유한 이상을 지니고 있다는 것을 발견하게 된다. 그러나 모든 시기 자체 속에 정당성과 가치가 내포되어 있다 해도 그 시기로부터 무엇이 출현했는지를 간과해서는 안 된다. 두 번째로 개별 시기들 사이 차이점을 인식해야 한다. 이것은 각 개별 시기들이 차례로 등장했던 내적 필연성을 관찰하기 위해서이다. 여기에서 하나의 일정한 진보가 부인될 수 없다. 그러나 나는 그러한 진보가 하나의 직선 속에 전개되는 것이 아니라 오히려 자신의 고유한 방식으로 진로를 개척해 나가는 하나의 강 같은 흐름이라고 주장하고 싶다. 신성(神性)은 그 앞에 어떤 시간도 놓여있지 않으므로 모든 역사적 인류를 전체적으로 굽어보며 도처에서 동일하게 평가해 준다고 생각한다."[289]

궁극적으로 어느 민족의 역사든 각 시기마다 독특하고 자발적인 방식으로 진보를 향해 나아간다. 이러한 랑케의 역사관에 따르면 일제 식민사학자들이 주장한 우리 민족의 역사에 대한 정체성은 비과학적이며 비실증적인 논리가 된다. 지도이념이란 모든 시대를 지배하고 있는 경향성이며 이것은 단지 서술될 뿐 하나의 개념으로 요약될 수 없다. 즉, 인류의 발전은 끝없는

---

[289] 랑케는 근본적으로 헤겔이 그의 『역사철학』에서 절대정신은 일반적인 목적을 달성하기 위해 이성의 간계를 활용한다고 설명하면서 제시한 학설인 이른바, 세계정신(Weltgeist)을 거부하면서 신성(神性)이 헤겔에서와 달리 모든 시대를 지배하고 있지 않으며 단지 굽어보고 있으면서 그 모두에게 동등한 가치를 부여하고 있다고 주장한다. 랑케, 『근세사 여러 시기에 관하여』, 35쪽, 37쪽.

다양성을 지니고 있고 그 발전들은 우리에게 알려지지 않은 법칙에 의해 출현하기 때문이다.[290]

그러므로 그 시대의 지배경향에 따라 세계질서 속에 각 민족의 개체성을 포함시켜서 설명하는 것은 역사적 오류이다. 오히려 그 시대의 지배적 경향의 관계 속에서 각 민족역사의 개체성을 살펴야 한다. 예컨대 유럽 중세시대에 기독교가 시대적 지배적 경향이었기 때문에 왕은 자신의 정통성을 인정받으려면 교황에게 공인을 받아야 했다. 중화질서 속에 포함된 우리나라 역사도 중화세계관이라는 지배적 경향 속에 포함되어왔다. 이 지배적인 질서에 따라 삼국시대부터 조선시대에 이르기까지 각 통치자들은 중국 황제에게 작위를 하사받는다든지 혹은 왕의 등극을 승인받아야 했다. 이런 지배경향을 식민관계로 설명하는 것은 랑케의 실증주의 역사관과 그의 세계사적 지배이념(경향)에 맞지 않는다. 이 연장 선에서 친일파들이 일제 식민통치 시기의 지배적 경향이 민족자결주의가 아니라 내선일체와 대동아공영이라고 말하는 것 역시 전적으로 잘못된 항변이다.[291] 각 시대의 지배적 경향이라고 정의될 수 있는 지도적 이념은 랑케의 세계사적 역사관의 특징으로써 각 시대적인 지배적 흐름을 하나의 개념으로 요약할 수 없기 때문에 역사가들은 각각 그 시대의 전체적인 역사를 파악하고 분석해야 한다.[292] 말하자면 그 시대의 흐름이 역사를 만들어 가고 특징짓는 것이 아니라 그 시대의 역사가 각각 시대의 흐름을 형성한 것이다.

인류의 역사가 곧 시대정신을 창조하는 것이라면 각 시대의 지도적 이념은 역사의 산물이다.

그렇다면 랑케의 시대에 지도적 이념은 무엇이었을까? 랑케는 먼저

---

290 랑케,『근세사 여러 시기에 관하여』, 37-38쪽.
291 김기봉, 윗 글, 131-138쪽.
292 랑케,『근세사 여러 시기에 관하여』, 37쪽.

군주제와 국민주권이란 두 원리의 대립으로 보았다. 이 시기 모든 대립과 갈등은 이 두 원리와 관련이 있고 또 물질적인 발전과 종교적 갈등이 계속 나타나고 있었다. 그러나 랑케는 이러한 대립들이 그 시대를 혼란케 하기보다 인간정신의 발전을 촉진시킨다고 파악했다.[293]

따라서 랑케는 막스 왕과 마지막 대화에서 19세기에 유럽의 공화제와 입헌제의 원리가 지배한 민족국가, 즉 영국이나 프랑스 등이 전 세계적으로 가장 많은 업적을 이루고 있다는 점을 부각시켰다. 특히 랑케는 라틴적, 게르만적 정신이 더 이상 교회에 얽매이지 않고 전 세계적으로 확장되어 대중들의 정신생활에 스며들고 있을 뿐 아니라 지식들이 무한하게 팽창함으로써 시대의 특징을 짓고 있다며 민족주권을 당시 세계사의 흐름으로 보았다. 따라서 "이러한 시대에 속한 사람들은 어떤 행동이 의미 있는 일인가?"에 대한 막스 왕의 질문에 대해 랑케는 "인간은 최선의 지식과 양심에 따라 자기 시대에 속한 흐름과 함께 나아가야 한다"고 강조하며 "민족성을 발전시키는 것 역시 통치자의 과제"라고 역설했다.[294]

19세기 유럽의 시대적 경향, 그리고 지배적인 이념은 이와 같이 민족국가와 민족주의였다. 그러나 랑케는 시대적 흐름으로써 인간의 정신을 반드시 진보라는 개념으로 보지 않았다. 그러기 때문에 랑케의 실증주의에서 각 시대의 개체성이 역사연구의 중요한 과제이며 따라서 랑케의 실증주의 역사관을 정확히 이해하기 위해서는 먼저 그의 개체사상을 먼저 살펴 볼 필요가 있다. 랑케의 역사적 인식론에 따르면 인류 역사에서 물질문명은 진보해 왔지만 인간의 정신적 진보는 그렇지 않다. 오히려 인간정신은 물질과

---

[293] 예컨대 중세 교회권력과 세속권력의 투쟁이 유럽 기독교 세계를 발전시키는데 기여했고 군주제와 국민주권사이의 투쟁도 마찬가지라고 설명한다. 랑케『근세사 여러 시기에 관하여』, 269-270쪽.
[294] 랑케,『근세사 여러 시기에 관하여』, 272-273쪽.

다른 방향으로 나아갈 수 있기 때문에 물질문명이 발전했다 해서 개별민족의 정신도 진보했다고 볼 수 없다.[295]

특히 랑케는 인류역사의 진보와 신의 섭리관계에 대해서도 부인했다. 막스(Max)왕과 대화에서 신의 섭리가 개별인간의 자유로운 결정과 관계없이 인류를 이끌고 가는 것이 아니냐는 질문에 랑케는 단호히 이는 하나의 일반적인 가설이며 역사적으로 증명될 없다고 부정했다. 즉, 도덕적 이념의 팽창은 특정한 권역에서 가능할 뿐 위대한 민족에게 나타난 이념이 인류 전체를 포괄한 경우, 이것은 정신적인 도덕의 진보이가 때문에 이러한 견해를 역사의 원리로 삼아서는 안 된다는 것이다.[296] 결국 역사에서 진보라는 개념은 일반적으로 각기 다른 개별역사에 적용될 수 없고 또한 여러 시기에 연결시켜서 적용될 수도 없으며 각자 개별역사와 각 시대는 독립적이다. 이 독립된 시대별 개별역사에 신의 섭리가 존재하고 있는 것이지 인간역사의 포괄적인 진보에 신의 섭리를 적용하지 말아야 한다는 것이다. 공평한 존재로서 신의 섭리는 포괄적인 인류의 진보역사가 아니라 각 민족별 또한 각 시대별 등 개별성을 설명되어야 한다. 이런 랑케의 실증주의 역사관에 대해 자칫 역사의 진보에 신의 뜻이 개입되어 있다고 한 설명은 전적으로 오류이다.

이런 랑케의 역사관에 따르면 고대부터 우리 민족의 역사는 각 시대마다 지배적인 흐름과 상황에 따라 전개되어 온 셈이다. 때로는 발전과 진보, 때로는 퇴보와 의존 등 각기 시대마다 다른 역사의 흐름을 보여 왔다. 이런 시대적인 개별성을 무시하고 모든 시대를 일반화 시킨 역사의 설명은 오류이다. 그러나 일제의 식민사관은 이러한 랑케의 실증주의 역사사상에서 벗어나 있다. 일제 식민주의 사학자들은 조선의 각 시대 역사적 특징을

---

295 랑케, 『근세사 여러 시기에 관하여』, 38쪽.
296 랑케, 『근세사 여러 시기에 관하여』, 39쪽.

무시한 채 전체시기를 일반화 시켜 진보하지 못한 민족으로 서술했다. 이들은 인류역사의 보편성과 개별성에 대한 랑케의 세계사의 개념이 명확히 구분된다는 점을 외면한 것이다. 즉 랑케가 말하는 보편적인 역사는 어느 특정한 개별적인 민족의 역사를 인류 전체의 보편역사로 일반화 시켜 하나로 포함시키지 않았다. 그의 보편적 세계사는 모든 각각 개별적 민족역사의 전체를 포괄한 역사이다.[297] 로마제국의 기초부터 시작하여 근세에 이르기까지 여러 시기에 관한 랑케의 역사서술은 이러한 세계사적 관점을 보여주고 있다. 그렇다면 개체사상이 보편적 역사와 어떤 연관성을 지니고 있는가. 이 점이 랑케의 실증주의 역사를 보다 잘 설명해 줄 것이다.

랑케는 『근세사의 여러 시기들에 관하여』에서 유럽의 중요한 역사적 국면들 즉, 개별적인 역사적 사실들을 하나의 보편적 세계사로서 다루면서 각 국가들의 개별적 사실들, 그리고 각 시대마다 출현한 경향성(지도이념)들이 각기 역사적 원리로써 작용되어 이뤄진 통일체를 보편적 세계사로 취급했다. 따라서 그는 보편사로서 획일적으로 이념이나 사상 등 인간정신의 작용에 의해 지배를 받는 세계사가 아니라 각 민족, 국가의 특성들, 그리고 각 시대마다 정치, 종교, 문화의 흐름이 종합된 통일체로써 종합적인 유럽사를 서술하고자 했다.[298] 다음은 랑케가 역사연구에서 주요 과제로 삼은 개별성과 그 개별성들이 모두 종합된 하나의 전체사로서 보편사 개념이 어떤 역사적 의미를 지니고 있는지 살펴보도록 하겠다.

---

297 랑케, 『근세사 여러 시기에 관하여』, 43쪽.
298 이것이 개체성 사상을 근거로 하여 그의 대표적인 역사 서술로 평가받고 있는 이유이다. 이상신, 「역자 서문」, 랑케, 『근세사 여러 시기에 관하여』, 18쪽.

## 7) 개별성과 보편성 : 민족의 역사와 보편적 세계사

보편사 (Universal History)의 개념은 헤로도투스와 투키디데스의 업적을 이어받은 그리스의 폴리비우스(Polybius)의 『보편사』에서 처음 사용되었다. 이 저서에서 폴리비우스가 "자신의 역사서가 후세들의 미래의 삶에 유용한 지침이 되길 기대한다"며 최초로 사용한 이 용어를 랑케가 민족역사 서술에서 차용한 것으로 보인다.

랑케의 실증주의는 보편사보다 각 민족의 개별성과 특수성을 더 중시한 역사이론이다. 그는 19세기의 주도적 이념인 민족주의라는 흐름 속에 살면서 독일 민족사 외에도 유럽의 각 민족국가들의 역사를 집중적으로 연구했다. 그는 16, 17세기 유럽 역사를 연구하면서 개별국가들을 세계사로서 유럽 전체사 속에 하나로 통합하지 않고 각기 부분별로 다루었다. 따라서 그의 개별적 국가역사는 유럽의 전체 안에 포함된 세계사 관점에서 서술되었다. 1877년에 집필된 그의 세계사(Weltgeschichte)는 1886년 십자군원정에 그쳤으나 『근세의 여러 시기들에 관하여』는 그의 세계사의 기본 바탕이 되기 때문에 이 저서에서 근대와 현대사에 대한 그의 관점을 엿볼 수 있다.[299]

여러 국가의 역사를 연구하면서 보편적인 세계사에 큰 관심을 두게 된 랑케는 1830년대 이탈리아 여행 중에 보편사을 구상했으나 1880년 노년에 이르러 세계사의 서술에 착수하게 되었다.[300] 이후 출간된 『세계사』 1권과 2권이 1852년부터 1868년 기간의 『근대사의 여러 시기들에 관하여』이다. 이

---

299 이 저서는 랑케의 역사 사상 면에서 가장 많이 언급되고 있는 만큼 그의 역사이론서라고 불린다.

300 보편사(Universal History)라는 개념은 원래 헤로도투스와 투키디스의 업적을 물려받은 폴리비우스(Polybius)에 의해 처음으로 사용되었다. 그는 자신의 역사서가 후세들의 미래의 삶에 유용한 지침이 되길 바라는 뜻에서 보편사를 저술했다. 연규홍, 란디워커 공저, 『거울로서 역사』, 38쪽.

책은 첫째 프랑스와 영국 중심으로 유럽의 역사를 분석하고 두 번째로 1867년부터 1879년까지 프로이센이 통일된 독일제국을 건설하여 유럽 강국으로 등장한 관점에서 보편적 세계사를 서술했다. 다음으로 1875년부터 1886년까지 유럽 강국의 세력균형과 팽창에 입각하여 각 국가의 세력균형이라는 보편적 세계사에 초점을 두었다. 이 저서에서 랑케는 먼저 개별적인 것, 둘째는 사실적인 사건만을 객관적으로 서술해야 한다는 일반성을 주장했다. 개별을 보편의 전제조건으로 파악한 랑케는 사실적인 개별적 특성을 역사서술의 목표로 삼았다. 이러한 역사의 개별성에 대해 마이네케의 다음과 지적한다.

> "보편적인 것 자체는 역사에 있어서 모든 개체 속에 그 때 그 때마다 인식될 수 있는 최고의 개성에 불과하며 이 개체들은 서로 뒤섞여 영향을 주고받는다. 국가, 민족, 이념, 제도 등 이러한 형성물의 어느 것에든 모두 하나의 특수 원리가 숨어 있으며 이것들은 내부로부터 형성 작용하면서 동시에 외부의 변화에 따르면서 완성 된다."[301]

이와 같이 마이네케의 설명처럼 랑케의 역사서술은 새로운 대립과 종합 및 양극성을 보여 주고 있다. 예컨대 보편에 대한 개별, 제국적 지배에 대한 민족국가 등이 등이다. 이런 것들이 역사연구의 중심이 되어야 한다는 랑케의 역사관은 보편적 지배에 대립하는 개별적 특수성을 의미한다.[302]

랑케는 이 저서에서 보편적인 세계사 속에 개별적인 민족의 역사를 살폈다. 이런 역사관을 기초로 하여 한 이 저서에서 랑케는 라틴, 게르만 민족의 역사적 발전에 대해 서술하고 개별적 민족의 역사를 통해 다른

---

301 프리드리히 마이네케,「랑케와 부르크하르트」, 차하순 편저, 『랑케와 부르크하르트』, 29쪽.
302 이 기초를 바탕으로 하여 랑케는 『라틴 제 민족과 게르만 제 민족의 역사』를 서술했다. 차하순 편저, 윗 책, 87쪽.

민족의 역사 발전을 가늠함으로써 궁극적으로 보편적 역사를 이해할 수 있다는 것을 보여 주었다. 더 나아가 이 저서에서 랑케는 라틴, 게르만 민족이 다른 민족보다 역사적인 발전 단계를 거쳐 오면서 유럽의 지배력을 갖추게 된 역사적 과정을 설명하고 있다. 이렇게 랑케는 개별 민족들이 각각 역사와 문화의 발전을 성취하게 될 때 비로소 보편적인 역사에 참여하게 된다는 사실을 역사적 근거를 통해 입증했다.[303] 따라서 세계사적 법칙은 개별적인 신의 섭리와 이에 따른 개별 민족들의 발전을 설명해 주기 때문에 세계사적 인류의 역사는 무한한 다양성을 내포하고 있다.[304]

보편성은 곧 개별적이고 특수한 것들의 집합체로써 신의 섭리이다. 이는 랑케의 세계사 개념이 민족국가의 발전에 초점을 두고 있다는 것을 보여준다. 다시 말해 강국의 발전은 그 민족의 역사적 배경에 존재한 실체를 반영해 주는 것이며 이 역사적 실체가 곧 세계사의 이념이고 보편사의 법칙이다. 이 법칙에 의하면 투쟁의 결과로써 등장한 강국은 새로운 세계사를 창조해 나가는데 이것이 곧 역사발전의 원리이다.[305] 오랜 시기에 걸쳐 여러 민족들은 강국에 의해 서로 통합되어 제국으로 유지되어 온 종교적 결합체로 보이고 있다. 그러나 이것만이 역사의 실체가 아닌 다른 유형의 역사적 실체가 존재했다. 예컨대 정치적으로 결속된 여러 독립된 민족국가들이 공존해 왔는데 이 경우는 알렉산더 제국이다. 이와 달리 역사발전의 원리를 보여준 역사적 사례가 곧 로마제국이다. 알렉산더의 경우 군대의 힘과 경제적 풍요로움만 있었을 뿐 제국을 유지할 원리가 없었다. 즉, 국가의 힘이 되는

---

303 이러한 랑케의 역사관은 식민주의 지배논리에 유용하게 적용되고 있다. 소위 강국들의 역사를 보편화 시켜 후진 민족의 역사를 원시 상태의 자연사로 치부하여 이들 후진 민족의 지배를 정당화 시키고 있다. 따라서 유럽과 아시아의 사이 지배와 피지배 관계를 설정하여 식민주의 담론의 주제가 되고 있다. 김헌기, 윗 글, 277-280쪽.

304 랑케, 『근세사 여러 시기에 관하여』, 37-38쪽.

305 차하순 편저, 윗 책, 131쪽.

자체 국가의 원리가 없어 알렉산더 제국은 곧 멸망하고 해체되었던 것이다. 반면 로마제국은 보편적인 문화와 군사력을 갖추고 여기에 로마적인 원리를 가지고 있었기 때문에 오랫동안 유지되었다. 말하자면 개별역사의 발전은 신의 섭리가 아니라 개별적인 역사의 원리가 작용함으로써 진행되는 법이다. 이것이 랑케가 생각한 역사의 법칙이며 발전의 원리이다.[306]

　랑케는 유럽에서 시작된 이러한 시대적 원리, 즉 국가발전을 위한 도덕적 힘과 민족정신이 다시 깨어나고 있는 시대로 파악했다. 이 민족적 원리를 통해 유럽 각국들은 상호 공존할 수 있게 되었다. 만일 유럽 국가들이 각자 민족적 원리를 세우지 않았다면 존속되지 못했을 것이다.[307] 특히 랑케는 세계정세 즉 유럽의 각국 정치에 큰 영향을 끼치고 있는 프랑스 혁명에 대한 모순성과 위험을 지적하고 있다. 모든 국가가 혁명정신을 환영하면서도 이 정신에 지배를 받지 않으려 하지만 랑케의 판단은 달랐다. 그는 프랑스 혁명정신이 민족성을 각성시켜 주고 있는 교훈을 긍정적으로 인식한 것이다. 예컨대 프랑스 혁명이 발발하기 전에 홀란드는 외세에 굴복했지만 이후 혁명정신의 영향을 받아 강한 민족적인 성향을 띠며 외세에 저항했다. 이점에 대해 랑케는 정부권력과 강력한 민족정신이 결합될 때 국가와 민족의 힘이 발휘되는 것으로 보았다.[308] 이러한 국가와 민족의 결합으로 인한 투쟁과 문화의 발전은 바로 세계사의 힘이다. 또한 이 둘의 결합으로 나타난 민족정신이 역사를 움직이게 하고 민족의 생명을 불러일으키는 창조적인 힘이었다. 랑케는 바로 이것을 '도적적인 에너지'라고 정의한다.[309]

---

306　랑케는 기독교란 종교로 하나로 통합된 보편세계가 무너진 원인이 바로 민족정신과 정치적 결속이라고 생각했다. 랑케, 「강대 세력들」, 『강대세력들. 정치대담. 자서전』, 97-98쪽.
307　이러한 랑케의 사상은 로마의 역사가 살루스티우스(Sallustus)의 영향을 받은 것으로 보인다.
308　랑케, 「강대 세력들」, 윗 책. 101쪽.
309　랑케, 「강대 세력들」, 윗 책. 102.

이렇게 랑케는 민족정신에 대해 역사와 문화를 진보하게 하는 원동력으로 파악함으로써 민족과 국가를 세계사의 법칙으로 설명했다. 랑케는 도덕적 에너지에 대해 이렇게 설명한다.

> "이 도덕적 에너지는 정의될 수 없고 추상적 개념으로 정리될 수 없다. 그러나 우리는 이것을 관조할 수 있고 인지할 수 있으며 이것의 현존에 대한 공감을 불러일으킬 수 있다. 이 도덕적 힘들을 꽃피우고 세계를 수용하여 다양한 표현으로 표출된다. 이 힘의 상호작용과 연속 속에, 또 생과 소멸 속에, 보다 더 큰 내용과 더 높은 의미와 더 넓은 범위를 내포하면서 다시 살아나는 그 속에 세계사의 비밀이 있다"[310]

랑케의 설명에 따르면 민족정신은 추상적인 것이 아니라 현실적인 의미를 가진다. 즉, 이 민족정신을 공감할 때 국가의 힘은 더욱 커지고 발전하게 되며 이로써 이웃 민족과 서로 대립하여 지배와 복종의 관계가 형성된다. 이런 역사적인 현상 속에서 민족의 에너지는 끊임없이 회생하고 더 크게 확대되어 가는 역사가 곧 세계사의 의미이다. 이러한 랑케의 역사사상은 곧 그의 실증주의 역사의 본질이 무엇인지 보다 명확하게 보여주고 있다. 물론 역사서술은 객관적이고 사실에 입각해야 하지만 이것만으로 부족하고 보편적인 관점보다는 개별적인 시각을 통해 역사를 연구하고 이해할 때 역사의 실체와 진실을 파악할 수 있다. 이것은 궁극적으로 랑케의 실증주의 사학이 곧 민족주의를 주된 이상으로 삼고 있다는 점을 의미한다. 이런 점에서 랑케의 역사관은 실증주의의 객관성과 민족주의라는 이념성이 결합된 특징을 보여주고 있다, 이런 관점에서 볼 때 랑케의 역사관은 민족주의로 정의되지만 역사의 실체로써 민족의 개별성과 민족정신을 강조한 그에 대해

---

310 랑케, 「강대 세력들」, 윗 책, 102-103쪽.

'민족 실증주의 역사가'라로 평가하기도 한다.[311]

이처럼 랑케의 실증주의 역사관은 민족국가로서 강국을 지향하고 있다. 다시 말해 민족정신에 대한 공감과 이해, 그리고 민족의식의 고취와 확산을 통해 형성된 민족의 힘이 곧 민족의 역사와 문화를 발전시킨다. 이 역사적 과정을 겪은 민족이 강국으로 부상한다. 그러기 때문에 랑케의 실증주의 사학은 민족주의에 근거한 특수한 것이며 개별적이다.[312] 그러나 헤겔은 랑케와 달리 개인 또는 주관적 단계로부터 국가의 보편적이고 객관적인 차원으로 나아가야 한다고 주장한다. 헤겔의 이러한 역사철학은 국가의 원리에 대한 설명에서 살펴 볼 수 있는데, 국가의 원리는 그 구성원의 개개인들을 도덕적으로 활성화시키며 법, 제도, 그리고 구성원들의 권리를 구축한다. 이처럼 헤겔은 개인으로부터 국가로, 국가들로부터 보편사로 이동한다고 생각했기 때문에 그에게 있어서 특수한 민족의 역사는 보편사의 과정에서 하나의 개별적인 것에 불과하다.[313] 이와 반대로 랑케는 역사에서

---

311 이 같은 랑케의 역사관을 실증주의적으로 보는 것이 오해라는 점을 명확하게 증명해 주고 있다고 지적하고 있다. 랑케, 「강대 세력들」, 윗 책, 102쪽, (역자 이상신 주, 185.)

312 Leopold von Ranke, "The Potfalls of a Philosophy of History", Georg G. Iggers ed., *Leopold von Ranke : The Theory and Practice of History*, 49쪽. "모든 개별적 특징을 정확하게 서술하기 위해서는 한 곳에 모아야 한다. 여러 가지 수많은 잡다하고 세세한 면들까지 즉, 병사들의 행동들이나 사소한 관심거리들, 사적인 문제들, 이런 것들은 정치적인 이해관계에 아무런 영향을 끼치지 못한다. 또한 이런 것들은 하나의 전체 혹은 보편적인 목적에 관련이 없다"라며 "개별적인 것은 보편적인 목적을 인식하는데 별 쓸모없다"는 헤겔의 주장에 대해 랑케는 "세계정신은 개체들을 희생시킴으로써 필연적인 발전을 통해 그 경로를 따라 간다"며 헤겔의 관념적인 보편적 역사철학에 비판을 가했다. 즉 랑케는 추상적으로 추론된 보편성을 통해 역사를 정확하게 파악할 수 없기 때문에 실제로 어떤 일이 일어났는가에 중점을 둬야 하며 그러기 위해서는 개별성을 중시해야 한다는 것이다. 헤겔의 역사철학에 대해서는 게오르크 헤겔, 『세계사의 철학』, 서정혁 역 (지만지, 2009), 45-49쪽.

313 헤겔은 보편사란 정신적인 것이며 정신은 여러 단계에 의하여 보편사의 진리에 도달하게 된다는 것이다. 여기에서 여러 단계란 도덕적 삶, 정부, 예술, 종교, 과학 등 그 민족의 정신적인 현실적 구체성이고 특징적인 역사의 민족정신(National spirits of History)이라고 설명한다. 그러므로 헤겔은 세계정신의 이상은 각 개별적 국가의 여러

개별적인 것들은 보편성에 벗어나 있어서 그 자체적으로 발전해 나간다고 주장했다. 개별의 역사는 보편적 역사 속에 포함되지 않고 독립적으로 발전해 나간다는 것이 랑케의 역사철학이다. 그러므로 랑케는 개별적인 것들은 자체적으로 발전해 나가기 때문에 개념에 의해 설명되거나 특징지어지는 것이 아니라 이해의 대상이라고 주장하며 헤겔의 보편적 역사관에서 벗어나려 했다.[314]

랑케 역사관에서 볼 때, 보편적인 관점에서는 개별적인 민족의 역사를 정확하게 파악하지 못한다. 역사적 사실과 개별적인 민족의 역사를 추구한 랑케에게 관념적인 보편적 역사는 객관적이고 실증적이지 못했다. 역사에서 개체는 보편적인 원리에 속한 것이 아니라 개별적인 것과 마찬가지로 역사에서 민족의 역사가 보편적인 세계사에 속에 포함될 수 없다. 만일 각 민족의 개별적인 역사가 보편적인 이념에 의해 서술된다면 그 민족의 고유한 역사와 문화의 특징은 사라지거나 축소 혹은 왜곡되기 마련이다. 개체를 보편 속에 포함시킨 헤겔의 보편적 역사이념과 달리 랑케의 사실적이고 실증적인 역사이념은 개체의 중요성을 강조하며 일반성과 보편성 등 추상적인 철학개념에서 벗어나려고 했다. 이렇게 하여 랑케는 개별적인 특징인 민족의 역사를 추구함으로써 역사학을 헤겔의 관념적 역사철학으로부터 독립시켰다.[315] 다시 말해 랑케는 인간의 역사에 대한 지식을 획득하는

---

구체성들의 유기적 관계를 추구하여 각각 분야의 완전한 발전을 도모하는데 있다고 말한다. 결국 보편사는 국가와 민족의 정신이 어떤 이상과 진리를 향해 변증법적으로 발전해 나아감으로써 도달된다는 것이다. Patrick Gardier ed., *Theories of History*, 68-69쪽.

314 헤겔은 역사를 자유정신의 쟁취 과정으로 보고 한 개인, 공동체, 국가, 민족 등 역사의 개별적인 것들도 역시 보편사의 자유를 향해 나아가는 발전과정을 보여 준다고 말한다. 이와 같이 헤겔에게 있어서 인간이나 국가, 혹은 민족의 역사는 궁극적으로 자유정신의 이상인 보편사를 지향한다. Patrick Gardier ed., 윗 책, 70-72쪽.

315 김헌기, 「역사주의 이데올로기와 역사학-랑케의 역사담론을 중심으로-」, 『사림』38집 (2011), 264쪽.

방식에 대해 개별성의 인식에 의한 역사학의 방식과 보편성의 추상과 관념적 인식에 의한 철학의 방식으로 구분했다.[316] 이리하여 랑케는 과학적인 근대 역사학을 확립하게 되었다.

그렇다고 랑케는 역사의 보편성을 절대적으로 거부하지 않았다.[317] 왜냐하면 역사의 보편성은 각 개별 역사들이 전체 세계사 속에서 발전하기 때문이다. 즉, 특수한 것 그 자체 속에 보편적인 것을 지니고 있다. 말하자면 개체의 역사들이 모여 전체의 보편적인 역사를 이룬다.[318] 이는 보편적인 역사의 성격이 개별적인 역사의 고유한 특징에 의해서 이뤄진다는 뜻이다. 때문에 랑케는 개별 인식의 다양성에서 통일성을 발견할 수 있다고 보고 개체의 개별적 역사를 곧 보편적 세계역사의 발전 원리로 파악했다. 각 국가의 개별적인 역사에 대한 랑케의 주장은 다음의 글에서 잘 표현되고 있다.

"개체성은 서로 유사하지만 본질적으로 각자 독립적이다. 계약이론에 따라 구름덩어리처럼 일시적으로 일어난 혼합체들 대신 나는 개체성을 정신적 본질들, 인간 정신의 독창적인 창조물로 생각한다. 말하자면 신의 사상이라 할 수 있다."[319]

이렇게 랑케는 각 국가를 개체들로 인식하고 있다. 그러기 때문에 이들

---

316 Leopold von Ranke, "On the Relation of History and Philosophy", Georg G. Iggers,ed., 윗 책, 30쪽.
317 랑케는 헤겔의 역사철학에서 강조한 보편성에 대한 비판으로 개별적 역사들의 연관성을 주장한 것이다. Krieger Leonard, "Elements of Early Historicism : Experience, Theory and History in Ranke", *History and Theory*, vol., no. 4, (Dec., 1975), 3-10쪽.
318 랑케, 「강대세력들」, 윗 책, 27쪽.
319 랑케, 「정치 대담」, 윗 책, 138쪽.

독창적인 국가의 개별적인 역사들이 혼합하여 보편적 역사를 이룬다. 이러한 랑케의 역사관에서 개체는 필연적으로 보편의 전제 조건이 된다. 그러므로 개별적인 각 민족국가의 역사 즉, 역사의 개체성은 '신의 사상'과 상호 연결되기 때문에 랑케는 각 국가와 민족의 개별적 역사를 신의 뜻으로 파악했다. 그러나 보편적인 것으로부터 개별적 특수성으로 나아간다는 헤겔 역사철학과 반대로 랑케의 실증주의 사학은 특수한 것에서 보편적인 것으로 나아갈 수 있다는 입장을 고수하고 있다.[320] 간단히 설명하면 랑케는 보편적인 이론에서 역사의 특수하고 개별적인 것을 파악할 수 없다는 것이다.

1천년동안 유럽을 지배해온 기독교 보편 세계관에 의한 보편적 역사는 개별적이고 특수한 민족의 역사를 축소하거나 왜곡해 왔다. 보편적인 인류의 세계사는 모든 개별적이고 특수한 민족들의 역사발전의 결과물이다. 쉽게 말해 각각 민족들의 역사가 하나로 모여 인류의 전체를 포함한 보편적 세계사를 이루는 것이다. 때문에 보편적인 세계사를 이해하려면 먼저 각 특수하고 개별적인 민족의 역사를 알아야 한다. 민족의식은 보편적 세계 안에서가 아니라 개별적인 민족의 정신 속에서 자란다. 그러므로 민족정신은 일반성이 아니라 특수성을 지닌다. 랑케는 다음과 같이 설명한다.

"우리에게 궁극적으로 잘 되어가는 곳, 그곳이 우리의 조국은 아니다. 우리의 조국은 우리와 함께, 우리 속에 있다. 독일은 우리들 속에 살아있다. 우리가 원하든 원하지 않든 우리는 모든 나라에서, 모든 지역에서 조국을 표현한다. 우리는 처음부터 조국을 근거로 하며 결코 거기서 벗어나지 않는다."[321]

---

320 랑케, 「정치 대담」, 윗 책, 131쪽.
321 랑케, 「정치 대담」, 윗 책, 132쪽.

랑케가 이와 같이 개별적인 민족정신의 특수성을 강조한 이유는 민족의 역사가 보편적 세계사를 구성하기 때문에 모든 민족들은 필연적으로 민족국가로 귀결된다. 그러므로 랑케가 세계사적으로 볼 때 민족과 국가는 하나이며 분리된 것이 아니다.

랑케는 보편적인 사상을 추구한 일반적인 의미로써 세계주의자 프랑스인 작크(Jacques)의 사례를 들었다. 작크는 이탈리아, 콘스탄티노플, 페테르부르크 등 유럽 이곳, 저곳에서 자신의 재능을 발휘하며 살아왔지만 결국 독일의 암자로 흘러 들어와 은둔했다. 보편적 사상을 가진 세계주의자는 조국도 없고, 민족성도 없는 뿌리 뽑힌 사람들이다. 이것이 의미하고 있는 바가 '민족성이 없는 역사'는 무용지물이라는 것이다. 역사에서 민족과 조국이 중요한 이유가 바로 여기에 있다. 그래서 국가는 민족성을 바탕으로 수립되어야 하며 이를 바탕으로 각 민족이 독자적이고 개별적인 역사를 발전시켜야 민족의 권리를 쟁취할 수 있다. 랑케는 다른 강국과 경쟁에서 이길 수 있게 해 주는 민족주의 힘을 곧 '도덕적 에너지'로 정의한다. 결국 랑케에게 있어서 역사발전의 기본적인 단위는 곧 민족과 국가이다.[322]

랑케의 역사이론은 온 민족을 초월한 유럽의 보편세계와 보편교회의 역사가 유지되어 왔던 로마제국 시기부터 중세를 거쳐 근대에 이르기까지 유럽역사의 발전과정 속에 개별민족의 지배원리를 등장시킨 것에 초점이 맞춰져 있다. 그러므로 민족과 국가의 형태는 역사의 최종단계이다. 랑케가 제시한 민족국가의 역사는 보편적 세계사를 해체하여 일반성의 역사로부터 야기된 혼란으로부터 벗어나 최종적인 인류역사의 완성을 이루는 것이다.[323] 또한 미래는 이 완전한 민족의 역사의 발전에 의해 결정되기 때문에

---

322 김헌기, 윗 글, 269쪽.
323 랑케, 「강대세력들」, 윗 책, 96-97쪽.

민족국가의 역사는 무한히 넓혀져 가야한다.[324] 그리하여 랑케는 단일하고 특수하며 개별적인 민족과 국가의 형태를 거부하고 이를 모두 하나의 민족과 국가로 결합시킨 보편적인 시민국가를 건설하고자 한 혁명사상을 배척했다.[325] 랑케는 프랑스의 혁명사상이 역사의 최종 발전단계인 개별적인 민족국가를 무너뜨리고 보편적인 세계시민국가를 추구하고자 한 보편적 세계사의 원리로 인식한 것이다.

민족이념은 사회제도, 문화, 국가권력 등 전체를 포괄하며 역사의 개체성과 특수성을 갖고 있기 때문에 역사의 실체는 개별국가, 개별민족이다. 그러므로 민족의 동질성과 정체성을 유지해 주는 단일 민족역사에서 신화는 실증주의 역사의 실질적인 담론이 된다. 신화의 담론은 민족의 기원을 설명하고 민족의 문화와 역사의 토대가 되며 민족국가의 질서와 규범 및 관습 등을 확립해 준다. 이러한 랑케의 실증주의 사학의 관점에서 보면 역사는 민족국가 이념에서 출발한다. 이와 같이 실증주의 사학의 원리는 신화의 담론을 내포하고 있다.[326] 그렇다면 랑케의 실증주의 사학에서 세계사적 관점에서 본 보편성은 무엇인가.

랑케의 실증주의 사학에서 개체란 보편적인 원리에 따라 발전하는 현실적인 존재이다. 유럽에서 세계사적 발전과 보편성은 라틴과 게르만 민족에게서 나타나는데 이 두 민족의 역사는 '정신적 힘'을 갖고 있다. 민족의 정신이라는 역사적 힘은 모든 민족을 통합하여 하나의 집단적인 보편적 역사를 이끌어 간다. 이 보편적 원리에 의하여 라틴과 게르만 민족은

---

324 헤이든 화이트, 『메타역사 : 19세기 유럽의 역사적 상상력-』, 217쪽.

325 랑케는 프랑스 대혁명 사상에 대해 "극도의 무질서를 조장하는 힘"이라고 비판했다. Georg G. Iggers, "Introduction", *The Theory and Practice of History*, xxi.

326 에티엔느 발리바르, 「민족형태 : 그 역사와 이데올로기」, 서관모 옮김, 『이론』 6호 (1993), 93-134쪽.

역사적 발전을 이룩했으나 소아시아는 이 보편적 역사의 발전을 이루지 못해 그리스와 로마의 지배를 받았다. 이렇게 랑케는 세계사적인 보편성에 참여한 라틴민족과 게르만 민족의 역사와 그렇지 못한 민족의 역사를 대비시키며 역사의 우열을 설명했다.[327]

이 말은 세계사적 보편의 역사가 각 개별민족의 역사적 진보에 의한 결과이기 때문에 역사적 진보를 이루지 못한 개별민족들은 보편적 역사를 성취한 민족의 지배를 받게 된다는 의미이다. 랑케의 이 논리에서 우리는 일제가 조선의 역사를 발전하지 못한 퇴행된 역사와 문화를 주장한 이유를 찾을 수 있을 것이다. 예컨대 랑케의 실증주의는 세계사적 보편의 역사에 참여하여 진보한 민족이 그렇지 못한 민족을 지배하는 것, 이것이 세계사적 역사의 보편성이다.[328] 민족의 정신과 이념에 의한 역사적 발전을 통해 보편적 세계사에 참여하지 못한 조선은 약소국이며 그래서 강국의 지배를 받아야 한다는 이 논리는 바로 식민주의 지배 전략에 매우 적절하게 이용되어 왔다는 점을 기억할 필요가 있다.

그러나 여기에서 분명하게 살펴봐야 할 것이 있다. 즉 랑케의 실증주의 사학이 설명하고 있는 세계사적 보편성 본질이 식민주의 지배 구조를 정당화시키는 논리인가 하는 점이다. 이에 대한 랑케의 주장은 그리스와 로마제국의 역사와 문화를 보편화 시키고 게르만 등 여러 민족을 후진적 역사로 간주하여 유럽의 보편적인 지배구조를 정당화시킨 것에 대한 반발이다. 이러한 유럽의 보편적 세계사 흐름을 부인한 랑케는 게르만 민족의 진보적 역사와 문화의 재정립을 역사가의 실증적인 과제로 삼았다. 개별적인

---

327 Leopold von Ranke, "On Progress in History", ed., Georg G. Iggers, 20쪽.
328 이러한 랑케의 역사적 관점에 대한 해석은 Dipesh Chkrabarty, *Provincialzing Europe : Postcolonial though and Historical difference* (Princeton : Princeton Univ., Press, 2007)을 참조할 것.

민족의 역사가 발전하게 되면 그 민족은 여러 국가 공동체의 일원이 되어 전체 민족의 역사들이 상호 균형을 유지하게 된다. 랑케의 다음의 글에서 이러한 의미를 살펴 볼 수 있다.

"모든 문학들이 하나로 연결될 수 있는 것은 각 문학의 독자성을 근거로 하기 때문이다. 이렇게 각자 독창성을 유지해야 활발하고 지속적으로 상호 영향을 주고받으며 하나로 연결될 수가 있는 것이다. 이는 한 문학이 다른 문학을 뛰어넘거나 지배하지 않아야 가능하다. 국가와 민족의 경우도 마찬가지이다. 한 국가의 독선적인 지배는 다른 국가의 불행을 초래한다. 모든 국가를 하나로 통합하면 각각 국가와 민족의 본질을 파괴하고 만다. 독자적 개별성과 순수한 독자적 발전이 진정한 조화를 만든다."[329]

이렇게 각 민족의 문화가 독자성을 유지하며 다른 민족들의 문화와 영향을 주고받을 때 보편적 세계는 균형을 이루게 된다. 이것이 랑케의 보편적 세계사 개념의 핵심이다. 랑케가 말한 세계사적 보편성은 다른 민족의 역사와 문화에 포함되지 않고 진보한 민족의 개별적 역사이다. 진보한 민족의 문화와 역사는 성숙하지 못한 민족의 역사와 문화에 영향을 주기도 하고 흡수하기도 한다. 또한 진보한 민족의 문화와 역사는 개별적이며 특수한 것이기 때문에 발전하지 못한 민족이 여기에 참여해도 드러나지 않고 통합되거나 소멸하여 버린다. 개별적 민족의 역사가 발전하게 되면 이 민족의 문화와 역사는 자연히 세계사적 보편성을 갖게 마련이다. 그러기 때문에 랑케는 프랑스 대혁명이나 나폴레옹 체제와 같이 하나의 이념과 정치체제가 유럽 전체를 지배하는 보편주의적 세계관 즉, 고대 로마제국이나 혹은

---

[329] 랑케, 「강대 세력들」, 윗 책, 104쪽.

그리스 보편적 세계관, 그리고 중세의 기독교 보편주의 세계관 등처럼 각 국가들의 민족 고유성을 파괴시키는 것으로 인식하여 보편적 역사에 대해 반대 입장을 취했던 것이다. 랑케는 민족의 다양성이 존중되고 개별적으로 발전할 때 보편적 세계가 완성된다고 믿었다. 이것이 랑케가 본 '세계사적 조화'를 이루는 보편주의 역사이다.

이와 같이 랑케의 실증주의 사학의 사상 속에서 강조되고 있는 것이 곧 민족정신이었다. 랑케는 민족정신을 역사와 문화발전의 원동력으로 파악하고 고유한 민족정신이 발전할 때 다른 민족의 지배를 물리칠 수 있다고 피력했다. 물론 이 민족정신은 본질적으로 역사를 움직이는 힘이며 정치적이고 혁명적인 정치적 성향이 아니라 본질적으로 국민들 정신 속에 존재하고 있으면서 밖으로 표현되는 도덕적 힘이다.[330]

따라서 랑케의 세계사 개념은 민족과 민속, 국가와 국가원리들의 대립으로 인하여 세계 공동체가 완성되지 못하고 지배와 정복으로 파괴와 축소된 역사이다. 랑케는 이러한 세계사의 개념을 문학을 통해서 그 사례로 제시하고 있는데 여기서 랑케의 세계사 개념을 보다 정확히 이해할 수 있을 것이다. 즉, 프랑스 문학이 유럽을 지배하고 있을 때 각 국가 민족들은 세계문학에 관해서 침묵하고 있다가 자기 민족의 고유한 문학이 개별적으로 상호 대립관계 속에서 발전되었을 때 세계문학의 개념에 대해 표명하기 시작했다는 것이다. 이 말은 민족들이 하나로 일치하여 동일하게 보편적인 생각을 갖고 있는 것이 아니기 때문에 각각 민족마다 자각된 고유한 민족정신을 바탕으로 표현된 문학만이 세계문학 속에서 살아남을 수 있다는 것이다.

---

330 랑케는 민족정신을 혁명적이고 정치적인 성향을 띠고 있는 키메라(Chimär)적인 것이 아니라 본질적이고 현존하고 있으며 국가 속에서 표현된 것이라고 설명한다. 랑케, 「강대 세력들」, 윗 책,103쪽.

그러기 때문에 한 민족의 문화가 다른 민족의 문화를 압도하고 지배적인 입장에서 일방적으로 이뤄진 교류는 거부되어야 한다.[331]

종합해 보면 랑케의 세계사의 보편성은 곧 어느 한 강국이 다른 국가를 지배하기보다 서로 힘의 균형과 조화를 이루는 것이었다.[332] 이렇듯 보편사란 개별 국가들의 상호작용에 의해 성립되며 각 민족의 독자적인 권리는 그 시대의 지배세력에 대항하게 한다. 지배세력을 저지하기 위해서 무엇보다 민족국가는 국가의 우월성과 정치권력을 강화해야 한다. 바로 이러한 랑케의 역사사상이 제국주의 혹은 군국주의자로 오인을 받게 한 요인이었다.[333]

특히 일제는 이러한 랑케의 실증주의 역사사상을 제국주의 역사관으로 탈바꿈 시켜서 보편적인 세계질서를 지배하고자 했다. 랑케의 국가와 민족에 대한 강조는 곧 애국심이다. 이 말은 강국으로부터 지배받지 않고 민족의 개별적인 역사를 유지해 나가는 것을 의미한다. 다시 말해 랑케가 국가와 민족의 우월성을 강조한 것은 다른 민족을 지배하는 제국주의 사상이 아니라 민족들 사이 조화로운 세력균형이었다. 국가의 힘이 상호 균형을 이룰 때 보편적 세계가 성립된다. 조화로운 세계 질서를 붕괴시키는 식민주의나 혹은 제국주의를 반대한 랑케는 서양문명의 '개화를 위한 잠재력'을 주장하며 강국의 침략으로부터 자국을 지키는 민족정신, 즉 애국심을 고취시키고자 했다.[334] 이처럼 랑케에게 있어서 국가와 정치는 민족의 정신적 실체이며 인간정신의 산물이었다.[335]

---

331 원래 이 개념은 괴테가 주장했다. Fritz Strich *Goethe und die weltliteratur* (Bern, 1946), 399쪽.

332 차하순 편저, 윗 책, 132쪽.

333 신랑케학파는 해외 식민지 확장, 배타적인 민족주의와 국가주의, 제국주의적인 민족적 사명과 도덕적 명령, 정치가에게 역사의 중요성 강조 등을 주장했다. John L. Herkless, "Seeley and Ranke", *The Historian*, vol. XLIII, no., 1 (Nov., 1980), 22쪽.

334 랑케,「강대 세력ను」, 윗 책, 101쪽, 이 말은 일방적이고 폭력적인 지배로부터 지키려는 정신 즉, 'Genius Europas'이다. 차하순 편저, 윗 책, 21쪽.

335 이러한 랑케의 국가와 정치사상은 바로 그의 '정치대담'에 잘 표현되어 있다. 랑케,

더욱이 랑케는 실증주의 역사를 통해 '사실 있는 그대'의 역사서술을 통해 각 개별적 민족의 역사를 특수화시킴으로써 '신의 뜻'을 이해하고 개별적인 민족 역사의 발전이 곧 세계사로 이어진다는 것을 설명하고자 했다. 랑케가 살았던 당시 유럽에는 보편세계가 무너지고 강국의 지배세력이 확장되고 있던 제국의 시대였다. 이런 유럽의 상황 속에서 민족문제는 역사적 과제였고 민족국가는 정치적 목표였다. 이런 경향은 독일제국이 수립되면서 더욱 두드러지게 나타났다. 빌헬름 2세는 독일제국의 정치적 목표를 달성하기 위해 교육을 최우선 중심과제로 삼은 것도 민족정신을 고취시키기 위한 목적이었다. 그는 진정한 독일인을 양성하기 위해 독일역사의 교육의 필요성을 누구보다 절실하게 인식하고 있었다.

그리하여 그는 역사교육에서 그리스와 로마역사보다 프로이센과 독일의 역사를 집중적으로 가르치도록 지시했다. 역사수업에서 저학년은 현대에서 시작하여 고대시대로 거슬러 올라가는 방식으로 조국의 역사를 배웠고 그 다음 학년들은 그리스와 로마에서 시작하여 현대사를 공부했다. 고학년의 역사교육은 고대부터 시작하여 독일-프로이센 역사에 이어 그 다음 단계로 1871년 독일제국 수립에서 끝이 났다. 이처럼 빌헬름의 정책에 따라 강화된 역사교육은 독일사회 전반에 민족주의 정신을 확산시키고 뿌리를 내리게 했다. 1901년 오스카 예커(Oskar Jäger)가 황제의 탄신을 축하하며 행한 연설내용을 보자.

> "1866년부터 1870년 사이에 일어난 사건들은 우리 민족과 국가의 삶에 명백한 진실을 보여 줬다"며 "이 나라에서는 민족과 지배자가 하나라는 사실, 프로이센 국가와 독일 민족이 하나라는 사실을 명확하게

---

「정치대담」, 윗 책. 138쪽.

보여 준 것"이라고 강조하고 "그것은 저절로 이뤄진 것이 아니라 역사 속에서 나타난 신적 지배의 결과"라고 주장했다.[336]

이러한 시대적 상황 속에서 랑케도 프로이센의 역사를 바라보며 민족주의 정신을 발견했다. 영국과 프랑스 그리고 러시아 등 유럽의 강국 틈 속에서 독일이 통일을 이루고 독립과 자유를 획득해 나간 과정에서 랑케는 민족주의 정신이 얼마나 중요한가를 깨달았다. 각 국가들이 추진한 강국정책의 목표가 곧 민족의 독립과 자유를 지키기 위한 것임을 알게 된 랑케는 강국들의 체제에서 발견한 세계사의 개념이 바로 민족국가로서 완전한 존속이었던 것이다.

그 국가의 독자적인 문화와 개별적인 민족의 역사발전을 인정받기 위해서는 강국에 의해 그 민족의 개별적인 역사가 왜곡되지 말아야 한다. 독일민족의 역사적 사실들을 드러내기 위해서 랑케는 가장 먼저 고대의 그리스나 혹은 로마제국으로부터 당시에 이르기까지 무수하게 강국들에 의해 행해진 게르만 민족의 역사왜곡을 바로 잡아야 할 필요성을 자각했다. 각 민족국가들의 공존을 목표로 한 랑케의 세계사의 개념이 이렇게 탄생되었다. 약육강식의 보편적 세계질서 속에서 강국의 지배를 받지 않고 독립적인 민족의 역사와 문화의 전통을 지켜 나갈 방법이 곧 실증적인 민족역사의 서술이다. 랑케는 이것이 역사가의 임무라고 생각했다.

프로이센은 프리드리히 대왕의 개혁을 통해 프로테스탄트적인 독일의

---

336 최호근, 「역사적 신념 공동체의 창출?-독일제국기의 국가 권력과 역사정치-」, 58쪽에서 인용. 1차 세계 대전 이전 독일에서 역사교육은 나폴레옹 침략을 외세의 전형으로 삼고 나폴레옹과 전쟁을 해방전쟁으로 인식하여 이를 민족 간의 갈등으로 부각했다. 독일민족의 결속과 통합의 필요성이 증가할 때마다 나폴레옹과의 해방전쟁에서 민족투쟁이 더욱 중시되었다. 예컨대 독일 해방전쟁으로 일컬어지고 있는 1813년 나폴레옹과 전쟁에 대해 어떤 의미를 지니고 있는가에 대한 논술문제가 집중적으로 출제될 정도로 역사의 정치화가 더욱 강화되어 갔다. 최호근, 윗 글, 59쪽.

전통을 유지해 왔으며 유럽 각 국가들도 자체의 민족적인 전통 속에서 독자적인 역사와 문화를 이어왔다. 프랑스는 대혁명의 보편적인 세계관 즉 자유와 평등의 원리에 입각한 국가원리를 다른 국가에 확산하여 유럽에서 지배력을 확대하려고 했다. 프랑스의 패권정책에 대립할 수 있는 힘은 여러 민족들의 고유한 특성이다. 랑케는 각 민족의 독특한 민족의 원리들이 대립관계가 아니라 상호 공존할 때 세계가 조화를 이루게 된다고 믿었다. 이들 강국의 정치적인 영향력이 유럽사의 발전에 결정적으로 작용했기 때문에 랑케는 이러한 관점에서 강국의 발전 과정을 살피기 위해 대외관계 문제에 집중하게 되었다.

사실상 한 국가가 발전하고 존속할 수 있는 것은 다른 국가의 지배를 받지 않아야 한다. 그래야 그 민족국가의 정치, 사회, 문화, 종교 등 민족적인 전통들은 이웃 국가들과 상호 교류와 관계를 통해서 더욱 진보할 수 있다. 이러한 역사의 진보는 국가 간 관계, 특히 민족문학 속에서 발견된다. 그러므로 강국 원리는 수립된 민족주의 전통과 이에 따른 개별적이고 독특한 민족문화 그리고 민족역사 속에 존재한다. 랑케의 실증주의 사학에서는 역사서술의 기본목적을 여기에 근거하고 있다. 이렇듯 랑케가 볼 때 국가적 원리의 실현은 곧 강국의 기본 요건인 것이다. 프랑스 대혁명 이전 100년 동안 강국 세력들이 등장하여 유럽의 독립성이 유지되고 발전한 것은 곧 그 국가들의 민족성이 강하게 작용했다는 것을 의미한다. 국가를 위한 도덕적인 힘과 민족성은 국가의 기본원리로써 작용하며 여기서 랑케는 국가의 원리를 실현시키는 힘을 '도덕적 에너지'로 규정했는데, 이것은 곧 민족의 독자적이고 개별적이며 독립적인 국가국민으로서 권리를 구체화 한 것이다. 그러므로 랑케가 말한 '도덕적 에너지'는 역사 속에 존재하는 인간의 자기 결정권을 의미한다. 랑케의 이런 역사관은 세계사를 보편적인 이성의 결과물로 보는 역사철학과 대치되는 것이다.

각 민족과 국가들은 자체의 도덕적인 힘들의 작용에 의해 발전과 소멸하는데 여기에서 바로 '세계사의 비밀'이 숨겨져 있다. 그렇기 때문에 다른 민족의 위협을 막아 주는 민족의 고유한 힘은 키메라적인 것이 아니라 현존 국가에서 표현된 민족성이다.[337] 역사적으로 살펴보면 유럽에서 강국의 세력균형은 상호공존 속에서 '힘의 조화'가 이뤄질 때 가능했다. 이것은 곧 랑케의 실증주의 사학의 기초를 닦아 준 이론으로써 민족주의 사학이나 마르크스 사학에서 방법론으로 활용되기도 했다.[338] 이와 같이 랑케의 실증주의 사학은 민족주의 사학의 성격을 띠고 있다는 점을 분명하게 보여주고 있다.

중세 보편세계가 무너지고 각 유럽의 민족중심의 강국이 출현하여 새로운 근대 시대를 열었다. 중세 보편세계가 붕괴된 후 유럽의 각 민족국가들은 서로 대립과 충돌을 반복하는 가운데 약자는 강자에게 통합됨으로써 로마제국에 이어 다시 강국의 지배력이 유럽의 전체로 확대되었다. 이러한 강국들의 대립과 패권전쟁의 결과는 유럽의 새로운 역사발전을 가져왔는데 그것이 곧 국민국가와 민족정신이다. 랑케는 유럽 여러 강국들의 역사를 살피면서 강국의 조건을 곧 통합된 민족정신에서 찾았다.[339]

---

[337] 랑케, 「강대 세력들」, 윗 책, 102-103쪽. 랑케가 민족성을 말할 때 언급한 키메라적 (Chimärische)이라는 말은 자유주의적, 민주주의적, 공화주의적 경향성을 의미한다. 원본은 Leopold von Ranke, *Die Großen Mächte, Politisches Gespräch* mit einem Nachwort von Ulich Muhlack, (Frankfurt am Mein und Leipzg, Insel Taschenbuch, 1995), 196쪽. 그러므로 랑케의 실증주의는 종종 '있는 그대로' 사실적인 것에 바탕을 두고 있지만 이것이 곧 실증주의적이지는 않다는 것이다. Georg G. Iggers, "The Image of Ranke in American Historical Thought", *History and Theory* 2 (1962), 17—40쪽. 이러한 랑케의 실증주의 사학의 본질은 민족주의 사학과 일치점을 보여주고 있다. 이 점에 대해 다음의 한국 민족주의 역사 편에서 다뤄질 것이다.

[338] 조지형, 『랑케와 카 : 역사의 진실을 찾아서』, (김영사, 2013), 207-208쪽.

[339] 사실상 1871년 독일이 통일을 이루고 나서 1890년부터 1914년까지 독일 민족공동체에 대한 가치는 정부의 정치적 목표와 결부되어 상당한 효과를 거두었다. Bernd

예컨대 당시 약소국이었던 독일이 저마다 영주국으로 서로 분열되어 통합된 국가의 힘을 발휘할 수 없었다. 이러한 독일이 여러 강국의 지배를 받아 오면서 비로소 싹트게 된 민족정신을 바탕으로 하여 민족을 통합하고 이 민족의 결집된 힘을 통해 지배민족들에게 저항하면서 강국으로 발전해 나갔다. 이런 역사적 과정을 살피면서 랑케는 강국의 힘이란 곧 민족정신에서 나오는 '도덕적 에너지'이며 이것이 국가를 유지하게 해주는 힘이라고 판단한 것이다. 이 같은 랑케의 실증주의 사학의 담론은 일제가 한반도를 식민화하고 아시아의 지배권을 확대하는데 매우 합당한 논리였다. 랑케가 민족의 힘인 '도덕적 에너지'를 역사학 담론으로 끌어내어 확립한 근대 역사학은 일본 제국주의자들에게 정치적 이념으로 활용하기에 적절한 이론체계를 지니고 있었다.

보통 민족주의 사학에서 모든 시대는 민족과 관련이 있는 것과 마찬가지로 랑케의 실증주의 사학에도 모든 시대에 걸쳐 민족과 계급에 연관되어 있다. 이제 근대 유럽에서 중세의 보편적 가치는 사라지고 민족이라는 가치가 새로 등장했다. 보편성은 근대 역사에서 더 이상 가치가 없게 된 것이다. 랑케는 이러한 역사적 변환기에서 민족주의라는 시대적 가치를 통해 실증주의 역사관을 탄생시켰다.[340] 그렇다면 랑케의 역사관에서 민족과 국가의 의미는 무엇인가.

---

Schönemann, "Nationae Identität als Aufgabe des Geschichtsunterrichts nach der Reihsgründung", *Internationale Schulbuchforschung*, vol.,11 (1989), 122쪽.
340 김기봉은 당대의 민족주의 흐름을 '주도이념'으로 설명하고 있다. 김기봉, 「랑케의 'wie es eigentloch gewesen' 본래 의미와 독일 역사주의」, 156쪽.

## 8) 랑케의 민족과 국가의 의미

　로마제국은 기독교 이념을 세속적으로 파악하여 그 어떤 사상보다 우월한 최고의 보편적인 이념으로 만들었다. 로마제국은 기독교가 일정한 통일체를 지니고 있었던 만큼 이를 세계종교로 만들어 가기위해 통합된 하나의 거대한 민족 복합체가 필요했다. 여러 민족들이 각기 다른 신을 섬기며 서로 다른 개별체로서 존재한다면 보편적인 종교보다 민족적인 종교가 우세하기 마련이기 때문이다. 랑케는 종교보다 국가를 더 우선시 하고 국가가 먼저 존재한 다음 교회가 출현해야 한다고 생각했다. 국가가 교회를 존립하게 한다는 것은 국가 속에서 교회가 출현했다는 뜻이다. 기독교라는 보편종교는 이렇게 국가의 필요에 의해 탄생되었다. 즉, 로마라는 국가가 없었다면 기독교란 종교도 가능하지 않았다.

　당시 로마라는 하나의 보편적인 언어와 문학이 존재하지 않았다면 기독교는 보편적인 효력을 가질 수 없었을 것이다. 말하자면 로마에서의 정치적, 문학적 통일성 등이 기독교를 세계 보편종교로 확립시킴으로써 마침내 각 민족들의 신들은 민족적 원리의 가치를 상실하고 말았다. 그러므로 반드시 민족국가가 존재해야 그 안에서 민족종교는 민족원리의 가치를 발휘할 수 있다.[341] 랑케는 이와 같이 민족성을 신과 연결시키고 세계사의 개념을 '신의 뜻'이 각 민족의 역사에 구현된다는 의미로 파악했던 것이다. 그래서 랑케는 세계사를 '신의 뜻'과 같은 절대정신이 실현된 진보의 과정이라기보다 각 민족역사의 내적 발전의 결과로 이해했다.[342] 신은 절대성과 객관성을 의미하기 때문에 역사에서 '신의 뜻'을 안다는 것은 곧 민족의 역사에 대한 의미를 이해하는 것과 같다. 여기에서 민족의 역사는

---

341　랑케, 『근세사의 여러 시기들에 관하여』, 63-64쪽.
342　김기봉, 윗 글, 140쪽.

주관적인 판단을 배격하고 객관적이고 실증적인 판단을 요구한다.

원래 역사서술은 민족의 역사와 문화의 기원 및 발전과정을 기록하여 후대에 전해 주려는 목적으로 시작됐다. 유럽의 기독교 보편적인 세계관이 무너지면서 민족주의를 바탕으로 한 근대 국민국가가 형성하고 있던 시대에 랑케는 '신의 뜻'을 찾고자 민족과 국가를 사실적으로 이해하려 했다. 말하자면 객관적이고 절대적인 민족과 국가의 역사적 사실을 알기 위한 그의 실증주의 사학은 '신의 뜻'을 추적한다. 랑케는 자신의 고국 프로이센의 입장에서 국가와 민족에 대한 정치적 관점을 설명한 것이 바로 「정치대담 Poitisches Gespräche」이다.

랑케는 이 글에서 "국가는 정신적인 독창적 창조물, 즉 신의 사상"이라며 국가의 기원을 신에게 찾아야 한다고 말한다. 곧 국가는 곧 신성한 것이고 절대적인 '신의 뜻'을 의미한다며 국가와 민족을 하나로 일치시키고 있다.[343] 특히 국가는 민족성 위에 세워져야 하며 국가란 민족적인 현 존재가 변형된 것이기 때문에 민족국가는 독립성을 쟁취하여 국가를 민족이 소유하게 될 때 이뤄진다. 그래서 랑케는 조국이란 자신들이 살아가고 있는 곳이 아니라 자신들 속에 있으며 원하든 원하지 않든, 자신들이 조국을 대표한다고 피력한다.[344] 더 나아가 랑케는 "자신의 정신적 조국으로서 한 특정한 국가에 속하지 않는다면 그는 현재의 존재가 아니"라고 말하며 민족성을 국가 위에 두었다.[345] 이렇듯 랑케는 민족정신을 '신의 뜻'으로 절대화 하여 민족주의를 자신의 역사관으로 삼았다. 말하자면 민족주의는 보편국가의 지배에서 해방된 개별민족국가의 통치원리를 의미한다. 유럽에서 강국들은 보편적인 국가를 수립하려 할 때 반드시 개별 민족국가의 존재를 용인하지 않았다.

---

343 랑케, 「정치대담」, 『강대세력들. 정치대담. 자서전』, 138쪽.
344 랑케, 「정치대담」, 윗 책, 132-134쪽.
345 랑케, 「정치대담」, 윗 책, 147쪽.

그러나 각 민족은 개별적으로 국가를 수립하고자 한 경향성을 갖고 있기 때문에 개별적인 국가들은 본질적으로 각자 독립성을 추구한다.[346] 따라서 민족 개별국가의 역사는 생동하는 현 존재이며 자신의 본성에 따라 끊임없는 진보한다.[347] 이렇듯 근대국가에서 실현된 민족의 지배원리는 곧 역사의 최종단계인 셈이다. 따라서 역사의 발전은 보편적인 세계사를 거쳐 근대 민족국가에 이르는 과정이며 이는 미래에까지 무한하게 확대되고 지속되어가야 한다. 랑케가 프랑스 대혁명이념을 비판적으로 본 것도 이 때문이다.

왜냐하면 프랑스 대혁명 이념은 정치적으로 보편적인 경향을 지니고 있어서 개별적 민족의 역사를 파괴할 뿐 아니라[348] 국가 원리가 신의 뜻에 따른 신성한 이념임에도 불구하고 개별적인 민족국가의 특수한 정치체제를 붕괴시켜서 획일적인 국가체제를 지향하기 때문이다.[349] 자주적인 민족국가는 자신의 고유한 본래의 생명력을 갖고 있으며 각 민족국가 개체들이 서로 유사하게 보이지만 본질적으로 독립성을 지니고 있다. 또한 랑케는 민족국가는 민족의 독창적인 창조물인 동시에 신의 사상이 담겨 있다고 생각하고 국가의 근원을 신에게서 찾았다.[350] 이렇게 설명하고 있는 랑케의 국가원리는 사실상 전체성을 띠고 있다. 예컨대 전체로서 민족을 이해할 때 개별적인 자유보다 민족의 공동체가 우선시 된다. 신의 섭리는 적어도 민족공동체에서 개개인에게 적용되는 것이 아니라 그 구성원 전체를

---

346 랑케, 「정치대담」, 윗 책, 138쪽.
347 랑케, 「정치대담」, 윗 책, 155쪽.
348 랑케, 「강대 세력」, 윗 책, 88-93쪽. 특히 랑케는 "역사의 오랜 작업을 훼손하는 새로운 사상들이라 불리는 것들에 내재되어 있는 극도의 무질서를 조장하는 힘을 격퇴해야 한다"라고 비판했다. 김헌기, 윗 글, 273쪽.
349 Krieger Leonard, 윗 글, 3쪽.
350 랑케, 「정치 대담」, 윗 책, 137-138쪽.

포괄하는 보편적 성격을 띠고 있다. 넓은 의미에서 세계사적으로 보면 여러 민족들의 역사에서 드러난 신의 뜻은 그 민족의 공동체의 고유한 성격을 띤다. 그러나 민족국가가 유지되려면 자유로운 독자성을 발전시켜야 한다. 결국 민족국가의 독립성은 보편적 지배원리에 대항하여 쟁취해야 해야 가능하며 이 원리는 애국심으로 표현된다. 이러한 민족국가의 이념은 곧 민족의 도덕적 에너지에서 나온 원리로써 민족독립을 위한 투쟁의 힘이다. 랑케는 서게르만족의 부족인 테크테레족(Tencterer)과 프랑크족 부족인 암시바리어족(Amsivarier) 등이 로마에 저항했던 사례를 통해 '도덕적 에너지'에 의한 민족의 독립투쟁에 대해 구체적으로 설명하기도 했다.[351]

결국 모든 개인들은 국가의 이념에 구속되고 자신을 전체 민족 공동체의 한 구성원으로 인식할 때 민족과 국가에 대한 애정을 갖게 된다. 전체적인 공동체 감정은 지방과 지역감정이나 소수 집단의 개별적인 분리감정보다 더 강력하다. 그래서 애국심은 일상적으로 육성되어야 하며 그 활동의 성격이 일반원리에 의한 것이어야 한다.[352] 공동체의 구성원들이 애국심에 의한 동질성으로 하나로 뭉쳐질 때 그 민족은 국민국가로서 역사적 발전으로 나아간다. 이처럼 랑케가 역사적 발전 단계로 설정하여 설명한 민족국가는 국가와 주권, 사회의 모든 갈등을 조절할 능력이 갖춰진 실질적인 근대국가로 진보하게 된다. 랑케는 이와 같이 민족을 개별적인 역사적 실체로 인식하고 민족의 기원부터 현재의 발전된 근대국가에 이르기까지 민족이 확립한 문화와 전통을 유지해온 민족국가의 이념을 제공했다.

국가권력은 애국적인 감정으로 재생산된 민족공동체 정신에 기초한 국가원리에 의해 작동된다. 또한 각 개인은 민족의 일원으로서 민족국가의 주체가 되며 국가를 보호하고 지켜나가기 위한 국가의 동력이 된다.

---

351 랑케, 「정치 대담」, 윗 책, 135쪽.
352 랑케, 「정치 대담」, 윗 책, 149-150쪽.

그러므로 민족국가만이 역사의 전체성을 보여줄 수 있다. 그러나 국가의 원리에 따라 각 개인들은 민족 전체성에 포함되어야 한다는 랑케의 민족국가관이 전체주의 정치의 성향처럼 보일 수 있다. 랑케는 이점에 대해 "군주제 형태의 의미는 정당한 인간이 정당한 위치를 갖는다는 데 있다"며 각 개인이 국가권력에 종속되어서는 안 된다는 입장을 분명히 했다. 랑케가 민족국가의 가치에 대한 역사적 의미를 강조한 것은 개인을 '정치적 인간'으로 만들고 있는 것 같지만 이는 공적 안녕을 위해 개인적 특성을 기반으로 한 공동체의 참여를 말한 것이다. 랑케의 국가관은 그리스의 민주주의 정치철학에 근거하고 있다. 예컨대 랑케는 아리스토텔레스의 인간에 관한 정의를 인용하여 국가를 설명하고 있고 또 플라톤의 『정치학』 4장에서 언급한 바와 같이 국가는 개별인간의 각기 다른 능력에 따라 각각에 맞는 기능을 부여하는 것이라고 말한다. 즉 공동체의 장점은 국가의 정신에 따라 이 모든 것을 자율적으로 발휘되도록 도와주는 것에 있다는 것이다.[353]

결국 민족정신의 실체인 국가는 국민의 애국심과 민족공동체의 정신 속에 존재하며 이 안에서 끊임없이 진보한다. 이렇게 역사적으로 진보한 민족국가는 민족정신에 의하여 끊임없이 국가의 이념을 재생산하여 발전을 거듭한다. 이처럼 랑케의 실증주의 역사관은 민족과 국가의 개념을 통해 역사의 본질과 발전의 원동력을 설명하고자 했다. 따라서 랑케의 실증주의 역사관은 민족과 국가를 특수화시키고 개별화 하여 민족국가를 역사의 주체로 삼았다. 이러한 관점에서 보면 랑케의 실증주의 사학은 철저하게 민족주의적 역사관에 기초하고 있다는 것을 알 수 있다. 물론 랑케의 역사관은 역사의 보편적이고 절대적인 가치를 개별화 시켜서 보편적 세계사와 개별적 민족의 역사를 서로 상대적인 관점으로 바라보게 했다. 그러나 이러한 개별적인 민족의 역사는 각기 다른 별개의 진보과정을 겪는

---

353 랑케, 「정치 대담」, 윗 책, 150-155쪽

것이 아니라 서로 연관성 을 맺고 서로 영향을 주고받으며 발전한다.

랑케는 이러한 개별적인 역사를 "모든 시대는 신에 직결 된다"고 설명함으로써 각 민족의 개별적인 역사 속에서 세계사적인 보편성을 찾았던 것이다. 즉, 신은 모든 시대의 각각 민족의 역사에 개별적이고 특수한 가치를 부여하기 때문에 각각의 시대마다 각 민족의 개별적 역사는 보편적 가치를 지니고 있다. 그러므로 역사는 단순히 과거를 보기 위한 거울이 아니라 현재와 미래를 봄으로써 신의 섭리를 이해하는 것이다. 말하자면 민족국가는 단순히 과거의 역사적 의미만을 지니고 있는 것이 아니라 현존하는 실체적 존재이다. 랑케는 다음과 같이 말한다.

> "형식적인 것과 현실적인 것을 구분해야 한다. 형식적인 것은 보편적인 것이고 현실적인 것은 특수한 것, 생동하는 것이다. 개인의 자유를 제한하는 국가체제는 필요할 수 있지만 살아있는 현실적인 것이 아니다. 국가를 보편적인 것 속에 포함된 한 부분이 아니라 국가가 자체적으로 생명력을 가진 개체이다."[354]

여기에서 알 수 있듯이 랑케는 국가를 살아 있는 현실적인 개체로 파악했다. 따라서 국가체제라는 것은 민족의 역사가 만들어낸 현실적인 존재이다. 또한 국가원리는 추상적인 개념이 아니라 실질적으로 현재에서 살아 움직이는 실체적 개념이다. 따라서 국가원리는 모든 형식적인 체제를 현실적으로 작동하도록 해주는 동력이다. 그렇다면 국가 체제가 이처럼 생동하는 현실성을 갖기 위한 다양한 정신적 실체는 무엇인가.

첫째는 자연 상태에 있는 개인들이 상호계약에 의해 사회를 하나로 통합하고 둘째 이 통합의 구성물인 공동체 속에 포함된 각각 개인들은

---

354 랑케, 「정치 대담」, 윗 책, 126쪽.

자신의 권력을 합의에 의해 개인이나 혹은 다수에게 위탁한다. 이렇게 국가는 개개인들의 종합체이다. 그러므로 국가와 개인은 상호 별개가 아니다. 국가는 각 개인의 권리를 보호해 줘야 하며 개인의 권리는 곧 국가권력의 원천이다. 또 국가는 각 개인의 권리를 보호해 주는 특수한 장치이기 때문에 민족과 국가는 각각 별개로 분리될 수 없는 하나로 일치된 존재인 것이다. 따라서 민족국가란 외형적인 체제에 속에 존재하는 것이 아니라 민족이라는 정신적 의식 속에 존재한다.[355]

궁극적으로 국가는 민족의 변형이며 독립성을 갖고 독자적으로 발전하며 또한 국가는 공동체로 구성되어 있기 때문에 도덕적 에너지를 통해서만 유지된다. 만일 이 힘이 없으면 국가는 독립적으로 발전하지 못하고 결국 다른 강국에 지배당한다.

이같이 국가의 경쟁이 민족정신에 따라 그 승패가 결정된다고 생각한 랑케의 국가론은 역사적으로 현실성을 갖고 있다. 특히 유럽 강국들의 제국주의 패권이 확장되어 가고 있던 19세기 독일의 현실 속에서 랑케가 제시한 민족국가론은 대단히 현실적이었다. 이는 왜 랑케가 국가를 현실적으로 살아 움직이는 실체로 표현했는지를 분명하게 설명해 준다. 민족국가의 자주적인 발전은 곧 무력이 아니라 애국심과 민족정신에 의해서만이 가능하다. 역사적으로 살펴보면 독자적으로 발전해온 민족국가들만이 세계 속에서 한 위치를 차지해 왔고 이러한 개별적인 여러 민족의 역사가 곧 보편적인 세계사를 이루어 왔다. 랑케는 많은 문헌과 사료를 살피면서 발견해낸 역사적 사실들을 엄밀히 분석하고 해석하여 민족과 국가라는 현실적 과제를 해결해 줄 실증적인 역사적 담론을 발견해 낸 것이다. 사실상 랑케는 국민들을 현명하고 선한 존재로 보기보다 국가를 위대하고 강하게 인식했다.[356] 왜냐하면 민족의 자주적인 독립국가 만이

---

355 랑케, 「정치 대담」, 윗 책, 132쪽.
356 랑케, 「정치 대담」, 윗 책, 136-137쪽.

세계사의 한 부분을 차지하며 인류의 보편적 역사발전의 주역이 될 수 있기 때문이다.[357] 물론 랑케는 국가의 자주적인 독립을 쟁취하기 위해서 군사력 혹은 경제력 등 국가의 힘이 필요하다는 것을 인정했지만 그렇다고 그는 전적으로 이러한 국가의 힘을 강국조건으로 설정하지 않았다. 인간의 본성은 평화적인 욕구에 의해서 그 효력을 발휘하게 된다.

　세계사적으로 중요한 국가들은 고유한 원리에 의해 실현된 힘을 바탕으로 강국이 되었다. 국가의 고유한 원리에 의해 실현된 힘은 정복과 지배라는 목적을 두지 않고 오직 민족의 방어와 평화를 지키기 위해 활용된다. 민족의 정신적인 힘은 민족의 고유한 역사화 문화의 전통 속에서 나온 것이기 때문에 그 자체가 곧 민족국가의 힘이다. 랑케의 민족국가론에서 제시한 강국의 힘은 결국 무력이나 경제력 등이 아니라 민족정신 그 자체인 것이다. 인간의 정신은 항상 독립적인 공동체의 주권과 민족의 평화를 추구한다. 랑케가 보편적인 세계사 속에서 개별적 민족의 역사가 중요한 위치를 차지하고 있다고 본 까닭이 바로 여기에 있다.

　독립적이고 자주적인 국가는 그 민족의 고유한 역사적 생명력을 지니고 있어서 스스로 문화를 창조하며 발전해 나간다. 그러나 국가에 대한 개개인의 애정과 헌신적인 봉사와 기여는 어디까지나 자발적이어야 하지 이를 국가 이름으로 강요해서는 안 된다. 국민의 애국심과 자발성은 그래서 도덕적이고 에너지이다. 이 도덕적 에너지를 억제하고 강제로 만들어 가는

---

[357] 이런 랑케의 국가원리는 종종 자발적인 군사국가로 인식하여 식민주의 지배를 정당화 시켜주는 원리로 이용되기도 했다는 점을 주의할 필요가 있다. 김헌기, 윗 글, 279쪽. 이점에 대해 차크라바르티는 서구의 식민주의적 지배의 원리를 제공하는 것으로 역사주의를 비판한다. 강국의 후진국가의 지배를 정당화한 이러한 이론은 랑케의 보편적인 세계사 개념에 따라 각 민족의 역사발전의 위계를 설정하고 강국의 식민지배 논리에 적용되었다. Dipesh Chakrabarty, *Povincialzing Europe : Postcolonial Thought and Historical Difference* (Princeton : Princeton Univ., Press, 2007), 참조.

국가는 결코 평화를 추구하지 않는다. 제국주의 의 패권은 필연적으로 개개인들의 자발성이 아닌 강요된 도덕적 에너지를 수반한다. 문제는 이 도덕적 힘이 무너질 때 민족의 정체성도 함께 무력화된다는 점이다. 따라서 국가권력은 국민 모두가 국가체제에 자발적으로 참여할 수 있도록 도덕적인 정치적 통일성이 반드시 이뤄져야 한다.[358]

그러므로 무엇보다 민족국가의 발전을 위해 국민의 자발적인 도덕적 에너지를 불러일으킬 수 있는 국가원리를 수립하는 것이 중요하다. 그래서 랑케는 국가이념이 모든 국민 개개인을 사로잡게 되면 각 개인이 국가의 정신생활에 대해서 스스로 느끼고 자신을 국가 전체의 한 구성원이라는 것을 인식하게 될 때 비로소 민족 전체에 대한 애정을 갖게 된다고 말한다.[359] 그래서 이 애국주의는 국가위기에 대비하여 일상적으로 육성되어야 하고 일상에서 늘 작동하는 일반원리가 되어야 한다. 또한 국가 공동체에 자발적으로 참여하는 것이 곧 개인의 특성을 발전시키는 일이다. 민족이란 공동체, 혹은 민족국가가 존재해야 각 개인적 삶의 실체가 유지될 수 있다. 특히 통치자 역시 가장 능력을 갖춘 인물 가운데 민족 전체가 참여하여 선출돼야 한다. 이렇게 탄생된 건강한 정치는 국가의 모든 구성원을 충족하게 된다. 이상과 같이 랑케의 국가관과 민족의식은 별개의 존재가 아니라 동일한 것이다. 국민 개개인의 자발성에 의해 생동하는 민족국가는 끝없이 진보해 나가며 결국 민족정신은 국가의 원리이며 정치이념으로 작용하게 된다.

---

358 이러한 역사적 사실들은 로마제국 그리고 중세 기독교 보편사회가 보여준 폭력성 또는 19세기 유럽 강국들의 제국주의 정책 등에서 살펴 볼 수 있다. 1016년 마이네케는 제1차 세계대전의 유럽 긍대국들의 패권 투쟁을 경험하고 랑케의 역사사상이 입증되는 것을 보았다. 1941년 즐빅(Srbik)은 "거대한 전환을 겪고 있는 유리 시기는 랑케의 정치사상의 깊은 면을 이전보다 더 많이 입증해 주고 있다."라고 밝혔다. 이상신, 역자 서문, 랑케『강대세력들, 정치대담, 자서전』, 20쪽.

359 랑케,「정치 대담」, 윗 책, 147-149쪽.

그러므로 무엇보다 국가와 민족은 랑케의 실증주의 사학에서 역사연구의 일차적인 주제가 되었다.[360] 그러나 랑케의 역사연구의 기본적인 단위로서 국가의 개념은 역사적인 단위만이 아니라 보편적으로 나타난 것들도 포함하고 있다. 그러므로 다른 민족들의 활동에 대한 탐구는 그들의 정치적 관점에서 바라봐야 한다.

결론적으로 말하면 랑케의 국가에 대한 정의는 민족과 인간이다. 이러한 관점에서 민족은 인간의 유기적 조직체이며 이것을 통해서 그 민족의 보편적 역사를 전체로서 파악되어야 한다. 국가는 민족적 유기체이고 민족의 역사는 민족원리에 의해 발전하기 때문에 민족과 국가는 분리될 수 없는 완전한 인간의 결합체이다.[361]

지금까지 살펴 본 바와 같이 랑케의 실증주의 사학은 민족주의를 바탕으로 한 근대 국민국가의 산물로 탄생되었다. 근대 국민국가는 국가와 민족을 결합하여 역사적으로 정당성을 확립할 필요성이 있었고 이에 따라 대학에 역사학과가 설립된 것이다. 따라서 랑케의 실증주의 사학은 국가와 정치, 그리고 민족과 밀접한 관계 속에서 생겨난 것이라고 결론지을 수 있다. 그는 조국인 프로이센의 당시 정치적 사회적 여러 상황 속에서 독일의 정치인들과 지식인 그리고 일반 서민들까지 독일민족의 통일과 강국으로의 열망에 부응하여 독일 민족정신을 위한 실증적인 독일민족의 역사를 서술하고자 했다. 이처럼 랑케에게 있어서 실증주의 사학은 애초부터 민족과 국가를 기초로 하여 탄생된 것이다. 물론 이러한 랑케의 실증주의 사학은 정치의 도구로 이용되어 역사주의 위기를 불러일으키기도 한 사실도 상기할 필요가 있다.[362]

---

360 Georg G. Iggers, *Historiogrphy in the Twentieth Century*, 30쪽.
361 따라서 Leonard Krieger, *Ranke : The Meaning of History* (Chicago : The University of Chicago Press, 1977), 19-20쪽.
362 Georg G. Iggers, 윗 책, 31-35쪽. 이러한 랑케의 실증주의 사학에 대한 국내 연구는

## 9) 실증주의 사학의 해석 : 역사의 특수성

역사에서 특수성은 필수적인가? 이 문제는 역사서술에서 보편성과 관련하여 항상 논쟁거리였다. 랑케의 역사관에서 강조된 특수성도 보편성과 따로 떼어서 설명될 수 없듯이 실증주의 사학은 이 두 문제를 어떻게 조화를 시켜야 하는 과제를 안고 있다. 물론 랑케는 보편성에 대해 오직 특수성과 관련하여 인식될 수 있다고 하지만 보편성 그 자체는 독립적이라기보다 역사의 개체 속에서 나타나는 결과물이다. 개체들은 상호 밀접하게 연결되어 서로 영향을 주고받는다. 예컨대 국가, 민족, 문화, 관습, 이념, 제도 등 여러 개체들 속에 역사의 특수성이 내포되어 있고 이 개체들은 내부에서 작용하면서 외부의 영향을 받아 완성되어 간다.

랑케의 역사서술에서는 이와 같이 항상 새로운 대립과 종합이라는 양극성을 수반한 창조적 힘을 보여주고 있다. 로마인들은 알렉산더 후계자들과 마찬가지로 유대인들의 강력한 적이었다. 로마제국 시기에 유대인들로부터 세계종교 즉 거대한 세계사적 보편성이 발생했다. 유대인들의 종교는 민족적인 특수성을 띠고 있지만 로마와 그리스라는 또 다른 개체들의 영향을 받아 대립과 종합을 거쳐 민족의 종교가 아니라 세계의 종교인 기독교가 탄생되었다. 기독교라는 세계 보편종교는 로마제국의 정복으로 인해 동방적 요소들이 수용하면서 유대종교에서 벗어났다. 랑케의 이러한 역사서술은 로마가 출현시킨 역사적 창조물에 대해 첫째, 하나의 보편적 세계문화, 둘째, 로마법을 보편적 법으로 완성, 셋째, 군주제적 체제의 형성 및 이와 관련하여 강력한 행정의 형성 넷째, 기독교 교회의 지배권 완성으로 설명하고 있다.[363]

---

김기봉, 「랑케의 wie es eigentlich gewesen 본래 의미와 독일의 역사주의」, 『호서사학』 39집 (2004), 125-160쪽을 보라.

363 랑케, 『근세사의 여러 시기들에 관하여』, 54쪽.

이처럼 역사에서 다양한 민족들의 요소들이 결합되어 새로운 역사가 탄생하는 바와 같이 랑케는 여러 민족의 전체 생활을 포괄하는 세계사 서술을 모색하면서 역사를 통일적으로 파악하고자 했다. 물론 랑케가 역사를 통일적으로 파악하고자 한 것은 그의 역사서술의 특징이지만 게르만 민족의 역사와 문화의 기초로 로마제국의 역사를 설정한 것은 랑케에게 게르만 민족과 라틴 민족의 역사가 동일한 성격을 갖고 있었기 때문이다[364]

랑케는 국가, 종교 그리고 모든 인간의 정신적인 요소들을 문화세계에 포함시킨 반면, 랑케의 직접적인 제자였던 부르크하르트는 문화를 국가종교로부터 분리했다. 부르크하르트는 이 세 요소들이 각기 이질적이기 때문에 함께 나란히 할 수 없는 것으로 보았다. 왜냐하면 종교와 국가는 고정되어 있으며 민족에 대해 공통되고 보편적인 의무를 요구한다. 그러나 문화는 본질적으로 자발적이며 각 개개인들에게 그 어떤 의무를 강요하지 않는 인간의 정신적 총체이다.[365] 문화는 자발적으로 창조되며 예술, 시, 철학 학문 등이 여기에 속한다. 그러나 서양문화가 고대 오리엔트로부터 그리스와 로마의 세계에 이르기까지 이어서 로마 및 게르만적 서양세계에 기반을 두고 발전을 해왔기 때문에 부르크하르트와 랑케의 근본사상은 공통부분들이 많다.

랑케는 서양문화에 대해 로마제국과 기독교보다 게르만 민족의 역할을 중점을 둔 반면 부르크하르트는 로마의 그리스문화의 수용에 더 무게를 두었다. 랑케는 이러한 세계사적 흐름이 신으로부터 왔다고 생각한 반면 부르크하르트는 내부, 즉 문화를 창조하는 인간의 자발적인 정신에서 비롯된 것으로 보았다. 그러므로 부르크하르트는 랑케와 달리 문화가 권력과

---

364 Georg G. Iggers, 윗 책, 30쪽.
365 Jacob Burckhardt, *Weltgeschichtliche Betrachtungen*. Erläuterte Ausgabe; Herausgegeben von Rudolf Max, (Stuttgart: Alfred Kröner, 1963), 57쪽.

조화를 이루며 신의섭리에 의해 창조되고 발전된 것이라기보다 권력과 문화는 서로 공존, 대립관계 속에서 발전해 왔다는 입장을 취하고 있다.[366] 또 랑케는 국가, 민족, 종교, 제도 등 각 개체성들을 객관적인 정신영역에 속하는 초개인적인 형성물로서 인식하고 이러한 개체성들을 거대한 역사의 진보 속에서 파악했다. 이러한 요소들은 서로 상호 영향을 끼치면서 역사의 발전을 이끌어 가게 되는데 여기에서 랑케는 이러한 객관적인 정신 속에 속하는 초개인적인 형성물에 의하면 역사적으로 인간이란 어떤 의미를 지니고 있는가라고 묻고 있다. 예컨대 국가와 민족, 혹은 종교와 문화를 통해서 볼 때 게르만 민족은 무엇인가라는 것이다.

그렇다면 대체 문화란 무엇인가, 또 문화는 세계사적 발전 속에서 어떤 의미를 갖고 있는가. 이 물음에 간하여 랑케는 『세계사』 제1권의 서문과 제8권의 서론에서 문화의 본질이란 불완전 논리적으로 설명하기 어렵다는 점을 지적했다. 문화란 종교적 생활, 국가 생활, 법과 인간사회의 기초를 포괄한다. 그러므로 랑케는 일단 습득되면 절대로 소멸되지 않는 지식의 일체, 한 세기로부터 다른 세기로 전달, 계승되는 기예, 즉 기술까지 문화에 포함시키고 있다. 이러한 문화가 민족의 흥망성쇠 속에서 어떻게 유지되고 계승될 수 있는가라는 것을 밝히는 것이 그의 세계사적 과제였다. 이점에서 대해 랑케는 세계사에서 민족의 정치적 운명이 문화의 발전과 소멸을 결정짓는다고 말한다. 여기에서 문화와 정치라는 두 장르의 작용을 서로 결합시킨 랑케의 이 논리 속에 이중적인 모순이 나타난다. 즉, 문화가 국가의 정치적 힘에 의해 발전하는 존재라고 설명하면서 이에 관련된 역사서술에서는 문화를 자발적인 창조물이며 국가의 힘을 생성한다고 말한다. 이 설명은 서로 상반된 모순이 드러내고 있는데 랑케는 국가를 문화영역에 포함시키면서

---

366 이에 대해 Friedrich Meinecke, *Vorträ und Schriften*, Heft 27 (Berlin : Akademie-Verlag, 1948)를 참조. 본문은 차하순 편저, 윗 책을 참고 했음.

권력투쟁을 문화를 위한 노력과 본질적으로 다르게 인식하고 있다. 예컨대 문화의 발전을 세계사의 유일한 내용이 아니라고 본 이 사상은 랑케가 세계사를 인류진보의 문화화 과정으로 파악한 계몽사상의 보편사와 역사철학과의 차이성을 보여주고 있다.[367]

권력은 정신적인 요소이며 문화와 가까운 관계를 갖고 있다. 사실상 국가를 정신적인 요소라고 본다면 국가는 문화에 가깝다. 그럼에도 불구하고 랑케는 국가와 문화를 각각 독립된 개별로 보고 국가권력과 문화를 분리시켜서 이 둘을 별개로 기술했다. 랑케는 이러한 문화와 권력의 관련성에 대해 설명하면서 이 모순성을 어떻게 극복했을까. 이에 대해 랑케는 국가와 문화를 하나의 개념으로 압축하여 하나의 통일체로 파악했다.[368]

말하자면 랑케의 통일체 개념은 인간의 정신이 추구하는 종교, 예술, 철학 등 형이상학적인 요소들로부터 일상의 모든 생활방식이나 생활도구 등 형이하학적 요소까지 포함하고 있다. 랑케는 역사에서 인간의 일체의 모든 것들을 곧 문화로 정의하고 문화를 국가와 분리된 요소가 아니라 역사의 통일체인 전체로 인식했다.[369] 또한 랑케는 권력 안에도 정신적인 요소가 있기 때문에 권력은 문화에 속한다는 것이다.[370] 즉, 문화의 영역인 민족정신이

---

[367] 랑케는 "세계사는 한 눈에 알아 볼 수 있는 것처럼 국가들과 민족들의 사이에 우연히 발생된 혼란스런 공격, 중첩된 기습, 연속된 원인들이 제시되지 않는다. 흔히 회의가 드는 문화의 촉진도 역시 세계사의 유일한 내용도 아니다. 그것들은 힘이며 정신적인 생명을 불러일으키는 창조적인 힘들, 생 그 자체이다"라고 말한다. 랑케, 『강대 세력들』, 102쪽. 이에 대한 물락의 설명은 Ranke, *Die großen Mächte-Politisches Gespräch mit einem Nachort von Ulrich Muhlack*. 195쪽.을 몰 것.

[368] Leonard Krieger, 윗 책, 20쪽. 특히 이러한 그의 역사이론의 한계에 대해 이 책 제3장을 참조하라.

[369] 랑케의 역사 서술에서는 역사적 사건의 정치적 측면이 지배적이라고 말하지만 동시에 문화요소가 제 민족의 운명의 흥망성쇠 속에서 어떻게 유지되고 전파될 수 있는가 하는 것도 세계사적 사건으로 인식하고 있다. 랑케, 『강대 세력들』, 윗 책, 103-104쪽.

[370] 랑케는 이 도덕적 에너지는 정의될 수 없는 추상적 개념으로 관조할 수 있고 인지할 수 있는 것이다. 이 도덕적 힘들은 꽃을 피우고 세계를 수용하여 가장 다양하게 표현되며

국가와 권력을 생성한다는 이치이다.

 그렇다면 랑케는 어떻게 역사를 서술해야 한다고 생각했는가. 먼저 랑케의 역사서술의 방법론과 특징은 사료비판을 통해 얻은 결과물로 객관적인 관점으로 역사를 서술한다는 데 있다. 이러한 역서서술의 방법론에 따라 랑케는 유럽의 여러 민족국가 역사를 토대로 보편적 세계사를 기술하려 했다. 나아가 종교적 이념에 입각하여 정치사, 역사주의적 사관을 수립했는데 구취(G. P. Gooch)는 다음과 같이 랑케의 역사 방법론에 대해 설명한다.

> 랑케는 근세의 최고 역사저술가였다. 그 이유는 단지 그가 자료에 대한 과학적 연구를 창시했고 또 비견할 데 없을 정도로 공정한 정신을 소유했기 때문이 아니라 그의 연구 능력과 기나긴 생애 때문에 어느 역사가보다 더 많은 최고의 저술을 창출할 수 있었다는 데 있다. 그는 유럽에서 독일 학문을 최고의 것으로 만든 역사학의 괴테이요, 지금의 우리 모두의 스승으로 남아 있는 것이다.[371]

 랑케의 역사서술의 특징은 사실중심의 서술과 객관적인 시각, 그리고 국가, 민족의 역사와 세계사적 이념이 상호 보완되고 있다는 점이다. 그래서 랑케의 역사서술은 사료와 문헌을 엄격하게 고증하고 비판하여 역사를 서술하며 동시에 '신의손길'이라는 종교적 관념에 의한 보편사관에 기초하여 역사의 개별성 이론을 뒷받침하고 있다. 열강들의 침략과 정복으로 인하여 고취된 독일의 민족주의 정신에서 랑케의 역사관의 특징을 살펴 볼 수 있다.[372] 이에 대한 랑케의 회상을 보자.

---

 문학도 이와 같다는 것이다. 랑케, 「강대 세력들」, 102쪽.

371 G. P. Gooch, *History and Historians in the Nineteenth Century*, (London : Forgotten Books , 2010), 97쪽.

372 이 사건들이 랑케에게 역사연구자로 들어서게 한 요인이었다. Theodore H. von Laue, *Leopold Ranke : The Formation Years*, (Princeton : Princeton University Press,

"우리가 구독하고 있던 라이프치히 신문을 통해서 나폴레옹의 전쟁 소식을 알게 되었다. 그것은 우리의 마음속에 환상으로 가득 채워 넣어주었지만 그러나 동시에 우리를 현대사 속으로 끌어넣었다. 나폴레옹 전쟁 소식은 결코 넓은 범위에 미치지 않았지만 우리 작센 수도원 안에서는 확실히 세계사적 사건으로 우리의 마음을 움직여 놓았다. 매우 다른 시기에서 생생한 순간들이 젊은 마음속으로 들이 닥쳤고 그 중에서 가장 고귀한 것은 고대 세계로부터 얻은 기억들이다."[373]

특히 랑케의 학문적 흥미는 고대에 관한 관심으로부터 시작했다. 그의 관심 대상은 주로 그리스와 로마의 시인들과 작가들이었으며 이후 사상가들까지 관심의 폭을 넓혀 갔다.[374] 또한 그의 역사관에서 '신의 섭리'는 목사 집안에서 태어나 종교 개혁가인 루터의 출생지에서 성장하면서 어린 시절부터 수도원 학교의 기독교 교육에 기반을 두고 있다. 그가 가장 즐겨 읽었던 성경은 신약보다 구약의 시편이 훨씬 많았다. 그에게 구약성서의 역사서는 항상 새로운 흥미를 느끼게 해주었다. 랑케는 "구약의 역사서는 호메로스의 시들이 지닌 것과는 완벽하게 구별되는, 그러면서 가까이 놓여 있는 지평선이었다."며 "이것은 후세의 모든 교양이나 관념들의 배경이거나, 더 나아가 이들의 기반이 되었다"고 회고했다.[375] 이후 랑케의 역사에 대한 관심은 초기 고대에서 점차 게르만 세계로 옮겨갔다. 그가 중세 이후의 시대에 관심을 갖게 된 계기는 휴고 그라티우스(Hugo Grotius)가 모은 소위

---

1950), 19쪽. 나폴레옹과 전쟁에 대해 랑케의 자서전에서 다음과 같이 회상하고 있다.
373 랑케, 「자서전」, 윗 책, 184-185쪽.
374 랑케, 「자서전」, 윗 책, 194-195쪽.
375 랑케, 「자서전」, 윗 책, 195쪽.

민족이동 시대 및 그 이후에 관한 기록을 읽고 나서였다. 그 당시 랑케는 이렇게 회고하고 있다.

"나에게 전적으로 새로웠던 것은 그리스 역사가들이 로마사에 관해 서술한 것이었다. 그 다음으로 나는 라틴어의 도움으로 중세시대로 넘어 갔다. 나는 모든 편람서들을 무시하고 휴고 그라티우스가 발간한 중세 라틴 역사가들의 작품은 고트족과 랑고바르드족에 관한 개념을 처음으로 알려주었다. 도서관은 많은 게르만 연대기들이 있었다. 여기에서 나는 독일 황제권을 알게 되었다. 중세 후기에 관해서 나는 옛 프랑스의 자료들을 발견했다. 나의 모든 관심은 15세기와 16세기 초의 시기들을 일깨우는 것이었다."[376]

랑케는 보편에 대한 개별, 제국주의 지배에 대한 민족국가의 역사를 자신의 학문적 탐구의 목적으로 삼았다. 랑케의 표현에 따르면 이 말은 보편적 지배에 대립한 특수한 생활, 국가 발전의 내적 여러 조건들을 의미한다.[377] 『1495년부터 1514년까지 라틴 제민족과 게르만 제민족의 역사』의 서문에서 랑케는 "라틴 및 게르만 민족들의 역사와 이들 민족의 통일에 관련된 역사를 기술하려고 한다. 역사는 과거를 판단하는 임무를 부여받았으며 미래를 위하여 우리의 시대를 가르칠 의무가 주어졌다. 이 저서는 이 같은 고상한 의무를 열망한 것이 아니라 과거가 실제로 어떠했는가

---

376 랑케, 「저서전」, 윗 책, 217-218쪽. 1820년부터 독일에서는 민족주의 열풍에 의해 『게르만 역사 문헌집』의 편찬이 시작되었다. 이 작업은 제1부 중세 게르만족 연대기와 역사서술을 수집한 것이 바로 '게르만의 연대기'들이다. Theodore H. von Laue, 윗 책, 19쪽.
377 이러한 역사관에 입각하여 랑케는『1495년부터 1514년까지 라틴 제민족과 게르만 제민족의 역사』를 서술하게된 것이다. 이 저서는 랑케가 10대 소년시절부터 가졌던 역사에 대한 관심의 결과물이다.

(wie es eigentlich gewesen)를 보여 주길 바랄 뿐이다"라고 밝혔다.[378] 랑케는 이 책 서문에서 사실적인 역사 서술의 중요성을 다음과 강조하고 있다.

> "이 책의 기반이 된 문헌은 회상록, 일기, 서간, 외교문서 그리고 목격자들의 이야기이다. 그 밖에 저작들은 오직 위의 자료에서 직접 끌어왔을 경우에만, 그리고 본래의 내용과 비견되는 것으로 생각될 경우에만 활용되었다."[379]

이와 같이 랑케는 라틴과 게르만 민족을 하나로 보고 이 두 민족의 역사를 객관적이고 정확한 사료를 바탕으로 서술하고자 했다. 무엇보다 특수성에 대한 이해를 통해 민족의 역사를 기술하고자 했던 랑케는 보편적인 기독교세계, 유럽의 통일성 등 세계사적 보편성이 아니라 민족의 특수성, 곧 라틴과 게르만 민족의 통일성에 대해 연구의 초점을 두었다. 왜냐하면 그는 라틴과 게르만 민족의 역사가 근대역사의 핵심이라고 여겼기 때문이다.[380]

무엇보다 역사적으로 민족국가와 문화의 발전을 저해해 온 유럽 기독교 보편세계관이 모든 인간의 상상력을 억제하고 탄압해 왔다. 이로 인해 로마 가톨릭교회와 같은 보편교회, 그리고 보편국가가 유럽에서 오랫동안 군림해 오면서 각 민족의 특수성을 훼손해 왔다. 랑케의 관점에서 이러한 보편적 개념이 민족의 관계를 넘어서 세계를 지배할 수 있다는 생각은 위험한 것이다. 그동안 유럽의 역사에서 보편적 개념이 야기한 많은 위험성이

---

378 Ranke, *The Theory and Practice of History*, ed., Georg G. Iggers, 86쪽 ; Peter Gay and Victor G. Wexler eds., *Historians at Work,* vol., 3 (New York : Harper and Row, 1972), 16쪽.

379 Ranke, *The Theory and Practice of History*, ed., Georg G. Iggers , 86쪽.

380 Fritz Stern ed., Selcted and Introduced, *The Varieties of History : From Votaire to the Present* (New York : A Division of Ranndom House, 1973), 56쪽.

드러나지 않았던가. 예컨대 중세 유럽에서 일어난 기독교 보편성으로 인해 평화로운 발전이 둔화되고 민족이 국민국가로 발전되지 못했다. 오히려 보편적 세계관이 유럽을 방황, 불안, 공포란 속성을 가진 고딕적인 음산함을 통해서 문화가 쇠퇴하는 결과를 초래했다.

결국 여러 민족의 개혁가들이 들고 일어나서 보편교회와 보편국가의 이념을 공격하게 되었으며 바로 이러한 움직임이 르네상스와 종교개혁 그리고 그 뒤를 이어 종교전쟁으로 분출되었다. 이 시기에 국가이념은 유럽 여러 민족의 자의적인 지배원리로 표출되었다. 랑케에 따르면 이 민족 지배원리는 특수한 역사적 운명을 가진 특정한 민족을 형성했고 민족의 에너지를 동원하여 민족교회와 국가를 건설하게 했다.[381] 그러므로 민족의 역사를 서술할 때 그 민족과 문화의 특수성을 고려하지 않으면 안 된다.

특히 민족의 통합과 민족국가 형성에 대해서는 반드시 특수성을 고려해야 이해될 수 있으며 각 민족의 통일성, 다양성을 통해 나타난 사건들은 보편에서 특수가 아니라 특수에서 보편으로 진행해 나가는 역사적 움직임에 의해서만 알 수 있다.[382] 랑케는 이러한 역사의 특수성에 대한 연구를 통해 라틴 및 게르만 민족의 역사적인 통일성을 밝히려 했다. 물론 랑케의 역사연구의 태도는 근대 서유럽의 문화에 대한 우월감과 독일 민족주의가 전제되어 있다. 그의 역사서술은 민족역사의 특수성의 객관적인 사료를 바탕으로 하고 있기 때문에 문학처럼 허구와 상상이 동원되지 않았다. 말 그대로 그의 역사서술은 고대 희랍의 고전과 구별된 객관적이고 실증적이며 사실적인 기록이었다. 다음의 인용문은 이점을 분명하게 드러내 주고 있다.

"본 저서의 기초 또는 그것의 자료 원천은 회고록, 일기, 편지, 외교문서

---

381 화이트 헤이든, 『메타역사 : 19세기 유럽의 역사적 상상력』, 363-364쪽.
382 화이트 헤이든, 윗 책, 352쪽.

그리고 목격자들의 실제 이야기 등이며 다른 자료들을 인용할 경우 위와 같은 원래의 사료로부터 직접 유래된 것이거나 사실적인 면에서 본래의 사료와 다름없는 것들이다."[383]

랑케가 역사적 사실 그 자체를 있는 그대로 규명하는 것을 역사가의 의무라고 생각하게 된 계기는 역사소설의 영향이었다. 1823년에 발표된 스콧(Sir Walter Scott)의 프랑스 왕 루이 11세의 군무에 종사했던 스코틀랜드인 궁술가의 얘기를 다룬 역사소설『퀜틴 더워드 *Quentin Durward*』의 내용은 프랑스 루이 11세 시대 프랑스 역사의 가장 중요한 사료로 평가받고 있던 필립 드 콩멘느(Philippe de Commines)의『회상록(*Mémoires*)』과 비교해 볼 때 역사적 사실과 큰 차이가 있었다. 이런 점들을 발견한 랑케는 다음과 같이 회상하고 있다.

"나는 비교 검토하는 작업을 통해 역사적으로 전승된 것들이 낭만적인 허구보다 더 아름다운 것이며 어떤 경우엔 더 흥미가 있다는 점을 확인했다. 그래서 나는 어디까지나 고안해 낸 것, 꾸며낸 것 등 허구를

---

[383] Fritz Stern, 윗 책, 57쪽. 그러나 랑케의 이러한 역사 서술의 객관성과 사실성을 추구하면서도 하나님의 손길이라는 신학적인 형이상학적 주관성을 배제하지 않고 있다. 에 대해 그는 다음과 같이 말한다. "하나의 숭고한 이상(理想)이 실존한다. 역사의 사건은 이상에 대한 인간의 이해와 통일성 그리고 다양성 속에서 발생하는 것이다. 나는 내가 본 저서에서 그와 같은 이상에 얼마나 미치지 못했는가를 알고 있다. …하지만 가장 중요한 것은 우리들이 야고비의 말대로 설명 가능하든 불가능하든 인간성을 다룬다고 하는 것이다. 즉 그것은 개인의 삶, 각 후손들의 삶, 민족의 삶, 그리고 종종 이들에 대한 하나님의 손길을 다룬다." Fritz Stern , 윗책, 57-58쪽. 특히 피치몬스(Fitzsimons)는 이러한 랑케의 주관적인 역사관에 대해 랑케는 실증주의 객관적인 역사를 추구한 것이 아니라 하나님의 섭리라는 주관적인 역사 해석도 추구했다고 분석한다. M. A. Fitzsimons, "Ranke : History as Worship", in *The Past Recaptured* (Notre Dame, Indiana : University of Notre Dame Press, 1083), 148쪽. 따라서 랑케의 이러한 종교적 역사관은 이 세상에서 구현된 실재적 현상은 곧 신적인 이상이다. 즉, 하나님의 섭리는 랑케의 민족주의와 본래의 사실적인 사료에 입각한 객관적인 역사관에서 발견된다. Fitzsimons, 윗 책, 150-151쪽.

피하고 엄격하게 사실에 충실하려는 생각을 굳혔다."[384]

이처럼 랑케는 중세에서 게르만 민족의 뿌리를 찾는 과정에서 스콧에게 배운 바가 많았으나 소설의 허구와 역사의 사실적인 전승을 엄격하게 구분했다. 스콧의 역사소설이 역사적 사실과 다르다는 점을 발견한 랑케는 더 나아가 당시의 대표적 역사서술들 사이에도 많은 다른 점이 존재하고 있다는 사실까지 알게 되었다. 특히 그가 문헌학적으로 사료 비판에 의한 역사 연구방법론을 배운 것은 바로 니부르(Niebuhr)의 『로마사』를 통해서였다.[385]

물론 랑케에게 있어서 자신의 역사연구가 본래 나폴레옹의 이념에 대한 반항의 결과로 시작된 것인 만큼 보편에 대한 개별, 제국지배에 대한 민족국가를 자신의 중점적인 역사연구의 대상으로 삼았다. 랑케의 역사인식은 독일 북부 국경도시인 프랑크푸르트(Frankfurt an der Oder)에 있는 김나지움 교사로 부임하여 이곳에서 고전과 역사를 가르치면서 확립되어 갔다.

그는 고대 시대의 교육과 당시 독일의 교육을 비교하여 볼 때 희랍과 로마교사들은 공적인 일 즉, 국가를 섬기는 일을 학생들에게 가르쳤다는 사실을 알게 되었다. 이리하여 랑케는 교육과 국가 및 민족의 삶은 별개가

---

384 랑케, 「자서전」, 윗 책, 271쪽. Commines는 역사가로서 회상록 방식의 역사 서술의 선구자이다.
385 특히 랑케는 고전 언어학적 비판으로부터 문헌 비평과 자료에 대한 탐구를 배웠는데 이것은 니부르(Barthold Georg Niebuhr)의 영향을 받은 탓이다. 랑케는 니부르의 『로마역사』에서 "첫 번째 독일어 역사 저술이라는 인상을 받았다. 그 속에서 내가 당시까지 어떤 예감도 갖고 있지 못했던 많은 것들이 들어 있었다."라고 회상했다. 랑케, "자서전", 윗 책, 215쪽. 니부르는 코펜하겐 출신으로 킬(Kiel) 대학에서 수학한 후 프로이센 재정 고문이 되었다가 1810년에 베를린 대학이 창설되자 이 대학에서 로마사를 강의했다. 이 강의 토대로 『로마사』를 저술했다. 이 작품은 문헌학적 비판적 방법을 역사 연구에 처음 활용한 것으로서 랑케에게 큰 영향을 미쳤다.

아니라 '하나'라는 점을 인식하고 되면서 역사서술이 곧 민족의 삶이라는 것을 깨닫게 되었다. 그리고 그는 각 시대의 특수성에는 신의 섭리가 있으며 이것이 역사적 보편성이라는 사실도 알게 되었다. 그리하여 랑케는 보편적인 세계사가 각각 역사의 특수성에게 의미를 부여한다고 생각했다.[386]

즉, 랑케는 『1830년대로부터의 한 단편』이란 발췌문에서 세계사에 선험적 이상이 반영되어 있다는 역사철학을 거부하며 처음부터 현재에 이르기까지 세계 여러 민족들은 다양한 형태로 발전해 왔다고 주장한다.[387] 즉 랑케는 인간의 역사에 대한 지식을 사실과 추상으로 구분하고 전자는 역사적 지식이며 후자는 철학적 지식으로 규정했다. 그는 역사탐구와 서술이 단순하게 기억에 의한 사실들의 축적이 아니며 어떤 일반적인 도덕적 원칙이나 관념에 의한 해석도 아니라고 생각했다. 그러므로 랑케는 특수성에 대한 연구와 관찰로부터 보편적인 관점으로 이르게 된다고 생각했다. 이것이 역사에서 객관적인 지식이다.[388]

역사가란 특수에 참여하고 보편을 향해 나아가면서 역사적 사실에 대한 보편적인 것에 이르러야 하지만 철학자들처럼 그 어떤 사상이나 관념을 가져서는 안 된다. 객관적 관점에서 역사가는 역사의 특수성을 탐구하게 되면 일반적인 세계의 보편성을 발견하게 될 것이다. 그러나 이 역사적 세계진보는 여러 시대를 지배하는 보편적 개념이 아니다. 보편성은 독특하고 특수한 개별성과 관련을 맺고 있기 때문에 개별적인 민족의 역사는 다른 민족의 역사와 관계를 통해 보편적 세계사를 이루어 간다. 그러므로 보편사는 각

---

386 Fitzsimons, 윗 책, 151-152쪽. 랑케는 크세노폰(Xenophon)의 『그리스사(Hellencia)』에서 호메로스와 헤로도토스의 세계 파악에 연결된 신지학(Theosophie)적인 접근을 알게 되었고 이것을 통해 실증적, 종교적인 관조 방식으로 더욱 강화되었다고 말한다.

387 Ranke, "On the Relation of History and Philosophy" (A manuscript of the 1830s), *The Theory and Practice of History*, ed., Georg G. Iggers, 5-7쪽.

388 Fritz Stern, 윗 책, 58-59쪽.

민족들과 국가들과 관계에 초점을 두기 때문에 보편사는 세계사가 아니라 역사 속에 서로 역동적으로 교류하고 있는 각 민족의 역사이다.[389] 이러한 역사적 관점에서 랑케는 특수성이 보편성을 움직이게 하는 에너지 즉, 정신적인 힘(도덕적 에너지)이 역사 속에 존재하고 있다고 믿었다.

> "그 어떤 국가도 하나의 정신적인 기반과 하나의 정신적인 실체가 없이는 존립한 적이 없었다. 국가 권력 안에도 하나의 정신적인 실체 혹은 본래의 천재성이 있으며 이는 그것 자체의 생명을 지니고 있다. 그리고 자체의 고유한 조건들을 성취하며 그 자신을 위하여 자체의 영역을 창조한다. 역사의 과제는 어떤 사상이나 어떤 말로 특징 지워질 수 없는 이와 같은 정신적인 것의 생명에 대한 관찰이다. 세계 속에서 그 자신을 나타내는 정신은 세계 어느 한 곳에 국한되지 않는다. 그 정신의 현실적인 존재는 세계 도처로 확산되며 그 안에는 어떤 우연도 없고 그 현실적인 존재는 만유 안에서 근거하고 있다."[390]

이와 같이 랑케는 역사의 특수성에서 보편성으로 나아가면서 정신적인 실체, 즉 정신적인 힘을 발견하고 있다.[391] 이점이 랑케의 실증주의 사학의

---

389 Rake. "Preface to Universal History", *The Theory and Practice of History*, ed., Georg G. Iggers, 102-104쪽.

390 Fritz Stern, 윗 책, 60쪽에서 인용.

391 헤겔은 역사를 결정하는 주요 요인으로 민족정신(Volksgeist), 세계정신(Weltgeist), 그리고 절대정신(Das absolute Geist) 등 '정신적 세력들'을 강조하고 있다. Patrick Gardiner ed., *Theories of History* (New York : The Free Press, 1959), 126쪽. 그러나 헤겔의 영향을 받은 마르크스는 인간의 가치와 표현 양식은 그 양태에 있어서 시대마다 다르다는 사실을 인식하고 있지만 정신적인 원리나 작용을 부인한다. 따라서 마르크스는 역사 결정론은 유물론적 실증주의가 포함되어 있기 때문에 형이상학적 개념들을 배격하고 있지만 인간의 다양한 삶의 경험과 구체적인 사실만을 인정하는 점에서는 랑케의 실증주의와 일맥상통한다. Mark T. Gilderhus, 윗 책, 46-48쪽. 특히 Owen Chadwick, *The Secularization of European Mind in the Nineteenth*

중심을 이루고 있는데 결국 랑케는 역사가 어떤 철학적인 체계의 통일성이 아니라 역사적 사건의 상호 연관 속에서 발전하는 것으로 파악했다.[392] 말하자면 어떤 특수적인 개별역사가 하나의 조건을 이루면 이에 따른 다른 특수한 개별역사가 생겨나는 일련의 역사적 사건들이다. 역사의 진보는 과거의 필연적 조건의 결과이지만 자체에 의해 스스로 만들어 지는 것이다. 따라서 역사에서 특수성과 보편성은 과거의 필연과 현재의 각 개별적인 민족의 정신에 의해 서로 관계를 갖게 된다. 랑케는 이런 역사관 바탕으로 특수한 역사의 본질과 고유성을 해석하고 이를 서술하여 세계사적 보편성을 추구했다. 결국 각 특수한 개별역사들 관계 속에서 보편사가 이해되는 것인 만큼 모든 민족의 특수한 개별 역사의 종합이 곧 보편사이다.

이렇게 랑케의 실증주의 사학은 엄격한 역사적 사실을 추구함으로써 근대 역사학의 전환점을 이루었다.[393] 이처럼 랑케는 콩트와 달리 역사주의와 신학

---

Century (Cambridge : Cambridge University Press, 1975), 47-87쪽을 볼 것. 마르크스는 역사 발전의 진보적 관점을 강조하면서 역사 철학을 진보의 원인으로 삼았다. 따라서 마르크스는 "철학자는 세계를 여러 방식으로 해석할 뿐이다. 그러나 요점은 세계를 바꾸려는 하는 것이다"라고 주장한다. Bruce Mazlish, 윗 책, 227쪽.

[392] 19세기 헤겔은 비코(Vico)가 "인간의 본질은 처음엔 불완전하다가 그 다음엔 냉혹 무정하다가 온화하게 되고 그 다음에는 부드러워지며 궁극적으로 무절제하게 된다"며 변화는 인간의 기질에서 일어난다고 주장한 바와 같이 이에 유사한 입장을 표명했다. 헤겔은 그의 철학적 체계를 공간과 시간 속에 신성한 힘의 창조적인 내재성이 있다는 것을 입증하려고 했다. 즉 헤겔에게 있어서 자연과 역사는 신을 증명해 주는 것이다. 따라서 헤겔은 역사를 철학적으로 다루면서 이성과 자유의 획득을 목적으로 한 역동적이고 이성적인 과정을 제시했다. 헤겔에 따르면 역사의 과정은 변증법적인 방식으로 이러한 목표를 향해 나아간다. 헤겔에 따르면 역사적 변화의 메카니즘은 사상 혹은 정신이 대립으로 발전하면서 실재성을 생성시키고 실질적인 존재와 생성 사이에서 끊임없이 지속적인 쟁탈전을 요구한다는 것이다. 헤겔은 역사는 신이 세상에서 자신의 목적을 성취하기 위해 사용한 수단으로 이뤄지며 인간은 새롭고 더 높은 수준으로 도달하게 된다. Mark T. Gilderhus, 윗 책, 52-53쪽. 특히 Bruce Mazlish, 윗 책, 38-90쪽 참조.

[393] 이점에 대해 국내 서양학자 길현모는 '사실주의'라는 표현을 쓰고 있다. 길현모, 「랑케 史觀의 性格과 位置」, 전해종, 길현모, 차하순, 『歷史의 理論과 敍述』, 서강대학교 인문연구 논집, 제 8집, (1975년), 48쪽.

그리고 형이상학을 접목시켰으며 더 나아가 칸트, 헤르더, 그리고 헤겔 등과 다르게 보편성 보다 개별성 혹은 특수성에 더 무게를 두었다.

랑케의 실증주의 사학은 서유럽의 새로운 질서 즉 강국의 균형이라는 보편적 세계사적 질서와 '신의 뜻'으로써 독일의 민족주의를 드러내었던 것이다. 랑케가 각 시대의 각 민족과 국가의 문화 및 역사의 특수성과 개별성을 중시한 까닭은 곧 각 시대의 역사의 특징이 '신의 뜻'이 담겨 있기 때문이다. 따라서 모든 시대와 모든 존재는 그 자체대로 신과 직결되어 있기 때문에 개별적 시대와 개별적 존재는 그 자체로 의의를 가진다.[394] 이렇게 함으로써 랑케는 콩트, 칸트, 헤르더, 헤겔 등의 인류 보편사가 지닌 약점을 크게 보완한 셈이다. 그렇다고 그의 개별적인 민족주의적 역사관은 역사의 공정성이나 객관성을 결코 헤치지는 않았다.[395]

이 때문에 그의 저작은 현대에도 그의 포괄적인 연구와 학문적인 자유로움으로 인해 여전히 신뢰를 받고 있다. 헤겔이 생각한 세계정신은 보편적인 세계사 속에서 변증법적으로 발전을 하여 자유에 이른다. 그리고 그 자유는 국가의 체제와 제도 그리고 문화를 통해 구현된다. 랑케 역시 헤겔처럼 역사철학에서 국가를 중시하고 유럽 강국 속에서 각 국가와 민족의 균형을 중시했다. 헤르더는 민족(Das Volk)를 국가보다 더 중시했으나 랑케와 달리 권력과 외교의 힘 그리고 무력으로 유럽이 어떻게 재편되었는지를 설명하지는 않았다. 그러나 랑케는 신의 섭리 속에 국가가 존재한다고 생각했다.

---

394 연구홍, 란디 워커, 『거울로서의 역사』, 91쪽.
395 예컨대 랑케의 걸작, 『교황의 역사 History of the Popes』는 매우 객관적으로 균형이 잡히고 부드러운 저서로 생각해 온 현대 역사가들로부터 평가를 받고 있다. Mark T. Gilderhus, History and Historians, 46쪽. 그러나 랑케의 개별성, 특수성, 그리고 다양성 등의 그의 실증주의 역사는 칸트, 헤겔, 콩트 등의 인류 보편사가 지닌 약점과 마찬가지로 과연 그의 개별적 역사가 보편적 세계사로 발전해 나갈 수 있는 것인지에 대한 비판을 받을 수 있다.

그에게 있어서 개별국가는 문명화된 인간의 정신적 실체이기 때문에 랑케는 민족의 역사 속에 신의 뜻이 담겨 있다고 믿었다. 이점이 랑케의 역사관에서 국가와 민족이 역사의 주된 연구 대상이 된 이유를 설명해 준다. 각 국가들은 특수한 문화와 체제, 관습, 법 등을 지니고 있으며 이것들은 인류의 보편적 진보를 위한 전제 조건들이 아니었다. 그러므로 여러 다양한 민족과 국가들은 궁극적으로 신의 섭리를 입증해 주는 통일성을 보여준다. 예컨대 근대 유럽국가들은 보편적인 이상을 실현하고자 한 신의 의지의 표현이며 라틴 및 게르만 민족들의 융합으로부터 성장했다는 것을 보여주고있다. 이 때문에 랑케는 국가의 공존을 강조했다.[396] 1833년 8월에 발표된 랑케의 『강국론』에서 그는 "우리가 살고 있는 세계 순간을 일상적으로 일어난 것처럼 정확하게 사실적으로 관찰하겠다"는 뜻을 밝혔다.

당시 유럽은 프랑스의 1789년 대혁명과 1830년 혁명으로 인하여 절대군주가 붕괴하고 입헌체제로 나아갈 것이라는 전망이 보편적 흐름이었다. 랑케는 이러한 당시의 지배적 경향에 대해 반대하며 프랑스, 영국, 러시아, 오스트리아, 프로이센 등 강국들의 150년 동안 발전과정에서 나타났던 경향성을 추적했다. 랑케가 이 연구에서 밝혀낸 것이 프랑스에서 나타난 유럽 지배의 경향성이었다. 랑케는 1789년 대혁명 이후 이런 경향성은 이미 루이 14세 시기에서 시작된 것으로 파악했다.

예컨대 가톨릭적이고 민족주의적인 중앙집권화 체제를 수립하여 여러

---

[396] 그러므로 랑케의 역사는 정치사에 속한다. 따라서 랑케는 문명화된 인류의 삶을 위한 국가들의 균형과 공존은 정치와 외교에 중요성을 강조한다. 대부분 랑케의 저서들은 국가 간의 전쟁과 외교 및 정치인들의 활동에 대한 서술이다. Ernst Breisach, *Historiography*, 234쪽. 그러므로 랑케는 국가별 정치를 중시한 이유는 국가마다 고유한 신의 뜻이 내재되어 있기 때문에 국가권력을 신성시하고 정치가의 활동을 매우 중시했다. 이런 개별국가의 신의 뜻이 내재되어 있다는 랑케의 생각은 프랑스 혁명 정신과 공화제가 보편적 근대 시민국가의 흐름이 프로이센에도 수용되는 것을 반대를 한 것이다. 연구흥, 란디 워커, 윗 책, 98쪽.

국가들의 문화발전을 위협한 프랑스의 루이 14세, 프로테스탄티즘과 해양적이고 게르만적인 국가를 확립한 윌리엄 3세, 독일의 행정 및 군대를 바탕으로 독일적 원리를 세운 오스트리아, 슬라브적이며 그리스적인 원리를 형성한 러시아, 그리고 개신교 정신과 독일적인 특수한 국가정신의 원리를 확고히 한 프로이센의 프리드리히 대왕 등 이들 국가들은 각각 독자성을 추구하면서 서로 동맹과 연합을 통해 유럽에서 세력균형을 이루어 갔다.

랑케는 프랑스가 추구해왔던 유럽의 지배 권력과 대혁명의 보편적 흐름에 대립하여 여러 민족들의 역할과 의미를 부각시켰다. 따라서 랑케는 이러한 경향들이 서로 대립하면서 공존하는 가운데 유럽은 진정한 조화를 유지시켜 갈 수 있다고 확신했다. 한 국가와 민족이 독립적으로 유지해 나가야 발전할 수 있고 또한 역사에서 국가와 민족, 종교, 문화, 정치 등 현실적인 존재를 찾을 수 있다. 곧 국가는 민족생활, 민족정신의 현실적인 구현체인 것이다. 궁극적으로 랑케에 의하면 국가와 민족은 하나이며 분리될 수 있는 것이 아니다. 그럼에도 불구하고 민족주의 사학이 한국에서 배척을 받고 있는 이유는 무엇일까. 그 이유를 살펴보기 위해서 한국의 실증주의 사학의 특징을 먼저 분석해 봐야 한다. 이 전제 조건은 한국 근대 역사학을 확립시킨 일본의 근대 역사학이 어떻게 확립되었는지를 먼저 살펴보는 것이다.

제3장

# 일본 근대 역사학 형성

실증주의는 객관성의 주장 뒤에 숨은 채 이데올로기 역할을 하는 과학적 역사철학에 바탕을 두고 있다. 객관주의는 규칙적인 방식으로 만들어진 자기 만족 속의 세계를 과학으로 포장한다.

-위르겐 하버마스, 『Knowledge and Human Interests』-

## 제3장. 일본 근대 역사학 형성

### 1) 제국주의와 랑케의 실증주의

일본의 근대 역사학은 랑케의 실증주의 사학으로부터 시작했다. 앞 장에서 살펴본 바와 같이 최초로 역사연구의 과학적 연구 모델을 수립한 랑케의 실증주의는 프로이센 학파로 일컫고 있는 독일 민족주의 사학의 출발점이었다.[397] 그러나 독일에서 민족주의 흐름에 의해 확립된 실증주의 사학의 기능이 일본의 근대 역사학에서 다른 성격, 즉 일본식 민족주의로 변형되어 정치적 이념으로 작용했다.[398] 말하자면 근대 역사학을 시작한 일본 역사학은 랑케의 실증주의 사학에서 특수한 역사의 객관성을 빼버리고 민족주의 요소만 받아들여 특수한 역사를 보편적 성격으로 바꾸었던 것이다. 바로 이것이 '일제식 실증주의'이다.

랑케의 후계자인 루드비히 리스(Ludwig Riess)가 1902년까지 일본에 머물며 도쿄제국대학 사학과에서 서양 역사학을 가르치게 되면서 일본의 근대 역사학이 시작되었다. 따라서 일본의 근대 역사학은 1890년을 전후 국가의 정책에 따라 랑케의 실증주의 사학을 수용하여 탄생된 것이다. 이후 일본의 근대 역사학은 중국의 정사 편찬, 고증학 그리고 랑케식 유럽 근대 역사학이 혼합되어 발전해 나갔다.[399] 좀 더 엄밀하게 말하면 일본의 근대

---

397 이러한 지적에 대한 국내 논문이로는 김기봉, 「랑케의 'wie es eigentlich gewesen' 본래 의미와 독일 역사주의」,『호서사학』 39집 (2004), 125-160쪽.
398 이 같은 일본의 근대 역사학에 대한 분석은 스페판 다나카 지음, 박영재, 함동주 옮김, 『일본 동양학의 구조』, (문학과 지성사, 2004)가 있다.
399 이에 대해서는 Leonard Blusse, "Japanese Historiography and European Sources", in *Reappraisals in Overseas History*, ed., P. C. Emmer and H. L. Wesseling (Leiden, Neth. : Leiden Univ., Press, 1979), 193-222쪽. 참조.

역사학은 동양의 전통적인 고증학과 유럽의 근대 역사학의 방법론이 결합된 '혼합주의 역사학'의 성격을 띠고 있는 셈이다. 랑케의 실증주의 사학의 선구자는 한학자이며 유학을 배운 일본의 역사가인 시게노 야스쓰구(重野安繹)가 꼽힌다. 랑케의 제자 리스에게 실증주의 사학을 배운 그는 1889년 11월 1일 사학회 초대 회장으로 취임하면서 "역사가는 응당 마음을 공평히 하여 편견과 사적인 뜻을 개입시키지 않도록 힘써야 한다"며 역사가의 객관성을 강조했다.[400] 그는 랑케의 실증주의 사학자 리스의 제자답게 '객관적인 역사서술'이 근대 역사학이라고 믿고 있었다.

그러나 한학자이며 유학을 배운 그가 랑케의 실증주의 근대 역사학에 빠지게 된 것은 나름 이유가 있다. 원래 청조의 고증학과 랑케의 실증주의 사학은 기본적 성격이 다르다. 즉 청조 고증학은 말 그대로 사료의 고증을 중시하는 역사학인 반면 랑케의 실증주의 사학은 민족과 국가에 관련된 역사학이다. 랑케는 당시 프로이센의 국가 역사를 편찬하는 등 정치와 국가와 깊은 관계를 맺고 있었다. 이 때문에 시게노 역시 메이지 정부의 '정사'를 서술하는 데 랑케의 실증주의 사학이 이에 꼭 맞는다고 생각했다. 그는 "학문은 곧 고증으로 귀결된다"며 역사서술의 객관성을 평생 실천해 온 일본 실증주의 사학의 시조로 평가받았다.[401]

그러나 랑케의 실증주의 사학은 본래 의미대로 일본 근대 역사학에서 뿌리를 내리지 못했다. 랑케의 실증주의 사학을 충실히 따르고자 한 시게노와 그의 동료인 구메 구니타게(久米邦武) 역시 일본 근대 역사학의 선구자들이다. 이와쿠라 사절단과 함께 유럽사회를 직접 살펴 본 구메는 기존의 고증사학의 틀 안에 머물지 않고 보편적이고 객관적인 역사관을

---

400 『史學會雜誌』第 1號 1889年
401 나가하라 게이지(永原慶二) 지음, 하종문 옮김, 『20세기 일본의 역사학』(삼천리, 2011), 49-50쪽.

가진 역사학자였다. 이들은 천황제를 정치적으로 정당화시킨 소위 신도-국학계에 대해 "가미(神)은 인간"이라며 신화를 역사적 사실에 입각해서 파악하여 했다. 말하자면 그는 천황을 신적 존재로 승격시켜서 천황제 중심으로 한 일본의 배타적인 우월성을 인정하지 않고 오로지 객관적인 역사적 사실로서 신도(神道)를 연구했다.[402] 이 때문에 정부권력과 결탁하여 천황제 정치를 추구하는 신도-국학계의 반발을 사게 되었다. 이들 학파들은 "국가에 해악을 끼치고 신도를 원시부족의 신앙으로 보는 역사연구는 당장 중단되어야 한다"며 구메를 비판하면서 문부성에 파면을 요청하자 결국 구메는 도쿄제국대학에 나오게 되었다.

마찬가지로 시게노 마저 대학을 떠나자 1893년 4월 10일 도쿄제국대학 국가편찬사업이 중지되었고 사지편찬계도 폐지되었다.[403] 또한 이들이 주도한 학술지 『사학잡지』와 『사해』 등도 국가의 안녕과 질서를 어지럽혔다는 이유로 발매금지 처분을 받았다. 이후로 실증주의 사학이 일본 역사학의 주류를 차지하면서도 정치권력 앞에는 무력한 자세를 보였다. 바로 이러한 상황 속에서 일본의 랑케 실증주의 사학은 정치권력에 종속되어 버린 정치성 역사학이 되어 버렸다. 이처럼 본래의 의미를 상실해 버린 일본의 실증주의 사학의 체질적인 본질이 이렇게 규정되었던 것이다.[404] 다시 말하면 객관성이 없는 실증주의 사학이 바로 일본 근대 역사학의 시작이라고 말 할 수 있다. 그래서 일본은 랑케의 실증주의 사학의 방법론만 받아들였을 뿐 역사

---

402 나가하라 게이지, 윗 책, 50-51쪽. 1891년 10월부터 12월에 걸쳐 『史學會雜誌』(23-25호)에 「神道は祭天の古俗」이라는 논문을 발표하여 일본 사회에 뿌리 깊은 가미(神)신앙과 이와 뗄 수 없는 천황 존재에 대해 비판을 가했다. 그는 가미 신앙을 어떤 민족에게나 공통적으로 나타나는 제천 풍습으로 인식했다.

403 1895년 4월에 폐지된 사지편찬계 대신에 사료편찬계가 설치되어 호시노 하사시(星野恒) 미카미 산지(三上 參次) 다나카 요시나리(田中義成)가 위원으로 임명되었다. 문부대신 이노우 고와시는 사료편찬계로 하여금 사료수집과 편찬만 담당하게 했다.

404 나가하라 게이지, 윗 책, 54쪽.

사상은 배우지 못했다는 비판이 제기되었다. 당시 천황제 국가체제의 확립을 강행되던 시기여서 천황을 부정하는 역사는 받아들일 수 없는 상황이었다. 당연히 랑케의 실증주의 사학은 그 시작부터 본래대로 순수하게 일본 역사학에 뿌리를 내릴 수가 없었다.

특히 리스는 랑케의 역사사상보다는 그의 객관적인 방법론을 중점적으로 가르쳤다. 이 때문에 일본 근대 역사학은 랑케의 역사사상을 배우기보다 주로 근대적인 과학적 방법론에 치우쳐 있었다. 따라서 일본의 근대 역사학은 객관성이 없는 역사학이라는 비판을 받았고 특히 조선의 역사를 연구한 시라토리 같은 일본 동양사학자들에 대한 비판은 더욱 강했다.[405] 엄밀하게 말하면 시라토리 등 리스의 제자들은 랑케의 실증주의 방법론을 통해 제국주의 정치적 이념을 역사에 반영한 것이다. 과학적이고 객관적인 역사 방법론을 앞세운 일제의 동양사학의 연구는 궁극적으로 조선의 식민정책에 정당성을 부여한 역사적 기초로 삼았다.

예컨대 대표적인 식민주의 정책을 위한 역사연구 기관이었던 만철조사부(滿鐵調査部)나 조선사편수회는 적절하게 근대적인 방법론을 앞세우며 역사학자들에게 제국의 정책에 동조하게 한 가교역할을 했다. 결국 일제의 리스 제자들은 랑케의 역사철학을 이해하지 못하고 실증적인 방법만 받아들였기 때문에 근대 역사학의 의미를 알지 못했다.[406] 예컨대 시라토리 같은 동양사학자들은 정부 시책에 의한 역사연구에만 몰두하여 넓은 역사적 시각을 갖지 못하고 일본제국이 요구한 역사이념을 창조하여 국가정책에

---

405 津田左右吉,「白鳥博士小傳」,『東洋學報』29 (1944. 1), 22-23쪽. 특히 家永三郎,『日本の近代史學』(東京 : 日本評論社, 1957), 그리고 이러한 관점에서 조선의 역사가 취급된 일본 동양사에 대한 비판은 旗田巍,「日本 における東洋史の傳統」,『歷史學硏究』270 (1962. 11) 참조.

406 스테판 다나카,『일본 동양학의 구조』, 52쪽. 특히 旗田巍,「日本 における東洋史の傳統」, 28-35쪽.

일조를 했다. 일본 입장에서 볼 때 랑케의 실증주의 사학을 통한 서구의 근대주의 수용은 성공한 셈이다. 이에 대해 시라토리는 다음과 같이 말한다.

"실증적인 논문을 쓰면 많은 사람들이 그것을 역사로 믿는다. 그러나 그 논문들은 역사의 뼈대를 이루는 것이지 진정한 역사가 아니다."[407]

이와 같이 그의 말에 따르면 랑케의 역사철학을 몰라서가 아니라 알면서 제국의 정책에 부응했다는 점을 보여주고 있다. 일본이 랑케의 근대적인 역사학을 수용한 근본 이유는 유럽이 바라본 열등한 동양에서 탈피하여 서양과 대등한 위치에 서고자 하는 데 있었다. 또 한편으로 일본은 아시아에서 최고 강자이며 문화적으로 혹은 지적으로 우수한 민족이라는 사실을 역사적으로 입증하고자 했다. 이러한 국가 정책에 의해 일본 근대 역사학은 제국주의 정책과 결합되어 감으로써 역사연구의 목적이 조선의 식민화와 나아가 중국과 아시아의 지배를 공식화 하려는 것에 두었다. 그러나 랑케의 실증주의 사학에게서 볼 수 있듯이 사실상 근대 역사학이란 민족의 역사와 연결되어 있다는 사실을 기억할 필요가 있다.

힘멜파브(Gertude Himmelfarb)의 『새로운 역사와 낡은 역사 *The New History and the Old: Critical Essays and Reappraisals*』에 대한 로렌스 스턴(Lawrence Stone)의 서평은 실증주의 사학에 대해 다음과 같이 표현하고 있다.

"사료연구와 엄격한 방법론적 훈련을 바탕으로 한 전문적인 학문

---

[407] 스테판 다나카, 윗 책 53쪽에서 인용. 시라토리는 폭이 넓고 총체적인 역사 연구보다 간결하고 객관적이며 정확한 연구를 택했다는 비판 외에 그는 랑케의 역사 철학을 깊이 이해하고 있다는 평가를 받고 있다. 이에 대해서는 津田左右吉, 「白鳥博士小傳」, 346쪽, 一雄,, 『東洋文庫の六十年』(東京 : 東洋文庫. 1977), 72쪽 볼 것.

분과로써 역사학은 19세기에 시작했다. 프랑스 역사학자 미슐레, 독일의 역사학자 랑케, 영국의 역사가 매콜리의 저작이나 아니면 그들에게 직접 영향을 받은 대학의 학자들에게 역사학의 저작은 기본적으로 서구의 국민국가, 그 정치 행정의 발달과 군사적 문화적 팽창과 관련되어 있다. 또한 소수의 역사학자들은 플라톤에서 뒤르켐에 이르기까지 서구 문명에 지적 연료를 제공해주었던 엘리트 사상가들의 사상을 연구하기도 했다. 다른 문명들은 무시되었다. 사실상 서구의 각국에서 이루어진 대부분 역사 연구과 교육은 자기 민족의 역사와 연결되어 있다."[408]

일본은 동양에서 일본 민족의 우수성을 역사적인 사실로 확립하기 위하여 과학적이고 합리적인 방식을 동원하는데 몰두했다. 이에 따라 일제 역사학자들은 민족주의 사상이 내포된 랑케의 실증주의 사학의 특성을 이용하여 이러한 국가의 요구를 충족시키고자 했다. 이같이 역사의 정치적 도구화의 사례는 에드워드 사이드의 『오리엔탈리즘』에서 찾아 볼 수 있다. 사이드(Said)는 이 저서에서 민족의 우월성을 학문으로 발전시켜 역사적으로 유럽이 동양보다 훨씬 진보한 역사와 문화를 지니고 있다고 규정했다.[409] 유럽이 동양에 비해 우월하다는 논리성에 의해 생겨난 오리엔탈리즘이 바로 일본에서 거꾸로 사용된 것이다. 유럽 제국주의 국가들이 아시아의 역사와 문화를 비하시킴으로써 유럽의 우월감을 갖고 식민지 개척을 확장에 의한 제국주의적 패권을 정당화 했듯이 일본제국도 역시 이 방법을

---

408 힘 멜파브의 『새로운 역사와 낡은 역사 The New History and the Old』에 대한 로렌스 스턴의 서평, Lawrence Stone, *The New History and the Old*, by Gertrude Himmelfarb, *New York Reveiw of Books* (December 17, 1987), 59쪽.

409 이 책에서 사이드는 18-19세기 유럽 제국주의적 사고에서 형성된 아시아에 대한 적대적인 우월감의 시각을 보여주고 있다. 따라서 사이드에 의해 규정된 이러한 의미의 오리엔탈리즘은 아시아의 문화와 아시아인에 대한 잘못된 편견을 담고 있다. Edward Said, *Orientalism* (New York : Patheon Books, 1978), 201쪽 이후 볼 것.

따랐다. 그러나 문제는 일본이 동양의 중심이며 진보적인 민족이라는 점을 역사적으로 규명하고자 할수록 그 결과가 정반대로 드러나자 큰 딜레마에 빠지게 되었다. 더욱 일본에서 근대화되고 서구화가 될수록 민족에 대한 관심이 더 높아져 갔다. 일본은 이런 문제를 극복할 수 있는 방안을 독일의 경우에서 찾았다. 독일은 강국으로 나아가기 위해 민족문제와 국민국가의 건설을 최우선적인 과제로 삼고 역사에서 그 해결점을 찾았다. 그리하여 독일국가는 랑케의 실증주의 사학은 대학으로 끌어들여 과학적 학문으로서 발전시킴으로써 '있는 그대로 사실적인' 독일민족의 역사를 복원해 내었다. 일본도 독일의 경우를 모방하여 랑케의 실증주의 사학을 이용해 민족역사의 문제점을 해결하고자 했다.

이와 같은 독일방식을 따르게 된 일본도 역사학을 제국대학으로 끌어들여 본격적인 학문으로서 탐구를 장려했다. 랑케의 리스가 일본 도쿄대학의 사학과 교수로 초빙을 받은 것은 일본의 이러한 정책의 일환이었다. 일본은 먼저 서구와 대등한 강국의 길로 나아가기 위해서 근대 국민국가 건설의 중요성을 인식하게 되었다. 민족통합과 국민국가 건설은 유럽의 제국주의 정책의 최우선 과제로써 19세기 보편적 세계사의 지배경향이었다.

민족을 하나로 통합하여 단일민족으로 구성된 국민국가를 건설할 수 있다면 그것이 곧 국가의 힘이었다. 사실상 국가의 힘을 창출하려면 사회적으로 정치적으로 국민 개개인 모두 하나로 통합되어야 했다. 당시 일본 제국 정치인들은 이 구심점을 일본의 민족기원에서 찾아야 한다는 것을 알고 있었다. 결국 일본이 랑케의 실증주의 사학을 수용한 것은 순수한 근대 과학적 역사학이 아니라 일본의 민족역사를 확립하기 위한 정치적 도구로써의 역사학이었다. 그러나 문제는 일제의 역사가들이 일본의 기원을 찾기 위해 연구를 할수록 일본의 독자적인 발전과정을 찾기가 어려웠다. 그러나 일본 역사학자들은 여기저기 사료에서 끌어 모은 내용으로 짜깁기하여 자신들의 필요성에 맞는 역사를 재구성하기 시작했다. 시라토리를 비롯한 랑케의 역사학을 배운 동양사학자들이 이러한 짜깁기 역사의 선구자들이다.

결국 이들 일본 역사학자들은 일본역사의 기원이 단일민족이 아니라 아시아의 여러 인종과 문화에서 출발했다는 사실만 알아냈을 뿐이었다. 이러한 일본의 역사적 사실들이 유럽 강국들의 역사와 유사하다고 생각한 이들 역사가들은 일본을 아시아의 다른 민족과 차별성을 두었다. 이렇게 새로 창조된 일본 역사의 기원이 곧 천황이었다.[410] 천황의 신화는 랑케가 역사의 주체로 본 프로테스탄트의 '신의 뜻' 과 일맥상통하는 보편적 의미를 지닌 역사적 이념으로 해석됐다. 랑케는 각 시대마다 객체에 의해서 구현되는 독자적 지배경향이 있다고 믿었다. 그래서 그는 역사가의 임무가 그 개별민족의 역사 속에서 신이 구현하고자 한 지배 경향을 찾아내는 것으로 규정했다.

예컨대 랑케는 "모든 시대는 신과 직접적으로 연결되어 있다. 그 가치의 근거는 그 시대에 근거하여 나오는 것이 아니라 그 시대 자체 속에 그 시대 고유한 존재 속에 내포되어 있다. … 인류의 모든 세대들은 신 앞에서 동등하며 정당한 것이다."라며 역사에서 '신의 뜻'을 찾아내고 이를 해석하는 것이 역사가의 임무라고 말하고 있다.[411] 랑케의 이 말은 일본 역사가에게 유럽과 마찬가지로 민족역사의 자체에서 충분한 국가의 힘을 끌어낼 수 있다는 가능성을 확신시켜 주었다.

따라서 일본 역사가들은 국가와 민족의 기원을 찾아내어 제국이 추구하는 패권정책의 정당성을 확립하는데 주력했다. 여기서 랑케가 말한 시대적 지배경향은 신의 섭리이고 뜻이기 때문에 일제의 아시아의 지배는

---

410 스테판 다나카, 윗 책, 170-171쪽.
411 랑케,『근세사의 여러 시기들에 관하여』, 35쪽.

곧 이와 같다는 의미이다. 물론 랑케의 역사는 독일이 처한 그 시대의 정신적 풍토에서 비롯됐다. 랑케의 역사 안에는 독일의 프로테스탄티즘과 칸트의 선험철학, 그리고 그 시대를 지배했던 낭만주의적 흐름이 스며있었다. 즉, 세계사를 신의 뜻이 구현된 세속적인 형태로서 진보라고 인식한 헤겔과 달리 랑케가 본 세계사는 신의 섭리에 따라 각 민족이 개별적으로 내적인 발전을 이룬 여러 민족들의 역사들로 중심으로 한 전체사를 의미했다.[412]

앞 장에서 밝힌 바와 같이 랑케가 말한 역사에서 숨겨진 '신의 섭리', 다시 말하자면 '숨은 정신'은 보편적인 법칙이 아니라 민족과 연결되어 있다. 각 민족은 신이 구현한 특수한 정신을 갖고 있으며 이것을 통해 민족은 현재의 모습으로 나타나 있는 것이다. 말하자면 민족은 신의 섭리에 의해 구체화된 역사의 실체인 셈이다.[413] 랑케의 이 말에 의하면 독일 역사가들은 독일역사 안에 내포된 생생한 민족정신을 발견해 내어야 했다. 이와 같이 랑케가 역사에서 민족의 뿌리를 강조하며 역사의 본질을 설명한 바와 같이 일제 역사가 이노우에 데쓰지로(井上哲次郎)도 문화적인 특수성을 부여하는 '신적 의미'를 추구했다.

그리하여 그는 메이지 유신 전후의 신도(神道)를 '신의 섭리'를 강조하며 민족 정체성의 토대로서 민족적 역사학을 제시했다.[414] 이렇게 일제의 동양 역사학자들은 천황을 신격화 시켜서 일본의 종교적 신앙형태로 합리화 시켰다. 이제 일본역사와 문화는 천황이라는 신과 결합하여 세계사 속에서 민족의 개별과 특수성을 정립하게 되었다.[415] 결국 일본은 이러한 역사관을

---

412 김기봉, 「랑케의 'wie es eigentlich gewesen', 본래 의미와 독일 역사주의」, 140쪽.
413 Leonard Krieger, *Ranke : The Meaning of History*, 162쪽.
414 井上哲次郎, 「東洋史の價値」, 『史學雜誌』 2-24 (1891.11), 1-14쪽.
415 시라토리는 소위 요, 순, 우의 말살론'이란 중국의 신화적인 세 왕들에 대한 연구는 중국의 유교문화로부터 독립적인 동양사학의 독립을 선언함으로써 랑케의 근대적인 동양사를 확립했다. 시라토리가 추구한 목표는 근대적이라고 여긴 신화와

통해 중국과 조선 그리고 더 나아가 아시아의 역사와 단절되었다.

마찬가지로 랑케의 실증주의 사학을 신봉했던 시라토리도 일본역사의 보편적이고 객관적인 해석에 부합할 진짜 역사철학을 발견하기가 어렵다는 것을 깨달았다. 오히려 이노우에와 미야케처럼 부정적인 역사를 쓰는 것이 더 쉽다는 점을 간파 한 것이다. 그래서 시라토리는 랑케라기보다 콩트식의 실증주의 사학을 따랐다.[416] 그러나 콩트식의 실증주의에서 일본역사는 유럽에 의해 여전히 열등한 위치에 있을 수밖에 없었다. 이러한 딜레마를 해결하기 위해 그는 랑케의 역사에서 '신의 뜻'이라는 종교성에서 그 해답을 찾고자 했다. 즉, 시라토리 입장에서 랑케의 이 종교가 보편성과 특수성을 결합시킬 수 있는 가장 적절한 개념이었다. 랑케의 『교황의 역사』에서 보편적 정신인 기독교는 특수성을 낳았고 그리고 그 자체가 역사이며 구현되어야 할 이상의 근거였다.[417]

랑케가 역사를 기독교의 주제로 『교황의 역사』를 쓴 것은 역사에서 보편적 정신이 시간과 공간에 따라 신의 섭리에 의해 특수하게 나타난다는 자신의 신앙관을 드러내기 위해서였다. 따라서 독일민족에게 새로운 다른 진보의 역사를 부여한 프로테스탄트는 특수한 '신의 뜻'으로 이상화되어 독일의 근대화에 적용되었다. 시라토리는 랑케의 이러한 논리를 차용하여 종교적 정신에서 일본의 국민국가를 위한 통합된 역사관을 확립해 나갔다. 그리하여 그는 역사에서 '신의 뜻'은 일본의 진보된 역사이여 이를 토대로 세계사에서 일본민족이 개별적으로 진보해 왔기 때문에 유럽과 동등한 강국이라고 주장했다. 따라서 일본의 정치체제는 소위 '마쓰리고토'라

---

사실을 구별해 내는 과학적인 방법론을 활용한 것이다. 『東京大學百年史』, 627쪽. 시라토리의 이에 대한 연구는 白鳥庫吉, 「支那古傳說の硏究」, 『白鳥全集』 8卷 (東京: 岩波書店, 1969-1971) 참조.

416  白鳥庫吉, 『白鳥全集』 第8卷, 558-559쪽.
417  Leonard Krieger, 윗 책, 151-152쪽.

불리는 종교적 정부이며 국가의 모든 일을 천황이라는 신이 결정한다는 것이었다.[418] 여기에서 랑케의 민족사상에 대한 헤이든 화이트의 글을 보자.

"랑케에게 민족의 이념은 사실이며 가치이기도 했다. 또한 이 사상은 모든 역사적 사실을 긍정적으로 혹은 부정적으로 해석되는 원리이기도 했으며 랑케가 이를 영원불변한 것으로 규정했을 때, 이는 대체적으로 신의 섭리를 의미했다. 랑케는 민족의 이동과 교회의 형성 혹은 소멸, 그리고 국가의 흥기와 멸망도 있을 수 있다는 사실을 인정했다. 랑케는 이러한 대상들의 전개 과정을 기록하고 후대에 이러한 것들의 개별성과 특수성에 따라 그것을 재구성하는 것이 역사가의 임무라고 여겼다. 그러나 이러한 대상들의 본질을 파악하고 그 개별성과 특수성을 인식하는 것은 어디까지나 그것들에 성격을 부여하고 또한 특수한 역사적 존재로 만드는 이념을 파악하여 그것들을 다른 대상들과 구분되게 하는 독특한 원리를 발견하는데 있다. 그리고 이 원리는 민족의 이념만이 불변의 영원성을 지니고 있기 때문에 유일한 것이다. 그러나 대체로 이 개념은 특수한 역사 형식으로 현실화 될 때, 실제로 민족이 특정한 국가로 발전하는 경우에만 유용한 지식이 될 수 있다."[419]

랑케의 역사관에서 민족정신에 의한 자율적인 민족국가 체제의 수립은 모든 민족이 지향해야 할 현실적 목표였다. 따라서 모든 민족은 어디까지나 민족국가가 최종적인 역사적 목표인 만큼 이를 현실적으로 실현하고자 열망한다. 가장 가능한 선택은 현재 사회구조 속에서 보편적 원리에 입각한 제국주의 형식이다. 그러나 유럽 기독교 중심의 보편세계는 그 결함이 드러나

---

418 白鳥庫吉, 윗 책, 10卷, 236쪽.
419 헤이든 화이트, 윗 책, 368-367쪽.

붕괴됨으로써 종교적인 보편적인 원리는 더 이상 현실적이지 못했다. 그래서 랑케는 미래에 기독교의 보편성을 대신하여 인류 역사에서 나타날 보편적 원리로써 민족주의, 자유주의, 민주주의, 사회주의, 그리고 공산주의의 도래를 예견했다.[420] 이와 달리 시라토리는 민족사상을 '신의 뜻'이 아니라 뿌리 깊은 역사적 개념으로 해석했다. 왜냐하면 신의 뜻은 각 시대마다 달라지기 때문이다.

그는 일본의 민족사상을 신의 실체인 천황을 역사적 관점에서 인식하고 천황제로부터 일본의 개별성과 특수성을 확인함으로써 일본민족의 정체성을 확립해 나갔다. 랑케는 민족사상이 보편적 법칙과 대립적으로 생각했지만 시라토리는 랑케의 민족사상을 보편적 법칙과 일치시켰다. 랑케는 보편적 사상이 절대적 가치로써 민족사상과 대립적인 개념으로 인식하여 역사의 객관성이 결여됐다고 지적했으나 시라토리는 오히려 이와 반대로 생각했다.[421] 말하자면 시라토리는 일본에 유용한 새로운 역사적 설명의 틀을 수립하기 위해 종교를 이용한 것이다. 즉, 랑케가 독일의 프로테스탄트즘을 '신의 뜻'으로 해석하여 독일의 특수한 민족원리를 찾은 것과 같이 시라토리는 일본민족의 정신적 원천을 바로 천황제 숭배에서 찾았다.

시라토리는 천황이란 신을 내세워서 독자적인 일본역사를 만든 것에서 더 나아가 랑케가 독일의 프로테스탄트 신앙을 세속화된 가톨릭 신앙과 비교하여 이를 진보의 사상으로 인식한 바와 같이 시라토리 역시 천황, 즉 신에게서 보편적인 정신을 찾았다. 이러한 보편주의적인 역사관은 유럽중심의 역사관에서 본 아시아의 열등성을 해결해 준 방법이었다. 그리하여 시라토리는 천황의 개념을 일본역사에 적용하여 일본민족의

---

420 헤이든 화이트, 윗 책, 370쪽.
421 헤이든 화이트, 윗 책, 372-375쪽.

원천으로 합리화시킨 다음 랑케와 마찬가지로 신의 사상을 자신의 역사철학으로 삼았다.[422] 여기에서 시라토리는 과학적인 역사의 가치를 국가이념과 일원화 하여 주권자인 천황이 직접 통치해야 한다고 주장했다. 이처럼 천황의 신격화는 일본제국의 정치적 목적과 부합된 이념이었다.[423] 당시 천황에 대한 지지는 정부와 재벌 혹은 대기업가들로부터 절대적인 지지를 받아 1918년에 조직된 사문회(斯文會)는 다음과 같이 선언했다.

"유럽의 열강이 동쪽으로 진출하였기 때문에 많은 아시아 국가들 중에서 한 국가만이 자국의 독립을 위협받거나 자국의 영토를 강점당한 일을 피할 수 있었다. 이 유일한 국가, 만세일가의 천황가가 영도하는 일본은 장엄히 이런 국가들을 능가했다."[424]

일본 역사가들은 랑케의 실증주의 사학을 이렇게 자국의 입장에서 해석하고 이를 제국의 정치적 이념으로 재생산해 나갔다. 이런 점에서 보면 일본 역사가들은 랑케의 실증적인 역사방법을 천황이라는 신적(神的) 개념과 사상에 적용하는데 몰두한 것이다.[425] 사실상 시라토리는 랑케의

---

422 천황제는 유럽의 정신이 기독교의 하나님에 대한 보편적 사상에 바탕을 둔 것처럼 국가 기원과 함께 지속되어 온 가계에 바탕을 둔 사상이었다. 시라토리는 천황 사상을 국가역사와 동일시하고 민족역사에서 진보적인 발전의 힘으로 작용한다고 주장했다. 白鳥庫吉,「皇道の根本義に就にて」『弘道』344(1920. 11), 2-17쪽.

423 白鳥庫吉,「東洋史上より觀 たる明治維新」,『明治維新史硏究』(1929.11), 『白鳥全集』9卷, 215-224쪽. 천황은 초월적 정신의 역사적으로 구현된 현현이었다. 즉 천황은 국가의 주권을 의미한다. 坂井雄吉,「明治憲法と傳統的國家觀」石井紫郎 (編)『日本近代法史講義』(東京 : 靑林書院新社, 1973), 87쪽.

424 이 조직의 구성원은 당시 사회와 정부의 유명 인사들이었다. 스테판 다카시, 윗 책, 216쪽에서 재인용.

425 이러한 지적은 일본에 랑케 역사학을 전수한 리스의 지적이기도 하다. 스테판 다카시, 윗 책, 222쪽.

객관적인 방법론을 강조했다. 때문에 시라토리로부터 시작된 동양사는 사상이 결여된 역사연구라는 지적을 받기도 했는데 이점이 그가 일본 사학사에서 그리 중요한 인물로 인정받지 못한 이유이기도 하다. 그렇다 해도 그는 일본의 근대화 과정에서 과학적인 근대역사를 확립하고 동양사를 일본 역사에서 굳건하게 하는데 주도적 역할을 했다. 특히 시라토리는 1907년 만철조사부에서 역사를 연구하면 실증적 방법론을 통해 일본의 역사학이 제국주의 정치와 관련되어 있다는 사실을 은폐시킬 수가 있었다.[426] 시라토리는 방법론을 중시했다는 비판을 받고 있지만 이는 그와 동양사가 일본제국을 위한 새로운 역사이념을 만들어 냈다는 증거이기도 하다. 대체로 일본에 수용된 랑케의 실증주의 사학은 일본역사 즉, 국사와 세계사라는 두 측면에서 큰 영향을 끼쳤다. 일본의 이 두 역사학 영역은 랑케 역사학의 본질인 실증주의와 또 다른 랑케의 세계사 이념을 각기 별도로 수용하여 만들어졌다. 일본의 근대 역사학의 문제점은 바로 여기에 있다.

　그러나 이는 사실이 아니다. 우선 서양사 경우 유럽역사가 연구대상이기 때문에 당연히 당시 유럽에서 행해지고 있던 실증주의 방법론이 적용되어야 했다. 그러나 당시 일본 서양사학자들은 서구의 역사사료를 접할 기회가 거의 없었고 언어나 혹은 문헌 접근이 어려웠다. 유럽에 직접 유학을 가서 공부를 하고 오는 것도 오늘날처럼 쉽지 않았다. 그러므로 일본 서양사학자들은 개별적으로 사료를 수집하고 이를 연구할 역량이 부족하여 유럽의 역사를 제대로 공부하기가 매우 어려웠다.

　근래에까지 우리나라에도 마찬가지였지만 대개 당시 일본 서양학자들은 유럽의 역사가들이 연구서나 역사이론을 소개하는 정도에 그쳤다. 이

---

[426] 대개 시라토리와 같이 랑케의 실증주의 역사를 훈련받은 자들은 만철조사부와 같은 식민주의 기관에 동조하도록 조장한 역할을 했다. 이에 대해 旗田巍,「日本における東洋史學の傳統」,『歷史學硏究』270 (1962. 11), 28-35쪽. 五井直弘,『近代日本と東洋史學』(東京: 靑木書店, 1976), 70-80쪽.

과정에서 유럽 학자들의 연구 결과를 토대로 개인적인 시각에서 이를 재구성하여 세계사를 서술한 것이다.[427] 이런 풍토 속에서 서구 역사연구의 성과를 일본어로 번역하여 자국에 소개하는 과정에서 내외적인 정치적 변화에 따라 제한을 받을 수밖에 없었다. 때문에 일본의 역사연구는 정치적인 상황에 적응하며 현실을 받아들이고 이를 합리화하는 쪽으로 나아갔다. 당연히 일본 동양사학자들은 이러한 정치적인 현실상황에 맞춰 일본역사와 세계관을 개조해야 했다. 그리고 서양의 진보적인 역사관을 수용한 일본은 동양 즉, 아시아의 역사에 눈을 돌렸다. 서양의 진보라는 근대개념을 일본의 역사에 적용하기 위해 필수적으로 동양의 역사를 살펴봐야 했다. 즉, 동양사에 비추어 일본의 진보적 역사를 규명할 수가 있었기 때문이다. 그러나 일본은 서양의 진보개념을 수용하는데 직면한 딜레마가 역사의 보편성이었다. 랑케의 실증주의 사학에서 보편성이 적용된 지리적 영역은 유럽이지 동양이 아니었다. 따라서 역사법칙의 일반성을 의미를 지닌 보편적 진보의 개념은 객관적이지 않았다. 보편적 관점에서 보면 유럽과 비유럽, 그리고 동양의 역사는 각기 진보에서 서열이 생길 수밖에 없다.

그러기 때문에 일제의 역사가들은 이 문제를 어떻게 해결해야 할 것인가에 초점을 두었다. 또한 랑케의 실증주의 사학처럼 역사는 당시의 정치적 사회적 요구에 부응해야 했다. 역사가 정당성을 얻으려면 객관적이고 보편적이어야 하며 그러기 위해서는 과학적인 연구가 필수적이었다. 근대 역사학은 이러한 바탕 위에서 성립했기 때문에 일제의 역사가들은 바로 이 문제의 해결에 고심해야 했다. 특히 랑케의 실증주의 사학은 독일이 국민국가를 수립하고 미래 국내정치의 방향을 설정하도록 유럽의 국제정치를 살피는 것에서 출발한다. 그렇기 때문에 랑케가 역사에서 보편성을 강조한 것은 궁극적으로

---

427 고야마 사토시(小山哲), 「세계사의 일본적 전유-랑케를 중심으로」, 도면회, 윤해동 엮음, 『역사학의 세기』, 62쪽. 이 점에 대해서는 大類伸, 「西洋史發達の回顧と展望」, 『歷史教育』7卷9號, 625. 632頁 (1926) 참조.

국가의 존립을 위한 민족 중심의 역사관에 따른 것이었다. 독일이 유럽 열강으로 발전할 때 유럽 강국들과 공존할 수 있다는 것이 바로 랑케의 보편적 세계관이었다.[428] 결국 역사에서 보편성은 국가와 결부되지 않을 수 없다. 그래서 일제의 역사가들은 역사가 국가적 이상이라는 보편성에 부합한 객관적인 학문이라고 생각했다. 이런 역사인식 속에서 일제의 역사가들은 유럽의 역사와 대등한 진보 보다는 보편적이고 객관적인 역사, 즉 국가의 이상에 맞는 역사를 서술함으로써 자신들의 근대 역사학을 만들었다.[429]

청나라와 러시와의 두 차례 전쟁을 치른 후 일본에서는 민족주의가 고조되었고 또한 아시아에서 패권의 기틀이 마련됐으며 동시에 자본주의 체제가 확립되어 가고 있었다. 따라서 일본은 유럽열강과 마찬가지로 자본주의에 따른 해외시장과 원자재 확보를 위한 식민지 개척에 뛰어든 소위 제국주의 시대로 접어들었다.[430]

미야케 세쓰레이(三宅雪嶺)는 이러한 일본의 제국주의 팽창정책을 추진하는데 앞장 선 인물이다. 그는 청일 및 러일전쟁을 계기로 민족주의와 국수주의를 강조하는 논리를 펴나갔다. 이 덕분에 일본에서 아시아에서 대외관계와 팽창에 관심이 쏠리자 1894년에 중등학교에 동양사라는 교과가

---

428 그러므로 랑케의 실증주의 사학은 본질적으로 정치적인 역사의 성격을 지니고 있다. Ernst Breisach, *Historiography*, 234쪽.

429 이러한 일본의 역사학에 대한 분석은 Gertrude Himmelfarb, *The New History and the Old: Critical Essays and Reappraisals*, (Cambridge, MA : Belknap Press; Revised edition, 2004)을 들 수 있다. 특히 이 저서에 대한 서평에서 이 같은 근대 일본 역사의 탄생 Lawrence Stone, *The New History and the Old,* by Gertrude Himmelfarb, *New York Reveiw of Books* (December 17, 1987), 59-62쪽에 잘 설명되어 있다.

430 일본의 대표적인 제국주의 이데올로기를 제공한 인물인 도쿠토미 소호(德富蘇峰)는 청일전쟁 계기로 소위 평민주의 역사사상을 확립했다. 그는 이 이론을 바탕으로 일제의 대외 팽창을 위한 역사 사상의 기틀을 수립했다. 나카하라 게이지(永原慶二), 『20세기 일본의 역사학』, 42-45쪽.

설치되게 이르렀다.[431]

이로 인해 일본은 동양사의 연구대상으로 중국에서 조선, 동북아시아 및 중앙아시아에까지 확대하여 갔다. 도쿄제국대학의 동양사 담당교수는 시라토리 구라기치였고 교토제국대학에서는 나이토 고난이었다. 특히 나이토는 민족주의자로서 일본문화를 동양문화의 연장선에서 파악하려고 했다. 이들이 앞장서서 제국대학의 사학과를 일본사(국사), 서양사, 또한 동양사로 3학과로 구분했다. 그러나 이런 학과 분리는 일본역사를 동양사의 맥락에서 파악하는데 많은 어려움을 드러내었다. 즉 동양과 서양 그리고 일본역사와 유기적으로 연결되지 않은 역사연구는 자국역사에 대한 이해가 왜곡될 소지가 많았다. 그러므로 동양사 맥락에서 일본역사를 올바르게 연구하기엔 많은 어려운 난제들이 놓여 있었던 것이다.

일제 역사가들은 세계사와 일본역사를 결합시켜 보편적인 역사에서 일본의 진보성을 드러내야 하는데 동양사, 서양사, 국사를 각기 별도로 연구하면 일본의 역사를 세계사로부터 분리시켜버리는 결과를 낳기 때문에 일제가 의도한 역사를 만들어낼 수가 없다고 생각한 것이다. 일제역사가들은 이 난제를 해결한 여러 방법을 모색한 결과 랑케의 실증주의 사학으로부터 세계사의 보편성을 일본의 개별적인 민족주의와 결합시키는 것이었다. 그리하여 일제 역사가들은 보편적 세계사를 이용하여 주변 국가들의 역사를 서열화 시키는 작업이었다. 말하자면 일제 역사가들이 새로운 '일제식 실증주의 사학'에 의한 보편적 민족주의 사관이 창안된 것이다, 이를 다시 실질적인 의미로 표현하자면 식민사관이다.

당연히 일제 역사가들은 1차적으로 이 식민사관을 적용하여 조선에 대해 민족적, 문화적인 멸시를 조장하게 되었다. 조선에 대한 왜곡된

---

431 이로 인해 1904년 도쿄제국대학 사학과에 '지나사학'이 개설되어 1910년에 동양사학이 되었다.

선입관은 일본인들이 조선의 역사를 있는 그대로 이해할 수 없도록 했다. 이런 분위기 속에서 일제의 조선의 병합은 모든 일본인들에게 당연한 일로 받아들여졌고 결국 조선의 역사는 축소되어 동양사가 아닌 일본의 자국역사에 속하게 되었다. 왜곡된 조선의 역사는 시라토리를 중심으로 한 일제의 동양사학자들의 작품이었다.[432] 특히 일제 역사가들의 연구는 유럽의 역사와 똑같이 일본의 역사를 진보에 맞추는데 초점을 주었다. 민족주의와 국가주의 그리고 제국주의와 자본주의, 또 팽창주의가 뒤섞인 당시 시대적 분위기 속에서 사료의 고증과 객관성 그리고 역사적 사실에만 국한된 랑케의 실증주의 사학에 대한 불만이 야기되기 시작했다.[433] 이러한 역사학계의 요구에 부응하여 일제의 역사학자들은 유럽의 진보적 역사학에 초점을 맞추고 사회발전, 법제도, 문화 종교 등 여러 분야로 확대해 나가기 시작했다.[434]

1907년부터 1909년까지 영국과 프랑스 및 미국에서 유학하고 교토 제국대학의 교수가 된 하라 가쓰로(原勝郞)은 유럽사를 공부한 인물이다. 그는 일본의 중세가 유럽처럼 로마제국의 멸망 이후 게르만 민족이 유럽중심을 차지하면서 중세유럽이 형성된 바와 같이 이와 똑같은 역사적 모델을 일본 교토중심의 가마쿠라 막부체제에 적용시켰다. 이렇게 하여 유럽의 역사에서 나타난 세계사적 보편성과 역사의 진보가 일본에서도 독자적으로 유럽과 대등하게 전개되어 온 것으로 서술되었다. 이러한 시도는 일본도 유럽처럼 중세의 과정을 거쳐 근대사회로 발전해온 진보의 역사를

---

[432] 예컨대 조선사를 일본에서 통일적으로 서술된 최초의 역사는 旗田巍, 『朝鮮史』(東京: 岩波全書, 1951)이다. 조선의 역사는 1951년 제2차 세계대전이 끝난 이후에 이르러 독립적인 민족국가의 역사로써 서술되기 시작했다.

[433] 『史學雜誌』13編 4號 (1902) 이 해에 랑케의 제자가 독일로 귀국했다.

[434] 메이지 30년대에 이러한 연구를 본격화 한 역사가들은 하라 가쓰로(原勝郞), 우치다 긴조(內田銀藏), 후쿠다 도쿠(福田德三) 나카다 가오루(中田薰) 등이다.

갖게 됐다는 점을 역사적으로 입증하여 이를 확고히 하기 위해서였다.

하라 가쓰로는 "우리나라 문명의 발달이 온전한 출발점으로 귀착된 것은 가마쿠라의 시대이며 수입된 문명을 표면적으로 수용하는데 그쳤던 고대문화의 상황을 극복하고 일본인이 독립된 국민이라는 것을 자각했던 중세는 일본 역사상 일대 진보를 낳은 시대"라고 주장했다.[435] 그러나 랑케의 실증주의 사학에 의하면 민족국가의 역사는 독립적이고 개별적으로 진보하는 것이기 때문에 보편적인 역사의 진보를 각 민족역사에 적용될 수 없다. 결국 일본 역사가들은 랑케가 인식한 역사의 진보관을 그릇되게 해석하여 이를 자국의 역사에 인위적으로 적용한 것이다. 일본 역사학자들은 이러한 유럽의 역사적 진보사관에 근거하여 조선에서는 중세가 없었고 그래서 자본주의적 근대로 발전하지 못했다고 결정지었다. 또한 우치다 긴조(內田銀蔵)도 1903년 영국, 프랑스, 독일로 유학을 하여 일본 경제사를 개척한 인물이다. 그는 각 민족마다 똑같은 역사발전의 과정을 겪어 오지 않았다고 생각하고 일본의 경제발전과 역사가 유럽과 비교하여 서로 우월을 가리기보다 일본이 독자적으로 이 과정을 겪어 왔다고 주장했다.[436]

이처럼 유럽에서 직접 공부해온 이들 역사가들은 유럽의 역사와 학문을 일본역사에 접목하고 교토제국대학의 교수로 일하면서 랑케의 실증주의 사학과 대치되는 민족주의적 역사학 학풍을 열었다.[437] 이들 역사학자들은 지속적으로 일본도 유럽처럼 보편적인 세계사의 질서에 포함될 수 있는 역사를 만들어 내기 위해 유럽의 세계사를 적극적으로 수용해나갔다. 일본

---

435 原勝郎, 『日本中世史』 第1卷 (東京: 富山房, 1906년) 서문, 나카하라 게이지(永原慶二), 윗 책, 65-66쪽에서 인용.

436 1921-1922년에 출간된 『內田銀蔵 遺稿全集』(同文館, 1921-1922)이며 제1, 2집은 『日本經濟史の研究』 제3집, 『國史總論及日本近世史』, 제4집은 『史學理論』이다.

437 이들 민족주의 사학과 문명사학은 보수적 성향을 강했다. 이에 대해서는 Carol Gluck, "The People in History : Recent Trends in Japanese Historiography", *Journal of Asian Studies* 38 (November, 1978), 25-50쪽. 참조.

역사가들은 유럽 중심의 세계사에서 민족과 사회를 지배하는 보편적 질서와 힘의 법칙이 존대한다는 것을 알았다. 그래서 일본 역사가들은 랑케의 『강국론』에서 설명되어 있는 바와 같이 강국이 보편적 세계의 질서를 지배한다는 역사적 법칙 속에 일본을 포함시키려 했던 것이다.[438]

일본이 독일처럼 근대국가로 나아가고 자 할 때 유럽과 비교하여 모든 면에서 후진적이라는 사실을 인식했던 일본도 국민국가로서 근대화를 이룰 수 있는가라는 근본적인 문제에 직면해 있었다. 이에 대한 해결책으로 세계사 법칙의 수용이 제시되었다. 이에 앞장을 선 다구치 우키치(田口卯吉)는 일본이 유럽지식을 받아들이면 결국 일본도 유럽 강국과 똑같아진다고 주장하고 나섰다. 문제는 일본이 유럽 세계사에서 동양의 후진적인 국가에 불과하다는 점이었다. 그래서 다구치는 일본이 인도나 중국과 함께 역사와 문화를 공유하고 있지 않다고 주장하기 시작했다. 그리고 그는 유럽이 보편적인 세계사의 질서를 이해하고 동양의 지식을 이용하여 더 많이 진보를 이룩할 수 있었다고 피력했다.[439]

당시 일본은 유럽과 비교하여 과거부터 미래에 이르기까지 모든 역사와 문화가 동등하다는 정서가 팽배하여 강국으로서 세계사의 질서를 지켜가는 제국주의 흐름에 젖어 있었다. 지식인과 정치인은 말할 것도 없고 일본국민들도 서양과 대등한 힘을 가진 강국으로서 세계사의 주역이 되고자 한 열망에 사로잡혀 있었다. 이처럼 새로운 진보와 근대라는 개념은 일본인들에게 미래를 위한 낙관적인 희망을 불어 넣어 주었다.

---

438  유럽의 세계사를 일본에 수용하는데 주요한 역할을 한 인물들은 후쿠자와 유키치(福澤諭吉) 다구치 우키치(田口卯吉) 미야케 요네키치(三宅米吉) 나카 미치요(那珂通世) 등이다. 이들은 역사의 과학적 방법론을 모색한 것이다. 이들은 세계 질서의 보편적 틀 속에 일본을 배치시키려 했다. 스테판 다나카, 윗 책, 64쪽.

439  이러한 사상은 후쿠자와 유키치(福澤諭吉)의 유명한「脫亞論」도 마찬가지의 논지를 펴고 있다. 福澤諭吉,脫亞論」,『福澤諭吉全集』(東京 : 岩波書店, 1960), 238-140쪽.

따라서 근대화 속에 일본은 정치와 문화, 역사, 사회, 경제 등 모든 분야가 유기적으로 통합되어 갔다. 역사는 이러한 제국주의 정책에 바탕이 되는 학문이었다. 그러기 때문에 일본 역사가들은 역사를 진보란 개념에 초점을 둔 동시에 국가의 이익을 위한 민족주의와 제국주의라는 보수적인 성격을 띠어야 했다.

일본의 근대 역사학은 애초부터 이러한 모순과 딜레마를 안고 있었다. 일본 역사가들은 이 모순을 해결하는 방법이 바로 객관성과 과학성이라는 사실을 알고 있었다. 따라서 랑케의 실증주의 사학은 일본의 근대화와 제국주의화의 요구에 절대적으로 부합하는 이론이었다. 역사의 과학적 탐구만이 객관적인 해석이 가능하기 때문이다. 이 객관성은 설명할 필요도 없이 일본 제국주의를 정당화시켜주는 기초로 활용되었다. 이와 같이 일본의 근대 역사학은 애초부터 국가와 밀접한 관계를 맺고 있었다. 주로 리스가 랑케의 실증주의 사학을 가르친 도쿄제국대학에서 국가의 주도로 역사연구가 진행되었던바, 이 대학의 졸업생은 시험을 거치지 않고 바로 공무원이 될 수 있었다. 또 역사교수들은 관료서 높은 보수와 특별대우를 받았고 그 영향력이 매우 컸다.[440]

엄밀히 말해 국가관리라고 할 수 있는 이들 도쿄제국대학 역사가들은 랑케의 실증적인 방법론을 통해 제국의 정책적 의도나 정치적 이념을 숨기며 과학적인 근대 역사학이란 이름으로 역사연구의 객관성을 확보해 나갔다. 리스는 자료수집과 기록보관소 건립, 역사 자료에 대한 객관적 평가, 또는

---

440 당시 도쿄제국대학의 조직과 기능을 개략한 칙령 제 1항은 "도쿄제국대학의 목적은 과학과 예술을 가르치고 국가의 요구에 부응하여 그 신비를 탐색하는 것이다"라고 적시했다. 특히 도쿄제국대학의 교수 보수는 당시 관료 임금체계의 8%에 속했다. Frank O. Miller, *Minobe Tatsukichi : Interpreter of Constitutionalism in Japan* (Berkeley and Los Angeles : Univ., of Califonia, 1965), 15쪽, 스테판 다나카, 윗 책, 72쪽에서 재인용.

학회지 창간 등에 주로 참여한 것으로 미루어 단지 랑케의 실증주의 사학의 방법론만 가르친 것으로 보인다.[441]

그러나 객관성이라는 개념은 가치중립에 합당한 것인지, 아니면 절대적 가치 기준에 맞춰야 하는 것인지 판단하기에 매우 애매모호하다. 그럼에도 불구하고 객관성의 가치는 궁극적으로 사회의 전체를 포괄할 수 있고 영향력을 미칠 수 있는 것에 근거해야 한다. 따라서 공공의 이익에 부합하는 것이 객관성이라고 하면, 이는 사회 전체 구성원이 합의한 정의의 개념과 같다. 또 공공 이익의 기준은 대개 권력구조에서 정해지기 마련인데 역사의 객관성은 바로 이러한 권력체계 속에서 정해진 가치에 의해 성립된 경우가 많다. 결국 국가가 객관적 가치의 기준을 부여하는 것이라면 이 시기 일본이 근대화 과정에서 국가가 정한 객관성의 기준은 무엇일까.

대개 이것들은 제국주의 이념, 자본주의, 패권주의, 혹은 관료주의나 식민주의, 유럽과 대등한 강국론 등이다.[442] 무엇보다 일제가 역사학을 통해 확립하려 한 것은 일본의 역사가 진보의 과정을 걸어왔고 결과적으로 유럽과 대등한 관계라는 점을 보장해 줄 보편적인 세계관이었다. 이런 국가의 정책에 부응하여 일본 역사가들은 일본 역사를 보편적인 세계사에 포함시켜 나가야 했다.

그러나 역사에서 보편법칙과 개별국가의 특수성은 상호 결합할 수 없는

---

441　이 때 편찬된 두 개의 주요 사료집은 『大日本古文書』와 『大日本史料』등이다. 이에 대해서는 家永三郎,, 『日本の近代史學』(東京 : 日本評論新社, 1957) 참조.

442　이 점에 대해서는 Bernard Silberman "The Bureaucratic State in Japan : The Problem of Authority and Legitimacy", in *Conflict in Modern Japanese History*, ed., Tetsuo Najita and J. Victor Koschmann, (Princeton: Princeton Univ.Press, 1982), 226-257쪽. 참조. 다나카 스테판은 "객관성이란 개념은 역사의 중립적 가치 혹은 이에 대해 모순되는 비판을 모호하게 한다"며 "지식이 객관성이란 공정한 심판을 할 수 있는 권위를 지니고 있으며 그래서 국가가 지식과 전문성이 무엇이어야 하며 누구를 위한 것인가를 결정하는 기준을 부여한다"고 말한다. 다나카 스테판, 윗 책, 73-74쪽.

상대적 개념들이다. 진보는 유럽역사의 수준을 설명해 주는 개념이며 동시에 동양의 미숙한 역사를 나타내는 모순된 이중성을 지니고 있다. 일본 역사가들은 역사에서 이러한 모순을 극복해야 할 과제를 안고 있었다. 유럽 역사가들이 전체적으로 살펴 본 세계사에서 역사적인 진보를 해온 지역은 유럽 밖에 없다.443 말하자면 동양의 역사에서 진보란 없는 것이다. 그래서 일본 역사가들은 일본의 역사에도 진보가 존재한다는 역사적 조건들을 실증적으로 혹은 과학적으로 입증하는데 몰두한 것이다. 바로 여기에서 본래 리스가 일본에 랑케의 실증주의 사학의 방법론을 가르칠 때 일본은 이를 자의적으로 제국의 정치적 과제에 따라 왜곡했다는 점을 알려준다. 이러한 사실은 당시 리스가 당시『사학회잡지』 창간 축사에서 일본 역사학계에 경고한 말에서 확연히 드러난다.

"지속적인 가치를 지니고 있는 책은 명확히 이론과 주요 사학자가 모두 동의하는 학설을 갖추고 있는 것이므로 방법론에 대한 오늘날의 추상적인 논쟁을 이후 세대에게 물려줘서는 안 된다. 일본인들이 추상적인 토론을 좋아하기 때문에 독자들의 관심을 유발하고 제자들을 얻기 위해서 먼저 그런 문제에 관심을 돌려야 한다고 말하는 이들이 있다. 그러나 다시 한 번 말하지만 나는 이것을 묵과할 수 없다."444

---

443 예컨대 고대문명을 일으킨 이집트 혹은 인도, 중국, 중동 국가 경우 국가와 민족은 오랜 시간 지속되어 왔지만 진보를 하지 못했다. 따라서 세계사를 바라보는 관점에서 유럽문명과 비유럽문명으로 나누고 유럽은 자연을 지배한 문명이고 비유럽은 자연에 지배받는 문명으로 이해했다. 이런 이분법 역사관은 동양에는 역사가 없다는 인식을 나타낸다. Henry Thomas Buckle, *History of Civilization in England* (London : BiblioLife 2009), 152-153쪽. 또한 François Guizot, *Histoire de la civilisation en Europe, depuis la chute de l'Empire romain*, (Paris : Hachette , 2012), 30-40쪽.

444 小川銀次郎 譯, ルドウヒリース, 「史學雜誌ニ付テ意見」, 『史學雜誌』, 1-5(1890), 4-5쪽 스테판 다나카, 윗책, 76쪽에서 재인용.

리스의 이 말은 일본 역사학자들이 각기 랑케의 실증주의 사학을 수용했지만 이를 올바르게 역사연구에 적용하지 않고 자의적으로 변형했다는 점을 알려준다. 말하자면 많은 일본 역사학자들은 리스로부터 랑케의 근대 역사학을 수용하면서도 역사의 보편주의적 법칙을 일본의 것으로 만든 것이다. 일본의 당면과제는 민족의 결집과 유럽과 동등한 강국 건설, 그리고 제국주의 정책과 아시아로 패권 확장이었다. 이것이 당시 현실적인 일본의 상황이었다. 일본은 아시아의 거대 강국으로 군림해온 중국이 아편전쟁 등 연이어 유럽 열강들과 전쟁에서 패한 사실로부터 많은 교훈을 얻었다. 다시 말해 일본은 세계무대에서 살아남으려면 자국의 힘을 키워 강국이 되어야 했다. 열강의 각축과 제국주의라는 현실을 직시한 일본의 역사학자들은 진보의 가치를 이렇게 이해했던 것이다.[445] 이에 따라 유럽에서 유학한 일본 역사학자들은 당시 유럽에서 후진국이었던 독일의 근대화에 주목했다. 일본은 하루 빨리 근대화를 추진해야 한다는 인식아래 가장 근대화에 성공한 독일의 모델을 선택한 것이다. (그러나 이와 반대로 조선은 서구열강의 패권에 대처해서 쇄국의 길로 나아갔다. 그 결과 조선은 근대화를 추진하지 못한 채 결국 일제의 식민지로 전락하게 된 역사적 상황을 우리는 뼈아프게 상기할 필요가 있을 것이다.) 특히 일본은 독일 법령을 많이 모방했는데 일본이 게르만족의 가부장적 제도와 유사한 점을 발견했기 때문이다.

일본의 문화 속에 뿌리 깊게 자리를 잡고 있던 가문의 전통이 게르만 전통과의 유사성을 발견하고 이른 바 일본의 가문의 전통을 보편화시켰다.[446] 일본의 개별적이고 특수한 전통을 게르만 전통과 대입시킴으로써

---

445 이런 일본의 지식인들의 시각은 나카에 초민(中江兆民)의 『三醉人經綸問答』에 잘 나타나 있다. 국내 번역서는 나카에 초민, 『삼취인경륜문답』(소명출판, 2005)이 있다.
446 대표적인 역사가는 나카다 가오루(中田薫)이다. 이러한 주제의 주요 논문은 『佛蘭西의 Parageと日本の惣領』, 『國家學會雜誌』 27卷 7號(1913), 1906년에 발표된 「日本莊園の系統」, 『國家學會雜誌』 20卷 1-2號(1906) 등이 있다.

보편성에서 특수성을 찾는 방식이 바로 이들 유럽 유학파들의 업적이었다. 따라서 도쿄제국대학과 교토제국대학 등 일본 제국대학에서 일본의 근대 역사학을 이끌어간 이들 유학파 역사학자들은 랑케의 실증주의 사학으로부터 방법론과 또한 민족주의적이고 국가주의적이며 제국주의 이념에 부합하는 '일제식 실증주의 사학'을 창안해 낸 주역들이었다. 이와 같이 이들이 만들어 낸 제국주의적인 실증주의 사학은 일본 역사학의 뿌리가 되었을 뿐 아니라 식민사관으로까지 이어졌다. 특히 1905년부터 1912년은 청나라와 러시아와의 두 차례 전쟁에서 승리한 일본이 제국주의로서 발전의 토대를 다진 시기이다. 조선을 병합하여 식민지로 삼은 것은 바로 일본의 제국주의화 절정이었다. 일본의 제국주의 정책에 참여한 일본 역사학자들은 대체적으로 일제의 정치적 이념을 수립하고 조선 식민화의 정책의 정당화 하는데 초점을 두었다. 일제는 국민국가라는 근대화 과정에서 가장 비교되고 또 모방의 대상이 유럽이었기 때문에 일본은 독일처럼 근대화를 통한 강국의 가능성을 역사 속에서 찾고자 하는 열망이 강했다.

특히 동양사는 제국주의적인 실증주의 사학을 만들어낸 중심 역할을 했다. 동양사학자 시라토리는 조선사를 비롯하여 동북아시아 등 방대한 지역의 동양의 역사를 연구하면서 일본제국의 식민정책과 동양에서의 패권 정책을 찬양 고무했다. 그는 일본제국의 식민화 정책에 부응하여 조선과 만주 등 여러 민족의 역사를 연구하는데 일생을 보냈다. 제국의 정책에 의한 일제의 역사연구에서 중국의 역사와 조선의 역사는 일본의 문화와 역사의 모체가 아니라 유럽과 같이 일제의 제국주의 진출을 위한 필수적인 지식에 불과했다. 이러한 정세 변화에 따라 일본의 역사학은 일제가 추구하는 강국의 정책에 부응하여 나갔다.

1930년대 일본 역사학계는 랑케의 실증주의에 대해서 거론하지 않고 세계사적 개념을 두고 열띤 논쟁을 벌였다. 이 가운데 역사철학자 코우야마 이와오(高山岩男)은 세계사의 철학을 주창하며 세계 대부분을 식민화시킨 서구 근대국가들이 몰락했다는 점을 들어 새로운 현대적 세계가 대두되어야 한다며 색다른 역사관을 제시했다. 즉 그는 유럽 그 자체의 근대적인 내적 질서가 스스로 붕괴의 시기에 도달했는데 이런 변화가 바로 세계사의 대전환을 보여 주는 징조라고 강조했다. 이런 변화에 대해 코우야마는 비유럽 세계와 유럽 세계와의 대등한 존립을 의미한다며 이는 근대적 세계와 다른 질서 및 구조를 지닌 현대적 세계, 즉 '세계사적 세계'의 수립을 의미한다고 주장했다.[447] 코우야마의 지적한 근대적 유럽의 세계관은 곧 유럽 중심의 세계관이며 현대적 세계는 일본 중심의 세계관을 의미한다. 즉, 오리엔탈리즘에 입각한 근대 유럽에서의 세계사는 당연히 유럽 중심의 역사였다. 이러한 역사적 관점에서 오리엔탈리즘은 유럽의 우월한 민족성과 우수한 문화를 보여주는 상징이었다. 역사적으로 그리고 문화적으로 아시아에 비해 우수하다는 유럽 중심의 세계관은 상대적으로 동양은 열등하다는 것을 보여주기 위해 오리엔트를 만들어 내었다.[448]

그러나 코우야마 입장에서 볼 때 이러한 근대적 유럽의 세계사 개념은 보편적인 개념이 될 수 없었다. 그리하여 교토학파 역사철학자들은 비유럽 세계에 속하는 일본을 유럽의 세계와 대등한 존재성을 부각시켜 유럽 중심주의 세계의 모순성을 드러내려 했다. 더 나아가 이들은 오리엔탈리즘에 입각한 유럽 중심의 세계사적 관념에서 벗어나 다원적 세계사 모델을 제시함으로써 마침내 진정한 전 세계를 다 포괄한 '세계사적 세계'의 담론이 출현하게 되었다.

---

447 차승기, 「근대의 위기와 시간-공간 정치학-교토학파 역사철학들과 서인식」, 『한국근대문학연구』, 4-2 (2003), 246쪽.
448 Edward Said, *Orientalism*, 1-28쪽.

이 과정에서 일본의 역사학계의 관심은 당연히 랑케의『강국론』과 『세계사』에 집중되었다. 바로 민족주의 성향을 고취시킨 이 두 저서는 앞서 말한 바와 같이 일본의 역사학계뿐만 아니라 한국사학계에도 큰 영향을 끼쳤다.[449] 따라서 일본 역사학계는『세계사』에서 랑케가 아시아 특히 극동의 역사에 대해 상세히 언급한 적이 없다며 이 문제는 일본의 역사학계 남겨준 과제라고 자의적으로 해석했다. 다시 말해 일본 역사가들은 랑케가 동양의 역사에 대해 언급하지 않았기 때문에 동양의 역사연구는 당연히 일본의 몫이라는 것이다. 일본 역사가들은 이렇게 타당하지 못한 논리로 랑케의 실증주의 사학의 본질을 왜곡했다. 특히 이 가운데 일본 역사학자들이 랑케의 세계성(Weltlichkeit) 속에 포르투갈의 동양진출에 관한 설명을 주지시킨 것은 랑케의 세계사 개념을 자국의 제국 팽창의 이념으로 수용한 것을 의미한다.[450]

다음 장에서는 일제의 식민사관과 '일제식 실증주의 사학'이 탄생시킨 요람인 교토학파의 역사철학을 살펴보도록 하겠다.

### 2) 교토학파와 근대 역사학

이처럼 일본의 역사학계는 세계사의 개념을 이용하여 랑케가 이루지 못한

---

449 랑케의 역사학은 법칙과 개별성으로 나눠지는데, 역사의 개별성은 독일과 일본처럼 국가주의와 결탁했고 법칙은 공산주의와 연결되고 있다는 지적도 있다. 김기봉,「우리 시대 역사주의란 무엇인가」,『한국사학사학보』, 23권, (2011), 388쪽. 특히 이기백은 바로 이 책을 접한 후 세계사 속에서의 민족과 국가의 역할에 주목하고 민족주의 사관을 확립했으며 이러한 역사학은 해방 후 한국사학계에 그대로 수용되기도 했다. 노용필,「韓國에서의 歷史主義 受容 : 李基白 韓國史學 硏究의 礎石」, 279쪽. 이러한 역사의 인식에 따라 펴낸『民族과 歷史』에서 이기백은 "나는 한국민족을 하나의 고립된 존재로서보다 인류 속의 한 민족으로서 생각하려 했다. 이런 견지에서 나의 관심은 한국민족이 세계의 다른 여러 민족들과 마찬가지로 지니고 있는 보편성에 쏠리어 있다. 말하자면 민족이 지니고 있는 특수성을 보편성 위에서 이해하려고 노력하였다."라고 밝히고 있다. 이기백,「머릿말」,『民族과 歷史』, 5쪽.

450 고야마 사토시(小山哲), 윗 글, 71-72쪽.

극동과 동아시아 및 태평양의 역사를 서술하는 것이 자신들의 과업으로 여겼다. 일본 역사가들은 랑케의 실증주의 방법론을 통해 역사학의 발전을 도모하고 또 랑케의 세계사 개념을 자의적으로 해석하여 일본을 넘어 세계로 나아가는 이론적 바탕을 마련하고자 했다. 랑케의 세계사의 확장작업에 앞장 선 인물이 바로 도쿄제국대학과 교토제국대학에서 서양사를 가르친 사카구치 다카시였다.

그의 세계사 개념에 따르면 고대는 세계주의적이고 개인주의주적인 반면 근대 국민 국가는 민족주의적이고 국수주의였다. 세계문화는 바로 국민국가에 의해서 형성되었으며 때문에 국가 간 잦은 충돌이 자주 발생한다는 것이다. 민족과 국민은 근대역사의 산물이라고 인식했던 사카구치의 세계관은 정치적이라기보다 문화사적이었다. 그는 문화적 관점에서 민족과 국민이 단순히 단일혈통의 민족이 아니라 일본인, 조선인, 대만인 등 다인종으로 이뤄져 있다고 주장했다. 말하자면 조선인, 대만인, 중국인 등 아시아의 여러 민족들이 모두 일본국민에 포함된다는 것이다.[451]

더욱이 만주 사변이후 식민지 지식인들은 강국 중심의 세계관을 가지고 있었다. 예컨대 윤치호는 조선인이 민족의 전통을 그대로 유지한 채 다민족의 대국인 일본의 황국신민이 되는 것을 이상으로 삼고 일본의 강국의 세계사적 논리인 대동아공영을 따라야 한다고 주장했다.[452] 바로 사카구치 다카시의 주장한 바대로 근대 국민국가는 혈통중심의 민족에서 벗어나 문화적으로 공통된 아시아의 여러 인종들로 구성되어야 한다는 논리가 바로 대동아공영의 핵심이었다. 원래 제국주의 국가시민들은 단일민족국가 아니라 다민족 국가로 구성된다. 제국에서 각 민족의 개별적 문화와 전통은

---

451 고야마 사토시(小山哲), 윗 글, 84-85쪽.
452 김상태 편역, 『윤치호 일기 1916-1943. 한 지식인의 내면세계를 통해 본 식민지 시기』 (역사비평사, 2001), 497쪽.

무시되며 오로지 보편적인 문화에 지배를 받아야 하고 뿐만 아니라 모든 제국 시민들은 공통어만 사용해야 한다. 일제가 내세운 대동아공영에는 이러한 제국주의 이념이 깔려있다.

이렇듯 교토학파의 역사철학자들은 랑케가 『강국론』과 『세계사』에서 언급된 '세계의 조화'란 본래의 의미를 변질시켜서 강국의 지배를 받는 보편적인 다원주의적 세계관을 추구했다. 일제의 침략행위와 한반도의 식민지 통치, 그리고 동양의 지배를 정당화 한 제국주의 이념이 이렇게 만들어졌다.[453] 이를 토대로 일제는 교토학파에 의해 새로 창안된 이러한 세계사 이념을 내선일체 정책에 연결시켰다. 겉으로는 서구의 세계사를 극복하여 동양세계의 통일성을 추구한다는 것이지만 그 목표는 일제가 중국, 조선, 등 동양세계를 지배하는 것이었다. 이처럼 교토학파 역사철학자들은 근대와 현대, 동양과 서양을 구분하고 여기에 랑케의 세계사 이념과 '다문화적 세계상'을 결합시켜 대동아공영을 창안해내었다.[454]

이러한 교토학파가 제시한 역사철학의 특징은 콩트에게서 찾을 수 있다. 조화와 평화, 그리고 행복으로 가득 찬 미래를 추구한 오귀스트 콩트는 1830년대 새로운 인류 역사의 질서가 일어나길 갈망하면서 역사과정을 재규정하고 가족이나 군주제, 신(God)을 거부하며 이를 생시몽(Saint-Simon)의 사회 개혁사상으로 대체했다.[455] 콩트는 『실증철학의 강의』에서 위대한 변화가 도래할 것이라고 전망하고 인간의 관점에서 보면

---

[453] 중일전쟁 후 총력전 사회로 이행하고 있던 식민지 전향 좌파 역사철학자들은 이러한 교토학파의 '세계사적 철학'과 '다원문화주의적 세계상'으로부터 큰 영향을 받았다는 점을 주목할 필요가 있다. 차승기, 윗 글, 250-251쪽

[454] 차승기, 윗 글, 248쪽.

[455] 생시몽과 콩트는 실증주의적 사회학의 체계화에 공통점을 지니고 있다. 이 둘은 사회적 분열을 우려하며 조화와 평화 그리고 행복을 추구한 것이다. 특히 생시몽은 고립된 개별체들이 서로 경쟁하고 싸우는 단계와 달리 많은 사람들이 갈망하는 서로 유기적으로 조화를 이루는 사회를 t말하고 있다. Frank E. Manuel, "From Equality to Organicism" *Journal of History of Ideas* 17 (Feb., 1956), 69쪽.

유럽 국가들은 특별한 능력을 갖고 있기 때문에 인류의 진보를 이끌어 갈 것이라고 피력했다. 따라서 콩트는 개별적인 국가, 특히 민족정신이나 민족의 정치, 전쟁, 고유한 언어 같은 개체 등이 아니라 바로 인간의 진보가 역사의 핵심의 주제가 되어야 한다고 강조했다.[456]

콩트에 의하면 인간의 진보는 집단적인 인간정신의 발전에 의해 추진되며 이성과 관찰을 통해 진리를 밝혀내는 실증주의에게서 인간정신의 진보를 찾을 수 있다는 것이다. 이와 같이 과학주의적 역사철학에 기초한 콩트의 실증주의는 보편적인 법칙과 조화에 기초하고 있다. 생시몽과 마찬가지로 콩트도 "과학적 정신에 따르면 인간사회는 결코 개인적 구성체가 아니라 가족이 진정한 사회적 단위"라며 사회의 유기적 조화를 강조했고 아울러 문명진보에 관한 개념을 이상적인 유기적 사회와 결합시켜서 집단을 우선시 했다.[457] 콩트의 사회학 핵심은 과학주의와 역사철학이다. 인간존재에 대한 연구가 과학이 될 수 있는 것은 신학-형이상학-실증주의에 이르는 세 개의 사회적 단계를 거치기 때문이다. 이렇듯 일본의 역사학자들은 모든 사회를 지배하는 보편적 법칙을 믿었고 이러한 보편주의 속에 일본을 놓으려 했다. 따라서 일본은 역사학자들은 계몽주의적 문화사학을 개발하기 위해 유럽의 세계사에 주목했다.[458]

후쿠자와 유키치(福澤諭吉)와 다쿠치 우키치(田口卯吉)가 대표적 인물로서 이들은 세계사의 보편적 질서를 일본에 적용하기 위해 콩트와

---

456 Auguste Comte, *Cours of philosophie Positive*, ed., E. Littré, 6vols. (Paris, 1864), 제6권, 590쪽.
457 Keith Michael Baker, *Condorcet : From Natural Philosophy to Social Mathematics* (Chicago : Univ. of Chicago, 1975), 480쪽.
458 예컨대 일본의 지식인데 가장 널리 읽힌 프랑수아 기조(François Guizot)의 『문명사 History of Civilization』 그리고 헨리 토마스 버클(Henry Thomas Buckle)의 『영국문명사 History of Civilization in England』이다.

생시몽의 실증주의적 사회학의 개념을 수용했다. 유기적 사회에 근거를 둔 진보의 개념은 메이지 초기 일본의 역사학자들의 요구와 부합했다. 이들은 콩트의 실증주의 사학을 이용하여 새로운 국민국가인 일본을 아시아에서 탈피시킨 다음 세계문명 속에 포함시켜서 일본의 역사가 유럽과 대등하다는 논리를 공식화 할 수가 있었던 것이다.[459] 이러한 콩트의 보편적인 법칙과 유기체적 조화를 핵심으로 한 실증주의는 랑케의 실증주의 개념과 차이가 있다. 예컨대 시바타 미치오(紫田三千雄)은 "콩트의 실증주의가 일본에서 사용되고 있는 랑케의 실증주의 사학과 의미가 전혀 다르다"라고 지적하고 콩트의 실증주의와 혼동을 피하기 위해 후자를 고증학 혹은 고증주의라고 정의했다.[460]

따라서 콩트는 인류역사의 진보에서 보편성과 조화를 통한 유기적 관계를 강조한 반면 랑케는 이와 반대로 개별성 및 특수성과 균형을 강조했다. 랑케의 역사의 보편성 개념은 『강국론』에서 설명한 바와 같이 각 개별 민족국가들의 조화와 균형이었다. 강국의 일방적인 약소국의 지배는 곧 세계의 균형과 조화를 무너뜨리는 것이며 결국 문화의 종속을 야기하여 역사의 진보를 저해하게 한다. 랑케는 개별 민족국가들의 균형과 조화 속에서 각 민족의 특수한 문화들이 상호 교류하게 될 때 세계사적 인간의 진보가 촉진하게 하게 되며 이러한 인류의 진보가 보편성을 띠게 된다는

---

459 다쿠치 우키치(田口卯吉)는 『日本改化小史』에서 이러한 보편주의 진보라는 개념을 최초로 적용시킨 인물이다. 그는 인도, 중국, 일본이 공통의 문화유산을 갖고 있다는 것을 부인하고 유럽의 여러 제국들의 보편적 질서를 수용하여 이를 적절하게 이용했다. 그래서 그는 물리학, 심리학, 경제학 등 기타 과학을 공부한 것은 그것을 유럽에서 발견되었기 때문이 아니라 그것이 보편적인 진리이기 때문이라고 주장했다. 스테판 다나카, 『일본의 동양학 구조』, 65-70쪽.

460 紫田三千雄,「日本における欧州歴史学の受容」, 岩波講座, 『世界歴史』〈第30〉別巻 (東京 : 岩波書店, 1971), 444쪽.

입장을 고수했다.[461]

그러나 콩트의 실증주의 사학이 강조한 유기적 관계를 통한 보편적 역사와 조화는 각 민족의 특수성이나 개별성은 무시된다. 특히 콩트의 실증주의는 인류의 세계사에서 각기 다른 개별적 민족이 아닌 여러 민족들이 유기적 관계를 맺고 집단적으로 결합된 보편세계를 지향한다. 이는 일제 역사학자들이 왜 랑케의 실증주의 사학을 비판하며 문화주의로 나아갔는지 잘 설명해 주는 대목이다. 말하자면 콩트가 제시한 각 민족들의 유기적인 관계로 맺어진 인류의 보편적 세계사는 일제가 추구한 '대동아공영'이라든가 조선과 일본을 하나로 결합시키자는 '내선일체' 정책과 맞아 떨어지는 이론이다. 이런 현상은 일본 교토제국대학의 학풍에서 찾을 수 있다. 교토제국대학 문과대학 사학과 국사 전공 1회 졸업생인 니시다 나오지로(西田直二郞)은 유럽에서 유학하여 비교와 보편이라는 시각에서 일본사를 연구한 인물이다. 개별역사 속에서 보편성과 법칙을 찾아내려 한 그의 사고방식은 역사를 문명의 진보 및 발전사로 파악하려는 문명사에 속한다.

니시다는 바로 문명사의 계보에 속한다. 고증사학에 대해 비판적이던 니시다는 콩도르세의 『인간정신진보사』를 읽고 큰 감명을 받아 일본 문명의 발달에 대해 본격적으로 연구했다. 이 연구 결과로 탄생된 니시다의 문화사는 개별 실증주의 연구라기보다 철학의 산물이었던 콩도르세의 인간

---

461 랑케는 이 점에 대해 다음과 같이 말한다. "모든 문학들의 연결은 각 문학들의 독창성을 근거로 한다. 그것들은 왕성하게 지속적으로 상호 교류할 수 있다. 문학의 지속적인 상호 교류는 한 문학이 본질적으로 다른 문학을 지배하지도 않고 침해하지 않을 경우 가능하다. 국가들, 민족들의 경우도 그 관계는 다르지 않다. 한 국가의 결정적이고 강력한 지배는 다른 국가의 존재에게 비운이 된다. 모든 국가들을 하나로 합병시키는 것은 각 민족국가의 본질을 파괴하는 것이다. 각 민족국가들의 독립적이고 순수한 자치적으로 존립을 할 때 진정한 조화가 나온다." 랑케, 「재건」, 『강대세력들, 정치대담, 자서전』, 104쪽.

정신의 발전사라는 관점에서 본 전체사를 지향했다. 말하자면 니시다의 문명사는 인간정신의 발전, 보편법칙을 중심으로 한 역사철학의 흐름에 속한 것이었다.[462]

특히 메이지 이래 조선에 대한 민족적 멸시관이 확산되던 분위기 속에서 조선의 식민지화를 정당화하고 식민사관을 정립하여 했던 시기에 교토제국대학의 사학과 교수 나이토 고난(內藤湖南)이 제시한 역사철학의 핵심이 바로 문화중심 이동설이었다. 그에 따르면 동양의 문화중심지는 항상 새로운 지역들로 이동하며 새로운 그곳은 이전의 중심지를 능가한다는 것이다. 따라서 그는 중국 문화를 받아들인 일본은 동쪽으로 문화중심이 이동하는 경로에 위치하고 있었기 때문에 동양문화 중심이 되었다고 주장했다.[463] 콩트의 실증주의와 달리 나이토의 역사철학에서는 이상사회에 도달하게 될 점진적이고 직선적인 진보라는 개념이 빠져있다. 이렇듯 콩트와 랑케의 실증주의는 일본 제국대학의 학풍을 이루면서 상호 영향 속에 일본의 역사학계를 지배하며 근대 일본 역사학의 바탕이 되었다.

앞서 설명한 바와 같이 교토학파의 역사 철학자들은 문화주의에 입각하여 여러 민족의 문화가 하나로 통합된 '다문화 세계상'을 구상해 나갔다. 이런 식으로 이들에 의해 구상된 소위 대동아공영권은 철저하게 세계사적 보편주의란 이념에 기초하고 있다. 따라서 이 담론은 일제의 만주사변이나 중일전쟁, 그리고 태평양전쟁으로 이어지는 일제 군국주의 팽창과 세계지배를 정당화 시켜주는 이념으로 활용되었다. 그래서 사카구치는 유럽의 영국 등 제국의 식민지 연구에 관심을 갖고 영국 '식민지학'의 제도화에 대해 다음과 같이 보고했다.

---

462 나가하라 게이지, 윗 책, 95-96쪽.
463 內藤湖南,『新支那論』, (東京 : 博文堂, 1924), 509쪽.

"인도 및 직할 식민지를 포함하는 대영제국의 역사, 제도 및 발전 그리고 그와 연관된 범위에서 다른 식민지를 소유하고 식민을 국시로 삼는 여러 나라의 역사 및 제도를 대상으로 하는 실제적 학술 연구를 주된 목적으로 삼는다. 그래서 모든 제국적 학술을 조직적으로 연구하는 학교의 설립이 급선무이며 제국문학을 융성하게 하고 제국에 관한 사료를 정리하고 공표하여 제국의 역사 및 여러 전기를 완성해야 한다. 이런 학교를 런던대학과 연결하여 필시 한 분과를 형성하고 단지 제국에 대한 정치, 역사 뿐 아니라 식민지 문제에 필요한 이학, 의학, 공학, 및 산업 지식도 추가하고 또 식민지 대학의 유학생 및 제국문제에 이해가 걸린 모든 사람들에게도 공개되어야 할 것이다. 이 제안자는 독일 함부르크 식민학회를 이상으로 삼았다."[464]

이처럼 사카구치는 제국의 식민지 통치를 세계사적 관점에서 정당화하고 있다. 그의 제국주의적 세계사 개념은 조선의 식민통치와 동양의 지배를 합리화 하여 유럽 제국의 식민지 통치의 역사를 일본도 배워야 할 교훈으로 소개한 것이다. 그리하여 사카구치는 1911년 조선총독부로부터 지원을 받아 독일 국경지방의 동부 프로이센 왕국령 폴란드와 서부 알자스-로렌 지방을 연구차 방문하게 되었는데 사카구치는 이 지역의 언어교육과 역사교육 상황을 조사하여 1913년 『독일 제국 경계지방의 교육상황』이란 보고서를 발행했다.

사카구치의 이 연구 보고서는 언어, 종교, 문화 등에 대해 자각한 문화 국민이 그렇지 못한 다른 민족을 국어교육에 의해서 자국 국민으로 만들 수 있다는 가능성을 제시했다. 독일은 통일을 한 후 비스마르크가 이 지역의

---

[464] 고야마 사토시(小山哲), 윗 글 89-90쪽에서 인용.

독일화 정책을 추진하면서 전 교육과정을 독일어로 시행하자 주민들이 거세게 반발하고 나섰다. 사카구치는 이 때문에 폴란드를 독일화한 정책은 결국 완전히 성공하지 못했다고 분석했다. 말하자면 식민지 주민들이 자기 언어를 쓰고 자신들의 고유한 언어로 교육을 받으면 식민통치국가에게 저항정신을 갖게 하여 나중에는 스스로 독립정부를 가질 수 있는 능력을 갖추게 되기 때문에 결국 완전한 식민지배가 어렵다는 것이다.[465]

따라서 사카구치는 독일이 점령지역의 독일계 주민들을 독일화하기 위한 대안으로 황제 중심주의를 고취시켜서 폴란드 아동들에게 군주에 대해 경외감을 갖도록 했다는 점에 대해 관심을 가졌다. 그리고 그는 독일이 역사 교과서를 발행하여 폴란드령의 분할과 병합조치가 합법적이라고 자세히 소개하여 이를 정당화 시켜 나간 독일 교육정책에 대해 상세히 소개했다.[466] 이러한 교과서 내용을 토대로 사카구치는 폴란드 멸망이 불가피한 사정이었고 독일(프로이센)은 자국의 정당방위와 폴란드 인민을 보호하기 위해 분할에 참여했다면서 이 책임은 폴란드 귀족과 러시아에게 있다고 판단했다. 결론적인 사카구치의 주장은 독일이 폴란드를 합병한 이후 국토개발과 아울러 생활의 향상이 이뤄졌고 사회도 발전하여 폴란드인의 생활이 크게 개선되었다는 것이다.[467]

---

465 사카구치는 포젠시 근교 라타이촌의 경우를 소개하고 있다. 坂口昂, 『獨逸帝國境界地方の教育狀況』朝鮮總督府(1913년), 10-13쪽. 이 마을은 독일 풍으로 학교에서 독일어 교육이 시행되고 있었다. 그러다가 1840년대부터는 폴란드어 교육이 시작되어 1867년에 독일어 수업이 완전히 바라진 상태가 되었다. 사카구치는 이 상황을 독일의 국민적 국가가 아직 수립되지 않은 사이 폴란드 문화국민은 자기 국어교육을 통해 자기를 확장하여 독일민족의 문화를 압도했다고 밝히고 있다. 고야마 사토시(小山哲), 윗 글, 91-92쪽. 특히 이 점에 대해 坂口昂, 「民族と國民と世界文化」, 『日本社會學院年報』5卷1.2.3號, 325.342頁, 1918. 332-338쪽.
466 고야마 사토시(小山哲), 윗 글, 94-95쪽.
467 독일 변방지역 교육상황에 대한 조사는 1913년에 『독일제국 경계지방의 교육상황』이라는 보고서가 간행되었다. 이 보고서는 비밀로 취급되어 유포되지 않았으나 나중에

사카구치에게 있어서 폴란드 분할을 합법화한 독일 역사 교과서의 기술은 조선에서도 역사교육을 통해서 일본의 병합에 대한 정당성을 인식시켜 나갈 수 있는 가장 효율적인 모델이었다. 결국 사카구치의 이 조사연구의 초점은 식민지 지역에 적용할 역사교과서 내용이었다. 그는 이것을 조선에서 역사교육의 방향을 정하는 데 유용한 자료로 활용할 수 있다고 보았다.[468] 말하자면 사카구치는 독일을 폴란드 주민들을 역사교육을 통해 독일에 동화 시켰던 것과 마찬가지로 일본도 문화정책을 강화하여 조선을 일본화 시켜야 내선일치 정책을 달성할 수 있다고 보았던 것이다. 따라서 독일이 알자스-로렌의 프랑스인들과 독일 동부지역의 폴란드 주민들을 모두 독일에 동화시켜 영구 지배하는 것이 목적으로 삼았던 것처럼, 또 유럽 열강이 이런 방식으로 추진한 식민지정책 즉, 세계정책을 살펴 본 사카구치는 바로 랑케의 세계사의 개념을 식민지 정책으로 활용한 것이다.[469]

말하자면 일본의 효율적인 조선 식민지통치의 과제에 대한 해결방안을 서양사학자 사카구치가 제시한 바와 같이 일제는 랑케의 역사학을 수용하여 이를 아주 치밀하게 일본 식민지배의 도구로 이용한 셈이다. 이리하여 조선총독부가 식민지 조선의 교육정책을 마련하는 과정에서 일본의 랑케

---

　　학회보고와 논문으로 발표되었다. 이에 대한 내용은 坂口昻,「獨乙領波蘭の國史敎育(上.下)」,『歷史と地理』1卷2號, 1. 10頁, 1卷3號, 28-33頁, (1917).을 참조. 이 부분에 대해서는 (下) 31쪽.

468　坂口昻,「獨乙領波蘭の國史敎育(上)」, 4쪽.

469　이에 대해 고야마 사토시(小山哲)는 사카구치의 보고서는 실증주의적인 연구 수법에 의한 선행 사례의 분석이야말로 이 시기 일본 식민지 통치기관아 필요로 하던 정보였음을 보여주고 있다며 랑케류 사학의 수법에 기초하는, 언뜻 보아 가치중립적인 분석이 식민지 지배를 지탱하고 있다는 사실에서 일본 근대사학의 랑케 수용의 문제성이 드러나고 있는 것이라고 평가했다. 고야마 사토시(小山哲), 윗 글, 99쪽, 각주 68. 그러나 구로다 마미코(黑田多美子)는 사카구치의 조사 보고에 대해 랑케류의 사학을 튼튼한 바탕위에서 말하고 있다고 평했다. 黑田多美子,「一歷史學者のみたドイツ領ポーランドにおける敎育政策ー坂口昻,『獨逸帝國境界地方の敎育狀況』をめぐつて」,『獨協大學ドイツ學硏究』21號, 239.263頁, (1989), 254쪽.

역사학을 배운 서양사학자의 연구와 지식이 주요한 역할을 하게 되었다.[470] 여기에 또 서양사학자 스즈키 시게다시를 거론하지 않을 수 없다. 그는 1939년『랑케와 세계 사학』란 저서에서 랑케의 실증주의 사학에 대해 비판적인 태도를 보였다.

그는 일본 근대 역사학에서 랑케의 실증주의 사학보다 더 중요하게 수용해야 할 것은 국가를 탄생케 하고 다른 여러 국가에 위대한 문화를 전파하는 것, 그것은 곧 국가의 힘인 '도덕적 에너지'라고 주장했다. 랑케가 '위대한 침략자란 위대한 문화 전파자'라고 말한 바와 같이 일본 서양사학자들은 국가의 힘이 곧 세계사적 의미를 갖는다고 믿었다. 사실상 교토 역사학파는 랑케의 문헌비판을 바탕으로 한 실증주의보다는 이 같은 힘을 바탕으로 한 강국의 조건과 세계사적 개념을 더 중시했다.[471] 따라서 이들은 랑케가 말한 도덕적 에너지를 일본의 근대화와 천황에 대한 국민의 헌신, 아시아에서의 일본 지배의 정당성에 대해 합리화 하는 개념으로 사용했다. 즉 교토학파는 랑케의 '도덕적 에너지'를 민족의 힘의 원동력이 아니라 세계사의 원동력으로 확대해석하고 이를 일본제국의 세계정책에 활용한 것이다.[472] 이 같은 교토학파가 일본의 천황에 대한 헌신, 제국 패권확장을 위한 전쟁의 정당성이나 아시아에서 일본의 우위성 등을 골자로 하는 대일본제국의 역사적 개념은 바로 다음 같이 랑케의「정치문답」에서 차용한 것이다.

---

470 이에 대한 지적은 고야마 사토시(小山哲), 윗 글, 99쪽 주 69를 보라.

471 예컨대 高坂正顯『歷史的世界』, 京都哲學叢書 第25卷, (燈影舍, 2002), 高山岩男,『世界史の哲學』, (こぶし書房, 2001), 高坂正顯,『歷史の意味とその行方』, (こぶし書房, 2002), 鈴木成高,『歷史的國家の理念』, (弘文堂, 1941), 高坂正顯, 西谷啓治, 高山岩男, 鈴木成高,『世界史的立場と日本』, (中央公論社, 1943) 등에서 언급되어 있다.

472 랑케는 1833년 출간한『강국론』에서 세계사의 힘은 도덕적 에너지라고 표현했다. 이 저서는 아이히라 신사쿠(相原信作)가 1940년에『강국론』이란 제목으로 번역 출간했다. 相原信作 譯,『強國論』, (岩波文庫, 1940).

"프리드리히 : 전쟁이 일어나지 않기를 마음으로부터 바라는 군대가 있다면 그들에게는 무엇이 중요한 것일까? 업무, 명망, 승진이란 말인가? 나는 그것을 누구에게도 나쁘게 생각하지 않는다.

칼 : 지금보다 더 무력적으로, 더 보편적으로 무장되어 있었던 때가 지금보다 더 긴 평화를 가졌던 때가 없었다는 것은 이상한 일이다.

프리드리히 : 물론 지금은 한계에 이르렀다. 이제는 모든 민족들이 무장한 채 모든 힘으로써 거의 모든 남성들을 괴롭힌다. 일차적인 무장화에 드는 비용들이 막대하다. 삶과 죽음을 건 투쟁을 사람들은 각오를 해야만 할 것이다.

칼 : 절대적 군주와 입헌적 군주제의 대립은 오랜 세월에 대한 전망을 어둡게 말들었고 그렇데 위험스럽게 보였지만 이제 사람들은 그 대립에 대해 두려워하지 않는다. 그렇데 오랫동안 조용히 유지되어야만 했던 중용이 다시 숨을 쉬기 시작한다.

프리드리히 : 중요에는 하나의 이중적인 관념이 있다는 것이다. 중용은 본시 소극적인 성격을 띠고 있다. 여기에서 당파들이 국가를 형성한다. 또한 중용의 적극적인 성격은 자신으로부터 당파들을 밀어내 버린다.

칼 : 국가란 당신의 생각에 따르자면 민족성 위에 세워져야 하는가?

프리드리히 : 국가란 그 성격상 민족보다 훨씬 더 좁게 결속되어 있다. 국가는 인간적인, 또한 마찬가지로 민족적인 현존재가 수정된 것이다.

칼 : 그렇다면 이 수정은 무엇을 통해 일어나는가?

프리드리히 : 세계는 이미 편견에 사로잡혀 있다. 그 어떤 무엇이 뒤기 위하여 사람들은 자신의 힘으로 일어나야 하고 자유로운 독자성을 발전시켜야 하며 우리에게 주어져 있지 않는 권리를 쟁취해야만 한다.

칼 : 그렇다면 모든 것이 무력에 근거하지 않겠는가?

프리드리히 : 그것은 투쟁이란 단어가 의미하는 것으로 보이는 것만큼 그렇게 심하지는 않다. 기반은 마련되어 있고 공동체는 구성되어 있다. 그러나 그것이 보편적 의미로 제고되려면 무엇보다 도덕적 에너지가 필요하다. 이 에너지를 통해서만이 경쟁자들과 적들이 경쟁에서 극복될 수 있다.

칼 : 당신은 유혈의 전술을 도덕적 에너지의 한 경쟁으로 보고 있다. 당신은 자신이 너무 숭고하지 않다는 점에 대해 스스로 유념하라.

프리드리히 : 진실로 숭고하지 못했던 우리의 옛 조상들도 역시 도덕적 에너지의 경쟁을 그렇게 파악했다는 것을 당신도 잘 알고 있지 않은가… 당신은 나에게 진정한 도덕적 에너지가 승리했던 사실이 증명될 수 없는 중요한 전쟁들을 거의 제시하지 없을 것이다.

칼 : 당신은 이제 투쟁과 승리로부터 국내 조직의 형태들을 도출하려고 한다.

프리드리히 : 독립성의 척도는 한 국가에 세계 속에서 그의 위치를 제공한다. 그 척도는 동시에 국가에 모든 국내의 관계들을 저 목적을 위해 설정하면서 자신을 주장하도록 하는 필요성을 부과한다. 이것은 국가의 최고의 법칙이다.

칼: 당신은 국사 전제정치를 비호하는 것으로 보인다."[473]

여기에서 교토학파는 랑케가 말한 도덕적 에너지를 일본 제국주의 정책에 유용한 이념의 도구로서 역사 텍스트로 삼았다. 그리하여 랑케의 저서에 대한 번역은 마치 유행처럼 이뤄졌는데 문제는 이 번역서들은 랑케의 여러 저작 가운데 일본의 입장에 부합하는 일부 내용만 골라 문고로 출간되었다.

---

[473] 랑케,「정치대담」,『강대 세력들. 정치 대담. 자서전』, 134-136쪽. 여기서 프리드리히는 랑케 자신을 대변하는 인물로 설정되어 있고 칼은 당시 역사 법학파의 자비니(Friedrich karl von Savigny)를 대변하는 인물로 설정되었다.

예컨대 랑케는 『강국론』에서 다음과 같이 말한다.

> "세계사는 국가들과 민족들의 전쟁이나 예기치 않은 공격의 연속을 보여 주지 않는다. 그렇게 회의적인 문화의 촉진은 세계사의 유일한 내용이 아니다. 그것들은 힘이며 정신적인 생명을 불러일으키는 창조적인 힘들, 생 그 자체이며 우리가 그 힘들의 발전 속에서 알아보는 도덕적 에너지들이다. 이 도덕적 힘들은 꽃을 피우고 세계를 수용하여 가장 당양한 표현으로 나타나며 상호 부정하고 제약하며 극복한다. 이것들의 생과 소멸 속에 그 다음으로는 항상 더 큰 내용과 더 높은 의미와 더 넓은 범위를 자체 내에서 내포하는 세계사의 비밀이 놓여 있다."[474]

랑케는 다른 민족의 위협에 대해 오직 고유한 민족성의 발전을 통해서만 대처할 수 있다고 강조한다. 그러나 랑케는 이런 식의 민족 사이의 정복과 대립이 계속된다면 현재의 국가와 민족이 축소되고 합병될 수 있다고 우려했다. 이리하여 랑케는 유럽의 대부분 민족들이 자신의 고유한 문학을 독립적으로 상호 대립 속에서 발전시킨 결과 세계문학이 생기고 확산되었듯이 국가와 민족들도 서로 지배하지 않고 고유성과 독자성을 지키면서 분리와 순수한 완성을 이룬다면 이것이 진정한 세계의 조화가 탄생될 것이라고 전망했다.[475]

그리하여 문헌비판적인 랑케의 실증주의 역사관과 세계사적 개념의 균형은 무시됨으로써 결국 일본 역사학계에서 랑케의 문헌비판을 바탕으로 한 실증주의 사학은 실종되고 말았다. 이렇듯 일본 역사학계에서 랑케를 실증주의 사학자가 아니라 '도덕적 에너지'라는 세계사적인 힘을 바탕으로

---

[474] 랑케, 「강대 세력들」, 윗 책, 102-103쪽.
[475] 랑케, 「강대 세력들」, 윗 책, 104쪽.

한 철학자로 변신시킨 것이다.[476] 결국 일본 교토학파의 역사철학은 랑케의 실증주의 사학을 수용하기보다 정치적인 사상만을 받아들임으로써 일본 식민지 정책의 이념의 근간을 제공하였고 궁극적으로 이러한 일본의 근대 역사학은 조선의 동화정책을 추진할 때 활용되었다.[477]

일본제국은 랑케의 실증주의 사학을 수용하면서 랑케가 『강국론』에서 강조한 바와 같이 프로이센처럼 강국의 조건이 바로 민족의 통합과 국민의 애국적 정신, 즉, '도덕적 에너지'가 절대적으로 필요하다는 것을 인식했다. 물론 산업사회에서 보수 정치의 이념은 민족주의와 애국주의이다. 이러한 보수정치는 당시 급진화된 노동운동을 억압하려는 방안으로 채택되었으나 이는 사회적 제국주의를 발전시킨 결과를 낳았다.

특히 독일에서 제국주의는 국내의 경제적 발전과 사회개혁을 통하여 국내 불만을 해결하려는 방안으로 추진된 것이다.[478] 따라서 오랫동안 지방

---

476 이러한 관점에서 랑케의 저서 번역에 대해서는 고야마 사토시(小山哲), 윗 글, 110-111쪽을 보라.

477 3.1운동 이후 1920년대부터 일제의 문화통치 정책에 따라 조선사 교육이 표명되었으나 조선총독부는 기본적으로 역사교과가 조선인들에게 민족정신을 함양시켜 준다는 지적에 따라 기본적으로 조선역사를 가르치려는 의지가 없었다. 그러다가 1930년대에 조선사를 포함한 일본역사(국사)를 통한 동화정책이 논의되기 시작하여 이를 본격적으로 실시하게 되었다. 이런 동화정책이란 조선인에게는 피지배지의 역사를 본국의 역사에 종속시켜 민족정신을 쇠퇴케 하는 것으로 이해하고 있었던 것이다. 따라서 조선총독부가 조선역사를 일본역사에 포함시켜 역사교과를 가르치는 것에 대해 조선인들은 크게 반발하고 나서기도 했다. 이러한 정책에 대해 당시 동아일보는 1922년 8월 16일자에 '朝鮮人의 胸中-嚴肅 한 沈默'이란 제하에서 "사천년의 역사를 가진 민족에게 자신의 역사와 문화를 잊으라고 하는 '동화주의'나 '내지연장주의'는 무모한 횡포"라고 비난했다. 김종준, 『식민사학과 민족사학의 관학아카데미즘』, (소명출판, 2013), 52-53쪽.

478 이에 대해서 다음을 참조하라. Bernard Semmel, *Imperialism and social reform : English social-imperial thought 1895-1914* (New York : Doubleday & Co, 1968) ; Hans-Ulrich Wehler, *Bismarck und der Imperialsmus* (Köln :, Kiepenheuer & Witsch, 1969) ; Walter LaFeber, *The New Empire : An Interpretation of American Expansion, 1860-1898* (Ithaca NY : Cornell University Press, 1998).

세력들에 의해 분열되어 온 일본의 역사적 상황 속에서 민족의 통합이 국가의 힘의 원천이라고 강조한 랑케의 『강국론』은 동아시아에서 패권을 확장하려한 일본제국의 정책에 부합한 역사논리였다. 랑케는 강국이 약소국을 지배하고 유지하기 위해 국가의 힘에만 의존하기보다 보편적인 원리를 만들어 내야 한다고 피력한다. 이 점에 주목한 일본 역사가들은 이러한 식민지 지배를 위한 보편적 원리를 창안해 내는데 주력했다. 이 원리는 종교나 혹은 정치적 원리로써 이런 특정한 원리들이 있어야 강국의 지배가 지속될 수 있다고 판단한 것이다.

제국주의 논리에 따른 식민지 확장은 국민들의 사회적 불만을 해소케 하고 조국애를 고취시켜서 자신들의 나라가 위대하고 영광스런 국가임을 자랑스럽게 여기도록 해주었다. 당연히 유럽 제국주의 국가들 뿐 아니라 일본에서도 애국심을 바탕으로 한 정치적 우익은 대체로 제국주의로부터 이득을 얻는 상인, 기업가, 금융업자 특히 군인과 성직자들로 형성되었다. 이들 제국주의자들은 인종적 우월감과 호전성을 부추김으로써 식민정책을 더욱 확대시켜 나가도록 했다.[479] 말하자면 제국주의 정치와 문화는 식민지 사람들을 미개한 종족으로 인식하여 이들을 개화시키기 위해 식민지배가 정당하다는 논리를 담고 있다. 이처럼 역사와 문화 그리고 인종적 우월감을 바탕으로 한 제국주의는 무엇보다 인종적 편견에 사로잡혀 있었다.

---

[479] 제국주의는 식민지 원주민의 미개한 문화와 역사를 담은 각종 출판물과 매체를 통해 인종적 우월감을 고취하여 제국주의 감정을 확산시켰다. 특히 제국주의 주제를 찬양하는 출판물이 대중들에게 널리 보급되어 식민지 쟁취의 당위성과 합법성이 부각되었으며 이러한 분위기에 힘입어 콘래드 (Joseph Conrad), 키플링(Rudyard Kipling), 로티(Pierre Loti), 마시뇽(Louis Massignon), 마이(Karl May) 등 제국주의 주제를 전문적으로 다룬 많은 문인과 지식인 그리고 언론인들이 등장하여 대중들로부터 큰 인기를 얻기도 했다. 여러 출판 매체들은 식민지 원주민들의 미개한 생활모습을 보여주며 이들을 개화시키기 위한 식민지배가 정당하다는 것을 부각시키고 있다. Martimer Chambers, Raymond Grew, David Herlihy, Theodore K. Rabb, Isser Woloch, *The Western Experience. The Modern Era*, vol. 3, (New York : Knopf, 1987), 886쪽.

제국주의자들의 인종적 우월감은 흑인과 동양인에 대한 멸시로 이어졌고 이는 곧 군사적 힘으로 표출되었다. 일본이 러시아와 전쟁에서 승리를 얻은 이후 유럽 열강과 동등한 존재로 인정을 받은 것도 이러한 이유에서이다. 따라서 인종적 우월감에 바탕을 둔 군사적 힘은 식민지 확장과 동양의 침략에 매우 유효한 도구로 활용되었다. 바로 이 시기에 등장한 허버트 스펜서(Herbert Spencer)가 체계화한 사회진화론, 즉 사회적 다원주의(Social Dawinism)는 식민정복의 필연성과 당위성을 뒷받침해 주는 논리였다. 다윈의 적자생존의 원리를 사회에 적용한 이 이론은 유럽인들의 인종적 우월성을 강화시켰고 평등에 대항 불인정, 성차별, 제국주의 정당화에 이용되었다.[480]

이에 따라서 일본 제국은 첫째, 강국으로서 제국의 패권을 확장하고 조선 식민화의 정당성을 주장하기 위해 조선민족의 역사는 미성숙한 역사로 만들어야 했다. 그래서 일제는 조선이 문화적으로 중국 등 강국에 종속된 열등민족이고 또한 역사의 발전과정도 겪어오지 못했다고 주장하게 이르렀다. 일제가 조선의 역사에서 우수한 역사의 발전단계를 인정하지 않고 아예 역사적 사실에서 제외시키거나 혹은 사실을 왜곡한 것도 이와 같은 맥락에서이다. 둘째, 한반도는 고대로부터 일본의 지배를 받아왔다는 것을

---

[480] 유럽인 특히 앵글로-색슨인의 인종적 우월성을 주장하며 제국주의 식민 지배를 정당화 한 대표적인 사회적 다원주의자는 벤자민 키드(Benjamin Kidd)이다. D. P. Crook, *Benjamin Kidd: Portrait of a Social Darwinist* (Cambridge : Cambridge University Press, 2009)를 보라. 특히 이러한 논리는 1963년 영국의 생물학자 J. B. S. Haldane의 선언에서 다음과 같이 잘 표현되어 있다. "인간의 유전적 변형은 여전히 먼 날에 이뤄지는 것처럼 보이지만 1935년 나는 원자 에너지를 권력의 중요한 원천으로 여겼다는 점을 덧붙이고자 한다." Daniel J. Kevles, *In the Name of Eugenics : Genetics and the Uses of Human Heredity* (Cambridge, MA : Harvard University Press, 1997), 서문. 특히 인종의 우월성과 제국주의 관계에 대해 제 4장, 8장. 14장. 사회진화론의 극단적인 형태는 히틀러의 호로코스트를 들 수 있다. Richard Weikart, *From Darwin to Hitler: Evolutionary Ethics, Eugenics and Racism in Germany* (New York : Palgrave Macmillan, 2006)를 보라.

입증하기 위해 고대사를 왜곡해야 했다. 예컨대 삼국사기 초기의 기록을 부정하거나 임나부설 또는 광개토대왕비문을 왜곡하여 "왜는 바다를 건너와 고구려를 파하고 백제와 신라를 신민으로 삼았다"라고 자의적으로 해석한 일본의 한반도 지배설 등이다. 셋째, 조선의 식민통치를 존속하기 위해서는 정치원리가 있어야 했다. 그래서 일제는 '황국신민화' 정책이나 혹은 '내선일체', '대동아 공영' 그리고 종교적으로 '신사참배'라는 정치적, 종교적 원리를 통해 제국의 패권정책을 확대시켜 나갔다. 그렇다면 일제 식민사관은 어떻게 조선에 어떻게 적용되었는가.

당시 일제는 랑케의 세계사 이념을 제국주의 논리에 맞게 변형하여 이를 한국과 중국 등 아시아와 태평양 등 세력의 확대정책을 위한 역사적 근거로 활용했다. 결국 왜곡된 랑케의 세계사 텍스트는 제국주의의 이념이 되었을 뿐 아니라 일본이 세계를 바라보는 역사인식 속에 수용되었다. 여기에 앞장 선 서양학자들은 리스의 제자 사카구치 다카시와 스즈키 시게타키이다. 역시 리스의 제자인 무라카와 겐고(村川堅固)는 1888년에 랑케의 『*Über die Epochen der Neueren Gesichichte* 근세사의 여러 시기들에 관하여』를 『세계사론 진강록(世界史論進講錄)』이란 제목으로 번역을 하여 랑케의 세계사관과 실증주의 방법론을 소개했다. 그러니까 랑케의 역사학은 리스로부터 사카구치 다카시를 거쳐 스즈키 시게타카 등으로 이어져 왔다. 특히 일본의 서양사학자들은 랑케의 세계사 개념을 수용하는 과정에서 사카구치 다카시가 도쿄제국대학으로부터 교토제국대학으로 자리를 옮겨 간 후 이 대학에서 철학자 니시다 기타로(西田幾多郎)의 역사철학과 서로 영향을 주고받게 되었다. 이렇게 해서 랑케 역사와 니시다 철학이 결합된 소위 '세계사의 철학'이 생겨나게 되었다.

일본의 근대 역사학의 계보에서 랑케는 그야말로 역사학계의 신적 존재였다.[481] 그러나 일본 역사학자들은 랑케의 역사학을 그대로 수용하지 않고 자기들의 방식대로 해석하여 받아들였다. 애초 랑케의 제자인 리스는 랑케의 종교적 성향 대신 방법론을 강조했으나 시라토리 구라키치(白鳥庫吉)는 랑케 실증주의 사학으로부터 고증학적 사료 비판 등 역사연구의 방법론보다 세계사적 이념과 정신을 받아들였다.[482] 특히 일본 역사학자들은 랑케의 실증주의 사학에 대한 독일학계의 비판이나 혹은 단점 등을 잘 파악하고 있었으며 이를 극복하려는 과제도 인식하고 있었다. 그러나 이러한 단점을 극복하기보다 루드비히 리스의 제자이며 동양사를 개척한 도쿄제국대학의 교수 시라토리 등 일본 역사가들은 오히려 랑케의 세계사 개념을 이용하여 동양사의 보편적 개념을 창안한 것이다.[483]

그러므로 동양사는 중국의 몰락에 대한 충격과 근대화된 유럽의 아시아 진출에 대한 일본의 대응책이었다. 말하자면 서양과 맞설 수 있는 새로운 동양의 질서를 수립하여 일본이 그 중심 역할을 하고자 했던 것이다. 이러한 시도는 유럽과 마찬가지의 동양사라는 역사를 통해 보편적인 세계사의 질서를 새로 구축하여 동양의 지배를 정당화 시키려는 데 목적이 있었다.[484]

---

481 이런 현상은 도쿄제국대학에서 랑케의 탄생 108주년 기념제 개최를 비롯 역사학도들은 랑케를 기리는 집회를 갖기도 했다. 고야마 사토시(小山哲), 윗글, 66-68. 이에 대해서는「ランケ記念講話」,『史學界』第6券 別刷(1904), 1-26쪽, 참조.

482 스테판 다나카, 윗 책, 72쪽.

483 랑케 제자 리스는 일본의 엘리트 관료 훈련장인 도쿄제국대학에서 필요한 과학적, 합리적인 역사학 방법론을 가르쳤다. Byron K. Marshall, "Professsors and Politics : The Meiji Academic Elite", *Journal of Japanese Studies* 3 (Winter, 1977), 271-297쪽.

484 중국 유학생들이 일본의 역사나 문학을 공부하지 않고 대신 영어를 선택한 것은 그럴만한 가치가 없었기 때문이다. 국민당 지도자인 타이 치타오(戴季陶)는 일본의 중국 연구는 정치적 의미가 있다는 것을 알고 일본의 중국 연구에 대항하여 중국 역시 일본을 연구하지 않은 것에 개탄하기도 했다. 戴季陶,「中國는人が 日本問題を研究する必要性」,『日本論』(東京 : 社會思想社 , 1970), 6쪽. 일본에서 동양사의 창출은 유럽에 대한 일본의 특별한 시각을 반영하고 있다. 이러한 일본의 역사관을 수립에 도쿄제국대학의 문학부 동양사학과이 결정적인 역할을 담당했다.『東京大學百年史』第1卷 (東京 : 東京

따라서 일본의 동양사학자들은 동양사를 서양에 대한 대립적인 개념을 강조함으로써 동양과 서양의 지리적 그리고 역사와 문화적 차이만을 구분했을 뿐이다.

오히려 일본 동양사학자들은 동양이란 개념을 일본의 역사적 시각을 반영시켜 근대화된 일본이 아시아에서 최고 선진국이며 유럽의 강국과 대등하다는 우월의식을 만들어 냈을 뿐이다. 그러므로 일본은 중국이나 조선 등 이웃 나라보다 문화, 역사, 등 여러 면에서 가장 역사적으로 우월한 인종이라는 개념을 확립해야 했다. 말하자면 동양사의 연구목적은 일본이 동양의 문화를 최종적으로 발전시킨 우수한 민족이기 때문에 일본만이 아시아를 부흥시킬 의무가 있다는 점을 부각하는데 있었다. 또한 동양이 유럽의 침략에 맞서기 위해서는 아시아의 근대화와 유대강화가 절실하며 이를 달성시킬 수 있는 국가는 오직 일본뿐이라는 것이다.[485] 이러한 동양이란 역사적인 개념을 확립하려면 이를 뒷받침 해줄 과거의 실증적 역사자료가 무엇보다 필요했다. 그리하여 시라토리 등 동양사학자들은 만철조사부(滿鐵調査部)의 지원을 받아 전문적으로 조선과 만주, 그리고 중국 등 동양의 많은 역사적 사료들을 수집하여 이를 분석하고 연구해 나갔다.

이런 풍조는 유럽에서 낭만주의 역사학, 유럽 특히 독일의 오리엔트의 발견과 큰 유사성을 지니고 있다. 아시아에서 가장 우수한 민족으로 자부하고 있던 일본 역사가들은 이를 뒷받침해 줄 진정한 일본을 고대에서 찾고자 했다. 즉 낭만주의가 유럽을 풍미할 때 독일의 랑케가 독일 민족의 기원을 찾아서 오리엔트에 눈을 돌렸듯이 일본 역사가들도 일본민족의 기원을 동양 속에서 찾고자 했다. 따라서 동양사 연구는 단지 역사가의

---

大學出版會, 1986), 625쪽.
485 이러한 사상은 오카쿠라 덴신(岡倉天心)에게서 잘 표현되어 있다. Okakura Tenshin, *The Ideals of the East* (Rutland, Vt., Charles E. Tuttle, 1970), 223쪽.

문제에 국한되지 않고 당시 사회 전반에 걸친 관심사였기 때문에 국가의 시책으로 추진된 것만이 아니라 동양문고(東洋文庫)나 만철조사부 같은 기업의 연구기관이나 단체 등도 이에 참여했다.

특히 시라토리는 중국과 만주, 그리고 조선에 대한 더 많은 전문성을 획득할 필요성을 느꼈다. 그래서 당시 문부 차관이었던 구로야나기 마사타로(黑柳政太郎)는 시라토리에게 이에 관한 설명을 듣고 러일 전쟁이 끝난 후 1906년 년 11월에 새로 설립된 남만주철도주식회사의 총재인 고도 신페이(後藤新平)에게 소개해 주었다.

만철의 목적은 표면상 러일 전쟁을 종식시킨 포츠머츠 조약에 의해 일본에 할당된 철도와 토지를 관리하는 업무를 수행하는 것이었다. 일본은 러시아의 요동반도 조차권, 대련과 장춘 사이의 동청철도와 다섯 개 부속철로, 그리고 탄광 소유권을 획득하여 남만주 지역의 주요 교통, 산업, 도시거점을 확보했다. 만철은 일본이 대륙으로 진출하기 위한 전진 기지가 되어 전문적인 연구기관을 수행했는데 이 기관이 바로 만철 조사부였다. 1907년 4월에 설립된 만철 조사부는 일본의 군사정책에 필요한 객관적 정보와 지식을 제공하는 일에 집중했다. 초대 조사부장은 교토제국대학의 교수인 오카마쓰 산타로(岡松參太郎)였으며 그는 중국의 사회, 관습, 인류학 및 역사학 연구에 몰두했다. 이어서 시라토리의 제안에 따라 1908년 1월 만주와 조선의 여러 분야를 조사하기 위해 만선역사지리조사부가 설치되었다.

이 만철 조사부들은 경제적 연구보다 제국주의 정책에 더 도움이 될 수 있는 역사, 인류, 지리 등에 관한 자료수집과 연구에 집중했다.[486] 특히 만주와 조선의 역사, 지리 및 관습에 대한 만철 조사부의 연구는 식민정책에 매우 유용한 정보였다. 특히 시라토리는 만주와 조선에 대한 지리와 역사를

---

486 만철에 대한 연구는 山田豪一, 『滿鐵調査部』(東京 : 日經新書, 1977) 참조.

알지 못하면 이들 민족들을 효과적으로 통치할 수 없다고 판단했으며[487] 또 이런 자료를 통한 연구를 제국의 정책 결정에 직접적으로 사용할 수 있도록 노력했다.[488]

시라토리는 역사와 지리연구가 단순히 역사학이란 학문만이 아니라 동양의 여러 나라와 국제관계에도 매우 유용하며 특히 조선의 식민지 정책과 나아가 대륙으로 진출을 위한 정책에 크게 활용될 수있는 귀중한 자료라고 강조했다.[489] 그의 판단대로 만철 조사부를 통해 연구된 조선과 만주의 역사와 지리에 대한 자료들은 일제의 식민지 정책에 크게 활용되었다. 이러한 목적으로 조선의 역사와 지리 연구에 몰두해온 시라토리는 다음과 같이 주장했다.

"조선이 일본의 식민지가 된 것은 원래 자기 고향으로 돌아 온 것과 같다는 것을 알 수 있다. 그러므로 조선의 통치는 제국주의적 침략이 아니다."[490]

또 시라토리가 "백제, 가야 신라가 고구려와 싸울 때 일본에 원조를

---

[487] 시라토리는 이미 역사와 지리의 관계에 대한 중요성을 강조해 왔다. 白鳥庫吉, 「歷史と 地誌の關係」, 『史學會雜誌』1(1889, 12), 56-64쪽.

[488] 만선역사지리 조사부가 1913년부터 1914년까지 연구한 것을 출판한 것은 다음과 같다.『만주역사지리』, 『조선역사지리』, 『문록경장의역文祿經長の役』등이다. 시라토리와 이나바 이와키치(稻葉岩吉), 마쓰이 히토시(松井等), 야나이 와타리(箭內瓦) 등이 공동으로 저술한 만주 관련 저작들은 한 대에서 청조까지 다루었고 조선관련 저작들은 고려까지 다루었다. 이케우치 히로시(池內宏)가 쓴 『문록경장의역』은 도요토미 히데요시가 조선 침략에 초점을 둔 것이다. 시라토리는 이 연구서들을 제국의 식민정책에 크게 활용되었다.

[489] 白鳥庫吉, 「池內宏著『文祿經長の役』序」, 『南滿洲鐵道柱式會社(1914)』, 『白鳥庫吉全集』第.10卷 (東京 : 岩波書店, 1967-1971), 456쪽.

[490] 시라토리는 일본이 조선 식민통치를 "우리 보호 하에 돌아왔다." 여기서 가에루(かえる)라는 동사를 사용했는데 이 뜻은 "자식들이 부모를 찾아 집으로 돌아왔다"는 것이다. 다나카 스테판, 윗 책, 347-348쪽에서 인용.

요청했다"라고 주장한 것은 왜 일제가 광개토왕비의 내용을 변조하여 역사적 사실을 왜곡했는지 그 이유를 보여주고 있다.[491] 이러한 시라토리의 주장은 조선에 대한 일본의 역사 연구에서 일본이 가야를 지배했고 백제를 식민으로 삼았으며 신라가 일본에 조공했다는 왜곡된 역사관의 선례를 남겨주었다. 즉 시라토리의 왜곡된 대표적 역사관은 일본이 고대부터 한반도의 남부를 통치했다고 한 소위 임나일본부설(任那日本府說)이다.[492]

    시라토리의 이러한 입장은 스스로가 밝혔듯이 일제의 '정한론'에 대한 정당성을 부여하기 위한 것이었다.[493] 만선역사지리조사부의 연구 가운데 『만선지리역사연구보고(滿鮮地理歷史報告)』는 만주와 조선의 지리와 역사에 관한 것이다. 시라토리의 주도로 이뤄진 이 연구가 과연 순수하게 학문적인 것이었느냐 하는 의문이 든다. 시라토리는 객관적이고 과학적인 실증적 방법으로 수행된 순수 학문연구라고 주장하지만 사실이 아니다. 그의 연구는 국가의 주도 아래 면밀히 계획된 것이며 그 목적이 제국주의 정책에 활용하기 위한 정치적 것에 불과했다. 이와 같이 시라토리는 역사와 지리 연구가 단순히 학문에 그치지 않고 국가의 정책에 아주 유용하다는 신념을 갖고 있었다. 그래서 시라토리의 만선역사지리조사부의 연구는 아무리 객관적인 학술적이라고 주장해도 다분히 정치적 목적에서 벗어 날 수 없다.[494] 이런 연유로 인하여 만철조사부의 활동이 1914년에

---

491 시라토리의 이 같은 조선에 대한 역사인식은 白鳥庫吉,「『滿洲歷史地理』序」,『白鳥庫吉全集』第.10卷, 452쪽에 잘 나타나 있다.

492 白鳥庫吉,「『朝鮮歷史地理』序」,『白鳥庫吉全集』第.10卷, 453쪽. 임나일본부 학설 중 가장 먼저 나온 학설로 일본이 천황주권국가를 표방하던 20세기 초에 쓰다 소우키치(津田左右吉) 이케우치 히로시(池內宏) 등에 의하여 확립되었으며 이 학설은 1960년대 말까지 일본 사학자들의 통설적 견해였다.

493 白鳥庫吉,「東洋史上より觀たる日本」『白鳥庫吉全集』第.9卷, 258-260쪽.

494 다나카 스테판, 윗 책, 349쪽. 만선역사지리조사부의 연구에 대한 이 같은 비판은 山田豪一,『滿鐵調査部』(東京 : 日經新書, 1916) ; 安藤彥太郎,『日本人の中國觀』(東京: 勁

종결되었음에도 불구하고 여전히 만철로부터 재정지원을 받으며 1934년까지 도쿄제국대학에서 연구가 지속적으로 수행되었다. 원래 시라토리가 연구팀을 조직하여 작성된 『만선지리역사보고』는 도쿄제국대학에서 완성된 것인 만큼 도쿄제국대학에서 계속 이 연구가 이어져 간 것은 이상한 일이 아니다.

사실 일본 동양사의 분야에서 만주와 조선은 국가와 민족이라기보다 단지 지역에 불과했다. 시라토리는 국제적 정세에 매우 밝아 이 지역의 역사와 지리 등 다양한 분야의 연구결과를 통해 만주와 조선에 대한 일제의 정책에 유용한 시각을 제시하곤 했다. 특히 시라토리는 만주와 조선에 일본인들이 이주하여 거주함으로써 러시아로부터 본토를 지키기 위한 방어벽으로 삼아야 한다고 주장하기도 했는데 이는 그의 역사연구가 순수한 학문이 아니라 현실 정치성을 띤 실용적인 학문이라는 점을 보여주고 있다.[495] 조선에 대한 식민사관은 바로 시라토리의 동양사의 틀 속에서 만들어 진 것이다.

시라토리에 따르면 5세기가 될 때까지 고대 한반도에 통일국가가 존재하지 않았고 역사적으로 중국이나 북방민족으로부터 지배를 받아온 속국일 뿐이었다. 만주 역시 실질적인 민족국가가 형성되지 못한 중국의 변방에 불과하며 조선과 만주는 스스로 독립하여 민족국가로써 역사와 문화를 발전시킬 능력이 없다는 것이다. 그러기 때문에 시라토리는 일본이 이 지역을

---

草書房, 1971) 등 참조.

495 만주와 조선의 일본식 명칭이 '만선 滿鮮'이라는 점에서 보면 이 두 지역은 일본에 속한 영토를 의미한다. 시라토리는 조선과 만주가 고대로부터 북방민족의 일본침략을 막아준 방어벽 역할을 했기 때문에 20세기에는 러시아를 막아주는 보호막으로 삼아야 한다는 것이다. 白鳥庫吉,「滿鮮史論」,『大鵬』C 1921. 4) 57-64쪽. 白鳥庫吉,「東洋史上より觀たる日本」,『白鳥庫吉全集』第9卷, 264-265쪽. 특히 시라토리는 만주와 조선의 전략적 가치에 대해 강조하고 러시아와 세력균형을 통해 동양에서 일본의 패권을 확보할 수 있다고 주장했다. 白鳥庫吉,「滿洲問題と支那の將來」,『白鳥庫吉全集』第10卷, 147-154,「滿洲の過去及び將來」,第8卷, 20-25.

통치해야 한다고 주장했다.[496]

이런 논리에 근거하여 시라토리는 한일합방의 정당성을 내세웠다. 나이토도 마찬가지였다. 그의 주장에 따르면 조선은 역사를 발전시키지 못했고 앞으로도 스스로 독립적인 민족국가로서 발전할 수 없는 미개국이었다. 그러므로 외세에 의존해오면서 민족국가를 이루지 못한 조선민족은 일본의 보호아래 훈련과 교육을 받고 개조되어 민족국가를 수립할 능력을 갖춰나가야 한다는 것이다.[497] 즉 조선인들은 스스로 자립국가를 유지할 능력이 없기 때문에 일본의 식민통치를 받는 것이 정당하다는 논리였다.

이렇듯 시라토리는 동양사라는 새로운 역사영역을 개척하여 만주와 조선의 역사와 지리에 관한 학문적 업적을 남겼지만 이는 어디까지나 자신이 추구한 실용적인 역사연구에 충실한 것이며 그 결과, 이 연구업적들은 일본제국주의 정책에 이용되었다. 시라토리는 서구의 역사 방법론을 배웠으나 유럽의 동양사에 대한 연구에 대해 비판적 태도를 전혀 보이지 않았다. 물론 이 시기 일본 역사가들은 일본역사의 우월성을 찾아내기에 바빠 유럽의 동양사에 관한 역사연구의 객관성을 따지거나 혹은 상대화하여 그 정당성을 살펴보지도 않았다. 동양에 대한 유럽의 시각을 비판적으로 보지 않은 채 일제의 역사가들은 단지 일제의 정책에 맞는 현실적인 연구에만 몰두했을 뿐이다.

한편 독일에서 신역사학파를 배운 후쿠다 도쿠조(福田德三)은 일본의 제국주의를 적극 지지했던 역사가이다.[498] 제국주의를 지지한 이들 연구의

---

496 스테판 다나카, 윗 책, 352쪽.

497 조선에 대한 이 같은 관점에 대해서 內藤湖南, 『內藤湖南全集』14卷 (東京: 筑摩書房, 1969-1976) 볼 것.

498 1898년부터 1901년까지 독일의 신역사학파인 루요 브렌타노(Lujo Brentano)에게 사사하고 『일본 경제사론』을 독일어로 저술했으며 제국주의 지지단체인 사회정책학회에서 활동했다.

주요 관심사는 민족주의와 강국론이었다. 따라서 일본의 동양사 연구의 목적이 여기에 맞춰져 있었기 때문에 결코 객관적일 수가 없었다. 물론 일본에서 동양사 연구가 시작된 것은 유럽의 동양에 대한 편견과 우월의식의 반발로 비롯된 것이다. 그리하여 일본 역사가들은 유럽문화가 동양문화보다 더 우수하다고 한 유럽인들의 시각이 유럽에서만 통용되는 논리라는 것을 입증하고자 했다.

  일본은 메이지 시대 초기에 서양을 열심히 모방했으며 동화될 틈도 없이 마구잡이로 유럽문물을 수입했다. 이같이 일본이 유럽문물을 받아들이는 과정에서 유럽역사를 배울 때 스스로 자신들의 시각으로 유럽역사를 연구하여 저술하지 않았다. 반대로 일본은 시급하게 유럽과 대등한 힘을 갖추기에 바빠 유럽역사와 문화에 대한 비판적 관점을 무시하고 오로지 만국사 혹은 세계사란 이름으로 그 나라에서 저술된 책을 그대로 교과서로 사용하여 유럽 역사를 배웠다. 물론 유럽에서 저술된 역사서는 중국이나 조선 혹은 일본 등 동양에 대한 서술은 거의 없고 아예 무시했을 뿐 아니라 왜곡도 심각한 수준이었다.

  이런 점에서 일본 역사학자들은 동양사를 일본관점에서 연구하고 서술되어야 한다는 자각이 높았다.[499] 더욱이 동양사에는 일본이 포함되어 있기 때문에 유럽의 시각에서 일본도 열등한 민족으로 인식될 수 있다는 우려가 제기되었다. 이 때문에 일본은 유럽처럼 우수한 역사를 지닌 민족임을 보여줄 필요가 있었다. 이런 이유에서 일본의 동양사학자들은 동양의 역사를 유럽사 즉 세계사의 관점에서 유럽과 동일한 법칙에 따라 진보의 과정이 전개되고 있다는 점을 부각시켜나갔다. 이로써 일본 동양사학자들은 보편적인 세계사의 지리적 영역을 동양에까지 확장시키는데 주력했다.

---

499 이러한 유럽의 세계사에 대한 불신은 시라토리의 글에서 잘 표현되고 있다. 白鳥庫吉 「高桑駒吉著,『東洋大歷史』序」, (1906),『白鳥吉全集』, 第10卷 445쪽.

이렇게 살펴 본 바와 같이 일본의 동양사 연구는 보편적인 세계사로서 일본의 역사를 개조하기 위한 출발점이었음을 알 수 있다. 당연히 일본의 대부분 역사학자들은 동양사가 일본의 역사를 밝혀줄 뿐 아니라 서양사를 바라보는 역사적 시각을 제공해 준다고 생각했다.[500]

이에 따라 일본 역사가들은 일본에 보편적인 세계사적 법칙을 적용하여 진보의 역사를 이룬 민족임을 입증할 객관적인 자료를 찾아 나섰다. 이 목적을 이루기 위해 랑케의 실증주의 역사에 의한 객관성을 앞세우며 일본의 동양사학자들은 중국, 조선 또는 만주, 중앙아시아에까지 연구 영역을 확대해 나갔다. 이렇게 하여 이들의 연구는 일본 민족의 기원과 특수성을 규정하는데 주력했다. 이에 따라 일본 역사가들은 역사 이전의 시대로 거슬러 올라가 고대 중국의 기록에 나타난 고대 일본의 야마타이 (邪馬臺) 왕국의 실체와 위치를 찾는 것이었다.[501] 결국 야마타이 왕국의 실체와 위치에 관한 문제는 일본의 언어, 문화, 유전적으로 남방계통의 인종이나 조선 그리고 중국과 관련이 없는 쪽으로 나아갔다.

그러면서 동양사학자들은 일본의 기원에 대한 탐구에서 과학적이고 객관적인 실증주의적인 방법으로 위장하여 일본의 고대기록이나 민담 혹은 전설 등 연구에 집중했다. 예컨대 나이토와 시라토리는 과거를 아는 것이 현재를 이해하는 데 필수적이라면서 실증주의 역사가 유일한 수단이라고 강조했다. 이들은 랑케의 실증주의 방법론을 이용하여 천황의 중심으로 일본 문화의 본질을 실증적으로 입증하려고 노력하면서 고대 전설과 신화도

---

500 스테판 다나카, 윗 책, 82쪽.
501 특히 『위지』에서 한반도를 통해 왜에 여행한 두 명의 중국 사절의 기록에 근거를 둔 「왜인전」에 처음으로 언급되었다. 『위지』에 기록되어 있는 왜(倭)의 여왕 히미코(卑彌呼)와 그 왕국 야마타이(邪馬臺)와 같은 전설과 민담 등은 일본 기원에 대해 과학적 연구로 객관성을 띠었다는 인식을 심어주었다. 스테판 다나카, 윗 책, 225-226쪽.

과학적인 연구 즉, 객관적으로 입증될 수 있다고 믿었다.[502]

더 나아가 이들은 천황이 일본 그 자체라는 역사적 정당성을 부여하는데 주력했는데 천왕은 일본 민족의 기원에서 중심을 차지하고 있으며 보편적이고 특수한 역사적 존재라는 것을 규명하려했다. 역사에서 정신과 역사의 결합은 랑케의 실증주의 역사관에 나타난 종교적 신념과 같다. '모든 역사는 신의 뜻이 담겨있다'는 종교적이고 정신적인 랑케의 역사사상은 일제의 역사가들에게도 큰 호응을 받았던 것이다. 즉 랑케는 다음과 같이 설명하고 있다.

"모든 시대는 신에 직결된다. 그 가치는 그 시대로부터 나온 것이 아니라 그 존재 자체에, 그 자신 안에 내재해 있는 것에 근거한다."[503]

위와 같이 랑케의 역사관은 신의 사상에 따라 각 민족의 내적인 발전을 이룩하는 개념이며 이는 랑케가 민족역사를 중심으로 구상한 보편적 세계사의 이론적 바탕이었다. 다카쿠와 고마키치(高桑駒吉)는 이러한 랑케의 역사학에 대해 "종교적인 색체를 띠고 있고 주로 정치사에 치중하였으며 사회 경제사에 대해서는 소홀히 하여 역사 발전의 개념이 결여되어 있다"고 비판했다.[504] 이처럼 일본 역사학계에서는 랑케 역사학을

---

502 스테판 다나카, 윗 책, 226쪽. 일본의 기원과 고대사에 대한 연구는 야마타이 위치와 히미코의 실체를 규명하는데 초점을 두었다. 1910년에 야마타이를 둘러싸고 벌어진 논쟁은 주로 교토제국대학 중국학 학자들과 도쿄제국대학의 동양사 학자들 사이에 벌어졌다. 이에 대한 논쟁이 수록된 된 논문은 內藤湖南,「卑彌呼考」『藝文』1(1910. 5-7),『內藤全集』7卷, 白鳥庫吉,「倭女王卑彌呼」,『東亞之光』5-6/7(1910. 6-7) 『白鳥全集』1卷 등이다. 나이토는 야마타이 문제에 대해 중국의 기록을 지나치게 의존하면서 일본인의 발전적 성격을 과소평가한 해석에 대해 비판하며 일본의 전설을 적극 옹호했다. 內藤湖南,「日本文化とはぞや」桑原武夫(編),『現代日本思想大系 27 歷史の思想』(東京:梵摩書房, 1965) 참조.

503 랑케,『근세사 여러 시기들에 관하여』, 35쪽.

504 고야마 사토시(小山哲), 윗 글, 70쪽.

수용하면서도 한편으로 비판적 입장을 취했다. 랑케의 역사학은 국가와 역사의 결합이며 따라서 단순히 실증으로만 설명될 수 없는 성격을 지니고 있다. 즉 랑케의 실증주의 사학에는 국가와 민족이 중심을 차지하고 있어서 대부분 유럽의 강국들은 역사를 국가와 결합시켜 역사연구를 주도한 것과 마찬가지로 일본 역시 이러한 부분을 이용했다.[505] 그 결과가 바로 천황제에 입각한 일본제국주의의 국가 정체성이다.

일본의 천황제 국가는 1885년에 내각제를 시작으로 1889년의 대 일본 제국헌법이 발표되고 나서 1890년 제국의회의 개최를 통해 외형상 입헌제를 갖추며 수립됐다. 천황은 신성하고 국가보다 위에 군림한다는 천황사상은 국가원리이며 가치였다. 역사학은 천황사관을 합리화하고 보편적인 사상으로써 객관적으로 설명해 줄 이론을 만들어야 했다. 히라이즈미 기요시(平泉澄) 등의 황국사관이 대표적이다. 히라이즈미는 1918년 도쿄제국대학 국사학과를 졸업하고 도쿄제국대학에서 교수로 있을 때 독일에 유학 중이던 하니 고로(羽仁五郞)가 크로체의 『역사서술의 이론과 역사』를 번역하여 출간하자 이를 극찬하고 나섰다. 히라이즈미는 랑케의 실증주의 사학을 비판하면서 합리주의적 역사관을 신봉했던 인물이었다. 근대 역사학을 배운 히라이즈미가 천황사관에 빠진 것은 이미 1920년 도쿄제국대학에서 흥국동지회에 가담하면서부터였다. 천황사상의 영향을 받은 이후 그는 1931년 유럽에서 유학하고 귀국하자 『국사학의 정수』를 발표하면서 자신의 천황사상을 선언하고 나섰다.

그리고 1932년 그는 주광회(朱光會)를 만들어 본격적으로 동지를 육성하는데 힘썼다. 주광회 강령은 "우리는 천황중심주의를 신봉한다. 우리는 건국 정신을 바탕으로 일본의 건설을 기약한다. 우리는 대일본 정신을

---

505 김기봉, 윗 글, 127-139쪽 : Geore G. Iggers, *Historiography in the Twentieth Century*, 27-28쪽.

천하에 선포할 것을 다짐한다"라고 밝힌 바와 같이 이 단체는 천황제와 제국주의 이념을 신봉하는 집단이었다. 이와 반면 쓰다 소키치(津田左右吉)는 황실의 기원신화와 민족의 기원신화를 구분하고 황실의 신화를 역사적 사실이 아니라고 주장하자 일제 당국은 그의 저서『신대사연구 神代史の研究』, 『고사기와 일본서기연구 古事記及日本書記の研究』 『일본상대사연구 日本上代史研究』, 『상대일본의 사회와 사상 上代日本の社會及び思想』 등 네 권에 대해 "황실의 존엄을 모독했다" 며 출판법 위반으로 발매금지 처분을 내렸다. 쓰다는 천황주의와 국체사학자들이 신화를 사실로 보고 국체의 신성이나 혹은 정통성의 징거로 삼으려는 것에 반대 입장을 표명했던 것이다.

쓰다처럼 국가의 정책에 반대되는 역사가는 학계에서 항상 배척당하기 마련이었다. 유럽에서 유학을 하고 랑케의 실증주의 사학을 배운 히라이즈마가 황국사관으로 돌아 선 것은 역사의 개별성과 사료비판과 고증, 연대기적 정치, 외교사에 중점을 둔 랑케의 실증주의 사학에 대한 불만 때문이었다. 사실상 랑케의 실증주의 사학은 사상이나 정치적 이념을 철저히 배격해 왔다 그러나 이러한 랑케의 역사사상은 일본에 그대로 적용되기 어려웠다.[506]

1902년 일본에는 국정교과서제가 채택되어 1904년 전국 소학교에 적용됨으로써 천황을 국가통일의 중심으로 제국주의적 국체가 정립되었다. 메이지 시대 교육정책은 일본민족의 정신 아래 제국주의 이념을 고취시키는 것이었다. 말하자면 일본은 역사교육을 통해서 '동양 속의 서양'이 되고자 했던 것이다.

동양사 연구의 목표가 여기 있는 만큼 무엇보다 천황제의 역사적 규명이

---

[506] 나가하라 게이지, 윗 책, 141-142쪽.

중요했다. 당시 이같은 국내정세에 부응하여 히라이즈미 기요시는 역사연구의 활동보다 황국사상을 전파하는 정치적 행동에 더 중점을 두고 1932년에 『국사학의 정수 國史學の 骨髓』라는 저서를 출판하여 황국사관을 널리 알리는데 노력했다.[507] 특히 1935년 "학문과 교육은 국체와 일본정신의 근본으로 한다."는 일본 정부의 목표 아래 소위 교학쇄신평의회가 설치되자 히라이즈미는 이 기관에 참여하여 교육과 학문을 천황제의 영향력과 통제 속에 두는데 앞장을 섰다. 이 같은 정책 아래 일본 정부는 1937년 『국체의 본의 國體の 本義』를 발간하여 학교에 배포한데 이어 1943년 문부성은 『국사개설』를 펴내 국가 주도의 역사를 가르치게 하여 학문적인 역사연구를 불가능하게 만들었다.[508] 1941년 5월 국사개설 편찬요항에 따르면 다음과 같다.[509]

첫째, 조국의 유래를 밝히며 국체의 본의를 선명히 하고 국사를 관통하는 국민정신의 진수를 파악하게 할 것.

둘째, 우리나라 문화의 발전 상태를 상세히 함으로써 세계 속에서 우리나라의 역사적 사명을 명확히 할 것.

셋째, 여러 역사적 사건과 현상을 종합하면서 각 시대의 특색을 밝힘으로써 국운이 나아가는 양상을 선명히 하여 현대와의 관련을

---

507 이 외에도 平泉澄, 『建國 中興の 本義』, (東京: 至文堂, 1934).등이 있다.
508 국체라는 말은 메이지 시기부터 사용되었으나 그 뜻이 통일되지 못했다. 정부가 펴낸 『국체의 본의』제 1장에서 국체에 대해 조국(肇國) 성덕(性德), 신덕(神德), 화와 참(和 とまこと) 등 네 가지를 열거하고 있다. 제2장은 "신성함을 지닌 천황의 만세일계 통치, 천황의 절대적인 군덕, 신민의 승조필근(承照必謹) 즉, 절대적인 복종"으로 핵심을 이루는 "국사에서 국체를 명백하게 드러냄"을 명시하고 있다. 말하자면 이러한 근본을 바탕으로 일본사를 국체정신의 체현으로 삼았던 것이다. 나카하라 게이지, 윗 책, 146-147쪽.
509 나카하라 게이지, 윗 책, 147쪽에서 인용.

명확하게 할 것.

이 내용은 역사를 통한 일본의 우월성, 이를 전제로 하여 조선과 중국, 동남아시아 등 일본제국 지배의 정당성을 강조한 것이다. 결과적으로 일본의 역사서술은 객관적이고 과학적인 랑케의 실증주의 사학을 거부한다는 의미를 담고 있다. 이렇게 일본의 국사는 랑케의 실증주의 역사관과 어긋나게 서술되었다. 제국의 정책에 맞춰진 일본 역사에서 랑케의 역사이론은 단지 객관적이고 보편적이며 과학적이라는 근대 역사학의 포장에 불과했다. 말하자면 랑케의 실증주의 사학은 일제의 왜곡된 역사의 감추기 위한 도구인 셈이다. 쓰다가 국가정책에 반하는 학문연구로 인해탄압을 받았다 할지라도 황국사관에 입각한 역사는 진정한 학문적 역사라고 인정할 수 없다. 일본제국이 객관성과 보편성을 바탕으로 국사를 펴내었다지만 이 목적이 정치적으로 제국의 정책에 맞게 서술되었고 또 이를 강압적으로 국민에게 배우게 한 것은 근대 과학적 역사가 아니다. 그 자체가 객관성이 결여된 정치적 역사서의 전형이다. 랑케의 실증주의 사학은 일본제국에서 이런 식으로 이용되었다.

황국사관은 천황숭배 사상에 그치지 않고 제국주의 이념으로 활용되었는데 특히 일본제국주의 황국사관의 중심인물을 꼽는다면 역시 교토제국대학의 니시다 나오지로(西田直二郎)이다. 그는 교토제국대학 사학과 국사전공 1회 졸업생이다. 3년 동안 유럽에 유학하여 헤르더와 헤겔에 이르는 역사철학을 배웠던 그는 인류역사의 진보와 역사의 보편법칙이라는 역사철학적 체계로서 세계사에 머물지 않고 칼 람프레히트(Karl Lamprecht)의 『독일사』 『문화사란 무엇인가』 등 저서의 영향을 받기도 했다. 랑케처럼 역사의 개별사실을 객관적으로 서술하는 방식보다 그 의미를 파악 하고자 했던 일련의 역사이론을 통해 니시다는 문화의 가치에 의해 역사의 개별사실들이 시대, 국가, 민족 속에서 보편성을 갖게 된다고 인식했다. 이에 따라 그는 실증주의 역사의 객관성에서 벗어나 당시의 문화가치에 따른 역사의 보편성을 추구해 나갔다.

니시다는 제국주의가 당대의 보편성이라고 생각하고 국체와 국민정신의 원리를 확립하기 위해 국민정신문화연구소에 합류했다. 이렇게 일본의 실증주의 사학은 황국사관을 배척하지 않고 이를 무비판적으로 순응해 나갔다. 여기에서 히라이즈미와 니시다가 서구의 근대 역사철학의 과학적 사고를 왜곡하는 역할을 수행했다.

도쿄제국대학은 정부 주도의 역사연구에 치중했다면 교토제국대학은 제국주의 역사철학의 중심지였다. 특히 니시다 기타로(西田幾多郞)을 중심으로 한 고사카 마사아키(高坂正顯), 고야마 이와오(高山岩男), 니시타니 게이지(西谷啓治) 등 철학자와 서양사학자 스즈키 시게타카(鈴木成高) 등이 교토제국대학에서 이러한 작업을 수행한 인물들이다. 이들이 제국주의 이념을 제공하면서 일제의 아시아 침략을 합리화하는데 앞장섰다.[510] 이들은 세계사 속에서 일본을 바라보며 '전쟁'이 바로 랑케가 『강국론』에서 강조한 '도덕적 에너지'라고 주장하고 제국의 침략행동을 정당화시켰다.[511]

특히 스즈키는 대동아전쟁을 유럽적 세계사로부터 아시아까지 확장된 세계사적 사건으로 인식하여 랑케의 유럽중심의 세계사를 뛰어 넘고자 했다. 스즈키가 생각한 세계사는 모든 과거 역사적 사실이 아니라

---

510 특히 이러한 이들 그룹의 활동은 1942년부터 1943년까지 세 차례에 걸쳐 『中央公論』에 연재한 高坂 正 顯, 西谷啓 治, 高山岩男, 鈴木成高, 『세계사적 입장과 일본 世界史的」立場 と 日本』(東京: 中央公論社, 1943)이라는 좌담회에서 잘 드러나 있다.

511 나카하라 게이지, 윗 책, 150쪽.

체계적으로 완성된 보편적인 역사를 의미한다. 즉 그에게 있어 세계사는 보편적이고 체계적으로 완성된 세계사였다. 이는 랑케가 『강국론』에서 설명한 국민국가로 이뤄진 세계이며 이런 체제가 곧 보편적 세계, 다시 말해 역사의 일반성이라는 뜻이다. 그러니까 스즈키가 말한 보편적 세계는 곧 민족국가들로 구성된 일반적인 세계체제였다.[512]

스즈키는 랑케와 마찬가지로 강한 민족이 약한 민족을 지배하는 것이 곧 세계사의 보편성이라고 생각했다. 그러므로 스즈키는 민족끼리 서로 투쟁하고 각자 개별국가들이 서로 대립되어 있는 세계를 강국이 주도하여 하나로 통일된 세계를 이루는 것, 이것이 곧 보편적 세계사의 이념이라고 주장했다.

이런 논리는 일제 역사가들이나 한국 실증주의 역사가들에게서 공통적으로 나타나고 있다. 즉, 보편성을 통해 개별성을 이해해야 한다고 주장한 일본의 역사가들의 생각과 이들로부터 실증주의를 배운 우리 실증주의 역사가들의 보편적인 역사관은 서로 상통한다. 결국 스즈키 등 대동아전쟁을 지지한 이들 교토학파 역사가들은 랑케가 주장한 보편적 세계사 개념을 다르게 인식한 셈이다. 이런 역사관 인식에 바탕을 두고 이들 역사가들은 랑케 시대의 국민국가를 기초로 한 보편적 세계사가 유럽에 국한된 것이기 때문에 현재 새로운 세계상을 확립해야 하는데, 그게 바로 대동아 전쟁이라고 주장했다. 이 전쟁이 곧 새로운 보편적 세계를 만들어 준다는 것인데 말하자면 과거에 세계의 중심이 유럽이었지만 지금은 강국인 일본이 보편적인 세계의 중심이라는 것이다.

스즈키는 랑케와 마찬가지로 여러 민족이 상호 투쟁을 통해 강한 민족이 약한 민족을 지배하는 것이 곧 세계사의 보편성이라고 생각했다. 스즈키는

---

512 鈴木成高『ランケと世界史學』(京都: 弘文堂, 1939), 114-120쪽.

민족끼리 서로 투쟁하고 각자 개별적 국가들이 서로 적대시 하고 있는 세계를 강국이 주도하여 하나로 통일된 세계를 이루는 것, 이것이 곧 보편적 세계사의 이념이라고 주장했다. 물론 각자 민족들로 구성된 국민국가가 세계적인 흐름이기 때문에 세계사의 기초는 국민의 독자적이고 개별적인 역사로 이뤄진다.[513] 랑케는 개별적인 민족국가로 이뤄진 세계의 역사적 보편성에 대해 이와 반대로 인식한 스즈키의 논리는 세계사의 보편성에서 개별적인 민족국가를 본 역사관이다. 그리하여 교토학파들은 일본이 대동아 전쟁을 통해 세계사의 이념적 전환을 주도하면서 새로운 세계상을 만들어 가야 한다고 주장하고 나섰다. 이런 논리는 역사를 보편성을 통해 개별성을 이해해야 한다고 주장했던 일본의 역사가들의 생각과 이들로부터 랑케 실증주의 사학을 배운 우리 역사가들이 주장한 바와 서로 상통한다.

이 논리에 의하면 랑케의 세계사는 유럽 입장에서 본 세계사에 불과하며 오늘 날에는 주도권을 쥐고 세계의 새로운 질서를 만들어 가는 국가가 곧 세계사의 주체가 된다.[514] 이렇게 교토학파들은 대동아 전쟁을 미화하여 일본을 세계의 주인으로 부각시켰다. 이러한 세계사의 이념에 입각하여 일제 황국사관의 역사가들은 독일처럼 민족주의와 결합하여 일본 국민들에게 천황을 향한 충성심과 제국에 대한 애국심을 고취시켜 나갔다. 일제 황국사관의 역사가들은 당시 독일사회 지배했던 바와 같이 민족주의와 결합하여 일본의 국민들에게 천황에 대한 충성심과 제국에 대한 애국심을 고취시켜 나갔다.[515] 여기에 부응하여 교토학파들은 이러한 역사철학을 바탕으로 개인이 국가를 위해 희생하는 것을 찬양하고 고무시키는 논리를

---

513 鈴木成高, 윗 책, 118-119쪽.

514 西田幾多郎, 西谷啓治, 外,『世界史の理論-京都學派の歷史哲學論巧』京都哲學叢書 第 11卷, (東京 : 燈影舍, 2000), 113쪽 ; 高坂正顯. 西谷啓治, 高山岩南, 鈴木成高,『世界史的 立場と日本』, (東京 : 中央公論社, 1943), 426-428쪽.

515 이에 대해서는 永原慶二,『皇國史觀』(東京 : 岩波書店, 1983) 참조할 것.

펴는 등 일제의 대동아 전쟁에 동조하거나 지지하며 제국주의의 지적 요람의 역할을 수행했다.[516]

다시 말해 랑케는 세계사에서 역사의 보편적 현상을 살펴 본 것과 달리 일제의 역사가들은 거꾸로 보편적 세계사를 만들어 가는 것으로 인식하여 대동아 전쟁을 구 주체적 행위로 삼았다. 특히 스즈키는 고대 로마제국 말기의 황제권과 게르만 여러 민족과 관계를 일본과 조선, 만주, 대만 등과 비교하면서 일본을 보편적 세계사의 주역으로 부각시키며 일제의 대동아 전쟁을 세계사적 사명으로 미화시키는데 주도적 역할을 했다. 이와 같이 교토학파와 황국신민사관 학자들은 제국의 이념에 사로잡혀 일제의 침략전쟁에 경쟁적으로 두뇌 역할을 했다.

랑케의 실증주의 사학을 제국의 목적을 위한 이념으로 활용하는데 비상한 실력을 보인 교토학파는 랑케에게서 역사연구의 실증적 방법과 보편적 세계사만이 수용하여 랑케의 역사 텍스트를 제국 의 이념으로 변형하는데 큰 기여를 했다. 이들 교토학파들은 랑케의 실증주의 사학을 새로운 세계의 질서를 창조하기 위한 사상으로 만든 다음 이를 정치와 이를 정치에 연결시켜 나아갔다. 특히 스즈키가 1939년에 펴낸 『랑케와 세계사학』에서 "정치는 역사에 기반을 두어야 한다"며 "랑케가 자신의 정치적 활동이 실패한 것은 역사가 곧 정치가 아니라고 생각했기 때문"이라고 주장한 말에서 드러나고 있듯이 교토학파는 랑케가 강조한 역사의 객관성조차 인정하지 않았다.[517]

---

516  교토철학파 거장인 다나베 하지메(田辺元)은 『歷史的 現實』(東京: 岩波新書, 1940)에 "역사에서 개인이 국가를 통해 인류적인 차원에서 영원한 것을 건결하게끔 몸을 바치는 일이 생사를 초월하는 것'이라며 일사보국(一 死報國) 사상을 주입시켰다. 와쓰지 데쓰로(辻哲郞) 정신사, 무라오카 쓰네쓰구(村岡典嗣)의 일본사상사, 니시다 나오지로(西田直二郞) 의 문화사 니시다 기타로(西田幾多郞) 그룹의 역사철학, 마르크스주의 히라노 요시타로(平野義太郞) 등 역사가 및 철학자들이 모두 제국의 대동아전쟁에 모두 동조하고 나섰다. 나카하라 게이지, 윗 책, 151쪽.

517  鈴木成高 『ランケと世界史學』, 95쪽. 『랑케와 세계사학』은 일본 서양사학자가 랑케를

스즈키는 랑케의 사학에 비판적인 입장을 보이면서 랑케의 역사학 전체가 아니라 국가는 각기 개별적이며 독립적인 개체라는 것과 여러 국가들이 사로 밀접하게 영향을 주고받으며 발전한다는 두 가지 사실만을 받아들였다. 즉 위대한 정복자는 우수한 문화 전파자라고 한 랑케의 말처럼 개별국가가 단지 특수한 개체에만 머물면 보편적인 세계 역사가 만들어지지 않는다는 것이다.[518] 스즈키에게 있어 국가는 곧 세계사적 의미였다. 여기에서 교토학파는 세계사적 주체로서 실질적인 근대 국민국가의 요건을 제시하기 시작했다. 또 교토학파는 독일민족이 강국 프랑스를 이긴 힘, 즉 독일국민의 도덕적 에너지가 국민국가의 필수적인 요소라고 강조했다.

이들 교토학파는 랑케에 대해 말하면서 사료비판과 실증주의 사학에 대해서 언급하지 않고 세계사의 보편적 성격과 국가의 힘에 대해 초점을 두었다. 그들의 관심사는 오직 유럽에서 독일이 강국으로의 도약하게 된 원인뿐이었다. 이처럼 교토학파들은 「세계사적 입장과 일본」에서 랑케가 말한 도덕적 에너지에 집착을 보였다.[519]

왜냐하면 도덕적 에너지는 일본의 근대화와 천황제를 중심으로 한 국민의 애국심, 그리고 대동아전쟁과 태평양 전쟁, 조선의 식민통치의 정당성 분 아니라 아시아의 일본패권의 합리성 등 제국주의 이념의 이론적 기초에 적합하기 때문이었다.[520] 랑케가 『강국론』에서 국가의 원리를 실현시키는 힘에 대해 '도덕적 에너지'라고 규정하고 이 힘들의 상호작용과 연속 속에서 국가가 소멸하고 소생한다며 바로 여기에 세계사의 비밀이 있다고 말했다.

---

직접 다른 최초 연구서로서 일본의 랑케 역사학의 수용사를 이해하는데 중요한 저서로 꼽인다.
518 髙山岩男, 『世界史の哲學』, (東京 : こぶし書房, 2001), 195-198쪽.
519 고야마 사토시, 윗 글, 102-104쪽.
520 교토학파가 랑케의 도덕적 에너지에 대해 집착하는 근거는 바로 랑케의 『강국론』에 이어 『정치문답』에서 기인한다. 고야마 사토시, 윗 글, 108-109쪽.

랑케가 여기에서 언급된 '도덕적 에너지'가 세계사의 원동력이라는 점이 바로 교토학파에게 제국 이념의 창출을 위한 핵심 텍스트였던 것이다.

교토학파는 '도덕적 에너지'에 의한 민족성이 결여된 국가는 존속할 수 없다고 지적한 랑케의 주장이 전적으로 제국의 정치적 이념과 맞아 떨어진다고 생각했다.[521]

랑케가 세계사적 관점에서 본 역사적 법칙은 강국이 약소국을 지배하고 피지배 민족문화를 지배민족 문화와 통합시켜 그 발전을 가로 막아 온 역사의 법칙이다. 그러므로 힘의 균형을 통해 역사적 개별성과 특수한 민족의 역사가 유지될 때 민족문화의 발전이 가능하다는 것이 랑케의 세계사적 개념이다. 그러나 교토학파들은 랑케의 『강국론』을 세계사적 보편성에 의해 강국이 약소국을 지배한다는 논리에만 집착했다. 그리하여 주로 이와나미 문고(岩波文庫)에서 번역되어 출간된 랑케의 저서는 실증주의적인 역사사상이 아니라 국가관과 세계관에 대한 그의 이론적인 고찰이 대부분이었다. 다시 말해 교토학파는 제국의 이념에 적용시키기에 알맞은 내용만 골라 펴낸 것이다. 이처럼 교토학파들은 제국이념의 중심 역할에 걸맞게 랑케의 세계사와 역사철학에 관한 서적을 계속 출간한 것은 국가가 역사를 장악하고 있었다는 증거이다.

즉 교토학파는 랑케의 문헌학적, 사료고증과 비판적인 역사서술 방법 등 세계사적 의미를 균형 있게 파악하기보다 랑케의 세계사에 관한 이론에만 초점을 맞춰 이를 자신들의 철학적 방법으로 재구성하여 제국의 이념의 기초로 제공했다.[522] 결국 랑케의 제자 리스로부터 랑케의 실증주의 사학을

---

521 랑케의『강국론』은 1940년, 『정치문답』은 1941년에 각각 아이하라 신사쿠(相原信作)이 번역하여 이와나미문고(岩波文庫)에서 출간됐다. 이어 스즈키와 아이하라는 1941년 이와나미 문고에서 랑케의『世界史 槪觀 -近世史의 諸 時代』를 간행했으며 이 시기 랑케의 번역서가 계속 출판되어 랑케의 붐이 불었다.
522 스즈키 시게타카는 랑케에게서 실증주의 사학을 통해 현재의 역사학이 직면한 과제를

수용하여 시작된 일본 근대 역사학은 학문적인 역사학이 아니라 제국의 정책에 따라 황국사관에 기초를 두고 국가가 요구한 교육과 정치적으로 조장된 국민의 애국심을 고취시키는 도구에 불과했다.[523] 일제 역사가들이 서양사학을 제국의 정책에 이용한 것은 이뿐 아니다. 더 나아가 일제는 랑케의 실증주의 사학을 조선, 만주, 중국, 및 국사(일본사)을 비롯 동양사에까지 확장하여 제국의 패권을 동조해 나갔다. 다음 장은 일제가 역사를 식민정책에 대해 어떻게 적용해 나갔는지를 살펴보도록 하겠다.

### 3) 일제의 식민사관과 제국주의 정치권력

일제 식민통치 시기 한국사 연구를 주도한 역사가들은 알다시피 도쿄제국대학, 교토제국대학, 그리고 경성제국대학의 교수들로서 주로 일제의 관학자들이었다. 이들의 주된 연구과제는 조선의 식민지 통치의 합법화를 위한 학문적 기초를 마련하는 것이 가장 중요한 연구 과제였다. 그렇기 때문에 이들은 조선역사의 발전과정을 밝히기보다 제국의 정치적 의미에 더 중점을 두었다. 일제가 실시한 식민지 문화정책의 목적도 조선인을 일본에 동화시키는 것이었기 때문에 이에 대한 역사적 근거가 필요했다.

그래서 일제는 제도상으로 보통학교의 역사교육에 대해 "국사(일본사)

---

극복하고 세계사의 새로운 상(像)을 만드는 것이었다. 鈴木成高, 『ランケ世界史學』, 1-2쪽.
523 그러나 최근 일본 학계에서는 교토학파의 이 같은 랑케의 역사학의 전유에 대해 재평가하면서 "헤겔과 랑케를 모델로 삼은 교토학파의 역사학은 황국사관과 대립관계를 갖고 있다"며 "교토학파의 전쟁 협력을 비판하는 경우에도 공평한 논의가 있어야 한다"고 주장하고 있다. 고바야시 도시아키(小林敏明), 『廣松涉-近代超克』(東京 : 講談社, 2007), 123-135쪽. 고야마 사토시는 이러한 일본 학계의 교토학파에 대한 긍정적인 평가에 반대하며 "서양사의 연구의 지식이 일본의 식민지 지배에 이용되었고 제국의 팽창을 정당화하기 위해 동원된 과거가 있었다는 점이 연구자에게 아직 인식되지 못하고 있다"고 지적한다. 고야마 사토시, 윗 글, 128쪽.

는 우리나라의 초창기부터 현재에 이르기까지 중요한 역사적 자취를 가르치고 조선의 변천에 관한 역사적 사실의 중요한 줄거리를 이해시킨다." 그리고 고등보통학교의 역사 교육에 대해서는 "역사는 역사상 중요한 자취를 인식시키고 사회의 변천과 문화의 유래하는 바를 이해시키며 특히 우리나라의 발달을 상세히 하여 국가체제의 특이한 바를 명시한다. 역사는 일본역사와 외국역사로 하고 일본역사에 있어서는 주로 국가 초기로부터 현재까지의 역사적 자취를 가르치고 조선에 관한 역사의 사실들을 상세히 하며 외국역사에 있어서는 세계의 큰 흐름의 변천에 관한 흔적을 주로 하여 인문의 발달과 우리나라의 문화에 관계되는 역사적 자취의 주요 줄거리를 인식시킨다."라고 규정했다.[524] 여기서 조선의 역사는 황국사관에 따른 일본사에 포함되어 있다.

그러나 조선의 역사는 1910년대 후반 조선인의 일본화를 위한 보통교육으로 인해 아예 학교의 교과목에서 사라져 학생들은 일본역사를 우리의 역사처럼 배워야 했다.[525] 1920년대부터 1930년대 말까지 일제 초등교육의 국사 교과서는 크게 『보통학교국사』에서 『초등국사』로 바뀌었다. 국사교과서의 개정은 조선총독부의 통치 정책과 밀접한 관계를 보여주고 있다. 예컨대 1910년대에는 국사교과목 자체가 없었던 것이 1921년부터 국사 교과서가 만들어 지기 시작했다. 이는 3.1운동을 계기로 일본은 조선의 식민정책을 수정하고 이에 맞춰 조선교육령을 개정했기 때문이다.[526]

---

524 김용섭, 「일제 관학자들의 한국사관-일본인들은 한국사를 어떻게 보아 왔는가?」 역사학회 편, 『한국사의 반성』(신구문화사, 1969), 31쪽.

525 일본과 조선의 동화정책에 따라 보통교육에서 주로 일본어 교육과 수신과목이 가장 중점적으로 가르쳤다. 권태억, 「1910년대 일제의 조선 동화론과 동화정책」, 『한국문화』 44, (2008), 115-116쪽.

526 문동석, 「일제시대 초등학교 역사교육과정의 변천과 교과서-보통학교 국사와 초등국사를 중심으로」, 『사회과교육』 43-44집(2004), 142쪽.

그러다가 만주사변 직후 조선사를 국사 즉 일본사로 포함시켜야 한다는 주장이 제기 되자 이를 실현시키기 위해 '임시역사교과용도서조사위원회'가 설립되었다. 이 위원회는 조선사를 일본사에 편입시키기 위한 교과서 편찬사업을 맡았다. 1935년 각급 교육기관에 국체명징의 훈령이, 그리고 1947년 중일전쟁 때 초등국사 전환이 이뤄졌고 이어 다음해에 조선교육령이 발표된 후 1939년에는 일본인과 조선인 초등생들이 똑같이 사용할 수 있는 교과서가 발행되기 시작했다. 그러다가 1941년 초등학교령으로 학교명을 바꾸고 황국신민화 교육이 더욱 강화되었다.[527] 이처럼 일제는 오랜 시기에 걸쳐 조선의 역사를 일본의 역사에 포함시킴으로써 조선인을 일본인으로 동화시켜 나갔다. 이처럼 일제는 독일이 폴란드 주민들을 대상으로 시행한 독일화 정책을 모방하여 역사교육을 통해 내선일체 정책을 수행한 것이다.

일제는 이 정책을 추진하면서 조선의 역사를 왜곡하여 새로 짜깁기를 했는데 그 결과물이 바로 일선동조론(日鮮同祖論)이었다. 이에 따라 일본의 식민주의 역사가들은 주로 고대사와 대외관계사에 치중하여 애초부터 일본민족과 조선민족의 조상이 한 뿌리에서 나왔다고 주장했다.[528] 일제는 이런 논리를 역사교육을 통해 조선인 학생들에게 결국 일본과 조선은 같은 조상이라는 사상을 주입시켰다. 이렇게 해서 일본 관학자들은 일제의 한민족의 문화를 말소 하려는 정책에 큰 공헌을 하였다.

이들 일본 역사학자들 대개가 조선총독부 중추원 및 조선총독부 조선사편수회, 그리고 만철조사부(滿鐵調査部)에서 막대한 연구를 지원받아 조선의 역사를 연구했다. 1916년 중추원에서 조선사를 펴낼 때

---

527 초등학교령은 이미 1937년에 세워진 것으로 국사교육의 틀은 크게 변하지 않았다. 김종준, 『식민사학과 민족사학의 관학아카데미즘』, 81-82쪽.

528 정상우, 「조선총독부의 조선사 편찬사업」(서울대 국사학과 박사학위 논문, 2011), 146쪽. 이 주장은 당시 조선 학생들에게 의문시 되자 민족주의자들을 일제에 굴복하여 이 학설에 동조하게 하자 이러한 의문은 점차 소멸되어 갔다. 김용섭, 윗 글 , 32쪽.

발표한 조선반도사편찬요지는 다음과 같다.

> "조선인은 다른 식민지에 있어서 문명화되지 못한 야만족과 달라 책을 읽고 글을 쓸 줄 알고 있어서 문명인에 떨어지는 바가 없다. 옛날부터 역사서가 존재하는 바가 많고 또 새로 역사서를 저술하는 바가 적지 않으나 전자는 독립시대의 저술로서 현대와의 관계를 결하여 다만 독립국의 오랜 꿈을 생각하게 하는 폐단이 있으며 후자는 근대 조선에 있어서의 일본과 청나라, 일본과 러시아의 세력경쟁을 서술하여 조선의 향배를 말하고 혹은 한국통사라고 하는 재외 조선인의 저서와 같은 것은 사건의 진상을 살피지 아니하고 망설을 함부로 한다. 이것이 조선반도사의 편찬을 필요로 하는 주된 이유이다." [529]

결국 일제는 조선인들이 오랜 역사와 문자를 알고 역사서를 저술해 온 우수한 문화를 지닌 민족이라서 조선인이 스스로 저술한 역사서는 오히려 독립운동을 고취시키는 바 이에 따라 일본 주도아래 조선의 역사를 편찬하여 독립의지를 꺾겠다는 뜻이다. 말하자면 조선인의 역사서는 스스로 문명국임을 자처한 내용이 잘못된 것이라고 주장하여 일제는 조선에 대해 노골적인 비하를 드러내고 있다.

이처럼 타율성으로 본 시각에 입각한 조선의 역사는 중국이나 만주 혹은 몽골 등 유목민족들과 관계에서 빚어진 대외문제들이 대부분이고 이 관계 속에서 정치적 혹은 문화적으로 조선의 역사가 전개되어 왔다는 것이다. 이와 같이 우리 민족의 역사는 일본에 의해 타율성으로 특징지어 졌다.[530]

---

529 김용섭, 윗 글, 32-33쪽.
530 이런 관점은 조선사편수회의 스에마쓰 야스카즈(末松保和)의「朝鮮史のしるべ」(朝鮮總督府編) 그리고『圖 說世界文化史大系』가운데 三上次南 편으로 된「조선. 동북아시아」에서 볼 수 있다.

그렇다면 이 같은 역사관은 어디에서 비롯된 것인가.

일제 제국대학을 중심으로 일제 역사가들은 이 같은 식민사관을 조선인에게 역사교육과정을 통해 주입시켰다. 이런 맥락에서 한국사의 주류를 이루고 있는 실증주의 사학자들도 일제의 역사가들의 교육에 의해 무의식적으로 식민사관을 답습학고 있는 것이 아닐까? 식민주의 사학의 핵심 인물들은 일제 시기 조선사편수회를 주도적으로 이끌어 왔던 고대사의 이마니시 류(今西龍)를 비롯하여 조선사의 오다 쇼고(小田省吾)와 이나바 이와키치(稻葉岩吉) 그리고 다보하시 기요시(田保 敎潔) 등이다.

이들은 모두 일본 역사학계에서 동양사계에 속한 역사학자들로서 최초로 근대적 조선 역사서인 『조선사』를 쓴 하야시 다이스케(林泰輔), 랑케의 제자인 리스에게 역사학을 배우고 동양사를 창립한 시라토리 구라키치(白鳥庫吉) 등에게 직접 배웠거나 그들의 영향을 받은 자들이었다. 바로 이들 동양사학자들이 한국사를 중점적으로 연구한 핵심 인물들이었다.[531] 이들은 항상 국가와 정치에 관련되어 정부의 주도 아래 역사를 연구했기 때문에 이들의 조선 식민화를 위한 역사왜곡은 자연스런 일이었다.[532]

이들 역사학자들의 영향을 받은 대표적인 한국인이 바로 이병도이다. 일제 조선사편수회에서 일했던 이병도는 쓰다 소키치(津田左右吉)와 이케우치 히로시(池內宏)의 지도를 받았으며 전문학교 교수이며 사회 경제사를 대표하는 백남훈은 후쿠다 도쿠조(福田德三)의 제자였다. 이들이 배운

---

531 김종준은 일제 시기 역사학 연구를 식민사학과 민족사학으로 구별되고 민족사학은 다시 신민족주의 사학과 사회경제사학 그리고 실증사학으로 나뉘고 일제 시기 역사학이 실증주의 사학을 표방한 관학이라는 점을 분석 비판하고 있다. 이런 일본 역사학계의 입장에서 쓰다 소키치와 이케우치 히로시를 지도를 받았던 실증주의 사학자 이병도가 더 밀접한 관계를 맺을 수가 있었던 것이다. 김종준, 윗 책, 25-30쪽.

532 1980년대 식민사학에 대한 비판은 주로 과학을 표방했지만 정치적이라는 비판이 제기되기 시작했다. 강진철, 「일제 관학자가 본 한국사의 정체성과 그 이론-특히 봉건제도 결여론과 관련시켜」, 『한국사학』7 (한국정신문화연구원 ; 1986), 177쪽.

일본의 랑케의 실증주의 사학이 과학적인 역사를 표방했다 하지만 그 내용면에서 부정적이다.

왜냐하면 일제의 실증주의 사학은 과학적이고 실증적인 방법에 기초하고 있다고 할지라도 이들의 역사연구는 제국주의와 밀접하게 결합된 관학의 성격을 띠고 있기 때문이다.[533] 일본은 문명시대에 국가가 주도하여 자국의 역사를 편찬해서는 안 된다는 의견에 따라 그동안 정부가 담당해 오던 역사편찬 사업을 도쿄제국대학으로 넘겨 사료편찬소를 만들고 거기서 역사서술보다 주로 사료를 편찬하게 했다. 따라서 조선에 설립된 조선사편수회도 이러한 입장에서 사료편찬 사업에 국한되었지만 그 내막은 조선의 모든 시대의 역사를 편찬할 역량이 부족했기 때문이었다. 그래서 일제는 조선의 역사 서술에서 일제의 정부가 의도한 바를 가장 적절하게 반영시킬 수 있는 방법을 찾았는데 그게 바로 관립대학에게 역사연구를 맡기는 것이었다.

히라이즈미 기요시(平泉澄)는 1930년대 도쿄제국대학 국사학과 핵심으로 활동한 국수주의자로서 황국사관을 제시하며 천황주의 사상을 주창한 인물이었다.[534] 또 교토제국대학의 역사철학자인 니시다 나오지로(西田直二郎)은 역사학이 과학이 될 수 있다며 역사의 보편성을 강조하는 등 일본 제국대학들의 일본사는 일제체제와 밀접한 관계를 유지하고 있었다. 당시 조선의 경성제국대학은 일본 자국의 제국대학보다 더 많은 통제를 받았기 때문에 가장 효과적으로 일제의 정치적 의도를 반영시킬 수 있었다.[535]

---

533 김종준, 윗 책 17-58쪽을 볼 것.
534 나카하라 게이지, 윗 책, 146-148쪽.
535 장세윤, 「일제의 경성제국대학 설립과 운영」, 『한국독립운동사연구』, 6집, (1992), 376-377쪽.

1920년대에 일제 문화통치 정책에 따른 조선역사의 연구와 교육이 더욱 강화되자 조선과 일본의 동화정책이 적극적으로 추진되어 갔다. 이런 정책에 맞춰 조선 총독부는 정치적이 아닌 객관적인 역사를 편찬하여 조선인에게 조선의 역사를 잘 알도록 하기 위해 조선사편찬위원회를 설립한다고 밝혔다.[536] 이렇게 일제에 의해 1930년대 조선사편수회와 조선사편찬위원회가 설립되자 조선인들은 이에 수긍하지 않고 우리 스스로 조선의 역사를 연구하고 서술해야 한다는 움직임이 나오기 시작했다.[537] 그러자 일제는 경성제국대학 교수들로 조선사편수회를 편성하여 16년 동안 100엔을 들여 1938년 조선사를 출간하게 되었다. 이 역사서는 편수자의 의도가 없이 순수한 객관적인 역사라는 평가보다 역사가 아닌 사료를 편찬했다는 비판을 받기도 했다.[538] 그러나 일제는 경성제국대학의 교수들 중심으로 공정하고 객관적으로 조선사를 출간했다고 주장하며 조선 역사가들의 반발을 무마시켰다. 이와 같이 일제의 제국대학들은 랑케의 실증주의 사학과 국가권력을 결합시켜 식민사관을 만들어 내었다. 조선에서 경성제국대학이 이러한 역할을 담당했으며 이렇게 만들어진 일제 식민사관의 전통이 오늘 날 국립대학의 역사연구를 통해 그 맥이 이어져 오고 있는 것이다.

   따라서 일제 식민시대의 일본학자들이 주도하여 만들어 낸 식민주의 사학은 정치적이며, 제국의 정치적 요구에 따라 행해진 의도된 역사학이다.[539]

---

[536] 매일신보, 1922년 12월 6일자.
[537] 1932년 '다시 우리 것을 알자'는 구호가 나오고 김경중의 조선사 17권이 발간된 것은 1938년 조선사편수회 조선사 완간을 앞둔 시점이었다.
[538] 매일신보, 1937년 2월 19일자.
[539] 이들 관학파들은 제국에 대한 충성심이 역사연구의 동기였다. 김용섭, 「일제 관학자들의 한국사관-일본인들은 한국사를 어떻게 보아왔는가?」, 『사상계』(1963. 2월), 253~254쪽.

즉, 이는 과학을 위장하여 식민정치에 맞도록 왜곡된 역사이며 경성제대와 총독부의 조선사편수회가 이러한 일제의 식민정책에 순응한 어용기관들이다. 따라서 조선편수회와 경성제국 대학의 조선사의 연구는 객관성이 결여된, 학문성을 위장한 정치성 역사라고 평가할 수밖에 없다.[540] 또한 역사서술의 주체가 바로 조선이 아닌 일본이기 때문에 조선역사의 서술은 일본제국의 입장에서 자의적으로 해석했을 것이다.[541] 랑케의 실증주의 사학은 국가의 이익이나 정치적 목적과 부합될 수 없음에도 불구하고 일본의 유명한 실증주의 역사가인 구로이타 가쓰미(黑板勝美)가 단군신화를 부정했던 것도 바로 이 같은 입장에서 비롯된 것이다.[542] 사실 랑케의 실증주의 사학은 정치권력이나 민족적 운동에 거슬리지 못한다는 단점을 지니고 있다.[543] 바로 일제 역사가들은 바로 이점을 이용한 것이다. 사실상 일제의 실증주의 사학자들은 일본제국의 조선 식민통치에 돕기 위해서 조선사를 객관적이고 과학적으로 서술할 수밖에 없었을 것이다.

이런 점에서 일제의 실증주의 사학은 원래 랑케의 실증주의 사학과 전혀 다른 변형된 성격을 띤 일제식 실증주의 사학이라고 할 수 있다. 원래 실증주의 사학은 과학성과 객관성을 바탕으로 한 사관이 핵심이지만

---

540 조동걸,『식민지 시기의 역사학과 역사인식』(경인문화사 : 2004), 123쪽. 특히 조동걸은 "이들의 역사연구는 총체적으로 계획되고 의도된 역사학으로 학문이라고 말 할 수 없는 가짜 역사"라고 비판한다. 조동걸,「식민사학의 설립과정과 근대사 서술」,『역사교육논집』13. 14집 (1990), 782쪽.

541 이 같은 국가의 이익을 위해 일본의 자의적인 왜곡과 해석은 광개태왕비문의 문자 조작에서 보여주고 있다.

542 송완범,「식민지 조선의 黑板勝美와 修史 사업의 실상과 허상」,『동북아역사논총』26 (2009) 119쪽. 랑케 이후에 들어서 역사가들의 관심은 점차적으로 민족과 민족의 정치적 삶으로 제한되었다. Geore G. Iggers, *Historiography in the Twentieth Century*, 30쪽을 볼 것.

543 김용섭,「우리나라 근대역사학의 발달 -1930년, 40년대의 실증주의 역사학」,『문학과 지성』(가을, 1972), 484-489쪽.

서구에서 일본에 전해진 실증주의 사학은 근본적으로 오리엔탈리즘 성격을 띠었다.[544]

그렇다면 이병도의 역사학은 어떻게 보아야 하는가. 이병도는 이러한 일제 정부의 주도로 만들어진 관학역사, 어용역사 혹은 관변 역사인 일제의 실증주의 사학의 학풍과 방법론을 그대로 따르고 있지 않았을까?[545] 즉, 한국 실증주의 사학은 랑케의 실증주의 사학을 따른다고 표방하고 있으나 내용 속에 일제의 역사관을 그대로 반영하고 있지 않을까? 물론 랑케의 역사학은 실증만으로 설명이 되지 않으며 문헌중심의 실증주의 사학은 정치적인 기록물인 만큼 정치와 국가주의에서 자유롭지 못하는 단점을 가지고 있다.[546] 이러한 단점은 일제의 역사학자들이 제국의 정치적 목적에 이용하기 좋은 학풍이었던 것이다. 이점에 대해서 일본의 학자들도 인정하지 않았던가?[547]

그렇다면 국가정치와 결합된 일제의 역사학은 랑케의 과학적이고 객관적인 역사 서술과 동떨어진 새롭게 변형된 정치지성의 실증주의 사학일 것이다. 그러나 랑케는 인간사에서 미래를 보지 못한 사람에 의해 이끌어지는 것도 아니고 또한 피할 수 없는 운명에 의해 결정되는 것도 아니라면서 궁극적으로 인간사의 성공은 덕과 지혜에 달려있다는 점을 인식해야 한다고 역설했다. 모든 시대는 잘못된 결정과 실수가 있기 마련이고 동시에 덕과 지혜의 결과도

---

544 박용희, 「초기 한국사학의 오리엔탈리즘-실증사학과 유물사학의 과학관과 민족사 인식의 문제를 중심으로」, 『이화사학 연구』32 (2005), 41-50쪽. 이러한 실증주의 사학에 대한 비판적 관점은 김종준, 『식민사학과 민족사학의 관학 아카데미즘』(소명출판, 2013)에 반영되어 있다.

545 김용섭, 윗 글.

546 근대 세계의 역사는 프로이센의 정치적 사회적 제도의 견고함을 드러 내주는 것이라는 입장을 취하며 프로이센의 시민의 자유와 사유재산은 강한 군주정과 계몽된 시민의 헌신 아래 번영하고 현존한다는 것이다. 이런 점에서 랑케의 역사 개념은 바로 국가중심주의이다. Geore G. Iggers, 윗 책, 26쪽.

547 鶴園裕, 「近朝代鮮における國學の形成-朝鮮學を 中心に」『朝鮮史研究會論文集』35 (1997), 66쪽

있을 것이다, 그러므로 우리는 각 시대마다 주어진 고유한 과업에 대해 관심을 갖고 그 역사적 과업을 수행해야 한다는 것이다. 궁극적으로 랑케는 역사의 과업은 즉 인간사(人間事)의 행위이며 국가와 정치에 대한 실패의 원인과 성공을 가려내어 그 것으로부터 교훈을 얻는 데 있다고 말한다.[548]

일본 제국의 식민정치와 밀접한 관계를 맺고 있던 일본 식민사학자들과 더불어 조선 총독부 조선사편수회에서 일했던 조선인 이병도는 자신의 학문적 근본에 대해 어떤 생각을 했을까? 이러한 맥락에서 일본의 식민사학자들의 영향을 받은 한국 역사학자들은 자신들의 학문적 업적을 지키기 위해 민족주의 사학을 비판적으로 보아야 했을 것이다. 예컨대 후쿠다 도쿠조의 제자인 백남운과 신남철은 최남선, 안재홍, 현상윤 등 조선인 역사학자들에게 역사를 비과학적으로 연구하고 신비적인 이야기체로 서술하는 등 비과학적 역사가들이라고 비판하기고 했다.[549]

신남철은 민족주의 사학자들에 대해 더욱 비판적이었다. 그는 이들 조선역사가들이 문헌고증, 고적답사, 유물수집에 몰두할 뿐 조선역사 연구에서 과학적인 분석이 미흡하다고 지적했다. 또한 조선 민족주의 역사가들은 역사성을 거부하고 민족의 역사를 신비화했을 뿐 아니라 더 나아가 조선역사의 시초와 민족의 기원을 근거도 없이 단군신화에서 찾았다는 것이다.[550] 이처럼 일제 역사가들이나 이들로부터 역사학을 배운

---

548 Ranke, "On the Relation of and Distinction between History and Politics(1836)", Georg G. Iggers ed., *The Theory and Practice of History*, 75-82쪽.
549 동아일보, 1934년 1월 2일자 「최근 조선연구의 업적과 그 재출발(二) 조선학은 어떻게 수립할 것인가」, 9월 11일자, 「조선연구의 기운에 제하여(一), 조선학은 어떻게 규정할 것인가-백남운씨와의 일문 일답」, 12일 자 기사. 조선연구의 기운에 제하여(二) 세계문화에 조선색을 짜너차-안재홍씨와의 일문 일답」
550 신남철, 「조선연구의 방법론」, 『靑年朝鮮』창간호 (10월, 1934년), 12-13쪽. 이 같은 비판은 카프에서 활동한 극좌파 사회주의 소설가인 김남천도 마찬가지이다. 김남천, 「조선은 과연 누가 천대하는가?」조선중앙일보 10월 18일부터 27일까지 8회에 걸쳐 쓴 기사.

조선인 역사가들은 조선의 민족주의 사학을 비과학적으로 생각했다. 이런 비판은 단군신화를 부정한 일본 식민주의 사학들의 주장과 같지 않은가? 그렇다면 일제 식민사학자들이 주장한 역사의 과학성에 대해 조선사편수회의 스에마쓰 야스카스(末松保和)는 다음과 같이 설명하고 있다.

> "과학적 인식에 대한 체험의 효과에 대해서 나는 사뭇 의문을 품고 있다. …모든 문헌학적 연구-넓은 의미에서의 역사적 연구는 소위 역사학의 부문에서 뿐 아니라 일반 문화과학에 공통되는 연구법 자체의 하나이다. 소위 고증학의 넓이와 깊이는 고증이 문헌학적 연구의 근본적 기초 작업이기 때문이다. …조선에 있어서의 경우와 같이 문헌의 잔존은 고대에 관해 극히 국한되어 있고 또한 그 고증은 일본 및 지나에 비해 심히 뒤떨어진 지방에 있어서는 초기의 연구가 태반 개개인의 사료의 고증에 충만한 것은 당연한 일이다. …근대 백년에 있어서 조선의 학계는 지나, 일본의 그것에 비해 특히 고증학의 발달에서 유치했다."[551]

이처럼 일제시기 실증주의를 신봉하는 일제 식민사학자들과 조선의 문헌고증학자들은 조선의 민족주의 역사가들을 철저하게 배격했다. 반대로 이들은 자신들의 식민사관에 의한 조선의 역사를 과학적이라며 추켜 세웠다.

랑케의 실증주의 사학은 맨 먼저 일본을 거쳐 다시 한국과 중국에 수용되었다. 산업화를 가장 먼저 시작한 일본은 서구 유럽의 민족주의 사상뿐 아니라 제국주의 사상을 받아들이면서 바로 서구의 근대 역사학을 절실하게 필요한 시점에 있었다.

독일이 그랬듯이 일본도 국민교육과 대중의 요구에 부응하면서 국가의

---

551 末松保和,「書評-朝鮮社會經濟史(白南雲著)」,『青丘學叢』14 (1933년) 190-192쪽.

전통을 수립하고 애국정신을 고양시켜 강건한 국가의 확립에 부합한 근대 역사학이 필요했다. 고대 왕국은 왕의 통치를 정당화시키기 위해 신화, 설화, 종교를 이용하여 역사를 기술하지만 근대 국가의 역사학은 고대부터 이어온 단일한 혈통의 민족과 문화가 계승되고 발전해 오면서 현재 국가가 수립되었고, 이렇게 수립된 국가가 국민을 통치하고 동원하는 것이 정당하다는 당위성을 국민들에게 인식시키기 위한 목적으로 기술된다.

마찬가지로 일본의 근대 역사학도 메이지 유신 이후 일본이 선진화된 유럽문명을 배워서 유럽처럼 근대 국민국가를 공고하게 해줄 역사학의 필요성이 대두되면서 시작되었다.[552] 이렇게 시작된 일제의 역사학 흐름은 사료수집을 바탕으로 고증과 실증을 강조하면서 자국의 통사를 서술해 나갔고 여기에서 국학과 신도그룹이 일본역사를 천황 중심으로 서술한 국체사관을 확립해 나갔다.

그러나 국체사관이 강조됨에 따라 역사교육의 목적이 「존왕 애국의 지기」를 양성하는 쪽으로 나아갔다.[553] 그러나 일본의 실증주의 사학을 신봉하는 도쿄제국대학 국사과 구메 구니다케(久米邦武) 교수는 역사의 내적발전에서 신화를 다시 파악해야 한다면서 1895년부터 일본사 사료 편찬 작업을 주도하여 『대일본사료집』을 간행하여 일본 역사학계의

---

[552] 당시 일본에는 일본의 역사학의 흐름은 도쿠가와 막부시대 이후 유교적 명분론을 존왕론으로 뒤집고 천황-신민의 명분으로 소생한 후 교육칙어를 만들어 낸 유학자 그룹, 유교를 모체로 하면서 청조 고증학을 배워 봉건적 명분론을 넘어서려고 한 사족 출신 한학자 그룹, 神道 국교화 운동에 편승해 일본 건국신화에서 국가 정체성을 구하는 국학-신도계 학자들 등이 있었다. 도면회, 「한국과 일본의 20세기 역사학을 돌아보며」, 『역사학의 세기』, 26-27쪽.

[553] 1881년 소학교 교칙강령을 제정하고 초등교육에서 외국사를 배제한 일본사만 가르치게 했다. 도면회, 윗 글, 27쪽 이에 대해서는 宮地正人, 「幕末, 明治初期における 歷史認識 の構造」『日本 近代思想大系 13-歷史認識』(岩波書店, 1991); 永原慶二, 『20世期日本 の歷史學』(吉川弘文館, 2003)을 보라.

주류를 차지했다.[554] 일본은 정치적으로 제국주의를 지향하고 있었기 때문에 그들의 역사학은 천황과 제국주의 사상이 중심이었다.

그래서 사료의 고증이나 실증이 국가이념과 천황의 전통을 부정하는 것을 철저하게 배격되어야 했다. 이에 따라 일본 역사학의 목적이 천황 중심의 제국주의라는 정치적 이념을 고취시키는 데 있었다. 이런 목적 아래 일본 정부는 대학에 사학과를 설치하여 역사연구를 수행케 한 것이다. 그러므로 일본의 역사학의 태생은 처음부터 순수한 학문의 성격이 약했다.

1877년 설립된 도쿄제국대학은 이후 자유 민권운동이 대두되기 시작하자 일본 정부는 전문교육기관으로서 국가의 전폭적인 지원을 받아 최고의 교육기관으로 자리를 잡기 시작했다. 이후 일본 정부는 1886년 3월 이토 히로부미(伊藤博文)이 주도하여「제국 대학령」을 반포하게 되었는데 이 법은 "국가의 수요에 응 한다'라고 명시했다. 이것은 이토 히로부미가 유럽에서 국가와 대학이 매우 긴밀하고 중요한 관계를 갖고 있다는 점을 인식하여 반포한 것으로써 이는 일본에서도 국가와 대학의 결탁 관계가 얼마나 밀접한가를 보여준다. 이어서 1897년부터 제국대학들과 사립대학이 차례로 설립되었으며 그 설립 취지는 도쿄제국대학과 다름없다. 다시 말해 일본의 제국대학들은 국가의 요구에 부응하는 국가주의적 교육기관인 셈이다.[555]

그리하여 일본 정부는 1887년 랑케 제자인 리스를 일본에 초빙하여 도쿄제국대학교 문과대학 사학과를 창설하고 이듬해에 시게노 야스구니(重野安繹), 호시노 히사시(星野恒), 구메 구니다케 등 실증주의 사학자들이

---

554 永原慶二, 윗 책, 40-41쪽.
555 정선이, 『경성제국대학연구』(문음사, 2002), 48쪽. 일본 제국대학에 대해서는 世界教育史研究會 編, 『世界教育史大系 26-大學史』1 (東京 : 講談社, 1978)를 보라.

이 대학의 국사학과 교수로 임명되었다.[556] 바로 이들이 일본 근대 역사학의 선구자들이었다. 리스가 1902년까지 제국대학에서 역사학 방법론과 세계사를 가르치며 일본에 랑케 역사학을 전한 것은 일본의 근대 역사학의 가장 중요한 사건으로 기록되고 있다. 물론 랑케가 본 세계사적 보편적 흐름에서 역사의 진보는 라틴민족과 게르만 민족이었다. 여기에서 동양은 제외된다. 예컨대, 랑케는 세계사적 진보에 대하여 다음과 같이 말한다.

"오늘날에도 여전히 일종의 자연 상태에 머물러 있으며 태초부터 이러한 상태에 머물러 있어 왔을 것이다. 우리는 그들 안에 원시 세계의 상태를 보전하여 왔다는 것을 추정 할 수 있는 민족들에 대해 살펴보겠다. 인도와 중국은 유구한 연대를 주장하며 장구한 역사를 가지고 있다. 가장 영민한 역사학자라도 그 연대기를 이해할 수 없을 것이다."[557]

또한 랑케는 『근세사 여러 시기에 관하여』에서 역사에서 진보라는 개념에 대해 이렇게 설명한다.

"인류의 많은 부분이 아직도 원시 상태 속에 있다. 그리고 다음으로 무엇인가? 인류의 진보는 어디에서 인지될 수 있는가라는 질문이

---

556 도쿄제국대학에 국사학과가 설치된 것은 1889년 6월이다. 당시 대학 총장은 역사를 이학적(理學的)으로 강습할 것을 주문하며 근대적 역사학을 주창했다. 또 동양사학과가 별도 설치된 것은 한일병탄이 이뤄진 1910년이며 이는 동양사학을 중요하게 여긴 것은 일본의 제국주의 팽창과 관련이 있다. 김종준, 『식민사학과 민족사학의 관학아카데미즘』, 47-48쪽. 이 점에 대해서는 東京大學百年史編集委員會編, 『東京大學百年史-部 局史』1 (東京大學出版會, 1986), 607-631쪽 참조. 리스가 베를린 대학에서 역사학을 공부한 시기는 1880년부터 1884년까지이다. 이 시기 랑케는 은퇴했기 때문에 리스가 랑케의 제자라는 것은 명확하지 않다. 따라서 니시카와 요이치(西川洋一)은 독일에서 리스 관련 자료를 상세히 조사한 결과 랑케와 개인적인 관계를 입증할 자료를 찾을 수 없다고 했다. 고야마 사토시, 「세계사의 일본적 전유-랑케를 중심으로」, 『역사학의 세기』, 58-59쪽.

557 Ranke, "Über die Idee der Universalhistory", 303쪽.

제기된다. 로마적, 게르만적 민족에게서 확립되었던 거대한 역사적 발전 요소들이 있다. 여기에는 확실히 단계적으로 발전해 나가는 하나의 정신적 힘이 있다. 말하자면 모든 역사에는 인간정신의 역사적 힘이 있다는 사실을 부인할 수 없다. 그것은 원시시대에 기초를 잡았던 하나의 운동으로서 일정하게 지속적으로 전개되어 가는 것이다. 그러면서 인류 전체에 이러한 일반적인 역사적 운동에 참여하는 사람만이 하나의 체계를 이루고 있는가 하면 그와 반대로 이 운동으로부터 제외된 사람들이 있다. 그러나 일반적으로 우리는 역사적 운동 속에 있는 여러 민족들도 역시 지속적인 진보 속에 있다고 볼 수 없다. 아시아를 관찰해 보건대 우리는 아시아에서 문화가 일어났고 여러 개의 문화시기를 갖고 있었다는 것을 발견한다. 그러나 아시아에서 전반적으로 문화 운동은 퇴보적이었다."[558]

유럽은 아시아 등 비유럽의 여러 지역들 사이의 차이를 단일한 시간 선상에서 이뤄진 진보의 수준을 서로 비교하여 그 차이를 추산한다. 이런 식으로 보면 유럽이 아시아 등 비유럽의 각 지역들 보다 가장 우위에 위치한 진보지역을 차지한다. 이렇게 순차적으로 배치하여 위로부터 아래로 차등을 둔 역사의 지식은 유럽 지역의 가장 선진화된 역사적 경험을 보편화 시킨다. 이런 방식으로 유럽은 후진적인 비유럽과 아시아 등 다른 지역들에게서 주권을 박탈하고 그들의 지배를 정당화했다.[559] 이러한 역사주의적 지식의 체계 속에 내포된 보편적 지배개념은 일제 역사가들이 볼 때 제국의 패권과 한반도 식민지 통치에 적용하기 좋은 역사적 개념이었다.

더욱이 일제 역사들은 랑케의 실증주의 사학의 세계사라는 개념의 틀

---

558 랑케, 『근세사 여러 시기에 관하여』, 32-33쪽.
559 이러한 분석은 Dipesh Chakrabarty, *Provincializing Europe : Postcolonial Thought and Historical Difference* (Princeton : Princeton University Press, 2007), 237-256쪽을 볼 것.

속에서 조선 식민지화를 정당화하는 데 사용한 이중성을 보였다. 그 주요 인물들은 리스 제자인 서양사학자 사카구치 다카시(坂口昻)이다. 그가 독일 폴란드 지배정책에 대한 연구에서 사용된 랑케의 실증적 방법론이 조선사의 연구에서 그대로 반영되었다.[560] 그러나 엄밀하게 말하자면 이들 일본 역사가들이 조선의 역사서술에 적용한 방법론은 겉으론 실증이지만 이는 진짜 랑케의 실증주의 사학이 아니라 바로 세계사 개념이었다. 독일이 폴란드 합병을 정당화 했듯이 이 방법이 조선에 그대로 활용된 것이다. 그러므로 이러한 일본의 역사학 개념을 랑케의 실증주의 사학의 계보에 넣을 수는 없는 일이다. 특히 일본은 랑케 역사학의 실증과 세계사라는 두 개념을 각기 자국의 정치적 이익에 따라 역사서술에서 각각 다르게 수용했는데 이 가운데 일본이 서양과 대등하고 동양에서 가장 우수한 문화를 가진 국가라는 이미지를 만들어 내는데 이용했던 동양사를 꼽을 수 있다.[561]

이렇게 하여 일본 역사학은 동양사를 한국, 중국, 만주, 중앙아시아, 동남아시아, 심지어 서남아시아에 이르기까지 확대하여 일본민족이 우랄 알타이어계 인종과 동일하다고 주장했다. 이 선구자가 바로 시라토리 구라키치(白鳥庫吉)이며 그는 일본과 한국이 언어적으로 동질성을 부인하고, 중국과 조선 그리고 일본의 국민성이 각각 차이가 있다고 주장했다.

---

[560] 특히 그의 제자인 스즈키 시게타카(鈴木成高)는 랑케가 만들어 낸 도덕적 에너지(Moral Energy)를 인용하여 천황에 대한 충성이 국민의 도덕이며 태평양전쟁과 중일전쟁을 미화하고 아시아에서 일본의 패권을 절대화 시켰다. 도면회, 윗 글, 30쪽. 랑케의 도덕적 에너지는 현존하는 정치적 국가가 역사적인 성장의 결과인 이상 도덕적 에너지의 구성 요소라는 헤겔의 역사 철학을 수용했다. 랑케는 역사적으로 발전해 온 사회제도의 윤리적 특징을 드러내야 한다는 것이다. Geore G. Iggers, 윗 책, 26쪽.

[561] 1894년 중등교육에서 동양사라는 과목을 설치하여 일본이 제외된 동양이라는 개념을 만들어 냈다. 1910년에 도쿄제국대학에 국사학, 서양사학, 동양사학을 설치했으며 동양의 개념은 일본의 정치적, 문화적, 가치, 발전, 팽창을 설명해 주는 것으로 이용되었다. 도면회, 윗 글, 30쪽. 특히 스테판 다나카, 『일본 동양학의 구조』, 226-286쪽을 볼 것.

이렇게 해서 시라토리는 일본이 동양에서 가장 우수한 민족이라는 논리를 확립한 것이다.[562] 랑케의 역사학의 계승자인 서양사학자 사카구치 다카시는 『독일 사학사』를 저술했고 그의 제자인 스즈키 시타게다(鈴木成高)는 『랑케와 세계사학』을 저술했다. 서양사학자인 이 둘은 일본 식민지 정책이나 전쟁의 수행에 협력했으며 앞서 말한 바와 같이 사카구치는 한일병탄 이후 조선총독부의 요청에 따라 독일국경지역의 민족문제를 조사하기도 했다. 이 둘은 랑케 실증주의 사학의 핵심을 제쳐두고 일제의 정치적 요구에 부응하여 새로 짜깁기 한 역사의 이론을 만들어 내는데 주력했다. 한국 근대 역사학의 계보는 이렇게 일제의 역사가들에 의해 제국의 정치적 논리에 맞춰진 랑케의 실증주의 사학으로부터 시작했다. 그렇다면 이러한 랑케의 역사사상을 우리나라 역사가들은 어떻게 이해하고 수용했을까. 다음은 한국 실증주의 사학의 특징과 역사관을 살펴보도록 하겠다.

---

562 중국을 지나로 부르며 힘없고 거만하고 기만적이며 무능한 국가로 묘사했다. 스테판 다나카, 윗 책, 290쪽. 이 같은 시라토리의 동양사 인식에 반해 나이토 고난(內藤湖南)은 일본 문화를 동양문화 즉 중국문화의 연장선에서 파악했다. 모면회, 윗 글, 32쪽.

제4장

# 한국 실증주의 사학

진보는 직선 속에서 전개되는 것이 아니라 자신의 고유한 방식으로 진로를 개척해 나가는 강의 흐름과 같은 것이다.

-랑케, 「근세사 여러 시기에 관하여」-

## 제4장. 한국 역사학계의 실증주의 사학

### 1) 한국 근대 역사학의 흐름

현재 한국역사학의 주류는 실증주의 사학이며[563] 방법론에서 사료비판을 기초로 한 문헌 고증학으로 설명되고 있다.[564] 그러나 한국 근대 역사학의 근본 문제점으로 지적되고 있는 것은 먼저 서구 근대 역사학인 랑케 실증주의를 직접 접해 보지도 못하고 일제의 식민주의 사학을 통해 수용되었다는 점이다. 특히 일제 식민통치시기에 이병도 및 신석호, 이기백 등 한국 역사학자 1세대들은 일본에 유학 중 일본인 역사학자들로부터 랑케의 실증주의 사학을 배운 인물들이다. 이들이 한국 근대 역사학을 수립하고 학계의 주류를 형성해 오면서 한국 실증주의 사학을 토착화 시킨 역사가들이다. 그렇다면 지금까지 한국 사증주의 사학은 어떤 성격을 띠고 있을까.

이상백이 말한 바와 같이 "역사연구에서 일반적인 법칙이나 공식을 미리 가정하여 그것을 민족의 역사에 적용해서는 안 된다"며 "한국사의 실증주의는 자연법칙의 과학적 방법을 주장한 콩트식의 실증주의가 아니"라는 점을 밝히고 있다.[565] 따라서 한국사학에서 실증주의는 사료 즉, 문헌 중심의 역사이기 때문에 사료 비판을 무엇보다 중시했다. 그리하여 한국 실증주의 사학은 문헌과 사료를 정확히 판별하여 이를 바탕으로 개별적이고 객관적인 사실을 확립하는데 역사연구의 중심을 두었다. 말하자면 한국 사학의 실증주의에서 강조한 과학이 바로 콩트식이 아니라 문헌 비판의

---

[563] 신형식 편저, 『한국사학사』(삼영사, 1999), 269쪽.
[564] 조동걸, 『現代韓國史學史』(나남출판, 2000), 389-390쪽.
[565] 이상백, 『韓國文化史研究論攷』(을유문화사, 1947), 9쪽.

실증적인 방법으로 한 객관적이고 합리적인 역사적 사실을 추구하는 '랑케식 과학'이라는 것이다.566

일본에 의해서 수용된 랑케의 실증주의를 한국 역사학에 맨 처음 도입한 역사가는 진단학회 창시자인 이병도이다. 이능화, 최남선, 안확 등의 영향을 받아 자신으 학문을 정리한 이병도는 식민사관의 오류를 바로 잡기위해 앞장 섰고 문헌비판을 통한 고대사의 합리적 이해를 목적으로, 이를 체계화하여 고대사의 독자적인 영역을 이룩했다는 평가를 받고 있다.567 1930년대 진단학회 중심의 이병도, 김상기, 이선근, 도유호, 신혁호, 송석하, 이상백, 이인영, 유홍렬, 1940년대 홍이섭, 민영규, 김석형, 박시형, 전석단 등 568 이들 한국의 실증주의 사학자들은 저마다 일제의 식민사관에서 벗어나 독자적인 우리 민족의 관점에서 객관적인 우리의 역사를 서술하겠다고 선언하고 나섰다. 이러한 한국인 역사가들의 염원에 따라 이병도 등 한국역사학자들은 진단학회를 창립하면서 1934년 5월 7일『진단학보』 창간사 통해 다음과 같이 학회 창설 취지를 밝혔다.

"근래 조선 문화를 연구하는 경향과 정렬이 날로 높아가는 상태에 있는 것은 참으로 경하하는 바이나 …비록 우리의 힘이 빈약하고

---

566 이상백은 "역사의 과학을 실천하는 것은 근대 사학의 과학적 방법에 의한 연구를 의미하는 것이다"라고 실증주의 사학의 의미를 규정하고 있다. 윗 책, 6-7쪽. 특히 이기백은 마찬가지로 한국 사학의 실증주의를 콩트와 구별하여 실증사학을 고증사학이라고 말하기도 했다. 이기백, 『한국사학의 방향』, (일조각, 1997), 126쪽.

567 예컨대 1959년 출간한『韓國史』을 시작으로 1976년『韓國古代史硏究』으로 마무리 되었다. 이 저서들은 일본 어용학자들에 의해 조작된 고대사를 총체적인 내용을 비판한 것으로서 한국 고대사 연구에 절대적인 영향을 주었으며 식민사관의 극복에 커다란 게기를 이룩했다고 평가를 받고 있다. 신형식, 「韓國古代史硏究의 成果와 推移」, 역사학회편, 『現代韓國歷史學의 動向』(일조각,1991), 34쪽.

568 이들은 해방 후 문화사 혹은 유물사관으로 바뀐 자들도 많았다. 조동걸, 윗 책, 390쪽. 해방 이후 한국사학의 실증주의 사학과 이병도, 이상백, 김상기, 이홍식 등의 실증주의 사학자들에 대한 연구는 홍승기,『한국사학론』(일조각, 2001) 119-165쪽을 보라.

연구가 졸렬할지라도 자탈 자진하야 서로 협력하야 조선 문화를 개척 발전 향상시키지 않으면 안 될 의무와 사명을 가진 것이다. 어느 사회의 문화든지 그것을 진실하고 정확히 검토, 인식하고 또 이를 향상, 발달함에는 그 사회에서 생을 변하고 그 풍속, 습관 중에서 자라나고 그 언어를 말하는 사회의 사람의 노력과 열성에 기대함이 더 큰 까닭이다."

이처럼 한국 실증주의 역사가들은 조선 문화연구가 일본인에 의해 주도되고 있는 현실을 개탄하면서 우리 민족의 문화를 개척하고 발전, 향상시키기 위해 진단학회란 역사 학술단체를 창설한다고 선언했다. 즉 한국 실증주의 사학의 목적이 식민사관으로부터 벗어나 올바른 우리의 역사를 연구하겠다는 의지를 만방에 밝힌 것이다.[569] 그럼에도 여전히 한국역사에서 식민사관이 문제점이 지적되고 있는 까닭은 무엇인가. 이러한 한국 역사의 문제점을 이해하기 위해서는 먼저 한국 근대 역사학을 개척하고 오늘 날까지 한국사학계를 이끌어 온 두 인물, 즉 실증주의 사학자 이병도와 이기백의 역사관을 살펴보아야 한다.

이병도는 한국 사학계의 랑케로 평가받고 있지만 자신의 사관이나 이념을 분명하게 드러내지 않았다. 대신 그는 문화주의를 기초로 하여 사회학적 해석과 엄밀한 문헌고증을 통해 역사를 연구했다.[570] 이에 따라 한국 근대

---

569 李丙燾, 『斗溪雜筆』 (일조각, 1956), 386쪽.
570 문화사란 콩도르세가 말하는 인간정신 발달사라는 관점에서 바라본 전체사이다. 따라서 문화사는 역사의 개별 실증적인 연구라기보다 철학사상의 산물이며 헤르더(Johann Herder) 등을 거쳐 헤겔에 이르는 역사철학에 속한다. 인간 정신의 발달로서 인류사의 진보, 보편법칙을 중심으로 한 역사철학적 세계사론은 독일 관념철학의 주류를 형성했다. 경제사에서 출발하여 전체사로서 문화사로 나아갔던 칼 람프레히트(Karl Lamprecht)는 『문화사란 무엇인가』는 바로 일제시기 역사학자들에게 큰 흥미를 불러일으키기도 했다. 이는 랑케의 실증주의 사학의 대상이 일회적인 사실의 인식에 머무르고 있었다면 문화사는 상태의 역사이다. 람프레히트는 상태는 반복해서 발생하기 때문에 사실들을 유형화해서 파악하는 것이 가능하다며 개인사적인 정치사나 연대기적 역사를 강하게 비판했다. 그의 이러한 문화사 관점에서 저술된 역사 연구서는 『독일사

역사학을 이끈 진단학회의 이병도, 이상백, 김상기 등은 문헌고증 사학 혹은 실증주의 사학자로 알려져 있으나 실증은 방법론일 뿐이고 사관으로 말하면 문화주의 사학으로 분류되고 있다.[571] 메이지 유신 이후 일본에서 역사는 사회적 변화를 보편적 기준에 맞춰 질서 정연한 설명을 위해 필수적인 것이었다. 그리하여 이 시기 일본에서 과거를 이해할 수 있는 역사 전체를 정리하고자 한 많은 역사학파가 등장했지만 이 중 계몽주의적 문화주의 사학과 민족주의 사학이 주류를 이루었다. 따라서 일제 사학자들에게 근대 역사학을 배운 이병도 등 한국 사학자들은 이러한 일본의 역사학 흐름으로부터 영향을 받지 않을 수 없었을 것이다. 1920년대 유럽이나 일본에서 크게 유행한 문화주의 사조의 영향을 받은 조선에서도 이에 관한 논설이 아 『개벽(開闢)』에 넘쳐나도록 게재 되었다.[572]

　이렇게 조선에 널리 확산된 문화주의는 현대 사조로서 각광을 받았고[573] 이에 따라 문화주의 사학의 학풍에 의한 조선 역사의 저술이 출간되기 시작했다. 황의돈, 장도빈, 안확, 권덕규, 최남선 등에 이어 문일평, 안재홍, 최익한, 손진태, 주봉우 등과 홍이섭, 민영규, 김성칠, 한우근, 오장환,

---

　　Deutsche Geschicht』, 12vols.,(Berlin, 1891-1900) 이다. 그에 따르면 역사에 대한 과학적 혹은 학문적 연구라는 낡은 개념은 역사가들이 관찰한 현상을 일관성 있게 해주는 거대한 역사적 힘 혹은 이념이라는 형이상학적인 가정에 근거를 두고 있다는 것이다. 새로운 역사과학은 역사학을 체계적인 사회과학과 결합시키는 것을 목표로 삼았다. 그러나 람프레히트의『독일사』에서 나타난 주요 핵심은 모든 시대에 걸쳐 지속적으로 존재해온 민족정신이다. 이 민족정신은 일련의 사회과학이라기보다 독일의 낭만주의 철학에 뿌리를 두고 있다. Geore G. Iggers, *Historiography in the Twentieth Century* , 32-33쪽.

571 한영우,『역사학의 역사』(지식 산업사, 2012), 287-288쪽.
572 이 가운데『開闢』1922년 4월호에 실린 황의돈의「民族의 叫號의 第一聲인 甲午의 革新運動」을 비롯『開闢』1924년 1월호에 실린 문일평의「甲子 以後 六十年間의 朝鮮」등을 들 수 있다.
573『서울』제4호에 실린 장도빈의「現代의 思潮와 我人의 素質」는 문화주의는 조선인의 소질이라고 말하며 이 시기 문화주의의 흐름을 대변해 주고 있다.

손보기, 김철준, 김용덕, 이기백, 천관우 등이 문화주의 사학자로 분류되고 있는데 이들 가운데 대표적인 문화주의 사학의 저서는 1923년에 황의돈의 『신편조선역사(新編朝鮮歷史)』, 1923년 안확의 『조선문명사』 1923년 박해묵의 『반만년조선역사』, 1924년 장도빈의 『조선역사요령』 등이 꼽히고 있다. 이러한 문화주의 사학은 사회와 경제를 총체적인 문화범주에 포함시키고 이를 소위 문물제도로 설명하여 사회 경제사적 해석을 배제했다. 그러나 문화주의 사학의 역사이해는 일본 제국주의 패권에 대한 비판의식을 가질 수 없어 일제 식민통치를 묵인한 결과를 낳았다.

또한 문화주의 사학은 사회경제사적 관점이 결여된 탓으로 한국사의 시대구분에서 중세를 설정하지 못하고 단순히 왕조별로 상고, 중고, 근고, 근세 방식으로 나누었다. 이 시대 구분은 1892년 일제 역사가인 도쿄제국대학의 하야시 다이스케(林泰輔)가 『조선사(朝鮮史)』란 저서에서 시도한 것으로써 이병도에 이르기까지 한국사에 수용되어 왔다. 또한 일제강점기 역사가이며 일본 제국주의를 지지하는 사회정책학회의 주요 회원이었던 경제사학자 후쿠다 도쿠조(福田德三)가 제기한 정체성론에 대해서도 이들 문화주의 사학자들은 어떤 비판도 제기하지 못하고 오히려 이 논리에 편승하여 식민주의 사학을 그대로 답습하였다.[574] 특히 1925년

---

[574] 후쿠다 도쿠조는 독일에서 유학하여 신역사학파 루요 브렌타노(Lujo Brentano)에게 배우고 귀국하여 경제학의 이론, 정책, 역사 등 여러 분야에 걸쳐 학술연구 활동을 한 인물이다. 그의 대표적 저서는 1907년에 일본어로 출간된 『일본경제사론』이다. 후쿠다 도쿠조는 하라 가쓰로(原勝朗), 우치다 긴조(內田銀藏), 나카다 가오루(中田薰) 등과 같이 러일 및 중일 전쟁 이후 민족주의와 국수주의가 고양되고 있는 가운데 일본이 자본주의가 산업혁명에까지 발전된 경제, 사회, 법 등 역사적 고찰이 요구되었다. 이러한 사고를 가진 역사가들은 일본에 당면한 현실적인 과제를 무시한 실증주의역사에 비판을 하며 제도사적으로 유럽역사와 일본역사를 비교하여 일본의 유럽과 마찬가지로 자본주의적 발전 가능성을 추구했다. 이 방식은 바로 일본이 중국이나 조선의 역사를 파악하는 방식과 연결되었다. 여기에서 봉건제가 자본주의로 이행하는 과정을 보여준 유럽과 일본에 비해 조선은 봉건시대가 없어 자본주의로 이행하지 못한 정체론이 나온 것이다. 나가하라 게이지, 하종문 옮김, 『20세기 일본의 역사학』.(삼천리, 2011), 61-62, 73쪽.

조선사편수회를 통해 식민주의 사학의 저서가 대거 출간되었던 시기였으며 식민주의 사학에 부합된 방법론이 바로 보편적 관점에서 역사를 서술하는 문화주의 사학과 역사주의 경제사학이었다. 특히 문화주의 사학은 역사의 다원성을 믿고 있기 때문에 최남선처럼 식민주의 사학에 빠질 가능성이 많았으며[575] 더욱이 문화주의 사학은 사회 경제사학의 영향을 받아 해방 후 신민족주의 사학으로 발전했는데 이는 주로 민족주의의 보편적 발전을 역사 서술의 중심으로 삼았다.[576]

이 가운데 김성칠은 『국사통론』에서 조선역사의 정체성과 낙후성을 시인하고 그 반성을 촉구하기도 했으나[577] 6.25 당시 이들 문화주의 사학자들은 모두 납북되거나 사망했고 실증주의 사학자들만이 남게 되었다. 그리하여 이들은 역사학회를 결성하고 실증주의 사학을 반성을 외치며 새로운 역사 연구 방향을 제시했는데 이것이 바로 신민족주의적 문화사학이었다.

바로 이 관점의 연장선에서 이기백의 『국사신론』과 한우근, 김철준의 『국사개론』그리고 김용덕의 『국사개설』등이 나오게 된 것이다. 한우근과 김철준은 신민족주의적 문화사학의 방향을 따르면서 식민주의 사학의 정체론을 극복하지 못한 한계를 극복하지 못한 반면 이기백은 문화주의 사학의 논리에 입각하여 식민주의 사학의 종합적이고 체계적으로 비판을 했다.[578]

신민족주의 사학의 대표적인 인물로 알려진 손진태의 역사학은 실증주의

---

[575] 조동걸, 『現代韓國史學史』, 384쪽. 특히 최남선은 『朝鮮歷史通俗講話』에서 제기한 '불성문화론(不成文化論)'이 대표적 사례이다.

[576] 대표적인 역사가는 손진태의 『國史大要』, 이인영의 『國史要論』, 김성칠의 『國史通論』, 오장환의 『文化史』 등이다. 손진태는 "민족주의적 민족주의 곧 신민족주의의 입지(立地)"라고 말했다. 손진태, 「自序」, 『國史大要』(을유문화사, 1949).

[577] 김성칠, 『국사통론』(금강문화사, 1951), 4쪽.

[578] 조동걸, 윗 책, 386-387쪽.

토대 위에서 사회경제사학과 민족주의 사학을 흡수하여 정립된 이론으로써 민족적 입장에서 실증을 통해 얻은 정치, 경제, 사회, 문화 등 여러 분야의 역사적 사실들을 독자적으로 체계화하려 한 노력이 나타나고 있다고 평가를 받았다. 이러한 시각에서 이기백은 신민족주의 사관에 대해 "한국 근대 역사학의 전통을 비판적으로 계승, 발전시켜서 새로운 독창적인 이론을 이끌어 냈다는 점에서 높이 평가되어야 한다"며 "현대 한국 사학은 신민족주의 사관으로부터 바로 이점을 계승하여 이를 더욱 발전시켜야 할 것"이라고 강조했다.[579] 이처럼 이기백은 신민족주의 사관을 내세우며 식민주의 사학을 극복하고자 1930년대에 일어났던 후기 문화주의 사학의 전통을 계승하여 한국사의 체계화를 시도하고자 했으나 그의 한국사에 대한 비판론은 역사학의 실증적 방법론을 기반으로 한 전통적 연구 방향의 재확인에 불과하다고 지적을 받기도 했다.[580]

그러나 이들 실증주의 사학자들은 해방 이후 식민주의 사학의 극복을 외치고 있지만 이를 위한 구체적인 연구 성과를 보이지 않았다. 특히 조선학술원, 진단학회, 조선과학자동맹, 조선사연구회, 역사학회 등 해방 후 설립된 역사학술단체들의 회칙이나 강령 등에 식민시기의 탄압과 고통을 회고한 글귀는 있어도 식민주의사학과 일제 제국주의 잔재를 청산하기 위한 직접적인 언급을 하지 않았다는 비판을 면치 못하고 있다.[581]

심지어 진단학회에서 친일파 제명 문제도 흐지부지되고 말았을 정도로 한국사 서술에서 식민사관의 극복은 연구자 개별적인 노력에 그쳤을 뿐

---

579 이기백,『한국사학사론』(일조각, 2011), 202-204쪽.
580 조광,『한국사학사의 인식과 과제』(경인문화사, 2010), 209쪽.
581 조동걸, 윗 책, 392쪽. 1945년 8월 16일 백남운이 주도로 조선학술원과 진단학회, 10월 21일 조선과학자동맹, 1945년 12월 12일 조선사연구회, 12월25일 역사학회, 1946년 8월 15일에는 공성대학조선사연구회가 조직되었다. 해방 후 각 학술단체의 설립과 활동에 대해서는 조동걸, 윗 책, 322-338쪽 참조.

역사학계의 전체적인 의도는 아니었다. 한국 근대 역사학이 항일운동과 독립의 정신적 기반으로 시작했기 때문에 근대 사학자들은 대개 역사가 이면서 독립투사였고 언론인이면서 동시에 교육자였다. 그러므로 한국 근대 역사학은 무엇보다 역사학의 독립과 민족의 역사로서 독자성을 수행해야 하는 과제를 안고 있었다. 더 나아가 한국 근대 역사학은 일제 식민지 통치 하에서 자주 독립을 되찾기 위한 민족적 신념이었으며 이를 역사적으로 뒷받침해야 해야 했다. 이러한 환경 속에서 한국의 초기 근대 역사학은 민족 독립과 근대국가 수립을 위한 정신적 배경이 되었다. 당연히 이러한 근대 한국 역사학은 일제에 의해 탄압을 받을 수밖에 없었다. 이와 달리 일본 식민통치 시기의 학문적 분위기 석에서 이병도는 민족독립이나 자주국가 수립들을 위한 수단으로써 역사학이 아니라 역사학 학문 그 자체를 위해, 그리고 일본인 역사학자들과 경쟁한다는 입장에서 역사학 연구에 전념해 왔다고 말한다.

해방 후 일제에서 역사학을 배운 한국 역사학자들은 민족주의 사학을 계승하는 한편 식민주의 사학의 모순과 경제사학의 문제를 극복하면서 엄격한 문헌고증을 바탕으로 새로운 과학적 역사연구의 기틀을 마련하고자 노력했는데 그 방법론이 바로 실증주의 사학이었다.[582] 그러므로 한국의 실증주의 사학은 민족주의 사학이나 사회경제사학을 배척하고 사료의 철저한 고증에 의해 파악된 역사적 사실만을 설명하는 것을 목적으로 삼게 되었다. 이러한 실증주의 사학의 목적 아래 1934년 조직된 진단학회에 이병도(역사), 김상기(대외관계사), 이상백(사회사), 고유섭(미술사) 손진태, 송석하(민속학) 등이 창립회원으로 참여했다. 이렇듯 한국 근대 역사학에서 실증주의 사학은 역사연구의 전문화와 다양화를 추구하면서 시작되었다.

---

582 이기백, 『역사란 무엇인가』(문학과 지성사, 1976), 312쪽.

그리하여 진단학회는 1934년 5월 7일『진단학보』창간사에서 밝힌 바와 같이 우리 문화연구가 일본인에 의해 주도된 사실을 개탄하고 우리의 문화를 개척 발전시키고 우리의 사회, 문화를 정확히 인식하기 위한 역사연구를 하겠다고 다짐하기에 이르렀다. 이 창간사엣 알 수 있듯이 진단학회가 주장한 역사연구는 일본 제국주의 국체 이념에 충실하며 황국사관의 중심이 된 일본의 니시다 나오지로(西田直二郞)의 문화주의 사학과 마찬가지로 실증주의와 문화주의 사학이 결합되어 있다는 점이 드러나고 있다.[583]

---

[583] 일본에서 랑케의 실증주의 역사연구는 종교사와 문화사 분야에서도 눈부신 발전을 이루었다. 쓰지 젠노스케 (辻善之助)는 대표작『일본불교사』전10권 (岩波書店, 1944-1955),『일본문화사』, 전7권, 별록 4권 (春秋社, 1948-1953)이다. 쓰지는『일본불교사』에서 기존 교의사나 교단사에 치우친 것에 비판을 가하면서 불교사를 국가, 정치, 사회와 연관시켜 역사 속에서 객관적으로 파악했다. 교의보다 사원보다 승려의 활동을 둘러싼 사회 동향을 고대, 중세, 근세에 걸쳐 일관되게 추적했다. 그의 이러한 연구 태도는 『일본문화사』로 이어졌다.『일본문화사』는 에도시대부터 메이지 시대 전체에 이르고 있는데 특히 메이지 시대가 청일전쟁과 러일전쟁 승리를 바탕으로 강국의 길을 걸어간 발전시대로 파악하지 않고 그 발전이 군사 쪽에 치우쳐 문화와 학술의 발전에 지체를 초래했다고 비판했다. 실증주의로 인한 일본에서 역사발전은 니시다 나오지로(西田直二郞)의 문화주의 사학이다. 그의 문화주의 사학은 역사 가운데 문화라는 부문이 아니라 역사는 궁극적적으로 문화가치를 중심으로 파악해야 하는 전체사의 이해라는 관점에서 전통적인 실증주의 역사관에 대한 비판적 입장을 취하고 있다. 이러한 입장은 독일의 람프레히트의 이론에 따른 것이다. 교토제국대학 문과대 사학과 국사전공 1회 졸업생인 니시다의 문화주의 사학은 개별역사 속에서 보편성과 법칙을 읽어내려는 사고방식에 입각하여 역사를 문명의 진보 발전사로서 파악하려는 문명사의 계보에 속한다. 그는 유럽에 유학중 역사가 콩도르세의『정신발전사의 강령』(일본에서는『人間精神進步史』2책 (岩波文庫, 1951)으로 출간)을 읽고 역사의 포괄적인 종합성과 투철한 고찰력에 충격과 감명을 받아 일본문화 발달을 서술하겠다고 생각하고『일본문화서설』, (改造社, 1932)을 펴냈다. 여기서 니시다는 콩도르세가 말한 인간정신의 발달사라는 각도에서 바라본 전체사이다. 그것은 람프레히트의 문화사와 마찬가지로 역사의 개별 실증적인 연구의 결과라기보다 철학사상의 산물이다. 이후 니시다는 황국사관으로 전환했다. 교토제국대학에서 문화주의 사학을 주도했던 니시다는 전쟁 체제 속에서 그의 문화사학은 국수적 일본정신사로 선회했고 "국체와 국민정신의 원리를 선명히 하고" " 마르크스주의에 대항하기에 충분한 이론체계"의 건설을 지향하여 1932년 문부성 직할 기관인 국민정신문화연구소 연구원을 겸직하며 '2600년 붕축 사업의 핵심인물로서 초국가주의 이데올로기의 역할을 수행했다. 이러한 니시다 역사철학 그룹과 1930년대 수립된 낭만파 그룹은 격렬한 민족주의 심성을 낳았다. 민족주의는 황국사관과 친근성을 드러내면서 황국사관처럼 체제와 일체화를 지향하지 않고 체제 외적인 성격을

이러한 특징은 이병도의 한국사 연구에서도 나타나고 있다. 예컨대 그의 역사연구는 주로 고대사, 고려시대 풍수지리사상, 그리고 조선시대 유학사로 집약되는데 그는 1920년대부터 고려와 조선 초기 풍수지리사상을 연구하여 해방 후 1948년에 『고려시대연구』로 우리나라 최초 박사학위를 받았다. 이 연구는 수도의 선정과 관련된 풍수지리를 다루기보다 풍수지리가 지니고 있는 민족지리학으로써 긍정적인 측면이 아니라 미신적 측면을 부각시키고 있다. 또한 그의 저서 『국사대관』과 『국사와 지도이념』에서는 근대 이전의 우리 역사를 기본적으로 귀족사회로 이해하고 왕조 교체에 따른 사회적 진보를 인정하지 않았다.

일제 식민시기 일본 와세다 대학에서 역사학을 전공한 김상기, 이상백 등과 함께 진단학회를 이끈 이병도는 역사학을 독립된 학문으로 발전시켜 한국 근대 역사학 수립에 결정적인 역할을 했다고 하지만 그의 사학은 일제의 영향과 언어학적인 접근으로 상고사를 설명하고 있다는 점에서 한계가 있다. 오히려 그는 사회발전의 내재적인 요인을 도외시하고 문화발전의 외적인 영향을 강조하고 있다는 비판을 받고 있다.[584]

이렇듯 1930년대 실증주의 사학은 일제의 식민통치와 민족의 역사라는 두 관계 속에서 이중성을 띠고 탄생되었던 만큼 한국 역사학계에서 식민주의 사학의 뿌리내리기에 기여한 측면도 부정할 수 없다. 이런 이유로 오늘 한국 실증주의 사학은 민족주의 사학과 식민주의 사학의 위험성을 동시에 갖고 있다고 지적을 받고 있다.[585]

한편으로 실증주의 사학은 일제 식민지 시기 민족주의 사학과 유물론 사관인 사회경제사학에 대응하기 위해 일어난 학풍이라고 말하기도

---

띠었다. 나카하라 게이지, 『20세기 일본의 역사학』, 92-98, 148-150 쪽.
584 김용섭, 「우리나라 近代歷史學의 發達」, 2 『文學과 知性』, 9월호 (1972), 487-490쪽.
585 김철준, 『한국사학사연구』, (서울대 출판부, 1990), 135쪽.

한다. 즉, 1930년대 경제공황의 극복하고자 일본 군국주의 탄압이 식민지 조선에서 더욱 강화되자 학자들이 식민통치 권력과 대결하는 것을 회피하면서 학자의 명분을 지켜가려는 움직임이 일어났는데 그것이 바로 실증주의 사학이라는 것이다. 따라서 실증주의 사학은 학풍이 될 수 있어도 사관이 결여되었기 때문에 역사 방법론의 유형이 될 수 없으며 해방 후에는 이 실증주의 사학이 문화주의 사학 혹은 유물론 사학 그리고 실증주의 사학으로 발전해 나갔는데 그 위상을 놓고 논란이 많을 수밖에 없었다.[586] 사실 역사 연구에서 문헌 고증이나 사료 비판, 즉 실증주의 사학은 문화주의 사학이든 혹은 마르크스 사학이든 방법론에서 반드시 필요한 기본조건이다. 그러므로 실증주의 사학은 순수 학문을 명분으로 삼아 한국사학을 발전에 기여했다고 하나 식민지 현실 속에서 민족주의 역사의 관점으로 보면 일제의 식민통치에 무관심 혹은 동참한 셈이다. 앞서 랑케의 실증주의 사학이 보여주고 있듯이 실증주의 사학은 사관으로 볼 때 민족주의이며 방법론으로 보면 고증학이나 다름없다. 이에 비하여 이병도는 사관이 없는 어정쩡하고 애매모호한 실증주의 사학을 신봉한 셈이다. 이런 문제점은 어디에서 비롯되는가.

  민족주의 사학과 사회경제 사학은 각각 민족주의 유물론에 입각하여 일제의 식민주의 사학에 적극적으로 대항하여 나아갔으나 실증주의 사학은 그 어떤 사관이나 사상을 배격하고 우리 민족의 개별적인 사실에만 충실했다. 역사적 사실에 집착한 결과 이병도를 중심으로 한 진단학회의 실증주의 사학자들은 철저한 문헌고증만 매달리며 이들 대부분 식민주의 사학의 왜곡된 한국사 인식을 묵인하거나 수용하기도 했다. 이와 같은 이유로 실증주의 사학은 식민주의 사학의 또 다른 변형으로 지적을 받아왔던

---

586 조동걸, 『現代韓國史學史』, 237쪽.

것이다.[587]

   그렇다 해도 실증주의 사학은 일제시기 한국 역사학 존속을 위한 유일한 방편이었으며 해방 후 한국사학의 발전의 동력이 되었다는 점에 대해서 긍정적인 평가를 받고 있다. 이러한 실증주의 사학의 본산인 진단학회를 이끌어 온 이병도는 문헌고증을 바탕으로 "있는 그대로의 역사"를 복원하는 것이 역사학자의 임무라고 믿었다. 그래서 그는 "역사는 과학"이라고 선언하고 역사도 순환적인 자연현상과 달리 변화, 진보, 발전하는 인문과학으로 인식했다.[588] 문헌고증에 바탕을 둔 실증주의 사학에 대한 자신의 신념에 대해 그의 입장은 다음과 같다.

> "역사는 단지 사실(事實)의 기록으로서 그치는 것이 아니다. 사료와 사실을 검토하고 비판하고 사색하여 사회생활의 각 상이한 시대 간에 존재한 인과적인 관련과 계기성을 밝히는 동시에 그 이면 혹은 그 이상에 드러나 있지 않는 어떤 의의와 법칙과 가치를 발견하면서 항상 새롭게 관찰하여야 한다….그러나 역사를 새롭게 고찰한다고 객관을 잃은 주관이거나 어느 한 쪽에 치우친 사관이나 사실을 고립적 표본으로 고찰한다면 그것은 잘못이다. 항상 객관을 토대로 삼아 시야를 넓히어 다각적으로 시간과 공간, 심적, 물적인 관련 하에서 공정하게 고찰하여야 한다."[589]

---

587  이세영, 『한국사 연구와 과학성』(청년사, 1997), 38쪽. 특히 이점에 대해 홍이섭, 『한국사의 방법』(탐구신서, 1968) ; 강만길, 「일제시대 반식민사학론」, 『한국사학사연구』(을유문화사, 1991) ; 김용섭, 「우리나라 근대 역사학의 발달(1)-1930-40년대의 민족사학」, 『문학과 지성』, 1971년, 여름호, :「우리나라 근대 역사학의 발달(2)-1930-40년대의 실증주의 역사학」, 『문학과 지성』, 1972년, 가을호. 등 참조.

588  이병도, 「總說」, 『朝鮮史大觀』(동지사, 1948). 이 저서는 1983년까지 35년 동안 여러 출판사에서 44이상 거듭 인쇄되었다. 그 동안 다섯 차례 개정되었다.

589  이병도, 윗 책, 3쪽.

여기에서 이병도는 역사의 객관성을 강조하면서도 역사가에게 사색이 필요할 뿐 아니라 역사의 의의나 가치 추구, 역사의 새로운 관찰 등에 충실하는 것이 곧 역사가의 역할이라고 말함으로써 역사가의 주관적 사고를 인정하고 있다. 이는 역사에서 주관과 객관에 대한 그의 이해가 분명하지 않다는 점을 보여주는 것이다.[590] 이병도가 문헌고증학을 바탕으로 한 실증주의 사학을 배운 것은 일제의 역사학계에서 고등문헌비판학을 발전시킨 쓰다 소우키치(津田左右吉)로부터였다.[591] 시라토리(白鳥庫吉)는 만철에 있는 동안 연구진을 조직하면서 자신의 제자인 쓰다와 이케우치 히로시(池內宏)

---

590 홍승기,『韓國史學論』(일조각, 2001), 129-131쪽.
591 쓰다 소우키치는 시라토리 구라키치가 중심이 되어 활동하고 있는 남만주철도주식회사 도쿄지사의 만선역사지리역사조사실에서 일한 적이 있다. 여기에서 시라토리의 지도를 받았고 그의 학문적 과제는 일본의 고대사회를 전체로서 구조적으로 파악하려는 것이 아니라 고대인들의 생활 속에 있는 심성과 사상 연구에 중점을 두었다. 특히 그는 1916년부터 1921년까지『文學に現はれたる我が國民思想の硏究』네 권을 저술하여 근대 일본의 국민사상은 뿌리부터 구미의 근대문학의 영향을 받았기 때문에 구미 사상은 일본 근대 사상과 결코 다르지 않다고 주장했다. 그는 역사학이 변화, 발전을 밝히는 학문이라고 주장한 점에서 문명사 계보에 속한다. 또한 그는 역사인식에는 이론이 필요가 없고 연구상의 개념도 소용없으며 역사는 있는 사실 그대로 서술하면 된다고 말하는 등 연구기기(記紀)의 문헌비판, 고증학자로 알려져 있다. 그러나 그의 사상을 좇아가면 국민사상의 역사적 전개를 주제로 삼고 역사를 연구했다. 예컨대『神代史の新しい硏究』이래 줄곧 연구 주제로 삼아온 국민사상은 개념이 불분면한 점이 있다. 따라서 그에 대한 비판은 다소 혼란을 주고 있다. 예컨대 1940년 그의 저서『神代史の研究』(1924년), 『古事記及日本書紀の研究』(1924년), 『日本上代史の研究』(1930년), 『上代日本の社會及び思想』(1933년) 등 네 권이 출판법 제26조 "황실의 존엄을 모독한 혐의"로 발매금지 처분을 내렸다. 이로서 쓰다는 와세다 대학에서 사임하게 되었다. 그는 일본과 중국의 국가와 민족의 사상사에 대한 많은 연구업적을 남겼다. 특히 그는 『支那思想と日本』(1938년)에서 일본의 생활문화 사상이 중국과 역사적으로 다르다는 점을 주장했다. 일본은 중국의 우수한 문화를 수용했지만 그것은 지극히 표면적이거나 상층계급에게 국한 되었고 일반 민중의 생활문화에서는 중국과 거의 섞이지 않은 별개라고 역설했다. 이 책은 당시 일본 제국주의 논리인 동양의 일체성은 곧 대동아 일체론이라는 이데올로기가 고취되던 시기여서 상당한 논란이 되었다. 따라서 쓰다는 스스로 기기(記紀)신화를 낳은 고대사회와 고대국가, 그 이후 각 시기 사회와 국가를 구조적으로 파악하는 길을 막음으로써 그의 학문은 천황주의자 공격에 맞서 사울 내재적인 역사이론을 결여하고 있다. 나카하라 게이지, 윗 책, 144-146쪽.

등 제자들에게 주제를 할당해 주어 개인이 철저하고 치밀하며 정확하게 연구를 수행할 수 있도록 했다. 이 가운데 이케우치는 숙신, 선비, 오환 등 조선시대의 만주와 한반도에 거주한 부족들에 대해 연구를 했고, 쓰다는 고려시대까지 중국의 북방 국경선의 거란, 흉노, 돌궐 등 기타 부족들에 대한 연구를 수행하게 되었다.[592]

특히 쓰다는 지나(支那) 즉 중국과 일본(日本)이 국민국가의 영토를 의미한 것에 비해 영토 뿐 아니라 더 넓게 지리, 문화 영역 등 포괄하는 개념의 동양이란 개념을 만들었다.[593] 이로써 메이지 유신 이후에야 동양이 단순히 서양이 아닌 것을 의미하게 되었는데, 일반적으로 쓰다의 저술은 시라토리가 동양의 개념을 구축하는데 사용했던 역사적 전략과 동일선상에 놓여 있다. 그러므로 동양이란 개념은 보편적인 것이 아니라 일본적 관념이다.[594]

다시 말해 지리, 문화적 의미로써 동양은 전적으로 20세기 일본의 개념이었다. 그리하여 고대 아시아 역사는 일본인들에게 자신의 역사를 신비스럽게 해 주고 동양 내에서 일본의 뿌리와 천황제에 근거로 한 특수성을 제시해 줄 학문으로 부각됐다. 이리하여 쓰다의 고대 문헌들에 대한 연구가 보여 준 바와 같이 일본의 원사는 정치적 목적을 위해 일본의 고대 씨족들이 창안한 신화들로 구성되어 있다.

이러한 내용은 실증주의 역사에서 사실적으로 믿게 해주기 때문에 매우 강력한 힘을 발휘한다. 그는 고대 신화들이 천황에게 고대로부터 신적인 조상을 부여하려 한 정치적 목적들을 위해 창조되었다고 강조하면서도 계속해서 천황이 실제로 신성하다고 주장한 인물이었다.[595]

---

592 原覺天, 『現代ァゾァ研究成立史論』(東京 : 勁草書房, 1984), 502쪽.
593 津田左右吉, 『支那思想と日本』(東京: 岩波新書, 1938), 112쪽.
594 스테판 다나카, 『일본 동양학의 구조』, 394쪽.
595 쓰다는 기기(記紀)신화를 황실. 귀족사상이며 민족의 기원이나 사상과 관계가 없다고

또한 이병도는 이케우치 히로시(池內宏)에게 배웠고 이나바 구니야마(稻葉君山) 등과 함께 연구 활동을 했다. 이후 귀국하여 조선사편수회에서 학문 활동을 하면서 『조선유학사』, 『한국고대사 연구』 등 많은 연구논문과 저서를 발표했다. 그러나 조선은 지리적 조건으로 인해 진취적이지 못하고 침체적인 역사를 이어왔다는 그의 '정체성' 주장이 일제의 사학자들에게 수용되어 일제의 식민 지배를 정당화 시켜준 결과를 빚었다. 이 점이 그가 식민사관에서 자유롭지 못하다는 지적을 받게 된 원인이 되었다.[596] 정체성에 대한 이병도의 논리는 다음과 같다.

> 국사의 특수성은 무엇이라 할 수 있을까. 여기에 대하여 쉽사리 또 간단히 규정하기 어려우나, 대체로 아래와 같은 여러 점을 지적할 수 있다. 첫째 우리 과거의 사회생활이 대가족제와 농업 자연경제를 중심으로 하여 오랫동안 거기에 안주함으로써 스스로 자급자족하고 현실에 집착, 감내하여 온 만큼 일면의 평화성(유순성)과 아울러 강인성, 정체성을 띠우고 있음을 부인치 못할 사실이다. 이러한 여러 성격이 현재 우리 생활에도 여러 모로 나타나고 있지만, 이것이 한편으로 참신한 발달을 저해케 한 하나의 원인이었던 것이다.[597]

했으나 전후 천황의 상을 적극적으로 긍정했는데 이는 전후 마음이 바뀐 것이 아니라 젊은 시절부터 일관된 사상이다. 즉, 쓰다는 천황가가 정치의 우월성을 수립한 이후에 등장하였으며 그 목적은 천황가를 종교적 관념과 융합하여 천황가에게 정치적 정통성과 더불어 정신적 정통성을 부여하기 위한 것이었다. 또한 쓰다는 천항의 정신의 역사적 위치를 신대에 올려놓아 천항이 지배층이었다는 사실을 보여주었다. 津田左右吉, 「神代史 の性質及 びその精神」, 桑原武父編, 『現代日本思想大系 27 歷史の思想』(東京 : 筑摩書房, 1965), 135쪽.

596 이형진, 「한국사대관」, 신형식, 편저, 『韓國史學史』, 447쪽. 이세영, 『한국사연구와 과학성』(청년사,1997), 25-26쪽. 특히 이세영은 우리 역사학은 근대 역사학으로 출발할 때부터 반과학적인 식민주의 사학과 싸웠고 현대 민족주의 사학은 식민주의사학의 망령과 싸웠으며 이 부정의 부정으로 과학적 역사학이 얻어지는 것이 아니라고 말한다. 이러한 이유에 대해 애초부터 역사학에 대한 인식의 이론적 문제의식의 틀이 이데올로기이고 허구였기 때문이라고 비판하고 있다. 이세영, 윗 책, 134쪽.

597 이병도, 『國史와 指導理念』(일조각, 1955), 9-10쪽.

이와 같이 이병도는 우리 민족 역사의 특수성에 대해 농업 자연경제로 인한 정체성으로 파악했다.[598]

이러한 이병도는 김상기, 이상백 등의 중심으로 한 문헌고증 사학자들 중심으로 1942년 자진 해산했던 진단학회를 재건하여 대학에서 후진을 양성하며 자신들의 학풍을 계승시켜 나감으로써 한국사학의 주류를 형성하게 되었다. 또한 일제 식민통치시기에 일본 와세다 대학에서 역사학을 전공하고 귀국한 한국 역사가들은 역사를 민족운동과 독립운동의 일환이 아니라 단지 학문 그 자체를 위해 연구라고 강조함으로써 역사학을 독립된 학문으로 만들었다. 순수학문을 표방한 이들 역사연구 태도는 예컨대 『진단학보』가 단 한 번도 총독부의 검열에서 문제가 없었던 점이 이를 입증해 준다. 1934년 우리나라 최초 학술단체로 창립된 진단학회의 학술지 『진단학보』는 1942년 조선어학회 사건이 발생되어 해산될 때 13호까지 간행되었다.

식민주의 사학의 학술지였던 『조선사학(朝鮮史學)』, 『청구학총(靑丘學叢)』, 『조선학보(朝鮮學報)』 등에 일본어로 쓴 논문을 게재했던 조선인 학자들이 진단학회에 참여했는데 와세다 출신 김상기, 이상백, 손진태, 경성제국대학 출신 유홍렬, 신석호, 이숭녕, 조윤제 등 외에 김석형, 박시형 등 마르크스 역사가들도 여기에 포함되어 있다. 진단학회에 재정적인 후원을 한 인사들로는 김성수, 윤치영, 윤치호, 이능화, 송진우, 조만식, 안확,

---

598 정체성 이론은 일본의 경제사가이며 제국주의자인 후쿠다 도쿠조에서 비롯된 것으로서 아마도 이병도가 이를 그대로 수용한 것으로 보인다. 후쿠다 도쿠조는 1903년 한국을 방문한 후 "우리나라의 오늘은 가마쿠라 막부의 봉건시대와 도쿠가와 막부의 경찰국가 시대가 있어서 엄정하고 주도한 수련 교육을 했던 시대의 선물이며…한국의 사회조직은 이 봉건제도의 결여를 답안으로 하면 거의 진상을 알았을 것이다"라며 한국의 봉건제를 거치지 않기 근대화를 이루지 못했다는 정체론을 주장한 논문을 발표하여 일본의 식민지화를 합리화했다. 미야지마 히로시 지음, 『일본의 역사관을 비판하다』(창비, 2013) 참조. 특히『福田德三經濟學全集』全6卷. 1925-1927년 에 출간됐다.

문일평, 황의돈, 권덕규, 최두선, 이광수 등 친일인사들도 상당수 참여했다. 이병도는 1926년부터 일본의 역사학술지『사학잡지』,『동양학보』,『청구학총』 등에 13편의 논문을 발표했다.

일본이 청일과 러일 등 두 차례 전쟁에서 승리하자 역사학계에서 유럽 선진국과 대등한 강국으로 나아가려면 역사 속에서 일본의 진보와 유럽형 사회로 발전할 가능성을 탐구해야 한다는 요구가 높아갔다. 바로 이 시기에 덴포(天保)의 노인 즉, 메이지 유신을 이끌었던 세대들을 대신하여 메이지 청년세대 역사가들이 대거 등장하게 되었다. 청나라 및 러시아와 전쟁에서 승리하자 이로 인해 크게 고취된 민족주의와 국수주의 풍조가 확산되었고 산업화된 일본의 현실에 맞도록 여러 분야에 걸쳐 미래의 진로를 역사 속에서 모색해야 할 필요성이 대두되기 시작되었다.

이러한 흐름 속에서 랑케의 제자 리스가 1902년 독일로 귀국하자 일본의 2세대 젊은 역사가들은 역사학계의 주류인 실증주의 사학의 '객관적이고 사실 그대로의 역사서술'에 불만을 가질 수밖에 없었다. 그리하여 이들은 1902년 13편 4호『사학잡지』를 통해 이러한 실증주의 사학이 당시 일본 현실의 요구를 충족시킬 수 없다며 문헌고증의 중심으로 한 실증주의 사학을 비판하고 나섰다.[599] 이처럼 일본 역사학계가 실증주의 사학을 비판하고 나선 까닭은 일본 내에서 유럽의 강국과 대등한 위치에 일본을 자리배김하려면 여러 분야의 포괄적인 역사연구가 필요했기 때문이다.

일본 2세대 역사가들이 제기한 무사상, 탈정치적인 랑케의 실증주의 사학에 대한 불만은 황국사관의 핵심 인물인 도쿄제국대학 국사학과

---

[599] 이러한 방향의 역사가는 하라 가쓰로(原勝郎), 우치다 긴조(內田銀藏) 후쿠다 도쿠조(福田德三), 나카다 가오루(中田薰) 같은 학자들이다. 나가하라, 게이지,『20세기 일본의 역사학』, 61쪽.『사학잡지』는 1889년 랑케의 제자 리스의 지도에 따라 사학회가 창설되었으며 그해『사학회잡지』란 제호로 첫 1호가 발행되었다. 일본의 대표적인 실증주의 사학자인 시게노 야스쓰쿠(重野安繹)가 이 학회의 회장에 취임했다. 그러다 1892년에『사학잡지』로 제호가 바뀌었다.

교수인 히라이즈미 기요시(平泉澄)에 의해 더욱 고조되었다. 그는 1926년 『사학잡지』 제37편 12호에서 랑케식 개별 사실의 고증에 충실한 실증주의 사학을 비판하며 역사인식과 서술의 사상성 및 현대성을 중시한 크로체의 역사학을 찬양했다.[600]

따라서 이병도를 비롯하여 일제시기 한국인 역사가들은 이러한 일제의 역사학계의 흐름에 영향을 받은 듯하다. 이들의 역사연구가 문화주의 사학의 경향을 보이는 것도 한 예가 될 것이다. 그러나 이병도는 여전히 순수한 역사학을 지향하며 실증주의 사학을 강조하면서도 역사서술의 객관성과 주관성에 대해서 매우 모호한 태도를 보여주고 있다.

실증주의 사학의 핵심은 말 그대로 실증을 추구하는 역사학이다. 실증주의 사학 외에 '실증사학'은 모든 역사학자들이 자주 사용하는 역사 용어로써 이 두 용어가 서로 혼용하며 사용되고 있지만 이는 대체적으로 랑케의 실증주의 사학을 의미한다.[601] 그렇다면 일제시기 일본 역사가들에게 배운 한국 사학자들은 과연 랑케의 실증주의 사학을 어떻게 이해했을까. 이상백의 경우, 어떤 사실에 이르는 결론을 내릴 때 정밀한 관찰과 확실한 사실을 전제로 하고 독단적으로 해석하거나 기계적으로 적용하는 것은 진리를 탐구하는 방도가 아니고, 과학적 방법도 아니라고 설명한다.[602]

그가 말한 실증주의 역사는 실증을 바탕으로 역사적 사실을 연구하는 것, 즉 '있는 그대로' 서술하는 연구 방법이다. 그렇다면 이상백이 말하는 실증주의는 랑케의 '역사 과학적 방법'인가 아니면 콩트의 '자연 과학적 방법'

---

600 나가하라 게이지, 윗 책, 141쪽.
601 그러나 이 둘의 용어는 성격이 다른 만큼 서로 혼동하지 않아야 한다고 지적도 있지만 한국사학계에서는 구별 없이 사용하고 있다. 홍승기, 윗 책, 124쪽 이 두 용어의 혼용에 대한 지적은 김영한, 「실증주의 사관-콩트와 버클을 중심으로 」, 『사관이란 무엇인가』, 청람논단 시리즈 1, 차하순편, (청람문화사, 2001), 60-61쪽을 보라.
602 이상백, 『韓國文化史硏究論巧』(을유문화사, 1947), 「序」9쪽.

인가. 콩트 실증주의는 자연과학을 적용하여 보편적인 결론에 도달하는 것이며 랑케의 역사과학은 객관적이고 사실적인 결론에 이르는 것이다. 이상백은 역사 과학을 실천하는 것에 대해 과학적 방법에 의한 연구를 의미한다고 말한다.[603] 이에 비추어 보면 이상백은 랑케의 실증주의 사학에 속한다고 말 할 수 있다. 이기백은 '실증사학(실증주의사학)'을 콩트의 실증주의 사학과 구별하여 고증사학이란 말이 적절하다고 말한 바 있지만 사실 이 말은 앞서 밝힌 바와 같이 이미 일본 역사학자들에 의해 제기된 것이다.[604] 어찌했든 일제 역사가로부터 수입된 한국의 실증주의 사학은 랑케의 실증주의 사학이라는 주장이 강하다.[605]

그러나 한국 실증주의 사학자들은 일제 역사가들과 달리 다른 모습을 보여주고 있다. 즉, 이들이 주장한 실증주의 사학의 특성은 랑케의 실증주의 사학과 동일한 것이 아니며 랑케로부터 사실과 실증의 중요성을 배웠지만 랑케가 중시한 것은 '사실'인 반면에 한국의 실증주의 사학은 '실증'을 더 강조하고 있다. 이런 풍조는 한국 사학계에서 과학적인 연구방법에 입각한 연구가 제대로 이뤄지지 않고 있다는 의미로 풀이된다.[606]

이는 한국에서의 역사연구가 비과학적으로 진행되어 왔다는 뜻으로 이해된다. 이 모순에 대해 한국 실증주의 사학자들은 이상백이 지적한 바와 같이 유물사관론자들처럼 역사를 독단적으로 해석하고 이를 기계적으로 적용하는 것은 진정한 과학적 방법이 아니기 때문에 과학적 방법인 실증을

---

603 이상백, 윗 책, 3쪽.
604 예컨대 시바타 미치오(紫田三千雄)은 고증사학과 실증사학을 동일시하고 콩트의 실증주의와 구별했다. 그에 따르면 실증이란 의미는 비합리적인 역사의 왜곡을 바로 잡기 위한 것이라는 점에서 문헌비판과 고증을 바탕으로 한 랑케의 실증주의 사학을 의미한다. 紫田三千雄, 「日本における欧州歷史学の受容」, 岩波講座, 『世界歷史』〈第30〉別卷 (東京 : 岩波書店, 1971), 444쪽.
605 김용섭, 「日本, 韓國에 있어서의 韓國史 敍述」, 『역사학보』31 (1966), 140쪽.
606 홍승기, 윗 책, 125-126쪽.

강조하게 이른 것이라고 설명한다.

그러나 실증주의 사학에서 역사적 사실과 실증적인 방법론을 놓고 어느 것이 더 중요하고 어느 것이 더 강조되어야 하는가란 논리는 모순이다. 역사적 사실을 입증하기 위해 실증적인 방법이 사용되어야 한다. 이 둘은 분리될 수 없는 하나임에도 불구하고 왜 이런 모순된 논리가 나올까. 이런 입장은 유물사관론자들에 의해 야기된 한국 실증주의 사학에 대한 위기감의 표출이며 또 한국 사학자들이 실증주의 사학을 근대 역사학으로 계속 발전시키려는 의지의 표현으로 해석되고 있다.[607]

랑케의 실증주의 사학은 사료의 비판이나 문헌고증에 입각한 과학적인 방법으로 구체적인 역사적 사실을 밝히는 것에 중점을 둔 반면 역사철학은 추상적인 개념으로서 일반성과 보편성을 추구하며 원리적인 것을 밝히려 한다.[608] 당연히 랑케의 실증주의 사학은 일반성이나 보편보다 개별성과 특수성에 초점을 두고 민족의 역사적 사실을 모색한다. 그러나 한국 실증주의 사학자들은 실증적 방법을 통해 개별적 사실을 추구하지 않았다. 이상백이 다음과 같이 밝힌 바와 같이 해방 이후 한국 실증주의 사학자들은 이러한 경향을 보다 뚜렷하게 보여주고 있다.

> 지금 우리 역사를 연구하는 학도들에게 긴급, 초미의 관제가 되어 있는 사명은 역사의 철학을 확립할 것과 역사의 과학을 실천하는 것이다. 역사의 철학을 확립하는 것은 우리의 사관을 확립하는 길이요, 역사의 과학을 실천하는 것은 근대사학의 과학적 방법에 의한 연구를 의미하는 것이다.[609]

---

607 홍승기 윗 책, 126쪽.
608 Ernst Breisach, *Historigraphy : Ancient, Medieval and Modern* (Chicago : University of Chicago Press, 2007), 228-234쪽.
609 이상백, 윗 책, 3쪽.

이는 실증주의 사학의 과학적 방법 위에 사관을 확립하자는 것으로써 실증주의 사학의 목표인 민족의 개별성과 특수성보다 일반성 혹은 보편성을 추구한 역사철학을 강조한 것이다. 따라서 한국의 실증주의 사학의 목표가 민족의 개별성과 특수성 보다 인류역사의 일반성과 보편성에 초점을 두고 있다는 것을 알 수 있다. 이는 일제의 교토학파가 제국주의 이념에 맞춰 일본을 유럽의 강국과 대등한 위치에 오려놓기 위한 역사적 기초 작업인 동양사를 확립하는 과정에서 보여준 바와 같다.

다시 말해 교토학파는 역사연구에서 랑케의 실증주의 사학이 핵심으로 삼았던 민족의 개별성과 특수성을 도외시 하고 세계사의 보편성과 일반성으로 추구했던 방식이 한국 실증주의 역사연구에서 다시 재현된 것으로 보인다.[610] 일본에서 랑케의 실증주의 사학을 철학화 시킨 인물은 와세다 대학 스즈키 시게타카(鈴木成高)이다. 그는 1939년 『랑케와 세계사학』을 출간하여 랑케에게서 실증주의를 제거하고 세계사의 보편성을 추구했던 인물이다.[611] 그러나 한국 실증주의 사학자들은 과학적 역사인 실증주의 사학을 역사철학으로 변질시킨 것인지, 아니면 이 둘을 조화시키려 한 것인지, 명확하게 설명하지 않고 있다.

그러나 이병도나 이기백은 민족의 개별성과 특수성을 보편적 관점에서 파악해야 한다고 강조한 점을 보면 일제 역사가들이 했던 바와 같이

---

[610] 메이지 초기 일본의 지식인들은 일본이 세계사의 보편적 질서에 포함될 수 있는 역사를 개발하기 위해 유럽의 세계사를 받아들였다. 이 가운데 후쿠자와 유키치(福澤諭吉), 다구치 우키치(田口卯吉), 미야케 요네키치(三宅米吉) 나카 미치요 (那珂通世) 등 역사가들은 일본을 역사적으로 새롭게 이해하기 위하여 과학적 방법론을 택했다. 이들은 서구 문명의 역사를 통해 일본을 포함한 모든 사회를 지배하는 보편적 법칙r이 존재한다는 것을 믿게 되었고 이러한 보편주의적 틀 속에서 일본을 배치하려고 노력했다. 桑原武夫編,『日本の名著』(東京: 中公新書, 1962), 12-13쪽. 이에 대해서 스테판 다나카, 윗 책, 제1장을 보라.

[611] 고야마 사토시,「세계사의 일본의 전유-랑케를 중심으로-」, 도면회, 윤해동 엮음,『역사학의 세기: 20세기 한국과 일본의 역사학』(휴머니스트, 2009). 100-129쪽.

실증주의 사학 속에 역사철학을 담고 있는 것이 아닌지 생각해 볼일이다. 즉, 이상백의 경우 구체적인 역사적 사실의 개별은 항상 인간성의 전체에 관련하고 있는 것이기 때문에 그것에 보편성이 있으며 따라서 개별적인 역사적 사실로부터 일반적인 의미를 생각할 수 있다는 것이다. 반대로 이는 개별적 사실을 전체 시대, 전체 국민, 나아가 전 인류의 관련 속에서 역사의 개별적 사실을 보편성과 일반성으로부터 이해할 수 있다는 것을 의미한다. 이에 대해 홍승기는 "이상백은 역사학에 있어 철학과 과학이 합일될 수 있다고 믿었다"고 해석한다.[612] 이러한 생각은 어디에서 비롯된 것일까.

1930년대 몰아친 대공황으로 전 세계는 위기에 처해 있었다. 이 위기를 해결할 수 있는 길은 개인화 혹은 개별화를 통합하여 전체화로 나아가는 것이었다. 개별적인 것보다 통합과 전체화가 우선시 되면 자연히 자유와 민주 혹은 개인적 권리가 박탈될 수밖에 없다. 이에 따라 일본 제국주의는 위기를 극복하기 위해 식민지 조선을 병참기지로 삼아 수탈과 착취를 강화시켜 나아갔다. 중일전쟁 이후 이러한 현실에 의하여 아시아에서 새로운 질서가 재편되었는데 그 주체는 바로 일본제국이었다.

요네타니 마사후미(米谷匡史)가 말한 바와 같이 일제는 동아협동체, 즉 대동아공영이라는 슬로건을 내세우며 동아시아에서 서로 다른 개별적 민족과 국가들을 하나로 통합함으로써 새로운 질서와 원리를 구축해 나갔다.[613] 미키 키요시(三木淸)는 소위 '세계사의 철학'을 내세우며 동양을 해방, 통일시켜 세계 신질서를 건설하자는 모토 아래 지식인들의 참여를 독려하면서 한편으로 코노에(近衛) 내각의 참모로 활동하며 중국과 일본의 연대와

---

612 홍승기, 윗 책, 128-129쪽.
613 米谷匡史,「戰時期日本の社會思想-現代化と戰時變革」『思想』12 (東京 : 岩波書店, 1997), 73쪽.

아시아 해방을 목표로 한 '동아협동체론'을 주창했다.[614] 당시 고사카 마아사키(高坂正顯), 니시타니 게이지(西谷啓治), 고야마 이와오(高山岩男), 스즈키 시게타카(領木成高) 등 이들 교토학파들은 '세계사 철학'과 '동아협동체'가 당시 경제위기를 극복할 수 있는 대안으로 인식했는데 궁극적으로 이 두 이념이 대동아공영의 본질이 되고 말았다. 교토학파에 의해 제시된 이 두 사상은 당시 조선의 지식인들에게 큰 영향을 미쳤고 그 근본은 동아시아에서 일제의 패권을 합리화하기 위한 이념에 불과했다. 역사 철학자 고야마 이와오의 '세계사 철학'은 일제가 대동아공영의 건설을 주도할 아시아의 맹주가 되는 것에 목적을 두었다.[615]

고야마 이와오에 따르면 유럽의 세계사 개념이 보편적 세계를 의미하고 있으나 그 속에는 비유럽 세계에 대한 지배의식과 배타성이 깔려 있었다. 그러나 일본이 유럽과 대등한 위치에 올라감에 따라 유럽중심 세계에 균열이 발생하여 비유럽 세계를 포함한 세계사적 새로운 세계가 출현하게 되었다는 것이다.[616] 이러한 일본의 세계사에 대한 인식은 유럽의 오리엔탈리즘에서 벗어나고자 한 것에서 비롯됐다. 예컨대 야마지 아이잔(山路愛山), 나카 미치요(那珂通世), 이야케 요네키치(三宅米吉) 등 역사가들은 유럽의 동양에 대한 인식을 이용하여 오히려 일본이 유럽의 오리엔트가 아니라는 것을 증명하려 했다.

말하자면 일제의 역사가들은 에드워드 사이드(Edward Said)의 『오리엔탈리즘Orientalism』을 역으로 활용하여 지나 담론을 만들어 냈다. 이렇듯 일제의 역사가들은 일본을 중국 즉, 아시아로부터 분리시켜 개체화함으로써 일본이 동양을 지배하는 주체라는 것을 증명하기 위한 기틀을

---

614 米谷匡史, 「三木淸の 世界史の哲學」, 『批評空間』, 第 II期 19号 (10. 1998), 40-43쪽.
615 米谷匡史, 윗 글, 41-42쪽.
616 高山岩男, 「世界史の概念」, 『思想』(4, 1940), 2-4쪽.

마련했다. 말하자면 후쿠자와 유키치(福澤諭吉)가 주장한 바와 같이 일본이 유럽과 대등한 위치에 있기 위해서는 아시아로부터 탈피해야 한다는 것이었다.[617] 이러한 기틀을 만든 시라토리(白鳥庫吉)의 동양사는 유럽의 근대 역사학의 개념과 방법을 그대로 보여줌으로써 보편주의 시각을 통해 일본을 유럽위주의 세계의 계층화와 유럽에 대한 열등감으로부터 해방시켰다. 실증주의적 연구를 바탕으로 한 시라토리의 유럽 중심주의 역사에 대한 비판은 동양을 유럽문화의 아류로 규정한 오리엔탈리즘의 허점을 명확히 드러낸 것이다.[618]

랑케가 독일 프로테스탄티즘에 특권을 부여한 것과 마찬가지로 이러한 시라토리의 보편주의적 시각은 일본에 대한 정신적 원천, 즉 천황제 숭배 사상을 제공했다. 그러나 오리엔탈리즘과 마찬가지로 실증주의 방법론과 이러한 역사철학의 결합은 일본과 유럽의 차이에 대한 오류를 낳았다. 특히 이 두 결합은 역사의 과학적 객관성과 보편성을 내세움으로써 일본이 유럽과 대등하다는 정당성을 확보하려 했다.

일제의 역사철학자들은 이렇듯 유럽 중심의 세계사를 비판하며 일본과 유럽이 대등한 관계를 이루는 다원적 세계사를 열어가고자 했다. 유럽이 자기중심으로 세계사를 보편적인 개념과 결합시킨 바와 똑같이 일제의 역사철학자들이 주장한 세계사의 다원적 개념도 문화유형학의 담론을 만들어 냈는데, 그 핵심이 유럽의 중심 세계관을 극복하여 '동양의 통일'을 이루자는 것이었다.[619]

그러나 교토학파가 제시한 '세계사 철학'과 '동아협동체'의 이상은 유럽의

---

617 福澤諭吉,「脫亞論」,『福澤諭吉全集』第10卷 (東京 : 岩波書店, , 1960), 238-240쪽.
618 白鳥庫吉「東西交涉史槪論」,『白鳥庫吉全集』第8卷 (東京 : 岩波書店, 1970), 115쪽.
619 이 담론에서 코우야마 이와오는 "다문화주의적 세계는 대동아공영을 정당화시켜준다"고 주장했다. 米谷匡史, 윗 글, 42쪽. 이러한 그의 논의는『文化類型學』(1939),『文化類型學 硏究』(1941)에 집약되어 있다.

보편적 세계관을 비판하며 다원적 세계사 개념을 강조하고 있지만, 동양에서 일본의 지배권을 정당화하고 제국주의 패권 확장을 합리화하는 과정에서 스스로 보편주의의 또 다른 변형임을 보여주었다. 그러므로 이들의 다원적 세계사는 일원론적 역사의 또 다른 형태에 불과한 것이다.[620]

동양의 통일의 목적은 만주사변, 중일전쟁, 태평양전쟁으로 이어지는 일제의 패권의 확장이었다. 이처럼 교토학파의 역사철학자들은 일본의 공간적 확장을 토대로 근대와 현대, 동양과 서양을 구별하여 이것을 다문화주의적 세계상에 배치하고자 했다. 헤겔의 세계사에서 동양은 타자에 불과하다. 교토학파들은 헤겔의 이러한 오리엔탈리즘을 변형시켜 다원적인 세계사 모델을 창안한 것이다. 일제는 이 같이 교토학파에 의해 변형된 오리엔탈리즘을 통해 조선을 식민지화하고 아시아에서의 패권 확장을 합리화시킨 이데올로기로 활용했다.[621]

따라서 세계사의 철학과 다문화주의적 세계상은 일제에 의한 침략행위를 서양문화와 동양문화 사이에 발생된 세계사적 문명충돌로 해석됐다. 이 문화적 지형 위에서 '내선일체' 정책과 결합된 일제의 동일화 담론은 전쟁 수행과 인적 동원 및 친일적 전향을 끌어내기 위한 이데올로기로

---

620 Naoki Sakai, *Translation and Subjectivity : "Japan" and Cultural Nationalim* (Minneapolis : Univ., of Minnesota Press, 1997), 157-170쪽.

621 예컨대 니시다 기타로(西田幾多朗)의 제자인 철학자 고사카 마사아키(高坂正顯), 고야마 이와오(高山岩男), 니시타니 게이지(西谷啓治), 그리고 서양사학자 스즈키 시게타카(領木成高) 등 교토제국대학 그룹들은 철학적인 표현을 하고 있으나 실제는 아시아 침략을 합리화한 것이다. 1942년부터 1943년까지 세 차례에 걸쳐 『중앙공론(中央公論)』에 연재한 좌담회 '세계사적 입장과 일본'이 이러한 특징을 잘 보여주고 있다. 이들은 세계사 속에서 일본을 보면서 전쟁을 도덕적 에너지의 발로라고 하는 등 일본의 대외 침략행위를 합리화하고 있다. 高坂正顯, 西谷啓治, 高山岩男, 領木成高, 『世界史的立場と日本』(東京 : 中央公論社, 1043), 102-105. 이들이 주장한 도덕적 에너지는 랑케의 『강대론』에서 「정치문답」에 나온 '도덕적 에너지'를 차용한 것이다. 레오폴드 폰 랑케, 이상신 옮김, 「강대세력들」, 『강대세력들, 정치대담, 자서전』(신서원, 2014), 102쪽.

활용되었다.[622] 따라서 중일전쟁 이후 교토학파의 이러한 역사철학은 식민지 조선의 역사가들과 지식인들에게 큰 영향을 주었고 아울러 식민지 조선의 역사가들이 스스로 이 역사철학을 구현하도록 해준 근거를 제공했다. 이렇게 이들 교토학파 역사가들은 일본의 개국과 근대화를 찬양하고 천황제에 대한 충성과 봉사하는 국민 도덕심을 강조하며 중일전쟁과 태평양전쟁의 정당성을 주장할 뿐 아니라 동양의 일본 지배를 합리화 해 나갔다.[623]

그렇다면 한국 실증주의 사학자들에게 나타난 세계사적 개념은 무엇일까. 이들은 역사적 지식의 체계화에 기초하여 보편적인 법칙이나 일반적인 원리를 찾으려 했는데 그 대표적인 것이 이병도의 『국사와 지도이념』이다. 이병도는 "한 국가, 한 민족의 역사를 연구하는데 있어 그 관계 민족, 국가와 관계성 혹은 세계사적 공통성을 고찰하여 그 자체의 특수성을 밝혀야 한다"고 말한다.[624] 말하자면 우리 민족은 세계사에서 고립적인 존재가 아니라 여러 민족과 국가와의 교류를 통해 역사 발전을 해 왔기 때문에 세계사적 관점에서 한국사를 연구해야 한다는 것이다. 여기에서 이병도는 우리 민족역사의 흥망을 결정짓는 원리를 찾고자 했다. 그 원리가 바로 '지도이념' 이다. 이에 대해 이병도는 "과거 우리의 실제 생활, 즉 사회생활, 국가생활 및 문화생활을 리드하고 지배하여 온, 모든 사상과 정신을 의미한다"며 다음과 같이 설명한다.

> "지도이념은 우리 생활 가운데 내재하여 우리의 민족정신 생활양식 생활감정과 직접적인 관계를 갖고 또 그 작용이 시대와 환경에 따라,

---

622 차승기, 「근대 위기와 시간-공간의 정치학-교토학파 역사철학자들의 인식」, 『한국근대문학연구』, 제4집 2호 (2003), 250-151쪽.
623 高坂正顯, 西谷啓治, 高山岩男, 鈴木成高, 윗 책, 238-239쪽.
624 이병도, 『국가와 지도이념』(일조각, 1955), 9쪽.

더욱이 외래문화 외래사상의 영향에 의하여, 변천하고 복잡화한 만큼 똑같은 표현에 머물지 않은 것은 당연하다. 마치 개인의 심리가 유전과 환경에 의하여 결정되는 것 같이, 이념의 동향에도 사회의 영향을 무시할 수 없는 것이다. 그러나 그 복잡다단(複雜多端)하고 변화무상한 작용과 표현 중에도, 어떤 상주적(常主的)인, 보편적인 또 기본적인 이념이 있는 것은 당연하다."[625]

그렇다면 오랜 역사 속에서 우리 민족을 지배해 온 최고 이념은 무엇인가. 이병도는 고대 이래 공동체적 생활을 통해 나타난 '협동정신'과 '타협주의'이라고 말한다. 이 두 사상이 우리 생활의 원천적인 이념이 되어 우리의 정치와 종교, 윤리도덕, 경제, 문화가 발생하고 발전했다는 것이다. 특히 그는 외래문화와 사상도 이와 합류하고 결부하여 더욱 다채로운 빛을 발했으며, 그러므로 이 기본 이념을 도외시하고서 우리의 생활양식의 정체와 문화의 본질을 규명할 수 없다고 강조한다.

또한 이병도는 협동과 타협주의 이념에 대해 그 모태인 공동사회의 개념으로 설명하고 있는데 즉, "공동사회는 다수 대중들 의지의 완전한 일체로써 지속적이고 유기체"라는 것이다.[626] 그에 따르면 공동사회는 각 개인들이 개개인의 목적을 벗어나서 공동적인 목적으로 한 체계의 의식과 의지로써 완전 통일된 단체이다. 예컨대 그의 설명은 다음과 같다.

"서로 다 알고((知悉) 이해하고 긍정하고 위로하고 장려하고 또 봉사하는 한 개의 통일체이니, 경우와 경험에 있어 유사한 일이 많고, 성격과 사고방식이 유사하거나 혹은 일치하는 일이 많음에서, 타인에

---

625 이병도, 윗 책, 63쪽.
626 이병도, 윗 책, 64쪽.

대해 다 알고(知悉) 이해가 더욱 가능한 것이다. 이러한 지실과 이해는 타인생활의 본질을 직접 분향(分享)함에 의하여, 다시 말하면(換言) 서로 기뻐하고 서로 과로와 하는 동정의 경향에 의하여 야기(惹起)되고 촉진된다. 그러므로 여 개인들은 반드시 사리를 위하여 결합하지 않고 어떤 환경에도 다대(多大)한 희생을 참고 타인과 결합하는 경우가 있다."[627]

이것은 이익사회(Gesellschaft)와 다른 것으로써 지속적이며 유기적이다. 이병도는 이 공동사회의 특성에 대해 "마치 세포가 유기체에 종속된 것과 마찬가지로 개인은 전체에 종속된다"고 말한다. 그리하여 하나의 근간에서 파생한 가지와 잎이 유기적으로 하나의 전체를 형성하고 있으므로 각 가지와 잎사귀는 근간을 떠나서 생존할 수 없다는 것이다. 그는 다시 이러한 공동체를 혈연공동체, 지역공동체 그리고 정신공동체로 세분했다.[628]

이병도의 이러한 공동체의 개념을 유기체에서 발견하고 있다. 그러나 유기적 사회는 랑케의 실증주의 사학이 아니라 콩트의 과학적 실증주의이다. 그럼에도 이병도를 한국의 랑케라고 일컬어지고 있는 것은 그가 역사 연구에서 사료 비판이나 문헌고증 등 랑케의 역사연구 방법론을 따랐기 때문이다.[629] 말하자면 이병도의 역사학은 민족주의를 바탕으로 한 랑케

---

627 이병도, 윗 책, 65쪽.
628 이에 대해서 이병도, 윗 책, 66-71쪽을 보라.
629 한영우는 진단학회 인사들의 사학은 실증주의 사학이라고 부르고 있으나 실증은 방법론일 뿐이고 사관을 말하자면 문화주의 사관이라고 부르는 것이 적절하다고 말한다. 한영우, 『역사학의 역사』, 288쪽. 한국의 실증주의 사학은 민족주의 사학이나 사회경제사학처럼 일원의 법칙을 배격하고 어떤 사관이나 사상보다 사료의 철저한 고증을 통해 사실 해명에 목적을 둔 순수사학이라고 말하기도 한다. 따라서 실증주의 사학은 특정한 학맥의 계승이 아니라 여러 학풍을 선별적으로 활용하고 학문의 순수성 학립을 위한 객관적인 고증사학이라고 정의한다. 육당 최남선 역시 사실의 집합이 아니라고 말하면서도 그 자신이 사실고증이나 나열에 치중했으며 사실상 한국사학은

실증주의와 아무런 관계가 없는 그의 방식의 실증주의이다.

그렇다면 이병도의 역사학은 일제의 교토학파의 역사철학자들이나 사학자들이 랑케의 실증주의 사학에 반대하여 콩트의 과학적 실증주의를 수용함으로써 문화주의 사학으로 나아간 것과 뭐가 다를까? 이러한 경향은 일제 역사학자들의 역사관을 배운 한국 실증주의 사학자들에게서도 종종 나타나고 있다. 마지막으로 이병도는 "지도이념이란 것은 과거의 우리 생활 즉, 사회생활, 국가 생활 및 문화생활을 이끌고 지배해온 모든 사상과 정신을 의미한다."고 정의하고 "이 지도적, 지배적 이념이 항상 시대와 사회, 그리고 생활 가운데 위치하기 때문에 그 발전과 작용이 사회현상에 의존하는 바, 극히 크다"고 강조한다.[630]

말하자면 지도이념은 우리 생활 가운데 내재하여 우리의 민족정신, 생활양식, 생활 감정과 직접적인 관계를 갖고, 시대와 환경에 따라 외래문화 외래사상의 영향에 의하여 결정되는 것처럼 이념의 동향에도 사회의 영향을 무시할 수 없다는 것이다.[631] 그래서 이병도는 복잡다사하고 변화무상한 작용과 표현 중에도 어떤 상시적인 보편적 혹은 기본적인 이념이 있다고 말한다. 그가 말하고자 한 이러한 보편적 이념, 우리 민족을 역사적으로 지배해온 최고의 이념이란 무엇인가.

이병도는 바로 먼 고대 이래 공동체적 생활을 통해 나타난 "협동정신과 타협주의"라고 결론을 내린다. 이병도가 말한 협동정신은 고구려의

---

실증주의 사학이라기보다 문헌고증학이라고 부르는 것이 적절하다는 것이다. 특히 실증주의 사학자들은 해방 이후 문화주의 사학 혹은 유물사학으로 바꾼 인물도 많았다는 사실을 지적하고 있다. 조동걸, 『현대한국사학사』(나남출판사, 1998), 390쪽. 이기백 역시 한국 사학에 대해 "실증사학 대신 고증사학이라고 부르는 것이 좋을 성질의 것"이라고 말했다. 이기백, 「근대 한국사학에 대한 연구와 반성」, 『韓國史學의 方向』(일조각, 1997), 126쪽.

630 이병도, 윗 책, 63쪽.
631 이병도, 윗 책, 63쪽.

동맹, 부여의 영고, 동예의 무천, 신라의 화랑도 등을 비롯 두레, 향도(香徒), 계(契), 향약(鄕約) 등이다. 타협주의는 삼국시대부터 모든 중대사를 중신회의, 군신회의에서 토의하고 결정한 신라의 화백제도, 고려와 조선의 백관회의(百官會議) 고려의 도병마사(都兵馬使) 사회의(司會議), 조선의 비변사회의(備邊司會議) 등과 사헌부와 사간원 등을 들 수 있으며, 이는 유교 영향과 원시협동사회로부터 발전되어 온 것들이다.[632] 이에 대해 이병도는 다음과 같이 설명한다.

> "협동, 타협주의 사상은 우리 생활의 원천적인 이념이 되어 여기서 우리의 정치와 종교와 윤리도덕과 경제 기타의 문화가 발생하고 발달하였으며 또 외래의 문화와 사상도 이와 합류하고 결탁하여 더욱 다채로운 빛을 발하였다. 그러므로 이 기본 이념을 도외시하고는 우리 생활양식의 정체와 문화의 본질을 규명할 수 없고 또 장차 앞으로 지도이념을 세우는데 있어서도 큰 곤란을 느낄 것이다"[633]

그러나 이와 같은 우리 민족의 지도이념은 민족의 범위를 넘어 중국이나 혹은 다른 강대한 민족과 관계에서 어떤 태도를 취하게 될까. 이병도는 이 점에 대해 다음과 같이 결론을 내리고 있다.

> "과거 우리나라의 사회생활은 농경중심, 가족중심, 촌락중심의 경제가 그 기저를 이루었던 만큼, 일찍부터 토지에 정착하고 자급자족의 생활을 하여 왔다. 그리하여 모든 방면에 정체성을 면치 못하였으나, 그러나 생활에 안정성을 얻어 향토를 사랑하고 현실을 즐기고 평화를

---

632 이병도, 윗 책, 71-110쪽.
633 이병도, 윗 책, 64쪽.

애호하는 동시에 타민족에 대하여 별로 침략을 일삼지 않았다. 이것이 저 유목적인 몽고, 거란, 여진 등 북방 여러 민족들과는 대단히 다른 점이다. 유목민족은 동요성을 갖고 또 침략을 좋아하며 매양 정착한 우리나라와 중국을 침범했다. 우리 민족으로서 외민족에 대하여 격렬한 투쟁이 있었다면 그것은 우리의 옛 판도를 회복하고자, 또는 기존판도를 확보하고자 하는 의욕과 또 혹은 우리나라 평화와 독립에 위협을 가하는 자에 대하여서만 그것이(투쟁) 있었던 것이다. …이 협동타협 정신을 잘 살리어 확대시키면 크게는 세계적인 협동체를 이룰 수 있을 것이다."[634]

여기에서 이병도의 역사관에 관련하여 랑케가 말한 지배 경향(지도 이념)에 대해 다시 언급하지 않을 수 없다. 랑케 시대 유럽에서 프랑스 대혁명의 이념은 유럽의 역사를 지배하는 지도이념 혹은 지배경향이었다. 랑케는 프랑스 혁명이념이 각 개별적인 민족국가의 특수성을 배제한 보편적 지배 경향을 배척했다.[635] 말하자면 랑케는 헤겔이 세계사를 지배하는 원리로써 절대이념을 주장한 바와 달리, 각 시대에 그 나름대로 역사발전을 주도하는 주도이념 즉, 지도이념(Die leitenden Ideen) 혹은 지배경향이 있다고 생각했다.

따라서 랑케는 지도이념에 대해 개별적이고 어떤 경우에서도 하나의 통합된 보편적 개념으로 총괄할 수 없는 독립적인 개념으로 보았다. 랑케에 따르면 인류 발전은 무한한 다양성을 갖고 있고 우리가 알 수 없는 법칙에 따라 신비스럽고 위대하게 나타난다.[636] 랑케는 "헤겔학파가 주장한 역사에서 일정한 이념, 즉 지도이념에 대한 견해에 따르면 모든 인간들은

---

634 이병도, 윗 책, 107-109쪽.
635 김기봉, 「랑케의 'wie es eigentlich gewesen' 본래 의미와 독일 역사주의」,1 『호서사학』 39 (2004), 31쪽.
636 랑케, 『근세사의 여러 시기에 관하여』, 37-38쪽.

이념으로써 채워진 단순한 그림자이거나 도식에 불과하다"고 지적하고 세계정신(Weltgest)이 세계사를 지배한다는 헤겔의 주장을 거부하며 "이런 사고는 곧 범신론으로 나아갈 뿐"이라고 비판한다.[637] 지도이념에 대해 랑케는 다음과 말한다.

> "나는 지도이념이란 다름 아니라 모든 세기들에서 지배하고 있는 경향성이라고 이해한다. 그러므로 이 경향성들은 오로지 서술될 수 있을 뿐이며 최종적으로 하나의 개념으로 요약될 수 없다. 그렇지 않으면 우리가 배격한 범신론(헤겔의 세계정신)으로 되돌아가게 될 것이다. 이제 역사가는 여러 세기들의 거대한 경향성을 분해해야만 하며 이 다양한 경향성들의 복합체인 거대한 인류 역사를 걷어내야 한다."[638]

이처럼 역사 발전을 이끄는 지도이념이 개별적이기 때문에 진보의 개념을 보편적으로 여러 민족의 역사와 문화의 발전에 일률적으로 적용될 수 없다. 다시 말하면 진보의 개념은 여러 시기 혹은 여러 상이한 사실들에 적용될 수 없으므로 우리는 역사의 진보와 발전의 시기가 보편적인 지배 이념의 시기에 예속되지 않는 다는 것이다. 더욱 지배이념의 의한 진보는 예술과 시문학, 학문과 국가의 창조물에 적용될 수 없다.

왜냐하면 지배이념과 진보는 각기 신과 직접적으로 연결되어 있고 독립적이기 때문이다.[639] 유럽의 보편적인 지도이념은 가톨릭교회였으나

---

[637] 랑케, 윗 책, 37쪽. 랑케는 "모든 시대는 신과 직접 연결되어 있다"며 말하고 있지만 그는 헤겔과 달리 "신은 모든 시대를 지배하고 있지 않으며 굽어보고 있으면서 모두에게 동등한 가치를 보여하고 있다"고 말한다. 그에게 신의 섭리는 세계 모두 지배하는 보편성이라기보다 각자에게 신의 섭리를 나타내는 개별성을 강조한 것이다.

[638] 랑케, 윗 책, 37쪽.

[639] 랑케, 윗 책, 40쪽.

독일의 지도이념은 프로테스탄트 정신으로써 개별적인 독일민족의 특수성을 지니고 있다. 이러한 각 민족의 특수한 지도이념은 모든 민족에게 일괄적으로 적용될 수 있는 보편적인 것이 아니라 개별적이고 특수한 것이다. 랑케는 이러한 지도이념의 특수성에 대해 신의 섭리로 인식하고 여기에 특별한 가치를 부여했다.

그러나 이러한 랑케의 지도이념과 달리 이병도는 우리 민족의 역사와 문화의 진보가 우리 민족의 협동과 타협사상이란 지도이념에 의해 외래의 문화와 사상을 합류하고 결탁하여 더욱 다채로운 빛을 발했다고 강조하고 있다. 는 우리 민족의 전통적인 지도이념이 외래 영향을 받지 않고 개별적이고 독창적이며 오로지 이 전통 속에서 우리 민족의 역사와 문화의 발전시켜 왔다는 점을 도외시 한 것이 아닐까.

이러한 보편적 역사관에 따르면 고대부터 조선이 일본의 식민통치를 받기까지 보편적 지도이념 즉, 지배 경향은 바로 중국, 중화주의이고 근대에 이르러서는 청일전쟁과 러일전쟁에서 승리한 일본제국 그리고 저 세계 식민지를 건설한 유럽 등의 제국주의가 지배경향이었으며, 현대 오늘날에는 바로 미국 자본주의가 지배경향이다. 이병도의 역사관에 따르면 우리 민족은 고대부터 현대에 이르기까지 지배경향, 즉 강국과 협동하고 타협하며 발전되어 온 것이 아니라 오히려 이들 강국에 종속되어 왔다고 해석할 수 있을 것이다.

왜냐하면 랑케가 지적한 바와 같이 우수한 문화를 발전시켜 온 강국이 약소국을 지배하게 되면 결국 강국문화가 지배경향이 되어 약소국 문화의 발전을 억제하고 발전을 저해하여 소멸되기 때문이다. 이러한 역사관은 조선의 일제의 식민통치가 역사적으로 볼 때 합당하다는 논리로 인식될 수 있는 오해의 소지를 지니고 있다. 그러나 우리 민족사에서 보면 고조선이나 고구려 등 우리 민족의 고대국가는 반 중화주의를 내세우며 한, 수, 당 등 중국과 맞서 싸웠고 근대에 이르러 반제국주의를 외치며 항일투쟁을 벌였으며 오늘날 현대에 이르러 우리 민족은 자주적 남북통일을 첫 과제로 삼고 있다.

흔히 친일파들이 친일에 대한 변명에서 당시의 지배경향을 내세웠다는 점을 상기할 필요가 있다. 예컨대 일제 시기 친일파들의 보편적 세계관으로써 지배이념은 일제의 내선일체와 대동아공영이었다. 윤치호처럼 이러한 세계사적 지배적 경향에 따라 자신을 친일파가 아니라 황국신민이 되고자 했던 바와 같이 친일파들은 강자의 중심의 보편적 세계관을 가졌던 것이다.[640] 따라서 윤치호는 자신의 친일행각에 대해 다음과 같이 항변한다.

"누군가에게 친일파라는 오명을 씌우는 것은 정말 터무니없는 일입니다. 일본에 병합되었던 34년 동안 조선의 위상은 어땠습니까? 독립적인 왕국이었나요? 아니요. 조선은 일본의 일부였고 미국 등 세계열강도 그렇게 알고 있었습니다. 즉, 조선은 좋든 싫든 일본인이었습니다. 그렇다면 일본의 신민으로서 조선에 살아야 했던 우리들에게 일본 정권의 명령과 요구에 응하는 것 외에 어떤 대안이 있겠습니까? 무슨 수로 군국주주의자들의 명령과 요구를 거역할 수 있었겠습니까? 그러므로 누군가가 일본의 신민으로서 한일을 가지고 비난하는 것은 어불성설입니다."[641]

이처럼 친일인사들에게 일본제국은 당시 보편적 세계의 지배경향이었다.

---

640 특히 윤치호의 일기는 당시 친일인사들이 인식했던 보편적 세계관으로서 인식한 지배이념을 잘 표현해 주고 있다. 김상태 편역, 『윤치호 일기 1916-1943』(역사비평사, 2001), 497-489쪽.

641 김상태 편역, 윗 책, 630쪽.

세계사적 지배경향에 타협하고 협동하게 되면 친일이나 사대주의는 합당한 일이다. 그러므로 이병도의 지배경향(지도이념)은 일제의 식민통치를 정당화 시켜주는 것으로 이용될 가능성이 있지 않았을까?

그러나 우리 민족은 강국이 주도한 지배이념과 타협하고 순응한 것이 아니라 오히려 고대부터 중화주의라는 지배이념에 맞서 동아시아에서 세력균형을 이루어 가고자 투쟁했다. 그리하여 우리 민족은 독자적인 민족문화를 발전시켜 왔고 근대에는 자주 독립국가로서 개화를 통한 근대화와 부국강병을 이루려고 했다. 우리 민족의 지배이념은 고대로부터 중국의 속국이 아니라 대등한 자주 국가이며 중화문화의 아류가 아니라 독창적으로 꽃피우고 발전시켜온 민족정신이었다. 이 지배이념에 의하여 우리 민족은 타율적이 아닌 능동적인 역사와 문화를 발전시켜 왔다. 이런 점에 비추어 보면 결과적으로 이병도는 랑케가 지적한 바대로 범신론적 역사관으로 회귀한 셈이다.

이병도와 함께 진단학회를 이끌었던 김상기 역시 문화주의 역사학자로 꼽힌다. 일본 와세다 대학에서 역사학을 공부한 그는 고대사나 고려사 연구주제에서 민족주의 역사가들과 크게 다르지 않다. 그는 우리 민족이 중국과 교류를 통해 문화적으로 중국에 영향을 끼쳤다는 점에 중점을 두었고 고대 혹은 고려사 연구에서 주로 문화적인 측면에서 연구하여 1948년에『동방문화 교류사 연구』, 1961년 『고려시대사』를 펴냈다. 그의 문화주의와 민족주의 융합은 실증을 통해 입증하려 했던 역사가이다.

그러나 김상기는 그 어떤 이념이나 사관을 표방하지 않아 단순히 실증주의 사학자로 평가받고 있지만 결코 실증주의 역사가가 아니었다. 이점을 비추어 볼 때 김상기도 문화주의 사학과 실증주의 사학을 결합시킨 니시다 나오지로(西田直二郞)의 사학의 영향을 받은 것으로 보인다. 그래서 그는 문화사 측면에서 민족의 주체성을 드러내기 위해 민족주의 사학과 문화주의 역사학을 결합한 인물로 평가를 받고 있다.[642] 또한 해방 후 한국 역사학계의 동양사를 이끌었던 전해종, 고병익, 민두기, 이용범, 함홍근 등이 바로 김상기의 영향을 받은 인물들로 꼽힌다.

역시 일본 와세다 대학에서 사회철학과를 나와 대학원에서 사회학과 동양학을 연구한 이상백은 문화주의 역사학자로서 조선 시대사 연구를 개척하고 많은 연구 성과를 낸 인물로 알려져 있다. 그러나 그의 학문적 바탕도 일본의 실증주의 사학자이며 식민 사학자인 쓰다 소우키치의 영향이었다. 그는 어떤 사상에 입각하여 역사를 해석하는 것을 반대하고 개별적 사실을 통해 일반성이 실증되어야 한다며 고증과 사료비판을 강조했다.[643] 따라서 그는 이념성이 강한 마르크스 역사학과 민족주의 사학을 배척하며 문화주의 역사학을 발전시켜 나갔던 인물이다.

한국사 연구에서 이기백은 한국의 랑케라고 해도 틀림이 없다는 평가를 받고 있는 데 그 이유는 그의 역사에 대한 학문적 진리가 바로 랑케의 실증주의였기 때문이다. 또한 그는 진리를 역사학 목표로 삼고 민족과 진리의 가치를 동시에 추구한 실증주의 역사가로 평가받고 있다.[644] 특히 한국 사학자들은 이기백 선생 1주기 추모 좌담회에서 그를 "진리의 파수꾼"으로 평가할 정도로 그는 역사의 진리를 추구한 인물로 인식되어 왔다.[645]

이기백은 일본 유학기간에 1937년 중일전쟁이 일어나자 일제의 대륙

---

642 한영우, 윗 책, 295쪽.
643 이 같은 그의 역사이론은 1947년 『조선문화사연구논고』서론과 1959년에 발표한 「사회과학통합을 위한 시론」에 제시되어 있다.
644 김기봉, 「민족과 진리는 하나일 수 있을까?-이기백의 실증사학」, 296쪽.
645 「이기백 선생 1주기 추모 좌담회-진리의 파수꾼, 이기백 선생」, 『한국사 시민강좌』(일조각, 2005), 292-340쪽. 이기백이 말한 '진리'란 역사를 지배하는 원리를 의미한다. 이기백, 『韓國史散稿』(일조각, 2005), 83쪽.

침략정책을 비판했다는 이유로 대학에서 축출 당했던 야나이하라 타다오(矢內原忠雄)의 성서강의와 토요학교에 출석하면서 그로부터 많은 영향을 받은 것을 알려지고 있다. 즉, 이기백은 야나이하라의 영향으로 학문적 진리와 하나님의 말씀을 같은 의미로 인식한 것으로 보인다.[646] 그는 일본 와세다 대학 문학부 사학과에서 실증주의 사학을 배우고 해방 후 서울대 사학과에 편입하여 와세다 대학에서 공부한 이병도와 손진태에게 한국사를 배웠다. 유영익은 이기백에 대해 "남강의 강렬한 민족애와 기독교 정신을 학문으로 승화시킨 한국사학계의 '군계일학(群鷄一鶴)' 같은 존재"라며 "오산학교의 민족주의 정신과 일본 와세다 대학의 실증주의 사학 방법론이 그의 사학의 학문적 바탕"이라고 평가하고 "그의 기독교 신앙이 바로 '진리의 파수꾼'의 원동력이었다"고 그의 학문성을 격찬했다.[647]

그렇다면 이기백이 신봉하는 역사의 진리란 무엇인가. 그가 말하는 진리란 "시대적인 변화를 꿰뚫고 있는 법칙, 혹은 사회적인 다양성을 일관하는 법칙"으로서 민족이나 계급을 초월하는 개념이다. 그래서 진리를 거역하면 민중이나 민족은 파멸할 수밖에 없기 때문에 한국사학은 진리에 충실해야 한다는 것이다.[648] 이러한 이기백에 대해 김용선은 "한국 역사학의 연구 수준을 새로운 차원에서 끌어 올리고 새로운 연구 방향을 제시해 준 현대 한국 사학계의 진정한 거목"이라고 칭송했다.[649]

---

646 이기백,『韓國史散稿』. 86-87쪽. 이기백은 생전에 여러 차례에 걸쳐 자신의 학문적 여정을 개괄했는데 이에 대한 것은 다음과 같다.「학문적 고투의 연속」,『한국사 시민강좌』4집 (1989) :『硏史隨錄』(일조각, 1994) :「한국사의 진실을 찾아서」,『한국사 시민강좌』35집 (2004) ;『韓國史散稿』(일조각, 2005);「나의 책『한국사신론』을 말한다」,『오늘의 책』창간호 (1984) 등이 있다.
647 유영익,「나와 이기백 선생」, 한림과학원 엮음『고병익, 이기백의 학문과 역사연구』(한림대 출판부, 2007). 37-39쪽.
648 이기백,『韓國史散稿』. 11쪽.
649 김용선,「이기백의 저술과 역사연구」한림과학원 엮음, 윗 책, 68-69쪽. 이기백은 1994

또한 이기백은 식민주의 사관을 극복하고 새로운 사관을 정립하기 위해 근대 한국사학의 전통에 주목했다. 특히 그는 민족의 고유한 정신이나 사상을 강조한 민족주의 사관의 전통과 민족 구성원 전체를 기준으로 하여 체계화 한 사회경제사관, 객관적 사실을 정확하게 인식하여 한국사학을 독립적인 학문으로 정립시킨 실증주의 사학의 전통을 비판적으로 계승, 발전시키는 것이 한국사학을 보다 높은 차원으로 발전시키는 길이라고 강조했다. 이에 대한 모범적인 역사연구의 사례로써 문일평과 손진태를 들며 이들이 이 세 가지 사관, 즉 민족주의, 실증주의, 사회경제사관 등을 포괄하여 확립한 신민족주의 사관을 높이 평가했다. 이런 면에서 이기백은 이 신민족주의 사관으로부터 강한 영향을 받은 신-신민족주의 역사가라고 평가받고 받기도 했다. 특히 김용선은 "이기백의 역사연구는 식민주의 사학의 비판과 극복 위에서 한국민족에 의한 한국사의 특수성과 보편성을 강조하면서 한국사의 흐름의 법칙이 자유와 평등의 확대 과정이라는 점을 밝히는데 있었다"며 "이러한 점에서 그는 신민족주의 계열의 역사가이자 자유민주주의에 입각하여 역사의 진보를 신봉하는 낙관적인 사관을 가지고 있었다"고 평가했다.[650]

이처럼 이기백이 한국사에서 절대적인 위치를 차지하고 있다는 점에 대해서 이의가 없을 것이다. 그렇다면 그의 역사관이 랑케의 실증주의 사학일까? 또한 그의 실증주의 사학이 왜곡된 일제의 식민사관을 극복하고 민족주의에 빠져 객관성을 상실한 민족주의 사학을 넘어서 새로운 한국사의 발전을

---

년부터 생전에 저술한 논문을 『이기백한국사학논집』과 『別卷』(일조각, 1994-2006)으로 다시 정리하여 2006년에 전체 15권으로 출판되었다. 이기백의 학문적 업적에 대한 평가는 다음과 같다. 백승종, 「진리를 거역하면 민족도 망하고 민중도 망한다-역사가 이기백의 진리지상주의에 대한 몇가지 생각」, 『역사와 문화』9 (문화사학회, 2004); 김당택, 「이기백사학과 민족문제」, 『역사학보』190 (역사학회, 2006); 김기봉, 「모든 시대는 진리에 직결되어 있다-한국 역사학의 랑케, 이기백」, 『역사에서의 중앙과 지방』 (제49회 전국 역사학대회 발표논문집) (전국역사학대회 조직위원회, 2006) 등이 있다.

650 김용선, 「이기백의 저술과 역사연구」, 한림과학원 엮음, 윗 책, 77-85쪽.

이끌었는가? 이 질문에 대해 그의 수제자인 이종욱은 "이기백의 실증주의 사학은 일제 식민주의 사학에서 나왔다"며 "이병도로부터 이기백으로 이어지는 한국 실증주의 사학은 일본 식민주의 사학자 쓰다 소우기치(津田左右吉)의 계보를 따르고 있다"고 비판한다. 남만주철도회사 동경지사의 역사 조사실 이른바 만철 조사실에서 한국 고대의 역사지리에 대한 연구로 유명한 역사학자 쓰다 소우키치는 와세다대학에서 떠난 뒤 동양사상연구회를 통해 학술 활동을 계속해 갔는데 이기백은 그의 정기 학술발표회에 참석하여 직접 강연을 들었고 그이 저서인『지나사상과 일본 支那思想の日本』, 『도가사상과 그 전개』을 탐독하기도 했다. 쓰다는 중국사회의 성격에 대해 매우 부정적인 시각으로 보고 중국사상이나 중국문화가 일본인의 생활 속에 파고들어 오지 못했기 때문에 일본 독자적으로 문화를 발전 계승하여 근대화를 성취했다고 주장했다.[651]

이런 쓰다에 대해 일본에서도 비판의 목소리가 높아지자 이기백은 쓰다에 대해 실망감을 보이기도 했다고 술회하기도 했다. 쓰다는 일본의 우월적인 문화와 역사를 독자적으로 발전시켜서 근대화를 이뤘다고 주장하며 아시아에서 탈피하여 서구와 동등한 관계를 설정한 일제의 대표적 민족주의자였다.[652] 그럼에도 불구하고 쓰다는 역사 인식에 이론이 필요가 없고, 그렇기 때문에 연구의 개념도 필요치 않으며 역사는 사실을 그대로 서술하면 된다고 보았다. 그래서 그는 역사에 대해 민족역사의 발전을 '있는 그대로' 구체적인 서술하는 것으로 인식했다.[653] 어쩌면 이러한

---

651 나가하라 게이지,『20세기 일본의 역사학』, 145쪽.

652 쓰다의 제자인 역사가 토오마 세이타(藤間生大)는 쓰다의 역사학을 평하는 글 제목을 「츠다씨의 민족주의」로 했다.

653 나가하라 게이지, 윗 책, 83, 146쪽. 이점에 대해 家永三郎,『津田左右吉の思想的硏究』(東京：岩波書店, 1972) 그리고 今井修 (編集), 津田左右吉歴史論集 (東京：岩波文庫, 2006)을 보라.

역사에서 오직 사실적인 서술만 고집한 쓰다의 역사관이 이기백에게 큰 영향을 주었을 것으로 보인다.654 또 이기백에게 많은 학문적 영향을 끼친 인물이 야나이하라 다다오(矢內原忠雄)였다. 그는 도쿄제국대학 교수로 있으면서 「국가의 이상」이란 글을 써서 일제 국가정책을 비판했다는 이유로 대학에서 쫓겨났다가 패전 이후 마르크스 역사학, 근대주의 역사학, 실증주의 사학 등을 중심으로 폭넓은 역사가들이 역사학연구회를 조직하여 자유로운 연구 활동이 재개되자 마르크스 역사학자 야마다 모리타로(山田盛太郞), 실증주의 사학자 오우치 효에(大內兵衛) 등과 함께 다시 도쿄제국대학에 복직되었던 인물이었다.655

이기백은 그로부터 학문적 진리의 중요성을 깨달았다 하여 평생 존경하며 학문의 진리를 추구했다.656 이기백이 실증주의 방법론을 중시하고 강조한 이유가 바로 여기에 있었다.657 아마도 그가 이병도가 중심되어 활동한

---

654 예컨대 김용선은 "1980년대 초 이기백 대학 연구실을 찾았을 때 서가에 쓰다의 『문학에 나타난 국민사상의 연구』전 4책이 꽂혀 있는 것을 본 기억이 있다"며 "이기백이 사회 주도 세력의 변천에 따른 독자적인 시대구분론의 토대 위에서 한국사 개설서 집필에 온 힘을 기울인 것은 쓰다에게 일부 영향을 받은 것으로 생각된다"고 술회했다. 김용선, 「이기백의 저술과 역사연구」, 한림과학원 엮음, 윗 책, 125-126쪽.

655 1945년 11월 11일 역사학연구회가 정식으로 재건된 것은 아니었으나 도야마 시게키(遠山茂樹), 다카하시 신이치(高橋磌一) 등이 모여 국사교육 재검토 좌담회를 열었고 12월 1일 다시 모여 역사교육개혁에 대해 논의를 했다. 이것이 전후 역사학계 최초의 움직임이었다. 이어 1946년 역사학연구회는 '각국 군주의 역사'라는 주제로 강연회를 열어 6월에 회지 복간과 회의 강령을 정했다. 이어서 10월에는 도쿄대학에서 '일본 사회특질의 사적 규명'이라는 연속 강좌를 개최하는 등 활발하게 활동을 했다. 역사학연구회에 참여한 역사학자들은 대체적으로 '탈정치 무사상'의 실증주의 사학에 대해 실망감을 갖고 있었다. 이에 비해 실증주의 역사의 본산인 사학회는 1946년 7월부터 『사학잡지』가 간신히 복간되었다. 이외도 여러 역사학회가 조직되어 학회간 조정이 필요함에 따라 1950년 7월 일본역사학협회가 창설되었다. 실증주의 사학에 비판적이었던 황국사관을 신봉한 히라이즈미 기요시(平泉澄)가 패전 직후 도쿄대학을 떠나자 일제 군국주의에 의해 축출된 역사학자들이 대거 복직되었다. 전후 일본 역사학계에 대해서는 나가하라 게이지, 윗 책, 155-183쪽을 볼 것.

656 이기백, 『韓國史散稿』, 86-87쪽.

657 이기백, 『韓國史像의 재구성』(일조각, 1991), 68쪽.

진단학회의 실증주의 사학을 높이 평가했던 것도 이러한 영향의 탓이 아닌가 생각한다.[658] 따라서 그는 한국 실증주의 사학을 이끈 이병도를 평생 스승으로 모시고 공경했으며 그 자신도 진단학회를 맡아 실증주의 사학을 바탕으로 한국 사학계를 이끌어 갔다. 이와 같이 이기백의 역사학은 철저한 실증주의에 바탕을 두고 있다. 그는 평생 학문의 진리를 추구하기 위해서는 반드시 실증주의적이어야 한다는 것을 학문적 신념으로 삼았던 만큼 실증주의 사학은 바로 이기백의 역사학의 핵심이었다. 오늘 날에도 이기백에 대한 평가는 여전히 한국사학의 발전에 중요한 역할을 한 선구적 학자, 또는 현대 한국사학을 확립시키는데 커다란 이정표를 세운 역사가로서 칭송을 받고 있다.[659]

이와 반면 이종욱은 이기백에 대해 여전히 비판적이다. 그는 내물왕 이전 역사를 불신한 쓰다의 주장을 한국 역사가들이 그대로 수용하여 그 이전의 역사를 은폐해 왔다면서 이기백의 실증주의 사학에까지 이어지는 '후식민사학'이 해체되어야 진정한 식민사관을 극복하는 것이라고 주장했다.[660] 오늘 날 한국사에 대해 뉴라이트도 자유민주주의와 시장 경제를 보편적 가치로 설정하여 한국사의 발전과정을 실증주의에 입각하여 서술했다고 지적한다.[661] 이렇듯 이기백이 한국사의 식민사관을 극복하고

---

658 이기백, 『民族과 歷史』(일조각, 1971), 41쪽.
659 그러나 그의 실증주의 사학은 민족과 결합이라는 모순된 학문적 성향을 보이고 있다는 점에 대해 여전히 많은 의문을 낳고 있다. 이러한 이기백의 역사학에 대해 검토할 필요성이 제기되고 있다. 김용선, 「이기백의 저술과 역사연구」, 한림과학원 엮음, 윗 책, 185쪽.
660 이 같은 이기백에 대한 비판은 이종욱, 『민족인가, 국가인가? 신라 내물왕 이전 역사에 답이 있다』(소나무, 2006)을 보라.
661 『대안교과서 한국 근현대사』(기파랑, 2008). 김기봉은 이종욱이 식민사관과 민족주의 사학이라는 동전의 양면을 붙이는 접착제로서 이기백의 실증주의 사학을 비판했다면 뉴라이트 교과포럼은 민족주의 사학을 탈피하기 위한 역사 연구방법론으로서 실증사학을 채택한 것이라고 분석했다. 김기봉, 「민족과 진리는 하나일 수 있을까? - 이기백의 실증사학」, 315쪽.

한국사의 발전을 주도해 온 인물로, 높이 평가를 받고 있는가 하면, 다른 한편에서는 왜 '후기식민사학자'로 비난을 받고 있을까? 이러한 비판을 인식한 이기백은 말년에 다음과 같이 고백하고 있다.

"학문의 이상은 진리를 찾아서 세상에 드러내는 데 있다. 진리는 저버리면 학문은 죽는 것이며 죽은 학문은 민족을 위해 아무런 쓸모도 없는 헛것에 지나지 않는다. 이를 다른 말로 바꾸어 말하면 민족에 대한 사랑과 진리에 대한 믿음은 둘이 아니라 하나인 것이다. …물론 여전히 옛 틀에 기준을 두고 비판하는 주장이 있다는 것을 저자도 잘 알고 있다. 그러나 구구한 이야기를 늘어놓으려 하지 않는다. 미켈란젤로가 그러했듯이 저자도 10세기 뒤에 보라고 할 수밖에 없을 듯하다"[662]

이기백이 민족주의에 대해 관심을 갖게 된 것은 일본 와세다 대학에서 3년간 수학하면서 근대 역사학을 접하고 나서였다. 랑케의 『강국론』으로부터 민족주의 사상을 자각하게 된 그는 "랑케는 세계사에서 민족의 역할을 강조하고 독자적인 문화적 성격을 지닌 민족 단위의 강국으로 규정한 것에 크게 감명을 받았다"고 술회했다.[663] 또한 이기백은 한국사에 대해 민족주의 역사가 신채호와 함석헌으로부터 민족정신의 각성에 큰 영향을 받은 후 '민족을 위한 한국사 공부'를 결심했다는 것이다.[664]

랑케의 실증주의 사학과 한국 신채호 등 민족주의 사학의 영향을 동시에

---

662 이기백, 『한글판 한국사 신론』(일조각, 1998), iii-iv쪽.
663 이기백, 『韓國史散稿』, 105쪽.
664 이기백, 윗 책, 109쪽. 그가 감명을 맡은 신채호의 글은 「朝鮮 歷史上 一千年 來 第一大事件」, 『朝鮮史 研究秒』(1929)와 함석헌의 「성서적 입장에서 본 조선역사」, 『聖書朝鮮』, (1934-1935)이다. 특히 개설서인 『한국사 신론』과 1971년 출간된 사론집 『民族과 歷史』 서문에서도 민족주의 역사관을 반영하고 있다. 이기백은 이 책의 머리말에서 "주제는 곧 한국민족"이라고 강조했다.

받은 탓인지 이기백은 민족주의 사관을 확립하고 한국사에서 독자적인 문화와 역사를 서술하려는 계획을 구상했다며 그의 사론집『민족과 역사』에서 밝힌 바와 그의 역사연구의 중심을 한국민족에 두었다. 그러나 이기백은 한국민족을 개별적으로 파악하지 않고 인류의 전체 속에 한 보편적 관점을 바탕으로 하여 우리 민족의 특수성을 이해하려고 했다. 역사의 보편성에 입각하여 민족의 특수성을 파악하려 한 것은 곧 역사를 지배하는 법칙이 민족의 개별적이고 특수한 것이 아니라 여러 개라는 다원적이라는 의미를 담고 있다.

따라서 이기백은 1976년에 『한국사 신론』을 펴내면서 그의 첫 개설서인 『국사신론』에서 강조된 민족성, 주체성을 아예 빼버리고 대신 '근대 한국사학의 전통'을 내세우며 '한국사의 체계적 인식'을 통해 '인간 중심'의 한국사를 서술하고 있다. 이러한 변화는 이기백이 더 이상 민족성, 민족사라는 역사의 개별성과 특수성에 머물지 않고 보편적인 인간역사를 지향했다는 점을 보여준다. 이를 통해 이기백의 민족적 관심이 변용되어 되었다는 것을 알 수 있다.

특히 이기백은 민족, 민족성, 민족사란 용어를 사용하지 않고 한국사를 '한국인의 역사'라고 함으로써 종전의 한국민족이 한국인으로 바뀌었다. 이기백은 1967년 출판된『한국사신론』에서 "한국사는 한국민족의 역사로 파악해야 한다"며 민족을 강조했다. 1976에 나온 개정판『한국사신론』에서 "역사는 곧 인간의 역사이며, 한국사는 곧 한국인의 역사"라고 서술함으로써 인간중심의 역사로 전환했다. 또 그는 "한국사의 주인공은 곧 한국인이고 이 한국인은 물론 한국민족이란 말로 대치시킬 수 있다"라고 한국민족을 드러내고 있으나 한국사의 주체를 내세우는데 '한국인'이란 용어가 더 적절한 표현으로 생각한 것 같다.

즉 그는 역사에서 민족은 인간의 집단이며 그 구성원이 공통점보다 차이점이 더 많기 때문에 민족을 단순화 시킨 것은 잘못이라는 것이다. 이 말은 민족이 하나의 개별적이고 특수한 존재가 아니라는 것이다. 그리하여 이기백은 역사 활동의 단위로써 민족의 존재를 인정하면서도 구체적인 역사운동의 주체를 민족 속의 다양한 '사회적 존재로서 인간'으로 강조했다. 즉, 민족중심의 역사는 그저 민족의 우월성만을 강조하고 역사의 객관성을 도외시한다는 선입관에 따라 이기백은 역사운동의 주체에 대해 민족보다 인간을 내세운 것으로 보인다. 그는 『민족과 역사』란 저서에 대해 다음과 같이 설명하고 있다.

"이 책의 중심 주제는 우리 민족의 문제이다. 처음부터 마지막까지 한국민족을 하나의 고립된 존재로서보다 인류 속의 한 민족으로서 생각하려한다. 이런 견지에서 나의 관심은 한국민족이 세계 다른 여러 민족들과 마찬가지로 지니고 있는 보편성에 쏠리어 있다. 말하자면 민족이 지니고 있는 특수성을 보편성 위에서 이해하려고 노력했다. 이렇게 민족이 지니는 특수성과 보편성의 올바른 이해에 접근해 보려 노력한 까닭은 그 점이 지금까지 우리 민족에 대하여 가지고 있던 인식의 결점이라고 믿기 때문이다. 그리고 이것이 침략주의자들이 우리에게 남겨준 사고의 찌꺼기를 청산하는 뜻이 되는 것이다."[665]

이렇게 이기백은 민족을 역사의 중심으로 삼았지만 그 관점은 민족주의적이라기보다 인류 보편주의적이다. 결국 그의 인간 중심의 역사는 다원론적이며 말년에 그가 제시한 다원적 보편주의 발전사관 속에서

---

665 이기백, 『民族과 歷史』, V-VI쪽.

민족이란 말을 찾을 수 없다.[666] 즉, 그는 민족을 어떤 절대적인 가치판단의 기준에 의거하여 역사저긴 의미를 추구하는 것을 배격했다. 그리하여 그는 민족주의 사학이 역사를 위해 민족을 연구하는 것이 아니라 민족을 위해 역사를 연구하기 때문에 역사의 과학성이 결핍될 수밖에 없다고 비판했다. 그는 다음과 같이 말한다.

"오늘 날 민족을 지상으로 생각하는 경향이 널리 번지고 있다. 그러나 민족은 결코 지상이 아니다. 이 점은 민중의 경우에도 마찬가지이다. 지상인 것은 진리인 것이다. 진리를 거역하면 민족이나 민중은 파멸을 면치 못한다."[667]

민족과 진리, 혹은 특수성과 보편성은 서로 상반된 개념이다. 그럼에도 불구하고 이기백은 바로 민족의 역사에서 객관성과 보편성을 앞세웠다. 이것은 그가 말한 민족의 역사는 민족을 역사의 중심에 둔 민족주의 사학과 다르기 때문이다. 민족과 진리는 서로 상반된 가치임에도 불구하고 이기백이 이 두 개의 가치를 동시에 추구한 것은 랑케의 실증주의 사학과 다른 새로운 자신의 역사관을 결합시킨 것으로 보인다. 결국 이런 방식으로 역사의 과학화를 추구한 그의 역사사상은 소위 '한국식의 랑케'가 아닐까.[668] 다시 말해 이는 '일제식 랑케 실증주의'를 수용하여 이를 다시 '한국식 랑케 실증주의'로 바꾼 것이 아닐까?

랑케의 실증주의가 프로이센학파로 대변되는 독일 민족주의 사학의 출발점으로 변용되었던 것처럼 일제의 근대 역사학도 랑케의 실증주의

---

666 이기백, 「卷頭 특별 인터뷰」, 『月刊朝鮮』 11월호 (2001), 8쪽.
667 이기백, 『韓國史散稿』, 11쪽.
668 김기봉, 「민족과 진리는 하나일 수 있는가?-이기백의 실증사학」, 297쪽.

사학을 일본 민족주의 사학으로 변질시켰다.[669] 그렇다면 이기백의 실증주의 사학은 랑케와 어떻게 다른가라는 의문을 갖게 된다. 먼저 이기백은 랑케가 역사서술의 핵심으로 삼았던 민족역사의 연구에 대해 큰 관심을 보이며 한국사 서술의 방향에 대해서는 랑케의 실증주의 역사이론 가운데 특수성과 보편성을 부각시켰다. 그럼으로써 그는 한국사학을 과학적으로 체계화시키기 위해 실증주의 사학을 민족 역사의 특수성과 세계사 관점에서 보편성을 동시에 추구했다.[670] 특히 이기백은 "그동안 민족문제에 대한 역사서술에서 특수성과 보편성의 올바른 이론적 이해가 부족하다"고 지적하며[671] "민족역사의 특수성에 대한 인식은 오히려 보편성에 대한 인식을 토대로 이뤄져야 한다"고 강조한다.[672] 이런 시각에서 이기백은 민족주의 역사가들이 민족의 특수성과 고유성에 치우쳐있다고 비판하고 한국사의 올바른 이해를 위해 곧 특수성과 보편성의 조화를 다음과 같이 주장했다.

"한국사도 물론 다른 세계의 모든 민족사의 경우에서와 꼭 마찬가지로 인간 사회를 지배하는 많은 법칙들의 지배를 받고 있는 것이다. 한국사는 결코 한국민족에게만 적용되는 어떤 특수한 법칙의 지배 밑에 놓여있는 것이 아니다. 도시 우리는 그러한 법칙이라는 것을 상상할 수가 없다.

---

669 랑케의 실증주의와 일본의 근대 역사학의 형성에 대한 연구는 특히 스테판 다나카 지음, 박영재, 함동주 옮김, 『일본의 동양학의 구조』, (문학과 지성사, 2004)을 참조할 것.
670 이기백은 민족의 특수성과 인류 역사의 보편성을 동시에 연구하면서 펴낸 사론집이 『한국사학의 방향』이다. 이 책에서 이기백은 한국사학을 보편성과 특수성을 토대하여 민족의 개별성을 인식할 수 있다고 주장하며 민족주의 사학에 대해 한국사 개별성을 우리 민족의 고유한 특수성으로 이해하고 세계사적 보편성을 도외시 한 경향이 있다는 점을 비판했다. 이기백, 「한국사의 보편성과 특수성」, 『한국사학의 방향』 (일조각, 1997), 130-152쪽.
671 이기백, 『民族과 歷史』, 3쪽.
672 이기백, 「한국사의 보편성과 특수성」, 윗 책, 130쪽.

따라서 우리는 한국사를 이러한 보편성을 토대로 하고 보아야 한다."[673]

이기백이 이같이 주장한 바는 민족의 역사를 연구할 때 민족의 고유한 특수성에 의해서 파악할 것이 아니라 세계 모든 나라의 역사에 일반적으로 적용될 수 있는 보편적인 법칙에 의해서 이해해야 한다고 믿었기 때문이다. 따라서 그는 한국사와 세계사가 서로 뗄 수 없는 긴밀한 관계에 있다고 보았다. 이기백의 이 주장은 민족의 역사란 그 나름대로 고유한 법칙에 의해 발전하기보다 여러 민족이 공통으로 적용되는 일번적인 법칙의 영향을 받은 것이며 이것이 역사의 보편성이라는 것이다.

그래서 이기백은 "최근 한국사의 중요성을 강조한 나머지 이를 세계사와 떼어 놓으려는 경향이 농후한데 이것은 결코 환영될 성질이 아니"라고 주장한다. 왜냐하면 이기백이 볼 때 한국사를 지배하는 보편적이 법칙이 하나의 그 민족의 고유한 특수성이 아니라 여럿이기 때문에 이 다원성이 한국사의 특수성을 창조하는 원인이기 때문이다.[674] 그러나 일제 교토학파의

---

[673] 이기백,「한국사의 보편성과 특수성」, 윗 책, 137-138쪽. 이기백의 저서에서 처음으로 보편성과 특수성이 언급된 것은 1990년에 출간된『한국사 신론』에서이다. 1961년에 출간된 그의 첫 저서인『국사신론』에서는 반도적 성격론, 사대주의론, 문화적 독창성의 문제, 정체성 이론 등 식민주의 사관을 중점적으로 비판했고 이어서 1967년에 펴낸『한국사 신론』에서는 식민주의 사관의 비판의 연속으로 한국사의 주체성, 민족성론의 문제점, 한국사의 체계화를 강조했다. 이러한 점은 그가 한국민족의 주체적인 역사를 어떻게 체계적으로 이해해야 하는가에 중점을 두었다는 것을 말해 준다. 이어서 1976년에 출간된 개정판『한국사 신론』에서는 식민주의 사관에 대한 비판에서 벗어나 근대 사학의 전통, 전통의 계승과 발전, 그리고 보편성과 특수성, 한국사 시대구분 등이 강조되고 있다. 이런 변화는 이기백이 식민주의 사관이 청산되었기 때문에 이제 새로운 한국사의 체계화를 하기 위해서 인간 중심의 새로운 시대구분과 한국사의 보편성과 특수성에 관심을 두었다는 점을 보여준다. 특히 이기백이 이 개정판에서 한국사에 나타난 세계사적인 보편성과 특수성의 문제에 주된 관심을 보이고 있는 것은 한국사학을 학문으로서 역사학을 확립하려는 그이 노력을 보여준다. 김용선,「이기백의 저술과 역사연구」, 한림과학원 엮음, 윗 책, 81-83쪽 참조.

[674] 이기백,「한국사의 보편성과 특수성」, 윗 책, 141쪽.

역사관에서 볼 수 있듯이 역사에서 한 민족의 개별적이고 특수한 것들을 통해 역사적 다원성을 이해하는 것이 아니라 다원성에서 민족의 특수성을 찾고자 한 역사연구는 곧 제국주의적 역사사상이다.

이러한 이기백의 역사관으로 보면 역사에서 개별성보다 보편성을 강조한 사회경제사와 마찬가지로 보편적인 법칙에 의해 지배된 역사는 모든 민족의 역사가 동일하다는 것을 의미한다. 그래서 하나의 법칙만이 역사를 지배하는 것이 아니라 다원적인 법칙들이 작용한다. 그러기 때문에 민족 중심의 특수한 역사가 인정되지 않고 역사에서 민족의 개별성이 거부되는 셈이다. 이 점에 대해 이기백은 "민족에 따라 다른 법칙들이 작용한다는 뜻으로서가 아니라 동일한 법칙들이 어느 민족에게나 작용하는 것이지만, 그 법칙이란 것이 하나만이 아니라 여럿이라는 뜻"이라고 설명하고 있다. 이 말대로라면 역사에서 다양한 법칙들이 작용하고 있다는 뜻인데 그렇다면 여러 민족들의 각기 다른 특수성도 존재하는 법이다. 그의 역사관은 이렇게 이중성을 내포하고 있다. 그렇다면 이러한 그의 주장은 랑케의 실증주의 사학과 달리 과학적으로 입증할 수 있는 실증주의가 아니라 형이상학적인 논리 즉, 철학적이다. 결국 이기백이 추구한 실증주의에 입각한 민족주의 사학은 과학적인 바탕으로 한 실증주의 역사가 아닌 자신의 신앙고백 같은 것이다.[675]

이기백의 민족주의 역사관은 한국사의 특수성을 보편적 법칙과 관계 속에서 밝히는 것이 한국사를 올바르게 이해하는 것이라고 생각하고 있지만 이 주장대로라면 민족의 개별성과 특수성은 곧 보편성에 가려지고 만다. 이는 랑케의 실증주의적 민족주의 역사관과 전혀 다르다. 랑케에 따르면 개별은 다른 개별과 관련성을 맺고 있기 때문에 개별 역사의 연구를 통해

---

[675] 김기봉, 「민족과 진리는 하나일 수 있을까? -이기백의 실증사학」, 303쪽.

전체 즉, 보편성을 이해할 수가 있다. 이는 개별 민족의 역사를 통해 보편적인 세계사를 이해하게 된다는 것을 의미한다.

따라서 랑케의 역사의 장점은 역사의 개체나 특수성이 전체나 보편성에 의해 무시되지 않고 오히려 이 개체와 특수성이 보편성을 인식하는 길이라고 강조한 점이다.[676] 랑케에 의하면 민족의 개별성과 특수성은 고유한 것이기 때문에 민족의 역사가 다른 민족의 지배를 받지 않고 독자적으로 발전할 때 여러 민족과 조화를 이룰 수 있다. 이것이 곧 역사법칙이며 보편적 세계사의 개념이다. 따라서 랑케는 개별적인 것은 전체 또는 보편적인 목적을 인식하는데 무력하다는 헤겔의 비판에 대해 관념적이라며 공격했던 것이다. 그래서 랑케는 보편성을 통해 역사의 구체적이고 개별적인 사건들을 인식할 수 없다고 역설했다.[677]

랑케는 개체란 어떤 보편적인 원리에서 벗어나 있는 개별적이고 고유한 것으로 파악했다. 개체는 역사연구의 기초단위이기 때문에 이 개체에 대한 인식이 역사지식의 목적이다. 말하자면 각 민족의 개별적인 역사를 인식하는 것이 보편적 세계사를 이해하는 것이다. 그러므로 각 개별적 민족의 역사가 역사 연구의 기초가 된다. 프랑스 혁명 이후 유럽에서는 기독교적 보편 세계관이 무너지고 그 대신 민족이라는 보편적 세계관이 지배하기 시작했다. 민족주의 시대라는 역사적 상황에서 민족이라는 개별적 역사관이 곧 보편적 역사관보다 더 중시하게 이르렀다. 전통적인 보편적 세계관에서 벗어난 각 민족들은 자신의 조상은 어디에서 왔고 자신의 전통과 문화가 무엇인지를 알고자 했다. 이러한 민족의 가치관이 확산되면서 민족의 역사는 보편적 세계사보다 더 중시하게 되었다.

---

676 김기봉, 「랑케의 'wie es eigentlich gewesen' 본래 의미와 독일 역사주의」, 158쪽.
677 Ranke, "The Pitfalls of Philosophy of History", Georg G. Iggers ed., *The Theory and Practice of History*, (New York : Routledge, 2011), 17-19쪽.

이러한 시대적 흐름에 따라 랑케는 영국, 프랑스 프로이센 등 각국 역사를 연구하여 이를 저술하는데 노력했다. 그는 보편적 세계사를 이해하기 위해서 무엇보다 각 민족의 역사를 알아야 한다고 생각하고 민족의 개별적 고유성과 특수성을 강조함으로써 일반성과 보편성 같은 추상적 개념을 배척했다. 각 개별적 민족의 역사는 이기백이 주장한 바와 반대로 서로 연결되어 일반화 될 수 있는 것이 아니다. 때문에 랑케는 각각 개체, 개별적 민족의 역사가 각기 고유한 성격을 보존할 수 있었다고 생각했다.[678]

왜냐하면 각 민족의 역사를 일반화 시키거나 보편적인 관점에서 보면 개별적 민족의 역사는 사라지기 때문이다. 랑케는 역사 발전의 기본적인 단위로써 민족과 국가를 제시하고 있다. 이 민족과 국가는 특수한 개별적 정신적 토대를 이루고 있으며 민족과 국가 발전은 내재적인 정신의 원리에 따른다.[679] 그러므로 보편성 위에서 민족의 역사를 살피는 것이 아니라 개별적인 민족의 역사에서 보편적 세계사를 이해하는 것이 바로 실증주의 역사이론이다. 즉 랑케는 개체를 통해서 보편으로 나아가는 것, 즉 개체나 특수를 통해 전체나 보편을 이해하는 길을 열었다. 이점에 대해 랑케는 다음과 같이 더욱 분명하게 밝히고 있다.

"도약 없이, 새로운 출발 없이 보편적인 것으로부터 특수한 것으로 도달하지 못한다. …특수한 것으로부터 보편적인 것으로 올라 갈 수 있다. 즉 보편적 이론으로부터 특수한 것을 알 수 있는 길은 없다."[680]

---

678 Ranke, "On the relations of History and Philosophy", Georg G. Iggers ed., 윗 책, 5-7쪽.
679 Ranke, "Über die Idee der Universalhistory", in Herausgeben von Ludwig Dehio und Walther Kienast, *Historische Zeitschrift* Band 178, (München: Oldenbourg, 1954), 291-301쪽.
680 랑케, 「정치대담」, 131쪽

이것이 랑케가 말한 '과거가 본래 어떠 했는가'라는 역사사상이다.[681] 따라서 이기백은 각 민족은 여러 민족의 역사의 영향을 주고받아 발전하기 때문에 보편적인 시각으로 민족의 역사를 보아야 한다는 논리는 랑케의 이론에 대한 잘못된 이해에서 비롯된 것으로 보인다. 즉 특수성과 개별성으로부터 보편성으로 나아가는 랑케의 개념을 거꾸로 이기백은 보편성에서 개별성과 특수성으로 나아가고 있다. 왜냐하면 민족사의 특수성은 다원적인 법칙들의 결합 양상이 서로 다르기 때문에 생긴 결과로 인식했기 때문이다. 이렇듯 보편적인 법칙에 의해 역사가 지배를 받는다면 모든 민족의 역사는 동일하게 전개되어야 한다. 하지만 이기백은 이 보편성의 결합 과정이 각기 민족마다 다르기 때문에 일반화된 역사는 정당한 이해가 아니라고 말한다. 말하자면 보편적인 법칙을 영향을 받은 각 민족은 서로 상이한 조건에서 그 민족의 개별적이고 고유한 역사와 문화를 만들어 왔기 때문에 한국사 경우 다른 나라의 경우와 연결을 지어서 생각해야 보편적인 법칙이 완전한 모습을 드러낸다는 것이다.[682]

이기백은 각 민족의 개별적이고 특수한 역사와 문화를 보편적인 세계사 속에 포함시켜 민족의 역사를 객관화 시켰다. 이는 우리 민족의 역사를 우리 시각으로 서술하는 것보다 다른 민족이 서술하는 것이 객관적이라는 논리이다. 이런 주장은 이기백이 자신이 언급한 민족주의란 고유한 개별적인 것이 아니라 전체 인류 속에 포함된 공통의 문화와 역사를 가진 하나의 민족에 불과하다는 뜻이다. 결국 이러한 역사 논리는 민족 역사의 고유성을 부인하는 것과 다름없다. 랑케와 반대로 이기백은 특수성을 개별성으로 대체하고 있다. 다시 말하면 우리나라 개별적인 역사의 성격을 규정할 때

---

681 김기봉, 「랑케의 'wie es eigentlich gewesen' 본래 의미와 독일 역사주의」, 158쪽.
682 이기백, 「한국사의 보편성과 특수성」, 윗 책, 138-139쪽.

세계사적 보편적 성격을 띤 개념을 가지고 설명해야 한다는 것이다.[683]

결론적으로 말해 랑케는 각 민족의 역사가 개별적이기 때문에 특수한 것이라고 생각한 반면 이기백은 특수하기 때문에 개별적이라고 인식했다. 사실상 민족의 역사에 대한 개별성/특수성/은 같은 의미에 불과하지만 민족의 특수성을 먼저 고려하지 않으면 역사의 보편성에서 개별성은 의미가 없다. 랑케와 이기백의 이런 시각 차이는 어느 주체의 관점에서 역사를 바라보느냐에 따라 생겨난 것이다. 랑케가 말한 역사의 보편성은 각 민족의 개별적 역사의 조화와 균형을 바탕으로 한다. 그러므로 민족의 역사가 개별적이라고 하는 것은 보편적 시각에서 본 것이고 또 특수하다고 하는 것은 민족의 내적인 시각에서 본 것이다.

예컨대 우리 문화와 역사에 대해 우리 민족의 개별성과 특수성이란 시각으로 보면 풍습이나 윤리 혹은 사회적 규범, 생활방식 등은 곧 우리 민족의 고유한 전통이며 역사적 질서이다. 그러나 보편적인 시각에서 보면 우리 민족의 문화와 역사 그리고 전통은 열등하고 미개하며 무질서한 것이다. 이처럼 역사의 개별성 혹은 보편성은 상이한 차이가 있다. 각 민족의 개별적이고 특수한 역사와 문화는 그 민족의 시간적인 경험에 의한 실체이다. 각 민족의 특수성은 보편성으로 이해될 수 없는 법칙을 지니고 있기 때문에 개별성은 보편성을 이해하는 도구인 셈이다. 즉 클로드 레비스트로스의 구조주의에 따르면 인간 정신은 경험적 다양성에서 개념적 단일성으로 나아가고 개념적 단일성에서 의미 있는 종합으로 나아간다.[684]

---

683 이기백, 「나의 한국사 연구」, 『한국전통문화론』(일조각, 2002), 301쪽.
684 클로드 레비-스트로스는 인간의 삶을 이해하고 영위하는 데 있어서 근대의 과학적 합리성이 야만적이고 신비적언 사고에 비해 더 우월하며 유용하다고 생각하지 않았다. Claude Lévi-Strauss, *Savage Mind*, (Chicago : The University Of Chicago Press, 1966)를 보라. 20세기 구조주의는 새로운 역사의 패러다임을 제시해 주었다. 레비스트로스에 의하면 신화, 토템적 제례, 결혼의 규칙 등을 결정하는 문화적 구조는 역사적으로 형성된 것이 아니라 본질적으로 존재하는 것이다. 그러므로 중국 등 다른

이와 반대로 우리 민족의 내적 관점에서 우리의 역사를 보지 말고 외적인 관점에서 우리 민족의 역사를 보아야 한다는 것이 이기백의 역사논리이다. 여기에서 이기백의 역사관은 민족의 관점이 아니라 타자의 시각, 즉 일본의 관점에서 본 '일제식 실증주의'가 아닐까?

이기백은 이처럼 민족 역사의 개별성을 강조하며 민족의 역사를 보는 것이 곧 보편적 세계관이고 역사관이라고 주장한다. 사실상 일반적인 관점에서 보편적 세계사를 보면 강한 민족이 열등한 민족을 지배해 왔다. 이런 관점에서 보면 약소국의 민족은 미개하며 열등하다는 왜곡된 역사서술이 넘쳐나게 된다. 지구상에서 강한 민족보다 약한 민족이 많기 때문이다. 실상 현재의 여러 민족의 역사에는 소수의 민족의 역사가 감추어 진 경우가 많을 것이다. 이와 같이 각 민족의 역사와 문화는 특수한 것이기 때문에 개별적이며 이 개별적 민족의 역사가 강국의 지배를 받게 되면 그 특수한 민족의 역사는 왜곡되고 훼손되어 사라지게 된다. 그러므로 진정한 보편적 세계사는 각 민족의 특수한 역사를 민족의 관점에서 '사실에 입각하여 있는 기대로' 기술해야 한다는 것이 곧 역사적 진리이다. 랑케의 실증주의 사학이 지닌 장점은 바로 여기에 있다.

이러한 랑케의 특수성과 개별성 그리고 보편적 세계사의 개념을 민족의 내적 시각이 아닌 보편성을 내세우며 우리 민족의 역사를 바라보아야

---

민족의 영향으로 인해 민족문화가 형성되는 것이 아닌 만큼 민족의 문화와 역사는 특수한 것이고 개별적인 것이다. 이러한 각 민족의 특수한 문화적 본질은 역사적으로 해석하기보다 설명의 대상이다. 이에 대한 레비스트로스의 저서를 참조할 것. Claude Lévi-Strauss, *Nature, culture et société : Les Structures élémentaires de la parenté* chapitres 1 et 2 (Paris : Poche, 2008) ; *L'Anthopologie dans les sciences sociales, problémes posés son enseignement.* (Paris : Broché, 1954). 그러나 클리퍼드 기어츠는 설명이 아니라 해석의 대상으로 접근할 수 있는 새로운 패러다임을 제시했다. C. Geerts, "Thick Description : Toward an interpretive Theory of Culture" in C. Geerts, *The interpretation of Cultures*, (N. Y., Basic Books), 3-30쪽.

한다는 주장은 일제의 시각에 기초한 식민사관과 다름없다. 랑케는 유럽의 역사에서 보편국가와 보편교회가 개별민족 지배원리로 작용했다는 점을 상기시키며 프랑스 혁명의 이념이 낳은 근대의 보편적 세계관이 다시 유럽 역사에 확산되고 있었던 것에 대해 반역사적인 것이라고 비판적 견해를 보였다. 분명한 것은 랑케가 강조한 바와 같이 특수한 것은 그 자체 속에 보편적인 것을 지니고 있으며, 개별에 대한 인식의 다양성에서 통일성을 이해하게 된다. 그러므로 역사가는 다양한 개별적인 역사에서 보편적인 세계 개념을 이해할 수 있어야 한다.[685] 결국 랑케에게 있어서 세계사에서 최종 단계는 민족국가이다. 그러나 이기백은 민족주의 사학에 대해 보편성과 특수성에 대한 이해가 결여됐다고 비판하고 있다.

"그들의(민족주의 사학자) 민족 관념이 지나치게 고유성을 강조하고 있다는데 문제가 있다. 특히 신채호의 경우가 심하여서 거의 민족을 세계로부터 고립시키고 있다. 신채호가 역사를 우리 민족(我)과 다른 민족(非我)의 투쟁사로 본 것을 혹은 세계사적인 넓은 입장에 서 있는 것으로 생각한다면 이것은 잘못일 것이다. 같은 민족주의 사관의 소유자였지만 랑케는 『강국론』에서 민족과 민족과의 조화-마치 교향곡 같은 조화-를 이루는 면을 생각하였지만, 신채호에서는 이러한 면을 찾을 수가 없다. 그에게는 오직 민족과 민족과의 투쟁만 있을 뿐이었다. 더구나 민족과 민족 사이에 개재하는 같은 인류로서의 공통성에 대해서 생각이 미치지 못하였다. 그러므로 세계성을 띤 사상이나 종교에 대한 인식이 있을 수 없었다. 급박한 민족적 위기에 처한 시대에 생을 누린 그에게 이러한 너그러운 태도를 요구하는 것이 오히려 무리일런지 모른다."[686]

---

685 랑케, 「강대세력들」, 윗 책, 27쪽.
686 이기백, 『民族과 歷史』, 20-21쪽.

이기백의 민족주의 역사에 대한 비판은 이처럼 보편적인 세계사 개념에 기초를 두고 있다. 말하자면 역사는 인류의 공동체를 위해 민족들의 조화를 지향해야 하며 민족의 특수한 역사보다 보편적인 세계사의 개념이 더 중요하다는 것이다. 그러나 랑케는 역사적으로 볼 때 강국과 약소국 관계에서의 세계사는 지배와 피지배만 있을 뿐이기 때문에 각 민족들이 힘을 길러서 서로 힘의 균형이 이뤄질 때 민족들 간의 조화로운 보편적인 세계가 이뤄진다고 말했다. 이 문제에 대해 랑케가 『강국론』에서 주장한 내용에 대해 좀 더 구체적으로 살펴보자.[687]

랑케는 『강국론』에서 "우리가 살고 있는 이 순간의 세계를 매일 그날 일어난 것처럼 명확하게 의심할 바 없이 인식할 수 있도록 하겠다"고 말했다. 이는 근대의 발전 과정에서 잘못된 인식을 바로 잡겠다는 의도에서 비롯된 것이다. 여기서 잘못된 인식이란 당시 어느 국가도 프랑스 대혁명과 1830년 혁명으로 인한 입헌체제의 보편적 흐름을 거스릴 수 없다는 생각이었다. 랑케는 이러한 당시의 경향에 대해 반대하며 지난 150년 동안 프랑스, 영국, 오스트리아, 러시아, 프로이센 등 5개 국가의 발전 과정을 추적한 것이 바로 『강국론』이다. 여기에서 각 국가들이 자체의 국가의 원리를 수립하여 독자성을 추구해 나갔다는 점에 주목했다. 물론 이런 현상은 고대역사에서도 로마제국과 그리스의 사례에서 나타난 바가 있다.

이 같은 열강들의 시대에 유럽 역사에서 한 국가의 힘이 강하면 다른 약소국들은 이에 대응하여 동맹과 연합으로 대처함으로써 '세력균형'을 이루었다. 이렇게 하여 프랑스가 유럽을 지배하려 한 야망에 대항하여 유럽의 여러 국가들은 민족과 민족정신을 내세워 위기를 대처해 나갈 수

---

[687] 랑케의 『강국론』은 1833년 8월에 발간된 『역사정치 잡지 *Historische-Politische Zeitschrift*』제 2권 2책에 발표되었다.

있었다. 이렇듯 랑케는 강국들의 대립과 공존을 통해 세력 균형을 유지할 때 세계사적인 진정한 조화를 이룰 수 있다는 것을 입증했다.

랑케는 강국에게 지배를 받지 않고 독립적이고 자주적으로 국가가 유지되어야 정치도 발전할 수 있고 종교, 문화, 민족 등이 존재할 수 있다고 믿었다. 그러므로 유럽의 강국들은 그들 자체의 국가적 원리가 있으며 이것이 각 민족적인 생활을 실현시켜 주는 것이기 때문에 강국으로의 발전은 각자 국가의 원리를 어떻게 세우고 이를 실현시키느냐에 달려 있다. 랑케의 따르면 민족성이 없는 국가는 존속할 수 없으며 그러므로 강국으로 발전할 수 있는 국가의 원리는 곧 민족정신, 즉 '도덕적 에너지'이다. 위와 같은 설명이 랑케가 말하는 보편적 세계사의 비밀이다.[688]

민족과 민족의 조화를 이루기 위해서는 민족정신에 기초하여 강국으로 발전해야 한다. 조화는 민족과 민족 사이의 지배와 피지배에 대항할 때 생겨나는 법이다. 다른 민족을 지배하려 한 강국에 대항하지 않고 가만히 있으면 결국 지배를 당하게 된다. 이처럼 민족의 역사와 세계사는 지배와 균형으로 이루어져 있다. 그렇다면 누가 랑케가 말한 '세계사의 비밀'을 제대로 이해했을까? 민족주의 역사가 신채호는 다음과 같이 말한다.

> "다른 민족(非我)을 정복하여 우리 민족(我)을 들어내면 투쟁의 승리자가 되어 미래 역사의 생명을 잇고 이를 없애어 다른 민족에게 바치는 자는 투쟁의 패망자가 되어 과거의 역사의 묵은 흔적만 남긴다. 이는 고금 역사에 불변하는 원칙이다."[689]

---

688 이러한 랑케의 『강국론』의 내용에 대한 설명은 레오폴드 폰 랑케의 『강대세력들. 정치대담. 저서전』(신서원, 2014)을 번역한 이상신의 이 책 서문 7-13쪽에 자세히 기술되어 있다.
689 신채호, 『朝鮮 上古史』(동서문화사, 2014), 14쪽.

역시 박은식도 그의 『한국통사』에서 랑케의 『강국론』에서 지적한 바와 같이 세계사의 법칙에 대해 이렇게 말한다.

"지구상 여러 나라를 둘러보니, 어떤 나라는 패자(覇者)가 되고, 어떤 나라는 노예가 되며, 어떤 나라는 흥하고 어떤 나라는 망하지 않았는가. 그 백성의 무력이 강하고 용감하여 사는 것을 가벼이 여기게 되면 패자(覇者)가 되고 흥하게 되며, 그 백성이 문약하고 겁을 먹고 죽음을 두려워하면 노예가 되고 망하게 된다."[690]

그러나 이기백은 민족주의 사학에는 역사적인 발전에 대한 개념이 결여되어 있다고 지적한다. 즉, 이기백에 따르면 신채호의 역사의 시간적 인식은 민족의식의 강약과 투쟁의 승패에 달려 있다며 그것은 반복 사관이 될 뿐이다. 그러므로 이기백은 민족주의 사학이 변증법적으로 대립과 투쟁을 지향하기 때문에 역사의 발전 개념이 없는 것이 가장 치명적인 결함이라고 비판한다.[691] 다음의 글을 보자.

"민족의 역사적 발전 과정을 어떻게 이론적으로 체계화 하느냐 하는 것이다. 물론 한국사는 한국사대로의 특수성이 있을 것임이 분명하다. 이 특수성은 그러나 영구불변의 민족적 성격이거나 민족정신이거나에 의해서 설명될 것이 아니라, 역사적 특수성으로 설명되어야 할 것이다. 한국사의 발전 과정에 대한 올바른 인식은 곧 민족의 새로운 발견을 의미하는 것이다. 고아로서의 한국이 아니라 인류의 한 식구로서의 한국의 발견인 것이다."[692]

---

690 박은식, 『한국통사』(동서문화사, 2014), 529쪽.
691 이기백, 윗 책, 21-22쪽.
692 이기백, 윗 책, 22쪽.

신채호나 박은식 그리고 무엇보다 랑케와 달리 이기백은 역사에서 민족의 특수성을 인정하면서도 이를 민족정신에 의해서 설명하는 것을 거부하고 민족이 아닌 인류 즉, 보편적 세계관에서 인식하고자 했다. 이기백의 이 같은 역사관은 랑케의 실증주의 사학과 다른 면을 보여주고 있다.

메이지 초기 일본 지식인들은 세계사의 보편적 질서에 편입할 수 있는 역사를 개발하기 위해 유럽의 세계사를 수용했다. 그러나 이들은 모든 사회를 지배하는 보편적 법칙을 신봉하고 일본을 이러한 보편적 질서 속에 배치함으로써 이를 아시아에서 탈피하여 서구와 동등한 강국으로 부상시키려는 이념을 만드는데 노력했다.[693] 이러한 메이지 시기 일본 지식인들은 생시몽과 콩트 등이 직면한 과제와 유사성을 보이고 있다. 사회적 분열을 염려하여 유기적 사회를 갈망한 이들은 문명의 진보라는 개념을 이상적 유기적 사회와 결합시켜 그 속에서 구성원들의 조화가 이뤄지는 유기적 세계를 추구했다. 이러한 보편적 질서는 세계사 속의 각 민족의 대립과 분열이 아니라 인류의 조화, 즉 조화를 통한 각 민족의 유기적 결합을 토대로 한다.

랑케의 제자인 리스가 지적하듯이 일본 역사가들은 추상적인 사상만 고집하며 보편적인 지식과 개인의 자율을 반대하여 유기적 공동체를 선택했던 것이다.[694] 이기백은 "한국사의 발전 과정에 대한 올바른 인식이

---

693 福澤諭吉, 「脫亞論」, 『福澤諭吉全集』 第10卷 (東京: 岩波書店, 1960), 238-240쪽.
694 문명사로 시작된 일본 역사의 연구는 필연적으로 공동체를 지속하기 위해 보편주의적 지식과 회의적인 관찰, 개인적인 반성을 간과했다는 회고로 귀결되었다. 그러나 시라토리의 남북이원론과 그의 제자들이 제시한 에가미 나미오(江上津夫)의 기마민족설, 나카네 치에(中根千枝)의 종적사회론은 제국주의 산물로서 콩트의 실증주의와 달리 국제관계를 분쟁관계로 파악하고 팽창과 분쟁, 그리고 전쟁이 적자생존이라는 점을 강조한다. 스테판 다나카, 『일본 동양학의 구조』, 147-148쪽. 예컨대 시라토리는 "한 문화가 강력해지면, 다른 한 쪽에서는 자신의 힘을 증강시켜 그 성장에 대항한다.

민족의 새로운 발견이 아니"라며 "고아로서 한국이 아니라 인류의 한 식구로서 한국의 발견"이라고 강조한다. 그의 역사관은 민족의 특수성과 개별성이라기보다 바로 인류의 공동체의 역사를 의미한다. 이것이 그의 보편적 세계사의 지식에 대한 인식을 보여 주고 있다.

다음의 민족주의 역사에 대한 그의 비판은 이러한 보편적 세계사의 인식을 잘 보여주고 있다.

> "신채호의 역사 서술에 있어서는 그 아(我)가 항상 한국민족이었고 따라서 그의 한국사는 한국민족과 이민족과의 투쟁사였던 것이다. 신채호의 저술 중에서는 을지문덕, 묘청, 최영, 이순신 등 이민족과 대항하여 싸운 인물들의 전기가 상당 부분을 차지하고 있는 것도 그 때문일 것이다. 그리고 조선, 낙랑의 위치를 비롯한 역사지리에 대한 고증에 힘을 들이고 있는 것도 이 때문이었으니, 그것이 결코 고증을 위한 고증이 아니었다는 것을 충분히 이해하리라고 믿는다. 요컨대 신채호의 궁극적인 관심은 한국의 정치적 독립에 있었다. 이것이 그로 하여금 독립운동에 일생을 바치게 하였고 그의 한국사를 이민족과 투쟁사로 만들었던 것이다."[695]

한 걸음 더 나아가 이기백은 "신채호의 민족사관이 표면적으로 이민족과 투쟁사였지만 내면적으로는 고유사상과 외래사상과의 투쟁사로 파악되었다"고 말한다.[696] 이러한 신채호의 민족사관은 곧 민족관념을

---

그렇게 되면 동양의 역사는 적응이나 정체, 아니면 생존과 복속이 벌이는 기나긴 투쟁의 내러티브였다."라고 강조한다. 白鳥庫吉, 「東洋史に於ける南北の對立」, 『東洋史講座』16卷 (1926, 8), 『白鳥全集』, 第8卷 (東京: 岩波書店, 1970), 9-70쪽.

695 이기백, 윗 책, 16쪽.
696 이기백, 윗 책, 17쪽.

지나치게 강조하여 우리 민족을 세계로부터 고립시켰다며 역사를 우리 민족과 타민족과의 투쟁사로 본 것을 세계사적인 넓은 입장에 서 있는 것으로 생각한다면 이것은 잘못이라는 것이다. 즉 그는 신채호에 대해서 민족과 민족 사이에 있는 인류로서 공통성에 대해 생각이 미치지 못했기 때문에 세계성을 띤 사상이나 종교에 대한 인식이 있을 수 없었다고 비판한 것과 달리 최남선에 대해서는 커다란 문화권 속의 한국을 인식했다고 높이 평가했다.[697]

그래서 이기백은 한국사학이 당면한 문제의 초점이 민족이라고 주장한다. 그렇다면 민족의 문제를 역사학의 입장에서 어떻게 이해해야 가장 올바른 것인가. 이기백은 민족의 역사를 역사의 일반성 혹은 세계사와 관련지어 생각하는 경우에 부딪치는 문제에 대해 이렇게 주장했다.

> "여기에서 우리는 역사 발전의 법칙을 생각하게 된다. 그런데 역사 발전 법칙이란 보편적인 것이지 어느 민족에게만 적용되는 특수한 법칙이 있을 까닭이 없다. …역사에 작용하는 법칙은 반복적인 것도 있지만 보다 중요한 것은 도리어 발전적인 법칙인 것이다."[698]

결론적으로 말하면 이기백의 신민족주의는 유기체이고 보편적인 민족주의이다. 콩트는 실증적 연구 방법을 통해 역사적으로 인류사회의 발전을 지배한 보편적인 법칙을 찾으려 했다. 이런 점에서 보면 이기백 등 한국의 실증주의 사학은 랑케가 아니라 콩트의 실증주의 역사관에 가깝다. 그러나 민족의 역사를 보편적 관점에서 볼 때 민족의 개별성과 특수성은 역사인식의 대상에서 중요한 부분이 아니다. 오히려 인류 문화의 공통성과

---

[697] 이기백, 윗 책, 21쪽.
[698] 이기백, 윗 책, 42쪽.

민족 그리고 민족의 공동체 정신이 더 중요한 연구의 대상이 될 수밖에 없다. 예컨대 동양에서 고대에서 근대에 이르기까지 보편적 세계는 곧 중국이다. 근대시기에는 동양에서 제일 먼저 근대화를 이룬 일본이 보편세계이며 현대에는 미국이 보편세계의 중심이 된다. 그러므로 보편적 역사 인식에서 한국은 항상 문화적으로나 역사적으로 열등한 존재일 수밖에 없다. 일제가 우리 민족을 열등한 민족으로 본 것도 이 같은 보편적 역사관에 따른 것이다. 실상 한국사학자들은 일제의 역사가들에 의해 랑케의 보편성과 특수성이 왜곡된 사실을 알고 있었을까.

다음의 민족주의 역사의 문제에 대한 비판에서 한국 실증주의 사학의 본질을 찾을 수 있을 것이다. 이병도는 민족 사학자 정인보에 대해 "그는 한학자로서 역사 전공이 아니기 때문에 우리 학회와는 별로 관계가 없다"라고 말한 것은 실증주의 사학이 민족주의 사학에 대한 배척감을 갖고 있다는 것을 드러내 주고 있는 듯하다. 이점에 대해 이기백은 "진단학회는 역사연구만을 목적으로 한 학회가 아니었기 때문에 어딘가 석연치 않은 데가 있다"고 의혹을 제기했다.[699] 그러나 정인보는 실증주의 사학이 문헌만 중요시하고 역사관이 없는 것에 대해 다음과 같이 비판했다.

"『삼국사기』 등의 우리나라 사서가 남의 기록은 믿고 우리 것을 배척하여 남이 우리를 범한 것을 '계(討)'라 하고 우리가 남을 것을 친 것을 도적 '구(寇)'라 하는 등으로 주객을 전도시켰고 또 중국의 사서가 이긴 것은 쓰고 패한 것은 감추고 땅을 얻은 것은 쓰고 잃은 것은 생략하고 있는 실정인데 우리가 문헌을 존중한다고 하면 역사를 전도시키는 것이 아니겠는가."[700]

---

699 이기백, 윗 책, 39쪽.
700 정인보, 「與文湖岩一書評」, 『薝園園文錄』(태학사, 2006), 上, 331-332쪽.

정인보의 이 말을 듣고 보면, 또 랑케의 실증주의 사학은 앞서 살펴본 바와 같이 단지 문헌만 중시한 역사학이 아니라 민족주의 사학이라는 점을 상기한다면, 한국 실증주의 사학이 랑케의 실증주의 사학과 얼마나 동떨어져 있는가를 알 수 있을 것이다. 이렇듯 정인보는 일본에 유학하여 역사를 공부하고 와서 일본 학자들을 추종한 우리 역사학자들을 비판했다. 따라서 정인보가 한국 실증주의 사학에 대해 역사관이 없다고 지적한 바와 같이 이러한 한국 실증주의 사학의 태도는 바로 일제 역사학자들이 랑케의 실증주의 사학에 대해 지적한 무색무취의 모습을 보여 주는 듯하다.

그러나 일제 역사가들은 역사관을 주장하며 결국 실증주의 사관 속에 황국사관을 내포시킨 점에 비추어 볼 때 한국 실증주의 사학 속에 어떤 의미가 숨겨져 있는지에 대해 한국 역사가들은 꼼꼼하게 생각해 봐야 할 것이다.

한편으로 일제의 식민사관과 민족주의 사관에 대해 사회경제사가들은 이 둘을 함께 싸잡아 비판하고 나섰다. 예컨대 이들은 민족주의 역사가인 정인보에 대해 "조선의 역사적 과정을 세계사와는 전혀 별개의 독립적인 고유한 신성불가침의 '5천년간의 얼'을 탐구하는데 열심이었고 한국 실증주의 사학은 민족의 개별성과 특수성보다 보편성을 더 추구했다"고 비판했다.[701] 즉, 이런 비판은 역사 서술이 민족의 특수성보다 세계사의 보편적이고 일반적인 역사법칙에 의거해야 한다는 것에 바탕을 두고 있다.[702] 마르크스의 좌파 역사학을 추종한 이들 사회경제사학자들은 민족의 역사를

---

701 이청원, 「서문」, 『朝鮮歷史讀本』(東京: 백양사, 1937), 1쪽.
702 이들은 유물사관에 입각하여 한국사를 연구하는데 중점을 두었으며 이 계열의 대표적인 역사가는 백남운, 『조선사회경제사』(東京 : 改造社, 1933)와 『조선봉건사회경제사』(東京: 改造社, 1937), 이청원, 『조선역사독본』(東京: 白揚社, 1937), 전석담, 『조선경제사』(박문출판사, 1949), 이복만, 『이조 사회경제사 연구』(대성출판사, 1948) 등이다.

보편적이고 일원론적인 역사법칙에 의거하여 살펴보고 이를 우리 역사에 적용했던 것이다.

물론 한국 실증주의 사학자들도 일제의 식민주의 사학자 즉 관학 역사가들뿐 아니라 사회경제사학 그리고 민족주의 역사가들을 함께 특수사관으로 배척했다.[703] 그러나 민족주의 사학에 대한 실증주의 사학자들의 비판과 배척은 일제 역사가들이 랑케의 실증주의 사학의 핵심을 변용한 보편적 세계사의 개념을 바탕으로 한다. 일제 역사가들에게 배워 한국사의 주류를 형성하며 근대 한국 역사학의 기초를 닦아온 이병도, 김상기, 이상백, 이기백 등 진단학회의 사학자들은 랑케의 실증주의 사학에서 문헌고증과 사료 비판, 그리고 객관적인 사실추구 등 방법론만을 수용했을 뿐 랑케의 실증주의 사학의 사관인 민족주의 사관에 대해서 주관적인 혹은 이념적인 것으로 인식하고 역사의 객관성과 사실을 왜곡시킬 위험이 있다며 이를 도외시하거나 혹은 다른 문화주의 역사학으로 변질시키기도 했다.

진단학회는 어떤 이념이나 사관에 얽매이지 않고 순수한 역사를 연구한 순수사학으로 평가받고 있지만 이는 달리 말하자면 진단학회는 사관이 없는 역사학을 연구한 것이다.[704] 이 연장 선에서 한국의 실증주의 사학도 사관이 없는 순수사학이라고 할 수 있으나 이는 한국 실증주의 사학이 민족주의 이념을 중시한 랑케의 실증주의 사학과 아무런 관련이 없다는 것을 의미한다. 오히려 실증주의를 표방한 한국 역사학은 일제의 관학 중심지인 도쿄제국대학과 역사철학의 중심지인 교토제국대학 학풍의 영향을 받은 '한국적 일제식 실증주의 사학'의 특징을 보여 주고 있다.

랑케의 실증주의 사학을 수용하면서 변형된 일제식 실증주의 사학과 한국 역사학에 대해 결론적으로 설명하면 다음과 같다. 첫째 랑케의 실증주의

---

703 이점에 대해 이상백, 「序」, 『朝鮮文化史硏究論攷』(을유문화사, 1947), 2-8쪽을 보라.
704 이기백, 윗 책, 37-38쪽.

사학의 연구 방향은 각 민족의 역사에 초점을 두고 각기 개별성과 특수성을 탐구한다. 그러나 일제식 실증주의 사학은 민족의 역사보다 세계사에 초점을 두고 역사의 보편성을 추구한다. 둘째, 한국 실증주의 사학이 민족의 역사를 표방하면서 동시에 일제식 실증주의 사학과 마찬가지로 세계사적 보편성을 추구하고 있다. 이런 점에서 보면 한국 실증주의 사학은 랑케의 실증주의와 일제식 실증주의를 결합한 역사학이다. 따라서 한국 실증주의 사학에 내포된 식민주의 사학에 대한 지적은 결코 놀라운 일이 아니다.

일본의 근대 역사학이 성립될 때 일제 역사가들은 역사의 보편성이 중립적이지 않고 우월과 열등 질서체계와 순서를 낳는다는 점을 인식하고 있었다. 예컨대 세계사적 보편성과 각 민족국가의 개별성의 결합은 모순성을 내포하고 있다. 즉, 보편적 진보는 유럽제국의 성장을 설명해주는 반면 각 민족의 문화들 사이의 위계질서를 정당화시켜 준다. 이 질서 속에 유럽문화는 가장 우월하고 비유럽은 열등한 것이 되어 버린다.[705] 그래서 보편적 세계사 속에 각 민족의 개별성을 두면 그 역사는 존재하지 않는다. 아무 보편성을 강조한다 해도 이것은 강국의 논리이고 자신의 국가적 이상이 보편적 영역에 속하기 때문에 결국 이 역시 객관적이라고 주장했다. 따라서 일제 역사가들은 역사가 정당성을 얻으려면 객관성이어야 한다며 보편주의적이고 객관적이며 일제에 유용한 역사를 서술해 나갔다.[706]

역사서술이 보편주의적이고 객관적이어야 한다는 일제의 역사가의 태도는 오히려 일본에 근대 유럽역사학을 전해 준 랑케의 제자 리스의

---

705 이러한 관점은 Edward Said, *Orientalism* (New York : Patheon Books, 1978)를 볼 것. 이러한 유럽과 비유럽의 문화간 차이를 주장하는 것이 곧 역사철학의 기초이다. Henry Thomas Buckle, *History of Civilization in England*, (Charleston, South Carolina : BiblioLife 2009), 6쪽.

706 Lawrence Stone, *The New History and the Old,*, by Gertrude Himmefarb, *New York Reveiw of Books* (December 17, 1987), 59-62쪽.

의도와 달랐다. 랑케를 이상적인 역사가의 모델로 여겼던 시라토리는 리스의 제자답지 않게 실증주의 역사가라기보다 보편성과 특수성 및 개별성을 통합시켜 나간 역사가이다. 즉, 그는 랑케의 지배경향의 정신을 일본제국주의 정책에 대입시킬 수 있는 가능성을 찾아 낸 것이다.[707] 그러므로 시라토리의 선과학적 역사철학은 일체의 사회 즉, 모든 지역을 지배하려는 군사적 힘에 기반을 두고 있다. 따라서 그의 역사철학은 허버트 스펜스(Herbert Spence)의 사회진화론의 군사적 사회와 시민적 사회의 구분의 의미를 내포하고 있다. 스펜스는 『사회학의 원리 *Principle of Sociology*』에서 군사형과 산업형이라는 두 가지 사회형태가 공존할 수 있으나 사실상 모든 사회는 군사형에서 민주적이고 산업적인 형태로 진화해 간다고 주장한다. 그러나 스펜서의 사회진화는 특히 아시아에 대한 유럽 국가들의 식민지 확장 혹은 제국주의적 침략을 잘 설명해 주고 있다. 국제무대에서 생존하려면 자신의 힘을 길러야 한다는 스펜서의 이러한 적자생존의 법칙은 진보의 틀 속에서 우열의 차이가 발생한다는 것을 보여주고 있다.[708]

이와 같이 세계사적 보편성을 추구한 역사학은 제국주의와 식민주의의 이념에서 나온 것이다. 왜 일제가 랑케의 실증주의 사학을 변형하여 제국의

---

[707] 랑케의 『교황의 역사 *History of Popes*』는 랑케가 기독교라는 주제로 채택한 첫 저서로써 기독교는 특수성을 낳는데 필수적인 보편적 정신이며 그 자체가 역사이고 랑케가 추구한 이상이었다. 그러므로 보편적 정신은 시간과 공간에 따라 특수하게 나타나기 때문에 서로 다르게 발달한 각 민족국가들은 종종 과거의 모습을 수정한다. 가톨릭교회위 부패에 대한 개혁과 새로운 진보는 프로테스탄트, 특히 독일인에게 특수한 것이었다. 다시 말해 지배경향이었던 프로테스탄트적 진보가 독일의 성장을 낳았다는 것이다. 시라토리는 랑케의 이 주제를 이용하여 이 종교적 정신이 일본의 진보를 위한 토대로 여겼다. 그리하여 시라토리는 일본의 정치체제를 '마쓰리고토'라 불리는 종교적 정부라고 강조했다. 이것은 국가의 모든 일을 신이 결정한다는 것을 의미하는 것으로 일본의 신적 존재인 천황의 정치체제를 의미한다. 白鳥庫吉,「日本に於 儒教の順應性」,『白鳥庫吉全集』제10卷 (東京: 岩波書店, 1971), 236쪽.

[708] Peter Duus, "Whig History, Japanese Style : The Min'yūsha Historians and the Meiji Restoration" *Journal of Asian Studies* 33 (May 1974), 415-436쪽.

이념에 부합한 새로운 '일제식 실증주의 사학', 다시 말하면 식민주의 사학을 창안해야 했는지 그 이유는 명백하다. 이것이 곧 조선 식민지화를 정당화하기 위한 문화적 방편이기 때문이다.

만철 조사부 소속 역사가인 하타나 다카시(旗田巍)와 노마 기요시(野問淸) 등은 일제 동양사학자들의 실증주의적 방법론이 제국주의적 정책과 정치적 관련성을 숨겼기 때문에 일제의 역사가들이 만철조사부와 같은 식민주의적 기관에 동조하게 되었다라고 주장한다. 그러나 이들의 비판은 바로 식민주의 정책에 동조한 자신들이 아니라 랑케의 실증주의 사학이 식민주의 역사란 이론적 틀을 보이지 않게 감추었기 때문인 것으로 돌리고 있다. 이들 학자들은 실증적 방법이 사실을 중시하며 선과학적 역사철학을 숨겼다는 것을 인정하면서도 그 역사철학을 랑케의 실증주의 방법론의 탓으로 여길 뿐 그것이 무엇인지 적절하게 지적하지 못했다.[709]

특히 위르겐 하버마스(Jürgen Habermas)가 "실증주의는 객관주의의 주장 뒤에 숨어서 이데올로기 역할을 하는 과학적 역사철학에 바탕을 두고 있다. 객관주의는 규칙적인 방식으로 만들어진 자기만족 속의 사실의 세계를 과학이란 이미지로 포장하여 이러한 사실들의 선험적 본질을 감추고 있다"라고 실증주의에 대한 그의 비판은 한국 실증주의 사학의 본질에 대해 가늠할 수 있게 해준다.[710]

따라서 한국 실증주의 사학이 민족을 강조하면서도 결과적으로 역사의 보편성을 내세우는 것은 여전히 식민사관을 숨기고 그의 영향에서 벗어나지 못한 탓이 아닐까? 역사 연구에서 사료 비판이나 문헌고증은 기본적인 연구 방법론이다. 그러므로 사관이 없는 진단학회 등 한국 실증주의 사학이 추구한

---

709 스테판 다나카, 『일본 동양학의 구조』, 52-53쪽.
710 Jürgen Habermas, *Knowledge and Human Interests*, trans., Jeremy J. Shapiro (Boston : Beacon Press, 1971), 67-88쪽.

무색무취(無色無臭)의 역사는 하나의 역사학이라고 말하기 어렵다. 말이 순수학문이지 사관이나 이념이 없는 역사학은 죽은 학문이다. 이러한 한국 사학의 모습은 한국 실증주의 사학이 의식적이든 혹은 무의식적이든 일제 식민주의 사학의 그늘에서 벗어나지 못하고 있는 근본 이유일 것이다.

### 2) 민족주의 사학과 랑케 실증주의 사학

서구 문화의 전통은 역사의식과 해석을 분리하지 않고 이를 하나로 결합했는데, 이는 유대인과 그리스인 그리고 초기 기독교의 유산으로부터 발전되어 온 것이다.[711] 유대인과 기독교인들은 과거 사건으로부터 의미와 구조 그리고 과정의 지각을 끌어 왔다. 이들에게 있어서 역사는 현재와 미래가 합쳐져 있고 지식의 목적을 향해 불변하게 움직인다.

한편 그리스인들은 비평적이고 과학적인 역사 연구를 강조하면서 과거 사건의 진실을 올바르게 파악하고자 했다. 즉 그리스인들 역사와 신화 사이의 차이는 근본적으로 같았다. 이와 달리 고대 인류는 한정된 역사적 의식을 지니고 있었다. 현실적으로 광범위하게 지속적으로 생존의 위험을 받으면서 살고 있었던 이들 고대 인류는 굶주림, 죽음, 파괴, 재해 등 과거에 대한 공포가 기억에 대한 심리적인 장벽을 쌓았다. 단순한 생존의 트라우마가 과거 사건의 의미를 부정적으로 인식하고 이를 지워버린 것이다. 어느 정도까지 고대인들은 시간의 주기성을 인식하고 있었지만 이들에게 있어서 사건의 개념은 다소 무의미한 순환성에 불과했다.

그러나 이러한 고대인들에게 익숙하고 예측할 수 있는 자연의 순환은

---

711 이에 대해서는 John Burrow, *A History of Histories : Epics, Chronicles, Romances and Inquiries from Herodotus and Thucydides to the Twentieth Century* (New York : Knopof, 2008) 특히 제 2장을 볼 것.

인간 세계에서 발생된 잘 알지 못하고 예견할 수도 없는 사건들을 체계화하는 방식의 길을 열어 주었다. 그래서 종교적인 신화, 전설, 구술로 전해 온 우화 등은 고대인들에게 자신의 기원과 선조들에 관한 지식을 전해주는 방식이 되었다. 이런 이야기들은 흔히 인류가 자연과 더불어 조화롭게 살아 온 황금시대의 존재를 사실로 여기게 한 것이다.[712] 그리스 신화에서 신들은 사랑과 권력을 위하여 서로 경쟁하고 전쟁을 치르기도 하며 실패를 경험하기도 한다. 따라서 완전무결함은 고대 사회에서 초월적 존재의 속성이 아니었다. 그리스에서 남녀 신들은 복수를 할 때 자인함을 보였으며 끔찍한 형벌을 가하기도 했다. 그래서 고대인들은 절망과 좌절에 직면했을 때 이를 초월적인 존재인 신들의 뜻으로 여겼다. 그리스의 신에 대한 불손의 개념은 인간의 자멸적인 오만을 뜻하며 또 도를 지나쳐 일을 그르친 인간들에게 응징의 이유가 되기도 했다. 역시 이러한 신화나 전설에는 정치적인 중요한 의미가 내포되어 있다.

아마 고대 사회 통치자들은 자신들의 부족이나 친족들의 신들과 접촉을 드러내고 강조함으로써 통치권을 합법화했던 것이다. 기록할 문자를 갖지 못한 고대인들은 자신들의 역사를 기록할 수 없기 때문에 이를 구술로 전승하여 기억으로 이어져 왔다.[713] 이 가운데 유대인들은 자신들의

---

[712] 예컨대 성경의 에덴동산이나 아담과 이브 창조 노아홍수 등을 들 수 있다.

[713] Mark T. Gilderhus, *History and Historians : A Historiographical Introduction* (New Jersey : Prentice Hall), 2010), 13-14쪽. 예컨대 이집트인, 수메르인, 앗시리아인, 히타이트인 등은 자신들의 종족의 위대한 인물들의 공적을 상세히 열거하여 이를 비문이나 토판에 새겨서 기원전 2-3천년의 연대를 추정하여 자신들의 기록을 남겼다. 이들이 남긴 역사 기록은 인류 역사의 최초 역사의식의 출현을 보여주고 있다. 이들은 연대의 감각을 보여주고 있으나 내적인 혹은 외적인 관계에 대한 사건의 결과에 대한 해석을 거의 보여주지 못하고 있어서 이들의 기록들은 다른 부족들과 연관이 없는 하찮은 정보를 보여주고 있다. 그러나 이들 고대인들은 왕의 통치기간동안 왕이 이룩한 주요 업적을 연도별로 벽에 새겨서 상세히 전해주고 있다. 이러한 이야기는 벽에 그림을 이용하여 잔혹하고 가학적으로 묘사되고 있는데 이런 부조물들은 정복한 적들에 대한 응징을 기록한 것들이다. 예컨대 앗시리안의 자료들은 왕에 의해서 자행된

역사를 독특한 기록방식을 발전시켜 왔는데 유대인들에게 역사는 그 어떤 고대인들보다 중요한 중요시되어 자기 민족의 존재에 대한 의미와 해석을 위한 수단이었다. 역사과정을 거쳐 고대 히브리인들은 그들의 하나님과 독특한 관계를 만들어 냈다. 즉 자신들을 하나님으로부터 선택받은 민족으로서 인식한 고대 히브리인들은 하나님에 대한 복종과 책임을 중시했다. 이집트에서 해방되어 약속의 땅으로 들어간 이 출애굽 사건은 이들 히브리인들의 의식 속에 새겨진 기억의 역사가 되었다.[714] 유대인들은 신이 부여한 율법에 따라서 살아가야 한다는 신념을 갖게 되면서 이러한 자신들의 관습에 의해서 신의 의지에 순종할 때만이 평화와 풍요로움을 누리게 될 것이라고 믿었다.

따라서 이들은 인간의 역사 속에 신의 손길이 있다는 신념 속에 선과 믿음의 행동에는 신의 보상이 뒤따랐으며 이를 거슬렀을 때에는 응징을 받는다고 생각했다. 이러한 유대인들의 역사기록이 바로 구약이다. 물론 히브리인들의 역사 서술은 종교적 경험과 믿음에 따른 것이지 비평적이고 이성적인 탐구에 의한 것이 아니다. 유대인들은 자기 민족의 삶 속에서 일어난 사건을 확고한 신념에 의해서 해석했다. 유대인의 역사 저술가들은 종종 똑같은 사건을 다양한 구술전승의 여러 형식을 취하고 있다. 그리스인들도 역사 사상의 발전에 큰 영향을 끼쳤는데 그 가운데 오류와 사실을 구별해

---

이러한 행적을 다음과 같이 기록하고 있다. "나는 3000명을 불로 태워 죽였고 그들을 인질로서 봉사하도록 단 한사람도 살려두지 않았다적의 통치자인 후라이(Hulai)의 피부껍질을 벗겨서 내가 파괴하고 불태워서 황폐화시킨 도시의 벽에 펼쳐놓았다", Herbert Butterfield, *The Origins of History* (New York : Basic Books, 1981), 76-77쪽에서 인용.

714 특히 역사와 기억에 대한 역사적 담론은 피에르 노라 지음, 김인중 외 옮김, 『기억의 장소』가 (나남, 2010)를 참조할 것. 특히 기억과 역사의 관계에서 민족의식에 관해서는 김응종, 「피에르 노라의 『기억의 장소』에 나타난 '기억'의 개념」, 『프랑스사 연구』제24호 (2011년 2월), 113-128쪽.

내는 방법으로써 비평적인 역사를 창안했다.

고대 그리스어의 히스토르(*histor*)는 합법적인 논쟁을 해결하는 학식을 지닌 사람을 가리킨다. 질문을 하는 동안 그는 사실을 찾아보고 옳고 그름을 결정한다.[715] 그리스인들은 과거를 순환하는 것으로 묘사하고 그것을 호머의 『일리아드와 오딧세이』와 같이 영웅의 서사시로 만들었다. 구술로 전해 내려온 이 전설은 그리스인들이 설령 역사라고 생각할지라도 엄밀히 말해 역사가 아니다. 오히려 그리스인들은 이를 신들이 인간과 더불어 활동한 설화, 전설, 혹은 신화로 여겼고 또한 초자연적인 힘이 사건의 과정을 설명해 준다고 생각했다. 이러한 역사와 신과의 관계를 통해 역사를 해석하는 것은 근대에도 마찬가지이다. 랑케의 실증주의 사학에서 강조되고 있는 '신의 뜻'은 인간사에서 두드러지게 묘사되고 있다. 역사가 존재하기 이전에 옳고 그름의 판별은 있어야 했다. 헤로도투스와 투키디데스가 이룩한 성과는 그 이후 기록된 모든 역사의 모델이 되었다. 아직도 근대 역사학자들은 이 두 역사가를 가장 위대한 역사가로 여기고 있으며 역사서술사에서도 이 두 사람의 저서를 가장 높이 평가하고 있다.[716] 헤로도투스는 정확한 방법론을 사용하여 재미있는 이야기를 전해주고 있다.

그는 자신이 알고 있는 정보를 당시 인물들의 체험이나 눈으로 직접

---

[715] Michael Grant는 *historie* 란 단어의 의미를 "현상에 대한 이성적이고 설명과 이해의 탐구"를 의미한다고 말한다. 따라서 BC 5세기 헤로도투스와 투키데스는 역사 기술에 합리적인 방법을 사용함으로써 지적인 혁명을 일으켰다고 평가받고 있다. Mark T. Gilderhus, 윗 책, 15쪽.

[716] 최근에 읽기 쉽게 번역된 새로운 판은 학자의 비평적인 호평을 수록하고 있으며 더욱 흥미를 유발하고 있다. 이 새로운 번역본들은 서사시가 아니라 산문체로 되어 있고 마치 저자들이 읽는 독자들에게 직접 이야기를 들려주고 있는 듯한 재미에 빠지게 하고 있다. 이러한 저서는 Herodotus, *The Histories*, trans., Robin Waterfield (New York : Oxford University Press, 1998) ; Robert B. Strassler, ed., *The Landmark Thucydides : A Comprehensive Guide to Peloponnesian War* (New York : Free Press, 1996)를 들 수 있다.

본 기록들과 비교하여 철저하게 검토를 했고 유용한 사료들 예컨대 비문 기록들, 공문서, 공식 기록물 등을 참고했다. 투키디데스는 헤로도투스와 마찬가지로 역사서술의 주제를 전쟁으로 선택했다. 특히 그는 "과거에 무슨 일이 일어 났는가"를 역사의 서술의 주제로 삼으려 했다.[717] 따라서 투키디데스는 미래에 어떤 조치를 취할 것인지에 대한 안내의 지침서로써 역사를 서술하고자 했다. 그는 역사가 똑같이 계속 반복되지 않을지라도 유사한 여건으로 나아갈 것이라고 여기고 이러한 생각 속에서 역사서를 읽은 사람들은 과거로부터 교훈을 얻게 될 것이라는 믿음을 가졌다. 그는 역사 서술에서 정확한 방법론을 사용했으며 따라서 그는 자신이 직접 참여했던 펠로폰네소스 전쟁을 다룬 『역사』란 저서에서 그 전쟁에 대해 그 인관관계를 정확히 연구하여 그 전쟁의 일어난 과정을 확인해 나갔다. 그 역시 역사서술에서 개인적인 동기나 입장에 대해서 지극히 경계하며 조약이나 공문서 등을 사료로 이용하여 객관적인 자세를 유지했다. 투키디데스는 단순히 전쟁 과정만을 서술하지 않고 페리클레스 시대의 아테네 내분과 갈등 그리고 그 제국주의를 혐오하면서 인도주의와 평화를 애호하는 자신의 관점을 보여주었다.

사료를 다루면서도 그는 사실과 허구를 구별하여 역사 그 자체와 서술된 역사를 구분하는 비판적 방법을 수립했으며 역사 파악에서 신적 요소와 운명을 배제하고 인간 행위를 역사의 작용 요소로 여겼다. 또한 그는 역사 진행을 순환적인 것으로 이해하여 역사에 교훈의 의미를 부여했으며

---

[717] 투키디데스는 "전쟁이 일어났을 때에 과거에 발생된 그 어느 전쟁보다 서술할 가치가 있고 위대한 전쟁이 될 것이라는 믿음으로 역사를 썼다"고 설명하고 있다. 그는 역사가 유용한 것이 되길 원했으며 "과거에 무엇이 일어났는가, 그리고 순서에 따라 당연히 유사하게 반복될 것"이라는 기대 속에서 순환적인 시각을 주장했다. Thucydides, *The Peloponnesian War*, trans., J. H. Finley Jr. (New York : Modern Library, 1951), 14쪽.

인간을 정치적 동물로 봄으로써 역사를 정치사 중심으로 파악하고자 했다. 그는 그리스 역사서술을 산문적인 것에서 비판적 서술로 끌어 올림으로써 고대 역사가 중에서 가장 탁월한 역사가의 재능을 보여 주었다.[718] 따라서 투키디데스는 헤로도투스보다 더 많이 세속적인 용어로 사건을 설명하고 펠로폰네소스 전쟁은 신의 의지보다 인간의 행위에 의해서 일어난 것이라고 강조했다. 즉 인간은 자신들의 행위에 대한 결과를 감당해야 한다는 것이다. 그는 사건의 본질에 대해 편견에 사로잡히지 않고 개인적인 생각이나 판단을 고집하지 않았다.[719] 이와 같이 이들의 두 그리스 역사가들은 이후 역사가들에게 많은 영향을 끼쳤다. 랑케는 그리스의 이 두 역사가에게 받은 감명을 이렇게 회상하고 있다.

"나의 연구 자체 속에 이미 역사학적 연구들이 내포하고 문헌학적, 일반 학문적 연구에서 본래의 역사학 연구로 전환은 아주 쉽게 이뤄진다. 나에게 이러한 전환은 1학년 학생들에게 고대 문학의 역사를 가르치는 과제를 맡으면서 이뤄졌다. 이 과제를 일반적인 편람서로만 취급한다는 것이 나의 감정과 본질에 맞지 않았다. 나는 이러한 책들의 편집자들은 원저자의 작품 자체뿐만 아니라 그들의 머리말조차 정확하게 읽지 않았다는 생각이 들었다. 이러한 상태에서 역사와 일반 문학에 대해 어떤 조망이 열리겠는가. 그래서 나는 고대 역사가들의 저서들을 체계적으로 읽었다. 나는 투키디데스에게 몰두했고 헤로도토스를 이제 막 완전히 읽었다. 전설적인 것과 역사적인 것의 연결은 나에게 충분한 감동을

---

718 Mark T. Gilderhus, 윗 책, 16-18쪽.
719 이 점에 대해 David Hume은 "투키디데스의 첫 페이지는 모든 진실한 역사의 시작이다" 라고 평가했다. Michael Grant, *The Ancient Historians* (New York : Charles Scribner's Sons, 1970), 78쪽에서 인용.

주었다."[720]

이후 폴리비우스(Polybius)는 이 두 역사가를 자신의 학문적 모델로 삼고 역사가는 유적의 현장을 반드시 봐야 하며 사료 기록을 활용해야 한다고 강조했다. 폴리비우스의『보편사 *Universal History*』는 로마의 지중해 세계 전체로 확장해 나가는 과정을 서술하고 있는데 그의 이 저서는 그리스의 역사 서술의 전통을 가장 잘 전달해 주고 있다. 특히 두 로마인 케사르(Julius Caesar)와 타키투스(Cornelius Tacitus)는 탁월한 역사가였다. 케사르의『갈리아전기 *Commentaries on the Gallic War*』는 기원전 1세기 중순 골(Gauls), 게르만, 영국(Britons) 등을 자신이 직접 정복한 내용을 상세히 서술하고 있다. 케사르의 이 저서는 다소 흥미가 떨어지지만 그 어느 기록보다 고대 세계의 골(Gauls)지방에 관한 정보를 많이 전해주고 있다. 타키투스는 로마의 위대한 역사가로서 정치, 군사에 관한 주제에 대해 여러 저술을 남겼다. 이 가운데 가장 유명한『로마제국 연대기 *The Annals of Imperial Rome*』는 티베리우스 황제 통치 기간 초기부터 68년까지 제국의 여러 사건들을 다루고 있다. 이 역사서는 로마제국의 통치자들의 타락과 부패 인간성을 묘사하고 있다.

로마 제국의 전형적인 역사가인 타키투스는 국가 관리로서 공공의 덕을 찬양하고 비도덕성, 특히 황제들과 그의 주변의 도당들의 도에 지나친 행동을 비난했다. 인간 본성의 속죄능력이 부족하다고 믿고 있었던 그에게 있어서 세계의 중심인 로마제국은 몰락해 가고 있었던 것이다. 그가 자신의 저서에서 나타내고자 한 주요 주제는 로마제국에 횡행하고 있던 정치적 독재와 덕의 몰락이었다.

---

720 랑케,「자서전」, 231쪽에서 인용.

그는 매년 일어난 사건들에 대해 전통적인 화법의 형식을 사용하여 설명하면서 한사람에게 집중된 정치적 권력의 위험성을 강조했다. 왜냐하면 한 개인의 결점은 국가와 국민 등 다수에게 막대한 피해를 끼치기 때문이었다. 사적인 이익을 위한 투쟁의 비리에 관한 타키투스의 이야기는 살인, 음모 등 온갖 추악한 행위들로 가득 차 있다.[721] 그러는 동안에 기독교 역사관이 출현함으로써 그리스와 로마제국을 주축으로 세계관을 넘어선 보편적인 세계동포주의의 사고가 싹트기 시작했다. 초기 기독교는 역사의식을 발전시키지 않았다. 이들 기독교인들은 작고 폐쇄된 세계 속에서 살고 있고 곧 종말이 온다고 생각했기 때문이다.

이후 이러한 종말이라는 종교적 예언이 실현되지 않는다는 사실을 알았을 때 역사와 직면하게 되었다. 이러한 시기에 랑케가 라이프치히 대학에 입학하여 신학과 고전어학을 공부하고 있을 때 고트프리드 헤르만(Gottfried Hermman) 교수에게서 그리스어 문법을 배웠다. 그리스 문법에 대해 탁월한 그의 강의가 랑케에게 많은 영향을 주었던 것이다. 그는 자신이 해석했던 핀다로스(Pindar)를 학생들에게 이해할 수 있도록 강의했고 특히 『신통기神統記, Theogonie』관한 강의는 랑케에게 위대한 언원학자(Etymolog)로 보이게 했으며 그의 독창성에 큰 감명을 받았다.[722]

그리고 나아가서 랑케는 이 때 투키디데스의 저서를 읽고서 고대에 대한 연구의 기초를 닦았으며 니부르(Niebuhr)에게서 『로마사』를 배웠는데 니

---

721 Mark T. Gilderhus, 윗 책, 19쪽.
722 랑케는 특히 헤르만에 대해 "그에게 다가가지도 않고도 머리를 숙이게 한 위대한 정신의 소유자"라고 칭송했으며 니부르에 대해서는 그의 독일어로 된 역사서에서 깊은 인상을 받았다고 회상했다. 랑케, 「자서전」 윗 책, 214-215쪽. 핀다로스는 고대 그리스의 시인이자 작곡가였다. 그의 시는 후일 동로마에서 많이 읽혔고 서유럽에서는 르네상스시기에 보급되었으나 제한적이었다. 독일에서는 그의 송시(訟詩)가 17세기 독일 인문주의자들에게 알려져 그의 언어 활용의 열정적인 비약, 자유로운 운율 등이 괴테와 휠더린에게 많은 영향을 끼쳤다.

부르는 고대연구에 새로운 개념을 도입하여 랑케에게 큰 영향을 주었다. 랑케의 고대에 대한 연구들은 바로 니부르의 『로마사』를 통해 강력한 자극을 받았는데 특히 그의 이 저서는 첫 번째 독일어 역사 저술이라는 점에서 큰 찬사를 받았다.[723]

그는 대학 졸업 후에 프랑크푸르트-안-데어-오더의 김나지움의 교사 시절에 고대 문학사를 강의하며 헤로도투스, 크세노폰, 리비우스, 살루타티우스(Salutatius), 키케로, 타키투스 등 고대 역사가들의 저서를 체계적으로 공부를 했다. 이 계기로 그는 역사가의 길로 가게 되었는데 다음과 같이 회상하고 있다.

> "이제 비로소 나는 일반적인 역사연구가 시작했고 이 공부는 우선 문헌학적 연구와 결부되었다. 나는 고대 역사가들의 저서를 근본적으로 철저하게 읽었다. 크세노폰(Xenophon)까지 이해하게 되었으며 나에게 새로웠던 것은 그리스 역사가들이 로마사에 관해 서술한 것이었다. 그 다음으로 나는 라틴어의 도움으로 중세 시대로 넘어갔다. 나는 모든 편람서를 무시하며 휴고(Hugo Grotius)에 의해 발간되었던 중세 라틴 역사가들의 작품은 고트족과 랑고바르족에 관한 개념을 처음 제공해 주었다. 도서관은 많은 게르만 연대기를 보유하고 있었다."[724]

여기에서 랑케는 고전을 공부하면서 게르만 민족에 관한 많은 자료를 섭렵한 것으로 보인다. 19세기 초 유럽에 널리 확산되기 시작한 민족주의 사상에 의해 각국들은 자기 민족의 역사 연구에 대한 관심이 높아가자 이에 관한 많은 문헌들을 수집하기 시작했다. 독일에서도 1820년부터 소위

---

723 랑케, 「자서전」, 215쪽. 따라서 랑케는 니부르의 이 저서로부터 자신의 역사 공부에 막대한 영향을 받았다고 술회하고 있다. 랑케, 「자서전」, 267쪽.
724 랑케, 「자서전」, 217-218쪽에서 인용.

『게르만 역사 문헌집 *Monumenta Germaniae Historica*』편찬 작업이 시작되어 중세 게르만족의 연대기와 역사 서술을 수록하여 펴 낸 것이 바로 『게르만 연대기』이다.

랑케가 이들 고대 역사가들에게 배운 것은 '사실의 엄격한 추구' 외에 다른 역사서술의 방식이었다. 예컨대 랑케는 투키디데스에 대해 "극히 상세한 사실을 묘사할 때 특수한 것을 뛰어난 견해로 서술해 나가는 것에 압도되었다"고 말한다. 즉 투키디데스의 역사 서술의 독창성을 높이 평가한 것이다. 특히 랑케는 크세노폰의 『그리스사 *hellenica*』에서 호메로스와 헤로도토스의 세계에 대한 이해와 연결되는 신지학(神智學 Theosophie)을 공부하게 되었고 크세노폰을 통해서 실증적이고 종교적인 역사적 시각을 강화시켜 나갔다. 이것은 랑케가 실증적이고 역사의 신의 뜻을 파악하고자 한 그의 실증적인 역사사상이 이렇게 형성되었다는 것을 보여주고 있다. 특히 랑케는 리비우스의 저서에서 엄청난 감동을 받았다고 자서전에서 술회하고 있다.[725] 랑케에게 가장 매혹적인 관심을 끌었던 리비우스는 로마 공화정 말기 시저가 피살된 이후 벌어진 내란과 아우구스투스에 의해 제국의 성립 등을 겪으면서 로마의 위대함을 드러내고 이에 애국적인 관점에서 『로마건국 이래의 역사』를 서술한 로마 역사가이다. 그는 자료를 다루면서 비판적이지 못했고 로마 자체의 경제적, 사회적 관계를 고려하지 못했다.

그가 중요시 했던 것은 비판적인 작업이나 진실을 추구하기보다 도덕적 교훈과 애국심을 고취시키는 것이었다. 그는 로마의 성공 이유를 정직, 소박, 청렴의 덕목으로 보고 공화정을 정치적 이상을 생각했다. 그러나 그는 로마제국이 수립된 것에 대해 로마가 세계 지배를 통해 신의 뜻을 실현했으며 문명세계를 통합해야 했던 숙명적 사명을 지니고 있었다고 합리화했다.

---

725 랑케, 「자서전」, 234쪽.

이렇듯 랑케는 고대 역사가로부터 배운 역사사상은 바로 사료의 엄격한 비판과 선택 등 실증주의적 역사관이었고 무엇보다 이러한 역사를 서술하는 목적이 바로 민족애, 다시 말하면 민족주의적 애국심을 고취시키는 것으로 이해했던 것이다. 더욱 시저의 『갈리아전기』는 갈리아 지방의 켈트족 국가체제, 그리고 인접한 게르만 민족의 국가 체제에 관해 생생하게 묘사한 가장 중요한 문헌이다. 이 저서는 고대 게르만 민족의 관습과 행활 양식에 대해 객관적으로 설명하고 있어서 사료적 가치가 매우 높다.

랑케는 이 저서를 유럽 역사의 기본 원전으로 보고 고대 켈트족 민족정신을 엿볼 수 있는 저서로 평가했다.[726] 물론 타키투스는 로마제정 출현을 필연적인 것으로 인정했으나 제정시기의 혼란과 황제권에 대해서는 비판적이었다. 그는 로마제국을 전체적으로 살펴보는데 소홀히 했으며 자신의 도덕적 기준을 역사 서술에 적용시키려 했지만 황제권에 대한 비판적인 태도는 역사를 비당파성을 갖게 하여 역사서술의 객관성을 추구했던 로마의 최고 역사가였다. 랑케는 이러한 타키투스의 역사관에 대해 그동안 로마의 역사에서 게르만 민족에 관한 기록이 인종학적인 해석만이 실려 있었으나 타키투스는 게르만 민족의 풍습에 대해 찬사로 묘사되고 있다는 점을 중시했다. 로마에서 더 이상 발견되지 않았던 도덕적 이상이 게르만 민족에게서 완벽한 현실로 나타났다는 것이다. 이러한 타키투스의 역사 서술에 대해 랑케는 극찬을 했다.[727]

이와 같이 랑케는 고전과 고대 역사가들의 저서로부터 역사가로서의 자질과 역사관을 배우게 되었고 무엇보다 게르만 민족에 대한 객관적인 서술을 위한 철저한 사료비판적 방법론을 습득하게 된 것이다. 그는 이러한 공부에서 단지 역사가로서 자세 뿐 아니라 민족정신을 고취시키는데 역사의

---

726 랑케, 「자서전」, 239쪽.
727 랑케, 「자서전」, 240쪽.

중요성도 함께 터득했다. 이렇게 하여 랑케는 역사 연구에서 고대로부터 게르만 민족으로 나아가게 되었다. 그는 일종의 황홀한 기분으로 위고 그로티우스(Hugo Grotius)가 모은 소위 민족이동 시대 및 그 이후에 관한 기록을 읽고 중세 이후 시대를 연구 대상으로 삼았다. 그는 그로티우스가 지은 라틴어로 된 역사가에 관한 저서를 읽고 처음으로 고트인과 랑고바르드인에 관한 개념을 알게 되었다. 또한 그는 게르만의 역사가를 통해 독일 황제의 업적을 알게 되었으며 도서관에서 중세 후기 고대 프랑스 사료집을 발견하여 읽은 것도 이 때이다. 물론 랑케의 중세에 대한 관심은 낭만주의 시대적 흐름에 의한 것이었다.

낭만주의는 1820년대에 일어나 민족의 기원을 발견하고 그 근본까지 소급하여 국가적 요청을 합리화 시키는 흐름이었다. 랑케는 월터 스코트(Walter Scott)의 소설이 주로 지나간 시대의 모든 삶의 모습에 흥미를 일으켰다고 생각하고 그의 역사 소설 『켄틴 더워드 *Quentin Durward*』에서 많은 영감을 얻기도 했다. 랑케는 이 책을 읽으면서 모험공 샤를(Karl den Kühnen)과 루이11세에 대한 내용에서 몇 가지 실망스런 점을 발견했다. 랑케는 이 두 인물에 대한 서술이 역사적 사실과 달랐으며 이 소설의 내용도 필립 드 콘민(Philippe de Commines)의 『회상록 *Memoirs*』과 다른 점을 발견하고 이 내용의 역사적 사실을 밝혀내야겠다고 생각했다. 여기에서 랑케 역사 서술에서 '있는 그대로' 사건의 사실적인 내용을 밝혀내는 것이 역사가의 사명이어야 한다고 생각했다. 이에 대해 그는 다음과 같이 술회하고 있다.

"나는 그가 완전히 비역사적인 특징들을 자신의 서술 속에 적었고 또한 그것들을 마치 자기가 사실인양 믿고 있는 것처럼 설명했다는 점을 용납할 수 없었다. 비교 검토 작업을 통해서 나는 역사적으로 전승되어 온 것들이 낭만주의적 허구보다 더 아름다운 것이며 적어도 흥미가 있는 것이라고 확신한다. 그래서 나는 어디까지나 허구를 피했을 뿐 아니라 나의 작업에서 고안해 낸 것과 꾸며낸 것들을 피하며 엄밀한 사실에 충실하려고 굳게 다짐했다."[728]

랑케는 스코트로부터 게르만 민족의 뿌리를 찾는데 배운 바가 많았으나 역사서술에서 허구와 사실을 엄격하게 구분했다. 더욱 랑케는 고트프리드 헤르만, 칸트, 피히테와 괴테 등으로부터 영향을 받아 강한 민족정신을 형성하게 되었다. 또한 자신의 역사연구는 실증주의적으로 나아가면서 이를 그리스 역사가와 로마 역사가들의 사상과 접합시켰다. 궁극적으로 랑케의 역사연구는 나폴레옹의 이념과 독일 침략, 그리고 독일의 지배에 대한 반항에서 시작 된 것이다. 보편에 대한 개별, 제국적 지배에 대한 민족적인 국가 등 보편적 지배에 대립하는 특수한 생활, 즉, 하나의 커다란 국가 발전의 내적 여러 조건들이 바로 역사 연구의 대상이 되어야 한다는 것이다. 이리하여 과학적인 근대사 연구에 착수한 결과, 1824년 그의 출세작 첫 작품이 바로 게르만 민족의 문화와 역사를 객관적으로 서술한 『라틴적, 게르만 민족의 역사들』이었다.[729]

이상과 살펴 본 바와 같이 랑케의 실증주의는 철저한 사료 비판과 객관성을 바탕으로 한 민족주의적 정신에서 출발하고 있다. 당연히 근대 역사학은 랑케의 실증주의적 민족주의 역사관에서 시작된다. 따라서 근대

---

[728] 랑케, 「자서전」, 271쪽.
[729] 랑케가 헤르만에게 영향을 받은 것은 운률학이 아니라 핀다로스(Pindar)와 헤시오도스(Hesiod) 그리고 그리스 신화에 대한 강의였으며 칸트에게서는 『순수이성비판』, 피히테에게서는 『독일국민에 고함』, 니부르의 『로마사』, 괴테 등에서 민족적 감정을 배웠다고 말한다. 랑케, 「자서전」, 266-269, 273-274쪽.

역사학의 출발은 바로 민족주의의 역사이며 이것이 랑케의 실증주의 사학의 궁극적인 목표이다. 특히 랑케는 역사 발전의 기본적인 단위로서 민족과 국가를 제시했다. 민족과 국가와는 그 민족의 정신에 토대를 두고 있으며 그 발전은 내재적인 정신의 원리 즉 도덕적 에너지에 의해 결정된다. 국가의 정당성은 신이 부여한 신성한 것이고 "만물은 최상의 이념"에 의존하며 이것은 국가들이 그 기원을 신에게 둔다는 뜻"이라고 설명한다.[730]

그러기 때문에 모든 자주적인 국가는 자신의 고유한 생(生), 삶의 과정을 갖고 있으며 또한 이 삶은 자신들의 단계들을 갖고 있기 때문에 살아 있는 모든 것처럼 멸망할 수 있고 그 어떤 다른 어떤 것과도 동일하지 않다. 왜냐하면 국가는 그 자체 생의 원리에 의해 지배받는 개체이자 목적이며 모든 것은 이념에 달려 있는데 바로 그 기원이 신에게 나오기 때문이다. 이와 같이 랑케는 국가를 신성하고 인간 정신의 독창적인 창조물인 신의 사상(Gedanken Gottes)이라고 정의한다.[731] 랑케는 이처럼 국가와 민족이라는 개병적인 개체의 자율적인 생(生)으로 인식하고 신의 섭리에 의한 국가와 민족의 통합의 원리를 유기체론으로 설명하며 역사의 궁극적인 이상으로서 민족과 국가를 강조했다. 다시 말해 랑케는 민족과 국가가 역사 과정의 최종 단계이기 때문에 역사적 발전은 현재의 무한한 확대라는 것이다.[732]

랑케에 따르면 형식적인 것(das Formelle)과 현실적인 것(das Reale)이 있는데 형식적인 것은 보편적인 것(das Allgemeine)이며 현실적인 것은 특수한 것(das Besondere)으로서 생동하는 것으로써 이 둘은 각각

---

[730] 랑케, 「정치대담」, 137쪽.

[731] 랑케, 「정치대담」, 137-138쪽.

[732] 헤이든 화이트(Hayden White), 『19세기 유럽의 역사적 상상력-메타 역사』, 천형균 옮김, (문학과 지성사, 1991), 217쪽. 특히 헤이든 화이트는 19세기 유럽 역사가들은 과거에 일어났던 사건을 설명하기 위해 로망스, 비극, 희극, 풍자 등의 문학적 작업을 통해 설명하고 있다며 랑케의 민족과 국가에 대해서 유기체적으로 설명하고 있다고 분석했다. 헤이든 화이트, 윗 책, 11-60쪽 참조.

구분된다.733 특히 국가의 현존재는 민족정신이 구체화된 것이므로 국가란 현실적, 정신적 본질(das Real-Geistige Wesen)이었다.734 그러므로 민족과 국가는 개체성을 지니고 있고 자체의 고유한 삶의 법칙과 형식을 갖고 있다.

아울러 랑케는 현실적이고 정신적인 본질로써 민족과 국가는 어떤 원리에 의해서 추론될 수 없기 때문에 특수한 것 혹은 개별적인 것으로부터 보편적인 것으로 나아가야 한다고 강조한다.735 당연히 민족국가는 그 어떤 이념이나 사상 혹은 정치적 이유로 인해 전복되거나 소멸시킬 수 없는 절대적 존재이다. 이런 점에서 랑케는 프랑스 혁명에 대해 경계심과 반대의 입장을 보이며 배척한 것은 당연한 일이었다.736 결국 역사적 실체인 개별 국가와 민족만이 역사적 발전의 개체성과 특수성을 지닌다. 그리하여 18세기 말 유럽은 민족과 국가를 결합한 민족국가를 수립하여 정치적 이념과 국민주권, 그리고 사회의 여러 계급들을 조화시킨 근대국가로 나아갈 수 있었다. 이렇게 하여 유럽 민족국가들은 민족의 기원을 중시하고 민족국가의 역사적 발전과 영원성을 추구하게 되었던 것이다.737

이처럼 근대 역사학 즉 랑케의 실증주의 사학은 곧 민족과 국가의 통합된 이념 속에서 탄생된 것이므로 역사는 국가와 민족으로부터 분리될 수 없는

---

733 랑케, 「정치대담」, 126쪽.

734 랑케, 「정치대담」, 131쪽.

735 이 문제 대해 랑케 연구자들은 그에게서 특수와 보편이 다 같이 중요하다고 해석하는 경우가 있다. Leonard Krieger, "Elements of Early Historicism : Experience, Theory and History in Ranke", *History and Theory*, Vol. 14, No. 4 (Dec., 1975), 1-14쪽. 그러나 사실상 랑케는 특수성이 보편성보다 더 근본적인 것으로 중시하고 있으며 이것이 그의 역사 이론이다. 이상신, 「서문」,랑케,『강대세력들, 정치대담, 자서전』, 17쪽.

736 랑케는 1830년부터 1832년에 지인에게 보낸 편지에서 이러한 반감을 잘 보여주고 있다. Lonard Krieger, "Elements of Early Historicism : Experience, Theory and History in Ranke", *History and Theory*, Vol. 14, No. 4 (Dec., 1975), 3쪽.

737 에테엔느 발리바르, 「민족형태 : 그 역사와 이데올로기」, 서관모 옮김, 『이론』, 6호 (1993), 93-134쪽.

관계로 얽혀 있다. 민족에 의해 형성된 국가의 역사는 엄밀하게 말해 민족의 기원과 발전 그리고 문화의 특수성을 배제하고 성립될 수가 없기 때문이다.[738] 랑케의 실증주의 사학에서 볼 때 오로지 민족과 국가만이 역사성을 지닐 수 있다. 그러므로 역사 연구의 본질은 민족과 국가이어야 한다. 그리하여 랑케의 실증주의 사학은 근대 민족국가를 역사의 특수성으로 삼고 역사를 민족과 국가의 역사로 총체적 목표로 하여 국가 이념을 재생산해 오는 역할을 했다.[739] 랑케의 민족주의 사상에 대해 헤이든 화이트(hayden White)는 이렇게 평하고 있다.

> "랑케에게 민족 사상은 하나의 자료일 뿐 아니라 가치이기도 했다. 민족사상은 영원불변이라고 특징지을 때 랑케는 신의 뜻을 드러냈다. 민족은 왔다가 갈 수도 있고 교회는 생겨났다가 사라질 수도 있다. 국가는 흥기했다가 망하기도 한다는 사실을 인정한 랑케는 이러한 변화의 연대기를 서술하거나 혹은 후대에 그 나름의 개별성과 유일성 속에서 그것을 재구성하는 것이 역사가의 임무라고 강조했다. 그러나 민족역사의 본질을 포착하는 것, 그것의 개별성과 유일성을 인식하는 것은 그것에 성격을 부여한 사상을 포착하는 것이며 그러한 행위는 그것들에게 구체적인 역사적 존재로서의 본질을 부여한다. 그리고 그것을 다른 것에 아닌 바로 자신이 되도록 한 단일한 원리를 발견하는 데 있다. 그리고 이 원리는 민족의 이념만이 무한하기 때문에 유일한 것이다."[740]

---

738 Professor Breuilly, "Nationalism and Historians Some Reflections. The Formation of Nationalist Historigraphical Discourse",ed., by Claire Norton, *Nationalisme, Histography and The (Re)construction of The Past* (New Academia Publishing, 2007), 1-25쪽.

739 김헌기,「역사주의 이데올로기와 역사학-랑케의 역사 담론을 중심으로-」,『사림』, 38권, (2011), 284쪽.

740 헤이든 화이트,『메타역사 : 19세기 유럽의 역사적 상상력』, 천형균 옮김, (지식을 만드는

민족주의 사학은 식민사관에 대응하여 한국 근대 민족주의를 바탕으로 한 역사학이다. 민족주의 사학은 우리 민족의 역사와 문화의 주체성과 특수성을 드러내어 민족의 우수성을 입증하려 한 학풍으로써 역사의식을 통해 민족정신을 고취시켜 자주독립을 이루려고 했다. 따라서 이들의 역사연구와 서술은 민족주의 정신의 고취와 자주 독립의 일환이었다.[741] 이에 따라 민족주의 사학은 과거 전통적인 서술체의 역사에서 벗어나 문헌고증과 사료비판을 통한 과학적인 근대 역사학을 확립시키는데 기여를 했다. 민족주의 사학은 조국 독립을 위한 자주적 민족의식을 깨우치는 것을 목적으로 삼았기 때문에 무엇보다 랑케가 강조한 국가의 정신적 본질인 민족정신을 강조했다. 대표적인 민족주의 역사가인 단재 신채호는 일제의 식민으로부터 조선의 독립을 위해 민족의식 자각이 가장 중요하게 생각했다. 따라서 그의 민족주의 역사관은 우리 민족과 타민족과의 투쟁이지만 내용으로는 민족 사상과 외래 사상과의 투쟁이었다. 그러므로 신채호의 민족주의 역사관에서 민족정신을 핵심으로 삼고[742] 낭(郎)을, 정인보는

---

지식, 2011). 원저는 Hayden White, *Metahistory : The Historical Imagination in Nineteen-Century Europe* (Baltimore : Johns Hopkins University Press, 2014), 이다. 화이트는 심오한 구조적 내용은 역사적 주제의 표면 뒤에 놓여있다고 주장한다. 이러한 숨어있는 시적이고 언어학적인 내용은-화이트가 메타역사의 요소라고 부르는- 본질적으로 역사적 설명이 접근하고자 한 패러다임으로서의 역할을 한다. 화이트는 이러한 이론을 바탕으로 마르크스와 헤겔, 니체, 그리고 크로체 등 역사 철학가들의 미슐레, 랑케, 토크빌, 부르크하르트 등 역사가들의 복잡한 서술방식을 분석하고 있다. 메타역사 서술로서 역사 기술에 중점을 두고 있는 역사기술사의 첫 작업은 실제의 진실의 기초로부터 그 상황의 역사를 끌어내고 또한 역사성의 실체로서 서술을 끄집어내며 전자의 추론된 과학성에 기초를 둔 역사와 이념 사이에서 어느 정도로 그 차이점이 의심스러운가를 확인한다.

741 김도형, 「대한제국기 변법론의 전개와 역사서술」, 110 『동방학지』(2000), 139-141쪽.
742 그러나 이러한 민족주의 사학은 일종의 정신사관이며 유심사학(唯心史學)으로서 지나치게 신비주의로 흘러 비과학적이라고 비판을 받고 있다는 것이다. 신형식, 『한국사학사』, 262쪽.

얼, 박은식은 혼을 중시했다.743 신채호는 낭가사상(娘家思想)을 고유한 민족사상으로 인식하여 그 흥하고 쇠하는 것을 한국 민족역사의 성쇠로 여기고 곧 "국가를 민족정신으로 구성된 유기체"로 인식했다.

"민족을 버리면(捨) 역사가 없어 질 것이며(無) , 역사를 버리면(捨) 민족의 그 국가에 대한 관념이 크지 않을지니(不大)…국가가 곧 (旣是) 민족정신으로 구성된 유기체인즉…"744

또한 박은식은 『한국통사』에서 역사는 곧 '혼(정신)'이며 나라의 근본이라며 다음과 같이 강조했다.

"옛 사람이 이르기를 나라는 멸할 수 있으나, 역사는 멸할 수 없다고 하였으니, 대개 나라는 형(형체)이고 역사는 신(정신)이다. 지금 한국의 형은 허물어졌으나 신만이 독존할 수는 없는 것인가. 이것이 통사를 저술하는 까닭이다. 신이 존속하여 멸하지 않으면 형은 부활할 때가 있을 것이다."745

이처럼 박은식은 민족정신 즉 민족의 혼이 죽지 않으면 나라는 다시 살릴 수가 있다고 강조한다. 민족정신 즉, 민족의 혹은 무엇인가. 박은식은 "국교, 국학, 국어, 국문, 국사는 혼(魂)에 속한다"며 "국교. 국사가 망하지 않으면 그 나라는 망하지 않는다"라고 설명한다.746 말하자면 민족의 역사가

---

743 박은식과 신채호의 사상에 대한 비교연구에 대해서는 배용일,『박은식과 신채호 사상의 비교연구』(경인문화사, 2002)를 볼 것.
744 신채호,「讀史新論」,『丹齋 申采浩全集』上 (형설출판사, 1972), 472-513쪽.
745 박은식,「서언」,『한국통사』(동서문화사, 2014), 359쪽.
746 박은식, 윗 책, 529쪽.

곧 민족의 혼이며 정신이다. 그가 『한국통사』를 저술한 이유도 국사가 곧 민족의 혼이기 때문이다. 또한 정인보도 '민족의 얼'을 역사의 근본으로 삼았다. 정인보는 『조선사연구』 제1장 「서론」에서 고조선 역사 연구의 근본을 단군조선 이래로 5,000년간 면면히 이어져 온 '민족의 얼'에서 찾고 한민족의 역사는 바로 이 '민족의 얼'의 역사임을 강조했다. 따라서 그는 역사 연구를 '민족의 얼'을 탐구하는 과정으로 인식하고 역사가의 임무는 '민족의 얼'를 찾는 것이라고 역설했다. 그의 '얼' 사관은 민족정신과 신념을 도외시하고 개개의 사실 규명에 치중한 한국 실증주의 사학과 좋은 대조를 이루고 있다.[747]

나라를 빼앗겨도 정신만 굳게 지키면 언젠가는 국권을 회복할 수 있다고 강조한 그의 역사관은 박은식(朴殷植)의 '국혼(國魂)', 신채호의 '낭가사상(郞家思想)', 문일평(文一平)의 '조선심(朝鮮心)' 등의 민족주의 정신사관과도 일맥으로 상통하고 있다. 민족의 역사는 곧 민족의 정신을 일으킨다. 그러므로 신채호의 낭가사상, 그리고 박은식의 '혼', 정인보의 '민족의 얼' 등은 바로 한민족의 지배이념인 것이다. 이것이 랑케가 말한

---

[747] 위당 정인보는 이 같은 인식에 따라 『조선사연구』에서 한국의 역사를 한민족과 이민족의 투쟁을 중심으로 인식. 기술하면서 그 투쟁의 역사 속에서 의연히 살아 있는 민족의 '얼'을 찾으려 했고, 또 일제의 타율성론을 타파하기 위한 애국적, 민족적 목표를 가지고 한국고대사 연구를 실천으로 옮겼던 것이다. 정인보, 서문, 『朝鮮史 硏究』, 上 (우리역사연구재단, 2012), 정인보는 신채호에 대해 "4천년에 처음 보는 역사가"라고 칭송하여 자신도 신채호의 역사관에 영향을 받았다는 사실을 밝히고 있다. 정인보는 사실상 신채호의 역사관과 다름이 없다. 홍이섭, 「爲堂 鄭寅普」, 『思想界』(1962년, 12월), 217쪽. 정인보에 따르면 우리 민족의 역사는 '민족의 얼'에 의해 좌우 되었다. 따라서 정인보는 『조선고서해제(朝鮮古書解題)』(1931), 『양명학연론(陽明學演論)』 (1933) 등 관련 저술들을 차례로 선보이는 한편 정약용(丁若鏞)의 『여유당전서(與猶堂全書)』 등 선인들의 문집 편찬을 주도하기도 하였다. 이처럼 그는 우리 역사 연구의 전통을 실학(實學)에서 구하고 고전에 대한 해제에 몰두하여 역사의 사료로서 고전을 중시했으며 고전을 바탕으로 우리 역사를 '민족의 얼'에서 찾았다. 그는 당시 『동아일보』에 실었던 「五千年間 朝鮮의 얼」이란 글을 해방 후 『朝鮮史硏究』上.下 (서울신문사간, 1946), 이란 제목으로 출간했다. '조선의 얼'은 이 책 상권 서문 24쪽.

민족정신인 '도덕적 에너지'이다. 그렇다면 한국 실증주의 사학의 시조인 이병도는 우리 민족의 정신을 어떻게 인식했을까.

이병도 역시 화랑도의 도의정신(道義精神)는 외래의 유교사상과 불교사상과 서로 결합하여 신라인의 '지도이념'으로 빛나게 했다고 설명한다. 그는 이 정신이 신라를 강하게 만들어 주었으나 무엇보다 신라인들의 상호 친목(相互親睦), 상호 환락(相互 歡樂)의 공동적 생활과 자연예찬의 탐미적 생활 등 화랑도의 풍류운치(風流韻致)의 생활이 자연 외래의 신선사상과 합작하여 국선(國仙) 혹은 선랑(仙郎)이라는 명칭이 생겼다라고 하여 신선을 외래사상으로 보았다.[748] 그러나 이러한 신라인에 대해 이병도는 이렇게 평가한다.

"초기 신라인들은 인생의 죄악과 암흑면을 거의 알지 못하고 그저 쾌활하고 천진난만하고 원기 씩씩한 명랑한 성격을 가졌기 때문에 낙천적이요 평화적이요 현실적이었다. 신라인의 이러한 사상은 그들의 모든 생활면에서 엿볼 수 있다."[749]

이병도에게 있어서 신라인들은 미개하고 무지해서 낙천적이고 현실적이다. 그러나 그는 이러한 신라인들의 화랑도 생활은 원시 순진무구(純眞無垢)한 생활감정에서 유래하여 전 공동체의 지도이념을 이루었다고 말한다. 또한 이병도는 신라의 고유사상과 유교사상이 결합하여 지행합일(知行合一) 사상이 발전되었다며 이 유교지도(儒敎指導) 원리가 우리 사회의 지도이념과 일치되고 있고 오랫동안 우리의 실천생활을 이끌고 있다고 설명한다. 이러한 그의 설명에 따르면 궁극적으로 중국의 유교가

---

748 이병도, 『國史와 指導理念』, 81-82쪽.
749 이병도, 윗 책, 82쪽.

우리 민족의 지도이념으로 작용해 온 셈이다.[750]

또 불교에 대해 이병도는 "그 원리를 무조건으로 맹목적으로 받아들이지 않고 우리 국민사상과 국정(國情)에 배치(背馳)되지 않는 범위와 정도에서 불교를 채용하여 이런 방향으로 발전시켰다"고 주장한다.[751] 신채호 등 민족주의 역사가와 달리 이병도는 우리 민족의 정신인 지도이념을 우리 고유한 사상보다 중국의 유교에 더 무게를 두었다. 우리 민족정신에 대한 유교의 중요성은 그가 고려시대 김부식의 『삼국사기』에 대한 예찬에서도 표현되고 있다.

우리의 민족사상은 고려 지도층의 이념이 되었으며 고구려를 포함한 삼국에 대한 역사적 민족의식은 무엇보다 삼국사기 편찬에서 뚜렷이 나타났다는 것이다. 이병도는 신라, 백제, 고구려의 삼국이 동족(同族) 즉, 같은 민족이라는 민족의식이 고려시기에 비로소 생겨났으며 김부식을 사대주의에 사로잡힌 유학자이기 때문에 공평하지 않고 자주적인 정신을 무시했다는 비판이 있지만, 김부식의 『삼국사기』나 일연의 『삼국유사』 그리고 이승휴의 『제왕운기』의 단군신화, 권근의 『조선사략』, 서거정의 『동국통감』 등 이후의 모든 종류의 역사가 단군조선으로서 그 시초를 삼은 것에 대해 민족의식의 결과라고 해석했다. 결과적으로 이러한 그의 해석에 의하면 이들 역사서의 의도는 단군을 역사상의 시조로 삼아 우수한 민족을 나타내려 한 것에 불과하다. 달리 말해 이는 민족정신에 의한 우리의 민족주의 역사란 객관적이지 않고 사실적이지도 않은 것으로써, 민족이념에 의해 의도적으로 서술된 주관적인 역사서라는 의미가 아닐까.

이런 관점에서 이병도가 강조한 우리 민족의 '지도이념'의 타협과 협동 정신은 우리 민족의 역사가 주체적이라기보다 타율적이라는 의미를 느끼게

---

750 이병도, 윗 책, 87-88쪽.
751 이병도, 윗 책, 88-89쪽.

한다. 이러한 타율적인 우리 민족의 역사에 대해 일제 식민주의 사학자들은 사대주의로 규정했다. 그러나 타율성을 핵심으로 한 사대주의 이론에 대해 이기백은 지리적 결정론이라며 학문적으로 지지를 받을 수 없다고 비판한다.[752]

알다시피 일제 역사들에 의해 우리 민족의 역사가 중국과 일본, 만주족, 몽고 등 강국에 의해 결정되었다고 규정된 우리 민족역사의 타율성은 사대주의를 특징으로 한다. 그럼에도 불구하고 사대주의가 우리 역사에서 사용되고 있는 이유는 무엇일까. 이 문제에 대해 이기백은 강국을 섬기며 복종하는 타율성의 사대주의란 용어가 민족주의자들에 의해 민족 반역자에 대한 공격의 무기로 사용되고 있다고 비판한다. 즉 이기백은 침략자의 앞잡이가 되어 민족을 그들의 손에 넘긴 매국분자들을 공격하는데 가장 적절한 것이 바로 사대주의이라는 것이다.[753] 이기백은 민족주의 역사가들이 고유사상을 고집하며 외래사상을 사대주의로 몰아 이를 배격하는 것은 옳지 못하다며 다음과 같이 말한다.

"신채호의 『조선사연구초(朝鮮史硏究草)』의 「조선역사상 1천 년 이래 제1대 사건」란 논문을 들 수 있다. 그는 여기서 낭가(화랑)의 독립사상이 민족을 지켜온 데 대해서 유가(儒家)의 사대주의는 침략자와 타협하고 결탁함으로써 민족을 쇠망케 했다고 논했다. 보다시피 신채호는 고유사상을 고집하고 외래사상을 받아들이는 것은 사대주의로 몰아 배격했다. 이러한 국수주의는 소위 사대주의 못지않게 민족에 해로운 것이므로 그의 주장을 전적으로 받아들일 수 없다. 그러나 사대주의를 침략자와 결탁하는 것으로 보려는 의도는 충분히 설득력을 가지는

---

752 이기백, 『民族과 歷史』, 178쪽.
753 이기백, 윗 책, 180-181쪽.

것이라고 믿는다."⁷⁵⁴

그에 따르면 민족주의 역사란 고유사상을 고수하며 사대주의를 외래사상으로 인식하는 국수주의이다. 그러면서 그는 민족주의 역사가 사대주의를 침략자와 결탁하는 것으로 본 것은 설득력이 있다고 말한다. 결론적으로 말하면 민족주의자들이 주장하는 국수주의나 배타주의 이론은 비합리적이고 감정론에 치우친 경우가 많은 반면, 사대주의 이론은 현실에 비추어 생각할 때에 객관적인 진리를 인정할 수 있는 합리적인 역사법칙이 담겨져 있다는 것이다. 따라서 이기백은 사대와 사대주의를 다음과 같이 구분했다.⁷⁵⁵ 그는 먼저 사대주의를 첫째, 사대주의 숙명론, 둘째 관념적 사대주의론, 셋째, 대내적 관점에 선 사대주의론, 넷째, 사대주의 외교정책론 등으로 설명하고 이 가운데 첫째와 둘째 이론은 한국민족과 독립정신을 말살하고 열등의식을 조장하여 식민정책의 정당화하기 위해 일제 식민주의 사학자들이 주장한 것이기 때문에 '일본제 한국 특산물'로 정의했다. 다시

---

754 이기백, 윗 책, 182쪽.『朝鮮史硏究草』는 신채호가 쓴 6편의 조선사에 관한 논문을 엮은 책이다. 1924년 10월 13일부터 1925년 3월 16일까지『동아일보』에 연재한 글을 1929년 조선도서주식회사에서『朝鮮史硏究草』라는 제목으로 간행하였는데, 홍명희(洪命熹)의 서(序)와 정인보(鄭寅普)의 서(署)가 있다. 이 책에 실린 6편의 논문은 주로 한국고대사에 관한 것으로 그 제목은 「고사상이두문명사해석법 (古史上吏讀文名詞解釋法)」, 「삼국사기중동서양자상환고증(三國史記中東西兩字相換考證)」, 「삼국지동이열전교정(三國志東夷列傳校正)」, 「평양패수고(平壤浿水考)」, 「전후삼한고(前後三韓考)」, 「조선역사상일천년래제일대사건(朝鮮歷史上一天年來第一大事件)」 등이다.

755 이기백, 윗 책, 207-208쪽. 사대주의를 지리적 숙명론을 이론화 시킨 미시나 아키히데(三品彰英)의『朝鮮史 槪說』(1940년)의 序說 일부인「朝鮮史 他律性」이으로 여기에서 三品彰英은 "사대란 종주국으로부터 국왕을 승인받고 이에 의례를 다함"이라고 정의한 것에 따르면 "중국 둘레의 여러 나라들에도 해당되는 사실"이라고 말하고 "서양의 경우도 강국의 침략을 받아 그의 지배 밑에 있기는 하였으나 완전한 직속영토가 되지 않은 약소국의 경우, 이와 비슷한 현상들이 있었다"며 "이런 경우 사대주의라고 부를 수 없다"고 말한다. 그러므로 사대주의는 '한국의 특산물'이라고 규정한다. 이기백, 윗 책, 179쪽.

말해 이기백은 "사대와 사대주의는 같은 차원의 개념이 아니라 차원을 달리하는 개념"이라며 사대란 주변 강국에 주체적으로 대응하기 위한 우리의 외교 전략인 반면, 사대주의란 일제 식민주의 사학자들이 이 사대를 일률적으로 악으로 규정한 것으로써 이를 한국사를 지배한 하나의 법칙처럼 내세웠다는 것이다.[756] 그러므로 이기백은 "과거 한국민족이 대외적으로 취하여 온 태도를 객관적으로 정확히 이해할 필요가 있다"며 사대주의를 "외교적인 의타주의(依他主義)와 그리고 문화적인 배외사상(拜外思想)으로 불러야 한다"고 강조하고 "외교적인 의타주의와 문화적 선진 국가에 대한 동경심, 즉 배외를 사대주의라고 부르는 것이 적절치 않다"고 주장한다. 이 말은 한국에 있어서 의타주의나 배외사상이 사실과 다르게 거짓 선전되어 왔다는 것이다.[757] 이에 대한 이기백의 다음의 예를 보자.

> "신라는 당의 군대를 끌어들여 반도를 통일했다고 해서 늘 욕을 먹고 있다. 그러나 신라가 자주성을 잃고 외교를 했느냐 하면 이것은 아니라고 할 수밖에 없다. 신라는 너무 이기적이고 현실적이었다고 평하는 것이 적당할 듯한데, 이것은 오히려 외교의 정도(政道)일 것이다.[758]

이처럼 이기백은 외교적 의타주의 경우에 있어서 신라가 백제의 침략을 받아 나라가 위기에 처하자 고구려의 힘을 빌리려고 했고 그것이 실패하자 당의 힘을 빌린 것이라고 그 예를 들었다. 달리 말하여 자기보다 강한 나라가 침략해 오더라도 혼자의 힘으로 싸워 이겨야지 남과 군사적인 동맹을 맺어 그

---

756 이기백, 윗 책, 184-199쪽.
757 이기백, 윗 책, 200-203쪽.
758 이기백, 윗 책, 202쪽.

힘을 빌리면 나쁘다고 여기는 것은 옳지 못하다는 것이다.[759] 이는 곧 신라가 당의 힘을 빌린 것이 전향적인 외교적 의타주의로써 정당하다는 논리이다.

다음으로 문화적 배외사상에 대해 이기백의 견해는 무엇일까. 먼저 그는 다른 민족의 문화를 받아들였다고 해서 이를 일률적으로 배외사상이라고 할 수 없다고 말한다. 그에 주장에 따르면 문화란 세계성을 띠고 있는 것이기 때문에 선진문화를 받아들여야 민족문화도 발전하게 된다며 다음과 같이 실학사상가 박제가의 『북학의(北學議)』의 예를 들었다.

"18세기 당시 양반들은 중국의 청을 오랑캐라고 하여 그 문화를 무조건 멸시했다. 그런데 북학파에 속하는 학자들이 청의 문화가 한국보다 앞서 있음을 발견하고 우리 문화를 발전시키기 위해 청의 문화를 받아들여야 한다고 주장했다. 그 대표적인 사람이 박제가이며 『북학의』란 책을 지어서 자기주장을 내세웠다."[760]

결론적으로 말해 사대주의는 일제가 우리 민족의 타율성을 주장하기 위해 날조한 것이고 이 사대주의는 민족주의자들이 매국분자들을 공격하기 위해 사용된 용어이므로 이를 배척해야 한다는 것이다. 결국 이러한 역사의 해석에 따르면 외교적 의타 주의와 문화적 배외사상은 신라가 당을 끌어들여 한반도를 통일 시킨 것이며 불교나 유교 등 중국의 선진문화를 수용하여 우리 문화를 발전시킨 것이 된다. 그의 사대주의에 대한 결론을 다음과 같다.

---

759 이기백은 이 점의 예를 들면서 "일본이 러시아와 전쟁을 하기 위하여 영국과 동맹을 맺은 일이 있으나 이런 외국의 경우를 가리켜 의타주의라고 하지 않는다"고 말한다. 이기백, 윗 책, 203-204쪽. 그러나 그의 이런 예가 한반도에서 신라와 고구려 및 백제의 다툼에도 적용될 수 있는지 논의 할 필요가 있다.
760 이기백, 윗 책, 205쪽.

"후진국이 선진국의 문화를 동경하고 이를 받아들인다는 것은 어느 민족에 있어서나 당연한 일이요, 그것이 사대주의일 수 없다, 문화는 결코 혈통이나 국경에 얽매이는 것이 아니다. …밖으로 나타난 현상만을 두고 볼 때는 이렇다 할 다름이 없는 것같이 보이는 일들이라도, 이것을 세밀히 검토하면 정반대되는 성격을 지니고 있는 일이 허다하게 있다. 정치적으로건 문화적으로건 대외적인 태도에 있어서도 역시 그러한 것이다. 그러므로 사대주의라는 말을 분별없이 남용하는 현상은 하루 속히 지양되어야 한다고 믿는다."[761]

이렇듯 한국 실증주의 역사가들에게 있어서 사대주의 밑바탕에는 근본적으로 열등한 우리 민족의 역사와 문화, 이와 달리 모든 면에서 중국은 우수하다는 보편적 역사관이 깔려있다. 그러나 사대주의에 대한 이같은 해석이 객관적이고 보편적으로 보이고 있으나 자칫 이와 같이 사대주의의 의미를 해석하면 국가와 민족의 발전을 위해 불가피한 선택이라는 변명이 그대로 통용될 여지가 있지 않았을까. 친일파도 불가피한 외교적 혹은 문화적 행위하고 한다면 과연 옳은 설명일까? 선진국의 문화를 수용하여 우리 문화를 발전시키는 것은 옳은 일이나 민족의 문화적 자주성을 망각하고 종속된 입장에서 선진국을 섬기는 것은 사대주의이다. 예컨대 청나라를 중국 입장에서 오랑캐로 규정하고 조선을 소중국으로 인식한 하여 중국 명나라를 대신해 오랑케인 청나라와 싸워야 한다는 조선의 사대부의 논리는 바로 사대주의 본질을 말해준다. 이런 사대주의는 바로 유교를 바탕으로 하고 있다.

그래서 신채호는 「삼국통일 및 김춘추 비판」이란 사론을 통해 신라가 당을 끌어 들여 삼국통일을 한 것에 대해 사대주의로 비판을 할 뿐 아니라

---

761 이기백, 윗 책, 211-212쪽.

유교사상이 곧 사대주의 사상이라고 말한다. 즉, 신채호가 낭가사상이라고 부르는 우리나라 고유의 화랑도사상은 곧 독자적인 주체사상으로서 이 고유한 민족사상이 유교에 패하여 조선사가 사대적, 보수적, 속박사상인 유교사상에 정복당했다는 것이다.[762] 신채호가 1920년대 체계화한 민족 고유의 사상인 낭가사상은 한민족의 원시종교인 소도제(蘇塗祭) 신앙에서 유래한 것으로 단군은 고조선을 건국과 더불어 민족적인 구심적인 이념으로써 소도제전을 거행했다. 이것이 부여의 영고(迎鼓), 고구려의 동맹(東盟), 동예의 무천(舞天), 삼한의 소도(蘇塗)로 계승되었다.

이후 이러한 전통은 고구려 태조왕과 차대왕 대에 이르러 선인(仙人)이라는 선배제도로써 국가적 차원의 정치제도로 발전했다. 이때에 낭가사상은 한민족의 주체적인 전통사상으로 확립되었으며 신라의 화랑제도는 고구려의 선배제도를 이어 받아 성장한 것이다. 이러한 낭가사상은 고려 중기까지 이어 오다가 묘청의 난 때 국풍파(國風派)가 유학파(儒學)에게 패하여 쇠퇴했다. 신채호는 유불선(儒佛仙) 가운에 선(仙)이 한민족의 전통사상이라며 이것이 낭가사상의 핵심이라고 설명한다.

이 사상은 신채호의 고대사 인식과 서술의 이론적 근거가 되었고 나아가 일제 식민에서 벗어나 자주독립의 이념으로 발전되었다. 이를 바탕으로 신채호는 역사를 심적 활동상태의 기록이라고 정의했다. 그러므로 신채호에게 낭가사상은 민족의 자주적인 사상이었다.[763] 이에 따라 "국가를 민족정신으로 구성된 유기체"로 인식한 신채호는 외래문화와 사상이 민족정신을 헤치는 요소로 작용한다고 보고 이를 철저하게 배척했다.

---

[762] 신채호,『朝鮮史硏究草』(도디도, 2013), 56장.
[763] 신채호의 이러한 역사인식에 대해서는 다음을 참고하라. 이만열,『단재 신채호의 역사학연구』, (문학과 지성사, 1990), 단재 신채호의 기념사업회 편,『신채호의 사상과 민족독립운동』(형설출판사, 1986), 신용하,『단재 신채호의 사회사상연구』(한길사, 1984), 신일철,『신채호의 역사상연구』(고대출판부, 1981), 김용섭,『한국근대역사학의 성립』(지식산업사, 1976).

신채호는 다음의 외래문화에 대한 비판을 통해 민족정신의 중요성을 강조했다.

"우리 조선은 석가가 들어오면 조선의 석가가 되지 않고 석가의 조선이 되며 공자가 들어오면 조선의 공자가 되지 않고 공자의 조선이 되며 주의가 들어 와도 조선의 주의가 되지 않고 주의의 조선이 되려 한다. 그리하여 도덕과 주의를 위하는 조선은 있고 조선을 위하는 도덕과 주의는 없다. 아! 이것이 조선의 특색이냐? 특색이라면 노예의 특색이다. 나는 조선의 도덕과 조선의 주의를 위해 통곡하려 한다."[764]

실증주의 사학자 랑케도 역시 신채호와 같이 외래문화가 오히려 민족문화를 더 혼란케 하며 민족정신을 훼손한다고 지적했다. 랑케는 16세기 유럽의 자유가 스페인과 프랑스의 대립과 세력균형 속에서 이뤄졌다는 사실부터 설명한『강국론』에서 "유럽의 강자인 프랑스와 대립한 유럽은 분열되었고 무력했으며 프랑스 주재 베네치아 대사 세바스챤 포스카리니(Sebastiane Foscarini)가 말한 바와 같이 심장도 없고 쓸개도 없었다."고 개탄했다.[765] 여기에서 랑케는 강국의 횡포와 힘에 맞서 약소국의 무력함을 지적한 것이다. 막강한 권력은 유럽질서 뿐 아니라 발전의 기반을 해체시킨다. 더 위험한 것은 지배적인 강한 민족의 영향이 약소민족에게 미칠 때 그 민족의 독자적인 발전을 저해한다는 사실이다. 이러한 지적의 예를 랑케는 다음과 같이 말한다.

"지배적인 민족의 영향이 자신의 우세한 문학을 통해 지원을 받고 있다.

---

[764] 신채호,「浪客의 新年漫筆」,『동아일보』, 1925년 1월 25일자. 단재 신채호선생기념사업회 편,『단재 신채호전집』下 (형설출판사, 1972).
[765] 랑케,「강대세력들」, 29쪽.

이탈리아 문학은 자체의 독창적인 과정에서 그 권역을 완성시켰지만 영국 문학은 아직 일반적인 의미로까지 제고되지 못했다. 독일문학이란 당시에는 존재하지 않았다. 프랑스 문학은 경쾌하게, 뛰어나게, 그리고 생기 있게 완성되었고 최상급으로서 전적으로 유럽을 지배하기 시작했다."[766]

이 점에서 랑케의 실증주의 역사는 민족주의 정신을 잘 보여주고 있다. 말하자면 랑케는 세계사적으로 민족적 원리 즉, 민족정신이 국가를 유지시켜주는 원동력으로 파악했다. 유럽의 여러 민족들은 그리스, 로마 혹은 중세 등 여러 시기에 걸쳐 보편적 역사와 문화를 공유하고 있었음에도 불구하고, 강국의 지배력과 영향력에 의해 자기 민족의 역사와 문화의 발전에 많은 저해를 받아 왔다. 랑케는 이러한 법칙이 세계사적 질서였다는 사실을 간파한 것이다.[767] 강국의 지배력은 문학 뿐 아니라 언어와 예절까지 지배를 받는다. 그래서 랑케는 "유럽의 공동체적 성격의 중심점을 파리에서 발견했다"고 말한다.[768] 중국 문화의 영향력을 가장 많이 받아 온 우리 민족이나 일본을 외국인이 보았을 때 "아시아의 공동체적 성격을 중국의 수도에서 발견했다"는 말과 같다. 그래서 일제는 역사적으로 중국의 영향력을 받지 않고 독자적으로 역사와 문화를 발전시켰다는 논리를 통해 일본 민족의 정체성 확립하여 유럽과 대등한 국가로서 이를 뒷받침해 줄

---

766 랑케, 「강대세력들」, 40-41쪽.
767 예컨대 랑케는 알렉산더 대왕 이후 그리스 시대는 공동체적 문화와 군대, 학문, 재정 등이 갖춰져 있었지만 자신들만의 원리를 확립하지 못해 분열과 쇠퇴하게 되었으나 로마시대가 오랫동안 유지한 것은 보편적 문화와 군대의 힘, 막대한 부 외에 자신들만의 원리를 가지고 있었기 때문이라고 설명한다. 그러므로 랑케는 민족적 원리가 국가를 유지하게 하는 힘으로 인식했다. 랑케, 「강대세력들」, 97-98쪽.
768 랑케, 랑케, 「강대세력들」, 41쪽.

역사적 토대를 만들고자 했던 것이다.[769]

　이러한 목적으로 일제 역사가들은 일본을 중국으로부터 분리시키는데 주력했다. 1909년에 나오기 시작한 시라토리의 유교연구는 '동양사'의 본질을 잘 보여주고 있는 대표적인 것이다. 즉 유교가 중국만의 독창적 문화와 사상이 아니라 일본에게도 과거 일부분으로 공통된 것으로 인식한 시라토리는 중국의 고전을 우리의 고전이라고 말하며 유교가 외래 것이 아니라 일본의 것이라는 역사적 당위성을 만들었다. 따라서 시라토리는 우리의 단군 신화를 역사적 사실이 아닌 것으로 설명한 것과 같이 중국의 요, 순, 우가 실제 인물이 아니라 의인화된 고대적 이상의 표현이라고 주장하며, 이 세 명의 신화적 성왕들은 하늘, 땅, 인간의 삼위일체 개념을 대입시켜 순차적으로 만들어진 것이 아니라 동시대의 것으로 해석했다.[770] 이런 식으로 시라토리는 유교를 역사화 함으로써 이를 중국의 기원에서 분리시켰다.[771] 이로써 중국의 보편주의적 사상이었던 유교가 동양사에서 단순한 학설로 전환됨으로써 일본문화는 중국의 보편적 문화와 다른 특수한 것으로

---

[769] 이점에 대해 도쿄제국대학의 철학 교수는 이노우에 데쓰지로는 사학회(史學會)에서 '동양사학의 가치'라는 연설을 통해 새로운 동양학의 분야에 대한 논리적 근거와 계획을 분명하게 밝혔다. 이 논리는 연구를 통해 다른 아시아의 국가에 비해 일본의 높은 진보 수준에 대한 정확한 평가를 전해 줌으로써 일본 학자는 유럽인이 일본인들을 다른 나라 사람들과 구별할 수 있도록 가르칠 수 있다는 것이다. 그러면 그는 서양인들이 일본인들을 중국인으로 부르는 실수가 없을 것이라고 생각했다. 또한 그는 역사의 '숨은 정신'을 드러내기 위해 역사의 흐름과 사건을 이해하는 것이 중요하다고 강조했는데 이 정신은 보편적인 법칙이 아니라 이를 민족과 연결시켰던 랑케의 국지적 측면과 유사하다. 랑케가 "각 민족은 신이 구현한 특수한 정신을 갖는다. 그것을 통해 민족은 현재의 모습으로 있는 것이고 그 의무는 이상을 따라 발전하게 된 것이다"라고 말한 바와 같이 이노우에는 랑케의 주장처럼 각 민족의 문화적 독특성과 특수성에 특권을 부여한 종교적 이상을 강조했다. 이노우에는 메이지 유신 전후의 신도(神道)를 이러한 '숨은 정신'의 일례로 들었다. 井上哲次郎,「東洋史學の價値」,『史學雜誌』 2-24 (1891年 11月), 704-717쪽. 2-25 (1891年, 12月), 788-798쪽. 3-26(1892年, 1月), 1-14쪽.

[770] 白鳥庫吉,「支那古傳說の研究」,『白鳥庫吉全集』第8卷, 381-391쪽.

[771] 白鳥庫吉,「日本に於儒教の順應性」,『白鳥庫吉全集』第10卷, 234-248쪽.

확립되었다.

시라토리가 생각한 이상적인 역사가의 모델은 랑케였다. 그러나 실증주의 역사가로서보다는 그의 영향력 있는 역사학의 경향이 객관적인 연구를 종합할 수 있는 틀을 제공했기 때문이었다. 그는 랑케의 저서 『교황의 역사』를 읽고서 랑케가 설명한 '지배경향', 즉 '지배이념'을 역사에 대입할 수 있는 가능성을 발견했다. 유럽에서 기독교는 특수성을 낳는 보편적인 정신이었다. 이 보편적 정신은 시간과 공간에 따라 특수하게 나타나기 때문에 서로 각기 다르게 개별별적 역사를 발전시켜온 국가는 과거의 역사를 새롭게 해석한다. 종교개혁이 바로 그런 예이다. 그러므로 프로테스탄트는 독일민족에게 특수한 것이었다. 이 프로테스탄트 정신이 바로 독일민족에게 '지배경향'이며 독일의 성장의 힘이었다. 시라토리는 랑케의 이러한 '지배경향'을 이용하여 일본 국민국가의 통일적인 힘을 위하여 종교적 토대를 도입한 것이다. 일본의 정치체제는 종교적 정부로서 국가의 모든 일을 신(神)이 결정한다는 의미를 지니게 됐다.[772]

따라서 시라토리는 민족사상이라는 통합의 원리를 통해 일본의 개별성과 특수성을 발견하고 주체적인 역사적 본질을 나타낼 수 있는 문화를 찾고자 했다. 그러나 그는 랑케와 달리 민족의 차이를 설명하기 위해 민족사상은 '신의 뜻'이 아니라 뿌리 깊은 역사적 개념이었다. 이렇게 하여 그는 민족사상의 근거를 천황제라는 역사적 개념에 연결시켰다. 말하자면 시라토리는 랑케가 개별적 법칙으로 보았던 민족사상을 보편적 법칙으로 변형시켜서 보편주의적 정신을 일본문화에 뿌리를 내리고자 한 당위성을 확립했다.[773] 아처럼 시라토리는 랑케의 실증주의를 효율적으로 이용한 인물이다. 그러나

---

[772] 종교적 정치체제는 정(政)을 소위 '마쓰리고토'라고 읽힌다. 이에 대해 白鳥庫吉, 「日本に於儒教の順應性」, 『白鳥庫吉全集』 第10卷, 36쪽.

[773] 스테판 다나카, 『일본 동양학의 구조』, 102-109쪽.

랑케가 지적한 바와 같이 보편적인 강국의 선진문화는 곧 약소국의 문화의 발전을 저해하고 민족정신을 말살시킨다. 랑케의 이러한 세계사적 관점에서 보면 강국인 중국이나 일본의 선전문화가 곧 우리 고유한 민족문화를 말살시킬 위험 요소를 지니고 있는 것이다.

그렇다면 신채호 등 민족주의 역사가들이 민족정신과 민족 고유의 문화를 강조한 것이 곧 랑케의 실증주의 사학의 객관적이고 합리적인 사고에 충실한 것이 아닐까. 이병도와 이기백 등 한국 실증주의 사학자들은 강국이란 선진국가의 문화를 동경하고 이를 수용하여 우리 문화를 발전시켰다고 긍정적으로 평가한 반면, 신채호등 민족주의 역사가들은 오히려 이런 외래문화가 민족의 고유한 정신과 문화를 혼탁하게 하는 것으로 인식했다. 이렇듯 민족주의 역사가들의 역사관은 랑케의 실증주의 역사적 안목과 일치한다는 것을 알 수 있다.

그러나 한국 대표적인 실증주의 사학자들의 역사관은 이와 다른 입장을 보이고 있다. 한국 실증주의 역사가들은 우리 민족의 역사를 일제의 역사가들처럼 보편적 관점으로 보았으나 민족주의 역사가들은 랑케의 실증주의 사학과 마찬가지로 민족의 개별적이고 특수한 관점에서 보았다. 앞서 설명한 바와 같이 이병도는 우리 민족의 역사를 이끌어 온 '지도이념'으로서 설명한 화랑도 사상이 유교와 결합하여 지행합일(知行合一) 사상을 발전시켰다며 이 유교지도(儒敎指導) 원리가 우리 사회의 지도이념과 일치되고 있고 오랫동안 우리의 실천생활을 이끌고 있다고 말한다. 우리 민족역사를 이끌어 온 민족정신이며 혼이라고 할 수 있는 '지도이념'은 과연 낭가사상일까 아니면 중국의 유교사상일까? 신채호는 유교가 우리 민족의 '지도이념'을 더욱 발전시켜 준 것이라기보다 오히려 우리 민족을 사대주의에 젖어 들게 한 것이라고 보았다. 후진국이 선진문화를 숭배하고 이를 수용하여 자신의 문화를 더욱 발전시켜 가는 것이 '보편적 세계사'라고 정의할 수 있을까?

문화의 교류는 고대 인류 역사부터 이어져 온 일반적인 흐름이다. 이 논리에 따르면 한국 실증주의 역사가들이 주장한 우리 민족의 지도이념과 의타주의 그리고 배외사상은 올바른 해석처럼 보인다. 그러나 이 논리는 앞서 설명한 바와 같이, 일제 식민주의 사학자들이 랑케의 실증주의 사학을 보편적 세계사로 변형시켜서, 일본은 중국의 선진문화인 유교를 수용한 후 이를 자기의 고유문화와 융합하여 독자적인 문화로 발전시켰다는 논리를 내세우며 일본을 중국과 분리시킨 것과 유사하다. 그렇다면 각 민족의 고유한 문화가 선진 외래문화와 혼합되지 않고 그 특수성을 유지한다면 세계의 보편적이며 공동체적 역사의 요소들은 사라지는가?

따라서 이러한 의문에 대해 랑케는 명쾌한 답을 주고 있다. 각 민족들과 그 고유한 문화, 그리고 각 개별국가와 그 원리들의 대립은 세계 공동체를 저지하고 축소시키는 것이 아닌가에 대한 물음에 랑케는 그렇지 않다고 답변한다. 즉, 랑케의 설명에 따르면 프랑스 문학이 유럽을 지배하고 있을 때 사람들은 세계문학에 대해 이야기 하지 않았고 유럽의 대부분 민족들이 자신들의 고유한 문학을 독립적으로, 혹은 상호 대립 관계에서 발전시킨 다음에야 비로소 세계문학에 관한 이념이 파악되었다는 것이다.[774] 이 말은 각 민족들이 선진문화를 받아들여 자신들의 문화를 발전시킨 것이 아니라

---

[774] 랑케, 「강대세력들」, 윗 책, 103쪽. 이러한 이념을 처음 확산시켰던 인물이 괴테였다. 괴테는 "민족들이 일치하여 공통적으로 사고해야 한다고 말 할 수 없다"고 강조하고 "오히려 각 민족들은 오로지 각각 개별적으로 인식되고 파악되어야 한다"며 "그래야 그는 세계 문학 속에서 민족문학들이 서로 교류가 촉진될 수 있다"고 생각했다. 이어 그는 "만일 각 민족들이 서로 사랑할 수 없을 때에는 서로 각자 인내할 줄 알아야 한다"고 말했다. Fritz Strich, *Goethe und die Weltliteratur*. Zweite, verbesserte und erganzte Auflage (Berlin : Francke Verla, 1957). 399쪽. 영문판은 Fritz Strich, *Goethe and World Literature* (Whitefish : Kessinger Publishing, LLC , 2007)가 있다.

타국의 문화와 대립관계에서 먼저 자신의 고유한 문화가 발전되었을 때 선진문화에 눈을 돌리게 된다는 뜻이다. 그러므로 랑케는 모든 문학의 연결은 각 민족의 문학의 독자성을 근거로 할 때 모든 민족들의 문학들이 가장 왕성하게 상호 교류할 수 있다고 강조한다. 만일 다른 민족의 문학이 자기 민족의 문학보다 능가하여 침해한다면 상호 접촉할 수 없게 된다. 따라서 랑케는 국가나 민족의 경우에도 이러한 관계와 다르지 않다고 말한다. 이는 모든 국가와 민족을 하나로 혼합하면 각자 본질이 파괴되기 때문이다. 그래서 랑케는 "각 민족과 그 문화가 각기 분리되어 독자적으로 고유하고 순수하게 완성될 때 여기에서 진정한 조화가 나온다"고 말한 것이다.[775]

그러나 랑케와 반대로 이기백은 "문화란 원래 보편성을 지닌 것이며 세계성을 띠는 것"이라고 강조하고 "한국문화를 논함에 있어 그것이 원래 한국의 고유한 것인가, 외래한 것인가 하는 점은 그렇게 중요한 것이 아니"라며 "보편성을 지향해 나가면서 민족에 따라서 문화가 각기 다른 특수성을 지니게 된 까닭을 이해할 수 있을 것"이라고 주장한다.[776] 이처럼 역사에 대한 인식에서 이기백은 랑케와 정반대의 입장을 보여주고 있다. 그러나 신채호나 박은식 등 민족주의 사학자들이 왜 외래문화를 배척하고 순수한 우리 민족의 고유한 정신과 문화를 강조했는지 그 이유를 바로 랑케의 실증주의 역사관에서 찾을 수 있을 것이다. 다시 말해 이 말의 의미는 신채호, 박은식 등 민족주의 사학자들의 역사관이 랑케의 실증주의 역사관과 부합하다는 뜻이다.

---

775 랑케가 이처럼 보편주의를 부정한 이유는 보편적 세계관이 각 민족과 국가들의 고유성을 훼손시키기 때문이다. 각 민족들의 다양한 특수성이 존중되고 유지되어 각각 방식대로 발전하고 완성될 수 있으려면 혼합이 아니라 분리를 강조한 것이다. 여기에서 진정한 세계사적 조화가 생겨난다. 랑케, 「재건」, 104쪽.

776 이에 대해 이기백은 "문화가 보편성을 띤다 해도 민족에 따라 자연히 변화를 가져오는데 그 이유는 그 문화를 받아들이는 시대적, 사회적 조건이 다르기 때문"이라고 설명한다. 이기백, 『民族과 歷史』, 171-172쪽.

결국 이병도나 이기백의 역사적 관점에 따르면 우리민족의 역사를 이끌어 온 '지도이념'은 민족의 순수한 고유한 사상이 아니라 중국 등 강국의 사상과 문화를 수용하여 우리 고유사상과 문화에 결합시킨 '혼합사상과 문화'이다. 달리 말해 한국 실증주의 사학자들은 사대주의를 일제 식민주의 사학자들과 달리 우리 민족을 열등한 의미로 해석한 것이 아니라 문화적인 보편적인 관점에서 해석했다는 차이점이 있지만 그 본질적인 의미는 다를 바 없다.

이병도는 우리 민족의 고유한 정신인 '지도이념'에 대해 타협과 협동정신이라고 규정하고 과거 우리 민족의 사회생활을 농경중심, 가족중심, 촌락중심의 경제가 그 기반을 이루었던 만큼, 일찍부터 토지에 정착하여 자급자족의 생활을 해왔기 때문에 모든 면에서 '정체성'을 면치 못했다고 설명한다. 그러면서 그는 우리 민족의 역사 원동력인 전통적 지도이념에 대해 두레, 향도(香徒), 계(契), 향약(鄕約) 등 협동정신을 들었다.

이 정신에 의하여 우리 민족은 안정성을 얻어 향토를 사랑하고 현실을 즐기며 평화를 애호하는 동시에 타민족에게 침략을 일삼지 않은 농경중심의 평화 민족인 셈이다. 이어서 이병도는 민족의 혼이며 지도이념인 협동 타협정신, 그리고 모든 협동체의 조직은 농경생활의 씨족사회로부터 생긴 것이라고 주장하며 더 나아가 이 협동정신은 시대와 환경에 따라 배타적이고 폐쇄적인 경향을 띠기도 했다고 덧붙였다.[777] 그러므로 우리 민족의 '지도이념'이란 협동 타협정신이 농경생활에서 비롯된 만큼 이 정신이 곧 우리 민족의 정체성을 초래했다는 결론에 도달한다. 결과적으로 이병도는 우리 민족 지도이념이란 설명을 통해 일제 식민주의 사학자들이 주장한 정체성을 뒷받침해 준 셈이 되고 말았다.[778]

---

777 이병도,『國史와 指導理念』, 109쪽.
778 정체성에 대해서 이기백은 정체성 이론이 (비트포겔,『東洋的 社會의 理論』, 森谷克己, 平野義太朗, 日譯, 1939) 관개 농업에 있어서 원예적 방법이 서영과 같은 고대사회의 형성을 저지하였고 대규모 치수사업은 중앙집권적인 전제적 관인국가(官人國家)를

그러나 한국 사학계에 이론이 없는 실증주의가 만연하고 있다는 상황에서 한국사의 새로운 인식이 필요성에 의해 '내재적 발전론'을 확립한 김용섭은 한국 사학이 진리처럼 여기고 있는 한국사의 정체성과 타율성 이론이라는 벽을 넘기 위해 "농민들의 주체적 관점에서 농민층의 동태를 살피고 한국사의 내적발전 과정을 연구해야 했다"고 주장했다.[779] 이는 일제 식민주의 사학자들이란 외적 관점, 달리 말하면 서구의 보편적 역사 관점에서가 아니라 랑케의 말처럼 주체적으로 개별적 민족의 특수성에서 우리 민족 역사의 발전 과정을 살펴야 한다는 뜻이다.

그래서 김용섭은 실증주의 사학에 대해 "과학으로서 역사가 될 수 없다"며 "실증은 역사학의 기초 조건에 불과한 것"이라고 비판하고 한국사학계에 대해 "빈약한 이론적인 기반 위에서 실증주의에 만족하고 있으면서 넓은 시야와 체계적인 연구를 갖추지 못하고 있다"고 지적했다.[780] 사실상 김용섭은 식민사관의 정체성과 타율성 이론에 맞서 실증주의 사학, 백남운의 마르크스주의 사학, 그리고 신채호로부터 정인보, 안재홍으로 이어지는 민족주의 사학을 바탕으로 한국사의 내재적 발전론을 확립했다.[781]

---

형성케 하였으며 이 변태적인 출발이 그 이후의 역사의 순조로운 발전을 저해한 결과를 초래했다고 주장한다. 그리하여 동양사회에서 옛 왕조가 몰락하고 새 왕조가 등장해도 성격적 차이를 찾을 수 없는 악순환이 되풀이 되었으며 따라서 한국에도 적용된 이 정체성 이론은 소위 서세동점(西勢東漸)의 결과로 동양 여러 나라가 서구 열강의 식민지 내지 반식민지화 했다는 현실에 대한 해명의 필요에서 생겨난 역사적 산물이라는 것이다. 이 이론은 서양인 우월감과 동양인의 열등감이 작용이 하고 있는 것으로 이기백은 중국에서 자본주의 맹아 있었다는 연구가 진행되고 있는 만큼 한국에서도 이런 경향이 대두되어 신라, 고려, 조선의 교체 속에서 발전적인 요소가 있다는 연구를 시도되고 있다고 설명한다. 이기백, 「정체성 이론의 비판」, 『民族과 歷史』, 8-11쪽. 볼 것.

779 김용섭, 「序」, 『朝鮮後期農業史研究(1)』(일조각, 1970).
780 김용섭, 「일본-한국에 있어서의 한국사 서술」, 『역사학보』, 31집 (1966), 142-147쪽.
781 김용섭은 철저한 사료 고증을 통한 역사적 구체성을 찾으려는 방법에 대해서는 실증주의 사학의 영향이 컸으며 다른 문화민족의 역사적 발전 법칙과 마찬가지로 일원론적인 역사 발전 법칙에 의해 한국역사도 다른 여러 민족과 거의 같은 발전과정을 거쳤다는

여기에서 김용섭이 실증을 통해 조선의 농업의 사실을 왜곡한 오류 문제를 바로 잡기 위해 실증을 주요 연구 방식으로 삼았다고 말한 것은 한국사학계가 실증적이지 않다는 의미이다.[782] 이처럼 한국 실증주의 사학자들과 민족주의 역사가들은 우리 민족의 정신과 역사를 바라보는 시각이 각기 다르다. 한국 실증주의 사학자들은 보편적이고 문화적이며 범신론적인 유기적 세계관을 통해 우리 민족의 역사를 살폈다면, 민족주의 역사가들은 개별적이고 특수하며 고유한 민족정신을 통해 우리민족의 발전 과정을 탐구했다.

그렇다면 한국의 랑케는 이병도와 이기백이 아니라 신채호와 박은식 이라고 해야 옳지 않을까. 또한 민족주의 역사가들은 랑케의 실증주의 사학과 마찬가지로 철저한 문헌고증과 사료비판을 근거로 두고 민족주의 정신을 고취시키는 것을 목적으로 삼았다. 그러나 해방 후 일제 식민주의 사학자들에게 역사학을 배운 대부분 한국 실증주의 사학자들은 스스로 민족주의 역사가라고 말면서 한편으로 신채호, 박은식 등 민족주의 역사가들을 비판해 왔다.

이기백은 "일제시대 독립운동을 일으킨 애국지사들은 일제의 식민주의 사관에 맞서 민족적인 자주정신을 일깨울 필요성을 느끼고 우리 문화의 고유한 것, 독자적인 것을 강조하면서 화랑도로서 대표되는 낭가사상과 같은 고유 사상을 강조하고 이것이 민족의 독립정신을 지탱해 왔다고 주장했다"

---

것을 입증한 마르크스 역사학자 백남운을 높이 평가했다. 또한 그는 신채호, 정인보 등 민족주의 사학으로부터는 민족과 민족정신을 기반으로 하여 이를 세계사적 발전논리로 전개하고 체계화 한 점에 주목했다. 그러나 김용섭은 실증주의사학의 실증본위의 연구 방식, 마르크스 사학의 동양적 정체성론, 민족주의 사학의 관념성을 극복할 과제로 삼았다. 윤해동, 「'숨은 신'을 비판할 수 있는가?-김용섭의 '내재적 발전론'-」, 『역사학의 세기』, 255-257쪽.

782 김용섭, 「序」, 『朝鮮後期農業史研究(1)』.

며 "민족의 고유한 것을 내세움으로써 식민사관을 극복할 수 있다고 믿는 주장은 최근에 이르러 더 극단에 이른 듯한 인상을 주고 있다"고 비판하고 그 예로 이들로부터 "『삼국사기』에 나오는 단군의 건국에 관한 기록을 신화가 아니라 사실로 주장하는 것을 들었다"는 것이다.[783] 특히 이기백은 단군신화를 역사적 사실로 믿고 있는 민족주의 역사가의 주장에 대해 이는 국수주의적이라며 이는 식민사관보다 더 학문적인 차원에서 비판해야 한다고 강조했다. 이러한 민족주의 역사에 대해 이 같은 부정적인 시각은 바로 보편적인 세계관에서 비롯된다. 이기백의 관점은 일제의 식민사관이 바로 일본의 국수주의자들에 의해서 만들진 역사관이기 때문에 국수주의 사학과 식민주의 사학은 '한 물체의 두 면'으로 이 두 역사관, 모두 비판의 대상이 되어야 한다는 것이다.

그리하여 이기백은 식민주의 사학을 국수주의 사학의 산물로 보고 이 두 사관을 같은 역사관으로 인식하여 이를 보편주의 사관과 대립관계로 설정했다.[784] 이런 논리에 의하면 민족주의 역사도 국수주의 사학의 성격을 가지고 있는 만큼 보편적이지 않다는 결론에 이른다. 이처럼 랑케의 실증주의 사학과 달리 민족역사에 대한 이기백의 견해는 지나치게 보편적이다. 따라서 이기백은 '선진 민족'의 경험을 '후진 민족'이 수용하여 자기 민족을 발전시켜 나아가기 마련이며 모든 민족이 반드시 독자적인 고유 종교를 가져야 한다는 식으로 생각할 필요가 없다고 주장한다. 이 전제로 이기백은 인류의 보편성에 입각하여 민족의 특수성을 올바르게 인식할 수 있을 때 가장

---

[783] 이기백, 「식민주의 사관 논쟁」, 『韓國史像의 再構成』(일조각, 1999), 3쪽.
[784] 이기백이 민족주의 역사에 대해 비판의 기반은 역사의 보편성에 입각해 있다. 그는 "보편적 이론에 입각하여 구체적 증거를 가지고 분명한 역사적 사실을 확인하는 것이 식민주의 사관을 극복하는 길"이라고 강조한다. 이기백, 「식민주의 사관 논쟁」, 윗 책, 4-5쪽.

바람직한 한국사의 이해 방법이 될 것이라고 강조한다.[785]

랑케의 보편적 세계사의 개념으로 볼 때 유럽에서 보편적 역사는 고대시기의 그리스, 로마, 중세시기의 기독교세계, 그리고 근대에 이르러 프랑스 대혁명의 이념이 보편적 세계관이며 지배경향이었다. 이런 보편적 역사와 문화 속에서 민족의 역사와 문화는 당연히 도외시된다. 그러므로 랑케는 개별적인 민족의 역사를 통해 보편적 세계를 인식할 수 있다고 보고 개별적인 민족주의 역사를 근대 과학적 역사의 틀로 삼아 실증주의 사학을 확립했다.[786] 이런 역사인식 속에서 랑케의 실증주의 사학은 민족의 역사를 보편적 세계사의 핵심으로 삼았다.

다시 말해 보편적 세계사 속에 민족의 역사가 포함된 것이 아니라 민족의 역사 속에 보편적 세계사가 들어 있는 것이다. 역사의 주체는 타인이 아니라 바로 '나'이며 나의 눈으로 내 자신을 바라봐야 한다. 타인은 나를 바라보는 시각이 객관적이라고 하지만 그 기준은 내가 아니라 나를 바라보는 타자이다. 결국 나에 대한 평가는 나를 바라보는 타인의 가치기준에 의해 결정된다. 역사를 바라보는 것도 바로 이와 같다. 이것이 바로 실증주의 역사관의 진정한 의미이다.

그렇다면 이러한 민족주의 사학이 한국 사학의 주류인 실증주의 사학자들로부터 비판을 받는 이유는 무엇 때문일까. 한국사학의 주류를

---

785 이기백, 『民族과 歷史』, 70-71쪽.
786 랑케는 고유한 민족성의 발전을 통해 강국의 침략을 막을 수 있다며 여기서 민족성은 자유주의적, 민족주의적, 공화주의적 경향을 띠는 키메라(Chimär)적이 아니라 본질적인 국가 속에 표현된 민족성을 의미한다. 이를 국수주의적으로 인식하는 것은 지나친 해석이다. 특히 랑케는 개별적 민족의 역사를 통해 보편적인 세계사를 인식할 수 있다고 강조한다. 그러므로 모든 민족의 역사를 하나로 보편적인 관점에서 혼합시키는 것은 각자 민족의 본질을 파괴한다고 주지시켰다. 각 개별 민족국가들을 분리하여 각자 순수하고 고유한 민족성으로 국가가 완성될 때 조화로운 진정한 보편적 세계사가 전개된다고 말한다. 랑케, 「강대세력들」, 윗 책, 103-104쪽.

이루고 있는 실증주의 사학자들은 민족주의 사학이 주관과 이념 혹은 보편성이 결여된 순수역사학이 아니라는 입장을 지니고 있다. 예컨대 이기백은 "민족주의 사학은 관념적인 성격이 강하기 때문에 객관적인 타당성보다 주관적인 신념이 더 중시하는 경향이 많다"며 "객관적인 현실을 중시하는 경우, 오히려 패배주의적인 사상에 물 들은 경우를 찾아 볼 수 있다"고 비판한다.[787]

한국 민족주의 사학은 학문의 객관성을 지닌 고증사학이며 한국 실증주의 사학 역시 엄격한 사실을 고증하여 한국사회, 문화의 특성을 밝히는 객관적인 역사학을 강조한다. 그러므로 한국 실증주의 사학은 1930년대 역사학의 고증학풍이라고 불리고 있다.[788] 한국 실증주의 사학은 역사적 사실을 철저하게 고증하여 체계적이고 객관적으로 역사를 이해하는 것이며 여기에 보편적인 원리를 추구함으로써 우리나라 근대 역사학의 기초를 확립했다는 평가를 받고 있다.[789]

그러나 엄밀히 말해 여기에서 말하는 한국 실증주의 사학은 일제에 의해 수용된 것이며 이는 본래의 랑케 실증주의 사학과 다른 성격을 가지고 있다는 점을 간과하고 있다. 그러나 랑케의 실증주의 사학은 엄격한 문헌고증을 거쳐 보편적인 역사가 아닌 개별적이고 특수한 민족의 역사를 "과거의 있는 그대로 복원하는 서술"하는 과학적 방법론이다. 민족주의 역사가 단재 신채호는 "역사는 역사를 위해 역사를 만드는 것이지 역사 이외에 무슨 다른 목적을 위해 만드는 것이 아니"라며 다음과 같이 역사의 객관성을 강조했다.

---

787 이기백, 『民族과 歷史』, 28쪽.
788 조동걸, 『現代韓國史學史』, 389쪽.
789 홍승기, 「실증사학론」, 『現代韓國史學과 史觀』(일조각, 1991), 43-62쪽.

"역사는 사회의 유동상태와 거기서 발생한 사실을 객관적으로 있는 그대로 적는 것이지, 지은이의 목적에 다라 그 사실을 좌우하거나 덧붙이거나 달리 고칠 것이 아니다. 화가가 사람 모습을 그릴 때 연개소문을 그리자면 재주와 슬기, 풍채와 빼어난 연개소문을 그려야 하고 강감찬을 그리자면 몸집이 작고 초라한 강감찬을 그려야 한다. 만약 이것을 생략하고 저것을 드높일 마음으로 털끝만큼이라도 서로 바꾸어 그리면 화가의 본분에 어긋날 뿐 아니라 본인 면목도 서지 않을 것이다. 이처럼 사실 그대로 영국 역사를 쓰면 영국사가 되고 러시아 역사를 쓰면 러시아사가 되며, 조선 역사를 쓰면 조선사가 된다. 그럼에도 지금까지 조선에 조선사라 부를 수 있는 조선사가 있었는가 묻는다면 그렇다고 대답하기 어렵다."[790]

이처럼 민족주의 역사가들도 역사적 사실을 고증을 통해 객관적으로 서술하고자 한 실증주의 역사에 기초를 두고 있다. 민족역사의 사실적인 기록은 바로 그 역사의 주체인 민족만이 가능하다. 타민족의 시각은 자신의 관점에서 비교하여 우열을 가리기 때문에 역사의 보편성과 객관성이 유지될 수 없다. 그러나 신채호는 역사의 객관성을 강조했음에도 불구하고 그 자신이 역사서술에 주관을 벗어나지 못했고 육당 최남선 역시 사실의 집합이 역사가 아니라고 했으면서도 그 자신이 사실고증이나 나열에 치중했다며 이 학풍은 해방 후에 실증주의 사학이라기보다 문헌 고증학이라고 해도 무방하다는 비판을 받고 있다. 즉, 민족주의 사학은 실증주의 사학에서 벗어나 주관적인 역사관이라는 것이다.[791]

조동걸은 "실증주의 사학을 문헌 고증학이라고 부르는 것이 적절하다" 며 "실증주의 사학이라는 용어가 오랫동안 사용해 온 관성이 있다고 해도

---

790 신채호, 『朝鮮 上古史』(동서문화사, 2014), 17쪽.
791 신형식, 『한국사학사』, 271-272쪽.

식민지 시기의 권력 도피적 실증주의 사학과 해방 후 문헌 고증학과 주관적인 사정이 다른 것"이라고 말한다. 즉, 문제는 문헌 고증학 자체에 있는 것이 아니라 모든 역사학의 방법은 고증절차를 거쳐야 하는 것이 기본 조건이기 때문에 실증주의 사학이나 문헌 고증학 자체가 문제가 아니라 그것에 한정하여 역사학이라고 고집한 학풍의 문제가 있다는 것이다.[792] 사실 모든 역사학의 기본은 엄정한 문헌고증을 거쳐야 한다. 굳이 역사를 실증 혹은 문헌 고증이란 용어를 붙여 나뉘는 것은 타당치 않다. 여기서 논쟁이 되는 쟁점은 바로 실증주의 사학의 본질이 무엇이냐 이며 또한 개별적인 민족주의 아니면 일반적인 보편주의 혹은 객관성 아니면 주관성, 이 두 관점의 차이다. 랑케의 실증주의 사학은 개별적인 민족주의와 객관성을 지닌 역사학이고 한국 실증주의 사학은 일반적인 보편주의와 객관성의 역사학이다. 이 두 역사학 공통점은 바로 역사의 객관성과 사실성에 있다. 그렇지만 한국 실증주의 사학자들은 민족주의가 주관적이기 때문에 객관적이지 않다는 것이고 민족주의 사학자들은 보편주의가 특수성을 인정하지 않고 자기 기준에 따른 관점에서 보기 때문에 객관적이고 사실적이지 않다는 것이다.

　이런 점에서 신채호가 밝힌 바와 같이 민족주의 사학은 문헌고증에 충실하고 민족역사의 객관성과 사실성을 추구한 것인 만큼 한국 실증주의 사학자들로부터 비판을 받을 이유가 없다. 오히려 객관적이고 보편적인 실증주의 사학을 강조하면서 일본의 개인적인 황국 혹은 제국주의 사상이나 주관이 개입되어 변용된 '일제식 실증주의'를 수용한 한국 실증주의 사학이 더 많은 문제점을 지니고 있다. 한국 근대 사학 여명기에 활약한 단재 신채호와 육당 최남선에 대해 이기백은 철저한 민족주의적 사관의 소유자로 지칭하고 있다. 그는 「민족사학의 문제」라는 글을 통해 이 두 민족주의

---

792 조동걸, 『現代韓國史學史』, 390쪽.

역사가를 비판하고 있는데 "이들의 사학연구는 민족적 자각에 뒷받침된 것"이라고 지적한다. 이들 민족의식을 고취시키려는 목표로 한 민족 사학의 대표로 지칭된 이 두 인물들은 온통 민족에 쏠려 있었다는 것이다. 그리하여 이기백은 "이 두 사람의 관심이 역사가 아니라 민족에게 있었다"고 단정해 버린다.[793] 한국 실증주의 역사가에게 신채호 같은 민족주의자들의 역사연구는 곧 민족을 찾는 하나의 방도일 뿐 진정한 역사학이 아닌 셈이다.

이와 반대로 단재 신채호는 과거 한국사 서술 방법에 대해 비판적이다. 이 때문에 단재는 고증학자 못지않게 사료비판에 정력을 기울이고 역사를 나(我)와 타인(非我)의 투쟁의 기록으로 파악하여 한국사를 한국 민족과 이민족의 투쟁사로 보았다.[794] 그러나 단재는 총론 첫머리에서 내 주관적 위치에 선 자가 '나'라 하고 그 외에 내가 아닌 타인이라 하며 내가 있으면 반드시 타자가 있기 마련이기 때문에 나와 타자간의 접촉에서 분투가 생겨나게 되므로 역사는 나와 타자간의 투쟁의 기록이라고 설명한다. 단재가 민족의 역사를 바라보는 시각은 랑케와 다름이 없다. 그럼에도 불구하고 한국 실증주의 사학자들은 단재 신채호 등 민족주의 역사의 시각에 대해 불신하고 있다.[795]

19세기 독일제국은 민족 역사의 신화를 만들기 시작했다. 유럽 강국의 열세 놓인 독일은 민족정신을 고취시키기 위해 대대적인 민족의 영웅들의 기념물 건립을 착수했으며 역사 담론은 민족이었다.[796] 일제 식민통치를

---

793 이기백,「민족사학의 문제」, 역사학회 편,『한국사의 반성』(신구문화사, 1969), 20쪽
794 예컨대 이런 비판은 홍이섭,「단재 신채호」,『사상계』4, 5월호 (1962)를 참조.
795 예를 들면 이기백은 단재가 고조선 낙랑의 위치를 비롯 역사 지리에 대한 고증에 힘을 들이고 있는 것도 을지문덕, 최영, 이순신 등 이민족과 투쟁의 역사를 부각 시키려는 의도 때문이며 결코 고증을 위한 고증이 아니었다는 것이다. 이기백,『民族과 歷史』, 15쪽.
796 독일에서 랑케의 실증주의 사학은 독일민족의 통합과 역사적 신념 공동체를 창출하는 것이었다. 그래서 독일 제국 시기 역사 담론은 민족이었다. 예컨대 신랑케주의 역사가

겪고 있던 당시 민족주의자들은 민족의 역사가 무엇보다 중요하다는 것을 인식하고 있었던 것이다. 세계사의 보편적 개념으로 볼 때 인류의 역사는 민족과 민족 간의 투쟁이었다. 이와 다르게 한국 실증주의 사학자들은 민족주의 역사를 역사로 보지 않고 있다. 즉 민족주의 역사는 역사가 아니라 정치적 목적으로 쓴 역사이며 일제로부터 독립을 목표로 민족의식을 고취시키기 위한 역사를 서술하여 한국사를 이민족과 투쟁사로 만들었다는 것이다.[797] 허나 단재 신채호는 투쟁사에 머물지 않고 한국 민족의 생장발달 상태를 역사의 기초로 삼았다.

여기에서 중요한 것은 사상의 변천과 민족적 의식의 성쇠이며 민족적 의식의 성쇠가 단재의 역사관을 특징짓는 요소였다. 따라서 단재 신채호는 묘청의 난에 대해 유교와 화랑과 불교사상의 투쟁이며 결국 유교의 대표인 김부식이 승리함으로써 유교사상에 정복되어 사대적, 보수적, 속박적 사상 즉 사대주의 역사가 시작되었다고 해석했다.[798]

단재는 민족고유 사상이 곧 민족정신의 구현이며 독립사상의 원천으로

---

막스 렌츠(Max Lenz)와 에리히 마르크스(Erich Marcks)는 혁명을 주제로 강연을 하면서 독일의 혁명이 성공했다 해도 유럽의 강국들은 독일 국민국가의 탄생을 결코 허용하지 않았을 것이라고 주장했다. 지벨(Heinrich von Sybel)은 프로이센 중심의 목적론적인 역사해석을 독일의 대중들에게 각인시키면서 민족주의적인 역사신화 만들기에 크게 기여를 한 인물이다. 특히 트라이치케(Heinrich von Treischke)는 민족이 전쟁을 통해서만 창조되고 민족의식을 경험하게 된다며 오직 전쟁 속에서 하나의 민족(Volk)은 민족이 된다고 주장했다. 독일제국은 고대로부터 당대에 이르기까지 역사 전체를 미화해 나갔다. 그리하여 1875년 완공된 헤르만 기념물을 출발점으로 하여 게르만 민족 케루스크 족장(Cheruskerfürst) 헤르만이 바루스(Varus) 장군이 이끄는 로마 군을 섬멸했던 토이토부르크(Teutoburg) 숲에 그의 기념물을 세워 근대 독일 민족의 신화를 건설해 나갔다. 최호근, 「역사적 신념공동체의 창출?-독일제국기의 국가권력과 역사정치-」, 『서양사론』, 제124호. (2015년, 3월), 35-62쪽.

797 이기백, 『民族과 歷史』, 15쪽.
798 신채호, 「朝鮮歷史上一千年來第一大事件」(『朝鮮史研究草』所收)

생각했던 것이다. 이것은 랑케가 강국으로 나아가려면 무엇보다 민족정신이 구현되어야 하며 이 민족정신이 곧 국가를 강하게 해 주는 힘으로 설명한 '도덕적 에너지'이다. 이런 점에서 보면 단재는 랑케의 실증주의 역사관을 그대로 따르고 있다. 특히 단재가 고대사에 특별한 관심을 가지고 있었던 이유가 민족의식이 민족사의 성쇠를 결정하는 가장 중요한 요인일 뿐 아니라 민족사에 정신사적 성격이 강하게 내포되어 있기 때문이다. 이기백은 이러한 단재의 민족주의 역사에 대해 잘 이해하고 있고 육당 최남선에 대해서는 단재와 달리 정치적 독립고취보다 문화에 많은 관심을 갖고 있다고 평가한다. 특히 문화적 관심에서 출발한 최남선은 한국 및 한국문화를 개별적으로 분석해서 이해하는 데 만족하지 않고 이를 전체적으로 이해하려 했다.[799] 이기백은 육당의 이 근본 사상을 바로 '조선정신'이라고 말한다.[800]

최남선은 『심춘순례尋春巡禮』의 권두언에서 "역사가로서 조선정신을 탐구한다고 했는데 "이것은 역사 뿐 아니라 자연에서도 나타나 있는 것으로써 한국적인 신비적 존재이며 문화에서 찾으려 한다"고 밝힌 바 있다. 그래서 육당은 단군신화 연구와 고전 발굴에 큰 관심을 두고 민족의 우수한 문화를 드러내고자 했다. 물론 육당도 일제 역사가들과 마찬가지로 단군이 실제적인 역사적 사실이라고 인정하지 않고 단지 신화일 뿐이라고 주장한 바와 같이 단군을 건국의 시조가 아니라 원시사회의 신앙에 근거를 둔 제사장으로 이해했다.

육당은 이를 증명하기 위해 동북아시아 샤머니즘에 연구를 몰두하여 단군신화를 동북아시아 여러 민족의 공통적인 신앙의 배경으로 해석했다. 이기백은 바로 최남선이 단군신화에서 찾고자 한 것은 조선의

---

799 이기백, 『民族과 歷史』, 17쪽.
800 이기백, 「민족사학의 문제」, 『한국사의 반성』, 24쪽.

정신이라고 설명하면서 최남선 역시 한국사관에 대해 지극히 관념적이고 종교적이었으며 이것이 최남선의 역사학의 본질이라고 지적했다.[801] 그러나 육당이 단군을 신앙의 배경으로 해석했더라도 신채호와 달리 민족의 뿌리를 문화에서 찾으려 한 것은 그의 민족주의 역사관에서 비롯된 일이다. 이와 같이 민족주의 역사가들은 민족의 역사적 발전을 밝히는데 여러 방법을 동원했다는 사실을 알 수 있다. 따라서 이기백은 민족주의 역사에 대해 민족의식을 자각하게 해주는 역사로 평가하면서도 이것은 일제 식민시대라는 특수한 시대적 배경에서 나온 역사관이라고 덧붙이고 있다. 이기백은 다음과 같이 민족주의 역사관을 비판하고 있다.[802]

첫째 민족주의 역사는 민족관념에 치우쳐 지나치게 고유성을 강조하기 때문에 세계로부터 민족을 고립시키고 있다는 것이다. 이기백의 이러한 견해는 신채호의 민족주의 사관에 대한 비판에서 잘 표현되고 있다. 랑케는 민족들의 조화는 서로 힘이 균형을 이룰 때 가능한 것이기 때문에 고취된 민족정신이 곧 강국의 힘이라고 생각했다. 이기백은 왜 이 뜻을 간과하고 있을까. 그는 민족역사의 개별성과 특수성을 주장하면서도 이와 상반된 논리를 펴고 있다. 즉 이기백은 민족주의 역사에서 민족과 민족 사이에 내재된 인류의 공통성에 생각이 미치지 못하기 때문에 세계성을 띤 사상이나 종교에 대해 인식할 수 없다고 한다.

그러나 랑케는 각 민족들이 힘의 균형을 통해 공존할 때 지배국가의 문화와 사상에 지배받지 않는 세계사의 조화에서 인류의 공통성을 찾을 수 있다고 말한다. 이처럼 이기백은 랑케의 역사관을 부정하는 입장을 보이고

---

801 이기백,『民族과 歷史』. 17-20쪽. 육당 최남선의 단군신화 연구는 「살만교답기薩滿敎剳記」,『啓明』19호 (1928) 참조.
802 이기백,「민족사학의 문제」, 윗 책, 27-28쪽.

있다. 또한 이기백은 최남선이 신채호 보다 훨씬 넓은 입장에서 문화권 속의 한국을 이해하고 있지만 그가 단군신화 연구에서 동북아시아 문화권에 한국을 중심에 놓고 문화대국으로 잘못 인식했다고 지적한다. 즉 육당이 '조선정신'의 소산인 민족문화를 세계사적 의의에서 독자적인 것으로 인식한 것은 인류의 구성원으로서 민족에 대한 정당한 이해가 아닌 셈이다.

둘째로 민족주의 역사는 역사적 발전에 대한 개념이 부족하여 신채호나 최남선에게 오직 민족 간의 투쟁과 조선정신의 발로의 강약뿐, 역사의 발전에 대한 개념이 전혀 없다는 것이다. 현대 역사학은 세계사적 관점에서 사회 발전과정을 규명하는 것을 중심과제로 삼고 있으며 민족의 특수성은 영구불변한 민족의 성격이나 민족정신으로 설명될 것이 아니라 역사적 특수성으로 이해되어야 한다는 것이 이기백의 생각이다. 그러므로 이기백은 인류 식구라는 입장에서 한국을 발견하는 것이 한국사의 발전과정에 대한 올바른 인식이라고 결론을 짓는다. 이기백은 이처럼 민족 내적 관점이 아니라 외적 관점에서 민족의 역사를 바라보고 있다. 결과적으로 보면 이기백의 역사관은 민족의 특수성과 개별성 그리고 고유성을 인정하지 않은 '반(反) 랑케의 실증주의 역사관'을 내 비치고 있다.

전 세계를 하나로 통합하려는 제국주의 역사관은 항상 보편적인 세계동포주의를 강조한다. 그러므로 역사에서 보편성과 혹은 객관성에는 실증으로 가려진 강자의 지배논리가 숨겨져 있다. 랑케가 실증주의 사학의 진정한 의미에 대해 강조했던 말이 "있는 그대로의 역사" 다시 말해 "본래 어떠했는가"이다. 이 뜻을 정확하게 이해하기 위해서 "역사학은 과거를 판단하지 말고 미래의 유용함을 위해 동시대인들에게 가르침을 준다는 의무를 갖지 말아야 한다. 그러므로 역사학에서 이러한 임무를 수행할 것이 아니라 그것이 단지 '본래 어떠했는가'를 보여 주는 것이다."라고 한 랑케의 설명을 이해할 필요가 있다.[803] 랑케의 이 말은 역사에서의 탈정치화를 뜻한다. 역사에서 모든 가치판단과 이념, 그리고 정치적인 의미가 배제된 가장 큰 이유는 프랑스 혁명처럼 특정한 정치이념이 보편성을 띠고서 시대의 주도적 이념으로 절대화 되면 각 민족의 역사가 왜곡되기 때문이다. 랑케에게 있어서 정치는 강국으로 나아가기 위해 국민의 정신적 힘을 끌어 모으기 위한 방편일 뿐이었다. 국가는 정치권력 뿐 아니라 민족정신을 바탕으로 성립한다. 각 시대 민족의 역사는 신과 연결된 신성한 의미를 갖고 있다. 그래서 역사는 신의 뜻을 이해하기 위한 과정이기 때문에 '있는 그대로' 역사를 서술해야 한다.

그러나 일제는 제국주의의 정치적 논리를 절대이념으로 삼아 조선의 식민화를 정당화 시키고 아울러 랑케의 보편적 세계사 개념을 왜곡하여 제국주의 정치적 논리에 입각한 식민사관을 만들었다. 헤겔은 세계사를 지배하는 원리로써 절대 이념을 주장한 반면, 랑케는 각 시대에 각기 역사 발전을 이끄는 지배적인 사상이 있다고 생각했다. 랑케가 말한 각 시대의 고유한 지배 이념은 헤겔과 달리 절대화된 보편적인 이념이 아니라 민족주의 정신이었다. 이와 달리 일제의 그 시대 지배적인 이념은 강자 중심의 정치적 지배논리였다. 이 논리에 따라 일제 역사가들은 랑케의 지배 이념을 정치적으로 악용하여 내선일체와 대동아공영권을 합리화함으로써 제국주의 정책의 역사적 기반을 제공했다.

당시 친일파들은 민족국가의 개별적이고 특수한 역사관 보다 일제의 정치적인 지배 이념의 논리에 따라 세계가 하나로 통합된 보편 세계관에

---

803 김기봉, 「랑케의 'wie es eigentlich gewesen' 본래 의미와 독일 역사주의」, 129쪽에서 인용.

사로잡혀 있었다. 특히 윤치호는 "스코틀랜드가 영국의 국가체제에 동화된 것처럼 조선도 위풍당당한 일본제국의 국가체제에 철저히 동화되는 것이 곧 조선이 자기 보존과 미래의 발전을 위한 길"이라고 주장한 바와 같이 당시 친일파들은 일제의 지배 논리를 앞서서 지지하고 나섰다.[804]

윤치호처럼 당시 친일파들은 1919년 미국의 월슨 대통령이 주창한 민족자결주의에 따라 3.1 운동이 일어난 역사적 상황을 목격하고도 당시의 시대 흐름을 민족주의가 아닌 강국의 힘의 논리에 의한 일제의 대동아공영권을 선택했다. 이처럼 보편적인 민족 통합을 지지한 친일파들의 역사관은 철저하게 일제에 의해 왜곡된 랑케의 역사관에 입각하고 있는 것처럼 보인다. 이렇게 일제처럼 보편적 역사관에 사로잡힌 역사가들은 민족의 역사를 그다지 중요시 하지 않는다. 식민사관이 바로 여기에 속한다. 랑케의 실증주의 역사연구의 기본은 이러한 보편적인 지배 역사 속에서 개별적인 민족이 어떻게 자기의 특수한 역사와 문화를 발전시켰는지를 파악하는 것이다. 왜냐하면 모든 민족의 역사가 일률적으로 철학적 통일성을 갖고 있지 않고 있으며 그렇다고 서로 고립되어 따로따로 발전해 오지도 않았다. 말하자면 각 민족들의 역사는 서로 연관을 짓고 발전해 온 것이지만 이러한 역사의 상관성이 절대적인 필연성이 아니기 때문에 역사 속에서 인간의 자유가 실현되어 나가는 것을 찾아내어 묘사하는 것이 가장 중요하다.[805] 어떤 조건들 속에서 순응하고 지배를 당하는 것은 역사에서

---

804 김상태 편역, 『윤치호 일기 1916-1943. 한 지식인의 내면세계를 통해 본 식민지 시기』 (역사비평사, 2001), 497쪽.

805 Ranke, "Idee der Universalgesschichte", Fritz Stern., *Geschichte und Geschichtsschreibung. Möglichkeiten, Aufgaben, Methoden* (München, R. Piper Verlag, 1966), 64쪽, 김기봉, "랑케의 'wie es eigentlich gewesen' 본래 의미와 독일 역사주의", 132쪽에서 재인용. 여기에서 김기봉은 인간의 각 시대에서 인간 행동의 자유를 한계 지었던 역사적 조건들을 파악하는 것이 랑케가 말한 역사의 매력을

그리 중요하지 않다. 그 속에서 자유를 추구하며 역사를 발전시켜간 사실이 더 가치가 있다.

랑케는 시대의 지배적 경향을 서술하기보다 그러한 역사의 조건 속에서 개별민족이 추구하고자 한 자유의지를 드러내는 것이 곧 역사의 발전이라고 말한다. 랑케의 이 말에 따르면 우리는 당시 지배 경향이었던 '대동아공영권'이나 '황국신민' '내선일체' 등 제국의 식민주의 정치적 논리에 조선의

> 충족시켜 주는 것이라며 역사의 조건을 규정짓는 주도 이념이 있다고 설명한다. 따라서 그는 랑케가 이 주도 이념이 각 세기의 지배적 경향이라고 말했다며 이러한 맥락에 따라 과거가 본래 어떠했는지를 기술해야 한다는 것이 랑케의 역사관이라고 설명한다. 랑케는 각 시대마다 나름대로 주도이념이 역사 발전을 선도하지만 일류의 발전은 무한한 다양성을 갖고 있기 때문에 이 다양성이 우리가 알 수 없는 법칙에 따라 나타난다고 말해 하나의 개념으로 총괄하여 설명할 수 없다는 것이다. 인간의 자유를 신봉한 랑케는 보편적인 지배 이념이 절대적으로 역사 발전을 주도하지는 않는다는 입장을 취하고 있다. 따라서 랑케는 역사는 각 시대마다 신의 뜻이 담긴 것이기 때문에 역사의 개별성을 강조했다. 이런 관점에서 본다면 김기봉의 주장대로 랑케의 주도 이념에 의한 조건 속에서 역사를 파악한다면 민족 역사의 개별성과 특수성보다 보편적 세계관에 빠지게 된다. 즉 그 시대는 랑케의 말대로 모든 시대는 신과 직결되기 때문에 그 시대에 대해 현재의 관점이 아니라 그 시대의 지배 경향에 입각하여 '본래 그것이 어떠했는지'를 보여줘야 한다는 것이다. 김기봉의 이 논리에 따르면 식민지 시대 지배 경향이 '내선일체'와 '대동아공영권'이라는 식민이념에 충실한 친일파들은 모두 시대적인 산물일 뿐 반민족적인 행위라고 말할 수 없게 된다. 그러므로 김기봉은 "식민시대 정준하의 독립운동도 같은 역사적 조건에서 이해해야 한다"며 마르크 블로크의 『역사를 위한 변명』에서 "역사가는 이해하고자 하는 열정을 갖고 있다. 총살하라고 말하기는 쉬운 일이지만 우리는 충분히 이해하려고 하지 않는다"고 한 글을 인용하면서 "친일파든 독립운동가든 옳고 그름으로 평가하지 말고 그 시대의 조건 속에서 ''본래 그것이 어떠했는지'를 보여 주는 것이 랑케의 역사관"이라고 설명한다. 이처럼 친일파의 해석에 대해 김기봉은 "이러한 랑케의 역사관에 따라 일제식민 당시 지배적 경향과 연관성 속에서 그들의 역사적 행위를 기술해야 한다"며 "이것이 랑케가 말한 모든 시대에 신에 직결된다…인류의 모든 세대들은 신의 앞에서 동등하게 정당화되며 역사가는 그런 방식으로 사물을 보아야 한다"고 열거하면서 친일파에 대해 잘잘못을 따지지 말라는 식의 다소 애매모호하게 평가하고 있다. 김기봉, 윗 글, 129-139쪽. 랑케가 말한 이 말은 역사의 개별성, 즉 민족의 역사의 특수성을 의미하는 말이 아닐까? 보편적인 세계역사 관점에서 볼 때 각 시대마다 신의 뜻이 연결되기 때문에 각각 민족의 개별 역사를 강자의 지배 경향에 의해 왜곡하지 말고 신 앞에서 동등하게 "본래 어떠했는지' 있는 그대로 보여주는 것이 곧 랑케가 말한 역사라는 의미일 것이다.

지도층들 가운데 누가 민족의 독립과 민족의 자유의 길을 추구하지 않고 일제의 지배 경향에 순응했는지를 밝혀내는 것이 중요하다.

윤치호가 당시 일제의 제국주의가 대세라며 자신의 친일행위에 대해 당시 어쩔 수 없는 상황이라고 변명한 바와 같이 당시 친일이 역사적 지배 경향이었던가? 친일파들은 당시 일제의 지배 이념에 순응하여 민족의 자유를 추구하지 않았다. 만일 보편적인 지배 이념에 입각하여 친일파들을 평가한다면 그들은 단지 그 시대의 지배 경향에 충실하게 살아간 역사적 인물이다. 이런 점에서 미국 신사학 역사학자들과 E. H. 카는 랑케의 "본래 어떠했는지를 보여 주는 것"이라는 표현에서 '본래'를 '실재'로 번역하여 관념론자인 랑케를 실재론자로 탈바꿈시켰다며 실증주의자로서 랑케의 이미지가 이 같은 왜곡을 통해 만들어졌다고 해석했다.[806]

원래 역사는 그 민족의 기원과 발전과정을 서술하고 후대에 전하기 위한 것이다. 당연히 그러므로 고대 역사에서 국가와 민족의 역사는 신의 섭리에 따른 것으로 이해를 했기 때문에 신화적인 설명이 대부분이다. 신의 뜻이 내포되어 있는 민족의 역사는 인간의 사상이나 혹은 정치적인 목적으로 개인의 주관에 따라 서술되어서는 안 된다. 랑케가 '있는 그대로' 역사 서술을 강조한 것은 이러한 역사관의 맥락에 기인한 것이다. 엄밀한 의미에서 볼 때 실증주의는 독창적인 역사학이라기보다 '사실대로 기술하는 역사' 혹은 '본래 어떠했는지를' 이야기하려 한 역사의 아버지 헤로도토스 이후 투키데스, 키케로 등 역사가들에 의해 랑케에 이르기까지 이어져 온 것이다.

그렇다면 한국 실증주의 사학가들이 민족주의 역사를 부정하고 부인하는 까닭이 무엇일까. 이에 대한 설명이 한국 실증주의 역사관의 뿌리가 어디에

---

806 김기봉, 「랑케의 'wie es eigentlich gewesen' 본래 의미와 독일 역사주의」, 139쪽. 이러한 시각의 랑케에 대한 설명은 길현모, 「랑케 사관의 성격과 위치」, 전해종, 길현모, 차하순 공저, 『역사의 이론과 서술』(서강대 인문과학연구소, 1975), 39-86쪽 참조.

있는지 정확히 보여 줄 것이다. 랑케가 독일의 민족애를 고취시키기 위해 실증주의 사학을 시작했고 이러한 랑케의 실증주의 사학에 입각하여 신채호나 혹은 최남선 등 민족주의 역사가들은 민족의 역사를 썼다. 그러므로 랑케의 실증주의 사학을 신봉하는 역사가라면 문헌고증과 비판을 통해 민족의 역사를 있는 그대로 드러내야 한다. 또한 랑케의 실증주의 역사관에 입각하여 역사 서술의 초점을 민족에게 둬야 하며 이를 통해 민족의 자긍심을 높이고 민족정신을 고취시켜야 한다. 랑케가 역사를 통해 고취된 '도덕적 에너지'는 민족국가를 강국으로 나아가게 해주는 기본적 에너지이다. 그러나 한국의 랑케로 칭송을 받았던 이기백은 자신이 말한 민족의 역사란 곧 민족을 최고 기준으로 삼는 민족주의를 의미하는 것이 아니라 민족사의 실체를 보다 분명하게 이해하자는 것에 중점을 두고 있다고 말한다.[807] 이러한 논리에 따르면 민족주의 역사는 역사의 가치 판단의 기준을 민족으로 삼고 있기 때문에 사실에 기초한 실증주의 사학이라고 말할 수 없게 된다.

이처럼 한국 실증주의 역사가들이 인식하고 있는 민족주의 사학은 우리 민족의 시각이 아니라 바로 타민족의 시각에서 본 역사가 아닐까? 이 관점에서 한국 실증주의 사학가들이 스스로 민족주의 역사를 기술하여 식민사관을 극복하겠다고 한 것은 다른 민족의 관점에서 그렇게 하겠다는 뜻으로 해석된다. 이는 랑케의 『강국론』을 일제의 역사관 편에서 이해한 결과이며 이런 시각은 일제 식민사관이 랑케의 실증주의 사학을 왜곡하여 타민족을 지배 이념으로 삼았던 논리였다. 민족의 역사를 상대적으로 인식하는 것은 그 민족의 개별성과 특수성을 중시하지 않는다는 뜻이다.

랑케가 『강국론』에서 세계사의 질서에 대해 말한 바와 같이 지배를 받는

---

807 노용필, 「한국에서의 역사주의 수용 : 이기백 한국사학연구의 초석」, 『한국사학사학보』, 23집 (2011), 290쪽.

민족의 역사와 문화는 지배민족의 입장에서 항상 미개하게 보인다. 따라서 다른 민족에게 지배를 민족의 문화는 최종적으로 지배민족의 문화에 동화되거나 소멸되고 만다. 강자의 논리에 의한 역사서술은 약자의 역사를 더욱 축소하거나 아예 기록하지 않아 결국 그 민족역사의 개별성과 특수성을 말살시켜버리기 마련이다.

랑케는 각 민족이 특수성과 개별성을 갖고 독립적으로 발전을 한다고 강조하며 역사의 상대성을 배제하고 있다. 그러므로 역사 속에서 개별적이고 특수한 민족의 특징을 찾는 것이 중요하다. 랑케는 국가가 곧 민족적인 현존재의 변형으로 인식하고 "자주적인 국가는 자신의 고유한 생(生)을 갖고 있다. 이 국가의 생은 단계를 갖고 있으며 멸망할 수도 있지만 자신의 모든 욕망을 채우고 지배한다. 다른 어떤 것과 동일하지 않다"고 하면서 국가들의 독립된 개체성을 강조했다. 즉 국가와 민족의 개체성들은 서로 유사하지만 본질적으로 각각 독립적이라는 것이다. [808] 국가는 인간정신의 독창적 창조물이고 신의 사상이기 때문에 그 어떤 이유로도 상대적인 개념으로 민족국가의 역사를 바라보아서는 안 된다. 그러나 이기백은 랑케와 달리 "민족이란 일정한 특징을 지닌 하나의 사회이며 어느 민족이고 그것이 민족인 이상 공통성을 가지고 있다"며 "주체적 한국사관을 정립하려면 인류의 보편성에 입각하여 민족의 특수성을 올바로 인식할 수 있는 방법"이라고 강조한다.[809] 이기백은 사론집 『민족과 역사』에서 다음과 같이 말한다.

"나는 한국민족을 하나의 고립된 존재로서보다 인류 속의 한민족으로 생각하려한다. 그것은 세계 여러 민족들과 상호교섭 속에서 한국민족을

---

808 랑케, 「정치대담」, 138쪽
809 이기백, 『민족과 역사』, 28-29쪽.

본다는 뜻에서가 아니다. 그보다는 세계 여러 민족 중의 하나로서 한국민족이 마땅히 누려야 할 시민권을 찾아야 한다는 뜻이다. 이런 견지에서 나의 관심은 한국민족이 세계의 다른 민족들과 마찬가지로 지니고 있는 보편성에 쏠리어 있다. 말하자면 민족이 지니고 있는 특수성을 보편성 위에서 이해하려고 노력하였다. 이렇게 민족이 지니는 특수성과 보편성의 올바른 이론적 이해에 접근해 보려고 노력한 까닭은, 그 점이 지금까지 우리가 민족에 대하여 가지고 있던 인식의 결점이라고 믿기 때문이다. 그리고 이것은 침략주의자들이 우리에게 남겨준 사고의 찌꺼기를 청산하는 뜻도 되는 것이다. 나는 또 민족을 역사적 관점에서 다루어 보려고 한다. 어떤 절대적인 가치판단의 기준을 세워놓고 시대나 장소를 초월하여 그 척도를 재어보려는 태도를 나는 배격하였다."[810]

이렇듯 이기백은 민족의 역사를 개별적인 관점이 아니라 보편적 관점에서 바라보아야 민족의 특수한 역사를 이해할 수 있다는 생각을 피력하고 있다. 그는 이것이 주체적인 한국사관을 정립하는 방법으로 생각하고 역사적 사실들을 시대적 상황에 비추어 객관적인 관점으로 바라보고 있다. 말하자면 이는 민족의 입장이 아니라 타민족의 시각으로 우리의 역사를 본 상대주의 역사관이다. 조선의 식민지는 우리 민족역사 관점에서 보면 국가의 침략이고 약탈이지만 상대적으로 일본의 입장에서는 조선식민화가 자기 민족의 위대한 업적이다. 이런 식으로 역사를 해석하면 결국 민족의 주관적인 역사관이 무시되고 만다. 오히려 이런 상대적인 역사관은 우리의 역사적인 관점보다 일본의 입장을 인정하는 결과를 낳는다. 이러한 주장이 상대주의적인 강국의 논리이고 제국주의적 역사관이며 식민사관의 논리이다.

---

[810] 이기백, 윗 책, 5-6쪽.

물론 프랑스 혁명의 이념이 당시 유럽의 민족주의 국가의 기본이념으로 작용했으나 랑케는 이 자체를 반대한 것이 아니라 이 이념이 각 민족의 고유한 체제를 부인하고 중세 기독교처럼 보편화되는 것을 거부한 것이다.[811] 역사의 아버지 헤로도토스 이래 "있었던 것을 이야기 하는 것"이 역사서술의 기본이었다. 그렇기 때문에 랑케의 역사관은 철저하게 모든 민족을 획일적으로 지배하는 절대적인 이념, 즉 지배경향을 배척했다. 민족역사의 자주성을 강조한 랑케의 입장에서 역사의 개별성은 당연한 논리이다. 역사는 그 민족의 정신이며 이념이기 때문이다. 그렇다면 이기백은 한국사를 어떻게 보는 것이 타당하다고 말하고 있는가.

이기백은 역사연구에서 민족의 개별성과 특수성을 배척하며 여전히 보편적 역사관을 피력하고 있다. 예컨대 그는 "역사학의 입장에서 볼 때 일제의 식민지가 된 것이라든가 또 민족이 분열된 사실이라든가 혹은 왜 부정적으로 평가되어야 하는가. 그것은 다름이 아니라 이들이 한국사의 정상적인 발전을 저해한 때문인 것이다. 그러면 한국사의 정상적인 발전이란 무엇인가. 물론 이것은 여러 면에서 여러 각도로 고찰할 수가 있는 것이겠지만 바로 이 사실을 찾아내는 것이 역사학의 임무"라며 "역사를 개별적 사실에 대해 이해하는 것에만 몰두하지 말고 체계적으로 이해해야 한다"고 주장한다.[812]

더 나아가 이기백은 실증주의적 역사관에 의하여 "정확한 역사적 사실에 뒷받침된 한국사의 발전에 대한 체계적 인식을 제시하는 것이 한국사학의 임무"이며 "역사가는 이렇게 얻어진 결론을 '진리'의 이름으로 제시해야 한다"고 주장한다.[813] 여기서 이기백이 '진리'라고 말하는 역사의 체계적인

---

811 김기봉, 「랑케의 'wie es eigentlich gewesen' 본래 의미와 독일 역사주의」, 131쪽.
812 이기백, 「韓國史 理解에서의 現在性 問題」 『한국사학의 방향』, 148-152쪽.
813 이기백, 윗 글 151쪽.

이해는 상대적인 관점에서 봐야 역사의 객관성과 보편성을 알 수 있다는 것이다. 그래서 이기백은 다음과 같이 말한다.

"시대적 변화의 법칙을 발견하는 작업이 역사학이다. 그러기 때문에 역사학에서 시대구분의 문제가 가장 큰 관심거리의 하나가 되는 것이다. 이와 같으므로 역사학에서의 일반화 작업은 시대적 변화에 따른 법칙을 발견하는 작업이라고 말할 수가 있겠는데 이것을 또는 역사의 큰 흐름을 체계화하는 작업이라고 해도 좋을 것이다. 이러한 시대적 변화 속에서 인간의 활동을 관찰하는 작업이 역사학이라면 역사학에 있어서 모든 사실은 큰 흐름 속의 한 점과 같은 게 된다. 물론 거기에는 관점에 따라서 크게 보이고 작게 보이는 경우가 있기는 하겠지만 그 어느 것도 절대적인 권위를 유지할 수 없다. 즉, 모든 인간의 활동 속에서 상대화 된다고 할 수가 있다. 이 상대주의적 관점은 종종 역사학을 못마땅하게 생각하는 이유도 되지만, 그러나 이 관점도 곧 역사학의 중요한 일면이라고 해도 좋은 성질의 것으로 생각된다. 그러므로 역사학의 연구는 현재의 사실들을 포함한 모든 것을 상대화 시키는 작업이라고도 할 수가 있다. 사실을 일정한 시대적 상황 속에 놓고 보는 상대화 작업인 것이다. 그러므로 시대적 상황을 무시하고 사실을 평가하는 일, 혹은 사실의 의의를 규정하는 일이 역사학에서는 있을 수가 없게 된다."[814]

이처럼 이기백은 역사적 사실들을 상대화 시키고 시대적 상황 속에서 역사적 사실들을 해석하고 있다. 그의 주장대로 모든 역사적 사실들을

---

[814] 이기백, 윗 글, 145-146쪽.

시대적으로 혹은 사회적으로 지배경향에 따라 상대방의 관점에서 관찰하면 친일파들의 변명들도 일제 식민시대의 지배경향에 다른 상황에 순응한 것이기 때문에 그 정당성이 인정될 수밖에 없게 된다.[815] 그래서인지 이기백은 "역사학이란 역사적 사실의 절대적 가치가 아니라 역사적 의의를 추구하는 학문"이라고 정의한다.[816]

각 시대마다 역사적 의의를 갖는다면 역사적 상대주의는 피할 수 없다. 왜냐하면 역사의 상대 평가는 어떤 사실에 대해 언제나 그 시대의 논리에 따른 정당성을 부여하기 마련이다. 역사에서 상대평가는 객관적이라기보다 서로 비교하여 우열의 순위를 매기게 된다. 오히려 이런 평가는 역사적 사실을 왜곡시킬 수 있는 여지가 많다. 이기백이 민족주의 역사에 대해 강한 거부감을 보인 이유는 역사적 사실을 평가할 때 민족을 최고 기준을 삼기 때문이다.[817] 따라서 이러한 시각에서 볼 때 민족을 역사의 중심으로 보고 있는 민족주의 사학의 역사관에서 벗어나야 민족사의 실체를 보다 확실히 이해할 수 있다. 역사에서 민족의 중요성을 배척하면 이것이 바로 보편적 시각을 중시한 제국주의적 역사관이다. 다시 말하면 개별적인 민족의 역사에 대한 설명이 그 민족의 시각이 아니라 세계사의 범주 속에서 타국의 보편적인 시각으로 이뤄지는 것이 타당하게 된다. 이 또한 상대적인 역사평가이다. 그러나 실증주의 사학의 관점은 이와 다르다. 랑케는 역사에서

---

815  이기백, 『韓國史像의 再構成』 3쪽. 이기백의 이러한 주장은 김기봉이 친일파에 대한 평가에서 랑케의 탈정치화, 혹은 탈도덕화를 강조하며 친일파에 대한 평가는 그 시대적인 상황 속에서 당시 식민은 주도 이념이었고 지배적 경향이었다며 상대적 관점으로 이해하는 것이 객관적이라고 말한 것과 일맥상통한다. 김기봉, 윗 글. 134-138쪽. 특히 친일파 윤치호는 자신의 친일 행각에 대해 이러한 주장을 하고 있다. 이 점에 대해서 김상태 편역, 『윤치호 일기 1916-1943』를 볼 것.

816  이기백, 『韓國史像의 再構成』, 80쪽.

817  이기백, 『韓國傳統文化論』(일조각, 2002), 300쪽.

보편성과 민족의 특수성에 대해 이렇게 강조한다.

> "도약 없이, 새로운 출발 없이 우리는 보편적인 것으로부터 특수한 것에 전혀 도달할 수 없다. 예측하지 못한 본래모습으로 당신의 눈앞에 갑자기 서 있는 현실적, 정신적인 것들은 그 어떤 것보다 더 높은 원리로부터 추론될 수 없다. 당신은 특수한 것으로부터 사려 깊고 대담하게 보편적인 것으로 올라갈 수 있다. 보편적인 이론으로부터 특수한 것을 관조할 수 있는 길은 없다."[818]

이렇듯 한국 실증주의 역사관은 랑케 실증주의 사학과 정반대 입장에 서있다. 한국 실증주의 역사가들의 주장처럼 민족이 역사의 주체가 아니라면 누가 역사의 주인일까. 한국 실증주의 역사가들은 역사에서 민족이란 이념을 극복해야 역사의 과학화를 확립하게 된다고 말한다. 이는 곧 민족주의 사학이 민족의 이념성을 띠고 있기 때문에 비과학적이고 주관적이며, 그러므로 객관적인 역사학이 아니라는 뜻이다. 특히 이기백은 "민족사관은 식민주의 사관과 대립된 용어"라고 말하고 "이는 한국사를 왕조 중심의 왕조사관에서 민족을 중심으로 한 역사연구로 이해되고 있다"며 아예 민족주의 사관이란 용어 자체를 거부했다.[819]

즉, 실증주의 사학과 민족주의 사학은 각각 민족의 역사이념을 구현하는 방식에 차이가 있다는 것이다. 말하자면 민족주의 사학이 민족지상주의를 추구한다면 이와 달리 실증주의 사학은 과학적이며 객관적이고 보편적인 역사의 진리를 구현한다는 것이다. 이와 같이 한국 실증주의 역사가들은 랑케가 강조한 객관성과 특수성 그리고 보편성을 구분하지 않고 있는데

---

818 랑케, 「정치대담」. 131쪽.
819 이기백, 『韓國史像의 再構成』. 128쪽.

이는 한국 역사학이 랑케의 실증주의 사학을 진리로 삼고 민족주의 사학을 비과학적이고 이념적인 학문으로 비하시키긴 모순에서 비롯된 것이다.[820]

이기백은 "역사에서 민족이 우선이어야 한다"고 주장한 신채호와 달리 "역사의 주체가 민족이 아니라 '사실 그 자체'라는 역사의 진리"를 강조하고 "민족이 역사의 지상이 아니라 진리가 역사의 진리"라며 철저하게 민족주의 사학을 거부했다.[821] 이와같이 역사의 객관성과 보편성 그리고 과학성을 진리로 신봉한 역사가란 이유로 이기백은 한국의 랑케라고 평가를 받고 있다. 그러나 랑케의 실증주의 사학은 독일 민족주의 산물이라는 점을 상기한다면 과연 한국 실증주의 역사가들이 진짜 랑케의 실증주의 사학을 추구하고 있다고 말 할 수 있을까? 그리고 민족주의 역사를 객관성이 결여된 역사학이라고 한 비판은 타당한가?

앞서 위르겐 하버마스가 지적한 바와 같이 일제 역사가들은 역사에서 실증주의를 앞세우며 과학적 역사철학에 바탕을 두고 있다고 강조하나 그 뒤에서 숨겨놓은 것은 항상 제국주의적인 식민사관이란 이념이었다. 예컨대 일제 역사가들은 동양사를 확립할 때도 실증주의를 내세우며 북방의 유목민을 야만적인 성격으로, 남방은 문화가 발달한 농경민으로 구분하여 야만과 문명의 충돌이라는 역사적 법칙을 만들어 냈다. 일본은 동양사를 통해 중국 문화권의 지리를 객관화하여 일본 역사 속에 포함시켰다. 이렇게 해서 새로 만들어진 역사적 사실들에 의해서 중국이 일본의 과거 역사에 포함되고 있다. 일제 역사가들은 이렇게 과학적이고 객관적인 실증주의를

---

[820] 이기백이 "민족주의 사학은 역사를 위해 민족을 연구하는 것이 아니라 민족을 위해 역사를 연구하기 때문에 필연적으로 과학성이 결여될 수밖에 없다"며 역사의 과학성과 객관성을 옹호하는 바에 따르면 이기백은 한국의 랑케라고 평가한다. 김기봉, 「민족과 진리는 하나일 수 있는가? : 이기백의 실증사학」, 『역사학의 세기』, 295-296쪽.

[821] 이기백, 『韓國史散稿』, 115쪽.

앞세워 동양의 역사를 왜곡하기도 했다.

민족주의 사학이 지향한 목표는 개별적 민족의 역사, 다시 말해 '도덕적 에너지' 혹은 '민족정신'이며 '민족의식'을 구현하는데 있다. 이는 랑케의 실증주의 사학이 충실하게 수행한 연구의 주제였으며 신채호 등 민족주의 역사가들이 추구한 민족 역사 연구의 목적도 바로 여기에 있다. 이와 반면 일본의 근대 역사학은 랑케의 실증주의 사학에 기반을 두면서도 제국주의 논리에 따른 역사의 보편성을 추구한 이중성을 지니고 있다. 물론 일제의 역사학이 추구한 궁극적인 목적은 동양의 강국으로서 조선의 식민지배에 대한 역사적인 타당성을 수립하기 위한 것이었다.[822] 따라서 역사의 보편성을 통해 민족의 개별성을 이해한다고 주장한 한국 실증주의 사학은 일제식 랑케의 실증주의 사학을 그대로 따른 결과라고 말할 수 있지 않을까? 예컨대 한국 실증주의 역사가들이 민족주의 사학의 단점으로 지적한 한국사의 개별성과 특수성 그리고 고유성은 랑케의 실증주의 사학의 본질이다. 그러나 한국 실증주의 역사가들은 민족주의 사학의 관점은 세계사적 보편성과 연관성을 무시한 문제점을 지니고 있다고 지적하고 있는데 예컨대 이기백은 "민족주의 역사 이론은 한국 민족을 인류로부터 고립시키고 한국사를 세계사로부터 유리시킬 뿐 아니라, 이러한 민족의 우열은 독일 나치즘, 일본의 군국주의를 자라게 한 것과 같은 결과를 초래할 것"이라고 비판했다.[823] 이런 비판은 민족주의를 역사적 관점이 아니라 정치적 혹은 이념의 시각에서 비롯된 것이다. 일제는 랑케의 실증주의 역사관에서 핵심을

---

822 스테판 다나카는 이러한 일본의 근대 역사학이 랑케의 실증주의를 수용하여 이를 민족주의 사학으로 변용한 과정을 잘 설명해 주고 있다. 스테판 다나카. 박영재 외 옮김, 『일본 동양학의 구조』. (문학과 지성사. 2004). 를 참조.

823 이기백, 「한국사의 보편성과 특수성」『한국사학의 방향』. 131-132쪽. 이기백, 「민족사학의 문제」역사학회 편, 『한국사의 반성』(신구문화사, 1969), 27-28쪽.

차지하고 있는 민족의 개념을 정치적 그리고 제국주의적 이념으로 변형했다. 실증주의 사학은 단지 객관성 혹은 과학성이란 도구에 지나지 않았다.

그러나 역사의 발전과 문화의 수준의 차이는 본래 존재해온 것이 아니라 시간적 단계에 놓여 있다. 따라서 민족문화의 수준이 각기 민족마다 다른 것이 아니라 단지 시간적으로 늦고 빠른 정도로 이해해야 한다. 이런 문화의 수준에 대한 시간적인 차이 논리는 일본이 곧 유럽의 발전된 문화를 따라잡을 수 있다고 한 시간적 역사 개념으로 활용되었다.[824] 다구치 우키치(田口卯吉)가 이러한 세계사적 보편성을 역사 연구에 적용한 역사가이다. 그의 논리에 따르면 인류사회의 개화는 정해진 원리에 의해 결정되며, 그리하여 유럽 제국이 현재의 강국 수준으로 나아가는데 보편적 질서를 이용한 것으로 풀이된다.[825] 그렇다면 국가와 민족은 어떤 관계를 갖고 있는가. 랑케는 "독일은 우리 속에 살아 있다. 우리가 원하든 원하지 않든, 우리는 모든 나라에서 조국을 표현한다. 우리는 처음부터 조국을 근거로 하며 그것을 벗어날 수 없다."며 민족성과 국가를 일치시켰다.[826] 그러나 랑케의 역사관은 힘의 논리가 아니고 힘의 균형이라고 강조한다. 랑케는 이

---

[824] 이러한 역사에서 보편성은 후쿠자와 유키치(福澤諭吉) 다구치 우키치(田口卯吉), 미야케 요네키치(三宅米吉) 등 일본 역사가들이 일본도 세계사의 보편적 질서에 편입할 수 있다고 믿고 이에 맞는 새로운 역사를 개발하기 위해 유럽의 세계사를 수용했다. 이들 역사가들은 일본을 포함한 모든 사회를 지배하는 보편적 법칙이 존재한다고 믿고 그러한 보편주의적 틀 속에 일본을 배치하려 했다. 桑原武夫編, 『日本の名著』, (東京 : 中公新書, 1962), 12-13쪽. 따라서 다구치와 후쿠자와가 일본이 유럽의 지식을 습득한다는 것은 유럽과 동등하기 위한 것으로 이해했다. 이 때 보편성은 우열을 가늠하는 개념으로 사용되고 있다. 예컨대 이 점에 대해 비서구에 대한 진보의 개념의 자유주의적으로 적용과 보수주의적으로 적용에 대한 논의는 Partha Chatterjee, *Nationalist Thought and the Colonial World: A Derivative Discourse*, (Minnesota : University Of Minnesota Press,1993), 10-17쪽을 참조하라.

[825] 家永三朗, 『日本の近代史學』(東京 : 日本評論社, 1957), 72쪽.

[826] 랑케, 「정치대담」, 132쪽.

점에 대하여 다음과 같이 명쾌하게 설명하고 있다.

> "세계는 편견에 사로잡혀 있다. 그 무엇이 되기 위해서는 스스로의 힘에 의해서 일어나야 한다. 자유로운 독립성을 발전시켜야 하며 권리는 저절로 주어지는 것이 아니라 쟁취해야 한다."[827]

말하자면 각 민족국가들의 독립적인 힘이 곧 보편적인 세계사의 질서인 것이다. 그러므로 국가는 힘이 있어야 한다. 랑케는 바로 국가의 독립과 권리를 타국에 뺏기지 않기 위한 국력, 즉 국가의 힘이 무력이 아니라 국가의 내적 힘, 즉 국민들의 활력의 필요성을 역설했다. 랑케가 『강국론』에서 설명한 요지는 상호 국가들 사이의 힘의 균형이 이뤄져야 각 민족국가들이 강국의 지배를 받지 않게 된다는 의미이다.[828]

그렇다면 이 내적 활력 혹은 힘은 무엇일까. 랑케에 설명에 의하면 '도덕적 에너지'를 통해서만 상대 경쟁자들과 적을 이길 수 있다. 사실상 국가들 사이의 전쟁은 무력의 충돌이라기보다 '도덕적 에너지'의 충돌인 셈이다. 세계사 속에서 국가의 위치를 결정하는 것은 그 국가의 독립성에 근거로 하여 정해진다.[829] 그러므로 국가의 힘을 기르기 위해서는 바로 내적인

---

[827] 랑케, 「정치대담」, 135쪽. 원문은 Ranke, *Des Politische Gespräch und andere Schriften zur Wissenschaftslehre* (Halle. Salle, 1925), 167쪽을 보라.

[828] 국가 간 개별성에 입각한 유럽의 '힘의 균형'의 개념은 독일제국 창건 이후 1890년대 제국주의 정책의 강행과 더불어 확대 적용되었다. 즉 랑케의 국가 이념을 추종한 마이네케(Meinecke) 등 역사주의 학자들은 유럽에서 '힘의 균형'의 개념을 전체 세계를 포함하는 개념으로 확대하였고 이의 달성을 독일적 사명을 다시 강조하고 나섰다. Ludwig Dehio, *German and World Politics in the Twentieth Century*, 2nd edition (New York : W.W. Norton, 1967), 42-63쪽.

[829] 랑케, 「정치대담」, 136쪽.

국민의 활력을 도모해야 하는데 이것이 바로 역사를 통한 민족주의 정신의 고취이다.

　모든 민족국가들은 각기 다른 독자적인 관습과 독자적인 법칙, 특수한 제도에 따라 생성하고 번영하며 서로 다른 특수한 성격과 독자적인 삶을 갖고 있다. 이와 같이 랑케의 실증주의 사학은 타민족을 지배하는 정치적 논리에 입각한 보편적 세계관이 아니다. 위에서 살펴 본 바와 같이 랑케의 역사관은 각 민족의 역사가 개별적이고 특수성을 지켜 나갈 때 각 민족들이 상호 조화롭게 공존하게 된다. 이로써 세계는 균형을 이루게 되는데 이것이 곧 세계사적 보편성이다.

　그래서 랑케는 개별성을 통해 보편성을 이해할 수 있으며 그래야 역사학의 완결성과 효력을 가질 수 있다고 보고 민족을 역사의 주체로 이해한 것이지 타민족의 지배를 위한 역사관을 피력한 것이 아니다.[830] 그러나 일본의 근대 역사관은 이러한 민족을 근본으로 한 랑케의 실증주의 역사관을 다르게 변형하여 보편적 세계관 속에 개별적 민족의 역사를 포함시켜 버렸다. 이 역사의 개념을 한국사에 적용하면 우리 역사와 문화는 타율성과 정체성에서 벗어 날 수 없게 된다. 또한 보편적 역사관으로 보면 한국 문화는 독자성이 없어지고 중화 문화라는 보편적 세계 질서에 속하게 된다.

　그렇다면 왜 일제 역사가들이 역사에서 보편성을 강조하고 있는 것일까? 역사에서 보편성은 객관성과 서로 상반된 개념이다. 세계의 패권을 차지하려고 한 제국주의 국가들은 언제나 역사에서 보편성을 중시한다. 민족보다 인류 전체를 하나의 공동체로 인식하고 민족들의 역사와 문화를 유기적으로 해석한다. 이런 역사관의 특징이 바로 일제 식민주의 사학

---

830 Ranke, "Über die Idee der Universalhistory", 294쪽.

자들과 이들에게서 역사학을 배운 한국 실증주의 사학자들에게 공통으로 나타나고 있다.

그리하여 일본 제국주의 역사가들은 자국이 동양에서 가장 후진적인 역사의 전통을 이어왔기 때문에 과거 동양의 역사를 재편성하여 일본의 독자성을 합리화하는데 초점을 두었다. 일제 역사가들이 중국을 '지나'로 부르는 것이 이에 대한 단적인 사례이다. 과거 역사를 자신들의 이러한 목적에 따라 재편성한 일본 역사가들은 그 전제 조건이 일본 역사가 중국 문화권으로부터 벗어나야 했다.[831] 이렇게 일제 역사가들에 의해 동양의 역사가 재편성됨으로써 중국과 조선은 동양사에서 열등한 민족으로 규정되고 말았다.[832]

이처럼 일본의 근대 역사학은 항상 식민정책과 맞물려 있었다. 제국주의 시대 지도경향의 흐름이 세계적으로 지배하고 있었던 시기에 제국주의 식민정책은 보편적 역사관이며 세계사적 경향이었다. 이 세계사적 흐름에 반발하여 나타난 역사사상이 민족의 개별적 역사연구를 지향한 랑케의 실증주의 사학이다. 그러므로 민족주의와 실증주의 사학이 역사연구에서 지향하는 목표가 같은 만큼 그 차이가 존재하지 않는다. 그러나 이기백은

---

[831] 일본 역사가들은 아시아 대륙으로부터 분리시키기 위해 일본 민족 기원을 원시시대에서 찾았다. 이로써 일본 역사가들은 『위지』, 『후한서』 등 고대 중국 역사 기록에 나온 일본의 야마타이 왕국을 다시 부활시켰다. 즉 도쿄제국대와 교토제국대 역사가들은 일본이 언어, 문화, 유전적으로 조선이나 중국과 다르다는 이론을 성립시켰다. 특히 나이토는 중국역사의 영향을 비판하며 일본 역사의 자체적인 발전의 성격을 강조했다. 內藤 湖南, 「日本文化とは何ぞや」 桑原武夫(編), 『現代日本思想大系 27 歷史の思想』(東京 : 筑摩書房, 1965) 볼 것.

[832] 바흐친의 표현을 빌리자면 이러한 일본의 왜곡된 동양사에서 중국과 조선은 예컨대 '목소리 없는 사물'이 된 셈이다. Tzvetan Todorov, *Mikhail Bakhtin : The Dialogical Principle*, trans., Wlad Godzich (Minneapolis : University of Minnesota Press, 1984), 18쪽.

민족주의 역사에 부정적인 생각에 의하여 "현재의 사실을 곧 과거의 사실과 직결시켜 생각할 수는 없다"고 지적하며 "일제의 식민이나 분단을 한국사의 정상적인 발전을 저해한다는 것으로 이해하고 이를 부정적으로 보는 것은 옳지 않다"고 주장한다. 즉 그 시대의 상황에서 개별적인 사건을 보지 말고 전체의 흐름 속에서 체계적으로 보아야 한다는 것이다.[833] 당시 제국주의적 세계사 흐름이나 지배경향에서 보면 조선식민화는 긍정적으로 인정하게 된다. 따라서 이 주장은 민족주의 역사가들의 역사관이 옳지 않다고 비판한 말이지만 자칫 일제의 식민사관을 편드는 것으로 오인될 수 있다.

강만길은 "역사학 연구의 최고 차원의 목적은 각 역사시대의 시대정신을 구하는 데 있으며 20세기 전반기의 우리 역사를 지배한 시대정신은 민족해방의 달성이었고 후반기에는 민족통일의 달성"이라고 강조한 바 있다.[834] 이 주장은 앞서 살펴 본 바와 같이 랑케의 실증주의 역사관에 따르면 각 시대는 '신의 손길' 혹은 '신의 섭리'와 연결되어 있다. 이것은 강만길이 강조한 시대정신이다. 조선의 식민화 과정에서 시대정신은 제국주의적 세계관이 아니라 바로 민족의 독립이었다. 이 시대정신을 구현하기 위해서는 민족의 역사와 문화의 자각이 절대적으로 필요했다. 그럼에도 불구하고 "그 시대의 상황에서 개별적인 사건을 보지 말고 전체의 흐름 속에서 체계적으로 보아야 한다"고 한 이기백의 역사관은 랑케의 실증주의 역사관과 어긋나 있는 것처럼 보인다.

반대로 민족주의 사학에 대해 부정적인 생각을 가진 일본 역사가들도

---

833 이기백, 「韓國史 理解에서의 現在性 問題」, (문학과 지성, 1978), 147-150쪽. 민족주의 역사가들에 대한 이기백의 비판은 강만길의 「國史學의 現在性 不在 問題」, 『韓國學報』 5집 (1976), 133쪽에서 언급한 "한국사학에서 현재의 문제 외면"에 대해 반박한 것이다.
834 강만길, 윗 글, 140쪽.

한국해방 이후 오히려 민족주의 사학을 높이 평가하고 있다.[835] 이기백은 자신이 신봉한 역사에서 진리에 대해 "역사를 지배하는 원리, 원칙"이라고 말하고 있는데 역사를 지배하는 원리란 랑케에 따르면 곧 '민족의 정신'이다. 이기백도 민족을 중시한 역사를 추구하고 있지만 그 논리가 우리 민족의 절대적 가치에 둔 것인가에 대해서 랑케와 사뭇 다른 점이 많다. 결국 한국사의 과제가 한국 실증주의 사학을 극복하는 것으로 지적되고 있는 것은 무슨 의미일까.[836]

오늘 날 현대 역사학에서 역사란 더 이상 객관적으로 연구를 수행할 수가 없다. 근대 서구 문명의 특성에 대한 회의가 팽배해지자 근대 과학적인 역사학은 많은 비판에 직면하게 되었다. 이 가운데 문화 인류학자인 클로드 레비-스트로스(Claude Lévi-Strauss)는 인간의 역사와 삶, 그리고 각 민족의 문화를 이해하기 위해 근대 과학적이고 객관적인 보편성을 역사에 대입시키는 것이 타당하지 않다고 주장한다.[837] 또한 랑케의 실증주의 사학이 중시한 사료비판으로부터 역사를 계량적인 이론 모델에 입각한 역사연구에 이르기까지 현대 역사가들은 나름대로 규정된 모델에 의해 탐구하고자 한 역사연구의 대상이 존재한다.[838] 이런 점에서 민족주의 사학도 가장

---

835 이 연구는 일본의 한국사 연구와 전혀 다른 관점에서 한국인의 독자적으로 발전된 근대사학의 흐름으로 민족주의 사학을 높이 평가하고 있다. 대표적인 연구는 1969년 『思想』537호에 실린 梶村秀樹의「申采浩の歷史學」이다.

836 김기봉, 「민족과 진리는 하나일 수 있는가? : 이기백의 실증사학」, 312쪽.

837 이들 문화인류학자들은 과학적인 합리성보다 신비주의적인 사고가 인간의 역사와 문화를 이해하는데 더 유용하다고 주장한다. 이에 관하여 Claude Lévi-Strauss, *La pensée sauvage* (Paris : Pocket, 1990)을 볼 것. 영문판은,Claude Lévi-Strauss, *Savage Mind* (The Nature of Human Society Series) (Chicago : The University Of Chicago Press, 1973). 구조주의 이론에 대해서는 Claude Lévi-Strauss,, *Anthropologie structurale* (Paris : Pocket, 2003) 를 참조할 것.

838 Georg G. Iggers, *Historiography in the Twentieth Century*, 8쪽.

현대적이고 과학적인 역사연구의 방법론으로 인식해야 한다. 역사 탐구에서 민족의 개별성과 특수성을 추구하는 한국 민족주의 사학이야말로 바로 랑케의 실증주의 사학의 본질을 그대로 보여주고 있다. 그럼에도 불구하고 랑케의 역사관을 내세운 한국 실증주의 사학이 민족주의 사학을 배척하는 이유는 어떤 의미일까. 다음 장에서 이 문제를 살펴보도록 하자.

제 5 장

## 식민사관의 그늘

우리가 물려받은 세계는 공개되었거나 또는 은폐된 폭력, 즉 무력의 폭력, 제도의 폭력, 궁핍의 폭력이 주인행세를 하고 있는 세계이다. 그 세계는 두려움, 고통, 폭력의 세계이다.

-지식인들의 권력, 『르 몽드』 1973년 7월 4일-

## 제5장. 식민사관의 그늘

　식민주의 사학이나 민족주의 사학은 역사연구에서 민족과 국가를 중심으로 삼고 랑케의 실증주의 사학에 이론적 기초를 두고 있다.[839] 랑케의 실증주의 사학을 기반으로 한 이 두 역사학은 애초부터 이중성을 지니고 있다. 식민주의 사학의 역사관은 세계사적 보편성인데 반해 민족주의 사학은 민족의 개별성과 특수성이라는 점에서 두 역사학의 차이가 있다.

　사실상 이 차이가 서로 역사를 바라보는 시각이 양극단에 놓여 있기 때문에 함께 양립할 수 없는 역사관이다. 따라서 오늘 한국의 실증주의 사학은 민족주의 사학과 식민주의 사학의 양면성을 지닐 수밖에 없을 것이다. 물론 랑케의 실증주의 사학은 근대 역사학의 발전의 첫발이며 과학적이고 객관적인 역사를 추구하고 있다는 점에서 매우 유용한 방법론이다.[840] 그러나 민족과 국가라는 개별성 그리고 세계사라는 보편성에 대해서 논의할 때 랑케의 실증주의 사학에 대한 해석은 각기 다르다. 그래서 개별성으로 볼 때 실증주의 사학은 민족주의 사학의 방법론이며 보편성으로 볼 때 식민주의 사학의 방법론이 된다.

　이런 탓에 강만길은 반식민주의 사학에 민족주의 사학을 비롯 사회경제사학, 신민족주의 사학을 그 범주에 넣었으나 실증주의 사학을 제외했다.[841] 강만길의 이러한 구분은 식민주의 사학 역시 실증주의 사학을

---

839　김종준, 『식민사학과 민족사학의 관학아카데미즘』(소명출판, 2013), 19-20쪽. 식민주의 사학에 대해서는 이기백, 김용섭, 홍이섭, 이만열 등이 선구적으로 분석하여 그 윤곽이 잡혔고 그 뒤에 식민주의 사학의 논리를 추적한 비판연구도 진행되어 왔다. 이에 대해서 조동걸, 『現代韓國史學史』, 241-242쪽 각주 1, 2를 볼 것.
840　Ranke, "Idee der Universalhistorie", (1954) 300쪽.
841　강만길, 「일제시대의 反植民史學論」, 『韓國民族運動史論』(서해문집, 2008), 244쪽 이하, 그리고 한국사연구회편, 『한국사학사연구』(을유문화사, 1985) 참조.

기반으로 하여 역사서술에서 객관성과 과학성을 주장한 것에 따른 것이다. 물론 현대 역사학에서 실증주의 사학의 방법론은 식민주의 사학과 민족주의 사학 모두 역사연구의 기본이다. 그러나 한국 역사학이 일제 식민주의 사학의 연장선에서 이어져 왔기 때문에 민족주의 사학, 사회경제사학, 그리고 실증주의 사학 등으로 나누어지게 되었다. 불행스럽게도 한국 역사학이 식민주의 사학의 연장선에서 출발하고 있다는 점이 오늘날 아킬레스건으로써 논쟁의 쟁점이 되고 있다.

1960년대와 1979년대에 마르크스 유물사관은 민족주의 사학과 식민주의 사학의 대결 구도로 설정했다. 그러나 한국 실증주의 사학이 민족주의 사학을 표방하고 있는 점을 감안한다면 실증주의 사학의 실체를 규명하기란 쉽지 않다. 일제 식민통치 시기 실증주의 사학은 역사학의 고증학풍으로 인식되었으며 1930년대 이병도, 김상기, 송석하, 도유호, 이상백, 신석호. 이선근, 이홍식, 이인영, 유홍렬 등 그리고 1940년대 홍이섭, 민영규, 김석형, 박시형, 전석담 등이 이에 속했다.[842]

한국 역사학계 지칭하고 있는 랑케의 실증주의 사학은 앞서 설명한 바와 같이 콩트의 실증주의와 다르다. 실증주의 사학은 단지 랑케의 사학에서 뿐 아니라 식민주의 사학이나 민족주의 사학 등 다 같이 사용한 만큼 어느 한 역사학에 국한될 수 없지만 대체적으로 한국 사학계에서 랑케류 사학을 곧 실증주의 사학 혹은 '실증사학'이라 불러왔다.[843] 일제 역사학계에 랑케의

---

[842] 특히 조동걸은 실증주의 사학이 문헌고증학에 머물렀다고 비판하고 있다. 조동걸, 윗책, 389-390쪽.

[843] 보통 한국 사학을 랑케류의 실증주의 사학으로 인식되어 왔다. 김용섭,「일본, 한국에 있어서 한국사 서술」『역사학보』, 31 (1966), 137쪽. 한편으로 랑케사학을 '역사주의 실증사학'이라고 지칭하자는 의견도 있으나 이희환,「역사학에 있어서의 역사주의와 실증주의」『군산대학교 논문집』 21 (1995), 109쪽. 랑케사학을 단지 실증주의에 국한되어서는 안 된다는 지적도 있다. 김종준,「한국사학계의 반식민 역사학의 정립 과정에서 실증사학의 위상 변화」『역사문제연구』, no. 31 (2014), 41쪽.

실증주의 사학이 무리 없이 수용되었던 것은 유럽의 근대 역사학이라는 장점도 있지만, 중국과 한국 그리고 일본 등의 고증학과 부합하기 때문이었다. 단 고증학과 랑케의 실증주의 사학의 다른 점은 유교 혹은 그 어떤 사상이나 이념이 배제된 객관적인 역사학이라는 점이다.

그러나 일제가 랑케의 실증주의 사학을 전격 수용한 것은 이 사학이 객관성보다 민족주의라는 사상에 근거로 했기 때문이다. 여기에서 일제 역사학계가 랑케의 실증주의 사학을 왜곡하게 된 이유는 이 역사학의 민족주의 개념 때문이 아니라 역사의 객관성에 있었다. 왜냐하면 일제 역사가들은 랑케의 실증주의 사학의 사실성과 객관성을 이용하여 일제 군국주의 패권정치의 역사적인 당위성을 획득하고 이념적인 역사관을 숨길 수 있었기 때문이다.[844] 그리하여 일제의 역사학은 실증주의와 함께 서술자의 주관에 따라 민족과 국가를 역사연구와 서술의 주체로 삼았다.

여기에서 일본 역사가들은 민족과 국가를 역사적 개념으로 사용한 것이라기보다 정치적인 이념으로 삼아서 역사를 연구하고 서술했다는 사실을 기억해 두자.

물론 당시 일본에서 랑케의 실증주의 사학은 마르크스 유물론 사관이나 황국사관과 마찰을 야기했지만 궁극적으로 일제의 정치적 이념과 부합하게 된다. 말하자면 일제의 역사학계에서 랑케의 실증주의 사학이 무엇을 위한 개별 연구인가, 또한 무엇을 위한 고증인가라는 담론이 1890년대 전후로 하여 끊임없이 제기되었는데 그 이유가 랑케의 실증주의 사학이 객관성을 앞세워 국가권력이나 정치로부터 거리를 두고 있었기 때문이다. 이런 가운데 일제 황국사관은 역사를 현실에 연결시켜서 애국심을 고무시키려 한 효과를

---

[844] 강상중 저, 이경덕, 임성모 옮김, 『오리엔탈리즘을 넘어서』(이산, 1997), 126쪽. 시라토리 구라기치(白鳥庫吉)는 랑케의 실증주의 역사에서 객관성 결정하는 기준이 바로 과학을 넘어선 역사철학으로 인식했기 때문이다. 스테판 다나카, 『일본 동양학의 구조』, 96쪽.

얻으려 했다.[845]

물론 랑케의 실증주의 사학이나 마르크스 및 황국사관 등이 역사에 대한 주관과 가치를 우선시 하며 독선적인 교리를 내세우지 않았음에도 불구하고 일제의 역사가들은 민족과 국가의 이념을 역사에 결부시켜서 랑케의 실증주의 사학을 객관성이 실종된 정치성 역사학을 만들어 낸 것이다. 이러한 현상이 바로 식민통치 시기 한국 역사학계에서 그대로 반복되었다. 일본 식민통치 시기 일본 제국대학에서 일본인 역사학자로부터 랑케의 실증주의 사학을 배운 인물들과 조선 경성제국대학 출신들의 중심으로 조선의 역사학계가 형성되었다. 여기에서 일제 조선 총독부가 식민통치를 위해 추진한 역사학 연구의 중심지인 조선사 편찬사업에 이들 역사학자들과 경성제국대학이 대거 참여하여 식민주의 사학이 만들어졌다.[846] 그리하여 조선 총독부는 조선과 일본의 동화정책으로 착수된 조선사 편찬사업과 더불어 학교 현장에서 조선사를 일본사의 일부로 편입시키려 했다.[847]

식민주의 사학의 영향은 실로 막대했다. 우선 학교 교육에서 교사들은 학생들에게 민족의 역사보다 식민주의 사학을 강제로 가르쳐야 했다. 이로 인해 식민시기 말기에 이르면 당시 한국 지식인들은 일본 역사를 달달 외우고 창시 개명을 자랑스럽게 여겨 점차 민족성을 잃어갔다. 이것이 바로 식민주의 사학을 교육한 결과였다.[848]

식민통치 시기 일본이 조선사를 왜곡한 것에 대해 이병도 등 한국인 사학자들이 나서서 조선인 역사학자들의 대응이 필요하다 하여 소위

---

845 나가하라 게이지, 『20세기 일본의 역사학』, 140-141쪽.
846 총독부의 조선사 편찬을 들 수 있다. 장신, 「경성제국대학 사학과 磁場」 『역사문제연구』 26 (2011), 45-83쪽.
847 이 문제에 대해 당시 『조선일보』와 『동아일보』는 사설에서 맹렬하게 비판하고 나섰다. 『조선일보』, 1934년 1월 28일, 29일자 사설, 『동아일보』 1935년 2월 16일자.
848 조동걸, 『현대 한국사학사』, 315쪽.

「진단학회」를 조직했다. 그러나 그 방향이 식민주의 사학에서 벗어나지 못했다는 지적에서 자유롭지 못했다.[849] 일제는 역사를 과학적 학문으로써 순수한 학술연구란 이름으로 한국 사학자들을 실증주의 사학을 주입시켰다. 왜냐하면 일제는 실증주의 사학의 연구 성과를 식민주의 사학에서도 적용할 수 있도록 식민주의 사학과 실증주의 사학을 하나로 묶어버렸기 때문이었다. 이 시기 한국의 역사학계에서 소위 '과학적 역사학'이 강조되고 있던 터라 민족주의 사학과 랑케의 실증주의 사학까지 비판의 대상이 되었다. 이런 비판은 대개 마르크스 유물론 사관에 입각한 좌파들에게서 이뤄졌는데 민족주의 사학은 과학성이 결여된 반면 실증주의 사학은 역사적 법칙과 총체성, 및 현실성이 결여되어 있다는 것이다.[850] 다시 말해 실증주의 사학은 마르크스 유물론 사학에서 볼 때 세계사적 보편성이라기보다 각 민족 개별성에 근거를 두고 있다는 점이 비판의 대상이었다. 그러나 이러한 비판에 대해 실증주의 사학자들은 적극적인 대응을 하지 않았는데 자신들의 학문적인 정체성을 확보하려는 의도로 풀이되고 있다.

해방 이후에 와서야 한국 실증주의 사학자들은 일제히 역사학 방법론에 대한 이론을 쏟아내기 시작했다. 그동안 실증주의 사학의 단점으로 지적

---

849 예컨대 1934년 한국인 역사학자들은 대부분 진단학회를 결성하고 1942년 해산할 때까지『진단학보』를 13호까지 발행했다. 이 학회에는 식민사학의 학술지『朝鮮史學』,『靑丘史學』,『朝鮮學報』에 일본어로 논문을 게재했던 조선인 학자들이『진단학보』에 모여들어 논문을 게재했다. 이『진단학보』는 총독부의 비위에 거슬리는 논문을 실을 수 없었고 13호를 발행할 때까지 총독부 검열에서 내용으로 인해 발간 중지를 당한 적이나 문제가 일어난 적이 없었다. 당시 김석형, 박시형, 전석담 등이 이 잡지에 논문이 실렸지만 마르크스 역사학이 아니라 실증사학의 범주에 속한 것이었다. 그러므로 실중사학이 순수 학문을 내세우며 한국사학을 발전시켰다고 하나 식민통치의 현실에 기초한 식민권력에 무관심 혹은 동참했거나 피해갔다는 비판을 면할 수 없다. 조동걸, 윗책, 44쪽. 그러나 1930년대 활동한 실증주의 사학자들은 식민권력과 결합은 도덕적으로 지탄의 대상이 되기 때문에 비장치적 성격이 더 강조된 것이라고 분석했다. 김종준,「한국사학계의 반식민 역사학의 정립 과정에서 실증사학의 위상 변화」, 45쪽.

850 김종준, 윗 글, 45-48쪽.

되어 온 역사의 보편성보다 개별성과 특수성에 대한 강조, 사료의 나열, 단순히 문헌만을 고증하는 것 등에 대해 실증주의 사학자들은 상세히 지적하며 일제 식민시기 실증주의 사학과 무관하다고 주장하기에 이르렀다. 그런 다음 이들 실증주의 사학자들은 현실적인 민족과 세계사적 관점을 바탕으로 새로운 민족역사의 서술에 착수하기 시작했다.

그러나 이들 한국 실증주의 사학자들에 의해 시도된 새로운 민족역사의 연구는 민족이 초점이며 우리 민족역사의 특수성을 인정하되, 보편성과 밀접하게 관련지어야 한다는 것이다.[851] 이렇게 시작된 새롭게 시도된 한국 역사학계의 민족역사의 연구에서 역사의 세계사적 보편성이 다시 발견되고 있다. 예컨대 해방 직후 손진태와 이인영은 민족의 초계급적 동질성과 민족주의 보편적 발전주의를 역사서술의 목적으로 삼고 민중과 동시에 국제 관계에서 민족의 역사를 자리매김 하는데 노력했다. 이어서 해방 후 신민족주의 이름 아래 안재홍, 손진태, 이인영 등이 이를 역사 서술에서 구체화했다.[852]

한국 실증주의 역사가들의 이러한 태도는 민족역사의 연구에 시선을 돌리면서 여전히 보편적 관점에서 민족의 특수성을 연구한다고 한 것은 또 다른 변형된 식민주의 사학의 유형을 보여주고 있다. 물론 이들 일제시기 한국 실증주의 사학자들은 나름대로 민족감정과 민족 독립에 대한 의욕을

---

851 이인영,「우리 民族史의 性格」,『學風』, 창간호 (을유문화사, 1948), 10-11쪽.
852 원래 신민족주의 사학은 안재홍이 1930년『조선일보』에「朝鮮上古史管見」을 연재하고 이어 잡지사인 新朝鮮社인의『與猶堂全書』간행에서 정인보와 함께 교열을 맡아 연구하는 중 역사에 대한 관심과 신민족주의 기초 사상으로서 民世主義 사상을 정립한 것으로 보인다. 조동걸,『現代韓國史學史』, 385쪽. 특히 일제 시기 민족과 국가란 주제를 제거하거나 혹은 왜곡했던 실증주의 사학자들이 스스로 이러한 역사관을 주장하게 된 것은 기존의 실증주의 사학에서 신민족주의 사학으로 나아간 것으로 해석되고 있다. 이기백,『한국사학의 방향』(일조각, 1978), 118쪽. 김성준,「鶴山 이인영의 역사의식」, 『국사관 논총』, 84 (국사편찬위원회, 1999), 135쪽.

갖고 있었다고 말하고 있다.

  일제 시기 한국인의 대표적 한국 실증주의 사학자 이병도 경우, 일본에 대한 민족적, 학문적 저항심에서 한국사의 연구를 시작하게 되었다고 말했다. 특히 그는 자신의 역사연구 방법론이 랑케의 실증주의 사학이며 객관적인 시각으로 역사를 연구했다고 강조하기도 했다.[853] 그럼에도 불구하고 이병도에 대한 비판이 제기되고 있는 것은 그의 역사학이 일제 역사가들로부터 배운 '일제식 실증주의 사학'에 바탕을 두고 있기 때문이 아닐까? 일제 사학자들은 한국사의 문헌을 식민주의 사학의 체계에 유리한 자료만 남겼을 뿐 이에 유용하지 않은 사료들을 불신하며 제대로 고증을 하지 않은 채 모두 버렸다. 이병도는 이러한 일제의 식민주의 사학자들의 역사연구 태도에 반발하여 조선총독부의 조선사편수회와 달리 진단학회를 통한 민족의 역사를 정립하고자 했다며 이런 이유로 인해 일본인 역사가들로부터 '반역아 이병도'란 별명을 얻었다는 것이다.[854] 그럼에도 불구하고 이병도는 민족주의 사학을 비판하며 정인보에 대해 역사가로 인정하지 않으면서도 일본 역사가들의 한국사 연구에 대해서는 학문적 관점에서 높이 평가한 것은 어찌 된 까닭인가.[855]

  사실상 해방 이후 한국 역사학자들은 일제 식민주의 사학으로부터 벗어나 한국역사의 독자성과 우수성을 강조하는 역사연구를 주요 과업으로 삼았다. 이 가운데 한국사에 가장 큰 영향을 끼친 역사서가 바로 1948년에 출간된 이병도의 『조선사대관』이다. 이 저서는 그 당시까지 연구 성과를 바탕으로 체계적 서술을 특징으로 삼았다. 그리고 고조선과 단군신화를 중시하고

---

853 이병도, 「창립에서 광복까지」, 『진단학보』, 57 (1984), 221쪽. 자신의 역사 방법론에 대해서는 진단학회편, 『역사가의 遺香-두계 이병도 선생 추념문집-』 (일조각, 1991), 269-271쪽.
854 김두진, 『한국 역사학의 연구 성찰』(서경문화사, 2010), 324쪽.
855 진단학회 편, 『역사가의 遺香-두계 이병도 선생의 추념문집-』, 223-224쪽.

한글, 고려대장경, 거북선, 대동여지도 등을 서술하여 우리 민족의 우수성과 독창성을 부각함으로써 일제 식민주의 사학자들이 왜곡한 우리의 역사를 바로 잡으려 했다. 그러나 이병도의 이 저서들은 여전히 일제의 잘못된 한국사 연구를 적극적으로 비판하지 못하여 한국사를 발전적으로 파악하지 못했다는 지적을 받았다.[856] 사실 이병도는 한국 역사학계의 랑케로 일컫고 있으면서도 진작 그 자신의 학문적 소양은 일본 실증주의 사학자들의 영향을 받은 것이며 직접 랑케의 저서를 읽고 그의 영향을 제대로 받지 못한 것으로 알려지고 있다.[857] 이처럼 1930년대 한국사의 연구는 경성제국대학을 중심으로 한 식민사학자, 한국인 실증주의 사학자, 그리고 민족주의 사학자, 마르크스 유물론 사학자들이 이끌어 가고 있었다. 이들은 서로 자신들의 역사관이 가장 현대적이고 과학적이라며 상대 역사관을 비판했다.

이렇듯 일제 통치시기에 한국사 연구는 자리매김 없이 혼란을 겪고 있다가 해방 후에 실증주의 사학자들의 활동이 보다 활발해지기 시작했다. 이들이 역사연구의 핵심은 바로 민족의 역사였다. 일제 식민통치시기에 침묵을 지켰던 한국 실증주의 사학자들이 해방 후 민족사의 문제를 들고 나온 것은 놀라운 일이다.[858] 이러한 한국 실증주의 사학의 비판에 대한 대응과 변신은 이기백 등장 이후 본격화 된다. 물론 랑케의 실증주의 사학의 기본 요소가 민족과 국가라는 점을 상기한다면 한국 실증주의 사학자들이 민족문제를 거론한다는 것이 당연한 현상일 것이다.

그러나 일제 식민통치시기에 한국 실증주의 사학이 민족과 국가를 외면해 왔다는 점을 감안하면 이런 태도의 변화는 다소 의외였다. 이같이

---

856 민현구, 『한국사의 성과와 전망』 (고려대학교 출판부, 2008), 12-13쪽.

857 진단학회 편, 윗 책, 303쪽.

858 이병도는 이전과 다르게 민족과 국가관을 주장하며 실증사학이 민족과 국가 문제를 소홀히 한다는 비판에 부응하고자 했다. 박용희, 「초기 한국사학의 오리엔탈리즘-실증사학과 유물사학의 과학관과 민족사 인식의 문제 중심으로-」, 『이화사학연구』, 32 (이화사학연구소, 2005), 45쪽.

비판이 제기되자 한국 실증주의 사학자들은 이에 대응하여 민족과 국가 문제에 대해 어떻게 다뤄야 할 것인가에 대한 대안을 요청하게 되었다. 한국 역사가들은 랑케의 실증주의 사학을 일제 역사학자들로부터 배운 것만큼 그 수용과정에서 왜곡된 내용이나 불충분한 부분에 대한 지적을 통해 알 수 있듯이, 한국 실증주의 사학은 애초부터 식민주의 사학을 극복해야 하는 과제를 안고 있었다.[859] 따라서 식민주의 사학을 극복하게 위해서는 민족주의 사학을 재평가해야 하며 이를 다시 정립해야 할 필요성이 제기되었다.[860] 이는 곧 식민주의 사학이 곧 실증주의 사학이며 근대사학은 민족주의 사학이라는 새로운 역사의 구분법을 인식하게 되었다는 것을 의미한다.[861] 이러한 도식에 따르면 일제 역사학자들을 통해 배운 랑케의 실증주의 사학이 곧 식민사관이라는 상호 밀접한 관계가 성립된다.[862]

김용섭의 지적대로 실증주의와 민족주의 사학, 이 두 역사학은 우리 역사와 민족을 과소평가하고 열등의식에 사로잡혀 있으며 일제 식민의 교육정책과 식민주의 사학자들이 남겨준 유산이 곧 실증주의 사학이고 해방 후 식민사관에 대항하여 민족정신을 고취하기 위해 생긴 것이 바로

---

859 김용섭, 「일본, 한국에 있어서의 한국사 서술」, 『역사학보』, 31 (1966), 147쪽.
860 강만길은 해방 직후 식민사관과 실증사학의 영향 때문에 민족 사학이 부각되지 못했다며 민족사학이 한국사의 중심이 되어야 하고 '반식민사학'의 확립이 한국 근대사학의 발달과정이라고 주장했다. 강만길, 「일제시대의 反植民史學論」, 『한국사학사의연구』(을류문화사, 1985), 232쪽. ; 「민족사학론의 반성-<민족사학>을 중심으로-」, 『역사학보』 68집 (1975).
861 이러한 도식은 이병도 제자 김철준은 단재 신채호의 민족주의 사학이 더 근대적이라고 평가한 것에서 찾아 볼 수 있다. 그는 실증주의 사학이나 사회경제사학은 역사의 과학성을 주장하면서도 비과학적인 학풍을 보이고 있다고 비판한다. 김철준, 「국사학의 성장과정과 그 방향」, 『한국의 민족문화 : 그 전통성과 시대성 1』, (한국정신문화연구원, 1978), 266-273쪽.
862 한우근은 식민주의 사학이 실증사학의 속류(俗類)에 불과하다고 비판한다. 한우근, 『민족사의 전망』(학술정보, 2001), 271-277쪽.

민족주의 사학이다.[863] 이 가운데 식민사관을 배운 많은 지식층들은 사실적인 한국의 역사를 정확히 알지 못했다. 일제 식민통치시기 한국사 연구는 주로 일본인 역사가들의 몫이었으며 이들은 제국의 식민통치를 위한 한국사를 서술했는데, 오늘 날까지 한국 역사학계에서 이들의 연구 성과를 그대로 따르고 있는 바가 적지 않다. 바로 이점이 오늘 날 한국 역사학계에서 계속 야기된 논란의 핵심이다.

일본인 역사가들의 한국사 연구는 한민족의 발전과정에 대해 객관성과 과학성을 바탕으로 한 학문적인 것이 아니라 식민정치와 직결된 정치적인 식민문화의 정책일환으로 추진된 것이다. 그러므로 일본인 역사학자들의 한국사 연구는 한민족의 문화와 역사를 우민화 시켜 일본인에 동화시키는 것에 목적을 두었다. 또한 이들 일본인 역사학자들은 소위 황국사관을 반영하여 한국사를 왜곡하고 조선의 식민통치를 정당화 하려고 부단히 노력했다. 일본과 조선인의 조상이 같다고 한 소위 '일조동조론(日朝同祖論)은 1910년 한일병탄 직후 『역사지리』란 잡지에서 임시 증간으로 『조선호』를 발행했는데, 이 잡지 주필인 사다키치(喜田貞吉)가 '일조동조론' 혹은 '일선동조론'을 주창한 대표인 인물이었다. 그는 이 잡지에 발표한 「한국 병합과 국사」라는 글을 통해 조선인의 동화를 위한 국사교육의 필요성을 역설하며 국사를 통한 국민 교육을 통하여 일본에 동일화된 조선인의 육성을 강조했다.[864]

일본 제국주의 황국사관을 신봉한 이들 일본 역사학자들은 조선

---

863 김용섭, 「일제 사학자들의 한국사관-일본인은 한국사를 어떻게 보아왔는가?」, 역사학회 편, 『한국사의 반성』(신구문화사, 1969), 29쪽.

864 박광현, 「식민지 조선에서 동양사학은 어떻게 형성되었는가? : 경성제국대학 안의 동양사학」, 『역사학의 세기』, 222-225쪽. 한일병탄 직전부터 동양학을 중시했던 교토제국대학에서는 동양사에서 조선사를 다루었으나 1913년 이후 이마니시 류가 조선사 강의를 국가(일본사) 쪽에 포함시켰다. 또 도쿄제국대학에서도 1914년 조선사는 국사에 개설되어 있었으나 이후 동양사에 포함되었다.

총독부 지원 아래 경성제국대학이나 조선총독부중추원 및 조선총독부 조선사편수회 혹은 만철조사부의 막대한 지원을 받으며 한국사를 연구했다. 바로 이들이 제국대학 중심으로 일본 근대사학의 주류를 형성한 식민주의 사학자들이었다. 이들이 한국사를 연구한 목적은 역시 식민통치를 합법화시키고 조선인들을 일본에 동화시켜 영원히 조선을 지배하고자 하는데 있었다.[865] 일본 식민주의 사학자들의 한국사에 대한 본질적인 결론은 한국 역사와 문화의 후진성이었다. 말하자면 한국 역사와 문화는 주체성이 결여된 타율성과 내적 발전이 없었다는 소위 '정체성 이론'이었다. 한국사 연구를 개척한 하야시(林澤吉)는 1892년 『조선사』 5권, 1901년에 『조선근세사』 2권을 저술하여 고대로부터 조선의 북부는 중국의 신민지로, 남부는 일본의 식민지인 임나일본부로 출발한 것처럼 서술하여 우리나라의 역사가 식민지의 역사에서 시작한 것으로 설명했다.

　오다(小田省吾) 역시 1927년에 저술한 조선사대계』에서 제2장, 지나 통치 이전의 만선, 제3장, 지나의 군현 제4장, 고구려의 흥기 제5장, 일본부 설치 이전의 남선 제6장, 일본의 세력수립 등으로 서술하여 조선 고대사에 대해 북쪽은 중국이, 남쪽은 일본이 각각 통치한 것으로 설명했다. 만선사관도 이와 같이 조선의 타율성을 주장했는데 대표적인 역사가는 이나바(稻葉岩吉)이다. 그 역시 1922년 「만선불가분의 사적 고찰」이란 논문을 통해 조선역사의 독자성, 자주성을 부인하고 민족, 영토, 경제 방면에서 조선은 태고부터 대륙, 특히 만주와 분리할 수 없는 관계를 가졌다고 주장했다. 이후 그는 1935년에 『만주발달사』란 연구서에 수록된 논문 「만선사 체계의 재인식」을 통해 조선의 모든 역사적 사건들 속에 대륙의 정국이 기록되어 있다며 이는 조선 역사가 자주적이지 않다는 것을

---

[865] 이것은 1916년에 중추원에서 조선사를 편찬하려 할 때 발표한「조선반도사편찬요지」에 잘 나타나 있다.

보여주고 있다고 주장했다.

미시나(三品彰英)은 1940년 『조선사 개설』를 통해 '조선사의 타율성'이란 제목으로 조선이 역사를 여러 이웃나라에 의해 침략을 받고 지배를 받아 온 것으로 설명했다. 이렇듯 일본인 역사가들은 조선역사를 항상 지리적으로 혹은 정치적으로 대륙의 지배를 받아 온 것으로 설명하고 조선인들은 성격, 사고 등 모든 행동 면에서 사대주의에 젖어 오면서 이것이 민족성으로 굳어졌다고 주장했다.[866] 정체론은 유럽제국들이 동양을 바로 본 역사관에서 비롯된 이론으로써 동양의 역사적 특징이 발전하지 못하고 지체되어 왔다고 한 논리이다. 이 이론에 근거하여 유럽 열강들이 동양에서 제국주의 패권을 확대시켜 갔는데 일본제국이 바로 이 이론을 그대로 받아들인 것이다.[867] 이 논리를 바탕으로 일제 역사가들은 일본이 유럽과 비슷한 역사적 발전단계를 거쳐 온 반면 조선은 정체되어 있었다는 것이다.

조선의 정체론을 주장한 대표적인 학자는 일제 메이지 시대 경제학자 후꾸다(福田德三)였다. 그는 1904년 「한국의 경제조직과 경제단위」라는 논문을 발표하여 조선에서 토지 사유제가 허용되지 않고 공유제로

---

[866] 이러한 조선 역사의 타율성 논리는 조선 식민화의 정당성을 확립하기 위한 도구로 이용되었다. 송찬섭, 「일제의 식민사관」, 조동걸, 한영우, 박찬승, 엮음, 『한국의 역사가와 역사학』 하권, 306쪽.

[867] 유럽 강국이 동양을 바라보는 이러한 시각은 랑케에게서도 잘 나타나 있다. 즉 랑케는 "진보란 무엇인가. 인간의 진보가 뚜렷하게 나타나는 곳은 어디인가? 위대한 역사 발전의 요소들은 라틴 민족과 게르만 민족에 게 있다. 여기에는 분명히 점진적으로 발전하는 정신적인 힘이 존재한다. 실제로 모든 역사에 있어서 인간의 정신이라고 하는 역사적 힘은 태고부터 시작한 일정한 지속성을 띤다. 그렇지만 인류의 집단들 가운데 하나의 제도만이 이 보편적인 역사의 흐름에 부합한다. 반면 우리는 전반적으로 지속적인 진보를 하지 않으면서 이 역사의 흐름에 연관되어 있는 민족들도 볼 수 있다. 예컨대 아시아를 보면 문화가 그곳에 나왔고 문화적 시대가 있었다는 것을 알 수 있다. 그러나 아시아에서 역사의 운동은 전체적으로 퇴행적이었다."라고 아시아의 역사 발전 단계에 대해 회의적이었다. Ranke, "On Progress in History", Georg G. Iggers ed., *The Theory and Practice of History*, 20-23쪽. 아마도 일제는 랑케의 이러한 시각을 제국에 유리하게 수용한 것으로 보인다.

유지되었으며 화폐경제나 상공업 발달하지 못해 사회적 분화가 발생하지 못한 씨족사회에 머물러왔다고 주장했다. 그렇기 때문에 그는 문화사회를 이룩한 일본이 후진국 조선을 개화시켜야 할 사명감을 가져야 한다고 강조했다.[868] 이와 같이 일제 식문직 사학자들이 제기한 조선의 정체성 이론은 1913년 카와이(河合弘民)의 『경제대사서 經濟大辭書』, 1921년 키다(喜田貞吉)의 조선 여행기「경신만선여행일지 庚申滿鮮旅行日誌」그리고 1923년 쿠로다(黑田巖)의 「조선 경제조직과 봉건제도」등으로 이어졌다. 이렇게 일본 역사학들은 조선에 봉건제도가 존재하지 않았기 때문에 역사적으로 일본보다 후진성을 면치 못한 것으로 인식했다. 이 이론이 조선총독부에게 전격 수용됨으로써 조선사 편찬을 주도한 이나바이 와키치(稻葉岩吉)은 만선사(滿鮮史)의 중요성을 강조하며 중국사, 1922년 「만선불가분의 사적 고찰」이란 논문을 발표해 조선 역사의 독자성, 자주성을 부인하고 민족, 영토, 경제 방면에서 조선은 만주와 분리될 수 없다고 주장했다.

특히 이 정체론은 식민지 조선의 농업구조를 수립하기 위한 기초 작업인 토지조사사업에 이용되었으며 이 이론을 바탕으로 와다(和田一郞)는 『조선의 토지제도 및 지세제도 조사보고서』를 저술하여 한국의 토지제도가 국유제였다고 주장했다. 그는 이를 근거하여 일제는 합법적으로 조선의 토지를 국유지로 모두 편입시켜버렸다. 해방 후 한국 역사학계에는 랑케의 실증주의 사학에 만족하며 일제의 이러한 조선의 정체론을 그대로 따랐다.[869]

반대로 김용섭은 조선의 내재적 발전론을 내세우며 조선의 정체론을 비판하고 나섰다. 그러나 조선에서 토지의 국유제가 대세였다고 한 식민주의 사학의 정체론을 반박하기 위해 무엇보다 농업생산력이 발전하여 토지의

---

[868] 송찬섭, 윗 글, 313쪽.
[869] 김용섭, 「일본-한국에 있어서의 한국사 서술」, 147쪽.

사적 소유제가 확립되었고 뒤를 이어서 지주 전호제가 확립되었다는 사실이 입증되어야 했다.[870] 이에 따라 김용섭은 사적 소유지가 제대로 발전하지 않아 지주 전호제가 없었던 삼국시대 이전을 고대사회로 규정하고 지주 전호제가 발전해 나간 통일신라, 고려, 조선시기를 중세사회로 구분했다. 그의 이 일련의 작업은 일제 식민주의 역사가들이 주장한 조선의 정체론의 허점을 드러내 주었다. 그러나 김용섭의 이론은 역사적 유물론에 입각하여 지주 전호제론의 생산력의 발전을 지나치게 과신하여 사적 소유제의 기원을 지나치게 먼 시기로 소급했다는 비판을 받았다.[871]

또한 김용섭은 조선 후기가 정체기이며 개항 이후 외세에 의해 근대화가 이뤄진 것으로 본 식민주의 사학의 오류를 입증하기 위해 자본주의 맹아론과 경영형 부농론을 제시했다. 그러나 이 이론은 영국형 자본주의 발전을 모델로 한 것이어서 조선의 내적 발전을 입증하는데 한계를 지니고 있다.[872] 특히 그는 일제의 식민지 지배가 조선의 자본주의 발전을 저지함으로써 독자적인 자본주의적 근대화를 이룰 수 없었다는 소위 식민지 수탈론을 제기하기도 했다. 김용섭은 조선이 스스로 자본주의적 근대화를 이룰 수 있었지만 일제의 식민화로 인해 이 발전과정이 저지당했다며 식민주의 사학이 제기한 정체론을 정면 반박했다.[873]

이처럼 식민주의 사학에 맞서 김용섭이 제시한 이론은 농업 생산력과 이를

---

870 이러한 김용섭의 이론적 연구는「토지제도의 史的 推移」,『韓國中世農業史研究』(지식산업사, 2000), 3-56쪽에 집약되어 있다.
871 윤해동,「'숨은 신을 비판할 수 있는가?' -김용섭의 '내재적 발전론'」, 257쪽.
872 영국에서 17세기에 나타난 자본가적 차지농이 농업의 자본주의적 발전의 기반이었다. 서양의 봉건주의 해체와 더불어 자본주의와 시민사회로 이어지는 발전 단계를 우리 역사학계가 수용한 것으로 보인다. 이런 비판은 임지현,「한국서양사학의 반성과 전망」,『역사비평』8집, 봄호, (역사비평사, 1990) 참조.
873 이러한 김용섭의 연구는「光武 年間의 量田-地契事業」,『韓國近代農業史研究 2』(지식산업사, 2004) :『韓國近現代史農業史研究』(지식산업사, 2000) 등이 있다.

바탕으로 한 소유론, 지주 전호제의 성립과 발전 그리고 자본주의 맹아론과 경영형 부농론, 마지막으로 자본주의 근대화론과 식민지 수탈론 등 발전 논리, 이어서 '두 가지 길이론', 실학론, 농민전쟁 외피론 등으로 요약된다. 이 가운데 실학론과 농민전쟁 외피론은 '두 가지 길이론'을 뒷받침하기 위한 것이다. 원래 '두 가지 길이론'은 레닌이 1907년 사회주의 혁명 전략으로 입안 한 것이다. 농업 자본주의화는 랑케가 『강국론』에서 제시한 바와 같이 프로이센에서 관료와 부르주아 등 위로부터 개혁과 미국처럼 농민 스스로 추진한 아래로부터 개혁을 말한다. 일제의 좌파들은 바로 이 이론을 자국에 수용했으며 김용섭도 마찬가지로 이를 조선에 적용한 것이다.[874]

물론 김용섭은 이 이론을 농업문제에만 국한하고, 정치체제나 혹은 국가이론에게 적용하지 않았다. 자본주의적 발전은 기존 지배계급과 피지배계급을 자본에 따라 부르주아와 노동자 계급을 형성한다. 유럽처럼 근대 자본주의 사회에서 사회계층의 분화가 이뤄지는 것은 당연한 일이다. 또한 정치체제도 민주주의와 대의정치 그리고 국민국가에 대한 논의가 뒤따르게 된다. 다만 김용섭은 국가 재조론과 국민국가 건설론에 대해 간략하게 설명하고 있을 뿐이다.[875]

랑케의 강국 이론은 프로이센이 지향해야 할 정체로써 국민국가를 제시한 것을 비추어 보면 김용섭이 '두 가지 길이론'은 프로이센형인 셈이다. 결국 내재적 발전론은 세계사적 발전 모델을 한국의 특수성에 적용한 것으로 이점은 랑케의 개별적 특수성 원리에 부합한다. 즉 봉건사회가 해체되고

---

874 김용섭, 「近代化 過程에서의 農業改革의 두 方向」, 『韓國近現代農業史研究』, 10-34쪽. 해방 후 한국 좌파 역사가들은 엥겔스가 독일 농민전쟁을 해명하는 이론으로 수립한 농민전쟁 외피론을 한국사에 적용했다. 김용섭은 이를 본격적으로 한국사에 적용하여 이후 내재적 발전론의 이론적 근거로 삼았다. 윤해동, 윗 글, 267쪽.

875 이에 대해서 강만길, 「朝鮮後期土地改革論」, 『朝鮮後期農業史研究 2』(지식산업사, 1995), 『韓國近現代農業史研究』(지식산업사, 2000) 등 결론 부분에 언급되어 있다.

자본주의로의 이행이란 역사적 과정이 일제의 식민화로 인하여 차단된 특수한 역사적 상황이 조선의 역사에서 발견된다는 것이다. 조선의 이러한 내재적 발전은 실증적인 방법으로 이뤄진 연구결과로 평가받고 있지만 단지 농업에 국한되어 상업이나 공업 등 여러 분야로 확대되지 못한 한계가 있다. 그러나 김용섭은 역사적인 실증에 입각하여 랑케의 개별적인 특수성을 인식하고 민족주의 역사를 추구했다는 점에서 높이 평가받을 만하다고 볼 수 있다. 더욱이 그의 연구가 근대화론과 민족이론의 측면에서 비판을 받고 있다할지라도 그의 내재적 발전론은 국민국가와 민족주의 성격을 띠고 있으며 민족이 주체가 되어 외세에 의한 민족분단을 극복하고자 한 것은 식민사관을 극복하기 위한 대안이 될 수 있었다.[876]

그러나 김용섭의 내재적 발전론과 민족주의 사학은 해방 이후, 민족 정체성을 확립을 목표로 한 박정희 정권의 경제발전 이데올로기와 밀접한 연관성을 보이고 있다. 즉, 김용섭의 민족주의와 민족국가론이 냉전 이데올로기 그리고 박정희 정권의 민족 성장론과 결합되어 있다는 지적이다. 예를 들면 1960년대 4.19 혁명 계기로 민족주의 정신이 고취되면서 한국사학의 식민사관에 대한 비판이 제기 되었다. 이에 따라 민족주의 사학이 본격적으로 연구되면서 마침내 박정희 정권의 민족 주체성과 근대화의 문제에 대한 역사학계의 공론이 형성됐다. 이것이 1960년대 중반 이후 한국 역사학계의 흐름이었다.[877]

---

[876] 이러한 논리는 강만길에게서도 나타난다. 예컨대 강만길은 1978년 『창작과 비평』에 발표한 『분단시대의 역사인식』에서 분단시대의 극복을 위해 통일 지향적 민족주의론을 정립하고 민족주의 입장에서 국민국가를 건설해야 한다고 주장하고 있다. 그러나 민족주의 역사관은 강만길보다 김용섭이 더 큰 영향력을 발휘하고 있다는 평가를 받고 있다. 윤해동, 윗 글, 270쪽.

[877] 1960년대 4.19 혁명 이후 민족주의가 고취되자 한국 사학계에서 식민주의 사학에 대한 비판을 본격화 했다. 이에 의해 민족주의 사학이 크게 부각된 가운데 5.16 쿠데타 의한 박정희 군사 정권이 민족 주체성과 근대화를 부르짖자 역사학계에서는 4.19 혁명이후

1968년에 역사학자들이 '국사교육심의회'의 설치를 요청함에 따라 1969년 이기백, 한우근, 이우성, 김용섭 등은 『중고등학교 국사교육 개선을 위한 기본 방향』이란 책자를 펴내 교과서 개정을 촉구했다.[878] 이 내용은 "국사의 전 기간을 통하여 민족의 주체성을 살리며 민족사의 각 시대 성격을 세계사적 시야에서 파악해야 하고 또 민족사의 전 과정에서 내재적 발전 방향의 제시와 제도사적 나열을 피하여 인간의 중심으로 생동하는 역사를 기술하면서 각 시대의 민중 활동과 참여를 부각시킨다"라는 기본 원칙을 제시했다.

여기에서 한국 실증주의 사학자들은 민족 주체성과 내재적 발전 방향을 강조하고 있는데 이는 김용섭의 논리와 부합된다. 그러나 세계사적 시야 혹은 인간중심 또는 민중본위 등의 그의 주장은 민족 주체성과 내재적 발전 논리를 위한 구호에 지나지 않는다고 지적을 받고 있다.[879] 이는 군사정권의 권력이 주창한 민족주의와 내재적 발전론이 역사학계에 수용된 것과 다름없다는 것이다.[880] 결과적으로 보면 김용섭의 내재적 발전론에서 제기된

---

고조된 민족주체성과 근대화에 대해 군사정권의 의도와 달리 객관적이고 과학적인 학문적 연구와 토론을 요구하게 이른 것이다. 조동걸, 『現代韓國史學史』, 412쪽.

878 조동걸, 윗 책, 434-435쪽.

879 윤해동, 윗 글, 273쪽.

880 사학계의 요구에 의해 문교부는 '국사교육강화위원회'를 설치하고 한국사 교육 강화와 연구의 대중화가 활발하게 전개되었다. 이 위원회에는 박종학, 장동환(대통령 특별보좌관) 이선근(영남대 총장) 김성근(서울대 교육대학원장) 고병우(서울대 문리대학장) 이기백(서강대 교수) 한우근(서울대 교수) 이우성(성균관대 교수) 이철준(서울대 교수) 강우철(이대교수) 김용섭(서울대 교수) 이원순(서울대 교수) 이광린(서강대 교수) 이현종(국사편찬위원) 최창규(서울대 교수) 박승복(국무총리 비서관) 한기욱(대통령 정무비서관) 등 17명으로 조직됐다. 이러한 사학계의 움직임에 대해 조동걸은 "「중고등학교 국사 교육 개선을 위한 기본 방향」이라는 책자까지 내놓고 교과서의 개정을 촉구하고 있었다는 것은 정책과목으로 전락하는 원인 제공자의 구실을 학회가 앞장서서 맡았던 것이 아닌가 하는 쓸쓸한 뒷맛을 감출 수가 없다"고 비판했다. 조동걸, 윗 책, 435-436쪽.

식민주의 사학의 이론을 비판하며 이에 대립된 역사적인 관점을 제시한 것이다. 다시 말하면 김용섭은 우리 역사를 민족주의 사학의 관점이 아니라 유물론적인 보편주의 역사관으로 해석한 셈이다.

랑케의 실증주의 사학이 일본에도 전적으로 환영을 받지 않았다. 예를 들면 동양에서 최초로 랑케를 연구한 스즈키 시게타카는 1939년 『랑케와 세계사학』이란 저서에서 실증주의 사학에 대해 배타적인 태도를 보이면서 "실증주의는 재미없다"고 비판하고 역사학에서 실증주의를 배척했다. 스즈키는 일본의 역사학계에 랑케 실증주의 사학을 수용하는데 앞장 선 그가 오히려 랑케의 실증주의 사학을 배제한 것은 일제가 랑케로부터 자국의 이념에 맞는 이론만 받아들인 결과로 빚어진 일이었다. 스즈키의 설명은 다음과 같다.

> "랑케의 유산은 국가란 제각각 독자적인 생명을 잉태한 창조적인 개체라는 것, 즉 도덕적 에너지이고 다른 하나는 국가란 그 발전 계기를 다른 여러 국가와 관계에 힘입는다는 것, 곧 äussere Politik inner Politik, 즉 내부정책에서 외교의 우선순위를 제창한 것이다. 또한 랑케는 위대한 침략자는 동시에 위대한 문화 전파자라는 취지의 말을 했다. 그의 말은 충분히 음미해야 할 것이다. 이런 매개를 결여했을 때 하나의 국가는 세계에서 단순한 특수에 그치고, 구체적인 보편이 아니면 세계에서 지속할 수 없다. 그리고 국가는 랑케가 말한 바와 같이 das Real-Geistige 말하자면 현존하는 정신적 실체이다. 국가를 이러한 구체성으로 파악할 수 있는 입장은 인간학적인 입장이고 이것을 실제로 보증하는 것이 세계사적 입장이다. 이런 면에서 볼 때 국가는 세계사적 개념이라고 해도

좋다."[881]

이처럼 스즈키는 랑케를 언급하면서 사료 비판이나 실증주의적 방법론에 대해서 전혀 거론하지 않고 국가의 생명력과 세계사적 성격 등 추상적이고 관념적인 설명만을 늘어놓고 있다는 것을 알 수 있다. 말하자면 랑케의 세계사적인 의미에서 강국의 지배역사를 의미하고 있다. 따라서 스즈키는 일본을 유럽에서 패권을 차지한 독일과 연관시켰다. 이에 따라 1940년대 이와나미(岩波) 문고에서 1940년『강국론』그리고 1941년 랑케의 『정치문답 기타 일편』번역됐고 1941년『세계사 개관-근세사의 제 시대』가 간행되는 등 번역된 랑케 저작들의 출판 붐이 일었다. 이 번역들은 사료비판을 바탕으로 한 실증주의 역사관이 아니라 국가관과 세계사의 구상에 초점을 둔 것들로써, 랑케의 많은 저서들 가운데 일제의 이념에 맞는 것만 골라서 뽑아낸 것들이었다.[882]

---

[881] 이 인용문들은 스즈키가 1930년대 말부터 1940년대 전반에 걸친 교토학파의 저작이나 좌담회에서 발언한 것이다. 高坂正顯,『歷史的世界』, 京都哲學叢書 第25卷, (東京 : 燈影舍, 2002) ; 高坂正顯,『歷史の意味とその方』, (東京 : こふし書房, 2002) ; 高山岩南,『歷史の哲學』, (東京 : こふし書房, 2001) ; 高坂正顯, 高山岩南, 西谷啓治, 鈴木成高,『世界史的立場と日本』, (東京 : 中央公論社, 1943) 등 참조.

[882] 사카구치(坂口昂)은 "랑케는 역사인식에 대해 체계적으로 논하는 스타일이 아니어서 그의 역사관을 연구할 때 여러 가지 저작 중에서 여기저기 추려 구성하는 수밖에 없다"라고 말한 바와 같이 이런 작업은 대개 교토학파들에 의해 이뤄졌다. 坂口昂,『獨逸史學史』(東京 : 岩波書店, 1932), 407쪽. 이 시기 일본에서 간추려 번역 출간된 랑케의 저작들은 다음과 같다. 村川堅固 譯,『世界史論進講錄 Über die Epochen der Neueren Geschichte, Die grossen Mächte, Zur Geschichte der politischen Theorien』(興亡史論刊行會, 1918) ; 阿部秀助 譯,『西州近世史 Geschichten der romanischen und germanischen Völker』(泰西名著歷史叢書 第5卷 (國民圖書, 1923) ; 相原信作 譯,『强國論 Die Grossen Mächte』(岩波書店, 1940) ; 相原信作 譯,『政治問答 他一篇 Pölitsche Gespräch, Die historiae et politices cognatione atque discrimine』(岩波書店, 1941) ; 鈴木成高, 相原信作 譯,『世界史槪觀-近世史の 諸時代 Über die Epochen der Neueren Geschichte』(岩波書店, 1941) ; 講邊龍雄 譯,『프리드리히 대왕 Friedrich II. König von Preussen』(白水社, 1941) ; 小林榮三郎 譯,『랑케 선집

일본의 역사가들이 랑케의 세계사적 이념을 강조한 이유는 강국 중심의 보편적 세계사의 의미를 유럽의 역사를 통해 너무 잘 인식했기 때문이다. 이에 따라 일본 역사가들이 이해한 랑케의 세계사의 보편성의 골자는 국가와 민족 간 상호 대립이었다. 그러나 스즈키는 랑케의 국가체제가 곧 유럽 중심의 세계관에 국한되어 있기 때문에 새로운 동양 중심의 세계관을 가져야 한다는 것이다. 말하자면 스즈키는 대동아 전쟁을 세계사적 보편성에 입각하여 역사적인 현실로 인식했다.[883] 이것은 일본이 랑케의 세계사적 이념을 일제의 패권 정치이념에 전유했다는 사실을 보여준다. 더 나아가 니시다 기타로(西田機多郞)는 다음과 같이 강조하면서 랑케의 『강국론』의 세계사적 개념을 빌어 대동아 공영과 조선의 식민을 정당화 하는 논리를 제공했다.

> "각 국가는 각자 세계사적 사명을 자각하여 하나의 세계사적 세계, 즉 세계적 세계를 구성해야만 한다. 이것이 오늘 날 역사적 과제이다. 지금 동아(東亞)의 여러 민족은 동아민족의 세계사적 사명을 자각하여 각자 자기를 넘어 하나의 특수적 세계를 구성하고 이로써 동아민족의 세계사적 사명을 수행해야만 한다. 이것이 동아 공영권 구성의 원리이다" 라고 주장했다. 이어서 그는 "대역사가 랑케가 로마의 정복으로 유럽이 하나로 통일되고 그 이래 하나의 세계를 형성했다고 한다."[884]

---

제6권 *Abbandlungen und Versuche*』(三省堂, 1943) ; 堀米庸三 外 譯, 『랑케선집 제4권-19세기 독일-프랑스사 *Zur Geschichte Deutschlands und Frankreichs im neunzehnten jahrhundert*』(三省堂, 1943) ; 西村貞二, 祇園寺信彦, 增田重光 譯, 『랑케선집 제5권-傳記』(三省堂, 1943).

883  고야마 사토시(小山哲), 「'세계사'의 일본적 전유-랑케의 중심으로」, 『역사학의 세기』113-117

884  西田機多郞, 『西田機多郞,全集』第5卷 (東京 : 岩波書店, 1979), 270쪽, 427-429쪽.

이처럼 일제의 역사가들은 랑케의 역사사상을 제국의 이념에 맞춰 필요한 부분만 간추려 자의적으로 해석했다. 이런 일제가 변형한 랑케의 역사사상이 우리 사학계에서도 그대로 적용되고 있는 모습이 보이고 있다. 보편성과 세계사적 관점에서 우리 역사를 보아야 한다는 주장이 바로 그 것이다.[885] 따라서 미야지마 히로시(宮嶋博史)가 "한국 역사학자들은 한국사의 발전 모델을 일본의 역사 발전에서 찾고 있다"라고 지적한 것도 이런 맥락에서이다.[886] 결과적으로 민족의 내적 발전론은 조선의 자본주의 이행이 일제의 식민화로 인하여 이뤄지지 못했다는 결론에 이르고 있는데 이는 조선의 근대화가 일제 식민통치에 의해서 이뤄진 것으로 해석될 수 있다. 결국 이 논리에 따르면 일본의 제국주의 패권과 조선의 식민화에 대해 비판할 명분이 없다. 특히 일제 식민통치에 의한 조선의 근대화에 일본의 모델을 적용하면 민족의 패권을 학대시키기 위해 타국을 지배하고 식민화하는 것에 대해 비판을 할 수 없게 된다.[887]

---

[885] 이 같은 이유는 다음의 두 가지로 생각할 수 있을 것이다. 첫째, 한국사학자들의 약점은 독일어를 해석할 수 있는 외국어 능력이 부족하다는 점이다. 대개 일본어에 능하기 때문에 자연히 일본 학자들의 번역본이나 해석, 혹은 논문에 의존할 수밖에 없을 것이다. 둘째, 일본인 스승에게 배운 것이거나 혹은 일본 학자들의 논문을 통해 랑케의 역사 사상을 배운 탓도 있을 것이다. 이런 환경의 이유도 있겠지만 무엇보다 사학자 스스로 독일어 해독을 할 능력이 부족하여 독자적으로 랑케의 저작을 읽고 이해하지 못한 이유도 많다고 생각한다.

[886] 미야지마 히로시((宮嶋博史),「동아시아의 근대화, 식민지화를 어떻게 이해할 것인가?」, 임지현, 이성시 엮음,『국사의 신화를 넘어서』(휴머니스트, 2004), 105-135쪽.

[887] 이러한 논리는 오리엔탈리즘에 기반을 두고 있다는 점을 간과해서는 안된다. 따라서 윤해동은 이를 '반식민사학적 식민주의 사학'에 지나지 않는다고 비판한다. 윤해동, 윗글, 275-276쪽. 이런 비판은 임마누엘 월렌스타인의 유럽중심주의 비판에서 잘 설명되고 있다. 임마누엘 월러스타인(Immanuel Wallerstein) 지음, 백승욱 옮김,『우리가 아는 세계의 종언』(창비, 2001), 248-253쪽. 경성제국대학은 식민지 조선이라는 특수성을 반영하여 사학과에 국사학, 조선사학, 동양사학 전공을 두었다. 일제는 동양사학의 가치를 동양이 서양과 동등한 위치에 있다는 의도를 드러내려고 한 것이다. 경성제대의 사학과 편제의 동양사학 전공을 둔 것은 일본적 오리엔탈리즘의 지적 지배를 위한 성립된 것이다. 일제는 동양사학을 중화문화권을 해체하여 일제를 중심으로 한 새로운

이와 같이 조선의 타율성과 정체성 이론은 일본인 역사가들이 우리 민족 스스로 역사의 발전을 이어갈 능력이 없는 열등 민족으로 규정할 때 적용된 역사관이다. 때문에 우수한 민족인 일본이 조선의 근대화를 이뤄준 공헌을 끼쳤으므로 조선의 식민화는 높이 환영받을 일이 되어 버린다. 이와 더불어 일제 식민주의 사학자들은 대개 중국이나 동북 만주민족들의 역사와 비교하여 볼 때 한민족의 역사가 이들 강국에 의해서 결정되었다며 한민족의 주체성을 부정하고 타율성을 내세웠다. 이 이론의 대표적인 역사가 이나바 이와키치(稻葉岩吉)는 1922년에 『조선사강좌』에 발표한 「조선민족사」에서 "조선민족이 문화적 원자를 외부로부터 주입받았기 때문에 자발적 문화를 갖지 못한 민족이며 단일민족이 아니"라고 주장하고 동양사 전체에 조선을 포함시킨 '만선민족'이라는 개념을 사용했다. 남만주철도주식회사에서 추진하고 시라토리 구라키치(白鳥庫吉), 이케우치(池內宏), 쓰다 소우키치(津田左右) 그리고 이나바 이와키치 등이 저술한 『만주역사지리』와 『조선역사지리』는 당시 동북아 지역에 관한 대표적인 연구서였다. 이것을 통해 소위 '일선동조론'과 대립된 일본식 조선사관이 생겨났다. 이나바의 '만선사론'의 내용은 조선사를 독자적인 역사로 보지 말고 동양사에 포함시켜야 하며, 따라서 조선사를 일본사 관점에서 관찰하지 않아야 한다는 것이었다. 또한 미시나(三品彰英)는 『조선사 개설』 서문에서 "조선사는 그 객관적 동향에 있어서 자유를 가진 바가 참으로 적은 역사"라고 규정하고 있다.[888] 말하자면 조선의 역사는 항상 강국의 지배를 받아 온 역사라는 것이다.

이와 같이 일제의 역사학자들은 일조동조론에 바탕을 두고 조선사를

---

동양을 창안하기 위한 학문 영역으로서 인식했다. 박광현, 윗 글. 227-231쪽.
888 김용섭, 「일제 사학자들의 한국사관-일본인은 한국사를 어떻게 보아왔는가?」, 34쪽에서 인용.

자국의 역사인 국사에 포함시키려 하면서 한편으로 조선사를 동양사 범주에 넣으려 했다. 이는 소위 만선불가분론, 말하자면 만주와 조선의 역사가 분리될 수 없다는 입장에서 대륙세력이 조선에 미친 영향을 부각시켜 조선의 타율성을 정당화하기 위한 전략이었다. 이와 같이 일본의 조선사에 대한 두 시각은 서로 공존하면서 왜곡된 조선의 역사를 만드는데 크게 기여했다.[889] 이에 따라 조선의 역사에 대한 연구는 바로 일본의 국사와 동양사의 두 학과에서 진행되었다. 그렇다면 이러한 일본의 역사가들의 조선사관이 어떻게 생성되었을까.

먼저 일본 역사가들은 랑케의 실증주의 사학을 수용하면서 1889년 사학회를 조직하고 『사학회 잡지』를 발행했다. 1892년 2월에 『사학잡지』로 개칭된 이 잡지의 1891년 11월, 24호에서 이노우에 데쓰지로(井上哲次郞)은 「동양사학의 가치」라는 글을 통해 "동양사학은 동양을 대표하며, 그 가치는 학술보다 역사상 사실에 있다"고 강조하고 "이 역사상의 사실을 규명하는 사명이 바로 일본인에게 있다"라고 주장했다.[890] 그러나 서구역사과 마찬가지로 강국이 되고자 했던 일본은 유럽의 열강과 비교하여 볼 때 역사적으로 아시아에서 일본의 영토가 좁다는 사실을 인식하고 지리적으로 자국의 영역을 확장할 필요성을 느끼게 되었다. 일본에서 동양사의 연구는 바로 이 목적을 이루기 위한 것이었다.[891]

일본에서 동양사에 대한 담론은 소위 유럽의 오리엔탈리즘에 대한

---

[889] 박광현, 윗 글, 224-225쪽.

[890] 이렇게 랑케의 역사학을 수용하여 확립된 동양사는 유럽과 비교하면서 일본이 아시아에서 가장 우월한 국가이고 민족이라는 것을 입증해 나갈 수 있는 역사적 발판이 되었다. 이를 주도한 일제의 동양사학의 창시자들은 시라토리 구라키치(白鳥庫吉) 나이토 고난(內藤湖南), 핫토리 우노기치(服部宇之吉) 가노 나오키(狩野直喜), 구와하라 지츠조오(桑原隲蔵), 히로시 이케우치(池內宏) 등이다. 일본의 동양사와 창시자들에 대해서는 吉川幸次郎 編, 『東洋學の創始者たち』, (東京 : 講談社 : 1976).

[891] 스테판 다나카, 『일본 동양학의 구조』, 81쪽.

열등의식에서 비롯되었다. 즉, 1890년대 유럽에서 말한 세계사는 곧 서양사를 의미했다. 이는 유럽문화가 동양문화보다 앞선다는 의미의 유럽역사라는 일본 역사학계의 인식 속에서 동양사가 출발한 것이다. 이처럼 일본의 동양사는 자국의 이해관계와 밀접하게 연결된 이데올로기 성격의 역사학이었다. 유럽의 제국주의 열강들에게서 알 수 있듯이 강자가 약자를 지배한다는 법칙이 동양사에 적용된 것이다. 그러므로 일제의 동양사는 지리적으로 제한된 영토를 확장하기 위한 도구에 지나지 않는다. 예컨대 나카 미요치(那珂通世)는 옥시덴트와 오리엔트의 연결이라는 점에서 동양의 범위 자체를 확립하여 동양을 중동, 인도, 내륙 아시아를 이르는 오리엔트를 중국과 조선, 일본을 포함시킨 유럽 동부에 이르는 광대한 지역으로 정의했다.[892]

따라서 동양사 연구에서 일본이 바라는 연구목적을 달성하는데 가장 유리하고 부합된 곳이 바로 조선이었다.[893] 이렇게 일본이 동양사를 확립해 나간 과정에서 가장 중요한 인물이 시라토리 구라키치이다. 시라토리는 랑케의 제자인 루트비히 리스의 첫 제자이며 랑케의 실증주의 사학에 기반을 두고 동양사를 일본의 독자적인 역사학으로 발전시킨 인물이다. 그는 서양의 근대 역사학 방법론을 사용한 동양사 연구에서 그 대상으로 조선을 선택했는데 이는 조선의 역사가 가장 유리한 연구 여건을 갖추고 있었기 때문이었다.[894]

이렇게 일본 역사학자들은 랑케의 실증주의 사학 방법론에 입각하여

---

[892] 스테판 다나카, 윗 책, 81-82쪽.
[893] 일본의 역사연구의 학문적 토대를 만든『사학회잡지』에 일본인 학자들은 연이어 고조선, 삼한, 신라, 가야, 백제, 및 고구려 등 한국 고대사에 관한 연구논문들이 연이어 발표되었다. 박광현, 윗 글, 221쪽.
[894] 시라토리의 연구는 주로 「조선고대지명고」, 「조선고대관명고」 등 조선민족의 고대문화에 관한 것이었다. 박광현, 윗 글, 222쪽.

조선의 역사를 중심으로 동양사 연구를 진행함으로써 일본 문화와 역사가 동양을 대표한다는 이론을 확립하는데 주력했다. 서울에 있는 경성제국대학이 일본의 동양사의 연구목적을 위한 연구의 중심지가 되어 집중적으로 조선의 역사가 연구되었다. 한편 일본은 동양을 대표하는 국가에서 중국을 배제하기 위해 소위 만선사(滿鮮史)와 지나사(支那史)를 부각시키기 시작했다.

'지나(支那)'는 20세기 전반기 일본에서 중국을 지칭한 일반적인 용어이며, 중국이란 명칭은 2차 세계대전 이후에야 다시 사용되었다. 따라서 '지나'란 용어는 근대화 된 일본과 아직 전근대적인 상태에 머물러 있던 후진적인 중국을 의미했다.[895] 일본에서 중국에 대한 멸시의 태도는 '지나'라는 명칭에서 뚜렷하게 드러난다. 예컨대 도쿄제국대학 동양사 명예교수인 에노키 가즈오(榎一雄)는 중국이란 용어가 일본이 중국으로부터 문화를 전수받은 약소국의 입장에서 불렸던 명칭인 반면 지나는 China는 국제적인 명칭으로써 일본이 중국보다 더 발전되었기 때문에 일반적으로 국제사회에서 통용되고 있는 '지나China'의 명칭을 사용해야 한다고 주장했다. 이와 같이 일본은 아시아의 중심인 중국의 질서에서 벗어나고자 열망하면서 상대적으로 아시아의 중심이 일본임을 부각시키려 했다.[896] 이처럼 일본 역사학자들은 일본에 비해 근대화 되지 못한 중국이나 조선을 약소국으로 규정하고 소위 동양사 중심인 중국역사로부터 탈피하려고 했다.

특히 시라토리와 이케우치 등은 동양사를 지나사(중국사)와 만선사

---

895 근대 일본에서는 다양한 단체들이 지나라는 용어를 사용했는데 일본 국학자들은 중국이란 용어에 담긴 야만, 문명, 혹은 내부, 외부라는 의미로 일본을 분리하기 위해 '지나'라는 명칭을 사용했다. 특히 일본에서 '지나'라는 명칭은 근대화된 일본과 아직 전근대적인 중국을 가리키는 의미로 사용되었으며 20세기 초 중국 혁명가들은 만주족의 청나라와 구별하기 위해 '지나'라는 명칭을 사용하기도 했다. 스테판 다나카, 윗 책, 18쪽.

896 스테판 다나카, 윗 책, 22쪽.

(만주와 조선사)로 구분했다. 이들 역사가들은 서양에 대한 대립적인 개념으로써 동양사를 강조하며 서양과 동양의 지리적 그리고 문화적 구분을 수용하여 후진성을 배척하고 단지 문화적 차이만을 인정했다. 따라서 일본에서 동양사의 개념은 유럽에 대한 일본의 시각을 반영하고 있다.

동양사에서 전통적으로 중심역할을 해온 중화주의 역사가 해체되어야 일본이 동양의 중심으로써 새로운 동양사를 구축할 수 있었다. 그러므로 일본은 중국과 만주 그리고 조선의 역사를 연구하고 이를 토대로 근대 일본이 아시아에서 최선진국이며 유럽과 동등한 문명국으로서 중국과 다르며 오히려 문화적, 지적, 구조적으로 훨씬 더 우수하다는 것을 확립시켜나갔다.[897] 이에 따라 오카쿠라 덴신(岡倉天心)은 "아시아 문화는 인도에서 중국을 거쳐 마지막으로 일본에 전파되었으며 이를 일본이 천재적 능력을 발휘하여 최종 완성했기 때문에 일본이 아시아 문화의 보고이며 아시아를 부흥시키는 운명을 갖고 있다"고 강조하고 "그러므로 일본이 아시아의 새로운 강자"라고 주장하면서 "아시아의 유대를 이루고 찬란한 문화를 소생시키는 것이 일본의 의무"라고 선언했다.[898]

특히 오카쿠라는 "아시아 문화가 서구 사회처럼 개인적이고 각기 독립적인 특성과 달리 유대, 조화, 온화함, 공동체주의 성격을 띠고 있다"며 "일본이 아시아 문명의 보고"라고 강조하기도 했다.[899] 이같이 오카쿠라의 동양사에 대한 인식은 일본이 자국의 패권을 확장하려는 것이 아니라, 아시아의 동질적 유대에 의하여 아시아의 우수한 문화를 부흥시키기 위한 목적으로 조선을 식민지화 하고, 아시아 전체를 지배하는 것이 타당하다는 의미를

---

897 스테판 다나카, 윗 책, 31쪽.
898 스테판 다나카, 윗 책, 32쪽. 이에 관한 오카쿠라 덴신(岡倉天心)의 연구는 Okakura Tenshin, *The Ideals of East* (1904 ; Vt. : Charles E. Tuttle, 1970)이다.
899 Okakura Tenshin, 윗 책, 223쪽. 스테판 다나카, 윗 책, 32쪽에서 인용.

담고 있다. 이렇게 하여 일본은 중국 중심의 동양사를 새롭게 재편성하여 동양의 맹주로서 일본 제국사를 확립했다. 여기에 조선의 역사는 하나의 가교 역할에 불과했기 때문에 일본의 동양사 재편성의 과정에서 많은 부분 왜곡되었을 것이다.

결국 서울에 위치한 경성제국대학이 일본의 식민지 학문의 중추적 역할을 감당하게 됨으로써 일본의 역사가들에 의해 랑케의 실증주의 사학이 자연스럽게 한국인 역사가들에게 전수되었다. 또한 일제 동양사학자들은 제국주의적인 동양의 개념을 확립하기 위해서 과거로부터 역사의 실증적인 증거를 찾아야 했다. 이렇듯 일본의 동양사의 연구과정에서 랑케의 실증주의 사학은 필연적인 방법론이었다. 이러한 일제의 역사연구 작업은 독일에서 랑케처럼 낭만주의 역사학이 태동된 과정과 매우 유사한 점을 보여주고 있다. 랑케가 독일민족의 기원과 찬란한 역사 및 문화를 복원하기 위해 고대 그리스와 로마 문헌을 찾았듯이 일본 역사가들도 일본 문화와 역사의 우수성을 복원하기 위해 고대에서 즉 동양에서 찾으려 했다. 바로 이 시점에서 일본 역사가들이 동양사를 만들고 '지나'라는 담론을 발전시킨 것이다.[900] 이와 같이 일제가 동양사를 재편하는 과정에서 조선역사의 특징으로 타율성과 정체성으로 규정한 식민사관이 만들어 졌는데, 이 연장선에서 우리 국사의 개념이 출발한 것이었다.[901]

---

900 동양에서 이러한 일본의 성과는 다이쇼 시대(1912-1926)가 되면서였다. 메이지 시대 초기 청일전쟁(1894-95), 러일전쟁(1904-05)의 승리에도 불구하고 서구 열강과 대등한 관계를 획득하지 못했다. 그러나 이런 성과는 오히려 대외적으로 복잡한 논란을 야기하자, 분쟁을 방지하기 위해 통제정책으로 전환하게 되었다. 즉 천황에 대한 충성으로 분열과 혼란을 막으려는 일환으로 강조된 것이다. 동양사 역시 이러한 통제정책의 일환이었다. 스테판 다나카, 윗 책, 33-35쪽.
901 이같이 일본이 동양에서 패권확장을 위한 이념으로서 만든 동양사에 대한 관점에 대해 경성제국대학 출신의 조선인들은 스스로 반성하며 "우리 역사에 수용된 서구 근대 역사학도 순수 했던가 라고 묻지 않을 수 없다"고 밝힌 바 있는데 경성제국대학 출신인 정재각은 "우리의 동양사학도 하루 빨리 일본적 역사학과 함께 전승한 서양의 동양학

일제 역사학자들이 주장한 조선의 타율성을 주장한 이유 중 첫째가 일본제국이 대륙으로 진출할 역사적 명분을 찾는 것이었고 둘째로 일제는 대륙진출에 따른 중국, 민주, 조선 등 일본의 대외관계사 연구가 절실했기 때문이다. 따라서 대외관계사의 연구에서 조선의 역사가 빠져서는 안 되었다. 대개 조선역사의 정체성은 경제사 분야에서 제기되었는데 후쿠다 도쿠조(福田德三) 등 일제 경제학자들이 그 중심이었다. 이들은 일반적으로 생산양식의 역사적 발전단계에서 일본처럼 한국에는 봉건제가 없었다고 주장했다.[902] 일제 역사가들의 정체성 시각은 우리민족의 특수성과 개별성을 배제한 채 오직 보편적인 세계사적 관점으로만 본 결과이다. 후쿠다의 봉건제 이론은 유럽 중세 봉건제(Feudalism)로써 주종관계와 지방 분권적 권력구조 또 장원제도 등이다. 그는 이 이론을 일반화 시켜서 조선의 역사에 적용했지만 유럽의 특수한 봉건제를 보편화 시켜서 조선에 적용한 것은 역사적 혹은 지리적 상황에 맞지 않는다. 그래서 김용섭은 "한국사로서 개별성을 살려 세계사의 발전과정을 일반화시킬 수 있는 이론을 체계화시켜야 한다"고 주장한 것이다.[903] 여기에서 그의 내적 발전론에 대해 좀 더 설명하자.

식민사관이 만들어 낸 타율성과 정체성 이론에 대한 비판에서 출발한 이 이론은 한국의 특수성을 밝혀 민족사를 발전적으로 체계화하려는 시도였다. 이 가운데 내적발전론의 선구자로 알려진 김용섭의 역사관은 랑케의 실증주의 사학에서 벗어나지 않는다. 김용섭이 한국사에 끼친 영향을

---

잔재를 그 시대착오적인 면에서 청산하여야 하겠다"고 한 반성은 식민지 시기 일본의 왜곡된 역사학를 잘 나타내 주고 있다. 정재각, 「동양사의 서술의 문제」, 『역사학보』, 49집 (1971), 173쪽.

902 이러한 이론은 명치시대 경제학자인 후쿠다 도쿠조(福田德三), 『韓國の經濟組織と經濟單位』(東京: 經濟學研究, 1904)이다.

903 김용섭, 윗 글, 37쪽.

높이 평가한 경성제국대학 시카다 히로시(西方博)는 조선시기의 양안, 호적 그리고 계안 등 고문서를 활용한 연구로 잘 알려진 일본역사가로서 김용섭 자신도 그의 영향을 많이 받은 것으로 알려지고 있다.[904] 그래서인지 김용섭은 조선 후기 자본주의 맹아론 정립에 있어서 마르크스 역사가로 알려진 백남운, 그리고 민족주의 역사가인 신채호, 정인보, 안재홍 등의 영향을 받아 이를 바탕으로 한국 역사의 주체성, 즉 특수성과 개별성을 확립하여 이를 보편성과 조화시키려 했다. 이런 점에 비추어 보면 그의 역사관은 랑케의 실증주의 사학과 같다고 할 수 있다.[905]

그러나 김용섭은 한국 역사학에 대해 "빈약한 이론을 바탕으로 실증주의에 만족하고 있다"고 비판하며 "실증주의와 마르크스 그리고 민족주의 사학을 융합하여 보다 체계적인 한국사를 정립해야 한다"고 주장했다.[906] 결과적으로 보면 민족의 주체성을 위한 내재적 발전론은 민족의 개별성과 특수성 그리고 세계사적 보편성이 뒤섞인 이중성을 담고 있다. 따라서 일제의 식민통치가 민족역사 발전의 저해요소라고 주장한 그의 논리는 여전히 역사적 사실로써 실증적 논거가 부족하다는 비판을 받고 있다. 왜냐하면 각 국민들의 역사는 개별적이기 때문에 그 어떤 보편적인 세계사적 관점에서 평가할 수 없는 특수성을 갖고 있기 때문이다.[907] 그렇다면 우리는 역사에서 내적 발전요소를 어디에서 찾아야 하는 것인가. 우리 역사에서 근대화에 대한 논의가 랑케의 실증주의 사학에 부합하려면 세계사의 보편적인 관점이 아니라 우리 민족의

---

904 김용섭,「일본·한국에 있어서의 한국사 서술」, 142쪽.
905 윤해동,「숨은 신을 비판할 수 있는가?-김용섭의 내적발전론」,『역사학의 세기』, 256쪽.
906 김용섭, 윗 글, 147쪽.
907 이점에 대해 윤해동은 자본주의 맹아론과 경영형부농론 그리고 수탈론으로 이어지는 논리적 연쇄는 정신적 위안을 주는 논리 즉, 자신의 불안한 현재 위치를 외부 압력이나 강자의 논리에 의한 것으로 인식하여 스스로 위안을 얻고자 하는 방어심리인 르상티망(ressentiment)의 기능이라고 비판한다. 윤해동, 윗글, 277쪽.

관점에서 봐야 한다.

원래 내적 발전론은 근대화에 초점을 두고 있기 때문에 과거의 문화와 사회, 경제, 정치체제를 전 근대적인 요소로 도식화하고 조선의 역사를 후진적으로 파악하고 있다. 당연히 민족의 주체성을 확립하기 위해서 같은 시대 근대화를 이룬 선진 국가들과 비교하여 자국의 역사발전이 뒤처지지 않았다는 것을 입증되어야 한다. 그러므로 과거 군사독재 정권의 정치적 과제는 조국 근대화와 민족 주체성을 하나로 결합시킨 이중성을 지니고 있었다. 예컨대 군사정권은 이순신장군을 성웅으로 부각시켜 민족주의 정신을 고취시킨다든가, 혹은 판소리와 국악 등 전통문화를 장려하면서 민족 주체성을 강조했다. 마찬가지로 민족주의 역사를 주장한 사학자들도 이에 발맞춰 '국사 교육 개선을 위한 기본 방향'을 작성하여 민족 주체성을 고취시켜 주는 역사를 추구했다. 결국 해방 이후 한국사에서 이러한 민족주의 역사는 군사 독재정권이 추진했던 조국 근대화와 맞물린 일제의 잔재, 즉 식민사관의 변형으로 볼 수 있지 않을까. 반면 이런 시대적 상황에서 민족의 전통문화를 추구했던 역사학이 바로 민중사학이었다.

민족의 전통문화와 민중을 연결시켜 사회의 변혁을 꾀하려 한 최초 운동은 19세기 프랑스에서 급진사회주의자인 산악파(Montagnards)의 사회민주주의 공화국(République démocratiue et sociale), 즉 데목속(Démoc-soc)에서 그 시초를 찾아 볼 수 있다. 1848년 6월 봉기 이후 공화파 사회주의자들은 대부분 농촌으로 침투하여 전통문화를 장려하고 계몽교육을 통해 공화주의 사상을 고취시켜 사회변혁을 꾀했다.[908] 이 운동은 봉건사상을 타파하고 근대 시민국가를 수립하는 것에 목적을 두었다. 그러나

---

908 Maurice Agulhon, *1848 ou l'apprentissage de la république, 1848-1852* (Paris : Seuil, 1973), 103-113쪽. 이에 대한 아귈롱의 탁월한 연구서는 Maurice Agulhon, *La république au village*, (Paris : Seuil, 1979)가 있다.

독일은 근대화의 힘을 민족정신에게서 찾았으며 일본은 근대화 과정에서 독일의 모델을 수용하여 민족주의를 황국사상으로 변질시켰다. 한국은 일본에서 근대화 모델을 찾은 것이다.

　전통문화와 민중을 결합하여 등장한 민중사학은 1970년대 유신독재를 반대한 시민운동을 거쳐 조국의 민주화라는 현실과제와 역사의 주체를 민중으로 보고 민중중심의 사회건설을 목적으로 한 역사학이다.[909] 이런 흐름 속에서 김용섭의 이론을 바탕으로 한 내적발전론은 한국사학계의 주류 이론으로 등장했고 이를 바탕으로 소장 사학자들은 식민주의 사학의 극복을 위한 대안으로 과학적 마르크스 사상을 수용하여 이를 역사적으로 증명하려 했다. 그러면서 이들은 민족주의 운동을 전개하며 역사에서 민중의 주체성을 발견하고 내적 발전론에 내재되어 있는 근대 주체론의 영역을 확장하는데 노력했다. 그러므로 역사에서 민중과 민족의 두 개념은 민중사학의 특징이다. 그러나 민중사학은 민족주의를 기반으로 군사독재정권이 내세운 민족 주체성의 정치논리와 결합하여 일제의 제국주의 역사가들의 정치적인 성향의 특징을 보여주고 있다. 이렇게 보면 1960년대 이후 민족주의 사학은 일제의 식민주의 사학의 연장에 불과한 셈이다.

　이념적으로 역사적 유물론에 입각한 내재적 발전론은 도식화 되어 있기 때문에 민족 역사의 발전을 입증하는데 사료 비판이나 비판적인 주장을 배척하기 마련이다. 또한 이 논리는 식민주의 사학의 극복을 목표로 삼고 있지만 오히려 식민주의 이론이나 신식민주의 성격이 강하다. 그러기 때문에

---

909　1988년 소장 한국사 연구자들이 중심으로 결성된 한국역사연구회는 1980년대 입학정원제에서 졸업정원제로 바뀌면서 대학교육이 폭발적으로 증가하고 한국사회 변혁운동이 사회주의적 방향으로 전개되면서 이런 변혁운동을 역사연구에 반영하고자 소장 한국사학자들의 중심으로 결성된 학술단체이다. 1980년대 공산주의가 붕괴되면서 사회주의적 전망이 사라지자 한국역사연구회는 1990년대 강단사학의 주류를 차지하게 된 것이다.

이 이론에 의한 민족과 국가, 혹은 민족 주체적 근대화는 현실에 대한 비판을 마비시키고 교리적인 정치성 역사학을 추구하기 마련이다.[910]

그럼에도 불구하고 김용섭을 중심으로 확산된 내재적 발전론은 한국 사학계의 전통이 되었고 이로써 한국 역사학은 객관적이고 탈정치적인 순수한 랑케의 실증주의 사학과 다른 성격을 띠게 되었다. 이 또한 우리 역사의 전통을 왜곡시키는 결과를 초래했다고 볼 수 있다. 이 때문에 진보와 민족의 이름을 내세우며 한국 사학계를 지배하고 있는 이 이론은 많은 모순을 지고 있는 만큼 이제 과거에 제기된 하나의 이론으로 남아 있어야 한다는 비판을 받고 있다.[911]

일제가 유럽 열강의 대열에 끼기 위해 동양사를 만든 거나 혹은 자국 국민의 민족주의적 애국심을 정치적으로 이용하여 제국주의의 원동력으로 삼은 것이나 또 세계사적 질서의 재편성 일환으로 조선의 식민화와 내선일체를 추진한 것 등 이 모든 것들이 우리의 근대화 과정에서 우리 역사학계도 이와 유사한 모습을 보여주고 있다. 즉, 민중사학은 우리 전통문화의 우수성을 확립하고 이를 통해 민족정신을 고취시키면서 군사 독재정권에게 정치적 정당성을 부여한 게 아닐까? 이러한 현상은 식민주의 사학이 실증과 민족의 겉옷을 입고 일제 식민통치 시기에서 시작하여 해방 후 다시 군사 독재로의 변신한 그 시대 정치권력에 따른 변신을 보여주고 있는 것처럼 보인다.

1969년 한우근, 이기백, 이우성, 김용섭 등이 교과서 개정을 촉구한

---

910 윤해동, 윗 글, 280쪽.
911 윤해동은 다음과 같이 비판한다. "숨은 신은 비판의 대상이 될 수 없다. 한국 사학계의 숨은 신은 가장 비판적이고 역동적인 방식으로 근대의 숨은 신을 체현하고 있다. 숨은 신은 진보와 민족의 이름으로 여전히 한국사학계에 널리 퍼져 있는 것이다. 아직도 숨은 신은 건재하다. 숨은 신은 근대의 신을 뒤집는 방식으로 전유하고 있기 때문이다. 국가와 대립하고 있는 것처럼 보이지만 민족의 매개로 협력관계를 유지하고 사회와 대립하는 것처럼 보이지만 발전을 매개로 밀월관계를 유지하고 있다." 윤해동, 윗 글, 281-282쪽.

『중고등학교 국사교육 개선을 위한 기본 방향』이란 책자의 기본원칙은 민족주체성과 내재적 발전 방향을 강조하고 있다. 당시 군사정권도 역사학계와 마찬가지로 같은 내용을 절실하게 필요로 하고 있었기 때문에 이 책자가 국사를 정책과목으로 채택하게 했다는 비판을 받기도 했다. 말하자면 제도권 역사학이 유신체제의 분단국가주의 발전에 기여한 꼴이 된 것이다.[912]

랑케의 세계사 개념은 지배와 피지배의 역사가 보편적인 것이었지만 새로운 세계의 질서는 각 민족국가들의 개별적인 민족정신에 의해 자신들의 고유한 문화와 역사를 발전시킴과 동시에 서로 균형과 조화 속에서 이뤄진 세계관이다. 그러나 랑케의 실증주의 역사관을 독재 정치적 이념으로 이용된 것은 또 다른 역사 왜곡이다. 이러한 사례는 일제의 역사가들에게서 볼 수 있지 않은가. 결과적으로 해방 후 한국 역사학자들은 민족정통과 근대화를 강조한 실증주의 역사라고 강조할지라도 이 역시 새로운 '후식민사학'이란 비판을 피하지 못하고 있다.[913] 결국 한국 실증 사학자들이 내세운 식민사관의 극복과 민족중심의 역사학의 정립은 식민주의 사학의 실체를 척결하지 못한 채 민족역사의 문제로 분열과 논란만 가중시켜왔다.[914]

또한 1970년대 식민주의 사학과 관련하여 실증주의 사학에 대한 반성과 비판이 이어졌음에도 불구하고 여전히 대학에서 이들 사학이 지배해 오고 있다. 더욱이 이들 실증주의 사학자들은 민족을 중심으로 삼아 식민주의 사학을 극복한다면서도 여전히 일제의 잔재인 일제식 실증주의 사학의

---

912 조동걸, 『現代韓國史學史』, 435-436쪽.
913 이종욱은 이병도 이기백으로 이어지는 한국 실증사학 계보 원조는 일본의 식민주의 사학자 쓰다 소우키치(律田左右吉)라고 주장하고 있다. 따라서 이종욱은 이기백의 실증주의 사학에까지 이어지는 '후식민사학'의 해체를 전제로 하여 한국사를 재구성할 때 비로소 진전한 의미에서 식민주의 사학이 극복될 수 있다고 주장했다. 이종욱, 『민족인가, 국가인가? 신라 내물왕 이전 역사에 답이 있다』(소나무, 2006) 참조.
914 김종준, 『식민사학과 민족사학의 관학아카데미즘』, 제 4장을 참조.

비판에 대해서 식민주의 사학과 마찬가지로 추상적이었다.[915] 더 나아가 한국 실증주의 사학자들은 실증주의와 민족주의 사학의 조화를 강조하면서 한편으로 국가와 결탁한 바와 같이 식민주의 사학의 비판 속에 식민사관의 모습을 그대로 간직하고 있다.[916] 특히 이선근은 식민주의 사학을 강력하게 비판하며 실증주의 사학이나 사회 경제사학 역시 식민주의 사학의 계승자에 불과하다고 지적하기도 했다. 그럼에도 불구하고 이선근은 역사서술에서 다보하시 등 일제 식민주의 사학자들의 연구 성과를 충실히 이어갔다.[917]

그래서 홍이섭은 일제가 우리 민족을 자국민족으로 동화시키기 위해 창안해 낸 식민사관을 배제하지 못하고 오히려 이를 답습하기에 급급했다고 비판했다. 한국 실증주의 사학자들은 식민주의 사학을 학문적이고 과학적 방법론으로 여기고 형식적인 문헌고증을 최상의 방법으로 여겼다. 사실상 일제의 식민주의 사학이 랑케의 실증주의 사학의 변형물인 까닭에 이 둘의 차이성은 쉽게 구별되지 않는다. 더욱이 이 두 역사학의 사상이 실증주의에 기반을 두고 있어서 역사연구에서 구분되지 않고 있다. 단 차이는 역사의 개별성과 보편성뿐이다. 그나마 한국 실증주의 역사가들의 이에 대한 인식에서 그리 구체적이지 않다. 그래서 항상 민족의 역사 문제에 부딪치면 한국 역사가들은 혼란을 겪는다.

이러한 한국 실증주의 역사가들은 역사적 개념의 혼란으로 말미암아 식민지 치하에서 민족정신을 바로 세우기 위해 온갖 노력을 기울였던

---

915 김종준, 「한국사학계 반식민 역사학 정립 과정에서 실증사학의 위상 변화」, 56쪽.
916 예컨대 실증주의 사학자인 김선근은 1970년대 민족사학을 내세우며 정권의 국사교육 강화에 앞장 선 경우를 들고 있다. 김종준, 윗 글, 58쪽. 특히 김종준에 따르면 그의 민족사학이 식민사학을 변용한 것이며 일제 말 군국주의 경험이 이승만 박정희 독재정권과 결탁을 가능케 했다는 인식이 정설화 되고 있다는 것이다. 김종준, 『식민사학과 민족사학의 관학아카데미즘』, 12쪽. 이선근에 대해서는 이 책 제4장을 볼 것.
917 특정 부분에 대해서는 일제 식민주의 사학자들의 연구 성과를 그대로 차용하기도 했다. 김종준, 윗 책, 179쪽.

선열들의 민족의식의 소산인 민족주의 사학을 비과학적이라고 비난해오고 있다. 이를 의식해서인지 홍이섭은 국가의 지원 아래 한국사가 주체적으로 재편성 되어야 하며 이를 위해 식민주의 사학자들이 행한 모든 역사연구에 대해 비판과 더불어 해체작업을 해야 한다고 주장했다.[918] 그러나 이런 주장은 일제시기의 역사를 순수 학문이 아닌 국민교육 차원에서 국사로 규정한 일제 역사가들의 주장과 유사하다는 인식을 줄 수 있다.[919]

랑케의 실증주의 사학이 말해 주듯 역사는 결국 민족국가의 존재를 위한 기본 원리이기 때문에 역사에 대한 국가의 관심은 당연한 일이다. 그러나 국가가 역사에 개입하게 되면 역사의 객관성이 유지될 수가 없다. 정치성을 띠고 국가 주도로 생겨난 역사가 바로 식민주의 사학이 그 실례이다. 또한 역사가 국가권력의 연장이나 정치적 의도로 민족과 국가를 앞세우며 이용되는 것도 경계해야 한다. 한국 실증주의 사학자들은 일제 역사가들이 미처 연구하지 못한 우리의 역사를 더 면밀하게 연구하고 많은 성과를 이루었다고 평가하고 있다. 또한 자신의 연구가 구체적으로 식민주의 사학의 성과를 그대로 따르고 있다는 사실도 인정하지 않는다. 그래서인지 모르나 한국 사학계에서 식민주의 사학의 극복 문제를 두고 서로 편 가르기가 반복되고 있다.[920]

역사에서 국가의 개입은 랑케의 실증주의 사학에 부합한 것처럼 보인다. 그러나 랑케의 역사학은 어디까지나 역사가의 주관이나 사상이 배제된 순수한 객관성에서 벗어나지 않는다.[921] 객관성이 결여된 역사학은 실증주의

---

918 홍이섭, 「日人이 歪曲한 韓國史(1) 韓國民族史觀과 日帝의 植民地政策」, 『경향신문』, 1966년 1월 25일자.
919 예컨대 宮脇道隆은 국사 교육의 목적을 이같이 주장했다. 김종준, 윗 책, 65-66쪽.
920 이러한 실례로서 1974년 3월 국사교과서에 동학 난을 동학혁명으로 수정한 것과 관련된 논란을 들 수 있다. 김종준, 윗 책, 175-176쪽.
921 랑케는 과학으로서 역사 서술은 역사가의 철학이나 사상의 개입이 없는 즉,

사학이라고 말하기가 어렵다. 그러나 민족주의 정신에 기초하고 있는 랑케이 실증주의 사학이 객관성을 유지하고 있다고 말 할 수 있는가? 이 물음에 대해 랑케의 실증주의 사학의 토대인 민족주의 정신에 대해 보다 분명한 인식이 필요하다.

즉 랑케의 실증주의 사학은 제국주의적 보편성 세계관을 거부하고 각 민족의 고유한 혹은 특수한 역사 및 문화의 개별성에 토대를 두고 있기 때문에 각 민족의 역사들을 상호 비교하지 않는다. 그러나 보편적 세계사에 기초한 실증주의 역사는 표면상 객관성을 띠고 있지만 그 속에 가려진 내용은 정치적이고 주관적이다. 그래서 과거에 식민주의 사학의 극복이란 취지로 설치된 국사교육강화위원회가 주도한 국정국사교과서는 여전히 식민사관을 극복하지 못한 바가 적지 않다고 지적을 받았던 것이다.[922] 이는 일제 역사가들이 민족과 국가라는 개념을 제국의 군국주의 이념에 부합시킨 것을 한국 실증사학자들이 그대로 답습해 오고 있다는 실례가 아닐까?

이처럼 한국 실증주의 사학의 학문적 기초는 일제 역사가들에 의해 변형되고 왜곡된 산물이다. 이 때문에 민족주의 사학과 마르크스 유물론 역사학은 한국 실증주의 사학이 대해 식민주의 사학의 아류라고 공격하고 있다. 그러나 역설적이게도 이러한 공격이 더욱 강화됨으로써 한국 역사학이 위기에 직면했을 때 한국 실증주의 사학은 오히려 확고히 역사학의 중심을 차지하게 되었다. 많은 논란과 비판이 제기되었으나 한국 실증사학자들은 순수한 학문성을 강조하며 민족과 국가에 대한 무관심을 '객관적 역사'라는 의미에서 이를 근대 역사학의 보루라는 강한 인식에 사로잡혀 있다. 즉

---

비당파성적으로 파악하여 순수한 역사적 사실을 기록하는 것이다. Ranke, "On the Character of Historical Science" Georg G. Iggers ed., *The Theory and Practice of History*, 14쪽.

922 『경향신문』 1974년 7월 30일자에 실린 기사, 「진통 겪는 國史學界」를 볼 것.

역사에서 민족과 국가는 국수주의적이며, 또한 마르크스 유물사관도 역사적 법칙에 종속되어 있기 때문에 이 모두 객관성이 결여되어 있다고 비판했다.

이런 논란 속에서 한국 역사학에게 실증주의 사학의 정체성을 유지하고 새로운 역사 방법론을 찾기 위한 대안을 제시한 인물로 이기백이 꼽히고 있다. 이기백은 한국 역사학이 민족주의 사학, 사회경제 사학, 그리고 실증주의 사학을 모두 종합을 이뤄야 한다며 이에 대한 실례로 손진태와 문일평을 소개했다. 이기백에 따르면 문일평은 민족주의 사학에서 출발하여 사회경제 사학으로 나아갔으며 손진태는 실증주의 사학에 기반을 두고 민족주의 사학과 사회경제 사학의 수용했다.[923] 이처럼 이기백은 한국 사학의 새로운 지평을 열어가고자 노력하면서 이병도를 평생 스승으로 여기고 실증주의 사학을 보다 더 발전시켜 나갔다.[924] 그러나 대체적으로 한국 실증주의 사학자들이 그렇듯이 이기백 역시 1941년 와세다 대학에서 유학 중에 야나이하라 다다오(矢內原忠雄), 하타다 다카시(旗田巍) 등 일제 사학자들에게서 많은 영향을 받았다. 그리고 해방 이후 그는 한국 사학계를 이끌면서 랑케 실증주의 사학과 민족, 사회경제 등을 결합시킨 한국 역사학의 새로운 지평을 개척하는데 큰 공헌을 끼쳤고 평가를 받았다.[925]

그렇다면 민족주의 사학이란 대체 무엇인가란 질문을 갖게 한다. 이기백은 한국사를 민족중심의 역사로 삼을 경우 식민사관까지 포함될 가능성이

---

923 이기백, 『한국사학사론』, (일조각, 2011), 199-200쪽.
924 김기봉, 「"모든 시대는 진리에 직결되어 있다"-한국 역사학의 랑케, 이기백-」, 『한국사학사학보』, 14 (2006), 137쪽. 특히 김기봉, 「민족과 진리는 하나일 수 있는가?-이기백의 실증사학」, 285-318쪽 참조.
925 민현구, 「민족적 관심과 실증의 방법론-이기백 사학의 一 端 -」, 한림과학원 엮음, 『고병익, 이기백의 학문과 역사연구』, 166-185쪽. 특히 이기동은 이기백이 식민사학자의 주요 인물인 쓰다 소우키치(津田左右吉)에게 직접 배운 바가 없다고 하지만 그로부터 영향을 받은 것으로 추정하고 있다. 이기동, 「한국사상사 연구자로서의 이기백」, 한림과학원 엮음, 윗 책, 122-126쪽.

있다고 우려했다.[926] 그러나 우리 민족의 역사를 랑케의 실증주의에 따라 '사실 있는 그대로' 서술하는 것이 민족주의 역사라고 한다면, 이 지적은 옳지 않다. 이렇듯 민족주의 사학에 대한 한국 사학계의 인식은 항상 모호하고 애매한 입장을 보이고 있다.[927]

해방 이후부터 지금까지 한국 사학계에서 민족주의 사학의 개념에 대한 혼란이 지속되고 있는 것은 아마도 과거 일제 시기 식민주의 사학에 물든 실증주의 사학자들이 민족주의 사학을 식민주의 사학의 대립적 관계로 설정하고, 자신들의 사학이 식민주의 사학이 아니라 실증주의 사학이라는 점을 부각시키고자 한데서 비롯된 것이 아닌가 생각된다. 이런 흐름은 일제 식민시기에 한국역사에서 배제된 민족과 국가라는 주제가 해방이 되자 랑케의 실증주의 사학 주체가 다시 살아난 데서 비롯된 것이다.[928] 해방 이후 한국사회는 격렬한 좌우 이념의 대립을 거쳐 남북 분단과 6.25 전쟁 등을 겪어 오면서 이에 따라 한국 역사계의 상황도 많이 달라졌다. 많은 학자들이 월북, 혹은 납북되었으며 동서 냉전 체제 속에서 남한의 현실은 격심한 이념의 대립에 놓여 있었다. 이러한 상황 속에서 한국 역사가들은 자유로운 역사관에 따른 연구를 수행하기가 쉽지 않았다. 그러나 이러한 남한의 현실이 되레 실증주의 사학자들에게 유리한 여건을 조성해 주었다. 즉 한국 실증주의 사학자들은 이념이나 사상에 얽매이지 않은 순수 사학을 표방하면서 이념의 칼날을 피할 수 있었으며 이로 인해 해방 이후 대학

---

926 이기백, 「과학적 한국 사학을 위한 반성과 제의-1979-1983년도 한국사학의 회고와 전망 총설-」, 『역사학보』104 (1984). 137쪽.
927 김종준, 「한국사학계 반식민 역사학 정립과정에서 실증사학의 위상 변화」, 61쪽.
928 특히 김종준은 외부 압력에 의한 한국 실증주의 사학의 대응과 변신은 이기백 등장 이후 본격화된다고 진단한다. 김종준, 윗글, 51쪽.

강단을 지배할 수 있었다.[929]

역시 이병도는 이전과 달리 민족과 국가에 대해 자신의 주장을 펴면서 실증주의 사학이 이를 소홀히 했다는 비판에 부응하려 했다.[930] 그리하여 한국 실증주의 사학은 1960년대 정권과 맞물려 상호 이해관계를 함께 하면서 변신을 꾀하게 되었다. 예컨대 4.19혁명 이후 민족주의 흐름이 일어나고 1965년 한일수교에 이어 박정희 군사정권이 민족주의를 고취함에 따라, 한국 사학계는 식민주의 사학의 극복과 아울러 민족주의 사학의 정립이라는 과제에 직면되었다. 그 결과 한국사학계에서 민족사학의 정립은 곧 식민주의 사학의 청산을 전제 조건으로 삼게 되었다. 당연히 한국 실증주의 사학은 일제의 역사가로부터 랑케의 역사이론을 수용한 만큼 청산의 대상이 될 수밖에 없었다. 이에 따라 한국 실증주의 사학의 일제의 영향에 대한 비판으로부터[931] 그동안 학문적 평가를 받지 못한 민족주의 사학자의 업적에 대한 재평가를 해야 한다는 요구가 나오기 시작했다.[932] 그동안 한국 사학계에서 식민주의 사학과 실증주의 사학이 지배해 왔기 때문에 민족주의 사학은 역사학계에서 크게 부각되지 못했다. 그럼에도 불구하고 한국 실증주의 사학자들은 과거 민족주의 사학이 독립운동의 일환인 국사학에 불과했다며 시대에 걸맞게 새로운 민족 사학론을

---

[929] 이에 대해 민현구는 실증주의 사학계열 학자만이 연구와 교육에 종사하는 위축된 형세를 이루게 되었다며 한국 사학계는 자유민주체제의 신봉과 실증사학의 학풍이 밑바탕을 이루었다고 지적한다. 민현구,『한국사학의 성과와 전망』, 7-8쪽.

[930] 김일수,「이병도와 김석형-실증사학과 주체사학의 분립」,『역사비평』, 82 (역사비평사, 2008), 107쪽. 이병도는 자신도 역사에서 일반과 특수의 관계를 중시한다고 밝히기도 했다. 진단학회 편,『역사가의 遺香-두계 이병도선생추념문집』, 202쪽.

[931] 김용섭,「일본, 한국에 있어서 한국사 서술」, 147쪽.

[932] 이용범,「한국사의 타율성론 비판-소위 만선사관의 극복을 위하여」,『아세아』(1969. 3월호), 75쪽. 이밖에 실증주의 사학이 도외시 해온 역사의 법칙성과 사회 구성체론도 중시해야 한다는 주장도 나왔다. 김용섭,「우리나라 근대 역사학의 발달 2-1930년, 1940년대의 실증주의 역사학」,『문학과 지성』(1972년 가을호), 507-508쪽.

재구성해야 한다고 주장하고 나섰다.[933]

말하자면 일제 식민시기의 민족주의 사학은 민족을 역사 주체로 삼았기 때문에 역사의 객관성을 상실했다며 새로운 실증주의적 민족주의 사학을 확립해야 한다는 것이다. 아마도 이런 역사학의 경향은 이기백에게서 구치화 된 것으로 보인다. 그리하여 한국 사학계에서 실증주의 사학은 곧 식민주의 사학이며 민족주의 사학은 근대 사학으로 대입시키고 식민사관이 청산되어야 한국 사학이 발전할 수 있다고 생각했다.[934] 이 말은 오늘 날에도 여전히 유효할 것이다.

그러나 각 민족의 역사는 개별적이고 특수한 것이기 때문에 우열로 서열화 시킬 수 없는 절대성을 갖는다.[935] 이와 반대로 일제 역사가들은 역사를 통한 민족역사의 차별화를 두고 일본을 중국에서 분리시켜 일본문화를 독자적인 우수성을 내세웠다.[936] 이 점을 의식해서인지 이기백은 "상대주의적 관점은 종종 역사학을 못마땅하게 생각하는 이유가 되지만 그 관점은 역사학의 중요한 일면이라고 해도 좋을 성질의 것으로 생각된다"며 "역사학의 연구는 현재의 사실들을 포함한 모든 것을 상대화시키는 작업"이라고 강조했다.[937] 당연히 보편적인 역사의 관점에서 보면 미개한 민족의 문화와 우수한

---

933 강만길,「광복 30년 국사학의 반성과 방향-<민족사학론>을 중심으로-」,『역사학보』, 68 (1975), 93-104쪽.

934 김종준, 윗 글, 53쪽. 특히 강만길은 반식민사학론의 확립이 한국 근대사학의 발달과정으로 인식했다. 강만길,「일제시대의 反植民史學論」,『한국사학사의 연구』 (을유문화사, 1985), 232쪽.

935 이기백은 "역사학은 모든 역사적 사실들을 상대화 시키는 학문이다. 어떤 역사적 사실이 시대적으로 사회적으로 차지하는 정당한 위치를 찾아주는 작업을 하는 학문이다. 그러한 역사학에서는 어떤 명목에서건 절대적인 가치판단의 기분은 배격되어야 한다. 물론 한국사의 경우에도 이것은 마찬가지인 것이다"라고 주장하며 역사의 절대성을 부인하고 상대성을 강조했다. 이기백,『한국사의 재구성』, 65-66쪽.

936 이노우에 데쓰지로(井上哲次郞)과 시라토리 구라키치(白鳥庫吉)가 대표적인 학자이다. 스테판 다나카, 윗 책, 195-207쪽.

937 이기백,「韓國史 理解에서의 現在性 問題」, 145-146쪽.

민족의 문화로 구별되기 마련이나 민족의 역사는 고유한 것이며 랑케가 말한 바와 같이 그 시대의 '있는 그대로'가 역사적 가치를 지닌다. 예컨대 시간적 개념에서 보면 보편성은 각자 특수하고 개별적인 수준을 지니고 있다. 그러므로 근대화가 늦었다고 해서 미개한 민족이 아니며 또한 강국이 되었다고 해서 약소국을 지배하는 것이 정당한 것도 아니다. 모든 국가의 근대화는 단지 시간적인 문제일 뿐이며 진보와 정체는 고대로부터 내재된 그 민족의 고유한 특징이 아니다.[938] 이런 시각에서 보면 우리 역사의 진보와 근대화에 대해 유럽 열강이나 일본에 비교하여 우열로 설명한 것은 역사적인 사실도 아닌 오류에 불과하다.

랑케의 실증주의 사학의 진정한 의미는 바로 여기에 있다. 이와 반대로 이기백은 민족주의 사학에 대해 이념성을 지닌 역사학이란 부정적인 이미지를 갖고 있다. 아마도 그에게 실증주의 사학의 보편성과 개별성 개념에 대한 혼란스러운 탓인지 민족문제에 대해서 애매한 입장을 보이고 있다. 예를 들어 그는 신채호나 박은식의 민족주의 사학이 역사보다 민족을 더 우선시 한 것에 대해 과학적이고 실증주의적인 근대 역사학이 아니라고 지적한다.[939] 이 말에 의하면 그에게 민족주의 역사의 초점은 민족이 아니라 역사이며 민족은 단지 역사연구를 위한 도구일 뿐이다. 이러한 한국 실증주의 사학계에서 일어난 새로운 민족주의 역사는 랑케의 실증주의 역사를 근간으로 하여 성립된 일본의 근대 역사학이 마치 민족주의의 사학으로 전도된 듯하다. 랑케가 "각 민족은 신이 구현한 특수한 정신을 갖는다. 그것을 통해 민족은 현재의 모습으로 있는 것이고 그 의무는 이상을

---

938 각 민족문화의 수준 차이는 원래부터 긴 역사 속에 존재해 온 것이 아니라 단지 시간적 단계에 놓여 있을 뿐이다. Partha Chatterjee, *Nationalist Thought and the Colonial World: A Derivative Discourse*, (Minnesota : University Of Minnesota Press, 1993), 10-17쪽.

939 이기백, 『민족과 역사』, 5-6쪽.

따라 발전하게 된다"라고 말 한 바와 같이 이노우에 데쓰지로(井上哲次郎)도 민족역사에 대해 랑케와 같은 생각을 갖고 있었다.940

이런 점에서 강만길이 현대 한국 실증주의 사학을 과거 식민주의 사학과 연결하면서 실증주의 사학도 극복의 대상으로 삼은 것은 타당하다고 본다. 그러나 실증주의 사학과 식민주의 사학의 연관성이 없다는 주장이 제기되고 있는 반면 다른 한 쪽에서는 식민주의 사학의 아류인 실증주의 사학이 민족주의 사학을 왜곡하고 있다는 비판 등이 계속해서 첨예하게 대립해 오고 있다.941 이런 현상은 한국 역사학계의 현실 속에 아직도 식민주의 사학의 흐름이 지속되고 있다는 반증일 것이다.

궁극적으로 오늘 날 한국사학의 근본적인 문제점이 무엇인지에 대한 첫 번째는 바로 식민사관을 극복하지 못했다는 점이다. 한국사학은 1960년대부터 각 분야별로 큰 성과를 거두면서 비약적인 발전을 해왔다. 이 당시 한국 사학자들은 역사의 연구 동향과 성과들을 점검하고 반성하며 앞으로 나아갈 방향을 모색하게 되었다. 이에 따라 한국 사학계에서 1962년 제5

---

940 랑케의 각 민족의 문화적 특수성에 대한 신념을 강조한 이노우에 데쓰지로(井上哲次郎)는 "자신의 과거를 완전히 망각할 때 의식은 사라진다. 다시 말해 이성이 사라진다. 개인이 자신의 과거를 알아야 하는 것과 마찬가지로 국민에게도 그 국민의 근거가 되는 것은 역사이다."라고 강조한 바와 같이 그는 역사 이해로부터 국민의 국체(國體)가 발생한다고 인식했다. 랑케가 "각 민족은 신이 구현한 특수한 정신을 갖는다. 그것을 통해 민족은 현재의 모습으로 있는 것이고 그 의무는 이상을 따라 발전하게 된다"라고 말 한 와 같이 이노우에 데쓰지로도 민족역사에 대해 랑케와 같은 생각을 지니고 있었다. 스테판 다나카, 윗 책, 93-94쪽. 랑케에 대한 이노우에의 인식은 井上哲次郎,「東洋史學の價値」,『史學雜誌』(1892, 1), 4쪽 참조.

941 실증주의 사학을 식민사학의 연관성을 부인하며 한국 근대 역사학의 뿌리로 삼아 부족한 체계화를 극복하자는 옹호론은 홍승기,「실증사학론」,『현대 한국사학과 사관』(일조각, 1991), 41-82쪽. 이성무,「한국사 연구에 있어서의 사료와 실증」,『한국사연구』, 91 (한국사연구회, 1995), 178-179쪽. 이장우,「실증사학의 반성과 전망」,『한국사시민강좌』, 20 (1997), 34쪽. 이와 반대로 황국사관-식민주의사학-실증주의사학-민족주의사학의 계통을 제시하며 실증주의 사학에 대한 비판은 이종욱,「실중사학을 벽을 넘어 새로운 역사 읽기-한국 고대사 연구 100년 : 현재-쟁점」,『역사학보』, 170 (2001), 312-314쪽을 볼 것.

회 전국역사학대회에서 「한국사연구의 회고와 전망」이 다뤄진 이후 1968년 한국사 대표적인 학술지 『역사학보』 제39집에 「1967년도 한국사학계의 회고와 전망」이라는 특집이 실리는 등 연달아 한국사의 과제에 대한 논문이 게재되었다.[942] 해방 이후 한국사학계는 일제시기에 일본 역사가들의 지도를 받고 배출된 사학자들이 주도하며 각 대학에서 후진 역사학자들을 양성해 왔기 때문에 일제의 식민주의 사학의 영향이 지속되고 있다는 점이 항상 지적되었다.[943]

그러므로 한국사 연구가 양적으로 꾸준히 증가했다지만 이것이 곧 한국사학의 질적 성장을 의미한다고 어느 누구도 단언할 수 없었다. 현재 한국 역사학계에서 중국 동복공정에 대응하여 민족과 국가에 대한 역사연구가 당면과제로 떠오르고 있다. 이 연장 선에서 고대사 형성문제, 식민지 근대화론과 수탈론, 독도의 영유권 분쟁과 일본 역사교과서 서술 문제 등이 현실적인 한국사 주된 과제로 부각되었다. 그럼에도 불구하고 현재까지 고대사는 물론 식민지 근대화 논리가 여전히 논쟁이 지속되고 있는 데, 이것만 봐도 한국 역사학계에서 식민사관의 논리는 쉽게 해결되지 못하고 있다.[944] 이 근본 원인은 대체 어디에서 시작되었을까.

아마도 일본 제국주의 역사가들에 의해 왜곡된 랑케의 실증주의

---

942 『역사학보』제 44집, 45집, 60집, 72집 등에 특집으로 실렸다. 특히 한국사 회고와 전망에 대한 과제에 대해 강만길, 「光復三十年 國史學의 反省과 方向」, 『역사학보』, 68집 (1975), 그리고 『한국사연구휘보』 136호부터 140호를 참조할 것.

943 河炫綱, 「韓國史 硏究의 課題와 展望」, 『한국문화연구원 논총』, vol. 33 (1979), 16쪽. 특히 『역사학보』에서는 2007년 195집에 특집으로 「韓國 歷史學界의 回顧와 展望, 2005~2006」을 게재하기도 했다. 최근 한국사학계에 대해서는 申虎澈, 「한국사학계의 당면과제와 향후 전망」, 『역사학보』, 199 (2008), 3-14쪽을 보라.

944 장규식, 「일제 식민시기 연구의 현황과 추이」, 『역사학보』199 (2008), 145-172쪽. 중국의 동북 공정 문제는 2004년과 2005년에 이미 제기된 바 있다. 정두희, 「중국의 동북공정으로 제기된 한국사학계의 몇 가지 문제」, 『역사학보』, 183 (2004), 457-476쪽. 김당택, 「한국사의 민족문제 서술방향」, 『역사학보』, 187 (2005), 1-10쪽.

사학을 그대로 배운 한국인 역사가들은 오랫동안 대를 이어 제국주의 이념과 식민사관 틀에 맞춰 한국사를 연구해 왔을 것이다. 이 때문에 한국 역사가들은 식민사관을 극복해야 한다고 말하면서 한편으로 일본에 의해 왜곡된 랑케의 실증주의 사학을 그대로 답습해 온 것으로 보인다. 이 점이 한국사의 식민사관을 극복하지 못한 첫 번째 이유일 것이다. 이기백이 역사에서 민족에 대한 의식에 큰 영향을 끼친 것은 그가 밝힌 바와 같이 랑케의 『강국론』이다.[945] 문제는 이 저서가 일본인 역사가에 의해 일본어로 번역된 것에 있다. 특히 이 랑케의 저서는 일제가 가장 많이 인용하여 이를 변형시켜 만든 것이 바로 식민사관이다. 여기에서 그가 발견한 민족의 개념은 랑케의 실증주의 역사사상이 집약된 순수한 민족의 역사적 개별성이 아니라 일제 식민사학자들이 정립한 보편적 민족의 개념이다. 그러므로 우리는 그의 실증주의 사학의 관점이 민족과 역사의 개념을 두고 혼란을 보이고 있는 원인을 여기에서 찾을 수 있을 것이다.

유럽이 동양을 바라 본 시선은 오리엔탈리즘에 집약되어 있다. 항상 유럽에 비해 열등한 동양에서 벗어나 지리학적으로 서양의 보편성의 영역에까지 확장시킨 일제의 동양사는 서양의 보편성과 대적할 수 있는 새로운 질서를 만들어 내었다. 일제의 역사가들이 일본과 중국, 그리고 조선의 역사가 포함된 동양사에 대한 연구를 세계사의 맥락에서 수행한 것은 서양과 차이를 극복하려는 의도였다.[946] 일제의 역사가들은 동양에서 이 새로운 세계사의 질서를 새로 정립하기 위해 랑케의 『강국론』을 참고했다. 문제는 랑케의 실증주의 사학을 어떤 관점에서 보고 이를 통해 민족의 역사를

---

945 이기백, 『韓國史散稿』, 105쪽.
946 서구의 오리엔탈리즘은 "서양과 같이 되는 것" 혹은 "근대화의 강한 동기유발"을 일본에 제공한 것이다. 서구 문명의 역사에 대한 지식을 습득하여 서구 역사의 보편적 질서와 같이 동양에서 일본을 이러한 보편적 질서 속에 포함시키려 했다. 桑原武夫編, 『日本の名著』(東京, 中公新書, 1962), 12-13쪽.

서술해야 할 방향을 어떻게 정하는 데 있다.

이런 관점에서 보면 역사의 일반성과 보편적 진보의 개념이 객관적이지 않다. 랑케가 말하는 일반성 혹은 보편성은 지리적으로 당연히 유럽에 적용된 개념이다. 랑케의 실증주의 사학은 각 민족 역사의 사실적이고 특수한 개별성을 파악하는 것이며 따라서 역사연구는 객관적이고 보편적인 과학적 인식론에 근거하고 있다.[947] 19세기 랑케가 확립한 실증주의 사학은 서양 국민국가, 좀 더 좁혀 말하면 독일 국민국가, 그리고 당시 국제정치와 국내정치 및 지배계층에 초점을 둔 것이었다. 랑케를 수용한 일제 역사가들이 강조한 역사의 보편성은 자신들의 국가, 즉 일본 제국주의에 국한된 것이다. 이렇게 하여 일제 역사가들은 보편주의적이고 객관적이며 일본에 유용한 실증주의 사학을 만들어 내었다.[948] 그렇다면 일제 역사가들로부터 근대 역사학을 배운 한국 실증주의 역사가들이 민족의 역사를 강조한 것은 어떤 의미를 지니고 있을까?

일본의 동양사를 주도했던 교토제국대학의 나이토 (內藤湖南)은 일본 민족의 역사와 문화가 중국과 별도로 독자적으로 발전해 왔다는 이론적 근거로서 소위 야마타이 위치를 둘러싼 논쟁을 벌였다. 이 논쟁에서 그는 중국의 영향을 지나치게 강조하고 일본인의 독자적인 발전을 과소평가한 해석에 대해 강하게 비판했다. 그의 중국에 대한 연구는 일본 중심으로 연구한 것이지 중국을 중심으로 연구한 것이 아니었다.

예컨대 나이토는 야마타이를 야마토와 동일시하기 위해 장소와 인물들의 이름을 철저하게 분석하면서 야마토론 주창자들과 마찬가지로 중국보다

---

947 Ranke, "Idee der Universalhistorie", *Histoische Zeitschrift* Bd. 178, 300쪽.
948 스테판 다나카, 윗 책, 61쪽. 이에 대한 것은 Lawrence Stone, *The New History and the Old*, by Gertrude Himmelfarb, *New York Review of Book* (Dec., 17, 1987), 59-62쪽 참조.

일본의 문헌에 더 많이 의존했다.[949] 이는 "일본 문화가 곧 동양과 중국 문화의 연장이기 때문에 일본 문화의 기원과 그 근본을 알기 위해서는 무엇보다 중국(지나) 문화를 알아야 한다"라고 주장하면서 동양사를 일본사와 이질적으로 본 것에 대해 잘못이라고 비판했던 나이토의 주장이 앞뒤가 맞지 않는다는 것을 보여준다.[950] 즉, 중국의 역사와 문화에 대해 강조한 그가 오히려 중국 문헌보다 일본 문헌을 더 활용한 것은 이러한 그의 이중성을 보여 준 단적인 예이다.

그렇다면 한국 실증주의 역사가들의 강조한 민족의 역사는 결국 우리 민족의 입장에서가 아니라 일본의 시각에서 본 것이 아닌가? 그렇지 않다면 우리 역사가들은 일제의 관점에서 벗어나 우리 민족의 시각에서 랑케의 역사사상을 해석하고 이를 우리 민족의 역사에 어떻게 적용할 것인지 그 방향을 정해야 한다. 그래야 우리 역사가 식민사관에서 벗어날 수 있다.

둘째로 과거 한국인 역사가들은 영어 혹은 독일어 등 외국어에 능하지 못했을 뿐 아니라 독자적인 외국 학자들의 연구 성과나 그 결과물을 접할 기회가 거의 없었다. 따라서 한국 역사가들은 한문과 일본어에 익숙하지만 독자적으로 독일어로 씌인 랑케 등 외국의 역사이론의 원전을 직접 잃고 해독하여 연구하지 못하고 전적으로 일본어로 된 번역본에 많이 의존했을 것이다. 이로 인해 일본의 시각으로 해석된 역사사상의 영향을 받을 수밖에 없었을 것으로 생각된다. 이런 이유에서인지 랑케의 실증주의 사학에 대한 연구는 최근에 와서야 서양 사학자들로부터 시작하여 국사학자들의 연구논문이 발표되기 시작했다.[951] 랑케의 저서가 번역된 것은 2014년

---

949 나이토는 중국의『위지』는 일본의『일본서기』를 뒷받침해 주는 자료로서만 유용하다고 주장했다. 內藤湖南,「卑彌呼考」,『藝文』1 (1910. 5-7) :『內藤全集』7卷, 251-251쪽.

950 內藤湖南,「日本文化とは何ぞや」, 桑原武夫(編),『現代日本思想大系 27 歷史の思想』(東京 : 筑摩書房, 1965), 211쪽.

951 랑케와 한국사학의 관계에 대한 논문은 역시 서양사학자에 의해 씌여졌다는 점에 주목할 필요가 있다. 국내 서양사학자들의 랑케 사관에 대한 소개는 길현모,

서양사학자 이상신에 의해서이며 진작 실증주의 사학을 진리처럼 여겨온 한국 역사학자들은 랑케의 실증주의 사학에 대한 연구가 극히 미미했다.[952] 그동안 일본인 역사가들이 번역한 랑케의 저서나 혹은 논문을 읽고 배운 것 외에 과거 우리 한국 실증주의 사학계의 학자들이 독자적으로 랑케의 원본을 읽고 연구하거나 관련 논문을 발표하고 그의 저서의 번역서를 내는 작업이 거의 없다.[953] 따라서 한국 역사학은 랑케의 실증주의 사학의 방법론을 도입한 일본의 동양사학으로부터 배운 것으로써 그 수용과정도 불충분하다는 지적을 받고 있다.[954] 또한 한국 역사가들의 랑케 실증주의 사학에 대한 지식은 일본인 학자들에게서 전수된 것들이 대부분이다. 일제의 제국주의적 관점에서 왜곡된 랑케의 실증주의 사학을 그대로 우리

---

「랑케 사관의 성격과 위치」, 전해종, 길현모, 차하순 공저, 『역사의 이론과 서술』, (서강대인문과학연구소, 1975), 39-86쪽. 김기봉, 「랑케의 'wie es eigentlich gewesen' 의 본래 의미와 독일역사주의」, 『호서사학』 39 (2004) ; 이광주, 「Leopold von Ranke 와 국가 이성문제」, 『고대 문리논집』 7(1963); 문기상 「랑케의 정치사상-Historisch-Politische Zeitschrift(1836)를 통한 국가관 중심으로-」, 『서양사론』, 15, (1974) ; 이민호, 『역사주의- 랑케에서 마이네케』, (민음사, 1988); 문기상, 「Ranke 사학의 이중구조-개별성과 보편성 중심으로」, 『경남대 논문집』 5 (1978); 문기상, 「Ranke 사학의 객관성-역사와 정치의 관련을 중심으로」, 『한국사 논총』4(1981); 조지형, 『랑케&카 : 역사의 진실을 찾아서』(김영사, 2006): 차하순 역, 『랑케와 부르크하르트』 (탐구당, 1984); 이상신, 『서양사학사』(신서원, 1993); 이상신, 『19세기 독일역사인식론』 (고려대출판부, 1989) 등이다.

952 국내 한국사학자들의 한국사와 관련하여 랑케에 대한 연구는 서양사학자 김기봉, 「민족과 진리는 하나일 수 있는가?-이기백의 실증사학-」, 『역사학의 세기』, 285-318쪽. 그리고 한국사학로서 김헌기, 「역사주의 이데올로기와 역사학-랑케의 역사담론을 중심으로-」, 『사림』, 38집 (2011), 259-287쪽 그리고 노용필, 「한국에서의 역사주의 수용 : 이기백 한국사학연구의 초석」, 『한국사학사학보』, 23집 (2011), 259-302쪽. 등이 있다.

953 한국 사학계의 랑케로 일컬어지고 있는 이병도는 스스로 자신의 역사학의 연구 방법론에 대해 랑케 같은 실증주의 방법론이라고 밝히고 있으나 진적 자신의 역사학 이론적 기반은 깊지 않았으며 일제의 역사가들로부터 랑케 실증주의 사학의 영향을 받았을 뿐 랑케의 저서를 직접 읽고 제대로 공부한 적이 없었다고 고백하고 있다. 진단학회 편, 『역사가의 遺香-두계 이병도 선생추념문집』, 303쪽.

954 김용섭, 「일본. 한국에 있어서의 한국사 서술」, 147쪽.

역사에 적용하면서 식민주의 역사에서 벗어났다고 말하는 것은 정당하지 않다.[955] 이 점이 바로 식민사관에서 벗어나지 못한 두 번째 이유이다.

셋째, 우리 근대 역사학이 일제 식민주의 사학자들로부터 시작됐다는 점이 논란의 중심이 되고 있다. 한국 근대 역사학은 일제의 식민사관이 길러낸 학문으로써 일제시기 경성제국대학이 그 중심에 있었다. 도쿄제국대학에서 최초로 조선사를 전공한 학자가 이마니시 류였다.[956] 이마니시 류는 고대 조선사를 연구하여 박사학위를 받은 뒤 일제가 1924년 서울에 경성제국대학을 개교하자 이 대학에 부임하여 총독부 학무 관리를 역임한 오다 쇼고(小田省吾)와 함께 조선역사를 가르쳤다. 이후 일제는 조선의 역사를 일본역사의 일부로 만들기 위한 전략을 수립하여 1913년 이마니시는 조선사 강의를 국사학(일본사)에 포함시켰고[957] 이어 경성제국대학에 후지다 료사쿠(藤田亮策)의 조선 고고학을 개설했다. 1929년 서울에 있는 경성제국대학의 사학과 첫 졸업생 5명 가운데 조선인 2명과 3명의 일본인이었다.[958] 당시 경성제국 대학의 사학과에 입학한 일본인

---

955 이기백의 외국 학술저서의 번역서는 『새 歷史의 創造-덴마크 國民高等學校와 農村社會의 發展 ; Holger Begtrup, Hans Luns, Peter Manniche, *The Folk Hight Schools of Denmark and Development of a Farming Community*, (Oxford : Oxford University Press, 1926』(東洋社, 1959) ; 『韓國現代史論 , Andrew J. Grajdanzev, *Modern Korea*, (Institute of Pacific Relations, 1944)』(일조각, 1973) 등 두 권이다. *Modern Korea*는 1923년 첫 출간되었다가 이후 2015년에 Scholar's Choice에서 다시 출간되었다. 이기백의 저서와 연구 논문 등에 대한 목록은 한림과학원 엮음, 『고병익, 이기백의 학문과 역사연구』(한림대학교 출판부, 2007), 221-248을 볼 것.

956 이마니시 류는 1922년 「檀君考」를 비롯 「洌, 帶, 浿三水考」「加羅彊域考」 등 조선고대사 관련 논문으로 박사학위를 취득했다.

957 일본 본토 제국대학에서 조선사를 국사학(일본사)과 동양사학 가운데 어느 곳에 포함시킬 것인지 논쟁이 있었으나 한일병탄직전부터 동양학을 중시한 교토제국대학에서 동양사에서 조선사를 다루었다. 京都帝國大學編, 『京都帝國大學史』, (1943), 679-711쪽.

958 1회 경성제국대학의 사학과 졸업생 가운데 조선사를 전공한 조선인은 신석호와 김창균, 2회 졸업생에서는 윤용균, 성낙서 등 2명이다.

다수가 조선역사를 전공으로 선택했다. 이는 일본인들이 조선사를 자국의 국사로 포함시켜 조선 식민화를 고착화시키기 위한 것이었다.[959]

1886년 3월 일본의 제국 대학령은 '국가의 수요(須要)에 응한다'는 골자로 발표되었는데 제1조는 "대학은 국가에 필요한 학술의 이론과 응용을 교수하고, 국가사상의 함양에 유의해야 한다"라고 함으로써 대학의 자유와 학문의 가치판단이 곧 국가에 의해 판단된다는 점을 명시하고 있다. 이 대학령에서 명시되어 있는 바와 같이 일제의 제국대학은 국가의 통제를 받으며 국가의 정책에 순응했다. 그러므로 일본의 제국대학은 자유로운 학문의 탐구와 교육기관이 아니라 국가가 요구한 연구와 교육을 실시하는 국가기관으로 전락했으며 사립대학도 예외는 아니었다.[960]

경성제국대학의 총장으로 부임했던 인물이 천황제 옹호자였던 핫토리 우노키치(服部宇之吉)이었다. 이런 점을 미루어 보면 경성제국대학의 교육목적이 조선의 근대화를 위한 인물을 양성하기 위해서가 아니라, 일제의 식민화 정책에 부합하는 학문연구와 교육에 중점을 두고 이를 통해 친일인사를 길러내는 것이 주된 목적이었다. 1926년 입학식에서 총장 훈사는 '국가의 존립을 위태롭게 하는 연구는 허용될 수 없다'고 밝힌 바와 같이 경성제국대학은 일본의 다른 제국대학보다 더 통제를 많이 받았던 교육기관이었다.[961] 개교된 경성제국대학의 교수진에는 조선인이 한명도 없고 조선인 학생들은 문과 이과를 합쳐 44명에 불과했다.[962] 이와 같이

---

[959] 1926년 5월 1일 식민지 조선의 경성에 제국대학이 개교됐다. 당시 조선 총독이 "창시(創始)의 업(業)"이라고 자칭할 정도로 경성제국대학의 개교는 조선 총독부의 최대 문화 사업 중 하나였다. 齊藤實,「京城帝國大學醫學部開講式訓辭」,『文敎の朝鮮』(1926, 6), 2쪽.

[960] 국가기관으로서 성격은 사립대학에게도 요구되었다. 정선이,『경성제국대학 연구』(문음사, 2002), 김기석,『한국고등교육연구』, (교육문화사, 2008), 정준영,『경성제국대학과 식민지 헤게모니』(서울대 사회학과 박사학위논문, 2009) 등을 참조.

[961]「京城帝國大學始業式にける總長訓辭」,『文敎の朝鮮』(1926, 6), 4-5쪽.

[962]『개벽』, 49호, 1924년 7월.

경성제국대학의 설립은 애초부터 조선의 근대 신학문의 발전을 목적이 아니었다.

3.1운동 이후 1920년대에 들어 일제의 문화통치 정책에 따라 조선사 연구와 교육이 더욱 강화되었다. 이 정책에 의해 조선 총독부는 1925년 조선사편찬위원회를 조선사편수회라는 독립된 기구로 확대 개편한 다음 10개년 사업으로『조선사』편찬에 착수하여 1931년과 1937년 사이 35권의 방대한『조선사』를 출간했다. 조선사편수회는 총독부 정무총감을 위원장으로 하여 이완용, 박영효, 권중현을 고문으로 삼고 해방 후 한국사를 주도했던 유맹, 어윤적, 이능화, 이병도, 윤영구, 김동준, 최남선, 신석호 등이 위원으로 참여했다. 일본 식민주의 사학자들에 의해 교육을 받고 역사가로서 양성된 이들은 해방 후 대학에서 일제 학자들이 쌓아온 연구 업적을 바탕으로 한국사를 연구하고 후학들을 양성했다. 아마도 일제의 식민주의 사학자들보다 오히려 이들에 의해 신민사관이 한국사에서 깊이 뿌리를 내리게 된 것이 아닌가 생각이 된다.

1946년 미군정이 경성제국대학을 모체로 하여 미국식 종합대학으로 발족한 서울대학이 새로운 학문 중심지가 되었다. 일제시대 진단학회에 참여했던 한국의 랑케로 불린 이병도를 비롯 김상기, 손진태, 이상백, 이선근, 유홍렬, 이인영, 김성칠, 강진철 등이 서울대학교의 교수가 되었고 고려대학교에는 경성제국대학의 사학과 출신이며 조선사편수회와 진단학회 회원으로 활동한 신석호, 정인보, 백남운의 제자인 홍이섭 등은 고려대학교에 교수로 취임했다. 그리고 고려대 홍이섭 교수 그리고 도쿄제국대학 출신 이홍직이 연세대학에서 교수로 부임하여 후학을 길러냈다.

6.25 전쟁 이후에 일제시대 민족주의 사학의 핵심 인물이며 해방 후 국학대학장과 감찰원장을 지내던 정인보와 서울대학교에서 신민족주의

사학을 주창한 손진태, 그리고 이인영을 비롯 유물사관 학자인 백남운, 경성제국대학 출신 김석형, 박시형 등이 월북하여 북한의 역사학계를 이끌어 갔다. 이로써 한국 역사학은 이병도의 절대적인 권위와 막강한 영향력 아래에 놓이게 되었다.[963] 일제시대 진단학회를 이끌어 온 이병도는 1907년 보광학교와 불교고등학교를 졸업하고 1912년 보성전문학교 법과에 입학했다. 그러다 그는 다시 일본으로 건너가 와세다 대학 예과를 거쳐 1919년 사학 및 사회학과를 졸업했다. 그는 일본 유학 중에 도쿄제국대학의 이케우치 히로시(池內宏)와 와세다 대학의 랑케 실증주의 사학을 공부한 쓰다 소오키치(津田左右吉)에게 배운 후 귀국하여 조선총독부 조선사편수회에서 일했다.

　쓰다 소우키치와 이케우치 히로시는 시라토리 구라키치가 주재하는 남만주철도주식회사 도쿄지사의 만선지리역사조사실에서 근무하면서 시라토리에게 역사를 배운 인물이다.[964] 시라토리는 연구 분야를 조직화하고 자신들의 제자들에게 각각 연구 주제를 할당하여 개개인이 치밀하게 연구를 수행할 수 있도록 했다. 도쿄제국대학에서 최초의 한국사를 강의한 이케우치는 시라토리의 이 같은 방침에 따라 할당받은 연구 주제가 숙신, 선비, 오환과 같은 조선시대의 만주와 한반도의 부족들에 관한 것이었다. 이케우치 제자였던 마에지마 신지(前嶋信次)는 게이오 대학에서 가르쳤고 그의 제자인 하타다 다카시(旗田巍)와 미카미 지로(三上次郎) 등은 조선사 전공자였다. 시라토리는 1924년 동양문고를 설립하여 동양연구에 매진하면서 여기에 자신의 제자들을 대거 참여시켰는데 이케우치도 이 중 한 사람이었다.[965] 이병도가 스승으로 모신 이들 일본의 역사학자들은

---

963 한영우, 『역사학의 역사』 (지식산업사, 2002), 287-290쪽.
964 나가하라 게이지, 윗 책, 81쪽.
965 스테판 다나카, 윗 책, 336-342쪽.

만철에서 연구 활동을 하면서 일제의 식민사관의 형성에 절대적인 영향을 끼친 시라토리의 제자들이었다.

한편 이기백은 오산학교를 졸업한 후 경성제국대학 법문학부에 지원했으나 면접에서 낙방을 하자 도쿄 와세다 대학 예과에 해당하는 제2와세다고등학원에 입학했다. 이후 1942년 와세다대학의 문학부 사학과에 진학했으나 1944년 학병제 시행으로 학업을 중단하고 귀국하여 1946년에 서울대학교에 편입해 이병도와 손진태의 지도를 받았다. 이기백이 일본 와세다 대학 사학과에서 공부할 때 만철 동경지사 역사조사연구실에서 일했던 한국 고대의 역사지리 연구자인 쓰다 쇼오키치는 이 대학에서 추방되어 동양사상연구회에서 연구 활동을 하고 있었다. 이기백은 쓰다의 정기 학술발표회에 참석하여 그의 강연을 듣고 또 그의 저서를 탐독하는 등 그로부터 많은 영향을 많은 것으로 알려지고 있다.[966]

일본의 기기(記紀)신화가 황실기원의 신화이지 민족의 기원을 말하는 것이 아니라고 주장해 온 쓰다 소우키치는 기기신화가 사실이 아니라 어디까지 관념상의 존재이며 이런 관념이 형성된 시대 사람들의 사상이라고 밝혔다. 이어서 그는 기기의 문헌 비판에 그치지 않고 일본과 중국의 국가와 민족의 사상사를 연구하여 중요한 업적을 남겼다. 쓰다는 스승 시라토리와 마찬가지로 신화가 사실(史實)이 아니더라도 고대인의 사상을 말해준다고 생각했듯이 그의 학문적 과제는 '국민사상'의 역사적 전개를 주제로 삼고 일본 고대사회를 전체로서 구조적으로 파악하려는 것이 아니라 고대인의

---

[966] 이기백이 와세다 대학 사학과에 입학했던 당시 쓰다 소우키치는 대학에서 추방당해 대학에서 강의를 들을 수가 없었다. 쓰다는 1930년대 초에 사학과에서 철학과로 옮겨 동양 사상연구실을 주관하여 학술활동을 이어가고 있었다. 이때에 이기백은 그의 정기학술 발표회에 참석하여 직접 그를 대면할 수 있었고 그의 저서 『支那思想r과 日本』과 『道家思想과 그 展開』를 열심히 읽었다고 말한다. 이기동, 「한국사상사 연구자로서의 이기백」, 한림과학원 엮음, 『고병익. 이기백의 학문과 역사연구』, 122-126쪽.

생활 속에 있는 심성과 사상의 연구에 중점을 두었다.

그러나 유럽의 국민사상의 영향을 받은 쓰다는 일본 국민사상도 유럽의 근대 국민국가 사상과 다르지 않고 서로 유사하다고 강조했다.[967] 또한 쓰다는 만철조사부의 지원을 받아 1922년에 발표한 논문 「삼국사기 고구려기의 비판」에서 『삼국사기』 본기 기사에 대해 비판적 입장을 보이며 『삼기사기』 초기 기사를 말살하려고 했다. 이 때문에 이기백은 자신의 『한국사신론』에 쓰다의 논문과 저서를 참고문헌에 수록하지 않았던 것으로 보인다. 그러나 이기백은 쓰다의 저서를 열심히 읽었고 일본문화사 개설이라고 할 수 있는 쓰다의 『문학에 나타난 국민사상의 연구』라는 저서의 영향을 받아 『한국사신론』을 저술한 것으로 알려지고 있다.[968] 그는 1958년 이화여대 사학과 교수로 임용된 이후 다시 서강대, 한림대에서 교수를 역임하며 진단학회의 대표간사를 맡는 등 한국사의 중심인물로 학계에 많은 영향력을 발휘했다. 그러나 랑케의 저서를 통해 개별적인 민족역사의 중요성을 깊이 깨닫고 역사에서 민족에 더욱 관심을 갖게 되었다고 말한 이기백은 오히려 일제시기 진단학회 중심의 실증주의 사학에 대해 높이 평가하면서 한편으로는 한국 실증주의 사학이 개별적 사실에 지나치게 집착하고 체계화 작업에 소홀히 했다고 비판하기도 했다.[969] 이기백은 실증주의 사학의 중요성을 강조한 것은 국수주의적 재야사가와 민중사학자들의 신빙성 없는 자료를 내세우거나 일방적인 이념에 따라 사실을 왜곡한다고 인식하여 엄밀하고 정확한 실증에 기초한 역사적 연구 방법을 강조한 것으로 보인다.

---

967 나가하라 게이지, 윗 책, 80-83쪽.

968 이기동, 윗 글, 116-126쪽.

969 이기백, 「社會經濟史學과 實證史學의 問題」, 『民族과 歷史』, 41쪽. 후에 이기백은 헤겔, 마이네케 그리고 랑케의 저서를 탐독했는데 그 가운데 랑케의 『강국론』으로부터 세계사에서 민족의 역할과 독자적인 문화를 지닌 개별 민족국가만이 곧 강국이 된다는 세계사적 보편성을 인식하게 되었다고 술회했다. 이기백, 「한국사의 진실을 찾아서」, 『한국사 시민강좌』35 (2004. 8).

그러나 이기동은 실증적 방법이 이기백 사학의 핵심이라고 평가하고 그의 민족적 관심과 실증적 방법의 결합은 특이한 양상이며 근대 한국사학 전통에서 좀처럼 찾기 어려운 사례라면서 이점 장차 검토할 필요가 있다고 지적한다.[970]

이처럼 조선의 식민사관을 만들었던 일제 역사학자들에게서 근대 역사학인 랑케의 실증주의 사학을 배운 이병도를 중심으로 한 진단학회 출신 역사학자들은 해방 이후 각 대학으로 진출하여 한국사학의 주류를 형성하고 역사학계를 이끌어 갔다.[971] 아마도 이들 한국 사학자들은 학계의 스승과 제자라는 구조적 관계 속에서 스승이었던 일제 식민주의 사학자들에게서 배운 실증주의 사학과 역사지식을 우리 시각에서 새롭게 정립하지 못하고 이를 계속 유지해 올 수밖에 없었을 것이다. 이로 인해 일제식 실증주의 사학이 한국 역사학계에 그대로 남아 유령처럼 우리 역사학에서 활보하고 있는 것이 아닌지 생각해 볼일이다. 마지막으로 식민주의 사학을 한국사학계에서 척결하지 못한 원인 가운데 전근대적인 도제식 학문연구로 인하여 기존 학문을 비판할 수 없었던 우리 역사학계의 그릇된 풍토를 지적하지 않을 수 없다. 이와 같이 한국 역사학은 처음부터 지금까지 일제의 식민주의 사학의 양분을 먹고 자라왔다고 말해도 지나침이 없을 것이다.

---

970 특히 이기백은 자신의 역사학 연구의 기초를 철저하게 랑케의 실증주의 사학에 두었던 그는 말년에 실증의 중요성을 더욱 강조하기도 했다. 이기동, 윗 글, 182-185쪽.
971 진단학회 출신들의 각 대학으로 진출에 대해서는 한영우, 윗 책, 313-325쪽을 보라.

제6장

# 현대 역사학의 흐름

지혜가 서로 교차하는 이유는 멀리 내다보는 것과 가까이 보는 것 때문이다. 오늘날이 옛날과 갖는 관계는 옛날이 그 후세와 갖는 관계와 같고 오늘날이 후세와 갖는 관계 역시 옛날이 오늘날과 갖는 관계와 같다. 그러므로 현재를 잘 살피고 나면 지나간 과거를 알 수 있고 과거를 알면 앞으로 올 미래를 알 수 있으니 과거와 현재 그리고 앞과 뒤는 같은 것이다.

— 『여씨춘추 중동기仲冬紀』 —

## 제6장. 현대 역사학의 흐름

### 1) 한국사학의 과제

한국 역사학이 나아가야 할 방향에 대해서는 한국 사학계로부터 여러 차례 제기 된바 있다.[972] 무엇보다 실증적 연구방법을 확립하여 한국 역사학의 기초를 다지는 것이 중요하다. 이 작업은 식민주의 사학에서 비롯된 일제식 실증주의 사학을 그대로 계승 발전시켜야 한다는 의미가 아니라 본래의 랑케 실증주의 사학을 재확립해야 한다는 의미이다.

물론 해방 이후 한국 역사학계는 한국사의 문제점에 대해 집중 성찰하며 이를 극복하기 위한 다각적 모색을 통해 연구방향의 전망을 살피고 있지만 한국사의 새로운 변화를 보여 줄 수 있는 뚜렷한 대안을 마련하지 못하고 있는 것 같다.[973] 아마도 이러한 한국 역사학계의 어려움은 한국 근대 역사학의 시초가 일제의 식민주의 사학으로부터 비롯됐고 이를 배운 사학자들이 대학을 지배해 왔던 것에 그 원인이 있지 않을까? 그렇다면 실증주의 사학의 뒤에 숨어 한국 역사학계를 지배해온 식민주의 사학을 극복할 수 있는 대안이 무엇인지 살펴 볼 필요가 있다.

일제 식민주의 사학자들에게 역사학을 배웠거나 영향을 받아온 한국 역사학자들은 해방 이후 대학의 사학과를 설립하고 후진을 양성해 왔다.

---

972　특히『역사학보』는 1984년부터 1997년까지 매년 12월호에 국사와 동양사, 서양사의 연구 성과를 각각 3년에 한 차례씩 번갈아 게재했다. 이후 1998년부터 매년 9월호에 국사, 동양사, 서양사의 연구 성과를 함께 실었다가 2000년 이후 매년 한국사에 대한 회고와 전망을 연달아 기획 특집 논문을 게재했다.

973　특히 노태돈은 연도별로 비교할 때 뚜렷한 경향을 확인하기 어렵고 그간 학계에서 주요 연구 동향이나 쟁점을 둘러싼 논의가 활발히 개진되지 못한 채 內燃하는 모습을 보여주었다고 진단했다. 盧泰敦 ,「총설 : 구체적인 연구와 균형 있는 평가」,『歷史學報』, 第207輯, (2010), 5쪽.

한국 사학계의 문제점은 이들의 역사연구가 처음부터 일제 역사가들의 연구에 기초로 하고 있기 때문에 연이어 그 후진들도 스승의 연구 성과를 기반으로 다시 연구를 해 온 것에서 찾을 수 있을 것이다. 이 때문에 한국 역사학은 애초부터 식민주의 사학을 극복할 수 없는 한계를 지니고 있었다. 지금까지 우리의 역사에 관한 모든 연구 성과를 재검토하여 다시 우리 역사를 새롭게 처음부터 연구해야 한다는 부담감을 안고 있을 수밖에 없다.

식민주의 사학과 식민사관을 극복해야 사실적인 한국역사의 서술이 가능하다고 아무리 주장을 해보아도 근본적으로 지금까지 쌓아온 모든 연구성과들을 무용지물로 만든다는 것은 현실적으로 어려운 일이다. 역사에서 마르크스 유물론 사관, 혹은 민족주의 사관, 또는 실증주의 사학 등 이념으로 분류하기보다 역사연구의 목적이 그 민족의 기원과 문화 발전과정을 사실적으로 밝히는데 있다는 인식전환이 우선되어야 한다. 랑케의 실증주의 사학이 곧 민족주의 역사라는 점이라는 점을 인식한다면 한국사학이 앞으로 나아가야 할 방향을 두고 논란을 거듭할 필요가 없을 것이다. 그러므로 한국 근대 역사학의 뿌리가 실증주의 사학인 만큼 본래 랑케의 실증주의 사학을 확립하는 것이 최우선이다.

현대에 이르러 역사란 학문이 추구하는 목표는 방법론적 다양성을 꾸준히 개발하여 과거의 사실과 진실성을 밝히는데 중점을 두고 있다. 이러한 역사의 목적을 달성하기 위해서는 현대적인 방법론적 연구가 가장 절실하다. 이기백은 식민사관 극복하기 위해 먼저 한국사학이 지향해야 할 과제가 한국사 흐름 속에서 인간을 발견해야 한다고 말한다.[974] 그래서 그는 식민주의 사관을 극복하기 위한 일환으로 민족의 역사를 객관적이고 과학적이며 합리적인 실증주의 사학으로 연구하고 서술해야 한다고

---

974 이기백, 『한국사학의 방향』, 155쪽. 예컨대 1971년 『민족과 역사』, 1978년 『한국사학의 방향』, 1991년 『한국사학의 재구성』 등 자신의 역사관을 담은 사론집을 펴냈다.

강조하며 이것이 역사학을 지켜가는 마지막 보루라고 주장했다.[975] 물론 랑케의 실증주의 사학이 민족주의의 산물이라는 점에서 볼 때 이기백이 민족과 인간을 역사 탐구의 주제로 삼았다는 것은 당연한 일이다. 그렇다면 랑케의 실증주의 사학을 신봉하며 그에 따른 민족주의 역사를 추구한 이기백의 역사학은 식민사관을 극복하고 한국 사학의 과학적, 객관적, 합리적인 역사로 재정립했다고 볼 수 있을까?

한국 실증주의 사학자들은 민족주의 사학이 민족이라는 이념에 치우쳐 역사를 객관적이고 보편적으로 인식하지 못하고 있다고 지적하고 있다. 이는 아직도 한국 역사학계가 민족의 문제에 대해 역사적 과제를 제대로 정립하지 못하고 있다는 증거일 것이다. 왜냐하면 랑케의 실증주의 사학은 역사의 주체를 민족으로 보고 보편적 역사관에서 왜곡되어 온 민족의 역사를 객관적이고 사실적으로 밝히는 것을 목적으로 삼고 있기 때문이다. 그러므로 한국 역사학이 새롭게 발전하려면 바로 이러한 왜곡된 랑케의 실증주의 사학에 대한 반성과 올바른 인식이 우선돼야 한다.

식민주의 사학의 출발점이 지리적 결정론에서 시작되고 있다는 점이 지적하기도 한다. 식민사관에 따른 우리 민족의 역사가 중국이나 만주 또는 일본 등 주변 강국들에 의해 결정되어 온 타율성을 특징으로 규정되기도 했고 또 한편으로 사대주의는 이러한 우리 민족의 주체적이지 못한 역사에서 비롯된 것으로 설명되고 있다.[976]

해방 이후 한국 역사학계는 식민사관이 주장한 우리 역사의 정체성과 타율성, 그리고 지리적 결정론을 극복하는 것이 최우선의 과제로 삼았다. 이러한 한국사학의 요구에 따라 내적 발전론이 제기되었으며 이를 확립하기 위해 민족주의 사학이 한국사학의 지배적인 흐름으로 떠오르게 되었다.

---

975 이기백, 『한국사 산고』, 361쪽.
976 이기백, 『민족과 역사』, 173-212쪽.

이러한 흐름에 의해서 한국 사학계가 랑케의 실증주의 사학을 다시 살펴보게 된 것은 다행스런 일이다.

이런 역사학계의 흐름에도 불구하고 한국 실증주의 사학자들은 민족주의 사학이 객관성이 결여되어 있고 합리적이지 않으며 또 역사를 각 민족의 개별성이 아니라 보편성으로 봐야 한다고 주장한다. 따라서 이들은 역사적 진리보다 민족을 강조하면 한국사학의 과학성이 확립될 수 없다고 말하며 식민주의 사학을 극복할 방법은 오직 한국사의 과학적인 방법밖에 없다고 항상 강조해 왔다.[977] 그리하여 이기백은 "민족에 대한 사랑과 진리에 대한 믿음은 둘이 아니라 하나다"라고 한 자찬(自撰)을 묘지명에 쓸 정도로 민족애와 진리라는 두 개의 최고 가치를 추구했다.[978] 그럼에도 불구하고 랑케의 실증주의 사학을 평생 추구해온 그의 역사관에서 민족과 역사문제는 서로 상충된 면을 보이고 있다. 이와 같이 역사와 민족의 문제는 한국 사학계에서 해결되지 못한 과제로 남아있다.

그렇다면 한국 실증주의 역사가들이 주장해온 역사의 과학적 방법이란 무엇을 의미할까. 역사에서 민족을 주장하면서 진리를 추구했던 이기백은 민족의 역사와 과학적 진리의 역사를 구별했다. 그러나 랑케는 이를 구별하지 않고 민족의 역사를 과학적으로 탐구하여 이를 역사의 진리의 가치로 삼았다. 랑케는 민족의 역사와 과학적 진리를 별개가 아닌 하나로 인식했으나 한국 실증주의 역사가들은 민족의 가치에서 벗어나 세계 속에 한국사를 재구성하는 것을 역사연구의 주제로 삼았다. 심지어 한국 실증주의 사학의 거두인 이기백은 식민사관과 대립적인 개념으로 사용되고

---

[977] 이기백은 『한국사 신론』 1999년도 판 서문에서 식민주의 사학에서 벗어날 수 있는 길은 한국사의 과학적 체계를 세우는 것이라며 『한국사 신론』이 바로 이런 목적으로 저술되었다고 밝혔다.

[978] 유영익, 「나와 이기백 선생」, 한림과학원 엮음, 『고병익. 이기백의 학문과 역사연구』, 38쪽.

있는 민족사관이란 용어를 배척하며[979] 민족의 역사를 보편성으로 파악해야 객관적인 역사가 될 수 있다고 주장하기도 했다.[980]

사실상 보편적인 역사의 관점에서 보면 민족역사의 개별성은 의미가 없다. 그러나 일제 역사가들은 한국사이 연구에서 개별성과 특수성을 외면하고 일반화시킨 잘못을 저질렀다. 이런 역사관은 실증적이지도 않고 비과학적이다. 그러므로 한국 실증주의 역사가들이 이해하고 있는 역사적 진리의 의미는 순수한 랑케의 실증주의 사학이 아니라 일제의 보편적 세계사의 관점을 보여주고 있다. 한국 실증주의 역사가들도 보편적인 역사관에 뿌리를 둔 '일제식 실증주의 사학'을 그대로 답습해 오고 있지 않은지 깊이 성찰을 할 필요가 있다.

조선인들의 저항을 무력화시키기 위한 식민주의 사학은 조선역사의 정치적으로 타율성론, 사회경제사적 측면에서 정체성, 문화적으로 모방성론, 그리고 사대주의론, 반도성격론, 동근동조론(同根同祖論) 만선사론(滿鮮史論) 등으로 이어져 왔다. 또한 식민주의 사학은 일본 국학이 주장해온 일선동조론에 이용되기도 했고 1920년대 이후 여기에 일부 조선인 역사가들도 개입하기도 했다.[981] 특히 보편적 개념은 정치적 이념과

---

979 이기백은 민족사관은 왕조 중심의 역사에서 민족 중심의 역사로 탐구하는 것 외에 다른 의미를 주지 못하고 있다고 지적한다. 이기백, 윗 책, 128쪽.

980 이기백, 『민족과 역사』, 5-6쪽.

981 이러한 일제의 국학 역사가들은 후쿠자와 유키치(福澤諭吉)의 탈아론(脫亞論), 타루이 토키치(樽井藤吉)이나 우치다 료헤이(內田良平)의 대동합방론(大東合邦論) 등으로 체계화되었다. 식민주의 사학의 근거는 당시 독일 중심으로 한 유럽 학계의 흐름으로서 예컨대. 식민주의 사학자들은 오스트리아 인류학자인 빌헬름 슈미트(Wilhelm Schmitt) 등이 제시한 전파주의(Diffusionism) 즉, 확산이론과 에드워드 부르네트 타일러(Edqard Burnet Tylor)의 진화주의(Evolutionism) 이론을 사용하여 조선 문화의 열등성을 주장하며 식민사관을 확립했다. 또한 식민주의 사학자들은 19세기 독일 지리학계에서 제시된 프리드리히 라첼(Friedrich Ratzel)의 인류 지리학(Anthropogeographie) 그리고 정치지리학(Politische Geographie) 의 이론도 사용하여 소위 '반도적 성격론'을 제시했다. 그리고 1920년대 독일에서 유행했던 인종주의적 민족성 이론으로 조선

결합하여 대동아공영 이론의 기초가 되었으며 이 이론에 의하여 일본은 동양에서 맹주로 군림하기도 했다. 식민주의 사학에 이어 또 다른 일본의 역사왜곡인 동양사학의 내용은 중국역사의 지식이나 사상이 중국이 아닌 유럽 제국주의 국가의 연구가 그대로 활용되었다. 유럽의 시각에서 연구된 동양의 역사는 유럽 중심의 세계관으로 평가되기 마련이다.

그래서 많은 일본 역사가들은 나이토 고난처럼 동양문화의 발전과 진보면에서 볼 때 중국, 조선, 일본 등 각기 국민의 구별이 무의미하다고 주장하고 아시아의 모든 국가를 통합하여 하나의 보편세계로 규정하기도 했다. 대부분 일제 역사가들은 일본을 아시아권에서 벗어나야 한다는 이론에 따라, 다시 말해 후쿠자와 유키치(福澤諭吉)의 '탈아론' 연장선에서 중국의 역사를 정체성 혹은 동양적 전제주의 사회 속에서 파악하고 일본과 중국을 대비시켜 상호 이질적인 차이를 드러내었다. 이것이 조선과 중국에 대한 멸시와 자국의 우월성으로 이어지면서 일본이 점점 자국 중심의 역사관 속에 깊이 빠져 들어갔다.[982]

일제의 식민주의 사학은 조선인들로 하여금 스스로 모멸의식을 갖게 하여 식민통치를 운명적으로 받아들이게 했다. 이와 같이 일제의 식민사관은 정치적 의도에 의하여 내선 동화정책을 조선인들 의식 속에 각인시켜 독립의지를 약화시키는데 큰 영향력을 발휘했다. 이렇게 제국주의적

---

민족을 불변의 고질적 민족성을 강조했다. 특히 조선의 사회경제에 대한 정체성 이론은 19세기 말 칼 뷔허(Karl Bücher)가 제시한 독일 역사주의 경제사학에서 비롯된 것이다. 조광, 『한국사학사의 인식과 과제』, (경인문화사, 2010), 199-202쪽.

982 나가하라 게이지, 윗 책. 62쪽. 후쿠자와는 자신의 유명한 논문「탈아론」에서 일제가 유럽과 대등하기 위해서 아시아에서 분리되어야 한다는 논리를 주장했다. 그러나 후쿠자와가 유럽 문명을 지구의 구석구석에까지 가차 없이 확산되는 홍역에 비유한 것을 보면 그가 생각한 개화가 불분명함을 보여주고 있다. 다구치 우키치(田口卯吉)와 후쿠자와는 일본이 유럽 지식을 수용한다는 것은 유럽과 동등한 위치에 서자는 것이다. 福澤諭吉,「脫亞論」,『福澤諭吉全集』第10卷, (東京 : 岩波書店, 1960), 238-240쪽.

역사학으로 탈바꿈 된 랑케의 실증주의 사학은 철저하게 근본적으로 보편적 세계사의 관점에 토대를 두었다. 그러므로 해방 후 한국 사학자들이 일제의 역사가들로부터 배운 근대 역사학은 랑케식이 아닌 '일제식 실증주의 사학'이 아닐까? 실증주의 사학을 주장하면서 민족주의 사학을 배척하고 있는 한국 역사학자들의 태도는 이율배반이며 모순이다. 이러한 이중성은 일제 식민주의 사학자들의 전형이다.

그러나 민족주의 역사가 신채호는 이기백과 마찬가지로 역사의 주체를 민족으로 설정했지만 역사를 다른 민족과의 투쟁으로 보고 국사 개념을 정립한 점이 다르다.[983] 일제의 식민지로 전락한 조선은 더 이상 우리 민족의 자주적인 독립국가라기보다 단지 반도(半島)라는 일본의 일부에 불과했다. 일제는 국사란 자국의 역사 속에 조선까지 포함시켰지만 반면, 신채호는 일본민족이 아닌 우리 민족의 역사로써 국사의 개념을 처음 도입했다. 그는 소위 '조선사'라는 이름으로 왕조나 양반 등 지배계층을 중심에서 벗어나 민족 전체를 포괄하여 민족의 역사를 서술했다.[984]

이와 달리 이기백은 역사에서 민족을 강조하면서도 민족의 중심에서

---

[983] 김기봉, 「한국 근대 역사의 형성-국사의 탄생과 신채호의 민족사학」, 『한국사학사학보』, 12집 (2005). 217-246쪽. 그러나 최근 연구에서 신일철은 신채호의 민족의 역사를 생존을 위한 투쟁의 역사로서 이해한 데는 당시 중국을 통해 들어온 사회진화론의 영향이 받았을 것으로 보인다고 주장한다. 신일철은 우리나라 민족주의사관의 아버지 단재의 신채호의 역사관에 대한 역사철학적 연구와 한말 역사교과서에 대한 애국 계몽적 비판의식을 통해 단재가 구성한 국사상의 원점을 해명하고, 다시 정말 애국자치사상을 매개로 서구의 진화론을 수용하여 천하주의사관을 극복하고 근대적 민족주의사관인 자강사관을 구성한 과정을 분석한 다음. 1920년대 이후 중국무정부주의의 영향을 받아 무정부주의적 민족주의로 자기 수정된 역사사상의 전개과정을 추구하고 있다. 申一澈, 『申采浩의 歷史 思想 硏究』(고려대학교 출판부, 1981), 또 이런 신채호의 역사상에 대한 연구는 李光麟, 「구한말 진화론의 수용과 그 영향」, 『世林韓國學論叢』(1977)를 참조할 것.

[984] 여기에서 신채호는 우리 민족을 아(我) 그리고 타민족(非我)로 설정하여 역사를 우리 민족과 타민족간의 투쟁으로 정의하여 우리 민족의 국사 개념을 정립했다. 김기봉, 「한국 근대 역사 개념의 형성-국사의 탄생과 신채호의 민족사학」, 217-246쪽.

탈피하여 세계 속에 한국의 역사를 재구성하려 했다. 이 또한 보편적 역사관이다. 민족사관이란 용어조차 거부감을 보였던 그는 오히려 민족의 역사 속에 식민사관 조차 포함될 가능성까지 주장했다.[985] 역사를 민족의 투쟁사로 인식했던 신채호가 을지문덕, 최영, 이순신 등 역사의 영웅들을 찬미한 전기를 저술하여 이들의 영웅담을 찬양한 사실도 한국 실증주의 사학자들에게 비판의 대상이었다. 이런 일은 이들이 신채호가 강조한 민족의 투쟁을 사상의 투쟁으로 해석한 결과에서 비롯된 것이다. 민족중심으로 역사를 서술하면 역사가 왜곡될 수 있다고 생각한 한국 실증주의 사학자들의 논리는 그야말로 주관적 사관이며 모순에 찬 이율배반적이다. 민족과 역사를 결합하여 역사적 영웅을 부각시킨 경우는 흔히 과거 군사독재정권의 국정교과서에서 많이 나타났다. 일제 식민통치 시기에서나 혹은 해방 이후 많은 한국 실증주의 사학자들이 독재정권에서 민족과 정치가 결탁된 역사서술에 참여하지 않았던가?

랑케의 실증주의 사학이 탄생된 배경에는 민족의식이 있었다. 유난히 독일의 역사서술에 게르만 민족의 영웅담이나 혹은 영웅의 동상설립 등의 내용이 많이 들어 있는 이유는 독일민족이 열강의 침략과 지배를 당한 경험이 많았기 때문이다.[986] 민족이 위기에 처한 쓰라린 역사적 경험이

---

985 이기백은 "식민주의 사관에 대한 논의가 학계뿐 아니라 온 사회를 시끄럽게 하였고 이런 논쟁은 언제 어떠한 형태로 다시 표면화될지 모르는 지경에 있다"고 지적하고 "이러한 주장은 감상적이고 낭만적인 민족주의의 옳지 못한 표현이라 믿어 진다"며 "일본에서의 그러한 민족주의가 바로 한국에 대한 식민사관으로 나타났다"고 주장한다. 이기백, 윗 책. 128쪽.

986 예컨대 프로이센은 보불전쟁에서 승리한 이후 이를 해방전쟁의 귀결로 해석하고 조형의 역사 정치로서 전국적인 민족 기념물을 조성했다. 1875년 헤르만 기념물 (Hermannsdenkmal)이 그 출발점이었다. 최호근, 「역사적 신념의 공동체 창출?-독일제국기 국가권력과 역사정치-」, 『서양사론』, 124호 (2015), 38-47쪽. 특히 독일에서 민족통일, 민족교회, 민족감정(Nationalsinn), 민족국장, 민족사랑 등 광범위하게 사용된 시기는 19세기 초반으로 소급된다. 이처럼 민족에 대한 열광에 따른 민족 기념물 건립활동은 전국적이고 범사회적이었다. Barbara Hanke, *Geschichtskultur an*

많았던 민족들은 역사를 서술할 때 민족의 영웅들의 활략을 중시하기 마련이다. 신채호는 일제의 지배를 받고 있던 조선을 보면서 민족과 국가를 역사에 결부시켜서 이를 역사서술의 핵심요소로 삼았다.[987]

신채호의 민족주의 역사관에 따르면 민족이 흥하고 망하는 것은 민족정신에 달려 있다. 여기에서 신채호가 강조한 민족정신이 곧 우리나라 고유사상인 낭가사상(郎家思想)이다. 신채호는 이 고유사상이 민족의 생존을 결정해 준다고 생각했다. 이러한 역사사상은 랑케에게서 똑같이 발견된다. 랑케는 민족과 국가를 역사의 중심으로 파악하고, 각 민족과 국가는 개별적인 생(生)을 갖고 있으며 그 생존은 곧 민족정신에 의해 결정된다고 말한다. 그러나 신채호가 랑케의 실증주의 사학의 연장선에서 피력한 민족주의 역사관은 오히려 실증적이라기보다 지극히 관념적이고 정신주의적이라고 비판을 받는다.

한국 대표적인 실증주의 사학자 이기백의 지적에 따르면 신채호의 민족사관은 1923년에 집필된「조선혁명선언」에 나타난 무정부주의 사상에 근거하고 있고 역사의 주체를 민족에서 민중으로 바뀌었다는 것이다. 이는 이기백이 신채호의 역사관을 민족 고유사상의 토대로 보던 민족주의 사관과 다른, 이른 바 아나키즘의 사상에 입각한 이념의 역사로 인식한 것으로 보인다. 따라서 이기백은 신채호의「선언문」에 적시된 "인류로서 인류를

---

höheren Schulen von der Wilhelminischen Ära bis zum Zweiten Weltkrieg: Das Beispiel Westfalen (Berlin ; LIT; Auflage: 2011), 42-43쪽.

987 이 같은 신채호의 민족중심의 역사관은「독사신론(讀史新論)」에 잘 표현되어 있다. 이 글은 근대 민족주의 사학의 초석을 다진 역사서로서 처음으로 왕조가 아니라 민족 중심으로 민족주의 사관에 입각하여 서술한 한국고대사에 관한 내용으로 서술되어 있다. 이 글은 1908년 8월 27일부터 그해 12월 13일까지『대한매일신보』에 연재되었다가 최남선이 창간한 잡지『소년』1910년 8월호에「국사사론(國史私論)」으로 전체가 게재되었다. 이에 대한 평가는 신용하,『단재 신채호와 민족사관』(형설출판사, 1980), 이선영,『단재 신채호의 사상과 문학』(민음사, 1995), 공임순,『신채호의 눈에 비친 민족의 영웅』(푸른역사, 2005)을 참조.

압박치 못하는 평등에 입각한 국제간의 협력과 조화를 바탕으로 민족 간 상부상조 관계를 강조한 역사는 우리 민족과 다른 민족의 투쟁으로 본 그의 민족주의 역사관과 전혀 다른 것"이라고 비판한다.[988] 간단히 말해 신채호의 민족주의 사학은 민족의 고유사상에 기초를 두었으나 선언문에는 민족 대신 민중으로 바뀌었고 역사를 민족과 민족들 사이의 투쟁으로 봤던 것을 상호 협력관계로 파악한 것으로 바뀌었다는 것이다. 그러나 신채호가 이 글에서 "고유적 조선(固有的 朝鮮)의, 자유적 조선민중(自由的 朝鮮民衆), 민중적 경제(民衆的 經濟), 민중적 사회(民衆的 社會), 민중적 문화(民衆的 文化)의 조선을 건설하기 위하여" 등을 용어를 사용한 것은 역사의 주체를 민족에서 민중으로 바뀌었다기보다 민족 가운데 계급으로서 민중, 즉 민족의 주체를 민중으로 본 마르크스 사상을 반영한 것일 뿐, 역사의 주체로서 민족주의 사상이 바뀐 것이 아니었다.[989]

신채호가 민족들의 평등 혹은 민중이란 용어를 사용한 것은 일제의 식민통치를 받고 있던 조선 민족이 세계 여러 민족과 평등하다는 점을 강조하고 조선을 일제식민 통치로부터 해방될 수 있도록 국제사회의 협력을 요청한 것으로 해석된다. 그렇지만 이기백은 신채호가 독립운동의 수단으로 무정부주의, 즉 아나키즘 사상을 이용했다는 것에 대해 수긍하지 않았다. 즉 조선독립을 위한 수단으로 역사에 사상까지 적용될 수가 없다는 것이다. 결국 이기백의 해석에 따르면 신채호는 1920년대에 들어서 관념적인 민족주의를 극복하려고 했으며, 이 시기 이후 발표된 그의 저술들은 그 이전에 민족주의에 입각한 연구의 성과물일 뿐, 전혀 새로운 역사관이

---

988  이기백, 『한국사상의 재구성』. 148-149쪽. 신채호의「조선혁명선언」은 단재 신채호선생기념사업회,『단재 신채호 전집』,개정판 하권 (형설출판사. 1995)을 볼 것.
989  예컨대 김기봉은 "신채호는 역사를 왕조의 역사가 아니라 민족 전체를 주어로 하는 통사로서 조선사를 정립한 한국 근대 역사학의 아버지"라고 평가하고 있다. 김기봉, 「민족과 진리는 하나일 수 있는가?-이기백의 실증사학-」. 293쪽.

아니라는 것이다.[990] 궁극적으로 한국 실증주의 역사가들은 민족주의 역사관을 낡은 역사사상으로 인식했다.

대개 한국 실증주의 사학자들은 역사의 주체를 오직 민족에만 국한하지 말고 보편적인 세계사 관점에서 한국사를 재구성해야 한다고 주장해오고 있다. 민족사관이 식민사관과 대립적으로 사용되고 있는 만큼 민족사관이란 용어는 역사에서 옳지 않다는 이유에서이다. 이처럼 민족사관이 식민사관과 대립적이기 때문에 역사 용어로 적합하지 않다는 한국 실증주의 사학자들의 주장은 대체 무엇을 의미할까? 그 답을 한국 랑케로 평가받았던 이기백의 역사관에서 찾아보도록 하자. 대개 한국 실증주의 사학자들은 역사를 민족의 중심에서 탈피해 세계 속의 민족을 지향해야 한다고 강조하고 있는데 이러한 역사관은 이기백의 저서 『민족과 역사』의 머리말에 잘 표현되어 있다.

"이 책의 중심 주제는 우리 민족의 문제이다. 처음부터 마지막까지 이 책을 일관하는 주제는 한국민족 그것이다. 그러나 나는 한국민족을 하나의 고립된 존재로서보다는 인류 속의 한 민족으로서 생각하려고 한다. 그것은 세계의 여러 민족들과의 상호 교섭 속에서 한국민족을 본다는 뜻이 아니라 그 보다는 세계 여로 민족 중의 하나로서 한국민족이 마땅히 누려야 할 시민권을 찾아야 한다는 뜻이다. 이런 견지에서 나의 관심은 한국민족이 세계의 다른 민족들과 마찬가지로 지니고 있는 보편성에 쏠이어 있다. 말하자면 민족이 지니고 있는 특수성을 보편성

---

990 이기백은 신채호의 사상적 발전을 되도록 논의에서 제외하는 점에 대해 첫째 그의 애국자로서 순수성을 아끼려는 입장 그리고 둘째로 자신의 낡은 민족주의적 입장을 신채호의 권위를 빌어서 옹호하려는 입장, 셋째로 자신의 사회적 관심을 옹호하기 위하여 신채호의 민족주의를 빌리려는 입장 등으로 지적했다. 이기백, 윗 책, 151쪽, 각주, 20.

위에서 이해하려고 노력하였다. 이렇게 민족이 지니고 있는 특수성과 보편성의 올바른 이론적 이해에 접근해보려고 노력한 까닭은 그 점이 지금까지 우리가 민족에 대하여 가지고 있던 인식의 결점이라고 믿기 때문이다. 그리고 이것은 침략주의자들이 우리에게 남겨준 찌꺼기를 청산하는 뜻도 되는 것이다."[991]

이기백은 이 책의 주제를 역사적 존재로서 한국민족을 설정하고 전적으로 민족주의 사학을 배척하면서 세계 역사의 보편성을 통해 민족 역사의 개별성과 특수성을 이해하려고 했다. 여기에서 볼 수 있듯이 한국 실증주의 사학과 랑케의 실증주의 사학의 사이에는 큰 차이가 존재하고 있다.[992] 그렇다면 한국 실증주의 사학이 객관적인 역사 서술을 실현할 수 있는 유일한 대안일까?

신채호 등 한국 민족주의 사학과 실증주의 사학은 다 같이 역사의 주체를 민족으로 삼고 있다. 이 둘의 차이를 설명하자면 민족주의 사학은 민족의 개별성을 통한 보편적 세계를 이해하려는 것과 달리 한국 실증주의 사학은 보편적 세계사를 통해 민족의 개별성을 파악하려는 것이다. 즉 이기백의 주장은 민족의 역사를 역사의 민족으로 재구성하여 보편성을 통해 특수성과 개별성을 추구해야 역사의 객관성을 유지할 수가 있다는 것이다.[993] 한쪽에서는 개별성인 민족의 역사를 알아야 보편성인 세계의 역사를 이해할 수 있다고 주장한 반면 다른 한 쪽에서는 보편성인 세계의

---

991 이기백, 『民族과 歷史』, V-VI.
992 랑케는 민족의 개체성과 특수성을 통해 세계 보편성으로 이를 수 있다는 역사학의 방법론은 그 자체의 완결성과 효력을 가질 수 있다고 말한다. Ranke, "Über die Idee der Universalhistory" in Herausgeben von Ludwig Dehio und Walther Kienast, *Historische Zeitschrift* Band 178, (München: Oldenbourg, 1954), 294쪽.
993 이기백, 『한국사학의 방향』, 131쪽.

역사를 알아야 개별성인 민족의 역사를 이해할 수 있다는 논리를 펴고 있다. 이처럼 한국 실증주의 역사가들은 논리상 많은 랑케의 실증주의 사학과 다른 특징을 보여주고 있다. 역사에서 세계사적 보편성은 제국주의 역사관이며 식민사관이 추구하는 목표와 가치이다.

그렇기 때문에 제국주의와 식민주의의 역사논리는 세계사적 보편성에 근거를 두고 각 민족의 개별성이 아니라 세계사적 보편성을 역사연구의 최우선으로 삼았다.[994] 메이지 초기 일본 역사가들은 일본도 유럽과 마찬가지로 세계사의 보편적 질서에 편입하기 위한 방편으로 유럽의 세계사를 열심히 수용해 나갔다. 이렇게 함으로써 이들은 일본을 포함 모든 사회를 지배하는 보편적 법칙이 존재한다는 것을 믿었고 이러한 보편주의적 틀 속에 일본의 역사를 재구성했다.[995]

마찬가지로 한국 실증주의 사학도 민족을 역사의 주체로 삼은 한국사의 서술에서 벗어나야 한국사의 체계를 과학적으로 정립할 수 있다고 인식하고 있다. 다시 말해 한국 실증주의 사학의 시각은 과학적 역사 서술의 전제조건이 민족의 역사에서 벗어나는 것이다. 특히 한국 실증주의 사학은 민족주의 사학이 민족의 개별성을 특수성 내지 고유성으로 이해하여 세계사적 보편성을 도외시 한 것도 문제라고 비판한다.[996]

그러나 한국 실증주의 사학은 세계사적 보편성이란 용어가 오히려 각 민족문화와 역사의 우열을 판별하는 개념으로 사용되고 있다는 사실을 간과하고

---

[994] 특히 이러한 제국주의와 식민주의 관점에 대해서는 Partha Chatterjee, *The Nation and its Fragments: Colonial and Postcolonial Histories.* (Princeton : Princeton University Press. 1993) ; idem, *Empire and Nation: Selected Essays 1985-2005* (New York : Columbia University Press. 2010)를 참조하라.

[995] 대표적인 역사가는 후쿠자와 유키치(福澤諭吉)와 다구치 우키치(田口卯吉)이다. 桑原武夫編, 『日本の名著』(東京 : 中公新書, 1962), 12-13쪽.

[996] 이기백, 『한국사학의 방향』, 133쪽.

있다. 이렇듯 민족주의 사학과 한국 실증주의 사학은 서로 다른 관점에 놓여 있다. 민족을 역사의 주체로 한 랑케의 실증주의 역사가 민족우월주의를 초래할 가능성이 있다는 것은 오류이다. 물론 이러한 위험 요소는 독일의 나치즘이나 일본의 군국주의가 역사를 자국의 패권정치의 이념의 도구로 사용했을 때처럼 역사가들이 정치적 이념과 권력에 따라 역사를 이용할 경우에 나타날 수 있다. 그래서 랑케는 역사에 정치적 이념이 개입되는 것을 거부했다. 무색무취의 역사를 추구한 랑케의 실증주의 사학은 어디까지 객관성과 사실적인 역사를 추구한 것이지 민족의 우월성을 추구하기 위해 역사를 이용하지 않았다. 이러한 입장에서 랑케는 민족의 개별성과 특수성을 이해해야 보편적 세계사를 파악할 수 있다고 말한 것이다.

그럼에도 불구하고 한국 실증주의 사학은 세계사적 관점으로 한국사의 발전과정을 규명할 수 있는 역사론을 탐구하며 보편성과 특수성의 시각에서 "역사연구는 개별성을 추구하는 것"이라고 정의한다.[997] 민족이라는 특수성에 기초하여 서술된 한국사는 보편적 진실에 이르지 못하지만 인류의 보편적 가치의 원리에 따라 재구성된 한국사는 보편적 개체성을 구현할 수 있다는 것이다. 역사에서 보편성의 관점과 개별성의 관점은 서로 대립된 개념이다. 즉 보편성은 제국주의적이며 개별성은 민족주의적이기 때문이다.

근대 역사학이 랑케의 개별성에 입각하고 있다는 점을 상기하자. 한국 실증주의 사학은 보편성과 개별성에 대해서 항상 애매모호하고 부정확하며 모순에 찬 모습을 보이고 있다. 이런 현상은 아마도 한국 실증주의 사학이 '일제식 실증주의 사학'을 답습한 결과로 보인다. 그래서 인지 한국 실증주의 사학은 이중의 딜레마에 빠져 있다. 하나는 한국 실증주의 사학이 일제의 식민주의 사학에서 기원했다는 자아 비판과 둘째는 자유와 평등이라는

---

[997] 이기백, 윗 책, 131쪽.

인류의 보편적 가치에 따른 한국 실증주의 사학의 재구성이다. 이런 한국 실증주의 역사관은 뉴라이트 진영의 교과서 포럼에서 잘 나타나고 있다. 뉴라이트 교과서는 실증주의에 입각하여 자유민주주의와 시장경제의 보편적 가치를 원칙으로 삼아 한국사의 발전 과정을 서술했다는 점이다.[998]

이념이나 혹은 민족정신이 없는 역사서술은 세계를 지배할 힘을 지닌 강국의 역사관의 관점을 전제로 한다. 그래야 힘을 가진 자들에게만 역사적 정당성을 가질 수 있기 때문이다.[999] 역사에서 보편성은 언제나 강국의 논리였다. 그러므로 민족의 역사를 보편적 세계사의 일부로 포함시킨 것은 민족주의 사상의 개념을 뛰어 넘은 또 하나의 역사사상이다.

제2차 세계대전 이후 세계사는 동서 냉전체제로 재편되었다. 세계를 지배한 공산주의와 자본주의란 두 개의 보편적인 세계관은 두 체제의 주축인 미국과 소련의 세계사적 이념이었다. 자본주의 사관이나 공산주의 사관은 모두 보편적 세계관으로서 역사의 일반성을 추구한다. 예컨대 제국에는 곧 여러 민족과 다양한 언어, 종교 등 서로 이질적인 문화가 뒤섞여 있다. 이러한 제국의 다양성을 하나로 통합하기 위해서는 개별성과 특수성을 무시되고 오직 보편성만 강조된다. 그래서 보편적 역사는 개별적 역사로 나아가지 못하고 오히려 역사의 개별성을 보편성에 맞추기 위해 왜곡되고 변형되기 마련이다. 일제가 랑케의 실증주의 사학을 수용하면서도 이를 본래대로 역사연구과 서술에 적용하지 않고 제국의 정치적 논리에 맞춰 변형시킨 것도 바로 제국주의란 지배경향에 의한 것이다.[1000] 이러한 일제의 실증주의

---

998 김기봉, 「민족과 진리는 하나일 수 있는가?-이기백의 실증사학-」, 312-314쪽.

999 Helmut Berding, "Leopold von Ranke" in Hans Ulich Wehler, *Deutsche Historiker* Band 1(Göttingen : Vandenhoeck & Ruprecht, 1982), 5쪽.

1000 랑케 실증주의 사학을 그대로 수용한 일제 역사가 시게노 야스쓰구(重野安繹)는 1889년 11월 1일 사학회 초대 회장으로서 학회 창립대회에서 '사학에 종사하는 자는 마음이 지공지평(至公至平)해야 한다'라는 제목으로 강연을 했다.『史學會雜誌』, 1號 (1889). 그의 이 강연은 일본의 역사계가 미토(水戶) 번주 도쿠가와 미쓰쿠니(德川光圀)의 명에 따라 편찬된『大日本史』를 비판하기 위한 것이었다. 이 역사서의 편찬은 진무(神武)부터

역사관이 한국 실증주의 역사관에서도 다시 재현되고 있지 않은지 생각해 볼 일이다.

## 2) 한국사 발전을 위한 새로운 역사학

19세기 중순경에 시작된 근대 역사학의 전문화는 연구초점과 방향에서 큰

> 고코마스(後小松)까지 천황 100대를 기전체로 편찬 방침을 세우고 사국 창고관(彰考館)을 두어 사업을 추진한 것으로 유교론적 명분론을 바탕으로 한 역사관을 보여주고 있다. 그러나 유신시대 국사편집의 책임을 맡은 수사국 책임자가 도쿄제국대학 사학과 교수인 스게노 야스쓰구 등 한학계 고증사학자들로 교체되자 이들은 수사국이 국사편찬에서 미토의 『대일본사』를 정사로 규정하고 그를 잇는다는 원래의 수사국의 인식을 뒤바꾸었다. 역사가로서 랑케가 프로이센 국가 역사를 펴낸 이력과 비슷한 시게노 야스쓰구는 역사를 관학 중심으로, 즉, 국가의 중심으로 서술하려는 일본제국의 의도에 맞추기 위해 국가와 정치를 역사와 통합하려고 했다. 말하자면 시게노는 '역사가의 마음' '지고지평'의 논리는 랑케의 실증주의 사학이 '그대로의 역사'를 의미했다. 그는 랑케의 실증주의 사학이 국가 주도의 역사서술에 적합하다고 생각하여 랑케의 역사사상을 받아드린 것이다. 역시 도쿄제국대학 사학과 교수인 구메 구니타케(久米邦武)는 1891년 10월부터 12월까지 『史學會雜誌』 23-25호에 「신토는 제천의 풍속 神道는 祭天의 古 俗」이라는 논문을 발표했는데 그는 이 논문을 통해 신토(神道)를 국제와 결부시켜 유교와 불교와 대치시켜 배타적이고 독선적인 역사상을 주장하는 신토-국학계를 비판했다. 이 논문에서 구메의 역사관은 인류사적, 보편성과 진보에 대한 확신을 보여주고 있다. 그럼에도 불구하고 한편으로 그는 '가미(神)는 사람이다'는 관점에서 신화를 사실(史實)에 견줘 파악하고 동시에 조선과 중국을 포함한 동아시아 세계와 연동하는 역사의 일환으로 해석하고자 했다. 이러한 랑케의 실증주의 사학의 공격을 받은 신토-국학파(神道-國學派)의 반격을 받았다. 이 학파는 국민 교화를 목적으로 권력의 후원을 받아 1889년 창간된 『國光』을 활동무대로 삼았다. 이 잡지 1892년 2월 25일 3권 9호에 실린 「국가의 대사를 폭로하는 자의 불의를 논한다」는 익명의 논문은 "비록 사실일지라도 혹여 군국에 해가 되고 이득이 없는 것은 연구하지 않은 것이 학자의 본분이다. 하물며 허구를 발설한 자는 두말할 나위가 없다"며 구메를 비판했다. 즉 국가에 해로운 것은 언급도 연구도 하지 말라는 이 역사관은 일제의 역사계의 흐름을 잘 보여주고 있다. 그리하여 국학자 고나카무라 기요노리(小中村淸矩) 중심의 신토-국학파들의 주도로 인하여 구메 등 실증사학자들이 주도한 도쿄제국대학의 국사편찬사업이 정지되었으며 사지편찬계(史誌編纂掛)도 폐지되고 말았다. 이는 정치권력에 밀착한 신토파의 승리였다. 이 사건은 곧 아카데미즘의 실증주의 사학이 천황제 정부로부터 타격을 받은 것으로 문명사학파와 손을 잡고 점차 개관성과 사실을 주장하던 지난날의 입장을 누그러뜨려 갔다. 나가하라 게이지, 『20세기 일본의 역사학』, 46-57쪽.

변화를 겪으면서 역사연구의 목적과 방법에 대해 격렬한 논쟁을 야기했다. 먼저 역사가는 과학적 역사학의 개념을 수용하여 사료의 증거를 검토하고 역사적 사실을 탐구하면서 연구의 객관성을 발전시켜 나갔다. 이리하여 역사가의 헌신적인 탐구와 엄격한 연구방식 뿐만 아니라 예리한 통찰력, 확실한 역사적 사실성의 접근방식 그리고 다른 시각으로 연구 주제를 바라보는 것도 중시되었다. 더 나아가 최근 역사학은 포괄적이고 과학적인 연구방법을 모색해 나가면서 사회과학 뿐 아니라 자연과학 등을 적용하여 역사연구의 영역을 확대시켜감으로써 역사에 대한 이해를 더욱 심화시켜 가고 있다.

특히 문화인류학, 문학비평, 언어분석 등 역사연구의 방법론은 여러 학문분야까지 학대되어 가고 있을 정도로 역사연구가 더욱 치밀하고 정확한 방법론에 의하여 진행되고 있다. 이러한 현대 역사의 전문화는 학문적 고립과 파편화를 촉진하고 하기도 한다. 그래서 역사연구에서 이러한 특수한 연구방법의 확대로 인해 일반적인 역사 이해의 다양성이 파괴되고 있다는 지적도 높다. 대신 역사의 다의적인 해석은 인간 경험의 차이성을 보여 주고 있는데, 그 가운데 자연과학의 발전과 산업화 과정, 대중문화 출현 등이 역사학에 많은 영향을 끼쳤다.[1001]

자연과학이 모든 지식의 모델이라는 인식이 확산되었고 역사가들에게 심오한 인식론적 문제를 제기했다. 이에 따라 역사의 관점들은 현대 사회의 산업화에 의해 촉진된 경제 발전과 새로운 사회질서 형성에 대해 과학적 합리성을 적용하여 이를 분석하고 이해하는 것에 초점을 두게 되었다. 그런 반면 산업혁명에 의한 가치관의 혼란은 문화의 개별성과 역사의

---

[1001] 이에 대해 Ernst Breisach는 1870년 이후에 형성된 주요 역사사상이 흐름을 살피면서 이러한 역사연구의 변화를 논하고 있다. Ernst Breisach, *Historiography : Ancient, Medieval and Modern*, 2nd ed. (Chicago : University of Chicago Press, 1994)를 참조할 것.

연속성에 대한 전통적인 인식의 패러다임을 무너뜨렸다.[1002] 사회적, 혹은 경제적 조건으로 형성된 문화는 마르크스 관점에서 볼 때 착취계급들이 쉽게 노동자들을 억압하기 위한 가장 근본적인 수단이었다. 상부구조로서 문화는 전적으로 경제 구조에 근거하고 있다.[1003] 이러한 시대의 변화에 따라 역사가들은 도시에서의 뿌리가 뽑힌 계급들(Uprooting Class)의 집중화, 그리고 정치적 불안정 등, 주로 하층민들에 대해 학문적 관심을 둠으로써 사회계급의 형성과 노동운동 그리고 각종 사회문제 등을 역사의 주요 테마로 삼았다. 근대에 이르러 유럽의 제국주의적 식민정책은 보편적인 세계사에 대한 유럽의 사고의 정당성을 확고하게 만들어 주었다. 그러나 2차 세계대전 이후 유럽의 헤게모니는 붕괴되면서 이러한 유럽 중심의 사고는 수정되지 않을 수 없게 되었다. 말하자면 과거의 획일적인 역사서술의 보편성이 배척되고 다양한 해석들이 역사가들로부터 쏟아져 나왔다.

19세기 말경, 소위 과학의 발전으로 역사가들은 과거의 사실성을 논증할 수 있는 능력을 더욱 많이 갖추게 됨에 따라 보다 확실한 역사적 사실을 규명하고 예측할 수 있게 되었다. 역사와 철학, 문학 등 인문학을 연구하는 학자들은 과학을 더 이상 경쟁의 대상으로 인식하지 않게 되었지만 이는 오히려 많은 개념적인 논란과 혼란을 야기했다. 프랑스 대혁명의 이념이 당시 유럽의 지배했던 19세기 초에 랑케의 실증주의 사학은 프로이센의 정치적 상황과 맞물려 민족과 국가 중심의 역사사상을 확립했다. 그러나 19세기 말에 이르면 유럽의 사회, 정치적 상황과 사회적 상황들이 크게 변화되었고 20

---

[1002] 역사가들은 각기 다른 관점에서 사회 과학적 개념들을 역사학에 도입하여 역사 과정을 이해하려는 방법은 부르크하르트와 니체의 비판을 받았다. 이에 대해 Jacob Burckhardt, Introduction by Gottfried Dietze , *Reflection on History* (Indianapolis : Liberty Fund, 1979)와 Allan Megill, *Prophets of Extremity : Nietzsche, Heidegger, Faucault, Derrida* (Berkely : University of California Press, 1987)를 볼 것.
[1003] 안토니오 그람시(Antonio Gramsci)는 문화란 헤게모니를 지지해 주는 가장 효과적인 도구라고 말한다. Ernst Breisach, *Historiography*, 425쪽.

세기에 들어서 유럽 각국 뿐 아니라 독일에서조차 랑케의 실증주의 사학의 비판과 더불어 시대적 변화에 맞춰진 새로운 역사학이 요구되었다.[1004]

특히 산업사회에서 문화와 역사의 보편성과 일반성은 더 이상 역사가 추구할 대상이 아니었다. 이후 세계 대전이후 유럽의 헤게모니가 붕괴되자 유럽 중심의 보편적 세계사는 무의미하게 되고 말았고 이를 대신하여 역사의 일반성이란 과제가 생겨났다. 이에 따라 역사연구와 서술에 대한 획일적인 방식 대신 다양한 방식이 등장했다. 19세기 말경 과학이 고도로 발전함에 따라 역사가들은 역사의 사실성을 입증하는데 보다 용이하고 정확하게 되었으며 아울러 과거의 사실에 대한 분석도 매우 정확한 높은 수준의 능력을 갖추게 되었다. 그러나 역사가는 과학의 방법론을 수용하면서도 다른 한편에서는 일반성과 특수성에 대한 정의를 규정하는 것에서 많은 혼란이 야기되곤 했다.

과학은 자연세계에 대해서 예측할 수 있는 규칙성이 존재하지만 역사는 인간에 관한 것이어서 추측으로만 설명하거나 사실적인 것으로 단정을 지을 수도 없으며 더욱이 상상으로 추론을 할 수도 없다. 이런 철학적인 사고방식에 의한 역사연구는 과학에 위배되기 때문에 정확하다고 확신할 수가 없다. 단지 역사가는 역사적 사실들을 여러 과학적인 방법을 동원하여 가급적이면 사실에 더 가깝게 다가갈 뿐이다. 그러므로 한편에서는 역사의 과학화를 수용하고 발전시켜가고 있는 반면 다른 한편으로 과학의 모방은 역사의 본질에서 벗어난 것이라고 비판이 제기되고 있는 것이다. 보편적이고 포괄적인 법칙이 일반적이 된다면 역사는 과학의 원리와 다름없으며 논리적인 지식에 불과하게 된다. 이 문제가 역사학에서 첨예하게 논쟁이 되고 있지만 실증주의 역사가들은 역사에서 예측과 가정을 경계해야 한다고

---

1004 Georg G. Iggers, *Historiography in the Twentieth Century*, 5쪽.

강조한다.[1005] 과학적인 역사는 방법론 면에서 매우 정확하고 확실하기 때문에 증명되지 않은 이론이나 철학적인 가정 혹은 추측을 용인하지 않는다. 오직 분명한 증거들을 모아서 이것들 분석하고 선입감 없이 객관적으로 해석한다. 정밀성과 정확성, 그리고 객관성에 입각한 역사연구는 과학의 학문 즉 인문과학이다.[1006]

산업혁명 이후 역사가들은 인간사회의 변화가 경제문제에 달려 있다는 사실을 이해하게 되면서 추상적이고 철학적인 개념보다 물질상태를 더 중시하게 하게 되었다. 마르크스 유물론적 관점에 볼 때 경제적 투쟁이 인간의 삶을 전형화 시킨 것은 사실이다. 이러한 관점에서 마르크스 유물론적 역사관은 현대 역사학에서 중요한 위치를 차지하게 되었고 한국사의 연구에도 많은 영향을 끼쳤다.

유물론적 마르크스는 역사학은 주로 도시와 농촌의 하층민들과 자본주의 시대의 부르주아 계급들과의 사회적 갈등과 계급투쟁 그리고 사회문제 등에 관한 연구에 집중했으며 이로 인해 사회사의 발전을 가져왔다. 유물론적

---

[1005] 특히 새로운 과학 혹은 계량사학의 주창자인 로버트 포겔(Robert Fogel)과 전통적인 역사학자인 지오프리 엘튼(Geoffrey Elton)은 과거연구의 방법론의 유용성에 대해 논쟁하면서 여러 문제에 대해 의견이 맞지 않지만 결국 역사는 과학적이고 인간적인 사상을 가장 잘 결합할 수 있는 다양한 원리를 발전시켜야 한다는데 의견을 같이한다. 포겔은 사회과학 이론을 우선적으로 그리고 부차적으로 수량화를 사용함으로써 가장 잘 특징화된 것이 계량사학이라고 강조한다. 반면 엘튼은 역사연구 방법론으로서 엄격한 사료비판과 넓은 학식이 겸비된 전통적인 보편성의 가치로서 대응했다. 이들 두 역사가들은 역사를 인간화를 위한 논쟁을 더욱 확장시켜 갔으며 연산수 방법론의 대표적인 선구자이며 역사연구의 새로운 방법론을 일깨워 주면서 이에 대한 논쟁을 이끌어 가고 있다. 이들의 이같은 역사연구의 새로운 방법론에 대해서 Robert Fogel and Geoffrey Elton, *Which Road to the Past?: Two Views of History*, (New Heven, Yale University Press, 1984)를 볼 것.

[1006] 영국 역사가 베리(John Bagnall Bury)는 '역사의 과학'이란 강연에서 독일의 비평 학파의 과학적인 특징을 칭찬했다. 그는 독일의 실증주의 사학을 강조하면서 문학 장르로써 역사, 혹은 도덕적 교훈으로서 역사를 비난했다. Ernst Breisach, *Historiography*, 285쪽.

마르크스 역사학의 방법론이 역사에서 계급투쟁을 강조한 반면 19세기 역사가들은 인민(Peaple)을 각자 자신들의 국가의 역사 속에 포함된 집단으로 인식했다. 그리하여 민족의 역사에 기록되지 않은 노동자, 농부, 여성, 가족 등 동질적인 집단의 발전 등이 주요 역사의 연구주제가 되었다. 결국 세계를 지배한 유럽의 패권은 보편적 세계사의 개념을 바꾸어 놓았다. 그리하여 모든 역사가들은 자기 민족을 우월하다는 관점에서 유럽을 모든 인간의 역사적 발전의 모델로 삼고 다른 민족의 역사에 대해서 경시한 경우가 많았다. 이러한 유럽 중심적인 해석은 문명의 기준이 곧 유럽의 그 자체였다.

그리하여 19세기에 아시아, 아프리카, 중동, 남미 등 전 세계에 확산된 식민주의와 제국주의는 유럽인들로 하여금 야만지역에 문명을 전파할 신성한 사명을 부여했을 뿐 아니라 이들 유럽인들에게 인종 우월성의 상징으로 인식하게 해 주었다.[1007] 그리고 이 시기 말 유럽 역사가들은 역사의 진보에 관심을 두고 헌법이나 법, 규범, 관습 등 제도를 분석하면서 민족의 정체성과 기원의 문제를 탐구해 나갔다.[1008] 결과적으로 비유럽지역 민족들의

---

1007 식민주의와 제국주의는 사회적 다원론을 미개한 민족에 대한 유럽인들의 우월성을 정당화 시켜주는 개념으로 규정했다. Mark T. Gilderhus, *History and Historians*, 89쪽. 특히 미국에서 이러한 이념적인 역사관은 운명론의 여러 가지의 유형을 강조했는데 이러한 관점에서 세계사는 단순히 전 인류를 진보로 나아가게 하는 힘으로서 유럽 혹은 미국의 경험의 투영에 불과했다. 이러한 유럽의 모델에 기초한 사회 및 경제적 근대화 이론 및 이러한 주제를 담고 있는 연구서는 W. W. Rostow, *The Stages of Economic Growth : A Non-Commmunist Manifesto* (Cambridge : Cambridge University Press, 1991) 를 참조할 것.

1008 민족의 역사는 곧 애국심을 내포하고 있었다. 예를 들면 독일의 Heinrich von Sybel, 프랑스의 Fustel de Coulanges 등 역사가들을 들 수 있다. 이들은 자신들의 국가 형성의 일차적인 영향은 프랑크 왕국과 로마제국의 선조들로 파악했다. Heinrich von Sybel,, *Die deutsche Nation und das Kaiserreich* (CreateSpace Independent Publishing Platform, 2015), Numa Denis Fustel de Coulanges, *Histoire des institutions politiques de l'ancienne France* Volume 1-6, (Paris : Hachette, 2014) ; Idem, *Leçons à l'Impératrice sur les Origines de la Civilisation Française*, (Paris : Les éditions de l'infini, 2010)를 참조할 것.

역사를 이해하기 위해서는 새로운 관점과 연구 모델을 찾아야 할 필요성이 생기게 되었고 이로써 새로 등장한 보편적인 세계사 개념은 이러한 목적을 추구하기 위한 것이다. 이러한 민족 중심의 역사학은 민족을 역사의 주체로 삼고 보다 확실하고 실증적인 과학의 방식을 요구하게 되었으며 그리하여 최근 역사학에서 다양한 방법론들이 역사연구에 활용되게 이르렀다.[1009] 이러한 역사학 방법론들은 많은 논란을 일으키고 있을지라도 유럽과 미국 등 서구 역사학계에서 여전히 현대 역사학의 주된 흐름을 차지하고 있다. 물론 한국 역사학에서도 새로운 역사학의 방법론에 대해 많은 논의가 진행되고 있지만 아직도 전근대적이고 전통적인 역사 방법론에서 벗어나지 못하고 있다는 지적이 많다.[1010] 그럼에도 불구하고 최근 한국사 연구도 과거 전통적인 방법론에서 벗어나 최근 다양한 이론을 수용하여 많은 성과를 거두고 있다.[1011] 특히 2005년 한국사의 연구 방법론에 대해 다각적인 시도가 진행되었는데 대표적으로 비교사적 연구 방법론, 혹은 아날학파의 심성사적

---

[1009] 이러한 서구 역사학의 연구 방법론에 대한 개괄적인 설명은 Geore G. Iggers, *Historiography in the Twentieth Century*, Introduction 참조

[1010] 조광, 『한국사학사의 인식과 과제』.324쪽. 2005년도에 새로운 연구 방법론에 대한 한국사학계의 요구가 표출되기 시작했다. 한영우 외, 『21세기 한국학. 어떻게 할 것인가』, (푸른역사, 2005), 208쪽. 그러나 한국 사학계에서는 본격적인 역사이론이나 사관 그리고 그 연구방법론을 제시해준 본격적인 입문서가 없었으나 이후 사양사학계에서 새로운 서구의 역사학 방법론에 대한 논의는 다음의 저서에서 자세히 언급되어 있다. 안병직 외, 『오늘의 역사학』(한겨레 신문사. 1998) 또 한국사학의 비판과 전망을 제시한 것은 민현구, 『한국사학의 성과와 전망』(고대출판사: 2008)을 보라.

[1011] 서구의 탈근대적인 역사학이 국내 한국사자들에게 관심을 끌기 시작한 시기는 대개 1996년부터이다. 이 점에 대해서는 이태진,「한국사학의 모더니즘으로부터의 탈출」, 『한국시민강좌』20,(1997), 223-242쪽 ; 김호,「한국사의 새로운 모색과 포스트모더니즘」, 『한국시민강좌』21, (1997), 251-279쪽. ; 이훈상,「역사의 신화를 부수는 힘겨운 여정」, 『한국시민강좌』 26, (2000), 155-177쪽. 이러한 새로운 서양의 역사이론은 대개 국내 서양학자들에 의해서 국내에 소개되었다. 백승종,「미시사의 도전」, 한국사학회편, 『한국사 연구 방법의 새로운 모색』, (경인문화사. 2003),199-200쪽.

연구 방법론을 적용한 연구 성과를 꼽을 수 있다.[1012]

그러나 한국 역사학은 일제 식민 시기부터 민족주의 역사가들에 의해서, 해방 후에는 민족주의 사학자와 실증주의 사학자들 뿐 아니라 마르크스 사학자들까지도 민족과 국가를 역사연구의 주제로 삼고 실증주의 사학이라는 전통적인 방식을 지켜왔다.[1013] 이러한 경향은 일제 식민통치란 시대적 상황 속에서 만들어진 식민사관으로부터 자극을 받은 것에서 비롯된다.[1014] 한국 역사학의 과제는 항상 식민사관의 극복에 초점이 맞춰져 있지만 문제는 그 방법론으로 랑케의 실증주의 사학을 고수하고 있다는 점이다. 알다시피 랑케의 실증주의 사학 이론은 일제에 의해 수용되었기 때문에 한국 역사학의 연구결과가 식민사관의 논란에 휩싸이곤 했다. 이런 까닭은 한국 역사학계의 민족의 역사담론이 현대화 되지 못하고 과거 일본 역사학자들에게 배운 실증주의 사학에 집착성을 보이고 있기 때문이 아닌가 생각된다. 이로 인하여 한국 역사학계에서는 항상 역사의 개별성과 보편성의 개념이 상호 충돌하면서 연속적으로 역사관의 모순성만 드러내고 있다.

현대 사회에 이르러 특히 한국 역사학계의 특수한 상황 속에서 랑케의 실증주의 사학을 다시 검토하자는 이유는 다음과 같다. 첫째, 한국 역사학의

---

1012 비교사적 연구는 이종욱,『고구려의 역사』, (김영사, 2005). 이영,「무신정권 성립의 국제적 계기 : 비교사적 관점을 통한 고찰」,『논문집』40 (한국방송통신대학), 아날학파의 심성사를 적용한 연구 성과는 연세대학교 국학연구원에서 펴낸『동방학지』129집 (2005) 에「고려시대 한국인의 mentality 복원 연구: 동심원적 삶의 범주와 다양한 심성」란 주제로 특집으로 게재했다. 이혜옥,「고려시대 가(家)와 가의식(家意識)」, 1-48쪽 ; 윤흔표,「고려시대 관료, 군 조직에서 규율과 복종」, 49-96쪽 ; 김인호,「고려 관인사회의 잔치와 축제」, 97-137쪽 ; 강은경,「고려시대의 국가, 지역 차원 제의(祭儀)와 개인적 신앙」, 139-183쪽 ; 박경안,「고려 전기 다원적 국제간 관계와 국가, 문화 귀속감」, 185-231쪽 등이 있다.
1013 강만길은 아직도 우리에게 민족국가를 완성해야 할 책임이 있다고 말한다. 강만길,「광복 30년 국사학의 반성과 방향」,『역사학보』, 68 (1975), 98쪽.
1014 백승종,「미시사의 도전」, 203쪽.

전통이 바로 랑케의 실증주의이고 또 이 역사학이 여전히 한국 역사연구의 중심을 차지해 오고 있으며 둘째, 민족주의는 근대의 산물로써 민족국가 수립과 산업자본주의 등 여러 근대성과 결합되어 있기 때문이다.[1015] 그러므로 신채호를 비롯한 민족주의 사학은 한국에서 근대 역사학의 시작이라고 말할 수 있다. 민족주의가 근대의 현상이고 신채호가 민족주의 사학의 상징이라고 할 때 바로 여기에서 한국 역사의 근대성의 특징을 찾을 수 있을 것이다.[1016] 이런 점에서 한국 역사학이 식민사관으로부터 해방될 수 있는 첫걸음은 랑케의 실증주의 사학을 원래대로 우리 역사에 적용시키는 것이다.[1017] 이런 점을 의식해서인지 이기백은 한국 역사학의 현실에 대해 다음과 같이 지적하고 있다.

> "실증주의 사학을 대표하는 진단학회 계통의 학자들이 해방 후 대학의 교단에서 많이 차지한 관계로 해서, 그들의 지도를 받은 새로운 세대들의 학자들도 대개는 그 영향을 크게 받아왔다. 그러나 실증주의 사학에 대한 논문은 거의 없는 형편이며, 겨우 김용섭의 「우리나라 근대 역사학의 발달」 (2)-1930-40년대 실증주의 역사학-」 이 있을 뿐이다."[1018]

---

[1015] 1780년 이후 민족과 민족주의는 홉스봄이 근대 유럽 역사에 대해 광범위하게 다뤄 온 주제다. 이에 대해 Eric. J. Hobsbawm, *Nations and Nationalism since 1780: Programme, Myth, Reality*, 2 Edition, (Cambridge : Cambridge University Press, 2012)를 참조할 것.

[1016] 물론 신채호의 글에는 민족주의 뿐 아니라 사회적 다원주의, 마르크스주의, 무정부주의, 독일의 객관주의 철학까지 포함하고 있다. 이러한 사상의 혼돈이 식민통치 시기 한국 근대성의 특징을 보여 주고 있다는 것이다. 마이클. 알렌, 「한국은 언제부터 근대성을 띠었는가?-한국 역사학에서의 근대 초기의 문제-」, 한국사학회편, 윗 책, 234-235쪽.

[1017] 한국 역사학계에서 식민사관의 논란이 지속되고 있는 근본 이유는 랑케의 실증주의에 대한 정확한 이해가 부족한 원인으로 지적되고 있다. 박양식, 「서양 사학 이론에 비추어 본 실증사학」, 『숭실사학』제31집 (2013), 329-349쪽.

[1018] 특히 이기백은 김용섭의 실증주의 사학에 대한 연구는 이병도, 이홍식, 감상기, 이상백, 신혁호, 유홍렬, 이선근 등이 언급되어 있는데 실증사학에 대해 비판적이었고 개별적인

이처럼 한국 사학계를 실증주의 역사가들이 주도하면서도 실질적인 랑케의 실증주의 사학에 대한 연구가 부족한 것은 한국 사학자들이 자신의 역사관에 대해 그다지 중요하게 생각하지 않고 스승의 가르침대로 연구방식만 습득한 까닭이 아닐까. 예컨대 한국 역사학의 특징은 앞선 연구에 대한 미진한 점, 혹은 잘못된 결론을 지적하거나 또는 부족한 연구결과와 효율적인 못한 연구방식의 도입, 그리고 아직 손대지 못한 분야를 개척하고 이어서 자신의 독특한 연구 방식을 개발하여 연구하기보다 스승이나 선배들의 앞선 연구를 보충하거나 뒷받침해 주는데 초점을 두는 것을 관례로 이어오고 있다. 쉽게 말해 도제식 교육과 주입식 교육에 치우진 학문의 풍토가 빚어낸 결과이다. 이러한 학문경향은 앞선 연구자들의 잘못을 그대로 이어서 나아가기 때문에 연구 결과가 사실로부터 더욱 더 멀어지고 그 내용이 발전적인 것 같으나 더욱 모순되어 나아가게 된다. 이런 식의 역사연구가 계속 진행되어 간다면 처음부터 식민사관에 의해 잘못 끼워진 단추와 마찬가지로 우리 역사연구는 갈수록 사실로부터 더 멀어져 가기 마련이다.

이 같은 우리의 학문적 풍토 속에서 교육을 받고 자라온 한국 역사 학자들은 애초부터 잘못된 우리 역사연구를 바로잡기보다 그 잘못된 연구결과의 내용에 덧붙여서 보충적으로 설명한 연구 방식을 계속 이어왔던 경향이 많았다. 때문에 이를 정확하게 수정하고자 할 때 많은 한국 실증주의 역사가들은 그동안 자신들의 연구 성과가 모두 물거품이 되지 않을까 하는 위기의식을 떨쳐버리기 어려울 것이다. 그러나 참 역사가라면 자신의 학문적 아성을 지켜나가려는 고집을 버리고 올바른 역사를 지향하려는

---

문제에 집착하고 있는 한, 역사학이 취미로 전락할 위험성이 있다는 것을 지적하면서 이러한 학풍이 끼친 공헌을 인정하려 한 것에 대해 이기백의 「사회경제사학과 실증주의 사학의 문제」라고 했다는 것이다. 이기백, 『韓國史學의 方向』, 126-127쪽.

태도가 우선 되어야 할 것이다. 앞선 스승의 연구가 옳고 또 자기주장만을 고집한다면 역사 연구의 발전을 기대하기 어렵다. 왜냐하면 자신의 연구가 스승의 연구를 비판한 것이 아니라 보충하고 정당화 시켜 주기 때문이다. 오늘 한국역사가 여전히 식민사관의 그늘에서 벗어나지 못한 근본 이유는 무비판적인 도제식 연구의 결과가 아닐까?

오늘날 서구에서 시작된 포스트모던, 문화, 심성, 일상, 담론, 언어로 전환, 역사인류학, 미시역사학, 그리고 기억의 역사, 구술사 등 실로 다양한 방법론이 거론되고 있다. 이처럼 오늘 현대 역사학은 단순히 객관적인 문헌 비판을 토대로 한 실증적 역사만이 아니라 다양한 과학적 방법을 통해 역사를 연구하고 그 시대를 재구성해 나가고 있다. 이러한 역사의 방법론은 그 시대의 역사적 사실을 있는 그대로 구현하고자 하는 데 그 목적을 두고 있기 때문에 그 어떤 방법론에 입각한 연구도 허구적이고 가상적이며 일어나지도 않은 사건에 기초하여 역사를 설명하지 않는다.

여전히 21세기 역사학에서 실증적인 방법에 기초하여 또 다른 다양한 연구방법론이 더 추가적으로 적용되어 역사적 사실들을 보다 분명하게 밝혀가고 있다. 이렇게 현대 역사학의 방법론은 과학의 발달과 더불어 보다 다양하게, 그리고 광범위하게 영역을 확장하여 끊임없이 발전해 나가고 있다. 역사적 사실은 각기 나름대로 역사가의 사상에 의해 연구되고 설명될 수 있지만 그 해석은 어디까지나 사실에 근거해야 한다. 대개 서양사에서 과거를 있는 그대로 복원하고 또 그 역사적 사실에 대한 해석이 다양하게 제시되고 있다. 랑케의 실증주의 사학은 이미 여러 방면에서 비판을 받아 왔고 특히 역사학의 사실과 객관적인 역사 해석에 대해 많은 비판이 이뤄져 왔다.[1019] 그럼에도 불구하고 랑케의 실증주의 사학은 모든 역사의 기본이며

---

[1019] 이런 비판은 주로 랑케의 실증주의 사학은 주로 민족주의 혹은 국가와 관련되어 있는 관학 역사학이란 점이다. 이거스는 랑케 이후 역사가들의 관심은 민족과 민족의 정치적

여전히 유효한 방법론이다. 사실상 현대 다양한 역사이론은 실증주의 사학과 상반되는 방법론이 아니라 보충적인 관계이다. 실증주의가 지향하는 "있는 그대로"를 보다 확실하게 서술하기 위해서 역사의 다양한 방법이 요구되는 것은 당연한 이치이다.

랑케의 근대 역사학은 19세기 유럽에서 풍미했던 낭만주의와 나폴레옹의 침략으로 분열되어 있던 독일을 하나로 통합하려던 프로이센의 국가적 과업이 강력하게 요구되고 있었던 시기였다. 따라서 랑케의 실증주의 사학은 프랑스 혁명의 물결과 나폴레옹 시대 이후 반동시대의 산물인 셈이다. 랑케가 제시한 국가 개념은 의회제도가 수립되지 않았던 1848년 이전 프로이센의 정치적 현실에 기반을 둔 것이었다. 프로이센은 아직도 산업화가 이뤄지지 않아 사회계급 등 사회문제나 혹은 경제문제가 역사연구의 대상이 아니었다. 단지 정치 영역에서 문서에 집중할 수밖에 없는 역사학이었다. 이런 국가와 민족이란 틀에서 시작된 랑케의 실증주의 사학은 민족과 국사라는 국가 정책이 요구한 학문으로 자리를 잡게 된 것이다.[1020]

그러기 때문에 일본이 랑케의 역사학을 수용한 것도 민족과 국가라는 두 역사의 틀이 바로 일본 제국주의 정책과 부합했기 때문이다. 즉 랑케가 창안한 국사라는 개념은 국가의 정책과 맞물린 이념이었다. 일제의 국가적 에너지, 즉 민족정신은 국가 주도로 역사를 통해 만들어 졌다. 민족의 자부심과 문화의 우월성은 민족정신의 기초이다. 랑케의 실증주의 사학은

---

삶으로 제한되었다고 비판한다. Georg G. Iggers, *Historiography in the Twentieth Century*, 30쪽. 특히 김종준은 랑케의 실증주의 사학을 수용한 일본의 근대 역사학과 식민주의 사학 그리고 이선근의 민족주의 사학이 바로 랑케의 실증주의 사학의 단점을 그대로 보여 주고 있다고 비판한다. 김종준, 「이선근이 주창한 민족사학의 성격과 식민사학의 친여성」, 『식민사학과 민족사학의 관학아카데미즘』, 139-180쪽.

1020 랑케는 18세기 프로이센의 번영의 시기에 대하여 민족적인 감정을 잘 표현해 주고 있다. 랑케의 이 같은 민족감정은 S. Fischer-Fabian, *Preussens Gloria : Der Aufstieg eines Staates*, (Kölin : Anaconda, 2013), 35쪽 이후 볼 것.

이처럼 19세기 독일의 부흥기의 시대적 상황에 딱 들어맞은 역사학이었다. 결국 랑케의 실증주의 사학에 대한 비판은 자연스레 시대적 변화에 따라 제기될 수밖에 없었다.[1021] 특히 랑케가 말하는 세계사의 개념은 게르만과 라틴 민족의 역사에 국한된 것으로써 일제는 랑케의 세계사적 보편성의 개념을 일본을 중심으로 한 아시아로 옮겨 온 것에 불과하다.

프로이센이 프랑스나 영국 등 유럽 강국처럼 강력한 통합국가를 이룰 수 있는 국가적인 개혁이 절실하던 시기에 직면하여 독일 국민통합을 위해서 국가의 지원 아래 생겨난 역사학이 바로 랑케의 실증주의 사학이었다. 랑케의 실증주의 사학이 근대 역사학으로 자리를 잡게 된 것은 문헌 비판과 고증을 바탕으로 철저한 과학적 역사를 서술하는 것 때문이 아니라 역사를 대학에서 전문적으로 가르치고 세미나를 통해 전문 역사학자를 배출한 과학적인 역사교육의 결과이다. 랑케의 실증주의 사학은 최초로 철학에서 역사학을 독립시켜서 근대 과학적인 연구방법을 통해 연구하는 학문으로 자리매김을 하게 했다. 이렇듯 랑케의 실증주의 사학은 근대 역사학의 시초로 평가를 받고 있지만 실증주의 사학 자체가 역사연구의 전부는 아니다.

랑케 이후 역사가 전문 학문으로서 대학에 자리를 잡은 이후 20세기 후반에 들어와서 역사학과 역사서술에 대한 방법론은 큰 변화를 겪었다. 19세기에 근대 역사학으로 시작된 랑케의 실증주의 사학은 2차 세계대전 이후 정치, 사회, 경제, 문화, 국제 등 전반에 걸친 여러 분야의 학문적 요구를 더 이상 만족시킬 수 없게 되었다. 이에 따라 민족과 정치 중심의 랑케 실증주의 사학이란 전통적 역사연구는 사회과학적 역사연구라는 새로운 형태로

---

1021 Georg G. Iggers, *Historiography in the Twentieth Century*, 5쪽. 대체적으로 1차 세계대전 이후 독일에서 역사주의 위기는 이러한 시대적 변화에 따른 것임을 보여주고 있다. 특히 트뢸취는 이러한 시대적 변화를 잘 대변해 주고 있다. Ernst Troeltsch, "Die Krisis des Historismus", *Die Neue Rundschau* 33 (1922), I, 572-590쪽.

전환되었다.[1022] 그러나 아무리 역사에서 사실을 있는 그대로 복원하여 서술한다고 해도 긴 시간의 과거 사실들을 구성하기 위해서는 인간의 상상을 거쳐야 한다. 이런 점에서 랑케의 실증주의 사학이 과학적이면서도 과거 고전의 문학적인 역사의 성격을 지니고 있었던 것이다.

20세기 들어와서 산업과 과학의 발전으로 인해 과 사회 및 문화가 급속히 변화를 겪기 시작했다. 더욱이 1, 2차 세계 대전을 치른 인류는 새로운 과학의 시대를 맞아 모든 영역에서 획기적인 대전환점이 일어난 것이다. 물론 20세기 후반에 들어와서 역사학의 방법론은 더욱 치밀해지고 다양해져 갔다. 랑케의 실증주의 사학은 문헌을 바탕으로 한 개인의 행동과 삶 그리고 민족의 기원과 역사 문화의 발전 등에 관심을 두고 있지만 새로운 20세기의 역사학은 사회구조와 변혁, 인종과 문화의 특성 등에 초점을 두고 연구 주제나 대상의 범위를 더욱 넓혀 가고 있다. 특히 오늘의 역사학은 문헌에 의한 정치와 국가 및 민족에 국한되지 않고 지리, 기후, 문화, 정치, 사회 등 여러 분야가 종합된 소위 전체사를 추구하고 있는데 이것은 민족의 역사를 중심으로 한 세계사가 아니라 한 시기 혹은 시대의 정치, 경제 사회 등 모든 영역을 총망라한 전체의 역사를 의미한다.

이제 한국 역사학이 현대적 수준에 맞게 발전하려면 이처럼 실증주의 사학에만 머물지 말고 다양한 방법론을 통해 새로운 연구 성과를 거둬야 할 때이다. 우리 역사학에서 식민주의 사학을 떨쳐버리기 위해서는 과감하게 기존의 연구 성과를 비판적으로 살펴보면서 내 주장과 다르면 무턱대고 배척하기보다 시야를 넓혀서 이를 수용할 줄 아는 자세가 필요하다. 스승의 연구결과라고 해서 무조건 추종적인 관행은 이제 없어져야 할 것이다. 또한 자신의 연구결과가 설령 무용지물이 된다고 해도 이를 극복하고 새로

---

[1022] 이에 대한 분석은 Georg G. Iggers, *New Directions in European Histoiography* (Middletwon, Conn. 1984)를 참조하라.

연구를 시작할 수 있는 진정한 역사가의 자세를 갖춰야 한다. 한국 실증주의 역사가들이 랑케의 실증주의 역사관처럼 "사실 있는 그대로"를 추구한다고 주장하려면 자신의 연구결과의 오류부터 바로 잡는 것이 순서일 것이다.

# 도움받은 글

## 1) 1차 사료

Ranke, Leopold, von, *Preuβicher Geschichte,* 1-2권 (Berlin: Berlag, 1929)

Ranke, Leopold, von, *Geschichte der Germanischen Völker. Fürsten und Völker - Die Geschichte der romanischen und germanischen Völker von 1494-1514,* ed., Willy Andreas (Berlin : Vollmer, 1996)

Ranke, Leopold von, "Preface to the First Edition of *History of the Latin and Germanic Nations*", in Leopold von Ranke, *Theory and Practice of History,* ed., Georg G. Iggers (New York : Routledge, 2011)

Ranke, Leopold von, *Sämmtliche Werke,* ed., Alfred Dove, Band.,49/50, (Leipzig : D.&H., 1890)

Ranke, Leopold von, Alfred Wilhelm Dove, Theodor Wiedemann, *Leopold Von Ranke's Sammtliche Werke,* Volumes 49-50 (Charleston : Nabu Press, 2013)

Ranke, Leopold von,, *Sämmtliche Werke,* Volumes 49-50 (Let Me Print, 2012)

Ranke, Leopold von, *Histories of the Latin and Teutonic Nations, 1494 to 1514* (Sockbridge MA. : HardPress Publishing, 2013)

Ranke, *Zur Kritik neuerer Geschichtschreiber* (Charleston : Nabu Press ,2010)

Ranke, Leopold von., *History of the Latin and Teutonic Nations 1494 to 1514* (HardPress Publishing, 2013)

Ranke, Leopold von, *Die groβen Mächte. Politisches Gepräch,* mit einem Nachwort von Ulich Muhlack (Frankfurt am Mein und Leipzig : Insel Taschenbuch, 1995)

Ranke, Leopold von, *Über die Epoche der Neueren Geschichte* ed.,by Alfred Dove (Whitefish Montana : Kessinger Publishing, LLC, 2010)

Ranke, Leopold von, *Nachträge zu den Briefen Ranke an den König Maximillian II von Bayern* (Sitzungsberichte der Bayr. Akad. d. Wirsenschaft philo-Hist. Abt., 1939, Heft

10. S. 84ff)

Ranke, Leopold von, "Über die Idee der Universalhistory" in Herausgeben von Ludwig Dehio und Walther Kienast, *Historische Zeitschrift* Band 178, (München: Oldenbourg, 1954)

Ranke, Leopolf von, "Idee der Universalgesschichte", Fritz Stern., *Geschichte und Geschichtsschreibung. Möglichkeiten, Aufgaben, Methoden* (München, R. Piper Verlag, 1966),

Dove, Alfred Wilhelm, Leopold von Ranke's *Sämmtliche Werke*, Volumes, 1-50 ((Charleston : Nabu Press, 2010-2012)

레오폴트 랑케, 이상신 옮김, 『근세사 여러 시기들에 관하여*Über die Epoche der Neueren Geschichte*』(신서원, 2011)

레오폴트 랑케, 이상신 옮김, 『강대 세력들. 정치대담. 자서전 D*ie groβen Mächte. Politisches Gespräch. Zureigenen Lebensgeshihte*』(신서원, 2011)

## 2) 국내 연구서

강만길, 『한국사학사 연구』(을유문화사, 1991)

강만길, 『分斷時代의 歷史認識』(창작과 비평사, 1978)

강상중 저, 이경덕, 임성모 옮김, 『오리엔탈리즘을 넘어서』(이산, 1997)

곽영완 옮김, 『유럽 : 1453년부터 현재까지 패권투쟁의 역사』(애플미디어, 2014)

고병우, 李佑成, 천관우, 愼鏞廈, 이광린, 차하순, 한우근 대담집, 『우리 역사를 어떻게 볼 것인가』(삼성미술 문화재단, 1976)

공임순, 『신채호의 눈에 비친 민족의 영웅』(푸른역사, 2005)

김기석, 『한국고등교육연구』(교육문화사, 2008)

김두진, 『한국 역사학의 연구 성찰』(서경문화사, 2010)

김상태 편역, 『윤치호 일기 1916-1943. 한 지식인의 내면세계를 통해 본 식민지 시기』 (역사비평사, 2001)

김성칠, 『국사통론』(금강문화사, 1951)

김용섭,『한국근대역사학의 성립』(지식산업사, 1976)

김용섭,『韓國中世農業史硏究』(지식산업사, 2000)

김용섭,『朝鮮後期農業史硏究(1)』(일조각, 1970)

김용겹『朝鮮後期農業史硏究 2』(지식산업사, 1995)

김용섭,『韓國近代農業史硏究 2』(지식산업사, 2004)

김용섭,『韓國近現代農業史硏究』(지식산업사, 2000)

김종준,『식민사학과 민족사학의 관학아카데미즘』(소명출판, 2013)

김철준,『한국사학사연구』(서울대 출판부, 1990)

도면회, 윤해동 엮음,『역사학의 세기-20세기 한국과 일본의 역사학』(휴머니스트, 2009)

미야지마 히로시 지음,『일본의 역사관을 비판하다』(창비, 2013)

민현구,『韓國史學의 성과와 전망』(고려대학교 출판부, 2008),

박은식,『한국통사』(동서문화사, 2014)

박지향, 김철, 김일영, 이영훈『해방전후사의 재인식』(책세상. 2006)

배용일,『박은식과 신채호 사상의 비교연구』(경인문화사, 2002)

백남운,『조선사회경제사』(東京 : 改造社, 1933)

백남운,『조선봉건사회경제사』(東京: 改造社, 1937)

손진태,『國史大要』(을유문화사, 1949)

신용하,『단재 신채호의 사회사상연구』(한길사, 1984)

신용하,『단재 신채호와 민족사관』(형설출판사, 1980)

신일철,『신채호의 역사상연구』(고대출파부, 1981)

신형식 편저,『한국사학사』(삼영사, 1999)

신채호,『朝鮮 上古史』(동서문화사, 2014)

신채호,『朝鮮史硏究草』(도디도, 2013)

신채호의 기념사업회 편,『신채호의 사상과 민족독립운동』(형설출판사, 1986)

신채호 선생기념사업회 편,『단재 신채호전집』상, 하 (형설출판사, 1972)

안병직 외,『오늘의 역사학』(한겨레 신문사, 1998)

오인석 옮김,『독일국민과 민족주의의 역사』(한올, 1996)

역사학회 편, 『한국사의 반성』(신구문화사, 1969)

이기백, 『韓國史像의 再構成』(일조각, 1999)

이기백, 『民族과 歷史』, (일조각, 1994)

이기백, 『硏史隨錄』, (일조각, 1994)

이기백, 『한국사학의 방향』(일조각, 1997)

이기백, 『한국사 이행에서의 현재성 문제』 (문학과 지성, 1978)

이기백, 『韓國史散稿』(일조각, 2005)

이기백, 『國史新論』, (일조각, 1960)

이기백, 『한국사학사론』, (일조각, 2011)

이기백, 『역사란 무엇인가』, (문학과 지성사, 1976)

이기백, 『硏史隨錄』(일조각, 1994)

이기백, 『한글판 한국사 신론』(일조각, 1998)

이기백, 『이기백한국사학논집』과 『別卷』 (일조각, 1994-2006)

이기백, 『새 歷史의 創造-덴마크 國民高等學校와 農村社會의 發展 ; Holger Begtrup, Hans Luns, Peter Manniche, *The Folk Hight Schools of Denmark and Development of a Farming Community*, (Oxford : Oxford University Press, 1926』(東洋社, 1959)

이기백, 『韓國現代史論 , Andrew J. Grajdanzev, *Modern Korea*, (Institute of Pacific Relations, 1944)』(일조각, 1973)

이만열, 『단재 신채호의 역사학연구』(문학과 지성사, 1990)

이민호, 『독일, 독일민족, 독일사』(느티나무, 1990)

이민호, 『역사주의- 랑케에서 마이네케』(민음사, 1988)

이복만, 『이조 사회경제사 연구』(대성출판사, 1948)

李丙燾, 『斗溪雜筆』(일조각, 1956)

이병도, 『朝鮮史大觀』(同志社, 1948)

이병도, 『修正增補 國史大觀』(白映社, 1952)

이병도, 『新修國史大觀』(普文閣, 1955)

이병도, 『韓國史大觀』(普文閣, 1964)

이병도, 「總說」, 『朝鮮史大觀』 (동지사, 1948)

이병도, 『國史와 指導理念』 (일조각, 1955)

이상백, 『韓國文化史硏究論攷』 (을유문화사, 1947)

이상신, 『서양사학사』 (신서원, 1993)

이상신, 『19세기 독일역사인식론』 (고려대출판부, 1989)

이선영, 『단재 신채호의 사상과 문학』 (민음사, 1995)

이세영, 『한국사 연구와 과학성』 (청년사, 1997)

이종욱, 『민족인가, 국가인가? 신라 내물왕 이전 역사에 답이 있다』 (소나무, 2006)

이종욱, 『고구려의 역사』 (김영사, 2005)

이청원, 『朝鮮歷史讀本』 (東京: 백양사, 1937)

조 광, 『한국사학사의 인식과 과제』 (경인문화사, 2010)

조동걸, 『식민지 시기의 역사학과 역사인식』 (경인문화사, 2004)

조동걸, 『現代韓國史學史』 (나남출판, 2000)

조지형, 『랑케와 카 : 역사의 진실을 찾아서』 (김영사, 2013)

전석담, 『조선경제사』 (박문출판사, 1949)

정약용, 『여유당전서』

정선이, 『경성제국대학연구』 (문음사, 2002)

정인보, 『薝園文錄』 (태학사, 2006)

정인보, 『朝鮮史 硏究』 (우리역사연구재단, 2012),

정인보, 『조선고서해제』 (1931)

정인보, 『양명학연론』 (1933)

정인보, 『朝鮮史硏究』 上.下 (서울신문사간, 1946),

정준영, 「경성제국대학과 식민지 헤게모니」 (서울대 사회학과 박사학위논문, 2009)

진단학회편, 『역사가의 遺香-두계 이병도 선생 추념문집-』 (일조각, 1991)

한국민중사연구회, 『한국민중사』 (1987)

한국역사연구회, 『한국사강의』 (1989)

한국사연구회편, 『한국사학사연구』 (을유문화사, 1985)

한림과학원 엮음, 『고병익, 이기백의 학문과 역사연구』 (한림대학교출판부, 2007)

한영우, 『역사학의 역사』 (지식산업사, 2012)

한영우 외, 『21세기 한국학, 어떻게 할 것인가』 (푸른역사, 2005)

한우근, 『민족사의 전망』 (학술정보, 2001)

홍승기, 『한국사학론』 (일조각, 2001)

홍이섭, 『한국사의 방법』 (탐구신서, 1968)

차하순 엮음, 『사관이란 무엇인가』 (청람, 1980)

차하순 역, 『랑케와 부르크하르트』 (탐구당, 1984)

## 3) 국내 논문

강만길, 「光復三十年 國史學의 反省과 方向」, 『역사학보』, 68집 (1975),

강만길, 「민족사학론의 반성-〈민족사학〉을 중심으로-」, 『역사학보』 68 (1975)

강만길, 「國史學의 現在性 不在 問題」, 『韓國學報』 5집 (1976)

강만길, 「일제시대의 反植民史學論」, 『韓國民族運動史論』 (서해문집, 2008)

강만길, 「광복 30년 국사학의 반성과 방향-〈민족사학론〉을 중심으로-」, 『역사학보』, 68 (1975)

강만길, 「일제시대의 反植民史學論」, 『한국사학사의 연구』 (을유문화사, 1985)

강은경, 「고려시대의 국가, 지역 차원 제의(祭儀)와 개인적 신앙」, 『동방학지』 129집 (2005)

강진철, 「일제 관학자가 본 한국사의 정체성과 그 이론-특히 봉건제도 결여론과 관련시켜」, 『한국사학』 7, (한국정신문화연구원, 1986)

고재백, 「독일의 특수한 길(Sonderweg) : 논쟁과 그 이후」『서양사 연구』 14 (1993)

길현모, 「랑케 사관의 성격과 위치」, 전해종, 길현모, 차하순 공저, 『역사의 이론과 서술』 (서강대 인문과학연구소, 1975)

김기봉, 「랑케의 wie es eigentlich gewesen 본래 의미와 독일의 역사주의」, 『호서사학』 39집 (2004)

김기봉, 「우리 시대 역사주의란 무엇인가」, 『한국사학사학보』, 23권, (2011),

김기봉, 「"모든 시대는 진리에 직결되어 있다"-한국 역사학의 랑케, 이기백-」, 『한국사학사학보』, 14, (2006)

김기봉, 「민족과 진리는 하나일 수 있는가?-이기백의 실증사학-」, 도면회 윤해동 엮음, 『역사학의 세기』 (휴머니스트, 2009)

김기봉, 「한국 근대 역사 개념의 형성-국사의 탄생과 신채호의 민족사학」, 『한국사학사학보』 12 (2005년 12월)

김기봉, 「한국 근대 역사의 형성-국사의 탄생과 신채호의 민족사학」, 『한국사학사학보』, 12집 (2005)

김당택, 「이기백 사학과 민족문제」, 『역사학보』 190 (역사학회 : 2006)

김당택, 「한국사의 민족문제 서술방향」, 『역사학보』, 187 (2005)

김도형, 「대한제국기 변법론의 전개와 역사서술」, 110, 『동방학지』, (2000)

김용섭, 「일제 관학자들의 한국사관-일본인들은 한국사를 어떻게 보아 왔는가?」 역사학회 편, 『한국사의 반성』 (신구문화사, 1969),

김용섭, 「日本. 韓國에 있어서의 韓國史 敍述」, 『歷史學報』, 31, (1966),

김용섭, 「우리나라 근대역사학의 발달 -1930년, 40년대의 실증주의 역사학」, 『문학과 지성』 (가을, 1972)

김용섭, 「우리나라 근대 역사학의 발달(1)-1930-40년대의 민족사학」, 『문학과 지성』, 1971년, 여름호,

김용섭, 「우리나라 근대 역사학의 발달(2)-1930-40년대의 실증주의 역사학」, 『문학과 지성』, 1972년, 가을호.

김용섭, 「日本, 韓國에 있어서의 韓國史 敍述」, 『역사학보』 31 (1966)

김인호, 「고려 관인사회의 잔치와 축제」, 『동방학지』 129집 (2005)

김일수, 「이병도와 김석형-실증사학과 주체사학의 분립」, 『역사비평』, 82 (역사비평사, 2008)

김응종, 「피에르 노라의 『기억의 장소』에 나타난 '기억'의 개념」, 『프랑스사 연구』 제24호 (2011년 2월)

김성준, 「鶴山 이인영의 역사의식」, 『국사관 논총』, 84 (국사편찬위원회, 1999),

김종준,「한국사학계의 반식민 역사학의 정립 과정에서 실증사학의 위상 변화」,『역사문제연구』, no. 31 (2014)

김종준,「이선근이 주창한 민족사학의 성격과 식민사학의 친여성」,『식민사학과 민족사학의 관학아카데미즘』, (소명출판, 2013)

김 호,「한국사의 새로운 모색과 포스트모더니즘」,『한국시민강좌』21, (1997)

김헌기,「역사주의 이데올로기와 역사학-랑케의 역사담론을 중심으로-」,『사림』, 38집 (2011)

김철준,「국사학의 성장과정과 그 방향」,『한국의 민족문화 : 그 전통성과 시대성 1」, (한국정신문화연구원, 1978)

노용필,「韓國에서의 歷史主義 受容: 李基白 韓國史硏究의 礎石」,『한국사학사학보』23, (2011)

노용필,「한국에서의 역사주의 수용 : 이기백 한국사학연구의 초석」,『한국사학사학보』, 23집 (2011)

盧泰敦,「총설 : 구체적인 연구와 균형 있는 평가」,『歷史學報』, 第207輯, (2010)

문기상 「랑케의 정치사상-Historisch-Politische Zeitschrift(1836)를 통한 국가관 중심으로-」,『서양사론』, 15, (1974)

문기상,「Ranke 사학의 이중구조-개별성과 보편성 중심으로」,『경남대 논문집』 5 (1978)

문기상,「Ranke 사학의 객관성-역사와 정치의 관련을 중심으로」,『한국사 논총』4(1981)

문동석,「일제시대 초등학교 역사교육과정의 변천과 교과서-보통학교 국사와 초등국사를 중심으로」『사회과교육』43-44집(2004)

미야지마 히로시((宮嶋博史),「동아시아의 근대화, 식민지화를 어떻게 이해할 것인가?」, 임지현, 이성시 엮음,『국사의 신화를 넘어서』(휴머니스트, 2004)

민현구,「민족적 관심과 실증의 방법론-이기백 사학의 一 端 -」, 한림과학원 엮음,『고병익, 이기백의 학문과 역사연구』, (한림대학교 출판부, 2007)

박경안,「고려 전기 다원적 국제간 관계와 국가, 문화 귀속감」,『동방학지』129집 (2005)

박양식,「서양 사학 이론에 비추어 본 실증사학」,『숭실사학』제31집 (2013)

박용희,「초기 한국사학의 오리엔탈리즘-실증사학과 유물사학의 과학관과 민족사 인식의

문제를 중심으로」,『이    화사학 연구』32, (2005)

백승종,「진리를 거역하면 민족도 망하고 민중도 망한다-역사가 이기백의 진리지상주의에 대한 몇 가지 생각」,    『역사와 문화』9 (문화사학회 : 2004)

백승종,「미시사의 도전」, 한국사학회편,『한국사 연구 방법의 새로운 모색』, (경인문화사, 2003),

신남철,「조선연구의 방법론」,『靑年朝鮮』창간호, (10월, 1934년)

申虎澈,「한국사학계의 당면과제와 향후 전망」,『역사학보』, 199, (2008)

신형식,「韓國古代史硏究의  成果와  推移」,   역사학회편,『現代韓國歷史學의  動向』, (일조각,1991)

이광주,「Leopold von Ranke와 국가 이성문제」,『고대 문리논집』7(1963)

李光麟,「구한말 진화론의 수용과 그 영향」,『世林韓國學論叢』(1977)

이기백,「학문적 고투의 연속」,『한국사 시민강좌』4집 (1989)

이기백,「한국사의 진실을 찾아서」,『한국사 시민강좌』35집 (2004)

이기백,「나의 책『한국사신론』을 말한다」,『오늘의 책』창간호 (1984)

이기백,「과학적 한국 사학을 위한 반성과 제의-1979-1983년도 한국사학의 회고와 전망 총설-」,『역사학보』   104, (1984)

이기백,「나의 한국사 연구」,『한국전통문화론』(일조각, 2002)

이기백.「민족사학의 문제」, 역사학회 편,『한국사의 반성』(신구문화사, 1969)

이병도,「창립에서 광복까지」,『진단학보』, 57 (1984)

이성무,「한국사 연구에 있어서의 사료와 실증」,『한국사 연구』, 91 (한국사연구회, 1995)

이  영,「무신정권 성립의 국제적 계기 : 비교사적 관점을 통한 고찰」,『논문집』40 (한국방송통·신대학)

이용범,「한국사의 타율성론 비판-소위 만선사관의 극복을 위하여」,『아세아』(1969, 3월호)

이인영,「우리 民族史 의 性格」,『學風』, 창간호 (을유문화사, 1948)

이장우,「실증사학의 반성과 전망」,『한국사시민강좌』, 20 (1997)

이종욱,「실증사학을 벽을 넘어 새로운 역사 읽기-한국 고대사 연구 100년 : 현재-쟁점」,『

역사학보』, 170 (2001)

이훈상, 「역사의 신화를 부수는 힘겨운 여정」, 『한국시민강좌』 26, (2000)

이혜옥, 「고려시대 가(家)와 가의식(家意識)」, 『동방학지』 129집 (2005)

이희환, 「역사학에 있어서의 역사주의와 실증주의」, 『군산대학교 논문집』 21 (1995)

이태진, 「한국사학의 모더니즘으로부터의 탈출」, 『한국시민강좌』 20, (1997)

윤흔표, 「고려시대 관료, 군 조직에서 규율과 복종」, 『동방학지』 129집 (2005)

에티엔느 발리바르, 「민족형태 : 그 역사와 이데올로기」, 서관모 옮김, 『이론』 6호 (1993)

임지현, 「한국서양사학의 반성과 전망」, 『역사비평』 8집, 봄호, (역사비평사, 1990)

송완범, 「식민지 조선의 黑板勝美와 修史 사업의 실상과 허상」, 『동북아역사논총』 26 (2009)

장규식, 「일제 식민시기 연구의 현황과 추이」, 『역사학보』 199 (2008)

장세윤, 「일제의 경성제국대학 설립과 운영」, 『한국독립운동사연구』, 6집, (1992)

장 신, 「경성제국대학 사학과 磁場」, 26 『역사문제연구』, (2011)

조동걸, 「식민사학의 설립과정과 근대사 서술」, 『역사교육논집』 13. 14집 (1990)

정두희, 「중국의 동북공정으로 제기된 한국사학계의 몇 가지 문제」, 『역사학보』, 183 (2004)

정상우, 「조선총독부의 조선사 편찬사업」 (서울대 국사학과 박사학위 논문, 2011)

차승기, 「근대 위기와 시간-공간의 정치학-교토학파 역사철학자들의 인식」, 『한국근대문학연구』 제4집 2호, (2003)

최호근, 「역사적 신념공동체의 창출?-독일제국기의 국가권력과 역사정치-」, 『서양사론』, 제124호, (2015년, 3월)

河炫綱, 「韓國史 硏究의 課題와 展望」, 『한국문화연구원 논총』, vol. 33 (1979)

홍이섭, 「단재 신채호」, 『사상계』 4, 5월호 (1962)

홍이섭, 「爲堂 鄭寅普」, 『思想界』 (1962년, 12월)

홍승기, 「실증사학론」, 『현대 한국사학과 사관』 (일조각, 1991), 41-82쪽.

관학자들의 한국사관-일본인들은 한국사를 어떻게 보아왔는가?」, 『사상계』 (1963, 2월), 253~254쪽.

## 4) 외국 논문

Ankersmit, F. R., "Historicsm : An Attempt at Synthesis", *History and Theory*, vol. 34, no.3, (Oct., 1995)

Arndt, Ernst Moritz, "Cinq chants pour les soldats allemands, Königsberg, mar 1813", trad. de Maurice Girault. *Journal de silésie, avec privilège*, n° 34, samedi 20 mars 1813.

Berding, Helmut, "Leopold von Ranke" in Hans Ulich Wehler, *Deutsche Historiker* Band 1(Göttingen : Vandenhoeck & Ruprecht, 1982),

Beuilly, John,, 'Introduction' , E. Gellner, *Nations and nationalism* (Oxford : Blackwell, 2006), xx,

Blanning, Tim, "Napoleon and German Identity" *History Today* 48 (1998)

Blusse, Leonard, "Japanese Historiography and European Sources", in *Reappraisals in Overseas History*, ed., P. C. Emmer and H. L. Wesseling (Leiden, Neth. : Leiden Univ., Press, 1979)

Breuilly, Professor, "Nationalism and Historians Some Reflections. The Formation of Nationalist Historigraphical Discourse",ed., by Claire Norton, *Nationalisme, Histography and The (Re)construction of The Past* (New Academia Publishing, 2007)

Browning, Reed, "He Duke of Newcastle and the Imperial Election Plan, 1749-1754" *Journal of British Studies*, 7, (1967-1968)

Byron K. Marshall, "Professsors and Politics : The Meiji Academic Elite", *Journal of Japanese Studies* 3 (Winter, 1977)

Duus, Peter, "Whig History, Japanese Style : The Min'yūsha Historians and the Meiji Restoration" *Journal of Asian Studies* 33 (May 1974)

Fitzsimons, M. A., "Ranke : History as Worship", in *The Past Recaptured* (Notre Dame, Indiana : University of Notre Dame Press, 1983)

Frevert, Ute, "As Jakobinische Modell : Allgemeine Wehrpflicht und Nationsbildung in Preussen-Deutschland", Ute Frevert ed., *Militar und Gesellschaft im 19. und 20.*

*Jahrhundert* (Stuttgart : Klett-Cotta, 1997)

Geerts, C., "Thick Description : Toward an interpretive Theory of Culture" in C. Geerts, *The interpretation of Cultures*, (N. Y., Basic Books)

Gluck, Carol, "The People in History : Recent Trends in Japanese Historiography", *Journal of Asian Studies* 38 (November, 1978)

Hase, Alexander von, "As Conservative Europa in Bedrängis : zur Krise des Gleichgewichts Publizisten Freidrich von Gentz (1805-1809)", *Saeculum*, 29 (1978)

Herkless, John L., "Seeley and Ranke", *The Historian* vol., XLIII, no. 1 (Nov., 1980)

Hochedlinger, Michael, "A cause de tous les maux de la France, Die Ustrophobie im Revolutionären Frankreich und der Sturz des Königtums, 1789-1792" *Francia* 24 (1997)

Iggers, Georg G., "Historicism : The History and the Meaning of the Term", *Journal of the History of Ideas* 56 (1995)

Iggers, Georg G., 'Introduction', Leopold von Ranke, *The Theory and Practice of History* ed., by Georg G. Iggers, (New York : Routledge, 2011)

Iggers, Georg G., "The Image of Ranke in American Historical Thought", *History and Theory* 2 (1962), 17—40.

Krieger, Leonard, "Elements of Early Historicisme : Experience, Theory, and History in Ranke", *History and Theory*, vol., 14, no. 4 (Dec., 1975)

Krieger, Leonard, "Elements of Early Historicism : Experience, Theory and History in Ranke", *History and Theory,* Vol. 14, No. 4 (Dec., 1975)

Liebel, Helen P., "The Place of Antiquity in Ranke's Philosophy of History", *Clio* 5., no., 2 (1976)

Liebel, Helen P., "The Enlightenment and the Rise of Historicism in German Thought", *Eighteenth-Century Studies*, Vol. 4, No. 4 (Summer, 1971)

Madison, James Jr., Alexander Hamilton, 「The Federalist Papers」, no. 19, (1787)

Manuel, Frank E., "From Equality to Organicism" *Journal of History of Ideas* 17 (Feb.,

1956)

Möller, Horst, "Rimat der Aussepolitik : Preussen und die Französische Revolution, 1789-1795", Jürgen Voss ed., *Deutshland und Franzosische Revolution* (Munich, Artemis, 1983)

Neri, Daniela, "Rankreichs Reichspolitik auf dem Rastatter Kongress (!797-1799)", *Francia* 24 (1997),

Neuhaus, Helmut, "As Problem der militäischen Exekutive in der Alten Reiches" in Johannes Kunisch ed., *Staatsverfassung und Heeresverfassung in der Europischen Geschichte der Fruhen Neuzeit* (Berlin : Duncker & Humblot, 1986)

Rothenberg, Gunther E., "He Origins, Causes and Extension of the French Revolution and Napoleon" *Journal of Interdisciplinary History*, 18, (!988)

Schönemann, Bernd, "Nationae Identität als Aufgabe des Geschichtsunterrichts nach der Reihsgründung", *Internationale Schulbuchforschung*, vol.,11 (1989)

Silberman, Bernard, "The Bureaucratic State in Japan : The Problem of Authority and Legitimacy", in *Conflict in Modern Japanese History,* ed., Tetsuo Najita and J. Victor Koschmann, (Princeton: Princeton Univ. Press, 1982)

Smith, A. D., "Nationalism and the Historians", in A. D. Smith, *Myths and Memories of the Nation,* (London : Oxford Univ., Press, 1999)

Simms, Brendan, "Reform in Britain and Prussia, 1797-1815 : Confessional Fiscal- Military State and Military- Agrarian Complex" *Proceedings of the British Academy*, 100 (1999)

Stone, Lawrence, *The New History and the Old,* by Gertrude Himmelfarb, *New York Reveiw of Books* (December 17, 1987)

Troeltsch, Ernst, "Die Krisis des Historismus", *Die Neue Rundschau* 33 (1922), I,

Ulert, Jörg, "Rance and German Dualism 1756-1871" in Carine Germond and Hennig Türk eds., *A History of Franco-German Relations in Europe : From Hereditary Enemies to Partners* (Basingstoke : Palgrave Macmillan, 2008)

## 5) 신문, 잡지

『개벽』, 49호, 1924년 7월.

『경향신문』, 1966년 1월 25일.

『경향신문』 1974년 7월 30일, 「진통 겪는 國史學界」 김남천, 「조선은 과연 누가 천대하는가?」,

『동아일보』, 1934년 1월 2일 「최근 조선연구의 업적과 그 재출발(二) 조선학은 어떻게 수립할 것인가」. 9월 11일, 「조선연구의 기운에 제하여(一), 조선학은 어떻게 규정할 것인가-백남운씨와의 일문 일답」, 12일. 조선연구의 기운에 제하여(二) 세계문화에 조선색을 짜너차-안재홍씨와의 일문 일답」, 홍이섭, 「日人이 歪曲한 韓國史(1) 韓國民族史觀과 日帝의 植民地政策」,

『동아일보』1935년 2월 16일자. 신채호, 「浪客의 新年漫筆」,

『동아일보』, 1925년 1월 25일,

『조선일보』, 1934년 1월 28일자, 29일, 사설, 『月刊朝鮮』 11월호 (2001),

『조선중앙일보』 10월 18일부터 27일.

## 6) 번역서

김인중, 『민족주의 역사』, (아카넷, 2014)

나가하라 게이지(永原慶二) 지음, 하종문 옮김, 『20세기 일본의 역사학』 (삼천리, 2011),

나카에 초민, 『삼취인경륜문답』 (소명출판, 2005)

브랜드 심스, 곽영환 옮김, 『Europe : 1453년부터 현재까지 패권투쟁의 역사』 (애플미디어, 2013)

미카엘 슈튀머, 안병직 역, 『독일제국 1871-1919』 (을유문화사, 2003)

에르네스트 르낭, 『민족이란 무엇인가』, 신행선 옮김 (책세상, 2006)

이사야 벌린, 이종흡, 강성호 옮김, 『비코와 헤르더』, (민음사, 1997)

스페판 다나카 지음, 박영재, 함동주 옮김, 『일본 동양학의 구조』, (문학과 지성사, 2004)

헤이든 화이트, 천형균 옮김, 『메타역사 : 19세기유럽의 역사적 상상력』, (지식을만드는지식,

2011)

차하순 편저, 『랑케와 부르트하르트』, (탐구당, 1992)

피히테, 『독일 국민에 고함』, 박희철 옮김, (동서문화사, 2013)

## 7) 외국 연구서

Alengry, Franck, *Essai Historique Et Critique Sur La Sociologie Chez Auguste Comte* (Whitefish : Kessinger, Publishing, LLC, 2010)

Agulhon, Maurice, *1848 ou l'apprentissage de la république, 1848-1852* (Paris : Seuil, 1973)

Agulhon, Maurice, *La république au village*, (Paris : Seuil, 1979)

Baker, Keith Michael, *Condorcet : From Natural Philosophy to Social Mathematics* (Chicago : Univ. of Chicago, 1975)

Barnard, F. M., *Herder on Social and Political Culture* (Cambridge : Cambridge University Press, 2010)

Baugh, Daniel A., *The Global Seven Years War, 1754-1763 : Britain and France in a Great Power Contest (Modern Wars in the perspective)* (Harlow : Routledge, 2011)

Baycroft, Timothy and Hewitsoned. Mark, ed., *What Is a Nation?: Europe 1789-1914* (Oxford : Oxford University Press, 2006)

Beardsley, Monroe G., ed., *The European Philosophers from Descartes to Nietzche* (New York : Modern Library, 1960)

Berlin, Isaiah, *Vico and Herder* (Viking Adult, 1976)

Breisach, Ernst, *Histoiography. Ancient, Medieval and Modern* (Chicago : Univ. of Chicago Press, 2007)

Buckle, Henry Thomas, *History of Civilization in England*, (Charleston, South Carolina : BiblioLife 2009),

Buddruss, Eckhard, *Die Franzosische Deutschlandpolitik, 1756-1789*, (Mainz ; P. von

Zabern, 1995)

Burgdorf, Wolfgang, *Reichskonstitution und Nation : Verfassungsprojekte fur das Heilige Romische Reich Deutscher Nation im Politischen Schriftum von 1648 bis 1806* (Mainz : P. von Zabern, 1998)

Burke, Edmund, *Reflections on the Revolution in France* (Oxford : Oxford Univ., Press, 1999)

Burckhardt, Jacob, *Weltgeschichtliche Betrachtungen*. Erläuterte Ausgabe; Herausgegeben von Rudolf Max, (Stuttgart: Alfred Kröner, 1963)

Burckhardt, Jacob, Introduction by Gottfried Dietze , *Reflection on History* (Indianapolis : Liberty Fund, 1979)

Burrow, John, *A History of Histories : Epics, Chronicles, Romances and Inquiries frome Herodotus and Thucydides to the Twentieth Century* (New York : Knopof, 2007)

Butterfield, Herbert, *The Origins of History* (New York : Basic Books, 1981)

Chadwick, Owen, *The Secularization of European Mind in the Nineteenth Century* (Cambridge : Cambridge University Press, 1975)

Chakrabarty, Dipesh, *Provincialzing Europe : Postcolonial though and Historical difference* (Princeton : Princeton Univ., Press, 2007)

Chambers, Martimer, Grew, Raymond, Herlihy, David, Rabb, Theodore K., Woloch, Isser, *The Western Experience. The Modern Era*, vol. 3, (New York : Knopf, 1987)

Chatterjee, Partha, *The Nation and its Fragments: Colonial and Postcolonial Histories*. (Princeton : Princeton University Press. 1993)

Chatterjee, Partha, *Empire and Nation: Selected Essays 1985-2005* (New York : Columbia University Press. 2010)

Chatterjee, Partha, *Nationalist Thought and the Colonial World: A Derivative Discourse*, (Minnesota : University Of Minnesota Press, 1993)

Collingwood, R. G., *The Idea of History* (Oxford : Oxford University Press, 1956)

Comte, Auguste, *Cours of philosophie Positive*, ed., E. Littré, V1 (1869) (Whitefish :

Kessinger Publishing LLC, 2009)

Coulanges, Numa Denis Fustel de, *Histoire des institutions politiques de l'ancienne France* Volume 1-6, (Paris : Hachette, 2014)

Coulanges, Numa Denis Fustel de, *Leçons à l'Impératrice sur les Origines de la Civilisation Française*, (Paris : Les éditions de l'infini, 2010)

Crook, D. P., *Benjamin Kidd: Portrait of a Social Darwinist* (Cambridge : Cambridge University Press, 2009)

Dann, Otto, *Nation und nationalismus in Deutschland 1770-1990*, (München : Verlag C. H. Beck, 1993)

Dehio, Ludwig, *German and World Politics in the Twentieth Century*, 2nd edition (New York : W.W. Norton, 1967),

Démier, Francis, *La France du XIX$^e$ siècle 1894-1914*, (Paris : Seuil, 2000)

Droz, J., *Histoire diplomatique de 1648 à 1919* (Paris : Dalloz, 1973)

Eich, Ulrike, *Russland und Europa: Studien zur russischen Deutschlandpolitik in der Zeit des Wiener Kongresses* (Berlin : Bohlau, 1986)

Fabian, S. Fischer, *Preussens Gloria : Der Aufstieg eines Staates*, (Köln : Anaconda, 2013)

Fischer-Fabian, S., *Preussens Gloria : Der Aufstieg eines Staates*, (Kölin : Anaconda, 2013),

Fogel, Robert and Elton, Geoffrey, *Which Road to the Past?: Two Views of History*, (New Heven, Yale University Press, 1984)

Friedman, Milton, *Essays in Positive Economics* (Chicago : Univ., of Chicago Press, 1953),

Gardiner, Partrick ed., with Introductions and Commentary, *Theories of History* (New York : The Free Press, 1959)

Gardiner, Patrick, ed., *Theories of History* (New York : The Free Press, 1959)

Gay, Peter and Wexler, Victor G. eds., *Historians at Work*, vol., 3 (New York : harper and Row, 1972),

Gilderhus, Mark T., *History and Historians. A Historiographical Introduction* (New Jersey : Prentice Hall, 2010)

Girault, René, *Peuples et nations d'Europe au XIXᵉ siècle* (Paris : Hachette, 2014)

Grant, Michael, *The Ancient Historians* (New York : Charles Scribner's Sons, 1970)

Gooch, G. P., *History and Historians in the Nineteenth Century*, (London : Forgotten Books , 2010)

Guizot, François, *Histoire de la civilisation en Europe, depuis la chute de l'Empire romain*, (Paris : Hachette , 2012)

Habermas, Jürgen, *Knowledge and Human Interests*, trans., Jeremy J. Shapiro (Boston : Beacon Press, 1971)

Haddock, B. A., *An Introduction to Historical Thought* (London : Edward Arnold, 1980)

Hanke, Barbara, *Geschichtskultur an höheren Schulen von der Wilhelminischen Ära bis zum Zweiten Weltkrieg: Das Beispiel Westfalen* (Berlin ; LIT; Auflage: 2011)

Herder, J. G., *Sämtliche Werke : Zur Philosophie Und Geschichte*, Volume 8, (Chaeleston S. C. : Nabu Press,, 2012)

_____, *Sämmtliche Werke* Band 17(Berlin; Verlag, 2014)

_____, *Sämmtliche Werke* Band 4(Berlin; Verlag, 1986)

_____, *Sämmtliche Werke* Band 18(Berlin; Verlag, 2016)

Herodotus, *The Histories*, trans., Aubrey de Sélincourt (London : Penguin Book, 1954)

Herodotus, *The Histories*, trans., Robin Waterfield (Oxford : Oxford University Press, 1998) ;

Himmelfarb, Gertrude, *The New History and the Old: Critical Essays and Reappraisals*, (Cambridge, MA : Belknap Press; Revised edition, 2004)

Hobsbawm, Eric. J., *The Invention of Tradtions*, (Cambridge : Cambridge University, Press, 1983)

Hobsbawm, Eric. J., *Nations and Nationalism since 1780: Programme, Myth, Reality*, 2 Edition, (Cambridge : Cambridge University Press, 2012)

Howe, Patricia Chastain, *Foreign Policy and the French Revolution: Charles-François Dumouriez, Pierre LeBrun, and the Belgian Plan, 1789-1793* , (New York ; Palgrave

Macmillan , 2008)

Iggers, Georg G., *Historiography in the Twentieth Century From Scientific Objectivity to the Postmodern Challenge with a New Epilogue* (Middletown : Wesleyan University Press, 2005)

Iggers, Georg G., *The German Conception of History ; The National Tradition of Historical Thought From Herder to the Present* (Middletown, CT. : Weslyan Univ. Press, 1968)

Iggers, Georg G., *New Directions in European Histography* (Middletwon, Conn., Wesleyan, 1984)

Kantzenbach, Friedrich Wilhelm, *Politischer Protestantismus : Von den Freiheitskriegen bis zur Ara Adenauer (Schriften zur internationalen Kultur- und Geisteswelt)* (Saarbrücken : Dadder; 2., durchgesehene und erw. Aufl edition, 1993)

Kevles, Daniel J., *In the Name of Eugenics : Genetics and the Uses of Human Heredity* (Cambridge, MA : Harvard University Press, 1997)

Keynes, John Neville, *The Scope and Method of Political Economy* (London : Macmillan & Co., 1891)

Kohn, Hans , *The Idea of Nationalism : A Study in its Origins and Background* (New York : Macmillan, 1944)

Krieger, Leonard, *Ranke : The Meaning of History* (Chicago : The University of Chicago Press, 1977)

Krüger, Peter and Schroeder, Paul W. eds., *The Transformation of European Politics, 1763-1848: Episode or Model in Modern History?*, (London : LIT Verlag, 2002)

Kunisch, Johannes, *Friedrich der Grosse : Der König und seine Zeit* (Munich : Beck'sche CH Verlagsbuchhandlung Oscar Beck 2012)

LaFeber, Walter, *The New Empire : An Interpretation of American Expansion, 1860-1898* (Ithaca NY : Cornell University Press, 1998)

Lamprecht, Karl, *Alte und neue Richtungen in der Geschitswissenschaft* (Charleston : BiblioBazaar, 2009)

Lamprecht, Karl, *Alternative zu Ranke. Schriften zur Geschichtstheorie* (Leipzig: Reclam, 1988)

Laue, Theodore H., *Leopold von Ranke : The Formation Years*, (Princeton : Princeton University Press, 1950)

LeDonne, John P., *The Grand Strategy of the Russian Empire, 1650-1831* (Oxford : Oxford University Press : 2003)

Lévi-Strauss,, Claude, *Anthropologie structurale* (Paris : Pocket, 2003)

Lévi-Strauss, Claude, *Savage Mind* (The Nature of Human Society Series) (Chicago : The University Of Chicago Press, 1973).

Lévi-Strauss, Claude *Nature, culture et société : Les Structures élémentaires de la parenté* chapitres 1 et 2 (Paris : Poche, 2008)

Lévi-Strauss, Claude, *L'Anthopologie dans les sciences sociales, problémes posés son enseignement.* (Paris : Broché, 1954)

Lévi-Strauss, Claude, *La pensée sauvage* (Paris : Pocket, 1990)

Löwith, Karl, *Meaning in History* (Chicago : The University of Chicago Press, 1962),

Luh, Jürgen, *Der Groβe: Friedrich II. von Preuβen* (Müchen : Siedler Verlag 2012)

Lukowski, Jerzy, *Liberty's Folly : The Polish-Iithuanian Commonwealth in the Eighteenth Century 1697-1795* (New York : Routledge, 2005)

Lukowski, Jerzy, *Disorderly Liberty: The Political Culture of the Polish-Lithuanian Commonwealth in the Eighteenth Century* (Bloomsbury Studies in Central and East European History)(London : Bloomsbury Academic, 2012)

Lukowski, Jerzy *The Partitions of Poland 1772, 1793, 1795* (New York : Routledge, 2014)

Lukowski, Jerzy and Zawadzki, Hubert, *A Concise History of Poland* (Cambridge : Cambridge Univ., Press, 2010)

Mazlish, Bruce, *The Riddle of History : The Great Speculators From Vico to Freud* (New York : Minerva Press, 1966)

Megill, Allan, *Prophets of Extremity : Nietzsche, Heidegger, Faucault, Derrida* (Berkely : University of California Press, 1987)

Meineke, Friedrich, *Staatsnation and Kulturnation in Cosmopolitanism and the National State* (Princeton : Princeton University Press, 1970)

Meinecke, Friedrich, *Vorträ und Schriften,* Heft 27 (Berlin : Akademie-Verlag, 1948)

Mill, John Stuart, *August Comte and Positivism* (Colorado : CreateSpace Independent Publishing Platform, 2013)

Mill, John Stuart, *Auguste Comte et le positivisme* (Ed. 1903) (Paris : Hachette, 2013)

Miller, Frank O., *Minobe Tatsukichi : Interpreter of Constitutionalism in Japan* (Berkeley and los angeles : Univ., of Califonia, 1965),

Munslow, Alun ,*The Routlrdge Companion to Historical Studies,* (New York : Routledge, 2005),

Nash, Ronald H. ed., *Ideas of History*, vol. 2 : *The Critcal Philosophy of History* (New York : E. P. Dutton, 1969)

Norton, Calire, ed., *Nationalim, Historiography and the (Re)Construction of the Past* (Washihgton, DC : New Academia Publishing LLC, 2007)

Oliva, L. Jay, *Misalliance: A Study of French Policy in Russia during the Seven Years' War* (New York : New York University Press, 1964)

Osiander, Andreas, *The States System of Europe, 1640-1990. Peacemaking and the Conditions of International Stability* (Oxford : Oxford University Press, 1994)

Pickus, David, *Dying with an Enlightening Fall : Poland in the Eyes of German Intellectuals, 1764-1800* (New York : Lexington Books 2001)

Ringer, Fritz, *Fields of Knowledge : French Academic in Comparative Perspective, 1890-1920* (Cambridge : Cambridge University Press, 1992)

Rostow, W. W., *The Stages of Economic Growth : A Non-Commmunist Manifesto* (Cambridge : Cambridge University Press, 1991)

Said, Edward, *Orientalism* (N. Y. : Patheon Books, 1978)

Sakai, Naoki, *Translation and Subjectivity : "Japan" and Cultural Nationalim* (Minneapolis : Univ., of Minnesota Press, 1997)

Schroeder, Paul W., *The Transformation of European Politics 1763-1848* (Oxford :, Oxford University Press , 1996)

Scott, H. M., *The Emergence of the Great Power, 1756-1775* (Cambridge Studies in Early Modern History), (Cambridge : Cambridge University Press, 2001)

Semmel, Bernard, *Imperialism and social reform : English social-imperial thought 1895-1914* (New York : Doubleday & Co, 1968)

Sidney Seymour Bio, *The German Policy of Revolutionary France. A Study in French Diplomacy during the War of the First Coalition, 1792-1797*, 2 vols. (Cambridge, Mass. : Harvard University Press, 1957)

Simms, Brendan, *Europe : The Struggle for Supremacy 1453 to the Present* (London, Penguin Books, 2013)

Simms, Brendan, *Three Victories and a Defeat: The Rise and Fall of the First British Empire* (New York : Basic Books, 2009)

Simms, Brendan, *The Struggle For Mastery in Germany, 1779-1850* (New York : Palgrave Macmillan, 1998)

Stern, Fritz, ed., *The Varieties of History : From Voltaire to Prensent*, (New York : A Division of Renndom House, 1973)

Stern, Fritz ed., Selcted and Introduced, *The Varieties of History : From Votaire to the Present* (New York : A Division of Ranndom House, 1973)

Stewart, John Hall ed., *A Documaentary Survey of the French Revilution* (New York ; Macmillan, 1951)

  Strassler, Robert B. ed., *The Landmark Thucydides : A Comprehensive Guide to Peloponnesian War* (New York : Free Press, 1996)

Strich, Fritz, *Goethe und die weltliteratur* (Bern, FranckeVerlag, 1963)

Strich, Fritz, *Goethe and World Literature* (Whitefish : Kessinger Publishing, LLC , 2007)

Stümer, Michael, *The German Empire(1871-1919)*

Sybel,, Heinrich von, *Die deutsche Nation und das Kaiserreich* (CreateSpace Independent Publishing Platform, 2015)

Tenshin, Okakura, *The Ideals of the East* (Rutland, Vt., Charles E. Tuttle, 1970)

Thucydides, *The Peloponnesian War*, trans., J. H. Finley Jr. (New York : Modern Library, 1951)

Timothy, Baycroft, and David, Hopkin, ed., *Folklore and Nationalism in Europe During the Long Nineteenth Century*(Boston : Brill Academic Pub , 2012)

Todorov, Tzvetan, *Mikhail Bakhtin : The Dialogical Principle*, trans., Wlad Godzi처 (Minneapolis : University of Minnesota Press, 1984)

Wehler, Hans-Ulrich, *Bismarck und der Imperialsmus* (Köln :, Kiepenheuer & Witsch, 1969)

Weikart, Richard, *From Darwin to Hitler: Evolutionary Ethics, Eugenics and Racism in Germany* (New York : Palgrave Macmillan, 2006)

White, Hayden, *Metahistory : The Historical Imagination in Nineteen-Century Europe* (Baltimore : Johns Hopkins University Press, 2014)

Winock, Michel *Nationalisme, antisémitisme et fascisme en France* (Paris : Seuil, 1982)

Winock, Michel, *La France politique, XIX$^e$-XX$^e$ sècle* (Paris : Seuil, 2003)

## 8)일본 문헌

原勝郎, 『日本中世史』第1卷 (東京: 富山房, 1906年)

小林敏明, 『廣松渉-近代超克』(東京：講談社, 2007)

高坂正顯, 『歷史の意味とその行方』, (東京：こぶし書房, 2002),

高坂正顯, 西谷啓治, 高山岩男, 鈴木成高, 『世界史的立場と日本』, (東京：中央公論社, 1943)

高坂正顯, 『歷史の意味とその方』,(東京：こふし書房, 2002)

高坂正顯, 『歷史的世界』, 京都哲學叢書 第25卷, (京都: 燈影舍, 2002)

五井直弘, 『近代日本と東洋史學』(東京: 靑木書店, 1976),

鈴木成高, 『歷史的國家の理念』, (京都: 弘文堂, 1941)

鈴木成高, 『ランケと世界史學』(京都: 弘文堂, 1939)

鈴木成高, 相原信作 譯, 『世界史槪觀-近世史の 諸時代 Über die Epochen der Neueren Geschichte』(東京: 岩波書店, 1941)

京都帝國大學編, 『京都帝國大學史』, (京都: 京都帝國大學出版會, 1943)

永原慶二, 『皇國史觀』(東京: 岩波書店, 1983)

永原慶二, 『20世期日本の歷史學』(東京: 吉川弘文館, 2003)

內田銀藏, 『內田銀藏 遺稿全集』第1, 2集, 『日本經濟史の硏究』 第3集, 『國史總論及日本近世史』, 第4集『史學理論』(東京: 同文館, 1921-1922)

內藤湖南, 「日本文化とは何ぞや」桑原武夫(編), 『現代日本思想大系 27 歷史の思想』 (東京: 筑摩書房, 1965)

內藤湖南, 『新支那論』, (東京: 博文堂, 1924)

內藤湖南, 『內藤湖南全集』 7卷, (東京: 筑摩書房, 1969-1976)

內藤湖南, 『內藤湖南全集』14卷 (東京: 筑摩書房, 1969-1976)

內藤湖南, 「卑彌呼考」『藝文』1 (1910. 5-7)

內藤湖南, 「日本文化とは何ぞや」桑原武夫(編), 『現代日本思想大系 27 歷史の思想』 (東京: 筑摩書房, 1965),

西田機多郞,, 『西田機多郞,全集』第5卷 (東京: 岩波書店, 1979)

西田幾多郞, 西谷啓治, 外, 『世界史の理論-京都學派の歷史哲學論巧』京都哲學叢書 第11 卷 (東京: 燈影舍, 2000)

西村貞二, 祇園寺信彦, 增田重光 譯, 『랑케선집 제5권-傳記』(東京: 三省堂, 1943)

田辺元『歷史的 現實』(東京: 岩波新書, 1940)

東京大學百年史編集委員會編, 『東京大學百年史-部 局史』第1卷, (東京: 東京大學出版會, 1986), 607-631쪽.

村川堅固 譯, 『世界史論進講錄 Über die Epochen der Neueren Geschichte,Die grossen Mächte, Zur Geschichte der politischen Theorien』(東京: 興亡史論刊行會, 1918)

宮地正人, 「幕末, 明治前期における歷史認識の構造」『日本 近代思想大系 13-歷史認識』(東京: 岩波書店, 1991)

齊藤實, 「京城帝國大學醫學部開講式訓辭」, 『文敎の朝鮮』(1926, 6)

坂口昂, 「民族と國民と世界文化」, 『日本社會學院年報』5卷1.2.3號, 325.342頁, 1918. 332-338,

坂口昂, 「獨乙領波蘭の國史敎育(上.下)」, 『歷史と地理』 1卷2號, 1. 10頁, 1卷3號, 28-33頁, (1917)

坂口昂, 『獨逸史學史』(東京: 岩波書店, 1932)

世界敎育史硏究會 編, 『世界敎育史大系 26-大學史』1, (東京：講談社, 1978)

白鳥庫吉, 「倭女王卑彌呼」, 『東亞之光』5-6/7(1910. 6-7)『白鳥庫吉全集』 1卷 (東京: 岩波書店, 1967-1971)

白鳥庫吉, 「東洋史に於ける南北の對立」『東洋史講座』16卷 (1926, 8), 『白鳥庫吉全集』, 8卷 (東京: 岩波書店, 1967-1971)

白鳥庫吉, 「支那古傳說の硏究」, 『白鳥庫吉全集』第8卷 (東京: 岩波書店, 1967-1971)

白鳥庫吉, 「滿洲の過去 及び將來」, 『白鳥庫吉全集』第8卷 (東京: 岩波書店, 1967-1971)

白鳥庫吉 「東西交涉史槪論」, 『白鳥庫吉全集』第8卷 (東京：岩波書店, 1967-1971)

白鳥庫吉, 「東洋史上より觀たる明治維新」, 『明治維新史硏究』(1929.11), 『白鳥庫吉全集』9卷, (東京：岩波書店, 1967-1971)

白鳥庫吉, 「池內宏著『文祿經長の役』序」, 『南滿洲鐵道柱式會社(1914)』, 『白鳥庫吉全集』第10卷 (東京：岩波書店, 1967-1971)

白鳥庫吉, 「『滿洲歷史地理』 序」, 『白鳥庫吉全集』第10卷 (東京：岩波書店, 1967-1971)

白鳥庫吉, 「『朝鮮歷史地理』 序」, 『白鳥庫吉全集』第10卷 (東京：岩波書店, 1967-1971)

白鳥庫吉, 「滿洲問題と支那の將來」, 『白鳥庫吉全集』第10卷 (東京：岩波書店, 1967-1971)

白鳥庫吉 「高桑駒吉著,『東洋大歷史』序」, (1906),『白鳥庫吉全集』第10卷 (東京：岩波書店, 1967-1971)

白鳥庫吉,「日本に於儒教の順應性」,『白鳥庫吉全集』 第10卷 (東京：岩波書店, 1967-1971)

白鳥庫吉,「歷史と地誌の關係」,『史學會雜誌』1 (1889, 12)

白鳥庫吉,「皇道の根本義に就にて」『弘道』344(1920. 11)

白鳥庫吉,「滿鮮史論」,『大鵬』91921. 4)

吉川幸次郞 編,『東洋學の創始者たち』, (東京：講談社：1976)

津田左右吉,「白鳥博士小傳」,『東洋學報』 29 (1944, 1)

津田左右吉,『支那思想と日本』, (東京：岩波新書, 1938)

津田左右吉,「神代史 の性質及びその精神」, 桑原武父編,『現代日本思想大系 27 歷史の思想」, (東京：筑摩書房, 1965)

紫田三千雄,「日本における欧州歷史学の受容」, 岩波講座,『世界歷史』〈第30〉別卷 (東京：岩波書店, 1971),

末松保和,「書評-朝鮮社會經濟史(白南雲著)」,『東京: 靑丘學叢』 14, (1933년)

辻善之助,『日本 佛教史』全10卷 (東京：岩波書店, 1944-1955),

辻善之助,『日本文化史』, 全7卷, 別錄 4卷 (東京: 春秋社, 1948-1953)

阿部秀助 譯,『西州近世史 Geschichten der romanischen und germanischen Völker』(泰西名著歷史叢書 第5卷 (東京: 國民圖書, 1923)

相原新作『强國論：近世歐洲列國の盛衰)』(東京：岩波書店, 1940)

相原信作 譯,『强國論 Die Grossen Mächte』(岩波書店, 1940)

相原信作 譯,『政治問答 他一篇 Pölitsche Gespräch, Die historiae et politices cognatione atque discrimine』(東京: 岩波書店, 1941)

安藤彦太郎,『日本人の中國觀』(東京: 勁草書房, 1971)

山田豪一,『滿鐵調査部』(東京: 日經新書, 1977)

井上哲次郞,「東洋史學の價値」,『史學雜誌』 2-24 (1891年 11月), 2-25 (1891年, 12月), 3-26(1892年, 1月),

今井修 (編集), 津田左右吉歷史論集 (東京：岩波文庫, 2006)

大類伸,「西洋史發達の回顧と展望」,『歷史敎育』7卷9號, 625. 632頁 (1926)

家永三郎,,『日本の近代史學』(東京：日本評論新社, 1957)

家永三郎,『津田左右吉の思想的研究』(東京：岩波書店, 1972)

米谷匡史,「戰時期日本の社會思想-現代化と戰時變革」『思想』 12 (東京： 岩波書店, 1997)

米谷匡史,「三木淸の 世界史の哲學」,『批評空間』, 第 II期 19号(10, 1998)

梶村秀樹,「申采浩の歷史學」『思想』537호(1969)

一雄,,『東洋文庫の六十年』(東京：東洋文庫. 1977)

戴季陶,「中國と人が 日本問題を硏究する必要性」,『日本論』(東京 ： 社會思想社 , 1970)

高山岩男,『世界史の哲學』, (東京：こぶし 書房, 2001)

高山岩男,「世界史の槪念」,『思想』, (4, 1940)

小林榮三郞 譯,『Abbandlungen und Versuche』(東京: 三省堂 , 1943)

講邊龍雄 譯,『Friedrich II. König von Preussen』(東京: 白水社, 1941)

黑田多美子, 「一歷史學者のみたドイツ領ポーランドにおける敎育政策―坂口昻, 『獨逸 帝國境界地方の敎育狀況』をめぐつて」,『獨協大學ドイツ學硏究』21號, 239.263 頁, 1989,

桑原武夫(編),『現代日本思想體系 27 歷史の思想』(東京：筑摩書房, 1965)

桑原武夫編,『日本の名著』, (東京：中公新書, 1962)

原覺天,『現代ァゾァ硏究成立史論』,(東京：勁草書房, 1984)

堀米庸三 外 譯,『Zur Geschichte Deutschlands und Frankreichs im neunzehnten jahrhundert』(東京: 三省堂, 1943)

福田德三,「韓國の經濟組織と經濟單位」(東京: 經濟學硏究, 1904)

福澤諭吉,「脫亞論」,『福澤諭吉全集』第10卷, (東京：岩波書店, 1960),

福澤諭吉, 田口卯吉,「京城帝國大學始業式にける總長訓辭」,『文敎の朝鮮』(1926, 6)

平泉澄,『建國 中興の 本義』, (東京: 至文堂, 1934)

旗田巍, 『朝鮮史』(東京: 岩波全書, 1951)

旗田巍, 「日本におけゐい東洋史の傳統」, 『歷史學硏究』270 (1962. 11)

旗田巍, 「日本における東洋史學の傳統」, 『歷史學硏究』270 (1962. 11)

旗田巍, 「佛蘭西のParageと日本の惣領」, 『國家學會雜誌』27卷 7號(1913)

旗田巍, 「日本莊園の系統」, 『國家學會雜誌』20卷 1-2號(1906)

鶴園裕, 「近朝代鮮における國學の形成-朝鮮學さ中心に」, 『朝鮮史硏究會論文集』35 (1997)

# 찾아보기

## ㄱ

가미(神) 212, 499
가치중립 56, 92, 231, 245
가톨릭 문학 109
갈리아전기 Commentaries on the Gallic War 366
강국론 15, 16, 17, 19, 102, 103, 105, 142, 145, 151, 206, 229, 231, 236, 238, 240, 246, 249, 250, 251, 261, 268, 269, 272, 273, 318, 335, 347, 348, 349, 350, 387, 411, 421, 442, 446, 447, 471, 480,
강대세력들 15, 44, 50, 85, 89, 105, 106, 107, 108, 109, 110, 140, 163, 168, 170, 182, 188, 241, 318, 347, 349, 374, 387, 388, 392, 398
강만길 22, 23, 24, 26, 27, 305, 423, 424, 429, 436, 443, 467, 469, 470, 506, 515, 519,
강진철 278, 477, 519
개벽(開闢) 297
개별성 16, 20, 41, 56, 58, 63, 65, 67, 74, 83, 88, 99, 101, 159, 160, 161, 165, 166, 167, 173, 195, 202, 204, 205, 220, 221, 236, 240, 241, 265, 269, 270, 273, 313, 314, 315, 325, 336, 339, 341, 342, 344, 345, 346, 347, 352, 354, 355, 357, 358, 375, 390, 405, 406, 409, 411, 412, 414, 419, 421, 425, 428, 433, 455, 456, 461, 463, 468, 471, 472, 474, 487, 488, 495, 496, 497, 498, 500, 506, 521
개인주의 37, 83, 237
게르만 민족 54, 79, 84, 90, 99, 100, 123, 144, 147, 162, 171, 172, 177, 191, 192, 193, 197, 198, 199, 200, 206, 227, 287, 368, 370, 371, 372, 403, 439, 491
게르만 역사 문헌집 Monumenta Germaniae Historica 369
게르만 연대기 197, 368, 369
게오르규 베츠 54
결합능력 96
경성제국대학 274, 279, 280, 310, 431, 435, 438, 449, 454, 455, 456, 475, 476,

477, 478, 479, 518, 523
경신만선여행일지 庚申滿鮮旅行日誌 440
경제대사서 經濟大辭書 440
경험주의 31, 37
계(契) 323, 394
고도 신페이(後藤新平) 256
고려시대사 328
고려시대연구 303
고병익 14, 15, 17, 329, 330, 464, 475, 479, 487, 518, 521
고사기와 일본서기연구 古事記及日本書記の硏究 265
고사카 마사아키(高坂正顯) 268, 318
고야마 이와오(高山岩男) 268, 316, 318
고유섭(미술사) 301
고트인 371
고트프리드 헤르만(Gottfried Hermman) 367
골(Gauls) 366
공산주의 94, 101, 221, 236, 458, 498
괴테 51, 136, 174, 195, 367, 372, 392
교토제국대학 226, 227, 228, 234, 237, 241, 242, 253, 256, 263, 267, 268, 274, 279, 302, 318, 356, 438, 472, 475
교토학파 235, 236, 238, 242, 246, 248, 250, 269, 270, 271, 272, 273, 274, 314, 316, 318, 319, 322, 341, 446, 523
구로야나기 마사타로(黑柳政太郎) 256
구로이타 가쓰미(黑板勝美) 281
구메 구니다케(久米邦武) 286
구조주의 345, 346, 425
구취(G. P. Gooch) 194

국가의 이상 225, 333
국가이념 189, 198, 222, 286
국사개설 266, 299
국사교육심의회 444
국사대관 303, 308
국사와 지도이념 303, 319
국사통론 299, 515
국사학의 정수 264, 266
국사학의 정수 國史學の 骨髓 266
국선(國仙) 379
국정교과서제 265
국체의 본의 國體の 本義 266
국혼(國魂) 378
군주론 116
권근 380
권덕규 297, 310
권중현 477
그리스사 hellenica 369
근대 역사학 12, 13, 17, 27, 42, 52, 54, 56, 76, 78, 84, 92, 102, 167, 180, 204, 207, 210, 211, 212, 213, 214, 223, 224, 225, 230, 233, 234, 246, 250, 253, 264, 267, 274, 285, 287, 290, 294, 296, 297, 300, 301, 303, 305, 308, 313, 317, 335, 339, 357, 363, 373, 374, 376, 399, 418, 419, 423, 428, 430, 451, 455, 464, 466, 468, 469, 472, 475, 481, 484, 485, 490, 493, 497, 499, 507, 510, 511, 520,
근세사 여러 시기에 관하여 73, 152, 154, 155, 156, 157, 158, 159, 160, 163, 287, 288,
기기신화 479

기독교 보편세계 32, 79, 84, 112, 116, 142, 151, 198
기원신화 265
기조 24, 49, 50, 239
길드제도 131
김동준 477
김부식 380, 403
김상기 295, 297, 301, 303, 309, 328, 329, 356, 429, 477
김석형 295, 310, 429, 432, 466, 478, 520
김성수 310
김성칠 297, 299, 477, 515
김용덕 298, 299
김용선 17, 18, 21, 331, 332, 333, 334, 340
김용섭 53, 275, 276, 277, 281, 282, 303, 305, 312, 386, 395, 396, 428, 430, 436, 437, 441, 442, 443, 444, 445, 450, 455, 456, 458, 459, 460, 466, 474, 507, 516, 520
김철준 298, 299, 303, 436, 516, 521
깊은 치욕 속의 독일 148

## ㄴ

나의 백성들에게 136
나이토 고난(內藤湖南) 242, 290, 450
나카 미요치(那珂通世) 451
나카 미치요(那珂通世) 229, 316
나폴레옹 48, 53, 60, 76, 77, 79, 80, 81, 82, 86, 90, 92, 101, 113, 114, 126, 129, 130, 131, 132, 133, 135, 136, 138, 139, 140, 142, 145, 146, 147, 148, 149, 173, 176, 195, 201, 372, 510

낭가사상(娘家思想) 377
낭만주의 48, 50, 51, 60, 67, 76, 98, 133, 143, 147, 218, 255, 297, 371, 372, 454, 510
내선일체 157, 238, 241, 253, 276, 319, 327, 407, 409, 459
내재적 발전론 395, 396, 441, 442, 443, 444, 456, 459
노노무라 16, 17
노마 기요시(野間淸) 359
노발리스트(Novalist) 134
노이즈 106
농노해방 131
농민전쟁 외피론 442
뉘른베르그 148
뉴라이트 335, 498
니버 53, 71
니시다 기타로(西田幾多郎) 447
니시다 나오지로(西田直二郎) 241, 267, 279, 302, 329
니시타니 게이지(西谷啓治) 268, 316, 318

## ㄷ

다구치 우키치(田口卯吉) 229, 419, 489, 496
다보하시 기요시(田保 敎潔) 278
다이스케(林泰輔) 278, 298
다카쿠와 고마키치(高桑駒吉) 263
다쿠치 우키치(田口卯吉) 240, 314
단군신화 52, 281, 283, 284, 380, 397, 404, 405, 435
대동아 공영 241, 253, 447

대일본사료집 286
덕의 정치 119
데목속(Démoc-soc) 457
데카당스 49, 50
데카르트의 과학주의(36쪽- 데카르트 / 과학주의 따로 봐야하나?) 40
덴마크 79, 82, 475, 517
덴포(天保)의 노인 310
도가사상과 그 전개 332
도덕적 에너지 16, 80, 90, 91, 92, 94, 95, 99, 102, 110, 164, 170, 178, 179, 180, 183, 186, 188, 189, 194, 202, 246, 248, 249, 250, 268, 272, 273, 289, 318, 349, 373, 379, 404, 411, 418, 421, 445
도병마사(道兵馬使) 323
도유호 295,429
도의정신(道義精神) 379
도쿄제국대학 210, 212, 225, 226, 230, 234, 237, 253, 254, 259, 263, 264, 268, 274, 279, 286, 287, 289, 298, 311, 333, 356, 389, 438, 452, 457, 477, 478, 499
독일 민족정신에 대하여 119
독일 분리와 통일에 관하여 143
독일 사학사 290
독일 제국 경계지방의 교육상황 243
독일민족의 정신 122
독일법 100
독일사 57. 58, 85, 176, 267, 270, 296, 297, 517
독일연합 104
동국통감 380
동맹(東盟) 386

동방문화 교류사 연구 328
동복공정 470
동아협동체론 316
동양문고(東洋文庫) 256
동양사학의 가치 389, 499, 450
동양의 통일 317, 318
동양학보 310
두 가지 길이론 442, 443
두레 323, 394
디에트 133

## ㄹ

라슈타트 129
라이프치히 54, 75, 79, 138, 139, 140, 146, 195, 367
라인동맹 131
라틴 제민족과 게르만 제민족의 역사 90, 197
라틴민족 171, 287
랑고바르드인 371
랑케 12, 14, 15, 16, 17, 18, 19, 20, 27, 30, 39, 40, 41, 42, 43, 44, 50, 51, 52, 53, 54, 55, 56 57, 59, 68, 70, 71, 72, 73, 74, 75, 76, 77, 79, 84, 85, 86, 87, 88, 89, 90, 91, 92, 93, 94, 95, 96, 98, 99, 100, 101, 102, 103, 104, 105, 106, 107, 108, 109, 110, 113, 114, 115, 116, 117, 118, 119, 139, 140, 141, 142, 143, 144, 145, 147, 148, 149, 150, 151, 152, 153, 154, 155, 156, 157, 158, 159, 160, 161, 162, 163, 164, 165, 166, 167, 168, 169, 170, 171, 172, 173, 174, 175, 176, 177, 178, 179, 180,

181, 182, 183, 184, 185, 186, 187, 188, 189, 190, 191, 192, 193, 194, 195, 196, 197, 198, 199, 200, 201, 202, 203, 204, 205, 206, 207, 210, 211, 212, 213, 214, 215, 216, 217, 218, 219, 220, 221, 222, 223, 224, 225, 226, 227, 228, 229, 230, 231, 232, 233, 234, 235, 236, 237, 238, 240, 241, 242, 245, 246, 248, 249, 250, 251, 253, 254, 255, 262, 263, 264, 265, 267, 268, 269, 270, 271, 272, 273, 274, 278, 279, 280, 281, 282, 283, 284, 286, 287, 288, 289, 290, 294, 295, 296, 302, 304, 310, 311, 312, 313, 314, 317, 318, 321, 322, 324, 325, 326, 328, 329, 331, 332, 335, 336, 338, 339, 341, 342, 343, 344, 345, 346, 347, 348, 349, 350, 351, 354, 355, 356, 357, 358, 359, 360, 363, 365, 366, 367, 368, 369, 370, 371, 372, 373, 374, 375, 376, 378, 385, 387, 388, 389, 390, 391, 392, 393, 395, 396, 397, 398, 399, 401, 402, 403, 404, 405, 406, 407, 408, 409, 410, 411, 412, 413, 414, 416, 417, 418, 419, 420, 421, 422, 423, 424, 425, 428, 429, 430, 431, 432, 434, 435, 436, 437, 439, 440, 441, 442, 443, 445, 446, 447, 448, 450, 451, 452, 454, 456, 457, 459, 460, 461, 462, 463, 464, 465, 466, 468, 469, 470, 471, 472, 473, 474, 477, 478, 480, 481, 484, 485, 486, 487, 488, 489, 490, 491, 492, 494, 495, 496, 497, 498, 499, 501, 502, 506, 507, 508, 509, 510, 511, 512, 513, 515, 517, 518, 519, 520, 521, 528, 537
랑케류의 실증사학 53
랑케와 세계 사학 246
랑케와 세계사학 271, 272, 290, 314, 445
량치차오 52
레닌 442
레싱(Lessing) 123
레씽 51
로렌스 스턴(Lawrence Stone) 214
로마건국 이래의 역사 369
로마법 100, 191
로마사 53, 196, 201, 368, 372
로마제국 연대기 The Annals of Imperial Rome 366
로베스피에르(Robespierre) 125
루드비히 리스 210, 254
루이 11세 200
루이 14세 32, 91, 105, 107, 109, 110, 206
루이 14세의 시대 32
르낭 100, 149, 527
르네상스 77, 78, 198, 367
리가 각서 Riga Memorandum 131
리투아니아 137

■

마르크스 사학 179, 304, 396, 506
마쓰리고토 219, 358, 390
마에지마 신지(前嶋信次) 478
마이네케 16, 17, 20, 60, 161, 162, 188, 421, 474, 480, 517
마인츠 126, 128
마키아벨리 116, 119

막스 베버 88
막시밀리안 91, 106, 115, 116, 117, 118
막시밀리안 루드비히 115
만선불가분의 사적 고찰 439, 440
만선사 체계의 재인식 439
만선사(滿鮮史) 440, 452
만선지리역사연구보고(滿鮮地理歷史報告) 258
만주발달사 439
만주역사지리 257, 449
만철조사부 213, 223, 225, 256, 258, 277, 359, 438, 480
만투아 106
메커니즘 50, 64, 68
메이지 유신 218, 258, 297, 307, 310, 389
메테르니히 136, 138
모험공 샤를(Karl den Kühnen) 371
몸젠 149, 150
무라카와 겐고(村川堅固) 253
무정부주의 490, 492, 493, 507
무천(舞天) 386
문일평 21, 297, 310, 331, 378, 464
문학비평 500
문학에 나타난 국민사상의 연구 333, 480
문헌 고증학 294, 400, 401
문화사란 무엇인가 267, 296
문화인류학 85, 425, 500
문화주의 238, 241, 242, 296, 297, 298, 299, 300, 302, 304, 311, 317, 318, 321, 322, 328, 329, 356
뮌헨대학 115 미국혁명 59
미시나(三品彰英) 439, 449

미야지마 히로시(宮嶋博史) 448
미야케 세쓰레이(三宅雪嶺) 225
미카미 지로(三上次郎) 478
미키 키요시 315
민두기 329
민영규 295, 297, 429
민족 성장론 443
민족국가 15, 16, 41, 51, 60, 61, 81, 82, 84, 85, 90, 92, 95, 97, 99, 100, 101, 104, 106, 112, 117, 118, 123, 133, 139, 151, 152, 158, 161, 162, 163, 165, 168, 169, 170, 171, 174, 175, 177, 178, 179, 181, 182, 183, 184, 185, 186, 187, 188, 189, 194, 197, 198, 199, 201, 220, 227, 228, 238, 240, 241, 259, 260, 269, 270, 324, 347, 357, 358, 374, 375, 398, 407, 411, 412, 420, 421, 443, 460, 461, 462, 480, 506, 507
민족들의 삶의 양식들과 관습들에 대한 논술 32
민족들의 전쟁 146, 249
민족원리 110, 181, 189, 221
민족이란 무엇인가 100, 527
민족정신 14, 15, 16, 18, 19, 41, 51, 57, 58, 66, 76, 80, 100, 110, 119, 121, 133, 138, 140, 142, 143, 144, 145, 149, 151, 163, 164, 165, 166, 169, 173, 174, 175, 176, 179, 182, 185, 187, 188, 189, 190, 194, 203, 207, 218, 220, 239, 250, 297, 320, 322, 328, 336, 349, 350, 351, 370, 371, 372, 374, 376, 377, 378, 379, 380, 386, 387, 388, 391, 396, 402, 403, 404, 405,

406, 407, 411, 418, 437, 458, 459, 460, 462, 492, 498, 510
민족주의 사관 12, 16, 21, 55, 226, 236, 300, 331, 326, 347, 355, 356, 401, 405, 417, 485, 492

## ㅂ

바덴 하노버 138
바렌 138
바르샤바 대공국 130
바이렌 132
바이마르 공화국 82
바이에른 91, 105, 113, 115, 130, 131, 134, 138, 145, 146
바쟁 133
박시형 295, 310, 329, 432, 478
박영효 477
박정희 443, 444, 461, 466
박제가 384
박지향 22, 23, 516
박해묵 298
반만년조선역사 298
발미(Valmy) 126
발트해 79
배외사상(拜外思想) 383
백관회의(百官會議) 323
백남운 283, 300, 356, 395, 396, 456, 477, 478, 516, 527
백남훈 279
베르사유 강화 조약 82
베르사이유 79, 133
베르크 103, 130, 131, 138

베르흐테스가덴 115
베른슈토르프 103
베른하임 17, 20
베를린 대학 56, 76, 87, 89, 201, 287
베스트팔렌 130, 134
보통학교국사 275
보편사 Universal History 161, 366
보편성 16, 19, 20, 22, 23, 41, 56, 63, 64, 67, 70, 74, 75, 84, 89, 112, 159, 160, 163, 166, 167, 168, 171, 172, 173, 174, 180, 185, 190, 191, 198, 201, 202, 203, 204, 219, 221, 224, 225, 226, 227, 234, 236, 240, 241, 267, 268, 269, 270, 273, 279, 302, 313, 314, 315, 317, 325, 331, 336, 337, 338, 339, 340, 341, 342, 343, 344, 345, 347, 354, 355, 357, 358, 359, 374, 393, 397, 399, 400, 406, 407, 412, 413, 414, 416, 417, 418, 419, 420, 421, 422, 424, 428, 433, 447, 448, 456, 461, 463, 468, 471, 472, 474, 480, 487, 488, 494, 495, 496, 497, 498, 499, 501, 502, 503, 506, 511, 521
보편적 세계관 33, 38, 74, 99, 143, 151, 173, 177, 181, 198, 225, 231, 318, 327, 342, 346, 347, 351, 393, 397, 398, 409, 421, 422, 498
보편제국 111
볼테르 32, 40, 48, 154
부르스 마즐리쉬 35
북학의(北學議) 384
분단사학론 26
분단시대의 역사인식 26, 443

뷔르템베르크 130, 131, 138
브란덴부르크 137
브렌타노(Brentano) 134
비당파성 43, 51, 87, 88, 370, 463
비변사회의(備邊司會議) 323
비스마르크 76, 81, 85, 104, 139, 243
비코 44, 45, 46, 47, 48, 58, 203, 527
빌헬름 4세 115
빌헬름 딜타이 55
빌헬름 벤델반드 55
빌헬름 폰 지제브레히트 54
빌헬름 폰 훔볼트 77, 86, 95

## ㅅ

사간원 323
사다키치(喜田貞吉) 437
사문회(斯文會) 222
사카구치 다카시 237, 253, 289, 290
사학잡지 212, 310, 311, 333, 450
사해 70, 212, 382, 403
사헌부 323
사회의(司會議) 323
사회적 다윈주의(Social Dawinism) 252
사회진화론 65, 252, 358, 490
사회학의 원리 Principle of Sociology 358
산악파(Montagnards) 457
살루타티우스(Salutatius) 368
삼국사기 21, 253, 354, 380, 382, 397, 480
삼국사기 고구려기의 비판 480
삼국유사 380
삼국통일 및 김춘추 비판 385
상대일본의 사회와 사상 上代日本の社會及び

思想 265
상대주의 413, 415, 416, 467
새로운 과학(The New Science) 47, 97, 301, 503, 512
새로운 역사와 낡은 역사 214, 215
생시몽(Saint-Simon) 41, 238
샤를 2세 109
샤머니즘 404
서거정 380
선랑(仙郞) 379
세계사 개관-근세사의 제 시대 416
세계사론 진강록(世界史論進講錄) 253
세계사의 철학 166, 235, 253, 315, 318
세계정신 38, 73, 74, 156, 166, 203, 205, 325
세력균형 54, 77, 109, 111, 119, 120, 161, 175, 179, 206, 259, 328, 349, 387
세바스챤 포스카리니(Sebastiane Foscarini) 387
세바스티앙 포스카리니 106
소도(蘇塗) 386
소도제(蘇塗祭) 386
손보기 298
손진태 21, 297, 299, 300, 301, 310, 330, 331, 433, 464, 477, 478, 479, 516
송석하 295, 301, 429
송석하(민속학) 301
송진우 310
순진무구(純眞無垢) 379
쉴러(Schiller) 133
슈바벤 134
슈타이어마르크 134

찾아보기 551

슈타인-하르덴베르크 103
슈투름 운트 드랑 51
슐라이어마허 143
슐레겔(Schlegel) 134
슐레스비히 79
슐레지엔 122, 142
스미스 98
스에마쓰 야스카스(末松保和) 278, 284
스웨덴 79, 80, 105, 107, 111
스즈키 시게타카 253, 268, 274, 289, 314, 316, 318
스즈키 시게타카(領木成高) 316, 318
스콧 200
스트라우스 149
슬라브 민족 61
시게노 야스구니(重野安繹) 287
시게노 야스쓰구 211, 498, 499
시대정신 157, 423, 424
시라토리 213, 214, 217, 218, 219, 221, 222, 223, 226, 227, 234, 254, 255, 256, 257, 258, 259, 260, 261, 262, 278, 290, 306, 317, 352, 358, 389, 390, 430, 449, 450, 451, 452, 453, 467, 478, 479
시바타 미치오(紫田三千雄) 240, 312
시카다 히로시(西方博) 456
식민사관 12, 13, 14, 18, 19, 20, 22, 25, 27, 97, 102, 159, 226, 234, 236, 242, 253, 259, 274, 278, 280, 284, 295, 296, 301, 308, 332, 334, 335, 347, 355, 359, 376, 395, 397, 407, 408, 411, 413, 418, 423, 428, 436, 437, 439, 443, 444, 455, 456, 457, 460, 461, 463, 465, 467, 469, 470,
471, 473, 475, 479, 481, 485, 486, 487, 488, 489, 491, 494, 496, 506, 507, 508, 509
식민사학자 13, 156, 283, 284, 334, 435, 464, 471
식민지 수탈론 442
신남철 283, 284, 522
신대사연구 神 代史の硏究 265
신도(神道) 212, 218, 389
신사참배 253
신석호 294, 310, 429, 475, 477
신성로마제국 80, 111, 112, 113, 114, 119, 120, 122, 124, 125, 126, 127, 128, 129, 130, 131, 133, 138
신-신민족사관 21
신의 사상 44, 90, 168, 181, 183, 221, 263, 373, 412
신의 섭리 44, 45, 70, 74, 75, 76, 78, 101, 158, 159, 162, 163, 183, 185, 196, 201, 205, 217, 218, 219, 220, 325, 326, 373, 410, 424
신지학(神智學Theosophie) 369
신채호 14, 18, 19, 53, 67, 336, 347, 349, 350, 351, 352, 353, 376, 377, 378, 381, 382, 385, 386, 387, 391, 393, 395, 396, 399, 400, 401, 402, 403, 405, 406, 410, 417, 418, 436, 456, 468, 490, 491, 492, 493, 494, 495, 507, 515, 516, 517, 518, 520, 523, 527
신통기神統記, Theogonie 367
신편조선역사(新編朝鮮歷史) 298
신혁호 295, 507

실러 51, 60
실레지아 137
실증정치체계 31
실증주의 사학 12, 13, 14, 15, 17, 18, 19, 21, 22, 23, 24, 26, 27, 30, 42, 51, 52, 53, 54, 57, 69, 71, 72, 73, 74, 76, 79, 88, 93, 97, 98, 99, 100, 101, 102, 105, 141, 151, 165, 168, 171, 172, 173, 178, 179, 180, 181, 185, 189, 190, 203, 204, 207, 210, 211, 212, 213, 214, 215, 216, 219, 222, 223, 224, 225, 226, 227, 228, 230, 231, 232, 233, 234, 236, 240, 241, 246, 249, 250, 254, 264, 265, 267, 268, 270, 271, 272, 274, 278, 279, 280, 281, 282, 284, 285, 287, 289, 290, 294, 295, 296, 297, 299, 300, 301, 302, 303, 304 305, 306, 310, 311, 312, 313, 314, 315, 319, 321, 322, 329, 330, 331, 332, 333, 334, 335, 336, 338, 339, 341, 346, 351, 354, 355, 356, 357, 359, 360, 363, 373, 374, 375, 378, 379, 387, 391, 392, 394, 395, 396, 397, 398, 399, 400, 401, 402, 403, 406, 410, 411, 416, 417, 418, 419, 421, 422, 423, 424, 425, 428, 429, 430, 431, 432, 433, 434, 435, 436, 437, 441, 444, 445, 450, 451, 452, 454, 456, 457, 459, 460, 461, 462, 463, 464, 465, 466, 467, 468, 469, 470, 471, 472, 473, 474, 478, 480, 481, 484, 485, 486, 487, 488, 489, 490, 491, 492, 494, 495, 496, 497, 498, 499, 501, 502, 503, 506, 507, 508, 509, 510, 511, 512
실증철학강의 30
실증철학의 강의 41, 238
심춘순례尋春巡禮 404
쓰다 소우키치(12,17페이지) 16, 258, 306, 329, 332, 449, 460, 464, 478, 479

## ㅇ

아나키즘 492, 493
아르님(Arnim) 134
아른트 134
아리스토텔레스 184
안다루시아 132
안드레아스 호퍼 145, 146
안재홍 283, 297, 395, 433, 456, 527
안확 295, 297, 298, 310
알렉산더 해밀턴 112
암시바리어족(Amsivarier) 183
앙리 드 생시몽 34
앙주의 필립 109
앙투아네트 124, 125
애국주의 140, 142, 148, 189, 250
야콥 부르크하르트 54
야나이하라 다다오(矢內原忠雄) 333, 464
야나이하라 타다오(矢內原忠雄) 330
야마다 모리타로(山田盛太郞) 333
야마지 아이잔(山路愛山) 316
야마타이 262, 263, 422, 472
야마타이(邪馬臺) 왕국 262, 422
야마토 472
어윤적 477
언어분석 500
언원학자(Etymolog) 367

에노키 가즈오(榎一雄) 452
에드워드 사이드 215, 316
에르네스트 르낭 100, 527
에른스트 모리츠 아른드트 134
엘리트 관료 80, 83, 123, 254
역사서술의 이론과 역사 264
역사와 정치의 친화성과 차이에 대하여 89
역사정치잡지 55, 103, 105, 143
역사주의 17, 20, 48, 51, 53, 55, 58, 70, 89, 93, 98, 99, 154, 167, 180, 187, 190, 194, 204, 210, 218, 236, 288, 299, 324, 342, 344, 375, 406, 408, 410, 411, 413, 421, 430, 474, 489, 511, 517, 519, 520, 521, 523
역사주의 사관 20, 194
역사학보 15, 312, 331, 395, 430, 436, 455, 465, 467, 469, 470, 484, 506, 519, 520, 522, 523
영 ???
영고(迎鼓) 386
영국 35, 40, 49, 50, 61, 80, 82, 83, 85, 86, 93, 94, 100, 101, 104, 105, 106, 108, 110, 114, 116, 120, 121, 126, 128, 132, 145, 152, 158, 161, 177, 206, 215, 227, 228, 239, 242, 252, 343, 348, 366, 384, 388, 400, 407, 441, 503, 511
예나-아우어슈테트 131, 132
예나전투 80
예카테리나 126
오다 쇼고(小田省吾) 278, 475
오다(小田省吾) 438
오리엔탈리즘 215, 235, 282, 316, 317, 318, 430, 436, 448, 449, 451, 471, 515, 522
오리엔트 192, 235, 255, 316, 451
오스카 예커 176
오스트리아 79, 80, 82, 93, 103, 104, 105, 110, 113, 114, 119, 120, 121, 122, 124, 125, 126, 127, 128, 129, 130, 131, 132, 135, 136, 138, 140, 142, 144, 145, 148, 150, 206, 348, 488
오우치 효에(大內兵衛) 333
오장환 297, 299
오카마쓰 산타로(岡松參太郎) 256
오카쿠라 덴신(岡倉天心) 255, 453
와다(和田一郎) 440
요네타니 마사후미 315
요한 고트프리드 헤르더 58
요한 필립 팔름 148
우치다 긴조 227, 228, 298, 310
윌리엄 3세 110, 206
월터 스코트(Walter Scott) 371
위고 그로티우스(Hugo Grotius) 371
유교지도(儒敎指導) 379, 391
유대인 51, 62, 191, 360, 362
유맹 477
유토피아 34
유학사 303, 308
유홍렬 295, 310, 429, 477, 507
윤영구 477
윤치영 310
윤치호 237, 310, 327, 407, 408, 409, 415, 515
의타주의(依他主義) 383

이광수 310
이기동 14, 17, 464, 479, 480, 481
이기백 13, 14, 15, 16, 17, 18, 19, 20, 21, 22, 25, 26, 97, 236, 294, 295, 296, 298, 299, 300, 301, 312, 315, 322, 329, 330, 331, 332, 333, 334, 335, 336, 337, 338, 339, 340, 341, 343, 344, 345, 346, 347, 348, 350, 351, 352, 353, 354, 356, 381, 382, 383, 384, 385, 391, 393, 394, 395, 396, 397, 398, 399, 401, 402, 403, 404, 405, 406, 411, 412, 413, 414, 415, 416, 417, 418, 419, 423, 424, 428, 434, 436, 444, 445, 460, 464, 465, 467, 468, 471, 474, 475, 479, 480, 481, 485, 486, 487, 488, 490, 491, 492, 493, 494, 495, 496, 497, 498, 507, 508, 517, 519, 520, 521, 522
이나바 구니야마(稻葉君山) 308
이나바 이와키치(稻葉岩吉) 257, 278, 449
이노우에 데쓰지로(井上哲次郞) 218, 450, 467, 469
이노첸시오 11세 107
이능화 295, 310, 477
이마니시 류 278, 438, 475
이마니시 류(今西龍) 278
이병도 13, 14, 16, 21, 22, 278, 279, 282, 283, 294, 295, 296, 297, 298, 301, 303, 304, 305, 306, 308, 309, 310, 311, 315, 319, 320, 321, 322, 323, 324, 326, 328, 330, 332, 334, 354, 356, 379, 380, 391, 394, 396, 429, 432, 434, 435, 436, 460, 464, 466, 474, 477, 478, 479, 481, 507, 517, 518, 520, 522
이상백 294, 295, 297, 301, 303, 309, 311, 312, 313, 314, 315, 329, 356, 429, 477, 507, 518
이선근 295, 429, 445, 461, 477, 507, 510, 521
이숭녕 310
이승휴 380
이야케 요네키치(三宅米吉) 316
이영훈 23, 24, 25, 516
이와나미 문고(岩波文庫) 273
이와나미(岩波) 문고 446
이완용 447
이용범 329, 466, 522
이우성 444, 445, 460
이익사회(Gesellschaft) 321
이인영 295, 299, 429,, 433, 434, 477, 478, 521, 522
이종욱 21, 332, 334, 335, 460, 469, 506, 518, 523
이케우치 히로시(池內宏) 257, 258, 279, 307, 308, 478
이케우치(池內宏) 449, 450
이탈리아 35, 54, 77, 93, 94, 100, 105, 108, 112, 120, 122, 126, 161, 169, 388
이토 히로부미(伊藤博文) 286
이홍식 295, 429, 507
이홍직 477
인간정신의 진보에 관한 역사적 상태의 대요 32
인간정신진보사 241
인도교 35

인도차이나 101
일리아드와 오디세이 42
일리아드와 오딧세이 363
일본상대사연구日本上代史研究 265
일선동조론(日鮮同祖論) 276
일연 96, 104, 138, 380
임나일본부설(任那日本府說) 258
임시역사교과용도서조사위원회 276

## ㅈ

자본주의 맹아론 441, 442, 456
자연법 62, 63, 294
작센 지역 130
장도빈 297, 298
장원제도 455
전석단 295
전석담 356, 429, 432, 518
전해종 204, 329, 410, 473, 519
절대주의 80, 103
정인보 19, 354, 355, 376, 378, 382, 395, 396, 433, 434, 456, 477, 518
정체성 이론 309, 340, 394, 395, 438, 440, 449, 456, 488
정치대담 15, 44, 50, 76, 85, 105, 140, 163, 175, 181, 182, 188, 241, 248, 318, 344, 349, 373, 374, 412, 417, 420, 421, 515
정치문답 44, 89, 90, 246, 273, 318, 446
정치문답 기타 일편 446
정치학 184, 235, 319, 523
제국 대학령 286, 476
제국의회 111, 120, 122, 130, 264
제국주의 25, 26, 60, 65, 101, 102, 175, 180, 187, 188, 197, 210, 213, 214, 215, 216, 220, 223, 225, 227, 229, 230, 231, 233, 234, 236, 238, 243, 248, 250, 251, 252, 253, 256, 257, 258, 260, 264, 265, 267, 268, 271, 272, 274, 279, 285, 286, 287, 298, 300, 302, 306, 309, 314, 315, 318, 326, 327, 341, 352, 358, 359, 364, 401, 406, 407, 409, 413, 416, 418, 419, 421, 422, 423, 424, 438, 439, 448, 451, 454, 458, 459, 463, 470, 472, 474, 489, 496, 497, 498, 501, 504, 510
제왕운기 380
제임스 메디슨 112
조만식 310
조선 경제조직과 봉건제도 440
조선문명사 298
조선사 213, 227, 234, 250, 276, 277, 278, 279, 280, 281, 283, 284, 289, 298, 299, 300, 308, 309, 356, 378, 380, 381, 382, 386, 400, 4313, 432, 434, 435, 438, 439, 440, 449, 450, 453, 475, 477, 478, 490, 493, 516, 523
조선사(朝鮮史) 298
조선사강좌 449
조선사대계 438
조선사대관 435
조선사략 380
조선사연구초(朝鮮史研究草) 381
조선사의 타율성 439
조선사편수회 213, 227, 278, 279, 280, 281, 283, 284, 299, 308, 434, 438, 477, 478

조선사편찬위원회 280, 477
조선사학(朝鮮史學) 309
조선심(朝鮮心) 378
조선역사상 1천 년 이래 제1대 사건 381
조선역사요령 298
조선역사지리 257, 449
조선유학사 308
조선의 토지제도 및 지세제도 조사보고서 441
조선정신 404, 406
조선학보(朝鮮學報) 309
조선혁명선언 492, 493
조윤제 310
존 스튜아트 밀 35
종교개혁 90, 112, 198, 390
종교에 관하여 143
주광회(朱光會) 264
주봉우 297
주종관계 455
중고등학교 국사교육 개선을 위한 기본 방향 444, 460
중세 봉건제(Feudalism) 455
중화주의 326, 327, 328, 453
쥘 미슐레 48
지나 담론 316
지나(支那) 307, 452
지나사(支那史) 452
지나사상 16, 332
지나사상과 일본 支那思想の日本 332
지도이념 72, 73, 74, 91, 153, 155, 156, 160, 303, 319, 320, 322, 323, 324, 325, 326, 328, 379, 380, 391, 392, 394

지배경향 73, 74, 119, 152, 156, 157, 216, 217, 324, 326, 327, 328, 358, 390, 398, 410, 414, 415, 423, 498
지행합일(知行合一) 379, 391
진단학보 295, 302, 309, 432, 434, 522
진단학회 13, 295, 296, 297, 300, 301, 302, 303, 304, 305, 309, 310, 321, 328, 334, 354, 356, 360, 432, 434, 435, 466, 474, 477, 478, 480, 481, 507, 518

ㅊ

천관우 13, 26, 298, 515
천황중심주의 265
청구학총 309, 310
청구학총(青丘學叢) 309
초등국사 275, 276, 521
초등학교령 276
최남선 19, 283, 295, 297, 299, 322, 353, 400, 401, 404, 405, 406, 410, 477, 492
최두선 310
최익한 297
출애굽 사건 362
츠바이브뤼켄 107
친일인사 310, 327, 328, 476

ㅋ

카를 6세 120
카와이(河合弘民) 440
카우니츠(Kaunitz) 125
칸트 40, 59, 63, 64, 65, 69, 75, 95, 143, 204, 205, 218, 372
칼 람프레히트 57, 267, 296

찾아보기 557

칼 람프레히트(Karl Lamprecht) 57, 267
칼리쉬(Kalish) 선언 146
케두리 95, 97
케사르(Julius Caesar) 366
퀜틴 더워드 Quentin Durward 371
코우야마 이와오(高山岩男) 235
콩도르세 31, 32, 33, 34, 38, 41, 43, 154, 241, 242, 296, 302
콩트 30, 31, 34, 35, 36, 37, 38, 39, 40, 41, 42, 43, 57, 71, 204, 205, 219, 238, 239, 240, 241, 242, 294, 295, 311, 312, 321, 322, 351, 352, 353, 354, 429
콩트식의 실증주의 219, 294
쿠로다(黑田巖) 440
퀜틴 더워드 Quentin Durward 200
크로체 17, 20, 39, 264, 311, 376
클라이스트 133
클로드 레비스트로스 345
클롭스톡(Klopstock) 123
키다(喜田貞吉) 440
키메라 174, 178, 398

## ㅌ

타키투스(Cornelius Tacitus) 366
타협주의 320, 323
탈식민화 101
탈정치화 91, 92, 406, 415
테크테레족(Tencterer) 183
투기디데스 43
튀르고 154
트라이취케 149, 150
트리폴리스 107

특수성 19, 20, 39, 56, 59, 65, 67, 74, 76, 83, 84, 85, 88, 89, 96, 99, 101, 133, 160, 162, 168, 169, 171, 190, 191, 198, 199, 201, 202, 203, 204, 205, 218, 219, 220, 221, 231, 234, 236, 240, 241, 262, 307, 308, 309, 313, 314, 315, 319, 324, 326, 331, 336, 337, 338, 339, 340, 341, 342, 343, 344, 345, 347, 350, 351, 352, 354, 355, 357, 358, 374, 375, 376, 389, 390, 392, 393, 395, 397, 401, 405, 406, 409, 411, 412, 413, 414, 416, 417, 419, 421, 425, 428, 433, 434, 443, 434, 443, 449, 455, 456, 469, 488, 494, 495, 496, 497, 498, 502
티에 50, 150
티에르 150
티에리 50
틸시트(Tilsit) 132

## ㅍ

파시즘 94
판소리 457
팔츠 105, 107, 110
펠로폰네소스 43, 364, 365
포메라니아 134
포메라니안 137
폴란드 역사 Polish history 95
폴리비우스 160, 161, 366
폴리비우스(Polybius) 160, 161, 366
퐁트넬 154
풍류운치(風流韻致) 379
풍수지리사상 303

퓌스텔 드 꾸랑주 149
프란체스코 2세 80
프랑스 31, 32, 35, 48, 49, 50, 51, 53, 59, 60, 61, 76, 77, 79, 80, 81, 82, 83, 86, 91, 92, 93, 94, 100, 101, 103, 104, 105, 106, 107, 108, 109, 110, 111, 112, 113, 114, 115, 116, 117, 118, 119, 120, 121, 122, 124, 125, 126, 127, 128, 129, 130, 132, 133, 134, 135, 136, 137, 138, 139,, 140, 142, 144, 145, 146, 147, 148, 149, 150, 151, 152, 154, 158, 161, 164, 169, 170, 173, 174, 177, 178, 182, 183, 197, 200, 206, 207, 215, 227. 228, 245, 272, 324, 342, 343, 347, 348, 349, 362, 371, 374, 387, 388, 392, 398, 307, 413, 447, 457, 501, 504, 510, 511, 520
프랑스 대혁명 35, 48, 49, 50, 53, 59, 60, 76, 91, 92, 100, 114, 124, 170, 173, 177, 178, 182, 183, 324, 348, 398, 501
프랑스 문명사 49
프랑스 역사 48, 49, 50, 115, 150, 151, 200, 215
프랑스 역사학파 50
프랑스인 작크 169
프레데릭 137
프로이센 51, 53, 55, 58, 77, 79, 80, 81, 82, 84, 86, 90, 95, 103, 104, 105, 113, 114, 115, 119, 121, 122, 123, 124, 125, 126, 127, 128, 129, 130, 131, 132, 134, 135, 136, 137, 138, 140, 142, 143, 144, 145, 146, 148, 149. 150, 151, 161, 176, 177, 181, 190, 201, 206, 210, 211, 243, 244,
250, 282, 339, 343, 348, 403, 442, 443, 491, 499, 501,,510, 511
프로이센 학파 90, 210
프로이센학파 82, 339
프로테스탄트 문학 109
프리드리히 2세 121, 122, 123, 140, 142
프리드리히 카를 모제르 122
프리드리히 칼 폰 모저 119
피나롤로 106
피히테 60, 71, 95, 134, 140, 141, 143, 372, 528
피히테(Fichte)는『독일민족의고함』134
핀다로스(Pindar) 367 372
필니츠 124, 125
필립 드 콘민(Philippe de Commines) 371
필립 드 콩멘느(Philippe de Commines) 200

## ㅎ

하니 고로(羽仁五郞) 264
하라 가쓰로(原勝郞) 227, 310
하야시 다이스케(林泰輔) 278, 298
하인리히 폰 지벨 54, 115
하인리히 폰 트라이츠케 58
하타나 다카시(旗田巍) 359
한국 병합과 국사 438
한국고대사 연구 308, 378
한국사신론 14, 330 337, 480, 522
한국사연구의 회고와 전망 470
한국의 경제조직과 경제단위 440
한우근 13, 26, 297, 299, 437, 444, 445, 460, 515, 519

함홍근 329
합스부르크가 114, 120, 128
핫토리 우노키치(服部宇之吉) 476
해방전후사의 재인식 22, 23, 516
향도(香徒) 323, 394
향약(鄕約) 323, 394
허버트 스펜서(Herbert Spencer) 252
허버트 스펜스(Herbert Spence) 358
헤겔 16, 17, 20, 38, 40, 41, 56, 62, 64, 65, 68, 69, 70, 71, 72, 73, 74, 89, 95, 145, 154, 155, 156, 165, 166, 167, 168, 203, 204, 205, 218, 267, 274, 289, 296, 318, 324, 325, 342, 376, 407, 480
헤독 47
헤라클리토스 145
헤로도투스 42, 52, 160, 161, 363, 364, 365, 368
헤르더 51, 57, 58, 59, 60, 61, 62, 63, 64, 65, 66, 67, 68, 69, 70, 71, 83, 123, 204, 205, 267, 296, 527
헤르더(Herder) 51, 123
헤이든 화이트(hayden White) 41, 56, 373, 375
현상윤 283
호메로스 42, 196, 201, 369
호시노 히사시(星野恒) 287
호헨쫄레른 132
혼합주의 역사학 211
홀슈타인 79
홍승기 295, 306, 311, 312, 313, 315, 399, 469, 519, 523
홍이섭 295, 297, 305, 378, 402, 428, 429, 461, 462, 477, 519, 523, 527
화백제도 323
황국신민화 253, 276
황의돈 297, 298, 310
회상록 Memoirs 371
회상록(Mémoires) 200
후꾸다(福田德三) 440
후식민사학 334, 460
후식민지사학 21
후지다 료사쿠(藤田亮策) 475
후쿠다 도쿠조(福田德三) 260, 279, 298, 455
후쿠자와 유키치(福澤諭吉) 229, 240, 314, 317, 419, 488, 489, 496
휴고 그라티우스(Hugo Grotius) 196
흥국동지회 264
히라이즈미 기요시(平泉澄) 264, 279, 311
히브리인 362
히스토르(histor) 363
히스토리아 43
힘멜파브 214